云南大学文化产业研究院　云南大学国家文化产业研究中心
云南民族文化与文化产业发展研究基地

民族文献提要

2000—2009

林艺 主编

云南大学出版社
YUNNAN UNIVERSITY PRESS

图书在版编目（CIP）数据

民族文献提要．2000～2009/林艺主编．—昆明：云南大学出版社，2011

ISBN 978－7－5482－0613－2

Ⅰ．①民…　Ⅱ．①林…　Ⅲ．①民族学—文献—内容提要—中国—2000～2009　Ⅳ．Z89：C955.2

中国版本图书馆 CIP 数据核字（2011）第 197499 号

民族文献提要（2000—2009）

林　艺　主编

策划编辑：伍　奇
责任编辑：王　磊
封面设计：刘　雨
出版发行：云南大学出版社
印　　装：昆明市五华区教育委员会印刷厂
开　　本：787mm×1092mm　1/16
印　　张：34
字　　数：592 千
版　　次：2011 年 8 月第 1 版
印　　次：2011 年 8 月第 1 次印刷
书　　号：ISBN 978－7－5482－0613－2
定　　价：85.00 元

地　　址：昆明市翠湖北路 2 号云南大学英华园内
发行电话：0871－5031071　5033244
邮　　编：650091
E－mail：market@ynup.com

前　言

2003年11月，云南大学出版社在1991年4月云南教育出版社《民族文献提要1949—1989》的基础上，续出版了《民族文献提要1990—1999》。之后，又一个十年悄然过去，2000年以后大批民族文献出版物如雨后春笋般出现。2010年，云南省出版集团为了配合云南省“十二五”规划和“桥头堡”战略发展，特委托云南大学国家文化产业研究中心作一个关于民族文化出版的规划研究，这首先需要课题组对过去的民族文化出版情况做一个翔实的梳理。由此，课题组正式进入民族文献出版物的数据采集过程中。从互联网的当当网图书、卓越亚马逊书店、中国图书网、中国高校教材图书网、金桥书城、京东商城到云南省图书馆、云南大学图书馆和院系资料室都是工作中采集数据的资源和途径。在此基础上形成的成果，便成了“云南省民族文化出版规划”研究的副产品。因此，我们首先要感谢云南省出版集团给了参与课题的师生这个难得的机会。同时，我们感慨，互联网给人类所带来的快速与便捷，使这本“提要”的信息收集与上述两本文献的工作方式发生了截然的不同，时间大为缩减，通过对数据信息的归纳采集，学生们对十年来我国民族文献的出版状况有了相当的了解，有助于学习与思考。

本书编写的体例主要依北京图书馆出版社出版的《中国图书分类法》（2003年第四版）大类分类，然后按出版时间的顺序进行排列。由于十年来民族文献出版总量远比过去大得多，一方面反映出我国学界对民族问题研究的重视；另一方面，浩如烟海的数据不但是时间上的付出，更是烦琐的整理。课题组最终选录了1800多个条目，近60万字汇编成册。

本书尽可能地收录了十年来全国各家出版社出版的民族文献图书，但毕竟由于渠道所限，挂一漏万成为影响本书“全面”“完整”的问题，在有限的时间内已难有新的办法解决。但无论如何，本书通过民族文献信息资料的数据收录与整理，可较为直接和横向性地了解和对比民族问题的相关研究进展，对民族学、民族文化、民族经济以及各个民族的历史发展和社会变迁均具有较好的参考价值，使该书成为2000—2009年间全国民族文献图书“一册在手，可晓十年”的工具类图书。

本书编写组

2011年7月4日

目　录

A　领袖与民族问题

1

华辛芝，陈东恩著/斯大林与民族问题．北京：中央民族大学出版社，2002年版．

《斯大林与民族问题》是一本全面、系统地论述斯大林关于民族问题的观点、思想、理论及有关实践活动的学术研究著作。头两章从宏观角度论述斯大林在各个时期关于民族问题的著述的不同特点，论述不同的历史阶段在民族观上的突出变化；三、四两章论述斯大林于1913年、1929年两度论述民族定义的不同作用和不同影响，论述十月革命之后实施的民族区域自治和二次大战时期实行的民族迁徙两大举措的过程及其后果；五、六两章以“苏联解体”十余年之后的视角回顾并探究斯大林时期的民族政策、相应措施与苏联兴衰、最后解体的关系，追溯斯大林的大俄罗斯沙文主义、大党大国主义的表现、影响及应记取的教训。

本书用最新的材料和观点，剔除那些任意夸大、盲目崇拜或者蓄意歪曲、捏造历史事实、一概否定的内容，以辩证唯物主义历史观为基础，客观、公正地展现斯大林在民族问题方面的主要观点、思想、理论及相关的活动，联系产生的时代背景，剖析其实质、后果和影响，还其历史的本来面目。

2

“中国少数民族社会历史调查资料丛刊”修订编辑委员会编/中国共产党第三代领导集体民族理论学习纲要．北京：民族出版社，2002年版．

马克思主义具有与时俱进的理论品质。富于理论创新精神的中国共产党，在把马克思列宁主义同中国实际相结合的过程中，实现了三次历史性的飞跃，产生了三大理论成果。第一次飞跃，找到了中国自己的革命道路，回答了在中国这样一个半殖民地、半封建的东方大国，如何取得革命胜利，建立和巩固革命政权的问题，形成了毛泽东思想。第二次飞跃，找到了中国自己的社会主义建设道路，回答了什么是社会主义，怎样建设社会主义的问题，形成了邓小平理论。以江泽民为核心的党的第三代领导集体，站在时代前列，立足新的实践把握时代特点，运用马克思列宁主义基本理论，不断研究和深化对共产党执政的规律、对社会主义建设的规律、对人类社会发展的规律的认识。邓小平在领导建设有中国特色社会主义新的伟大实践中，坚持实践马列主义、毛泽东思想的民族理论的一系列基本观点和基本政策。

3

罗树杰著/邓小平民族理论与实践．北京：民族出版社，2003 年版．

邓小平的民族理论是邓小平建设有中国特色社会主义理论的重要组成部分，是中国共产党和全国人民的宝贵精神财富。学习和研究邓小平民族理论与实践，不仅是全面深入掌握邓小平的思想体系的需要，而且对指导在改革开放和建立社会主义市场经济体制过程中加强民族工作，巩固和发展社会主义民族关系，促进社会主义现代化建设，实现祖国统一和中华民族的伟大复兴，具有十分重要的现实意义和深远的历史意义。

4

（日）松本真澄著，鲁忠慧译/中国民族政策之研究．北京：民族出版社，2003 年版．

本书以民族学的研究视野，对列宁、斯大林、孙中山、毛泽东等不同时期少数民族的含义进行了探讨，论述了国家与民族的关系，尤其对中国国民党和中国共产党的民族政策进行了深入的比较研究。是一部近年来国外研究中国民族政策较为客观的作品，具有其独特的学术价值。

5

朗维伟著/邓小平与西南少数民族——在主持西南局工作的日子里．成都：四川人民出版社，2004 年版．

邓小平在主持西南局工作期间如何解决民族问题的这段历史，无论对我们认识邓小平民族理论的实践基础，还是对我们对解决民族问题的经验总结，都弥足珍贵。但以往以史实和理论相结合，比较、研究、回顾这段历史的著述并不多见。本书作者在广泛收集资料、精心研究、史论结合的基础上，记录了邓小平在西南局工作时期解决民族问题的实践和思想。郎维伟教授先后花了 6 年的时间写成这本书，填补了国内研究邓小平在西南局时期解决民族问题的实践和理论的空白。

6

青觉著/马克思主义民族观的形成与发展．北京：民族出版社，2004 年版.

本书以历史的眼光考察分析了马克思主义民族观形成与发展的历程，着重研究马克思主义民族观形成的社会动因，马克思主义民族观孕育、诞生和在革命运动中丰富和完善的过程，列宁对马克思主义民族观的继承和发展，斯大林对马克思主义民族观的贡献与失误，特别是中国共产党在中国革命和建设的各个不同历史时期民族纲领政策形成、发展与民族工作实践的成果，分析了中国共产党民族观在其解决中国民族问题中的历史作用，突出展现了中国共产党对马克思主义民族观所作出的突出贡献。

7

龚学增著/马克思主义民族宗教理论教程．北京：中共中央党校出版社，2004 年版．

本书的内容包括：马克思主义民族理论、列宁主义民族理论、马列主义民族理论的中国化、中国社会主义时期的民族问题等。

8

隆金华著/邓小平民族理论研究．北京：民族出版社，2005 年版．

该书结合党和邓小平处理民族问题的实践，在继承与发展问题上作了较为清楚的论述，阐明了邓小平民族理论和马列主义、毛泽东思想是一脉相承的，而且有许多理论升华，充满了时代气息，既有继承，又有理论突破，有独创，做到了与时俱进。这就从处理民族问题方面论证了邓小平解放思想，实事求是，始终坚持一切从实际出发，以巨大的政治勇气和理论勇气，不断开拓马克思主义和中国特色社会主义事业发展的新境界。

9

龚学增，胡岩著/中国和平发展中的民族宗教问题．北京：中共中央党校出版社，2006 年版．

本书着重研究正确认识和处理民族宗教问题与中国和平崛起的关系。本书简要论述了新中国成立后到改革开放前，党在执政的新条件下解决民族宗教问题的理论和实践，论述了中国和平崛起以来党和国家解决民族宗教问题的成功历程，总结了基本经验，同时对在全面建设小康社会，构建社会主义和谐社会中如何更好地解决民族宗教问题，以服从服务于中国和平崛起大局也作了比较深入的阐明。

10

沈桂萍编/马克思主义民族观与党的民族政策．北京：中央编译出版社，2007 年版．

本书以突出马克思主义民族观的核心问题和现实中提出的重大问题为核心，阐释党和国家在民族理论政策上的最新发展。全书共计 10 章，内容主要围绕2005年中央民族工作会议后形成的中国共产党关于民族理论和民族政策的12个方面展开。

11

龚学增著/马克思主义宗教观与党的宗教工作方针．北京：中央编译出版社，2007年版．

本书分为：导论　正确认识和处理宗教问题必须坚持马克思主义宗教观；第一编　马克思主义宗教观是与时俱进的理论和政策体系；第二编　中国共产党的宗教工作基本方针；第三编　开创新世纪新阶段宗教工作的新局面等内容。本书为北京统一战线培训教材。

12

金炳镐主编/中国共产党民族工作理论与实践．北京：中央民族大学出版社，2007年版．

中国自古以来就是统一的多民族国家。民族事务历来是各个时期国家事务的重要组成部分。中国共产党从成立之日起，就非常重视中国的多民族国情和民族问题，在80多年的发展历程中，始终把民族工作作为党的工作的重要组成部分。中国共产党在新民主主义革命时期的不同阶段，不断探索民族工作的方式、方法，深入研究解决中国民族问题的途径并不断加以实践，适时提出解决民族问题的一系列方针、政策和措施，初步形成了民族工作理论体系。本书包括：第一编　中国共产党中央领导集体的民族工作纲领思想；第二编　新民主主义革命时期中国共产党的民族工作理论与实践；第三编　新中国中国共产党的民族工作理论与实践。

13

金炳镐著/马克思主义民族理论发展史．北京：中央民族大学出版社，2008年版．

本书梳理了马克思主义民族理论的发展历史，科学系统地介绍了马克思主义民族理论。

全书共分14章，内容包括：马克思主义民族理论的创立和发展；马克思恩格斯关于民族和民族问题的理论；马克思恩格斯关于民族运动、民族解放运动的理论；马克思恩格斯关于民族纲领和政策的理论；列宁主义民族理论的形成和发展；列宁关于民族和民族问题的理论；斯大林的民族理论与实践，中国特色马克思主义民族理论的形成和发展等。

14

俞可平，李慎明，王伟光主编/民族和民族问题理论（马克思主义研究论丛）. 北京：中央编译出版社，2008 年版.

本书为多名学者对马克思民族问题研究的最新研究成果。从“马克思主义民族理论”和“马克思主义与民族运动”两个方面给予阐述与分析。

B 宗教、哲学

15

巴莫阿依主编/民族哲学与宗教．北京：民族出版社，2000 年版．

本书共收录20篇论文和文章，分为四个栏目：一、哲学·逻辑·美学；二、中国文化·中国思想史；三、宗教学；四、思想政治教育与教学管理。其中，《民族宗教政策与国家统一——中国古代统治者民族宗教政策研究》一文在深入研究中国古代统治者的民族宗教政策和基础上，阐明了民族宗教政策与国家统一的关系。

16

伍雄武编著/智慧奇彩——云南民族哲学思想．昆明：云南教育出版社，2000 年版．

本书是“云南民族文化知识丛书”之一，全面系统地研究了云南民族哲学思想。该书图文并茂，资料翔实，分析详尽，观点新颖，体现了知识性、系统性、通俗性和可读性，是了解云南民族文化知识专题必备的参考书。哲学思想既有时代性，是时代精神的精华，同时，又有民族性，是民族精神的结晶。云南各民族所处的自然环境和社会条件是多种多样的，他们创造出丰富多彩的民族文化，由此，各民族的民族精神是各具特色的，哲学思想是奇彩纷呈的。

17

李国文编著/通向彼岸的桥梁——云南民族宗教信仰．昆明：云南教育出版社，2000 年版．

本书是“云南民族文化知识丛书”之一。云南民族众多，宗教文化历史悠久，内容丰富。长期以来，宗教作为云南民族的重要意识形态，是云南民族文化的重要组成部分，对云南各民族的社会生活产生了深远的影响。本书参考了学术界对云南民族宗教信仰的大量调查和研究成果，系统地研究了云南民族宗教信仰。

18

富育光著/萨满论（萨满教文化研究丛书）．沈阳：辽宁人民出版社，

2000 年版.

我国对中国北方诸少数民族文化遗产的重视与热心抢救，硕果显赫，萨满教文化即为其中内容。

本书内容包括：第一章　北方文化初萌期萨满轨迹；第二章　民族的圣者——萨满；第三章　萨满原始神论及“迷痴”形态心理剖析；第四章　萨满造型艺术及象征内涵的思考；第五章　萨满原始声动观念及象征特征；第六章　萨满对原始天象、地理以及医药的探索。

19

陈庆英，丁守璞编/蒙藏关系史大系．宗教卷．北京：外语教学与研究出版社，2000 年版．

本书是“蒙藏关系史大系”系列中的一本。全书共分七章，从政治、宗教、文化等角度讲述了蒙、藏两个民族的关系史，内容涉及两个民族的宗教习俗、历史渊源、医药发展与中华文明的关系等方面的内容。

20

高永久著/西域古代伊斯兰教综论．北京：民族出版社，2001 年版．

本书专门就清代以前伊斯兰教在西域的传播和发展，进行了系统研究。书中所综合论述的西域古代伊斯兰教包括三个层面：一是伊斯兰教在西域地理范围内的传播；二是伊斯兰教在西域历史上的横向、纵向的延续发展；三是西域古代伊斯兰教在西域历史上的地位。

21

黄胜常著/ 白话讲解——地藏本愿经及地藏法门．北京：民族出版社，2001 年版．

本书再次深入地探讨《地藏本愿经》。从“自力法门”和“他力法门”、“俗谛”和“真谛”、“显教”和“密意”等角度，对经文作了深入的阐述和发挥。

22

杨知勇著/西南民族生死观．昆明：云南教育出版社，2001 年版．

本书对生与死、生者与死者的精神联系、民族生死观对文化发展的影响等问题作了深入探讨。作者把生死问题置于文化发展的背景上，与宗教、民俗、艺术、哲学和历史相糅，进行综合研究。在生殖崇拜文化的演进轨迹、生与死的自然和谐的信号、民族生死观与家庭主义的关系等问题上提出一系列独到见解，视野开阔，论述精深，材料翔实，既有较高的学术价值，又可以提供比较丰富的资料，可供研究人员、大学文科学生和一般读者参考、欣赏。

23

高峰著/纳西族三大祭祀（祭天．祭风．祭署）．昆明：云南民族出版社，2001 年版．

本书为连环画形式，对东巴教最重要的《祭天》、《祭署（自然神）》、《祭风（祭情死者）》三大仪式用新的组合进行再创作，象形字加注汉字，人物对话亦单独标注，同时讲究艺术布局，施以色彩，成为一目了然看图识意的通俗读本。

24

宫玉宽主编/民族哲学与宗教．北京：民族出版社，2001 年版．

本书是中央民族大学哲学与宗教学系教师们的学术研究论文集。分为哲学、文化·全球化、伦理学、宗教学、科学方法论等五个栏目。其中包括《我国社会转型与制度研究的兴起》、《希伯来国家的起源及其模式》等对民族—国家论述的篇目。

25

白庚胜著/东巴神话研究（中国社会科学院青年学者文库·文史系列）．北京：社会科学文献出版社，2002 年版．

本书是学术界首部对纳西族万卷东巴经典中的神话进行系统研究的专著。作者以举重若轻的笔触、简洁明快的语言，展示了东巴神话的丰富宝藏，勾勒出东巴神话的整体存在形态，对其神灵体系的产生、形成进行了神话性、历史性、文化性的阐释。同时还进行了各民族神话的比较研究和文化人类学和哲学范畴的探讨。由于作者利用了亲赴实地考察的丰富资料和国内外同类研究的相关成果，使该著具有广阔的国际性视野。此书对东巴神话的类型、象征等进行了分析论述，颇多新见。这部著作资料丰富、新颖，研究视野较为广阔，具有较高的学术价值。

26

赵廷光著/瑶族祖先崇拜与瑶族文化（中国少数民族宗教与文化丛书）．北京：中央民族大学出版社，2002 年版．

本书为“中国少数民族宗教与文化丛书”之一，全面系统地介绍了瑶族的一些基本知识，内容包括：盘古与盘瓠传说，盘古与盘瓠的区别和联系，神格化的盘古和盘瓠，瑶族始祖盘瓠，瑶族传统道德观念及其演变等，具有很强的可读性。

27

牟钟鉴主编/宗教与民族（第壹辑）．北京：宗教文化出版社，2002年版．

主要内容：按栏目分为“本辑特稿”、“理论探索”、“历史回顾”、“田野来风”、“人物专访”、“他山之石”、“热点透视”等九个栏目。收录了《坚持以科学的观点和方法对待宗教》、《民族问题与宗教政策》、《马克思主义宗教观及其中国化》、《原始宗教与少数民族传统文化》、《宗教在民族形成和发展过程中的重要作用》、《论军队民族宗教工作的历史地位和历史经验》、《对西部开发战略宗教民族问题的一点思考》等重要篇目。

28

金宜久，吴云贵著/伊斯兰与国际热点（世界民族与宗教研究书系）．北京：东方出版社，2002年版．

本书共分为五编。第一编为导言，它概略地讨论伊斯兰教与国际政治的概念、伊斯兰教的发展模式、伊斯兰世界、近现代伊斯兰教的发展与演变以及伊斯兰教与国际政治相关后果论问题。第二编，选择伊斯兰世界具有代表性的13个国家，分别论述这些国家的政教关系问题。主要包括伊斯兰教在这些国家传播，20世纪60年代末70年代初以来各国的伊斯兰复兴以及80年代和90年代的政教关系问题。本编的目的在于为其后各有关章节所拟讨论的问题作铺垫。第三编，论述冷战时期地区冲突和战争。本编所述内容实际上涉及地区政治问题。第四编，论述冷战时期的伊斯兰世界。本编讨论的问题仍属于地区政治问题。它讨论在国际政治的两极格局下，一些伊斯兰国家是如何既分别依附于美苏两个超级大国，又是如何对美苏在伊斯兰世界的激烈争夺作出或强或弱的反应的。第五编，从不同侧面论述冷战后的伊斯兰世界。“苏联解体”，“东欧剧变”，两极格局不复存在，国际政治向多极化发展和演变。最后，本书对当代国际政治中的伊斯兰因素问题作出总的讨论作为结束语。

29

木仕华著/东巴教与纳西文化（中国少数民族宗教与文化丛书）．北京：中央民族大学出版社，2002年版．

本书分为11章。第一章　纳西文化概述；第二章　多元文化的混融——东巴教与外来宗教；第三章　纳西族文学的精粹——东巴文学；第四章　神界与凡间的中介——东巴艺术；第五章　纳西先民的哲学思想；第六章　东巴教与纳西族人生历程；第七章　东巴教与纳西族人生观；第八章　纳西族历史文化的浓缩之表象；第九章　东巴经典与纳西经济文化类型；第十章　东巴经典中的科学知识；第十一章　木氏土司在纳西族历史中的作用。

30

黄义仁著/布依族宗教信仰与文化（中国少数民族宗教与文化丛书）．北京：中央民族大学出版社，2002年版．

自古以来，布依族地区就信仰多神，从未形成统一的偶像崇拜，而原始宗教信仰的虔诚程度和崇拜对象，各地也有不同。本书从这个角度来进行分析研究，以区分布依族地区宗教信仰和文化发展交流的状况，并判定布依族文化艺术发展的方向及其远景。

31

魏强，周润年，嘉雍群培编/藏族宗教与文化（中国少数民族宗教与文化丛书）．北京：中央民族大学出版社，2002年版．

本书为“中国少数民族宗教与文化丛书”之一，全面系统地介绍了藏族宗教与文化中本教与藏族早期社会，佛教与佛教的传入，藏传佛教各宗派，寺院教育，宗教与经济等相关内容。

32

戴佩丽著/突厥语民族的原始信仰研究（中国少数民族宗教与文化丛书）．北京：中央民族大学出版社，2002年版．

本书以神话为讨论的基础，把一个久远的，似乎已被人们遗忘了的，但却时时刻刻影响着突厥语民族的精神生活的迷离世界展现在人们的面前，犹如将一个朦胧的远景拉到了近前。

33

王宏刚著/满族与萨满教．北京：中央民族大学出版社，2002年版．

满族萨满教保留了相当完整和生动的自然宗教特点，具有鲜明的北国地域特色。甚至可以说，它是该区域古代文化的聚合体——几乎囊括了其先民史前宗教、历史、经济、哲学、婚姻制度、道德规范、文学、艺术、体育、民俗等各个方面的文化成就，而且该区域原始的自然科学：天文、地理、医学以及采集、渔猎、游牧、农耕、航运、手工艺等生产技术也是在萨满教中有所传承和发展。本书在介绍满族萨满教基本知识的同时，也介绍与萨满教有关的民俗，从而使人们了解萨满教的文化影响，对萨满教有一个比较全面的认识。

34

中国少数民族宗教与文化丛书（套装1—10册）．北京：中央民族大学

出版社，2002 年版 .

包括：孙懿的《从萨满教到喇嘛教》、汪立珍的《鄂温克族宗教信仰与文化》、王宏刚《满族与萨满教》、赵廷光的《瑶族祖先崇拜与瑶族文化》、黄义仁的《布依族宗教信仰与文化》、朱文旭《彝族原始宗教与文化》、木仕华的《东巴教与纳西文化》、张公瑾、王锋的《傣族宗教与文化》、魏强、周润年、嘉雍群培的《藏族宗教与文化》等。

35

朱文旭编/彝族原始宗教与文化（中国少数民族宗教与文化丛书）. 北京：中央民族大学出版社，2002 年版 .

彝族是我国具有悠久历史和古老文化的民族之一，有诺苏、纳苏、罗武、米撒泼、撒尼、阿西等不同自称。主要分布在云南、四川、贵州三省和广西壮族自治区的西北部。其分布形式是大分散，小聚居，主要聚居区有四川凉山彝族自治州、云南楚雄彝族自治州、红河哈尼族彝族自治州，贵州毕节地区和六盘水地区。本书全面系统地介绍了彝族的原始宗教与文化。

36

牛军著/云南少数民族宗教文化与审美 . 北京：中国社会科学出版社，2002 年版 .

云南的民族文化资源十分独特，历史性的积淀相当深厚，迄今为止，世界许多地区都已消失了的原始文化在云南少数民族中还依然存有。本书以云南少数民族的宗教文化为案例，探究了少数民族从原始时期到现代宗教文化及其审美意识的演进和发展、价值和意义，阐述了宗教文化与审美的内在联系。

37

张公瑾，王锋编/傣族宗教与文化（中国少数民族宗教与文化丛书）. 北京：中央民族大学出版社，2002 年版 .

本书全面系统地介绍了傣族宗教与文化的知识。内容包括：一、傣族社会与傣族宗教；二、万物有灵与图腾崇拜；三、寨神、勐神与家神；四、南传上座部佛教的传入；五、佛教的立足和传播；六、宗教节日活动；七、祭词与佛教经典；八、宗教与生活；九、语言、文字；十、宗教与教育；十一、宗教与法律；十二、天文历法；十三、宗教与文学；十四、建筑艺术；十五、绘画艺术；十六、音乐与舞蹈。

38

萧洪恩著/土家族仪典文化哲学研究（土家族研究丛书）. 北京：中央

民族大学出版社，2002 年版．

该书在回顾总结土家族研究已取得的成果基础上，全面系统地对土家族的民族文化方面进行系统深入的理论探讨和现实研究，以此来弘扬优秀的民族文化传统，提高土家族研究整体水平，对土家学的构建和确立作出了贡献。

39

汪立珍编/鄂温克族宗教信仰与文化（中国少数民族宗教与文化丛书）．北京：中央民族大学出版社，2002 年版．

该书全面系统地介绍了鄂温克族宗教信仰与文化的基本知识。内容包括：宗教信仰、宗教信仰与桦树文化、宗教与驯鹿文化、宗教与婚姻文化、宗教与服饰文化、宗教与丧葬文化、宗教与饮食文化、宗教与节日文化、宗教与民间文学、宗教与艺术等方面。

40

何小莲著/宗教与文化（大学人文社科丛书）．上海：同济大学出版社，2002 年版．

本书将宗教学一般原理与宗教世界文明史中的具体发展结合起来，着重从文化培育和文化交流的视点来加以剖析，肯定了宗教对人类文明史的贡献。作者以世界三大宗教及犹太教、道教、儒教等民族性宗教为切入点，内容涉及各门宗教史以及世界和中国思想文化史上的典型人物和事件。从而揭示出作为特殊的社会文化形式和社会上层建筑的宗教对世界文化、各国各民族的文化产生的深刻影响，并对今天的人们有所启迪。

41

牟钟鉴主编/宗教与民族（第贰辑）．北京：宗教文化出版社，2003 年版．

本书收录了《试论民族理性与宗教理性》、《关于民族主义》《略议伊斯兰文化对民族发展的影响》、《宗教与白族民族意识》、《试论佛教对云南傣族龙文化的整合作用》、《云南道教与少数民族宗教》、《探索回族与伊斯兰教的理性发展道路——回族学者马德新的理论与实践》等篇目。

42

潘志平编著/中南亚的民族宗教冲突．乌鲁木齐：新疆人民出版社，2003 年版．

关于“中南亚”，本书定义为在我国境外新疆附近的中亚五国，包括车臣在内的高加索地区、伊朗、阿富汗、克什米尔、巴基斯坦和拥有大量穆斯林的印度西北部。这是丝绸之路的要冲，东西文明在这里碰撞；这是民族迁徙的走廊，多元文化在这里融合；这是宗教传承的胜境，这里的伊斯兰教绚丽多彩。有关美国的欧亚战略与中南亚的民族冲突，中亚国家的民族冲突，中亚的伊斯兰和伊斯兰原教旨主义，南亚的民族宗教等问题，本书都有涉及和阐述。

43

佟洵著/伊斯兰教与北京清真寺文化．北京：中央民族大学出版社，2003年版．

本书中详细介绍了北京清真寺的伊斯兰教建筑艺术和风格；北京伊斯兰教著名学者和阿訇的情况以及北京伊斯兰教的历史事项。使人们对北京清真寺文化现象有直观的认识和了解，另外，本书对历史上统治阶级的宗教政策也作了介绍。

44

李德洙主编/宗教知识简明读本（民族宗教丛书）．北京：华文出版社，2003年版．

在经济全球化、政治多元化的今天，世界民族和宗教问题凸显，已成为全球性的热点难点；中国有一亿少数民族和一亿信教群众，所以政府及广大干部在日常生活和工作中、在研究理论和制定政策时，必须慎重对待、妥善处理。该书就是为了便于广大干部了解宗教基本情况，掌握党的宗教政策，做好宗教工作而编撰。

45

王家瑛著/伊斯兰宗教哲学史（上、中、下）．北京：民族出版社，2003年版．

该书系统、全面地研究和阐释了伊斯兰宗教整个历史发展过程中的哲学思想，上起伊斯兰教的创立及最权威文献——《古兰经》，下至现代的各个伊斯兰教派的哲学思想，其中包括逊尼派、什叶派、穆太齐赖派、苏菲派及其所属的各支派及教团和代表人物。阐明了各个思想阶段、思想流派的主要哲学观点的特色和内容，尤其对于苏菲派的神秘主义教义进行了有独特意义的论述，这在过去的著作中很少见到，这些使该书更具学术创新特色。

46

黄勇著/拉萨尼寺梵呗：阿尼仓空宗教仪轨供品研究．北京：中国藏学出版社，2004年版．

本文以卫藏地区著名的尼姑寺——阿尼仓空为研究对象，系统地论述了该寺的历史、管理组织结构、经济管理情况、尼姑个人生活以及各种宗教活动。书中详细记录了该寺整体结构及所有佛像和壁画，探讨了松赞干布修行洞、尸陀林佛母面具、壁画等旧有和现存文物，并从管理结构、寺庙经济状况、尼姑个人宗教经济生活三方面分析了该寺的管理组织结构，在此基础上还提出了一些政策上的建议。全书的重点是对该寺所有朵玛及相关供品所做的全面系统分析。从供品的颜色、形状、排列顺序到内部所用材料以及供养方式都作了详细的归纳和比照，以实例否定了前人的某些诊断，并提出了一些新的观点和分析方法。最后特别探讨了阿尼仓空寺所有仪轨及内容，并就其所含的宗教义理及象征意义加以分析。

47

吴艳冬著/中国回族思想家评述．北京：宗教文化出版社，2004 年版．

本书是一部探讨与研究回族思想发展轨迹及其代表人物的专著，从书中的记述可以看到，回族的思想轨迹和这个民族的历史一样源远流长。

48

牟钟鉴，赵学义主编/宗教与民族（第叁辑）．北京：宗教文化出版社，2004 年版．

本书收录了《云南基督教特殊问题的研究——“小众教”产生、演变历史及其治理》、《中国各民族民间信仰调查提纲》、《一个宗教社会与生活共同体的历史见证——西道堂研究引发的思考》等文章篇目。

49

杨学政著/云南原始宗教．北京：宗教文化出版社，2004 年版．

本书图文并茂地介绍了云南各种宗教的历史源流、基本信仰、音乐舞蹈、雕塑绘画、教义经典、寺院教堂、礼仪风俗等。

50

刘鼎寅著/云南天主教．北京：宗教文化出版社，2004 年版．

本书介绍了云南天主教的历史源流，信仰、神学与经典，礼仪习俗，教会组织以及少数民族地区的信教情况，同时，还介绍了当代云南天主教主要教堂、教堂艺术等内容。

51

肖耀辉著/云南基督教．北京：宗教文化出版社，2004 年版．

本书介绍了云南基督教的历史源流，信仰、经典与神学，教派（教会组织)，礼仪习俗，当代云南基督教，主要教堂以及少数民族的信仰等。

52

杨学政著/云南道教．北京：宗教文化出版社，2004 年版．

本书介绍了云南道教的历史源流，经典表文，教派以及现代云南道教和道教组织。

53

韩丽霞著/云南佛教．北京：宗教文化出版社，2004 年版．

本书共分八个部分，图文并茂地介绍了云南佛教的历史源流、基本信仰、教义经典、寺院教堂、礼仪习俗、宗教组织、音乐舞蹈、雕塑绘画等内容。

54

马开能著/云南伊斯兰教．北京：宗教文化出版社，2004 年版．

本书描述了伊斯兰教的兴起和传播，伊斯兰教在云南的传播与发展，经典，信仰与义务，清真寺，教派，宗教教育，伊斯兰文化中的节日和纪念日等。

55

向红笳著/喜玛拉雅的人与神．西宁：青海人民出版社，2004 年版．

本书为藏学研究译文集，辑录了美、德、英、日等国藏学家对西藏的宗教、文化、艺术与风俗等进行讨论的学术论文译文。

56

魏迎春著/敦煌菩萨漫谈．北京：民族出版社，2004 年版．

敦煌是古代丝绸之路上的一颗璀璨明珠，生活在这里的汉、粟特、吐谷浑、吐蕃等民族共同创造了敦煌文化。因此，作为敦煌学标志的莫高窟石窟艺术，是他们共同的智慧结晶，也是中西宗教文化交流的产物。敦煌学的发展既需要深层次、高品位的学术研究，同时，也需要普及与宣传，让更多的人了解敦煌，体悟敦煌灿烂辉煌的文化内涵。本书对敦煌文化中与菩萨相关的内容进行了系统介绍。

57

玉时阶著/壮族民间宗教文化．北京：民族出版社，2004 年版．

本书从多学科角度，对壮族民间宗教的形成、发展、表现作了论述，并与人为宗教（道教、佛教等）作了比较。内容包括壮族宗教的起源与发展；壮族民间宗教与壮族社会政治；壮族民间宗教和壮族社会民俗；壮族民间宗教和壮族文学艺术；壮族民间宗教与壮族科学技术；壮族巫师和壮族历史文化；宗教的批判与反思等内容。

58

（英）约翰·布洛菲尔德著/西藏佛教密宗．北京：中国藏学出版社，2005 年版．

密宗是藏传佛教的精髓。对于西藏密教的研究，英国学者约翰·布洛菲尔德是代表人物，他曾多次到西藏进行考察，拜多名藏族喇嘛名师为师，受灌顶礼仪，学习西藏密教的理论和修持，算得上是藏传佛教密教得其真传的人。而金刚乘之道是导致控制善恶的道路，密教奥义似乎秘不可知、深不可测和高不可攀，本书向读者提供了通向奥义的途径和明确的修持之术。

59

刘俊哲著/四川藏族价值观研究．北京：民族出版社，2005 年版．

目前，对四川藏区的政治、经济和文化的众多研究成果中涉及四川藏族价值观的一些内容，但是尚未出现从价值观层面对四川藏族价值观进行专门研究的专著。四川藏族在对外来的形形色色的价值观进行鉴别、批判、筛选和改造的基础上，吸取其合理因素，并将其熔铸到本民族的价值文化之中，丰富其内涵，扩充其内容，增进其形式，增强其生命力，以此促进四川藏区物质文明和精神文明的建设。本书第一次对四川藏族的宗族、道德、生命、生态、文化、婚姻、家庭等价值观进行了深入而系统的研究，从而弥补了上述研究中的不足。

60

梁永佳著/地域的等级：一个大理村镇的仪式与文化．北京：社会科学文献出版社，2005 年版．

本书是对人类学家许烺光先生写作《祖荫下：中国乡村的亲属、人格与社会流动》的研究地点——云南大理喜洲镇的再研究成果，是一部详细的社会人类学民族志报告。作者在深入田野工作的基础上，采用结构主义的视角，展现了该地地域崇拜现象的等级结构。这种等级结构对于从民族志的角度理解和发挥“汉语人类学”和“中华民族多元一体格局”的论述，是一种有益的尝试。从“非”喜洲看喜洲的做法，也深化了前人对喜洲的理解，并有助于从民族志的角度认识“和而不同”的人文世界。

本书适用于人类学、社会学、民族学、民俗学的学者与研究生阅读。另外，本书详细描述了大理喜洲的庙宇及其组织和仪式活动，也记录了当地鲜为人知的男女交往习俗和节日习俗，为读者呈现了一幅大理白族宗教生活的真实图景。从事民俗旅游事业的人士和少数民族艺术工作者可以从中发现自己感兴趣的东西，到大理旅游的普通游客也会通过本书加深对大理文化的了解。

61

任月海著/多伦汇宗寺．北京：民族出版社，2005 年版．

本书主要是对内蒙古多伦汇宗寺的介绍和探访。多伦汇宗寺是蒙古高原上一座藏传佛教的圣殿，从古到今都具有重要的文化意义。汇宗增的兴衰始末与清代蒙古地区的政治、经济、文化息息相关，是清王朝自康雍以后利用喇嘛教统治蒙古高原的一个缩影。它所经历的辉煌与衰败，是一部最为简明的清代蒙古喇嘛教兴衰的历史画卷。

62

（德）韦伯著/宗教社会学（韦伯作品集）．桂林：广西师范大学出版社，2005 年版．

宗教展现了人性的一个基本的和永久的面向，而宗教社会学则试图解释人们身边这一现实存在。宗教社会学中，韦伯的研究举足轻重，尤其在比较宗教社会学方面的学术水准，其奠基地位举世公认！“如果要简洁地以一句话描述出所谓世界诸宗教的主要担纲者，那么，可以这么说：儒教，维持现世秩序的官僚：印度教，维持现世秩序的巫师；佛教，浪迹世界的托钵僧；伊斯兰教，征服世界的武士；犹太教，流浪的商人；基督教，流浪的职工。”韦伯这句话画龙点睛地描绘出世界各大宗教的特色，也是他从事宗教社会学研究多年的心血结晶。相对于韦伯其他针对世界各大宗教的具体研究，本书偏重理论的构架，带有提纲挈领的性质。换言之，本书可谓韦伯整体宗教社会学研究的一个凝缩本

63

姚继德，李荣昆，张佐著/云南伊斯兰教史（云南宗教系列专史）．昆明：云南大学出版社，2005 年版．

本书属于中国地域宗教史，也是中国宗教史的重要组成部分。调查研究中国的地域宗教史，可以极大地丰富中国的宗教史，并为建立中国的地域宗教学和民族宗教学奠定基石。在我国宗教学研究领域，目前尚无系统的地域宗教系列专史，“云南宗教系列专史”是迄今为止，国内第一套地域宗教系列专史，填补了这方面的空白。这对推动中国宗教史、世界宗教史的深入研究，促进东西方宗教历史文化的学术交流有重要意义。《云南伊斯兰教史》是在《云南宗教概况》、《云南省志·宗教志》、《云南宗教史——伊斯兰教》的专章上扩展、丰富、深化而成。本书吸收了近年国内外学者研究云南伊斯兰教历史文化的新成果，坚持客观纪实的原则，记述了伊斯兰教在云南的历史及特点。

64

刘鼎寅，韩军学著/云南天主教史（云南宗教系列专史）．昆明：云南大学出版社，2005年版．

本书吸收了近年来国内学者研究云南天主教历史文化的新成果，坚持客观纪实的原则，记述了天主教在云南的历史及特点，以及元代至近现代天主教在云南的传播、发展、演变历程及其特点。

65

奇文瑛著/满—通古斯语族民族宗教研究——宗教与历史．北京：中央民族大学出版社，2005年版．

本书将满—通古斯语族民族的宗教，放在时间和空间变化的背景下，通过与民族历史、自然环境变化和外来宗教影响的综合研究，探讨其变化的历史脉络和信仰特征。

66

张践著/中国宗教与中国文化（卷四）：宗教·政治·民族（国家社科基金成果文库）．北京：中国社会科学出版社，2005年版．

本书分成上、下两篇，上篇为中国宗教与政治，下篇为中国宗教与民族。上篇通过一个简单的历史陈述，概述中国政教关系的基本走向，给读者一个整体的印象，然后再分门别类地探讨宗教与政治相互作用的过程与机制。下篇则从中国原始宗教的基本特点入手，解释宗教与中国民族多元一体结构的关系，此后再系统研究宗教对民族的诸要素的影响。作者试图运用历史和逻辑，历时态与共时态相互交叉的方式，对这样一种复杂关系进行分析，得出一些有益的结论。

本书系统论述了中国历史上的政教关系的演变，中国宗法家族社会中的宗教与政治的关系。论述了中国原始宗教形态与中华民族多元一体的社会政治结构，探讨了中国宗教与民族关系的历史特征及发展趋势。

67

（德）韦伯著，康乐，简慧美译/印度的宗教，印度教与佛教（韦伯作品集X）．桂林：广西师范大学出版社，2005年版．

本书属于社会学大师韦伯作品集之一。作者在本书中研究了印度的宗教。作者认为，对亚洲整体而言，中国扮演了类似法国在近代欧洲所扮演的角色：所有世情通达的“洗练”，莫不是源自中国，再传布于西藏、日本和中南半岛。相反的，印度的意义则可媲美于古代的希腊世界：在亚洲，但凡超越现实利害的思想，很少能不将其根源追溯到印度的。尤其是，印度的

（不管正统或异端的）救赎宗教，在整个亚洲地区扮演了类似于基督教的角色。本书便于阅读，在翻译过程中增添了许多译注，对于了解印度社会、思想与佛教而言，这无疑是一本最佳的入门读物。

68

解放军总政治部群众工作办公室编/部队民族宗教知识读本（民族宗教知识系列丛书）. 北京：民族出版社，2005 年版.

本书为国家民族事务委员会政策法规司和解放军总政治部群众工作办公室主编，为贯彻落实党的十六大精神，经国家民族事务委员会和解放军总政治部批准，编写了这本《部队民族宗教知识读本》，作为我国各行各业民族宗教知识系列丛书之一，供部队进行拥政爱民和民族宗教知识教育使用。本书根据基层官兵特点，着眼帮助大家了解和掌握我国民族宗教基本政策和基础知识，重点介绍了我国民族宗教信仰与禁忌，以及如何贯彻执行党和国家的民族宗教政策问题。在内容设置和文字表述上，注意从基层官兵的思想实际和接受能力出发，力求做到简明扼要，通俗易懂，思想性、知识性、可读性相统一。

69

王兰著/斯里兰卡的民族宗教与文化（东方文化集成·南亚文化编）. 北京：昆仑出版社，2005 年版.

本书是迄今为止我国关于斯里兰卡的唯一研究性著作。全书共分六章，从历史的角度分别探讨了斯里兰卡的民族形成过程、这个岛国自古以来存在的社会体制以及岛上的民族的宗教信仰和传统文化。本书的重点在于分析佛教的历史影响及其在斯里兰卡所处的特殊地位。

70

云南民族民间宗教图像丛书. 昆明：云南民族出版社，2005 年版.

云南少数民族文化源远流长，熠熠生辉，并涵养和濡染着生活在这块神秘土地上的各族人民。但受制于各种因素，众多璀璨的民族文化宝藏至今还散落在民间，亟待人们去发掘。少数民族宗教图像即是深藏在民间的瑰宝之一。本丛书出版以下数种：《彝族原始宗教绘画》（上下）、《白族本主图像录》（上下）、《纳西族东巴教绘画》（上下）、《瑶族宗教绘画》、《藏族宗教绘画》、《傣族宗教绘画》等，以本真、新颖、丰富为特色，力图从一种更直观的角度真实展示云南少数民族的宗教传统文化。

71

牟钟鉴，刘宝明编/宗教与民族（第四辑）. 北京：宗教文化出版社，

2006 年版.

任何一个民族的生活方式，都与该民族的形成过程有着必然的历史联系，而民族的形成过程又往往与某种宗教信仰密切相关。本书介绍了居住在甘宁青地区的信仰伊斯兰教的民族，主要是回族、东乡族、保安族和撒拉族的族体与信仰的情况。上述四个信仰伊斯兰教的民族，由于其地理、文化、历史和经济方面的相似性，呈现出了与其他伊斯兰文化社区不同的特点，从而具有了近似的文化社区的基本特征。从经济内涵上来说，这四个民族既不完全属于传统的农业社区，更没有由工业经济促成的城市社区的特征，虽然具有一定程度的商业性质，但与现代社会的商业经济也存在着质的差别，大致属于农商结合型的小农小商类社区。本书主要以回族为例，针对西北穆斯林信仰中的民族性问题作出考察和研究。

72

黄海，邢淑芳著/盘王大歌——瑶族图腾信仰与祭祀经典研究．贵阳：贵州人民出版社，2006 年版.

本书旨在多角度、全方位、深入具体地发掘和展示贵州具有丰富层次和断面的瑶族宗教文化，并进行细致的辨析和周密的论证，从而以自己的研究成果对弘扬祖国本土文化作出贡献。

73

董珞著/与猛虎有不解之缘的土家族．武汉：湖北教育出版社，2006 年版.

本书主要介绍了土家族的主源——巴人，土家族的方言，猛虎信仰，创世神话，红白喜事中的习俗等内容。近年来，学术界的研究表明：绮丽弘深的长江文化也是中华民族优秀传统文化的重要源头之一，她和黄河文化南北交会，澎湃激荡，形成奔涌不息的中华文化之巨流，汇入古代世界文明的海洋。本书是“长江文化研究文库”中的一册，主要是对土家族的风土人情，尤其是猛虎信仰进行了全方位的探究。

74

徐祖祥著/瑶族的宗教与社会：瑶族道教及其与云南瑶族关系研究．昆明：云南人民出版社，2006 年版.

本书是在作者博士学位论文基础上加以修改完成的。作者从 1997 年开始研究瑶族文化，深深体会到汉文化尤其是道教对瑶族文化的渗透和影响，于是带着钩沉发微的极大兴趣，着手搜集道教和瑶族传统文化的相关资料，进行相关的研究和分析。

75

白兴发著/彝族传统禁忌文化研究．昆明：云南大学出版社，2006年版.

长时期以来，禁忌问题纵然在不少论著中有所涉及，但总体来说仍是一个研究的薄弱环节，可喜的是，近年研究禁忌文化的论著开始增多，未来大有形势成熟之势。然而，具体到一个民族而言，尚未见有比较系统的专论。本书选取西南彝族作为研究对象，乃在于彝族传统文化底蕴丰厚，禁忌文化的内涵更为深广，在我国少数民族中，尤其在西南民族中更具典型代表性。本书有意识地在彝族禁忌的起源、禁忌形成的社会历史背景、禁忌的演变及传承等部分着力挖掘，进行认真的梳理和分析，突出彝族传统禁忌文化的特点。

76

李少军著/诗性的智慧——哈尼族传统哲学思想研究．北京：民族出版社，2006年版.

本书运用唯物史观，解析蕴涵于哈尼族“口碑文化”之中的哲学思想。从口传心授的诗文、史诗以及家庭谱系、敬神仪式等发掘贴近于民众生活之传统智慧，因源头上无文字典籍依据，难度很大，似易脱离历史真实，但是，历史的“真实”往往深藏于其趋向于今日现实的演进与嬗变之中，或者说它具有流传至今的“继承性”，何况这部书所依据的是延续了两千年并为现实的人所创建的或奠基于现实的“口碑文化”。实际上，任何传统哲学都不限于各种原著文本或典籍，也不限于后人对其解读的文本或典籍，更蕴涵于依托现实实践的供人解读或供人继承和进一步创造的文化之中。这部书在准确而切实地把握哈尼族传统哲学的“诗性”特点或优点的基础上，着重于阐释口传心授的诗文、史诗中具有哲学意蕴的文化，并开发从古至今的实践创造的“梯田景观”文化，尝试凸显哈尼族“诗性的智慧”奠基于“实”，创建了“实”，进而创建了奠基于“实”的美。

77

雷翔著/梯玛的世界——土家族民间宗教活态仪式“玩菩萨”实录．北京：民族出版社，2006年版.

梯玛的仪式活动，有三个主要类型：村寨集体祭祀性质的“跳摆手”；家庭还愿性质的“玩菩萨”；个人驱邪捉鬼性质的“解邪”。其中，因为社会组织形式的彻底改变，跳摆手已经完全失去了祭祀性质，变成多半是由地方文化机构组织的年节文化娱乐活动。而解邪功能单一，时间短，内容有限。只有“玩菩萨”仪式是我们认识梯玛，了解土家族原始宗教信仰，乃至追溯土家族原生社会的金钥匙。本书通过对梯玛的“玩菩萨”程序的介绍，详细阐述了“玩菩萨”这一土家族民间宗教活态仪式的具体内涵，对于我们传承和发展土家族文化具有重要的现实意义。

78

王宪昭著/中国民族神话母题研究．北京：民族出版社，2006 年版．

神话是人类早期的文化瑰宝，本书所研究的对象是中国各民族神话。本书的主体部分是对民族神话的内涵、共性与个性、积淀与流变等方面的研究。一是在神话母题中蕴涵着极为丰富的内容，民族神话母题不仅蕴涵着丰富的民族历史、民族生活、民族关系，而且还蕴涵着多彩的民族文化和民族情感，许多民族神话母题都具有原型意义和分析价值，特别是在母题的类比和象征中具有明显的思想倾向和现实寓意。二是各民族神话在长期历史发展进程中，形成了母题的共性和个性。三是任何民族神话的形成都是在历史发展中不断积淀的结果，母题的积淀会受到社会生产力状况、民族自身特点、神话传承形式以及其他文化因素的影响。

79

佟德富，宝贵贞著/中国少数民族哲学专题研究．北京：中央民族大学出版社，2006 年版．

中国少数民族不仅有哲学思想，而且在许多哲学领域有十分深刻十分丰富的哲学思想，到目前为止已经陆续出版的少数民族哲学专著和专论，就是极好例证。但是并不是有些民族如蒙古族、满族、维吾尔族、壮族、白族、苗族、彝族等出版了哲学专著，就可以认为每个少数民族都能写出一部系统、完整的哲学专著，这是因为我国少数民族发展不平衡，有些民族几乎与汉族同步发展，有些民族直至新中国成立前还处于农奴制或奴隶制社会，有些甚至还在阶级社会门槛徘徊。本书是作者通过多年的科研和教学实践，对中国少数民族哲学思想作出的研究和总结。

80

孙悟湖著/汉族 藏族 蒙古族宗教思想文化交流研究．北京：中央民族大学出版社，2006 年版．

本书以汉、藏、蒙三个民族互相组合为主要内容，分上、中、下三篇，上篇为蒙藏宗教思想文化交流，主要讲藏传佛教向蒙古族地区的传播，包括传播的背景、过程、意义，从藏传佛教的政治地位和藏传佛教在蒙古族地区的信仰状况上分析藏传佛教在蒙古族地区的发展；藏传佛教与蒙古萨满教之间的矛盾等论题进行论述。中篇为汉藏宗教思想文化的交流，主要从汉藏民间层面、汉藏学者、僧侣层面等角度探讨汉藏宗教思想文化的交流。下篇为汉蒙宗教思想文化交流，主要分析蒙汉宗教政策、蒙汉宗教观念、蒙汉宗教礼制之间的交流。

81

任杰，梁凌著/中国的宗教政策：从古代到当代．北京：民族出版社，2006 年版．

本书主要阐述关于宗教的本质和基本特征问题，关于国家职能和社会管理问题，关于国家政权与宗教的关系问题，关于影响国家宗教管理政策的主要因素问题，关于中国宗教政策的发展阶段问题。宗教是人类社会的一种久远的历史文化现象，在现代社会仍然有着旺盛的生命力和深远的影响。在人们对丰富多彩的宗教现象的长期存在和广泛影响形成基本共识的同时，许多非常重要的现实问题难以回避：宗教问题在社会生活中究竟占有什么样的地位？如何看待宗教与国家政权和社会的关系？中国共产党和中国政府怎样正确认识和对待宗教问题？历史上或当代世界上一些地方发生的宗教方面的冲突是否会在中国出现？这些问题的解决，关系着中国共产党同人民群众的血肉联系，关系着中国特色社会主义经济、政治、文化建设，关系着民主团结、社会稳定、国家安全和祖国统一，关系着对外关系和中国的和平发展与崛起。本书对如何正确认识和对待宗教问题具有现实意义。

82

优素福，纳光舜著/新月之光——贵州伊斯兰文化．贵阳：贵州人民出版社，2006 年版．

本书旨在多角度、全方位、深入具体地发掘和展示贵州具有丰富层次和断面的伊斯兰文化，并进行细致的辨析和周密的论证，从而以自己的研究成果对研究宗教文化和弘扬祖国本土文化作出贡献。

83

龚学增，胡岩编著/中国和平发展中的民族宗教问题．北京：中共中央党校出版社，2006 年版．

本书是中国和平发展重大课题研究成果的一部分。它着重研究正确认识和处理民族宗教问题与中国和平崛起的关系。它在简要论述新中国成立后到改革开放前党在执政的新条件下，解决民族宗教问题理论和实践曲折发展的背景下，着重论述了中国和平崛起以来党和国家解决民族宗教问题的成功历程，总结了基本经验，同时对在全面建设小康社会，构建社会主义和谐社会中，如何更好地解决民族宗教问题，以服从服务于中国和平崛起大局也作了比较深入的阐明。

84

苏鲁格著/蒙古族宗教史（中国蒙古学文库）．沈阳：辽宁民族出版社，2006年版．

蒙古族宗教史是一个时间跨度长、涉及面广、难度很大的课题。蒙古民族在漫长的历史中与突厥交流、融合最为频繁，孤立地研究蒙古民族的宗教是困难的，也容易产生误差。因此，论述蒙古民族的宗教起源和宗教史，不得不涉及突厥人的图腾崇拜和突厥人的宗教。除了要涉及突厥人的宗教之外，在蒙古民族的历史上，各种宗教相互交叉，各民族文化相互冲击、融合，构成了蒙古族宗教的多元化。针对于此，本书对蒙古族历史上的信仰作了全面的梳理和综合研究，介绍了蒙古民族的本土宗教及其与突厥的渊源关系，蒙古民族对外来宗教思想的吸收、改良、融合、蒙藏佛教之异同、基督教在蒙古的传播等内容。

85

覃东平，吴一文著/蝴蝶妈妈的祭仪——苗族鼓社文化研究．贵阳：贵州人民出版社，2006年版．

本书主要介绍鼓社祭的主要内容、鼓社祭与苗族传统宗教、传说中的鼓社文化、史诗与理词中的鼓社文化等。旨在通过细密的论证，深层次地发掘和展示贵州各民族独特的宗教文化，并进行细致的辨析和周密的论证，从而对宣传贵州民族文化作出贡献。

86

张仲仁著/彝族宗教与信仰．昆明：云南民族出版社，2006年版。

彝族原始灵魂观念和灵魂崇拜，形成了彝族的原始宗教。有学者认为，彝族信仰原始宗教的历史与其先民所经历新石器时代的历史一样久远。在漫长的岁月里，彝族宗教信仰基本上处于“万物有灵”为基础的原始信仰时期，其宗教信仰主要是自然崇拜、图腾崇拜和祖先崇拜。人们崇奉自然，认为自然界的一切都有神灵，并加以崇拜。但在信仰多种自然神灵和图腾崇拜的同时，又崇祖敬祖，强调祖先崇拜。祖先崇拜高于各种自然神灵和图腾的崇拜，居于中心地位。本书分为“原始宗教篇”和“人为宗教篇”，共12节。作者把分析、研究重点放在前一篇，征引《祖神源流》、《作祭经》、《西南彝志》、《勒俄特依》、《九隆神话》、《竹王神话》、《鲁魁山神话》等彝文典籍、史诗、神话，对彝族宗教与信仰进行了较全面、系统的分析、研究和论述。

87

莲花生大师，达赫著/图解西藏生死书．西安：陕西师范大学出版社，2006年版．

本书深入讨论了我们如何认识生命的意义，如何接受死亡以及如何帮助临终者和亡者及他（她）们忧心守护在旁的家属们。通过上师或协助诵读的方式使临终者宁静地走完生命的最后一刻，最后安然度过肉体崩解的恐怖境相。通过《图解西藏生死书》，我们所要达到的最佳状态是让亡者或临终者因为得到提示而得以见到明光，超越生死轮回，把握死亡所提供的永恒契机，进入涅槃解脱的圆满境相。

88

詹小美著/民族精神论．广州：中山大学出版社，2007年版．

本书以中华民族精神为主线，从时间与空间两个向度展开，系统研究了民族精神的基本理论，分析和界定了民族、民族精神等相关概念，阐述了民族精神的结构与功能；系统分析了古代和近代中华民族精神形成的过程、条件和特质；分析了美国、德国、韩国、新加坡等发达国家的民族精神；分析了和平与发展、经济全球化、市场经济和现代科学技术条件下，民族精神发展的现实挑战和机遇；探索了个体民族精神形成和发展的条件与机制；对民族精神的弘扬和培育进行了系统研究。本书力图全面、准确、系统地研究民族精神的基本理论和热点问题，突出重点，强调创新。

89

牟钟鉴著/宗教与民族．北京：宗教文化出版社，2007年版．

本套丛书由“本辑特稿”、“理论探索”、“专题观察”、“历史回顾”、“田野来风”和“他山之石”共六辑组成。本套图书旨在推动民族与宗教和中国少数民族宗教的研究，向社会提供相关的学术资源和理论支持；推动学术交流，凝聚有志于民族与宗教研究的海内外人才，加强少数民族宗教研究在宗教学研究领域中的地位。

90

任兆胜，胡立耘著/口承文学与民间信仰——怒江大峡谷民族文化暨第三届中日民俗文化国际学术研讨会论文集．昆明：云南大学出版社，2007年版．

神话学及口承文学研究是一门国际性的学科，应当不断拓展学术视野和研究空间。本书对包括神话在内的各种口承文学样式，展开深入的比较研究，尤其是日中神话的比较研究，对口承文学研究具有重要的参考价值。

91

张兴荣著/中国少数民族宗教音乐研究·云南卷. 北京：宗教文化出版社，2007 年版.

云南民族众多，由于其民族历史渊源和社会发展程度的不同，因而传承并保留了诸多不同的宗教信仰。从原始的到现代的各种宗教信仰形式都可以在云南找到，云南民族的宗教文化堪称一所宗教文化博物馆，呈现出多元并存、多形混融的宗教文化格局。本书对云南地区少数民族的不同宗教音乐进行了全面的梳理和研究，对深入研究云南地区各民族文化具有重要参考价值。

92

尕藏加著/密宗——藏传佛都神秘文化. 北京：中国藏学出版社，2007 年版.

本书对藏传佛教及其密教的历史渊源、各派代表人物、著作、教义和修持仪轨等进行了概要而通俗的叙述，同时对藏传佛教下形成的文化习俗和建筑、艺术作了生动的饶有趣味的介绍。相信本书会成为一本引领读者了解藏传佛教密宗以及由此衍生的文化现象的最佳读物。

93

(英) 比尔 (Beer, R.) 著，向红笳译/藏传佛教象征符号与器物图解. 北京：中国藏学出版社，2007 年版.

藏传佛教的教理修持是神秘的，即使所用有形之物，也无不深藏寓意。英国艺术家罗伯特·比尔长期从事这一领域的研究，终于完成了这部集大成之作。本书以两百余幅附带文字说明的白描插图，全方位地展示、描述了藏传佛教的法器、礼器和神器等器物。读者由此可以学会辨识器形图案，解读其中奥秘，从而步入一个神奇的园地去领略这一片由象征所催开的智慧花朵。全书共分 16 章，附有四个附录和两百余张附带文字说明的插图。本书的内容构架符合逻辑，具有鲜明的佛教教义特征。

94

赵德兴著/社会转型期西北少数民族居民价值观的嬗变. 北京：人民出版社，2007 年版.

本书是南京市社会科学院研究员赵德兴主持的国家社科基金项目的最终成果。课题以社会转型为时间向度，以西北地区的六个少数民族为调研对象，既使得人们的现实价值观的变化性、矛盾性、趋向性能够充分展现，也使得价值观的民族性、地域性、文化张力得到了突出体现；以政治价值观、经济价值观、法律价值观、信仰价值观、婚姻价值观等五大观念系统为调研内容，既涵盖了当代价值观的主要内容，也把握了少数民族价值观的主要问题，使得研究内容较为系统和典型。在研究方法上特别采用了抽样调查和统计数据分析实证，使立论有较为充分和实际的资料依据。少数民族价值观的研究课题本身具有多学科的性质，它涉及民族学、宗教学、历史学、社会学等。因此，此项调研成果具有多重学术价值，同时对民族、宗教、文化等工作亦有应用参考价值。

95

崔明德，马晓丽，曹鲁超著/中国民族思想的学科建设与创新．济南：齐鲁书社，2007 年版．

本书是作者主持的山东省研究生教育创新计划项目的研究成果，该书可供从事相关工作的人员作为参考书使用。本书共 11 篇，第一篇至第八篇主要是对民族思想的概念、发展脉络、学科定位、研究内容、研究方法以及学科建设和研究生教育创新的途径、方式等问题的思考与实践，试图建立起民族思想的学科体系、研究体系和研究生教育的创新体系；第九篇主要是对研究生教育创新问题的思考与实践，试图建立起民族学研究生教育的创新体系；第十篇和第十一篇主要是对相关的研究成果进行系统梳理和评述，目的是想让研究生了解本学科的研究状况，为他们尽快进入学术前沿提供便利条件。

96

起国庆著/彝族毕摩文化：信仰的灵光．成都：四川文艺出版社，2007 年版．

彝族是中国西南地区人口最多、分布较广的一个少数民族，由于其特殊的自然生活条件和社会环境，彝族文化呈现出多样性和复杂性，很多从远古时期传承下来的文化现象都可以在这里被发现，原始宗教与毕摩文化就是其中之一。它不仅在彝区有大量的遗存，而且始终影响着彝族社会生产和生活的各个领域。本书是本民族作者写该民族宗教文化，书中内容是作者在实地考察中获取的第一手资料，读来亲切感人。

97

王宏刚，于晓飞著/北方萨满文化：大漠神韵．成都：四川文艺出版社，2007 年版．

本书主要介绍了北方萨满教的历史和传承。中国北方是萨满教的故乡之一，满、赫哲、鄂温克、鄂伦春、锡伯、达斡尔、朝鲜、蒙古等民族，都曾信奉萨满教或保留了萨满教的某些遗俗。萨满教保留了相当完整和生动的原始宗教特点，记录了中国北方先民文化精神发展的历史轨迹，是古代文化的聚合体，包括了宗教、哲学、历史、民俗、天文、医学等文化内容，具有综合的文化价值，其影响延续至今。本书融知识性和欣赏性为一体，图文并茂，相互呼应，让读者在阅读愉悦中获取许许多多原始宗教的信息。

98

国家民委政策法规司编/少数民族宗教信仰与禁忌．北京：民族出版社，2007 年版．

中国是一个多民族、多宗教并存的国家，56 个民族的部分群众信仰着不同的宗教，保存着许多宗教禁忌。但是，在现实生活中，由于一些人员，包括广播、影视、新闻出版单位的少数从业人员对少数民族宗教信仰缺乏正确的了解和尊重，以猎奇心理去看待和曲解少数民族的宗教信仰，有的言论、行为违反了党的民族宗教政策，伤害了少数民族信教群众的感情，影响了民族团结和社会稳定。因此，掌握一些少数民族宗教信仰方面的基本常识，对于增进民族之间的理解和尊重、维护民族团结具有十分重要的意义。针对于此，本书主要介绍了我国少数民族的宗教信仰与禁忌，选编了党的相关政策及国家的法律法规。希望本书能够为读者学习、了解党和国家的民族宗教政策、法规和基本常识提供帮助，为贯彻执行党的民族宗教政策、法规，加强民族团结，构建社会主义和谐社会贡献一分力量。

99

郭淑云著/中国北方民族萨满出神现象研究．北京：民族出版社，2007 年版．

本书以中国北方民族萨满出神现象为主题。萨满出神现象是萨满教的基本问题之一，其本身又涉及若干问题。这些问题有的来自研究对象本身，有的则依据萨满教学术史而提出。萨满出神现象具有重要的学术价值，这既缘于萨满出神在萨满教宗教体系中具有体现萨满教的本质特征、实现萨满教的基本功能等重要意义，也与其在萨满教学术史上的地位有关。我国北方民族萨满教具有典型性，萨满出神形态亦如是。对我国北方民族萨满出神现象的系统考察，国内外学术界尚无先例。本书首次对这一问题进行系统研究，通过学术史的回顾，对国内外学术界关于萨满其人、出神术和萨满脱魂、附体论及萨满医疗等问题的研究概况进行了系列的梳理，对一些重要观点作了述评。

100

（俄）李福清编/中国各民族神话研究外文论著目录（1839—1990）（包

括跨境民族神话）．北京：北京图书馆出版社，2007 年版．

由于中国各族神话研究成果分布于世界各国，未有及时的中文译介，因此，一些中国学者在研究中就很难利用这些研究资料。本书从时间和研究内容两个角度较为系统地整理了自 19 世纪以来国外神话学者的中国神话研究成果，可以看到中国神话研究在国外的基本面貌，为研究中国神话提供一个十分重要的基础文献。

101

彭时代著/宗教信仰与民族信仰的政治价值研究．北京：民族出版社，2007 年版．

本书是彭时代教授主持的国家社科基金项目“宗教信仰与民族信仰的政治价值研究”的研究成果，全书分为五章，其内容主要涉及“宗教信仰与民族信仰的概念”、“宗教与政治的内在联系”、“民族与政治的内在联系”、“宗教信仰与民族信仰的政治价值”、“当前我国宗教信仰和民族信仰政治价值目标实现的途径”等方面。该著作既着眼于新的时代特点和国际局势，又立足当代中国国情，是一项具有全局性、战略性和前瞻性的学术专著，具有较高的学术价值。

102

罗莉著/中国佛道教寺观经济形态研究．北京：中央民族大学出版社，2007 年版．

本书是中央民族大学国家“十五”“211 工程”建设项目。也是在作者已有著述《寺庙经济论——兼论道观清真寺教堂经济》基础上，专门对我国佛道教寺观经济形态进行探讨的一本专著。本书对宗教与经济研究领域中的薄弱环节进行探讨，并以佛道教寺观经济形态研究为主线展开，探讨寺院地主经济、“农禅合一”的经济形态、金融性的“无尽藏”经济、“政教合一”制下的寺院经济以及社会主义条件下的寺观经济，基本上做到了对寺观经济的历史考察与现实分析。

103

贺金瑞，熊坤新，苏日娜编/民族伦理学通论．北京：中央民族大学出版社，2007 年版．

本书旨在构建民族伦理学新理论体系，将民族伦理道德总体归位，进而形成具有现代科学特点的一部伦理学理论论著。本书系统阐述了民族经济伦理、民族政治伦理、民族文化伦理、民族社会和谐伦理、民族生态伦理和民族宗教伦理等这些区别传统民族伦理道德思想的内容。该书对少数民族传统伦理道德思想资源进行理论的提升和概括，使之形成适合现代多民族统一国家的人们共同认识的民族伦理理论体系，并使人们能够正确和妥善处理有关民族问题，关注少数民族和民族地区发展的伦理文化态度，加快推进少数民族经济社会文化的全面发展。

104

（德）韦伯著，简惠美译/新教伦理与资本主义精神（韦伯作品集Ⅻ）．桂林：广西师范大学出版社，2007 年版．

本书收录了韦伯“宗教社会学论文集”第一部《新教伦理与资本主义精神》和第二部《新教教派与资本主义精神》，而其长度接近正文$\frac{2}{3}$的注释，则全面反映了韦伯十年期间对所论述问题持续思考的研究心得，是目前内容最完整的中文对本。《新教伦理与资本主义精神》是《宗教社会学论集》的第一部分，也是最出名和最有争论的专著。韦伯试图从比较宗教学的角度去说明貌似合乎理性的资本主义的运作制度背后却由一套极为不合理性的新教伦理所支撑，即近代资本主义合理经营的态度是由新教，尤其是加尔文教派的宗教伦理所驱使而形成的。本书由台湾韦伯研究权威简惠美、康乐教授等翻译，集德、英、日、中各种译本注释之大成，费时多年终于完成此一权威的版本。

105

何星亮主编/宗教信仰与民族文化（第一辑）．北京：社会科学文献出版社，2007 年版．

本书由中国社会科学院民族学与人类学研究所宗教文化研究室主任、博士生导师何星亮研究员主编，收入其主持下的研究室多位学者撰写的论文和调查报告。内容涵盖古代民族、现代民族的宗教信仰与民族文化的关系；宗教信仰与民族传统节日及民俗的关系等。作者从人类学和民族学研究的角度，从理论探讨、历史研究与现实考察等层面，研究并解释“多元宗教”、“多元信仰”、“文化多元性”的和平共处的方式与途径。

106

张践，齐经轩著/中国历代民族宗教政策．北京：中国社会科学出版社，2007 年版．

中国是一个多民族、多宗教的国家，宗教在民族形成和发展的过程中曾发挥过巨大的作用，是民族文化和民族特性的重要内容。在漫长的历史进程中，民族问题经常通过宗教问题的形式表现出来，成为影响民族关系的重要因素。本书通过对历史资料的长期收集和研究，消化并提炼历代统治者治理边疆的经验，为现代从事民族、宗教工作的同志提供借鉴。

107

董建忠/白族本主崇拜：银苍玉洱间的神奇信仰．成都：四川文艺出版社，2007 年版．

雄奇的苍山、碧蓝如玉的洱海、绿树丛中彩蝶曼舞的蝴蝶泉……这如诗如画的自然美景给予白族人民以无限的创造力，丰富多彩的民族文化也由此衍生，其中最为独特的当数白族人民的本主崇拜。本主是白族的村社保护神和民族保护神，是掌管本地区、本村寨居民生死祸福的神灵。白族对本主的信仰几乎是全民性的，每一个白族人的一生似乎都离不开本主。作为白族人民心灵寄托与身心娱乐方式的本主祭祀活动、丰富而生动的本主神话传说、精湛的本主庙建筑雕塑艺术等构成了白族文化最绚丽的篇章。

108

刘俊哲，罗布江村编/藏传佛教哲学思想资料辑要．北京：民族出版社，2007 年版．

哲学思想内含于宗教之中，宗教又以哲学思想为理论根基，这几乎是一切人文宗教的共同之点。藏传佛教因其神学的特性而具有几分神秘色彩，其义理也无疑带有宗教的特征，然而无论其深邃的义理还是对遍行的修持实践的阐释都蕴涵着丰富的哲学思想。我们可以将其提炼、概括为如下十个大类：心识论、缘起性空论与他空见、宇宙观、因果论、生死观、伦理观、苦乐观、般若论、实践论、心明论（认识论）。本书选辑的基本上都是古代藏传佛教哲学思想资料，充分体现了古籍整理的性质。对较难理解的名词概念作了注释。

109

刘小枫著/儒教与民族国家．北京：华夏出版社，2007 年版．

本书以丰富的资料、严密的论证、深刻的分析、流畅的语言叙述了儒教从产生到消亡的历史，揭示了儒教的神灵系统、祭祀制度、教义教理等从创立、不断完善到逐渐走向衰亡的过程，阐明了儒者如何为实现上帝、神灵的意旨而治国、修身，并从事相关的理论探讨。内容涉及儒、佛、道三大教门、宗教、哲学、科学、史学、文学诸文化领域以及政治、法律史中的重大历史事件，为一切研治中国传统文化的学者所应备，为所有关心中国传统文化的读者所必读。

110

肖耀辉，刘鼎寅著/云南基督教史（云南宗教系列专史）．昆明：云南

大学出版社，2007 年版.

云南地处我国西南边陲，与缅甸、老挝、越南等国接壤，境内聚居着52 个民族，其中有 16 个民族跨国境居住，是我国民族种类最多、与境外宗教文化交流和宗教活动交往最频繁的省，也是我国宗教种类最多的省。境内除了各民族固有的形态丰富多样的原始宗教以外，基督教也有传播和发展。本书对基督教在云南民族地区的发展历史作了阐述。

111

方豪著/中国天主教史人物传. 北京：宗教文化出版社，2007 年版.

方豪神父是 20 世纪中国天主教界著名的史学家，对天主教史的研究可谓成果卓著，著作等身。本书介绍的人物自唐代贞观年间景教阿罗本至 20 世纪中叶的田耕莘枢机，时空跨越 1500 年之久，地域横跨欧亚大陆，人物选自欧洲各国至中华各民族。为作此书，方豪神父曾参阅了中外文献 50 多种，深入尘封之档案中，可见其治史之严。方豪神父写此书时采取“以我有补人无”的方法，即尽量补充已有书籍鲜见的事实，涉及大量当时的史实及人物，实为宝贵的历史参考资料。

112

时国轻著/壮族布洛陀信仰研究——以广西田阳县为个案. 北京：宗教文化出版社，2008 年版.

该书是一篇以作者大量的田野调查为基础的生动的博士论文，选题既具有强烈的学科特点（民族宗教学），又具有十分鲜明的现实性。该书研究的是正在发生的“历史”：这是在民族地区的一场宗教信仰重建（或者说是宗教运动)。论文从历时性视角回溯了进入 21 世纪后的短短五六年间，布洛陀信仰重建的三个阶段，考察和跟踪研究了正在广西田阳县发生的壮民族民间信仰恢复和重建的具体过程；亦从共时性视角描述和分析了民众、知识界(学者、文化人)、政府等不同要素介入这一过程的互动。

113

杨民康著/本土化与现代性：云南少数民族基督教仪式音乐研究. 北京：宗教文化出版社，2008 年版.

本书是“云南少数民族基督教仪式音乐的本土化与现代化研究”的课题研究，国家艺术学科“十五”规划年度（2003）课题结项学术专著。本书共 14 章，对从基督教传入的社会历史文化背景，与泰、缅等国基督教音乐文化的关系，自身的音乐与文化形态特征，个案分析以及本土化与现代性发展特征等进行研究。

114

尹绍亭，龚锐著/圣俗之间——西双版纳傣族赕佛世俗化的人类学研究.昆明：云南人民出版社，2008 年版.

西双版纳过去一往情深地寻找天国宝座的那些傣族信众，正在被现代物质文明的温情所指使；守望精神家园的信徒，也正成群结队地走在通往世俗乐园大道上。神圣与世俗在当下的西双版纳傣族社会中已经走得很近了，以至于我们难以界定其各自的疆界。本书对西双版纳傣族赕佛世俗化的人类学进行了研究，具体内容包括西双版纳傣族南传上座部佛教与赕佛消费、西双版纳傣族赕佛消费与佛寺、西双版纳傣族赕佛消费中的行为与仪式、西双版纳傣族南传上座部佛教与原始宗教在赕佛消费中的交融等。该书可供从事相关工作的人员作为参考用书使用。

115

田汝康著/芒市边民的摆.昆明：云南人民出版社，2008 年版.

《芒市边民的摆》中把人类学中经过几十年所获得的方法和概念，用具体的例子，介绍给了读者。本书不但介绍了人类学中最近的成绩，而且也是第一本用这些方法和概念来实地研究我们自己国内的宗教活动的书。本书对扩大人类学完整体系的研究范围具有现实意义。

116

史军超著/金谷魂——云南稻作文化之自然崇拜.昆明：云南美术出版社，2008 年版.

本书是云南美术出版社编辑出版的一套云南稻作文化丛书，书中对云南丰富多彩的稻作文化的汇总与集成，是对这一份珍贵的人类非物质文化遗产的传承与推介。稻作文化中的自然崇拜、鬼神崇拜和生殖崇拜，作为原始宗教残余形态，不是云南少数民族所独有，也不是中华民族所专有，而是全世界众多民族中都普遍存在的。它是全人类共同的非物质文化遗产，其中不乏许多健康、积极的内容，值得今天的人们继承下来并发扬光大。

117

董晓京著/生存与信仰——云南稻作文化之鬼神崇拜.昆明：云南美术出版社，2008 年版.

本书重点从云南稻作文化之鬼神崇拜概论、自然之神、祖先之灵、稻作民族的农耕祭仪和祭祀节日几个方面来加以阐述，或作个案的分析，或作不同民族相同崇拜的比较。通过客观观察和分析，阐释云南稻作民族鬼神崇拜产生的原因以及存在的形式，分析它的积极作用和消极影响，从而清理、把握和弘扬云南各稻作民族先民所创造并一直得以延续的民族文化财富，增强各稻作民族的民族意识与民族凝聚力；同时，也为国家的新文化决策提供有益的咨询，为人类文化史以及世界民族文化宝库增添瑰宝。

118

叶舒宪著/河西走廊：西部神话与华夏源流．昆明：云南教育出版社，2008年版．

本书旨在揭开中原王朝所建构的“西部神话”帷幕，透视被汉字的权力书写所遮蔽、所遗忘的河西走廊文化古层，从中寻觅夏、周、秦所代表的华夏源流信息，再现“丝绸之路”之前“玉石之路”的深远与辉煌，探考“齐家古国”六百年的兴衰迹象，辨析自“玉器时代”到“青铜时代”大变革中氐羌族群文化对中华文明起源的特有贡献。

119

张桥贵著/云南跨境民族宗教社会问题研究．北京：中国社会科学出版社，2008年版．

云南的跨境民族大多数是云南特有的少数民族，拥有丰富多样的社会文化和宗教信仰形态，多民族、多宗教并存共处，求同存异的特点十分突出。在漫长的历史长河中，他们在多元化氛围中既创造了和谐稳定的社会环境，又保存了自己的文化特色。因此，在他们的社会文化体系中，蕴藏着丰富的文化基因和优良传统。本书深入挖掘云南跨境民族宗教社会问题，对于保护和传承跨境民族这一人类文化发展进程中积淀的文化宝藏有重要贡献。

120

扎雅·罗丹西饶著，丁涛，拉巴次旦译/藏族文化中的佛教象征符号．北京：中国藏学出版社，2008年版．

本书主要介绍了藏族文化中九组著名的象征符号：八吉祥徽、八瑞物、七种象征王室权力的珠宝——七政宝、轮王七近宝、七珍宝、六长寿、五妙欲、和谐四瑞、对抗不和谐的三种胜利标志。本书旨在帮助读者了解什么是藏传佛教的象征符号，这些符号怎样影响藏族，由此进一步深入理解藏族的思想精髓。

121

王爱国著/多元文化中的云南宗教．北京：宗教文化出版社，2008年版．

本书是作者在宗教工作实际中撰写的有关文章，大致可以分为三个方面的内容。第一个方面是有关宗教工作基本政策与理论的，作者总结回顾了近年来我国宗教政策和理论的发展，对若干重要问题进行了专门论述，对宗教在社会发展中的影响提出了自己的观点和看法。第二个方面是对云南多元宗教文化现象的介绍和若干问题的个案研究，基督教问题研究是这部分内容的重点。因为研究来自第一手资料和田野调查，对了解和研究云南基督教问题，具有较高的参考价值。第三个方面是有关宗教的其他文章，包括作者提交国际学术会议的论文和工作考察访问中的思考，其中杜文秀起义评价中有关问题的史料是首次披露。

122

张泽洪著/文化传播与仪式象征——中国西南少数民族宗教与道教祭祀仪式比较研究．成都：巴蜀书社，2008 年版．

本书以文化传播视野下的信仰与仪式为中心，具体探讨了西南少数民族与道教的关系，比较分析了原始宗教与神学宗教融摄互补的文化意义。本书充分吸取比较宗教学的理论方法，运用西方人类学的文化传播理论、象征理论，对中国西南少数民族宗教与道教的祭祀仪式进行实证研究。本书在道教传入西南少数民族地区的历史，南诏大理时期的道教，梅山教的源流，西南少数民族宗教的坛场科仪，西南少数民族与道教的法师及其威仪，西南少数民族祭祀的科仪格式，西南少数民族法师的禹步、掐诀、存想、符咒、科仪文书，瑶族度戒仪式道教化的宏观、微观考察，西南各民族宗教的传度仪式，西南少数民族宗教与道教的超度仪式，西南少数民族民俗活动的道教色彩等诸多方面，都有作者新的思考与见解。本书以中华民族多元一体的文化观为指导，通过道教在西南少数民族中的传播影响，来探索中国文化大传统与小传统相互结合的路径，有力说明少数民族文化是中国传统文化的组成部分。认为当今中国西南少数民族传承的道教，是经历长期历史文化积淀的结果，中国西南少数民族与道教的关系是双向渗透、相互影响的，从而形成具有中华特色的道教与西南少数民族传统宗教。

123

杨学政著/揭秘原始性崇拜密码．昆明：云南人民出版社，2008 年版．

本书主要介绍了生殖崇拜虽然是人们对人口生产的一种虚幻和歪曲的观念，是一株“只会开花，不会结果”的意识之树，但它的确深刻反映了一个绝对庄严的社会意志作为社会生产力的人的再生产。本书旨在说明生殖崇拜，绝无淫荡和色情，我们不能以今人具有的自然科学知识去揣想原始先民的心珲和观念，生殖崇拜毫无猥亵之意，是极为庄严神圣的信仰。

124

杜巍编/文化宗教民俗：首届中国佤族文化学术研讨会论文集．昆明：

云南大学出版社，2008 年版.

进入 21 世纪以来，各个学科都在对 20 世纪的学术状况进行回顾和反思，不断探寻新的学术思路和研究方法。在佤族文化研究中，我们要学习、借鉴老一辈学者的研究成果，在此基础上把理论创新作为追求的首要目标。此次佤族文化学术研讨会在思茅师专和西盟佤族自治县两地举行，具有特殊意义。茶城学府思茅师范高等专科学校位于有“中国茶城”之称的普洱市。普洱是滇西南的文化中心，生活着佤、傣、彝、哈尼、拉祜等 14 个世居少数民族，蕴藏着丰富的民族文化宝藏。西盟佤族自治县是佤族文化的中心区，保存着原始、生态、古朴、厚重的佤族文化样貌，可以让研究者得到真实的体验和感受。佤族文化的实地考察让与会学者亲身感受到佤族浓郁的民族风情和神秘的原始文化魅力，来自全国各地的学者带来了新的学术信息、新的学术理念、新的研究方法，必将把佤族文化研究带入新的境界，开创新的研究局面。

125

连心豪著/闽南民间信仰（闽南文化丛书）. 福州：福建人民出版社，2008 年版.

闽南文化是中华文化的一个重要组成部分，同时又是中华文化中一个极具鲜明特色的地域文化。本书旨在介绍闽南文化的形成及其发展，闽南文化是经过漫长的历史演变与文化磨合以及东南沿海地带独特的地理环境等多种因素逐渐造就的。中华文化的核心价值培育了闽南文化，而深具地域特色的闽南文化又使得中华文化的整体性显得更加丰富多彩。当今，区域文化研究已经成为世界性的一个学术热点，本书从中华文化整体性的角度来考察闽南文化，帮助读者全面深入地了解闽南文化。

126

（美）杨凤岗著，默言译/皈信．同化．叠合身份认同——北美华人基督徒研究. 北京：民族出版社，2008 年版.

美国华人的宗教信仰中基督徒占华人信仰的较大比例，然而目前对美国华人基督徒的学术研究几乎一片空白。这些问题对于研究移民同化、宗教皈信、散居国外华人的身份认同与建构以及少数民族研究等方面也是非常有价值的。本书研究的核心是在华人移民教会内人们的身份认同与建构问题。本书把读者带进一个典型的华人移民教会，考察他们的象征符号、话语系统以及行为，并用民族志的深描法与社会学的分析来探究它们不同层次的含义。

127

孟慧英主编/当代中国宗教研究精选丛书：原始宗教与萨满教卷（阅读中国）．北京：民族出版社，2008 年版．

提起宗教，人们往往会想到天上的神、教堂的顶、庙中的烟，然而，宗教就在我们周围的世界，在人们的心中。从一定意义上说，世界上不存在没有宗教的民族，也不存在没有宗教的国度。人类文明的各个部分、人类活动的各个方面，都与宗教有着千丝万缕的关系。本套丛书是学者们研究与宗教相关的问题的集结，是对中国宗教的重新思考。

128

钟建华，王项飞著/仪式崇拜与有序的神圣．北京：中央民族大学出版社，2008 年版．

本书主要对农业村落信仰民俗的文化结构和现代适应展开研究，主要内容是以甘肃泾川西王母信仰为个案；民间视野中的伏羲与女娲：以天水伏羲、女娲信仰为例；晋南万荣县后土祠后土信仰调查研究；青岛地区妈祖信仰与港口发展的互动：兼论妈祖神性职能的变迁；关于闽南安溪县八社联盟关帝信仰习俗的调研。

129

熊坤新，李建军著/新疆诸民族伦理思想研究（中国民族伦理思想研究丛书）．北京：中央民族大学出版社，2008 年版．

本书共分两部分：第一部分主要对新疆的 13 个民族的伦理思想进行了多角度、全方位的论述，其中涉及各民族格言、谚语、诗歌、神话传说、民间故事、英雄史诗、礼仪礼节、人生庆典、婚俗、宗教信仰、禁忌、丧葬等习俗惯例中的伦理思想。第二部分包括五篇论文，分别就民族道德的发轫过程及其状态；中国民族伦理学研究状况；中国历史上各少数民族伦理思想的基本概况；中国少数民族传统美德与社会主义市场经济的关系等问题进行了论述。通过这些论述，有助于人们全面了解中国少数民族伦理思想的基本概貌。

130

宝贵贞著/近现代蒙古族宗教信仰的演变．北京：中央民族大学出版社，2008 年版．

民族与宗教关系问题是当前国内外热点问题之一，也是宗教学研究的重大课题。宗教属于精神信仰形态，民族属于社会族群形态，因此，民族和宗教并不严格对应和同步发展，但二者又总是紧密联系，不可分离。作为传统的游牧民族，蒙古民族文化的核心即草原文化和宗教文化。作为民族文化载体，宗教融汇了民族精神、民族性格、民族心理、道德观念和价值理念，不仅传承着蒙古族的民族文化，而且也映射了蒙古社会历史的变迁。遗憾的是，目前国内学术界尚没有系统研究近现代蒙古族宗教问题的论著。本书意在系统梳理蒙古族宗教在清代以后发展并逐渐衰落的脉络及走向，在尊重历史文献和调研资料的基础上，对某些问题的阐述提出自己的独到看法，对于了解蒙古民族社会史和思想史具有重要意义。

131

邢莉著/民间信仰与民俗生活．北京：中央民族大学出版社，2008年版.

许多学者研究民间信仰的特征，往往将之总结为原生性、多元性，本书认为中国民间信仰的最大特征是民间性和生活化。本书旨在把民间信仰还原于生活，将民间信仰作为理解民众生活、民间社会的一种思维方式。除了一部分深层的理论文章外，本书还特别注重个案的研究、注重来自于田野的调查成果，这也是众人通过身体力行对民俗学学科所作的贡献。

132

闵丽等著/西部现代化境域中的四川少数民族宗教问题研究．成都：巴蜀书社，2008 年版．

该书在系统阐述民族与宗教文化之间的内在关系的基础上，介绍了四川主要少数民族的传统宗教与习俗，详细地阐释了它们在现代化进程中演变的现状、路径和趋向，分析了四川民族宗教演进的正面作用和负面影响，提出了正确处理民族传统宗教文化与现代化关系的原则与对策。该书力图从整体而非局部、从系统而非零散的层面把握四川少数民族的传统宗教文化在西部开发中所受到的影响及其发展走势问题，并且将这一问题作为全球化境域中多元文化交汇的一个典型案例，从文化发生学和人类文化发展史两个视角，剖析了人类文化单极化发展与文化生态失衡的不可能性，阐释和肯定了人类文明多元格局所蕴涵的和平、民主、自由、人权等现代价值理念。

133

熊坤新主编/宗教理论与宗教政策．北京：中央民族大学出版社，2008年版．

本书是“21 世纪全国民族地区院校协编教材”系列之一。书中具体包括世界主要宗教简介、基督教、伊斯兰教、中国民间宗教、邪教与宗教的区别、宗教的历史演变规律、宗教与社会意识形态的关系、马克思主义对待宗教的基本态度等内容。

134

何林著/阿怒人——同一屋檐下的不同宗教信仰．昆明：云南大学出版社，2008年版．

在自称“阿怒”的贡山怒族中至今已形成同一社会、村落，甚至同一家庭中藏传佛教、天主教、基督教（新教）多种宗教信仰和谐共存的事实。形成和维持这一现状的因素是多方面的，而阿怒人“多元统一”的观念模式和思维结构以及以原生信仰为认知模式的对各种外来宗教在其生计模式、文化系统、社会系统及社会生活中的整合及动态调适是多种不同宗教信仰得以共存的文化基础。本书将从阿怒传说《创世纪》与民歌古调《本曲》、家庭与社会结构及关系、原生信仰及与外来宗教的整合等方面对阿怒人的这一宗教现象进行文化的解读。

135

马西沙主编/当代中国宗教研究精选丛书：民间宗教卷（阅读中国）．北京：民族出版社，2008年版．

本书汇集多名一线专家、学者的精选之作，是数十年来的首次。论集涉及从汉代至清末多种民间宗教教派的嬗变，大教派在历史变局中的角色，它们与道教、佛教之间相互影响及演化关系。涉及正统宗教、异端教派、教门之间的理论及概念辨析。还有相当数量的文章考析了各教派的经典、教义、仪轨。特别对两宋以后从变文讲经文衍化出的宝卷都作了出色的研究，令人耳目一新。本书还有数篇文章改写了权威命定的错误的历史结论，还原了历史本貌。本书考析精当，内容丰富，是一部优秀的论集。

136

张桥贵主编/云南跨境民族宗教社会问题研究（之一）．北京：中国社会科学出版社，2008年版．

所谓跨境民族，一般指由长期历史发展形成的、紧靠边境两侧分布、居住地直接相连而分居于不同国家中的同一民族。云南是中国沿边跨境民族最多的省份，其跨境民族问题具有相当的典型性和代表性。云南的跨境民族不仅种类多，而且大多数是云南特有的少数民族，拥有丰富多样的社会文化和宗教信仰形态，多民族、多宗教并存共处、求同存异的特点十分突出。本书分为四篇，内容包括云南跨境民族中的宗教渗透与反渗透、云南跨境民族地区基督教现状调查、云南跨境民族多元宗教并存调查研究、德宏州德昂佛教文化及原始信仰调查研究。本书希望透过一个个具体问题和具体方面的调查研究，由点到面，由浅入深，对跨境民族的社会、经济、文化进行系统而深入的了解和把握，最终找到应对现实问题、促进经济文化发展及社会和谐的有效途径。

137

张泽洪著/文化传播与仪式象征——中国西南少数民族宗教与道教祭祀仪式比较研究．成都：巴蜀书社，2008 年版．

宗教学研究中的信仰与仪式密切相关，信仰与仪式始终是宗教的两个重要范畴。中国是一个多民族的国家，宗教文化呈现出多种形态。在中国传统的儒、释、道三教以外，中国少数民族宗教是另一并存的宗教形态。中国少数民族传统宗教，以它优美的神话传说、丰富的祭祀经典、原始的神灵信仰、古朴的祭祀仪式，构成了多姿多彩的民族文化。本书以文化传播视野下的信仰与仪式为中心，具体探讨西南少数民族与道教的关系，比较分析原始宗教与神学宗教融摄互补的文化意义。本书充分吸取比较宗教学的理论方法，运用西方人类学的文化传播理论、象征理论，对中国西南少数民族宗教与道教的祭祀仪式进行实证研究。本书以中华民族多元一体的文化观为指导，通过道教在西南少数民族中的传播影响，来探索中国文化大传统与小传统相互结合的路径，有力说明了少数民族文化是中国传统文化的组成部分。本书资料翔实、立论严谨、分析深入、文笔流畅，独具特色。

138

宝贵贞，宋长宏著/蒙古民族基督宗教史．北京：宗教文化出版社，2008 年版．

本书是我国第一部研究蒙古民族和蒙古地区基督宗教传播发展情况的历史学、宗教学著作。本书从蒙元时期开始一直贯穿到 20 世纪初，时间跨度大。作者在遍检古今中外大量零散但又丰富的蒙古族及蒙古地区宗教史料基础上，对基督宗教在蒙古民族和蒙古地区的传播、发展、流变情况进行了较为细致的描述、分析和研究。本书的出版，对宗教学、历史学、蒙古学、地方史学、基督宗教史等学科领域的研究，都具有一定的学术价值。

139

楼宇烈主编/当代中国宗教研究精选丛书：佛教卷（阅读中国）．北京：民族出版社，2008 年版．

长期以来，人们对宗教有两种不同的理解：一种是主体界说，称为“在教言教”，即宗教信仰者从“局内人”的视角来言说宗教。另一种是客体界说，称为“教外言教”，即宗教研究者以“局外人”的身份解读宗教。

两种路径，各有千秋、互为补充。“教外言教”的宗教学，无论在西方还是在中国，近年来似乎都正在成为“显学”。然而对绝大多数西方人来讲，中国宗教始终是一个“谜”。本书选编了当今中国内地28位在佛教研究领域内卓有成就的学者的28篇论文，从中大致可以看到改革开放以来，我国内地学术界在佛教研究方面的概貌和取得的主要成就。这些论文，涉及佛教研究的各个领域，其中有：中国佛教宗派的研究、佛教经典的研究、佛教图像的研究、藏传佛教的研究、印度佛教的研究、中外佛教交流的研究、佛教与中国本土文化交流的研究等。

140

金宜久主编/当代中国宗教研究精选丛书：伊斯兰教卷（阅读中国）.北京：民族出版社，2008年版.

本书是“当代中国宗教研究精选丛书”系列之一的《伊斯兰教卷》分册。本书主要内容包括伊斯兰教在中国的地方化和民族化、世界屋脊上的伊斯兰文化、20世纪的中国伊斯兰教研究、试论清代白山派和黑山派之间的斗争及其影响、刘智宗教思想对西道堂教派的影响等内容，是对我国学术界在伊斯兰教研究方面的总结。

141

卓新平主编/当代中国宗教研究精选丛书：基督教卷.北京：民族出版社，2008年版.

基督教研究在当代中国的发展速度是前所未有的，已成为中国宗教学术研究的重要组成部分。自中国对外开放、实行改革以来，当代中国学术界对基督教的学术探究不断扩大、逐渐深入，取得了可喜的成就。而且，在中国思想文化氛围和当代社会处境中，这种研究既有外观、亦有内省，既有吸纳、更有奉献。它虽然正在融入国际学术研讨的发展之中，却也格外醒目地体现出其学术自我，有着与外界研究的明显不同和侧重。这就是其中国学术风格的显现、中国研究特色的形成。因此，当代中国学术界的基督教研究正引起各界人士的关注，并且也在世界学苑中脱颖而出。

本书为“当代中国宗教学术研究精选丛书”之一，以对当代中国基督教学术研究加以回顾和梳理。在本文集中收入了一批当代中国基督教研究者的代表性论文，旨在真实、生动地反映这段学术发展历程及其独特成果。其中不少研究者本身就是这一历程的参与者、见证者或推动者，有着他们的亲身体悟和真知灼见。

142

牟钟鉴主编/当代中国宗教研究精选丛书：道教卷．北京：民族出版社，2008年版．

道教是根植于中国古代文化的民族性宗教，它源远流长，已有一千八百年以上的历史，是中华民族传统文化的重要组成部分，是传统社会三大精神支柱（儒、佛、道）之一，也是当前五大合法宗教中唯一土生土长的宗教。它对中国的哲学、伦理、政治、文学、艺术、民俗、医药学、健身养生学等却有着深刻而持久的影响；它尤其与民间信仰有着千丝万缕的血肉联系，具有极强的“草根性”，广泛渗透到民众日常生活和心理结构之中，成为塑造中国国民性格的文化要素，所以鲁迅先生说：“中国根柢全在道教。”本书集中了我国学术界对道教研究的代表性论文，希望能够使读者从了解道教开始真正认识中国人和中国文化。

143

郑永扣，寇东亮著/民族精神的当代价值（哲学与人研究丛书）．郑州：河南人民出版社，2008年版．

民族问题是一个古老的话题，但又是一个常新的课题。任何一个民族，必然有其特有的民族精神。本书选取我国学者对民族精神的代表性论文集结成书，民族精神是一种传统文化精神，更是一种时代精神。民族的发展离不开民族精神，民族精神是民族发展的精神支柱。进入21世纪以来，全球化和民族化两种看似矛盾的现象同时进一步加剧。这种时代背景，使得每一个民族国家所特有的民族精神都受到了严峻的挑战。有效应对这些挑战，才能从根本上保证民族国家的健康发展。

144

《西藏的人口、宗教与民族区域自治》编写组编/西藏的人口、宗教与民族区域自治．北京：外文出版社，2008年版。

本书主要包括西藏的人口、西藏的人口政策、1951—2006年西藏人口增长情况；西藏的宗教：藏传佛教、本土宗教——苯教、融合藏族文化的伊斯兰教、居于一隅的天主教、宗教信仰自由；西藏的民族区域自治、西藏人民管理西藏事务、享有生存权和发展权、保障民族文化的继承与发展等相关内容。

145

（英）玛丽·道格拉斯著，黄剑波等译/洁净与危险．北京：民族出版社，2008年版．

洁净是否近乎圣洁？这个概念究竟所指何事？为什么它作为一个普世主题在所有社会中反复出现？不洁又有什么意味？道格拉斯在《洁净与危险》中辨析出，对洁净的关注乃是处于所有社会关注中心的关键主题。她以清晰、流畅的笔调，通过揭示这一主题对我们的社会态度、价值观、宇宙观和知识的全方位影响，向每一位读者展示了洁净对我们的重要意义。本书对诸多领域里的重要论争一直影响巨大；从宗教到社会理论。但它最重要的作用还是为每位读者理解人们为何行其所行提供了一种全新的解释。这部 Routledge 经典版本，特地邀请作者撰写了一篇前言，评估了这部作品 35 年来持续保持其意义的原因，从而保障了《洁净与危险》在新千年继续对人类的思想提出挑战和质疑。

146

林为民著/莫瑶的盘王神话传说与信仰：以粤北连阳（古连州）为研究区域．广州：中山大学出版社，2009 年版.

本书主要运用历史文献研究法、田野调查方法、多学科结合的研究方法等，研究粤北连阳莫瑶盘王神话传说及其信仰的关系。

147

牟钟鉴主编/宗教与民族（第六辑）．北京：宗教文化出版社，2009 年版.

本书分本辑特稿、理论探索、专题观察、田野来风、他山之石、新秀沙龙等部分。本书旨在推动民族与宗教和中国少数民族宗教的研究，向社会提供相关的学术资源和理论支持，推动学术交流，凝聚有志于民族与宗教研究的海内外人士，加强少数民族宗教在宗教学研完领域中的地位。

148

张践著/民族宗教关系的社会理论考察．北京：宗教文化出版社，2009 年版．

本书认为文明冲突的本质乃是以宗教为背景的泛化民族之间的冲突，这是对文明冲突的一种有深度的解读。本书对宗教民族主义进行了专题分析，指出它是世俗意识形态淡化和民族文化认同强化的产物，还对霸权主义和恐怖主义的民族宗教根源作了揭示，指出民族宗教对话是解决民族宗教冲突的唯一道路。本书旨在论述中华文明可以为世界宗教对话作出应有的贡献，包括它的和而不同的相处之道，理一分殊的哲学智慧，忠恕之道的全球伦理，多元参与的宗教实践。

149

刘道超著/信仰与秩序：广西客家民间信仰研究．桂林：广西师范大学出版社，2009年版．

本书主要是通过广西客家民间信仰的几个侧面，探讨广西客家民间信仰的特色与社会作用；以广西客家民间信仰相关问题的研究为路径，探索民间信仰混乱中的结构，无序中的秩序，窥析中国民间信仰的本质、特征、内在结构与秩序、传承与流变的规律。同时，以此为起点，研究民间信仰与制度化宗教的关系，民间信仰与国家以及大文化传统的互动，民间信仰的社会适应性及其对社会稳定和发展的作用，更深入地认识民间信仰在中国传统文化空间中的位置以及中国传统社会与文化，追寻中国社会乃至人类社会所以能够生生不息的社会动力之源泉。

150

萧洪恩著/土家族哲学通史．北京：人民出版社，2009年版．

本书从对土家族哲学研究方法的探讨入手，着眼于土家族哲学的转型，分上、中、下三篇对中华人民共和国成立前的土家族哲学进行了全面而系统地阐明和探讨：上篇总论土家族哲学，阐明了土家族及其哲学传统，厘清了土家族精神传统的生成与转型；中篇集中考察和讨论了土家族传统哲学，包括土家族哲学思维的萌芽、賨人思想家鹖冠子的哲学思想、渝湘地区土家族学者的哲学思想、《田氏家言》的哲学思想、封建社会末世的历史批判与哲学反思等内容；下篇则探讨了土家族近现代哲学，包括土家族近现代哲学的转型、辛亥革命前后土家族哲学的新变化、土家族学者对唯物史观的接受与阐释、沈从文的自由主义与文化保守主义等。作者是土家族人，本书既是其自身20年来孜孜探讨土家族哲学的最新成果，也是我国第一次对土家族哲学进行的全景式展示，从而彰显出土家族哲学的民族性、时代性和个人风格的魅力。

151

李元光等/藏传佛教直观主义认识论研究．北京：民族出版社，2009年版．

本书是2003年四川省哲学社会科学“十五”规划课题——“藏传佛教直观主义认识论研究”的最终成果。藏传佛教认识论的研究，除逻辑学部分较为发达外，本书可以说是第一本关于藏传佛教认识论的专著，所以可资借鉴的材料不多，一切都从浩瀚的藏传佛教史料收集提炼，花了大量的时间查阅、翻译有关藏学资料，竭尽全力使其完善。本书在编写过程中吸收了有关藏传佛教认识论的最新研究成果。

152

“中国少数民族社会历史调查资料丛刊”修订/昆明民族民俗和宗教调查. 北京：民族出版社，2009 年版.

本书为国家民委民族问题五种丛书中的中国少数民族社会历史调查资料丛刊之一。本书记录了中国 55 个少数民族从起源至 21 世纪初的历史发展进程，涵盖政治、经济、文化、社会等方方面面的内容。荟萃了大量原始的、鲜活的、极其珍贵的资料。

153

吕萍，邱时遇著/达斡尔族萨满文化传承. 沈阳：辽宁民族出版社，2009 年版.

萨满文化是一种世界范围的宗教文化，从远古一直保存至今。在中国，尤其是在中国北方少数民族中，无论是古代民族还是现代民族，都有萨满文化的存在。本书的出版，首先是为达斡尔族萨满文化造势。该书通过大量翔实的资料和图片，向人们介绍了达斡尔族及其传统文化，其学术价值很高。其次，本书是为萨满文化传承人立传。这在以前是从来没有过的，说明人们开始关注萨满文化传承人。道理很简单，如果没有传承人，就不会有萨满文化。其三，本书向世人证明了，中国的萨满还在，萨满文化仍有遗存，需要我们珍惜与保护。

154

金香，色音主编/萨满信仰与民族文化. 北京：中国社会科学出版社，2009 年版.

本书汇集了国内外关于萨满教研究的优秀学术论文。共选入 17 篇文章，涵盖了当今对萨满教研究的学术成果，具有较高的学术价值。

155

“中国少数民族社会历史调查资料丛刊”编辑/云南民族民俗和宗教调查. 北京：民族出版社，2009 年版.

“中国少数民族社会历史调查资料丛刊”是国家民委“民族问题五种丛书”之五，内容包括了 20 世纪 50 年代中央访问团收集的资料，全国人大民委、中央民委等组织民族社会历史调查以及民族识别等工作所搜集到的资料，这些资料集中记录了我国少数民族社会历史的基本情况，是民族研究和民族工作中的重要参考资料，受到了各方面的欢迎和好评。“中国少数民族社会历史调查资料丛刊”问世以来，民族自治地方社会和文化发展取得了长足进步，各方面情况有了不少变化，为了进一步发挥这些历史调查资料的作用，促进各民族“共同团结奋斗，共同繁荣发展”，国家民委决定修订、再版“中国少数民族社会历史调查资料丛刊”，并将其列为国家民委重点科研项目。

156

金泽，陈进国主编/宗教人类学（第一辑）. 北京：民族出版社，2009年版.

对于人类学家来说，信仰是社会学的事实，而不是神学的事实，他们唯一关注的是诸信仰彼此之间的关系和信仰与其他社会事实之间的关系。他们的问题是科学的问题，而不是形而上学或本体论的问题。人类学家更加关注宗教在普通民众日常生活中的存在形态，通过宗教的研究去寻找理解社会文化运作规律的途径。

本辑《宗教人类学》的作品是编者努力贯彻“走近宗教现场”之立场的一种实践。如果说“田野现场”的文字是指向中国宗教传统的“地方”和“当下”的现场的话，“本土眼光”和“域外视野”则是在观照宗教文本现场的基础上，走出“地方”和“当下”，来反观“内在化”于我们个体及民族自身的宗教实践和日常生活。书中每一组相关文字的名家“点评”，也是试图将每位著者的思考标准再行“相对化”，从而构成一个宗教研究者的交谈现场。

157

黄建明，巴莫阿依/中国少数民族原始宗教经籍汇编：毕摩经卷. 北京：中央民族大学出版社，2009年版.

中华民族是中国各民族的总称，她是经过长期纷争与交融而形成的内涵十分丰富的民族有机联合体。中华民族有着一百多万年从“蒙昧”走向“野蛮”的历程，有着五千多年的有籍可查的文明发展史，有着两千多年的统一的多民族的国家发展史和中华民族发展史。其间，各个民族，包括那些已经消亡的民族，不仅为本民族的发展和进步，也为整个中华民族的形成、发展和进步作出了各自的历史贡献。本书对我们充分认识和了解我国少数民族原始宗教有着重要的参考价值。

158

佟德富，巴莫阿依，苏鲁格编/中国少数民族原始宗教经籍汇编：东巴经卷. 北京：中央民族大学出版社，2009年版.

本书是把流传在纳西族地区的传统东巴教仪式及使用的经籍内容加以整

理汇编而成的。它的一部分资料来源是《纳西族东巴教仪式资料汇编》及丽江市玉龙纳西族自治县鲁甸乡新主村东巴和开祥的口述记录。绝大部分资料来源于《纳西东巴古籍译注全集》（100 卷）。本书汇编的目的是发掘人类社会的历史演变源头，展现丰富多彩的原始宗教文化。

159

胡日查著/清代内蒙古地区巴寺院经济研究．沈阳：辽宁民族出版社，2009 年版．

在本书中，作者将民族学、经济学、历史学、宗教学相关理论和方法相结合，对清代内蒙古地区寺院经济结构进行了综合研究。本书首先采用传统史学研究方法，大量占有史料，并通过史料学视角，对搜集整理的相关资料进行史料辨析，存真去伪，保证应用史料的真实性和可靠性。其次，通过历史学、经济学、宗教学相关研究方法，就清代内蒙古地区寺院经济产生的历史原因、表现、“寺院经济”形态这一独特的内部经济结构及其经营方式等问题进行了多方位分类、归纳和总结，进而阐明清代内蒙古地区世俗社会与藏传佛教寺院集团之间的政治、经济、文化等方面的内在联系。另外，采用民族学田野调查方法，到现存比较完整的内蒙古一些寺庙，如五当召、大召、席力图召等进行调查取证，经过访谈年迈之老喇嘛，搜集必要的口传资料，以弥补相关资料的缺憾。

160

牟钟鉴主编/民族宗教学导论．北京：宗教文化出版社，2009 年版．

民族宗教学是民族学和宗教学的交叉学科，它研究民族与宗教的互动关系，重点是阐释宗教在民族形成、民族演变、民族国家、民族文化、民族关系中的地位和作用，基本上属于宗教学的分支。凡与民族宗教相关的问题，都在它的研究范围和视野之内。本书融摄历史学的视野，研究民族与宗教的互动历史；融摄社会学的视野，研究民族宗教与社会要素的互动关系；融摄文化学的视野，研究宗教在不同类型民族文化中的作用；融摄政治学的视野，研究民族宗教关系在当代国际政治中的地位和作用；揭示中华民族宗教的多元通和模式；说明世界各民族宗教的分类与分布。民族宗教学是一门新生的学科，虽然幼小，却前程远大。

161

张践著/民族宗教关系的社会理论考察．北京：宗教文化出版社，2009 年版．

宗教与民族之间存在着密切的关系，由宗教问题引发的民族冲突，成为当代世界重中之重的热点问题。本书试图对民族、宗教两大范畴进行解析，从而解释不同宗教在不同历史时期的经济、政治环境下对民族关系的具体影响。

162

吴福环主编/新疆的历史及民族与宗教（当代中国民族宗教热点问题研究丛书）. 北京：民族出版社，2009年版.

新疆维吾尔自治区地处我国的西部边陲，是我国面积最大的省区。新疆的区情就纵向而言，包括新疆的历史、现状和未来发展趋势；就横向而言，包括政治、经济、文化等诸多方面。我们中的大多数人在中学的中国历史课上曾经学习到有关新疆的一些历史知识，如，汉代“张骞出使西域”，唐代“安西都护府”的设立等。本书内容全面连贯，使读者能够获得对新疆历史的较全面系统的知识和整体的把握。

163

王晓丽等主编/宗教信仰与民族文化（第三辑）. 北京：社会科学文献出版社，2009年版.

本书是一本很有趣的论文集。书中有对民族历史的追寻，有对各种宗教信仰的探讨，有对外国各学术流派的介绍，更有对田野调查的形象描绘。每一篇论文都有特色、有深义、很耐读，读后定会受益匪浅。

164

刘学堂著/新疆史前宗教研究（新疆少数民族民间信仰与民族社会研究丛书）. 北京：民族出版社，2009年版.

研究原始宗教的资料大体来自两个方面，一是民族志材料，二是考古学材料。在原始宗教的研究中，立足于民族志材料构筑原始宗教学科体系的论著很多；相比之下，利用考古学材料对史前宗教的探索则相对薄弱。基于此，本书在介绍考古材料的基础上，试图通过对民族志材料与考古学材料的整合，探寻两者之间的结合点，这无疑是新疆史前宗教研究的重要途径，也是一项任重道远的工作。我们相信，随着新疆史前考古研究的不断深入，新的发现不断增多，会有越来越多的学者投入新疆史前宗教的研究领域，新疆史前宗教研究也将因此不断引起国内外学术界的关注。

165

廖杨著/民族关系与宗教问题的多维透视：以广西为考察中心. 北京：民族出版社，2009年版.

本书以华南边疆具有地缘意义的重要区域——广西壮族自治区为研究范

围，在评述相关研究动态的基础上，以时间为经、事件为纬，分古代、近代、现代和当代四个不同时期，从历史与现状、地方与国家、区域与全球、边缘与中心、民族与宗教以及地缘经济、地缘政治和地缘文化互动等多个维度，透视了广西的民族关系与宗教问题，梳理了不同时期广西民族关系和宗教问题历史变迁的基本线索和发展规律，并以 spss 为统计分析平台，从总体上分析了有关广西民族关系与宗教问题的调查问卷，对民族、宗教的相关问题亦进行了理论探讨。

166

孟慧英主编/宗教信仰与民族文化（第二辑）. 北京：社会科学文献出版社，2009 年版.

本书由中国社会科学院民族学与人类学研究所研究员、博士生导师孟慧英主编，汇集该所多位学者就民族宗教信仰、民族文化和习俗等问题撰写的论文以及国外同行学者相关著述的译文。内容涵盖原始宗教、现代民族的宗教信仰，阐述了它们与民族文化和习俗的关系. 对人类学与民族学学者深入研究上述问题颇具学术参考价值。

167

马品彦编著/新疆宗教知识读本（民族工作学习文库）. 北京：民族出版社，2009 年版.

胡锦涛总书记特别强调，要大力加强对马克思主义民族理论、党的民族政策和民族基本知识的宣传教育。不仅要教育群众，更要教育干部；不仅要教育少数民族干部，更要教育汉族干部；不仅要教育一般干部，更要教育领导干部。要通过广泛深入的宣传教育，在全社会形成自觉维护民族团结。本读本正是针对于此出版的面向干部工作出版的民族宗教知识读本，全面系统地介绍了新疆的宗教传统和宗教文化，对干部做好民族工作提供了解依据。

168

孙雄著/神人之际——索洛维约夫宗教哲学研究（第二轴心时代文丛）. 北京：宗教文化出版社，2009 年版.

本书以俄罗斯近代以来现代化的曲折历程及俄罗斯与西方的文化冲突为背景，对俄罗斯著名哲学家索洛维约夫的宗教哲学思想，包括索洛维约夫对西方理性主义的批判、完整知识理论、神人学说、神权政治社会理论等进行了全面的梳理。阐述了索洛维约夫宗教哲学追求改变世界的分裂状态. 实现人与神、人与人、人与社会、人与自然的和解的基本理念。从当今世界全球文明冲突和文明对话的语境中揭示了索洛维约夫宗教哲学所蕴涵的价值资源。

169

谷家荣，余晓莹著/花腰彝祭龙．昆明：云南人民出版社，2009 年版．

生活在云南哀牢山区仅有的 4 万人口的彝族支系花腰彝创造了绚烂多彩、独具风格的花腰彝文化，花腰祭龙节就是具有浓郁民族特色和地方特色的节庆活动之一。本书配以精美的图片，阐述了祭龙文化，分析了祭龙民俗的旅游价值，呈现了这一非物质文化遗产的全貌图景。

170

杨政业著/白族本主文化．昆明：云南人民出版社，2009 年版．

本主是白族独特的宗教信仰，本主文化的核心是对村社保护神“本主”的全民性崇拜，它从宗教的角度折射出白族的家庭、社会、阶级、国家以及生产方式、伦理道德、哲学艺术等方面多姿多彩的风貌，历来为学术界所关注。本书以新颖的学术视角首次将本主崇拜的农耕性、村社性以及本主文化的缘起、神格谱系、祭祀典仪、神话传说、寺庙建筑等作了系统全面的探讨和描述。

171

张春继著/白族民居中的避邪文化研究：以云南剑川西湖周边一镇四村为个案．昆明：云南大学出版社，2009 年版．

本书主要介绍避邪文化在中国的乡村社会是很普遍的生存习俗，但问题的研究并不只停留在文化的普适性上，而是在不同地域的具体生活情景中，从具体族群文化认同的背景中去发现其文化的独特性和多样性，去发掘避邪文化具体的“地方感觉”。

172

黄雪梅著/大化无形：云南大理白族祖先崇拜中的孝道化育机制研究．桂林：广西师范大学出版社，2009 年版．

本书验证了理论假设，并认为该理论假设成立。大理白族在“化”与“诚”的基础上，建立了一套完善的文化传承机制，有效发挥了史化的教育功能；教育应借文化促进人的发展，而“化育”是实现这一目标的重要方式。这无疑有助于我们传统文化的继承、发扬，顺利实现现代化与传统的对接，加深对教育本真含义的理解，促进教育的进一步发展。

173

马登杰著/新疆历史民族宗教源流述略．

本书采用大百科全书条目式的编写方法，广证细校前贤时俊研究成果，充分摅发个人多年教研心得，全景式地展现了新疆“历史”、“民族”、“宗教”的发展源流和宏阔格局。该书条分缕析地梳理了三大主线纵向的起讫脉络，又辅以图表，建立了与之相关的中国历史与中、西、南亚有关史料的横向参照系，彼此呼应，浑然一体。可以说，该书既是一部后出转精的新疆地方史研究著作，也是迄今普通读者了解和掌握新疆史最便捷、最通俗的文本之一。

C 社会科学总论

174

李国文著/古老的记忆：云南民族古籍．昆明：云南教育出版社，2000年版．

本书是“云南民族文化知识丛书”之一，全面系统地研究了云南民族古籍。该书图文并茂，资料翔实，分析详尽，观点新颖。内容由专家用简洁精练、准确生动的文字写成，充分体现了知识性、系统性、通俗性和可读性，是专题了解云南民族文化知识必备的参考书。

175

巴莫阿依，黄建明著/国外学者彝学研究文集．昆明：云南教育出版社，2000年版．

本书收集的是外国彝学学者研究彝学的部分成果，从他们的角度对彝民族的族源、宗教、文字、古籍等方面作了研究性的论述。就如美国彝学专家郝瑞说的那样：一、在中国学术界与国际学术共同体接轨中，外国学者可以充当桥梁，把彝族和彝学这一端的情况介绍给外国和国际学术界，同时把国外人类学、历史学等另一端的新理论、新方法传送给彝族学者和中国各民族学者。二、外国学者能够利用各自的语言资源和学术环境在英语、法语、日语、德语等学术刊物上用最新的理论和观念来讨论彝学问题，这无疑会给彝学研究带来新的气象，注入新鲜的血液。三、外国学者看彝族社会，是一种“远观”。中国有句成语“旁观者清”。“远观”自有“远观”的长处，可以弥补“近观”或者“自观”的不足与缺陷。外国学者们希望他们的“远观”会对彝族学者和其他各民族学者进一步认识彝族历史、了解彝族文化有所裨益和有所帮助。

176

纳日碧力戈著/现代背景下的族群建构．昆明：云南教育出版社，2000年版．

族群这个概念虽然在港台已经通用，但在内地谈及“族群”只是近几年的事。大多数读者对族群这个概念还有些陌生，甚至在学界都有些“时髦”。本书在中国内地族群理论研究方面开了先河。

177

王铭铭/王铭铭自选集．桂林：广西师范大学出版社，2000年版．

本选集科学与人文兼收，精思与沉潜并重，而主脉不变，在乎平实而富有建设性的研究。本书主要研究了中外民族学、文化人类学等方面的内容。

178

赵锦元，戴佩丽主编/世界民族通览（上下册）．北京：中央民族大学出版社，2000年版．

本书以其广博而丰富的知识内涵，把读者带进一个枝繁叶茂、气象万千的广阔天地，让读者得以从不同角度和不同侧面观察到整个世界民族之林的全景和细部，而获得比较系统的民族知识：诸如五大洲所有国家和地区的民族构成与分布；某些成为热门话题的民族矛盾与冲突；关于各民族宗教信仰、种族特征、语言系属、文字类型等等方面的现产状况；以及关于历史上民族形成与发展，民族迁徙与扩散，民族分化与融合，民族征服与斗争等等方面的演进过程。

179

金炳镐主编/中国民族理论研究二十年．北京：中央民族大学出版社，2000年版．

十一届三中全会以来的20年（1978年到1998年），是中国民族理论大发展的20年。在这20年里，中国民族理论最大的突破是邓小平有中国特色社会主义民族理论的形成，最大的成就是在邓小平民族理论指导下出现了中国民族工作的“黄金时期”。同时，这一时期是中国民族理论真正实现理论突破和发展的时期，是中国民族理论真正展开全面研究和发展的时期，是中国民族理论真正完善和确立学科体系的时期。本书对中国民族理论发展20年作了简要回顾和总结。

180

国家民委民族问题研究中心编/中国民族．北京：中央民族大学出版社，2001年版．

本书图文并茂，有三个明显特点：一是从历史发展的方面突出了我国是一个统一的多民族国家的思想；二是从社会变迁的角度概括了各民族悠久灿烂的传统文化；三是重点反映了新中国成立以来，特别是改革开放以来我国各民族发生的翻天覆地的变化。

181

毛公宁，王铁志主编/民族发展的若干理论与实践问题（民族问题论丛·第三辑）．北京：中央民族大学出版社，2001 年版．

本论文集是国家民委民族问题研究中心编辑的“民族问题论丛”系列书目中的第三辑。收入本辑的论议包括国家民委主任李德洙和副主任牟本理的重要文章、研究中心组稿或委托的部分课题、西部大开发与民族关系学术研讨会的部分入选论文，以及研究中心工作人员的部分成果。

182

赵世怀等编/中国民族学院论．北京：民族出版社，2001 年版．

本书对民族学院的地位和作用、基本特点以及在 21 世纪初办好民族学院的若干问题进行论述。该书认为，民族学院是中国共产党解决中国民族问题的一个伟大创造；民族学院的地位和作用是非民族院校无法替代的；民族学院的基本特点就是民族性；民族学院必须坚持为少数民族和民族地区服务的办学方向；民族学院应建立多层次的办学模式；民族学院的教学经费国家财政必须给予的保证；强化实施民族区域自治法的力度，为民族学院提供法律和政策保障；民族学院不仅要面向现代化，也要面向世界。本书对我国民族学院在 21 世纪初面临的一系列重大问题进行了全面、系统、深入的研究，并提出了对策，对于我国制定民族政策，促进民族学院发展，对于各民族学院明确办学思路，推进教育改革和发展，适应 21 世纪民族地区经济建设和社会发展需要，具有较大的参考价值。

183

（美）弗郎西斯·福山著，刘榜离等译/大分裂：人类本性与社会秩序的重建．北京：中国社会科学出版社，2002 年版．

本书是世界著名学者《历史的终结及最后之人》的作者弗朗西斯·福山的最新著作，旨在探讨人类社会物质进步与人类道德发展的关系问题。作者认为，一切宗教、政治、法律等都无法解释人类物质进步与人类道德发展的不同步现象，如，人类工业革命的直接后果是物质进步与人类道德的倒退，19 世纪泛滥的殖民主义、个人享乐主义、各种暴政等等都是这一现象的具体表现。而 20 世纪中叶的新科技革命及随之而来的后工业社会和信息时代又给西方带来了犯罪升级、家庭解体、信任危机等各种社会现象。之所以如此，福山认为根本原因是人类的生物学趋向使然，即随着人类生存条件的变化，人类在生理和心理上都有一个大的调运过程。只有根据人类物质进步的现实不断进行社会调适，才能建立较为健全的社会秩序。

184

胡朝映著/民族知识教程．北京：民族出版社，2002 年版．

本书是一部针对民族职业技术学院的大专层次的学生所编写的教材。全书从理论与实际结合来看，理论的阐述深入浅出，实际的事例准确地支撑理论的成立，其语言通俗明白，让人有听之娓娓道来之感。这部教材涉及了古今中外的民族，吸收了最新的民族学科的资料，使学生能开阔视野，了解民族的产生和发展的实际依据。

185

（英）埃文思—普里查德著，褚建芳等译/努尔人——对泥罗河畔一个人群的生活方式和政治制度的描述．北京：华夏出版社，2002 年版．

本书通过对一个没有类似于西方国家制度的非洲部落的田野研究，对规范了一代人类学者从事社会和文化研究的工作范式提出了一个挑战性的问题，即在一个没有国家和政府统治的部落中，社会是如何组织起来的？这部书被认为真正起到了人类学认识范式更新的作用。

186

（英）布朗著，潘蛟等译/原始社会的结构与功能．北京：中央民族大学出版社，2002 年版．

人类学是跨文化探讨人性、文化、社会和世界，进而促进人类理解、交流与合作的学科。在全球一体化增强、文化接触增多和生态环境告急的今天，在十几亿人口的中国普及人类学，提高其教学和研究质量，已属刻不容缓。中国从西方引进人类学是客观形势使然，本书就是忠实翻译出版的人类学名著，此类译书弥补了人类学传统在中国的断层和缺环，为中国的人类学教学和研究提供借鉴。

187

戴庆厦主编/中国哈尼学（第二辑）．北京：民族出版社，2002 年版．

本辑收录了近期中国哈尼学研究的最新成果，包括社会历史、政治经济、哲学宗教、饮食服饰、文学艺术、语言文字、体育舞蹈等方面的内容。

188

葛公尚等著/中国少数民族现状与发展调查研究丛书．北京：民族出版社，2002 年版．

“中国少数民族现状与发展调查研究丛书”是国家“九五”规划哲学社会科学重大项目“中国少数民族现状与发展调查”的重要成果之一，由中国社会科学院民族研究所实施完成。本项目选择具有代表性的十余个民族为对象，在以县（市、旗）为单位进行全面深入地调查研究的基础上撰著而成。每卷分为综合篇、典型篇、专题篇等三部分，全面反映所调查的民族地区政治、经济、文化教育和社会各方面的现状及未来发展趋势。本丛书不仅可为有关领导部门的决策和制定发展战略提供科学依据，而且具有重要的学术价值。

189

宋蜀华著/民族学理论与方法．北京：中央民族大学出版社，2002 年版．

本书分上一下两编。上编为民族学理论概括与探索，包括 20 世纪中期以前的西方民族学理论、当代西方民族学理论、马克思主义民族学和民族学中国化的理论探索。下编为民族学研究方法，包括民族学实地调查方法、历史文献研究法、跨文化比较研究法和跨学科结合研究方法。

190

费孝通著/中华民族多元一体格局．北京：中央民族大学出版社，2003 年版．

本书是作者“中华民族多元一体”理论的代表作，内容包括：一、中华民族是包括中国境内 56 个民族的民族实体，并不是把 56 个民族加在一起的总称，因为这些加在一起的 56 个民族已结合成相互依存的、统一而不能分割的整体，在这个民族实体里所有归属的成分都已具有高一层次的民族认同意识，即共休戚、共存亡、共荣辱、共命运的感情和道义。二、形成多元一体格局有一个从分散的多元结合成一体的过程，在这过程中必须有一个起凝聚作用的核心。汉族就是多元基层中的一元，但它发挥凝聚作用把多元结合成一体。三、高层次的认同并不一定取代或排斥低层次的认同，不同层次可以并存不悖，甚至在不同层次的认同基础上可以各自发展原有的特点，形成多语言、多文化的整体。

191

宋蜀华，陈克进主编/中国民族概论．北京：中央民族大学出版社，2003 年版．

本书包括理论和民族志两部分内容，是全面系统地论述中国少数民族的第一部著作，包括上下两遍。上编集中论述中国民族的重大理论问题，共四章，包括中华民族的多元一体格局、中国少数民族社会经济的历史演变、中国少数民族传统文化结构分析、社会主义民族关系的形成与发展。下编为中国民族志，共五章，包括：汉族、东北、内蒙古地区少数民族、西北地区少数民族、西南地区少数民族、中东南地区少数民族。以地区为单位撰述民族志，这是一个重大的突破。该书是一部重要的中国民族的理论著作，对于中国民族的研究，必将起到重大的影响。

192

鲍宗豪主编/数字化与人文精神．上海：生活·读书·新知三联书店，2003 年版．

本书从人文视野透视数字化的历史进程和未来发展前景，突出数字人文，数字时空对传统社会世界观、价值观、认识论以及人文精神本身重塑作用。数字经改变了世界和人类自我原有的生存和发展模式，也改变了人类对世界的认知图式。尽管这种改变还刚刚开始，但它所引发的欣喜、激动、不安等特征，首先在人文精神领域得以直接的反映；作为人文精神扩展的涟漪和圈层效应，它逐渐向自然科学、技术应用、社会应用等领域扩散。

193

龚佩华，容观敻等著/中山大学人类学民族学文丛．北京：民族出版社，2003 年版．

人类学在中国的发展经历了百年的历程，自严复 1901 年翻译赫胥黎的《天演论》以来，几代前辈学人筚路蓝缕，开启山林，使人类学在华夏大地成长。中山大学是 20 世纪二三十年代中国人类学的拓荒者。这次《中山大学人类学民族学文丛》首批整理了杨成志、容观敻、黄淑娉、龚佩华四位先生的文集。

194

（美）弗兰西斯·福山著，黄胜强译/历史的终结及最后之人．北京：中国社会科学出版社，2003 年版．

本书是美国著名学者弗朗西斯·福山最具代表性的著作，亦是当代世界哲学社会科学的经典名著之一。该书全面论述了 20 世纪下半期人类在迅猛的科技发展的条件下，社会意识形态、道德伦理观念以及文明演进模式等发生的相应变化。内容从黑格尔哲学出发，重新提出并阐释了“历史的终结”的社会科学概念，认为自此之后，“自由、民主”的理念已作为社会进步的常识而为世人所普遍接受。不论人们所处的社会正处于何种形态，这是人类理念的最终实现。

195

林耀华主编/民族学通论．北京：中央民族大学出版社，2003 年版．

本书是一部力图以马克思列宁主义、毛泽东思想的理论原则为指导，主要运用国内各民族包括汉族和少数民族的资料，以及世界各地区各民族一些有关的最研究成果，来阐述民族学的基本原理及其研究的对象、内容和方法的著作。国内许多大专院校，特别历史学系、人类学系、民族学系，甚至社会学系，都急需开设一门《民族学概论》或《民族学通论》的课程。本书主要内容包括：民族学研究的基础知识；民族学的源流、研究方法和任务；民族社会形态；婚姻家庭与亲属制度；文化；民族学与我国现代化等内容。

196

杨圣敏主编/中国民族志．北京：中央民族大学出版社，2004 年版．

本书编写的目的主要是给民族学及相关学科的学生提供一本关于中国 56 个民族基本情况的教材。同时，也为其他学科和对中国民族感兴趣的读者提供一本比较可靠的参考书。在读者开始阅读 56 个民族的介绍之前，需要简要了解两个方面的背景知识：一、什么是民族志，民族志的研究有什么特点，有哪些基本的方法。二、中国民族关系的历史特点。这也是 56 个民族共同的历史背景，是中华各民族与世界上其他民族不同的基本特点之一。本书可以帮助读者认识到 56 个民族不仅各有自己独特的文化和来源，而且通过几千年的密切交往与融合，各民族在文化、经济和政治等各方面早已血肉相连，密不可分，具有很多共同的特点。

197

阮西湖著/20 世纪后半叶世界民族关系探析——社会人类学研究的一项新课题．北京：民族出版社，2004 年版．

20 世纪后半叶是殖民地人民和国家反对殖民主义运动以及人权和民权运动发展时期，也是革命力量、进步力量与帝国主义旧的政治制度的反动势力之间剧烈斗争时期。于是出现了民族关系异常复杂，民族问题十分严重并导致社会混乱的局面。面对这种形式，开明政治家、学者不得不考虑人们之间和睦相处以及相应社会问题。本书所关心的问题正是这个时期面临的诸多问题以及解决这些问题的措施及其所产生的后果。

198

黄淑娉，龚佩华著/文化人类学理论方法研究．广州：广东高等教育出版社，2004 年版．

本书对文化人类学各个学派及其主要代表人物的理论和方法论，从学科诞生至当代人类学思潮，逐一作了扼要的介绍，并加以评论。本着批判地吸收的原则，撷其精华，以供借鉴。西方人类学诞生一百多年来，学派纷呈，各有见解，从不同角度作出建树。文化人类学研究人类创造的文化，不同群体社会主义异同的原因，探讨其发展规律。

199

凌纯声，林耀华等著/20世纪中国人类学民族学研究方法与方法论．北京：民族出版社，2004年版．

本文集收集了包括李济、凌纯声、吴文藻等一批著名学者的论文。他们中的大多数人在西方学术体系中经受过系统的学院化人类学及相关学科学术训练，颇为关注研究方法；针对当时国内学术界所急需，从调查者与调查对象的关系、田野工作的作用和意义等方法论问题到各种不同的调查方法和技巧、调查提纲、田野笔记等研究方法的具体问题，均有论述。

200

王涛著/我们能够超越民族主义吗．北京：生活．读书．新知三联书店，2004年版．

本书中，作者的视角在古今历史中探寻，“民族主义”为什么不可“超越”，也难以“超越”?“台独”这个只会惹是生非，需严加管束的东西，还能走多远？为政者遇到难题是共同的，如何才能借鉴历史，以避免惨祸重演?“宽”“严”之度，重在“与民休息”还是“与民争利”。“浮夸”误国甚矣，众所周知，却为何屡屡卷土重来？通过本书的阅读，相信读者会对以上的问题产生进一步的思考和理解。

201

彭兆荣著/旅游人类学．北京：民族出版社，2004年版．

本书是由中国人类学者为本国的旅游研究和游客所撰写的第一部旅游人类学学术专著，集编译、评介、分析、独立见解为一体，是理论和实践有机结合的新成果。不仅全面地介绍了旅游人类学的知识谱系，而且选录了一些经典案例，为政府决策部门制定旅游发展战略提供了一种借鉴依据，是旅游人类学研究的参考资料，大学相关科系的教学材料或辅导材料，也可以成为广大游客扩展视野、增强现代旅游意识、吸纳旅游知识等方面的指导工具。

202

罗树杰编/民族学人类学（2003年卷）．北京：民族出版社，2004年版.

本书是关于民族文化与人类文化研究的文集。论文涉及人类学研究、壮瑶研究、田野报告、平话人研究等内容。

203

黎鸣著/悲剧的源流：21世纪人类问题的追问与思考．北京：中国社会

出版社，2004 年版.

传播知识，开启智慧，向来是知识分子天定的使命。随着现代社会的进步和经济文化的发展，人民生活水平不断提高，但与此同时，人们的生活压力却越来越大，神经越来越紧张，各种社会问题层出不穷，精神委靡，道德滑坡。这些现象给现代化的进程涂抹上了不和谐的音符。黎鸣先生作为一代智者，耗费了近十年的心血，从中西方先进文化的观念出发，以自己的视角，对道德和人性问题进行理论探索和思考，对困惑人类和世界的大问题进行了独特的阐述，立论宏伟，人文情怀跃然纸上。

204

（美）丹尼逊·纳什（Dennison Nash）著，宗晓莲译/旅游人类学. 昆明：云南大学出版社，2004 年版.

本书作者 Dennison Nash 是第一批进行旅游研究的人类学者，也是美国旅游人类学研究的先驱者之一。作者从应用人类学的角度来解释旅游和人类学。他对一些研究范式、概念性模型和研究目标的评论是很尖锐的。他对改进后的特纳派和研究方法、观点提出反对意见。当然，在人们是否有旅游需要和愉悦的旅行对游客的影响等方面也提出了一些有趣的观点。本书文笔流畅、观点鲜明、易于理解，是美国一些大学的必修教材。对旅游的社会文化问题感兴趣的读者也会认为这本书很有价值，值得一读。它确定是一本引人深思、给人启发的书。

205

娜拉著/新疆游牧民族社会分析. 北京：民族出版社，2004 年版.

游牧、游牧民族、游牧社会可以说是我国北方民族发展史的代名词。游牧构成游牧民族赖以生存的生产生活方式，游牧民族是游牧社会的主体，游牧社会是我国北方持续千百年的、与农耕社会截然不同的一种关系系统。特有的环境、人口、文化和劳动是游牧社会赖以存在和发展的基本要素。本书内容包括新疆游牧民族社会文化的生成环境、新疆游牧民族的传统社会构成、新疆游牧民族的社会化、社会心态、社会问题、宗教文化等。

206

单晓红著/传播学世界的与民族的. 昆明：云南大学出版社，2004 年版.

本书内容包括：传播与传播学、信息与传播过程、传者与受者、符号与运用、人际传播与组织传播、传播媒介与社会文化、传播的功效与社会发展、大众传播技巧研究、大众传播的控制、传播学研究流派及其学术渊源等。

207

陆启光著/壮族儿童社会化研究．北京：中国社会科学出版社，2004年版．

本书作者策应西部大开发，采用质的研究方法，以社会化进程为线索，对广西乐业县壮族儿童从出生、成长、学习、恋爱、结婚直至走向社会整个历程进行了系统研究。

208

毛公宁主编/民族知识读本．北京：民族出版社，2005年版．

我国是一个统一的多民族国家，民族问题处理得如何，直接关系着中华民族的兴衰和中国特色社会主义事业的成败。该书在全社会广泛宣传马克思主义民族理论、党的民族政策和民族基本常识方面为一本浅显而又科学的读本。

209

马曼丽，张树青著/跨国民族理论问题综论．北京：民族出版社，2005年版．

本书致力于跨国民族文化的研究。以美国为例，美国对跨国文化中的犹太民族及以色列政策问题等，都是涉及其国际、国内深层次的重量级问题，而且会影响全球化道路一段时期的发展，而并非仅涉及个别国家、民族的一般问题。它对犹太人这个跨国民族的态度以及其国内犹太人的地位，不只决定美国对以色列的态度、政策，而且导致许多伊斯兰国家群起反美，并因而利用世界跨国民族、跨国同宗教族群及其共同文化形成一股反美浪潮，这是削弱美国霸权势力的不容忽视的重大力量。

210

（美）古塔，弗格森著，骆建建等译/人类学定位？田野科学的界限与基础．北京：华夏出版社，2005年版．

就知识体系和专业实践而言，田野工作及与其相关的民族志也许从来没有像今天这样成为人类学学科的核心内容。从学科上看，把民族志视为“简单的描述”，即为自然人类行为科学提供原始资料的手段的时期早已成为历史。不论是学科文体上的转变（从“深度 描写”到“书写文化”）还是学科的历史转变（从政治经济转向区域社会历史），在美国和英国的大学的著名系部里，主流社会、文化人类学都把民族志描述视为学科本身发展的一个有价值、富有生命力的部分。

211

杨建新著/中国少数民族通论．北京：民族出版社，2005 年版．

本书主要介绍了中国少数民族族体、语言文字、传统文化、民族关系以及中华民族通论等内容。对于我们充分了解我国少数民族的特征与文化有重要的学术的参考价值。

212

费孝通，张之毅著/云南三村．北京：社会科学文献出版社，2005 年版．

本书是我国著名社会学家、人类学家费孝通先生和他的助手张之毅先生于20 世纪 30 年代末 40 年代初在云南内地农村所作的调查报告，包括了《禄村农田》、《易村手工业》、《玉村农业和商业》。其中的“禄村”、“易村”、“玉村”分别是指禄丰、易门、玉溪的一个村庄。费孝通先生利用类型比较法，有的放矢地选择了中国农村的几种“类型”，进行调查、分析和比较，由一点到多点，由局部到全体，进而认识中国农村的整体面貌。

213

国家民族事务委员会研究室编著/新中国民族工作十讲．北京：民族出版社，2006 年版．

本书以时间为经，以事件为纬，用讲座的形式，从十个方面提纲挈领地回顾新中国成立以来党和国家的民族工作成就，勾勒民族工作历程，总结民族工作经验。在编写过程中，查阅并引用大量文献资料，力求为读者提供一本事例丰富、语言凝练、脉络清晰、引文准确的普及读物。

214

郑晓云/最后的长房：基诺族父系大家庭与文化变迁．昆明：云南大学出版社，2005 年版．

该书通过基诺族长房这一主线展示了基诺族文化在 20 世纪四五十年代至 80 年代这段时期的社会文化变迁，关注了这个大的背景下基诺族父系大家庭特殊的居住形式——长房最后的分化过程。本书中所呈现给读者的每一条资料、每一点实在的信息，都是通过在基诺山与当地的老百姓共同努力所记录下来的，具有宝贵的田野资料价值。

215

乔健，李沛良，李友梅，马戎著/文化族群与社会的反思．北京：北京大学出版社，2005 年版．

本书是第八届现代化与中国文化研讨会论文集。本书的编辑宗旨是为了学习和发扬以费孝通教授为代表的老一代社会学家、人类学家的学术思想和踏踏实实的学风，也为了交流年青一代学者的学术成果。全书按总论、文化与认同、族群概念与族群关系、从乡村到城市、社会关系与行为这样的框架编排，结合社会学与人类的学科建设，从相关的学术理论、研究方法、重要专题研究等方面介绍社会学与人类学的经典理论和国内外最新研究成果。

216

饶远，陈斌等著/21 世纪人类学文库：体育人类学．昆明：云南大学出版社，2005 年版．

体育人类学是一门综合性的学科。它既是人类学的一门新兴的分支学科，属于应用人类学的范畴，又是一门研究体育问题的新学问。本书把人类学的知识和体育原理结合起来，把体育整体置于人类学的视野中，从宏观上、更高层次上去研究与人类体育有关的方方面面的问题，弥补了体育理论研究的不足和缺陷，使体育研究进入了一个新的境界。

217

罗康隆著/文化人类学论纲．昆明：云南大学出版社，2005 年版．

本书主要介绍文化人类学的理论框架和研究方法。它说明文化人类学是一门十分有用的学科，它能够帮助具体的学科实现它们的目的，它可以指导具体学科的专家们如何使他们的知识发挥效益，或者告诫他们，他们所拥有的知识在什么样的范围内无济于事。但是若离开了具体的学科，它却什么事也做不了。它在现存的学科体系中的地位是既定了的，别的学科代替不了它，它也不会越俎代庖。

218

罗树杰，徐杰舜主编/民族理论和民族政策教程（大学生研究生人文社会科学通用推荐系列教材）．北京：民族出版社，2005 年版．

本书反映了改革开放 20 多年的民族政策。在关于民族、民族问题、民族观、民族平等与民族团结和民族意识五大理论基石中，引进了族群概念，论述了全球化时代的民族问题，扩大了民族观的内涵，界定了民族团结的定义，突出了中华民族精神；在民族区域自治政策体系中引入了政治学的民族自主原则；在民族经济政策体系中引入了民族发展理论；在民族教育政策体系中引入了民族素质理论；在民族文化与民族风俗习惯政策体系中引入了多样性理论；在宗教政策体系中引入了宗教信仰理论；在语言文字政策体系中引入了跨文化交流理论。凡此等等尝试，都期望能把人类学、民族学、政治学、心理学、经济学等相关学科中与民族理论和民族政策有关的理论整合到新的教材体系之中，从而扩展、丰富和完善民族理论的学科内涵，以此来体现本教材的创新性。

219

（法）德拉诺瓦著，郑文彬等译/民族与民族主义：理论基础与历史经验（法国思想家新论）．上海三联书店，2005 年版．

从一般意义上理解的民族和民族主义并不复杂，但从意识形态的角度看却并不简单。“民族主义”是一个复杂的，然而却很清楚的词。有时，它指一种意识形态，有时，它又指某个历史时刻，某种地方性的理论，或者某种态度或行为，这一行为的极端发展。这时，此词带有贬义。实际上，民族主义虽然意义繁多，但澄清亦不困难。“民族”一词则是另外一种情况，民族作为一个事实存在是不证自明的，但此一事实包罗繁多、往往神秘难辩。表象看来一目了然，一旦证之于事实，问题就来了。

本书的宗旨即不在于同情这些幸者，亦不在于同情其不幸的争执。若需花好几年时间去认真地研究，以设想民族主义的危险，它将会是对所有的来说最危险的东西。民族主义所产生的暴力和担忧一望而知。

220

和少英编/田野的硕果——云南民族大学民族学专业硕士论文选编．昆明：云南大学出版社，2006 年版．

这本文集既是云南省省院省校合作项目——云南民族大学和北京大学合作共建“民族学重点学科”的一项成果，同时也是对跨入新世纪以来云南民族大学最具特色的民族学专业硕士点研究生培养质量的一次检验。本书的所有文章都是在进行了较为深入细致的田野调查的基础上写成的。

221

曾思奇著/台湾少数民族研究论丛（第Ⅳ卷）．北京：民族出版社，2006 年版．

台湾自古以来就是中国的领土，居住在台湾的高山族历来是中华民族的重要组成部分。开展台湾少数民族研究不仅有助于我们认识台湾少数民族发展的历史，也有助于理解当前台湾的“族群政治”及其社会根源；既有利于两岸人民的经济文化交流，也有利于整个中华民族的和谐发展，而且最终有利于整个世界的和平与发展。

基于弘扬中华民族文化、加强台湾少数民族社会历史与文化研究这一宗旨，由国家民委民族问题研究中心牵头、中央民族大学台湾少数民族研究所执编这套丛书，精选出一批涵盖历史、文化、语言、教育、宗教、文学艺术、社会发展状况等领域，反映台湾少数民族人文学科学术水平的、高质量的著作，以学术专著、编著、译著、教材、调查报告、论文专集等形式，纳入文库系列丛书。除隆重推介有一定影响的代表性著作外，文库还将着力于支持和组织专家学者开展实证性和有现实意义的理论研究，并将其成果列入出版计划。通过以上两大系列学术成果的规划和推展，以期构建一个独树一帜的、具有较高学术理论水平的台湾少数民族人文学科领域的平台。

222

刘晖著/旅游民族学．北京：民族出版社，2006 年版．

只有将旅游现象置于社会发展的“语境”中去考察，我们才能理解旅游这一独特社会活动的本质。本书首先就现代旅游产业的社会背景进行描述，勾勒国际旅游业和中国旅游业的发展概况。然后，交代旅游与民族学的学术渊源，对当代旅游与旅游研究的概貌，西方旅游民族学的研究状况予以简介。并在纵览中国旅游民族学发展历程的基础上，对中国旅游民族学发展中存在的问题进行分析，针对这些问题，提出进一步发展的对策。

223

（法）列维—施特劳斯著/结构人类学（上下）．北京：中国人民大学出版社，2006 年版．

在《结构人类学》中，列维—施特劳斯充分而系统地表达了他的结构主义观点，指出：“在研究亲族问题时，人类学家发现自己的处境与结构语言学家很相像。亲族名称也和音素一样是意义的成分：与因素一样，它们也只是在组成一个系统时才又意义。”他认为，无论是神话传说还是亲属关系，它们与语言一样，都内藏着深层结构，这些深层结构都是人类心灵的一种无意识的机制或能力所建立的。人类学与语言学一样，其任务不应是单纯地描述人类社会的外部现象，而应是通过结构分析，找出隐藏于这些现象中的深层结构。

224

雷振扬主编/民族学人类学论坛（第 1 辑）．北京：民族出版社，2006 年版．

民族学人类学是中南民族大学创建最早、实力最雄厚的特色学科。1951 年中南民族学院成立伊始，即建立了以我国著名民族学人类学家岑家悟先生为学科带头人的民族研究室，1981 年，经国家民委批准，成立了委属民族研究所，在著名民族学人类学家吴泽霖先生带领下，形成了老、中、青结合的民族研究群体，并逐渐形成为国内民族学在类研究的重镇。本书是对近年来国内民族学研究的回顾与展望。

225

罗康隆，黄贻修著/发展与代价——中国少数民族发展问题研究．北京：民族出版社，2006 年版．

本书是“生态人类学丛书”之一。从发展与发展理论，民族文化的经济体系，科学技术与少数民族的自我发展，资源、人口、生态与少数民族的自我发展，国家权力与少数民族的自我发展，少数民族自我发展的政策分析，少数民族与民族地区自我发展的理论分析等方面进行了阐述。研究了我国少数民族的发展问题，对我国民族发展具有重要的现实意义。

226

徐仁瑶著/民族研究文存．北京：中央民族大学，2006 年版．

本书是一部中国民族学文集，内容包括：苗瑶民族研究、民主文化与民俗、中国少数民族建筑、调查报告。

227

胡庆钧著/汉村与苗乡：从 20 世纪前期滇东汉村与川南苗乡看传统中国．天津：天津古籍出版社，2006 年版．

本书主旨在于，18 世纪 20 年代以后逐渐形成的云南呈贡二村为背景，以当地的基层社会机构为基础，综合调查资料与历史实际，探讨传统中国农村乃至更为广阔范围一些带有根本性的问题。本书是作者 20 世纪 40 年代在川南、滇东做的人类学田野调查报告，真实地记录了当时的村落状况，包括自然环境、人文状况，读者可借此了解到当时人们的营生手段，处理纠纷的方式，具有很高的史料价值。

228

熊坤新著/民族伦理学．北京：中央民族大学出版社，2006 年版．

本书为我国民族伦理学研究的开拓者之一——熊坤新副教授多年研究心血之结晶。我国著名学者张岱年先生和林耀华先生分别为之写序。本书作者试图站在民族学与伦理学相交叉、融会、结合的基础上，从宏观、中观和微观的角度，分别对民族伦理学、中国少数民族伦理思想和族别伦理思想等三个层面进行了研究。它既是我国目前仅有的开拓性学术专著，又可作为我国高校的专业教材。相信它的出版，对于拓宽民族学和伦理学的研究领域，并促进其繁荣和发展；对于弘扬民族文化，充实和丰富民族文化内涵；对于增进民族间的相互了解，思想文化交流，加强民族团结，

229

赵士林著/交叉的视野——宗教·民族·文化·历史. 北京：中央民族大学出版社，2006年版.

一种视角的发现总是有限的，由多个视角形成一种交叉的视野，或能逼近真相。这部文集谈天说地，信口开河，东拉西扯，口无遮拦，也有些严肃的，却不免酸腐之气。来点宏大的语词，涵盖者，自不仅宗教、民族、文化、历史……希望能够歪打正着，对时弊能够有所针砭，对世风能够有所匡正，对文明能够有所浸润，对学界能够有所警策。

230

赵纯善，杨毓骧著/德昂族概览. 昆明：云南大学出版社，2006年版.

本书从历史沿革，民族分布与地理环境，社会经济形态与政治制度等各方面讲述了德昂族悠久的历史文化。本书以现代技术手段，全面系统介绍一个少数民族的书，具有很高的史料价值、使用价值和学术价值。不仅为教学提供教材，为科研提供资料，更是民族研究浩大工程中的一声报春鸟的啼鸣。

231

吴仕民著/中国民族理论新编. 北京：中央民族大学出版社，2006年版.

中国民族理论，即中国共产党关于民族问题的理论，是根据马克思主义关于民族和民族问题的基本原理以及解决民族问题的基本原则，结合我国民族的实际，在长期的实践中创立和发展起来的具有中国特色的民族理论，尤其在党的十一届三中全会以来的中国特色社会主义建设的实践中，这一理论获得了里程碑意义的创新。马克思主义民族理论的中国化，是这一理论的最大品格。学习中国民族理论，对于正确认识和处理中国民族问题，指导新世纪新阶段我国的民族工作，促进各民族的共同团结奋斗、共同繁荣发展，都具有十分重要的现实意义。

232

石建中著/民族博物馆学教程. 北京：中央民族大学出版社，2006年版.

改革开放以来，民族博物馆发展很快，特别是近20多年来，民族博物馆事业，无论在实践上或是在理论上，都进入了一个新的发展时期。鉴于我国民族博物馆事业刚刚崛起，工作基础比较薄弱，国家级现代化的民族博物馆还未建立起来，各方面的工作经验和交流还较少，很多问题都有待于研究解决，本书从我国民族博物馆实践中来提炼和发展我国的民族博物馆学的理论，建立具有中国特色的民族博物馆学。

233

费孝通著/费孝通民族研究文集新编（上下）．北京：中央民族大学出版社，2006 年版．

本书在结构上分上、下两册，本书全面阐释了发展少数民族服务的文艺工作、民族歌舞、关于民族识别问题的意见、中国民族学当前的任务等内容。

234

费孝通著/六上瑶山．北京：中央民族大学出版社，2006 年版．

《六上瑶山》收录了费孝通、王同惠 1935 年大瑶山调查时写作的《桂行通讯》、《花篮瑶社会组织》，以及后来费孝通“四上大瑶山”等其他相关文章，最后附录了三篇纪念文章。虽然《六上瑶山》后半部分的文章与《文集》有所重复，但总体上是《文集》的重要补充，两者合在一起，才能构成费孝通民族研究的完整内容。

235

（英）巴纳德著，王建民等译/人类学历史与理论（修订版）．北京：华夏出版社，2006 年版．

人类学是一门非常关注自身历史的学科。阿兰·巴纳德写了一本清晰而睿智的教科书，其纵览人类学学科重大争论的历史场景，追寻理论和思想流派的谱系，对评价这些理论所涉及的问题进行了思考。这本书包括了人类学的先驱者、各种各样的进化论、传播论和文化区域理论、功能主义与结构—功能主义、行动中心理论、过程论和马克思主义观点、相对论的多种面目、结构主义和后结构主义以及最新的阐释论和后现代主义的观点。

236

李晓斌编/西南边疆民族研究．昆明：云南大学出版社，2006 年版．

我国西南边疆是沿边和多民族的地区。其边界与缅甸、老挝、越南相连，位置与印度、泰国等国相邻。西南边疆地区地貌独特，丘陵和山地占滇、黔两省面积的 94% 左右，广西亦以丘陵地貌为主。这一地区还有多条汹涌奔流的江河，加剧了地表的分割。复杂的地理气候条件，是造成西南边疆少数民族众多，且具有经济文化发展不平衡和形态多样性特点的重要原因。在我国 55 个少数民族中，人口在 5000 人以上的少数民族在西南地区有 34 个，其人口占全国少数民族总人口的约 60%。滇、桂两省区与众多邻国接壤，在这两个省区和毗连境外一侧还居住着约 20 个跨境民族。西南边疆亦是西北少数民族南下、西南少数民族北上的迁徙走廊，在这一地区保存了极为丰富的民族学资料。因此，国内外学者十分重视研究该地区的少数民族。本书正是对西南边疆民族展开的关于民族文化与民族关系的研究。

237

（美）保罗·霍金斯（Hockings. P.）著，王筑生，杨慧，蔡家麒译/影视人类学原理．昆明：云南大学出版社，2007 年版．

本书是一本由各国著名影视人类学家所撰写的论文集，该书的撰稿人是来自美、英、法、德、日、澳大利亚、新西兰等国的二十几位影视人类学家或人类学、民族学影片制作家，包括了这一领域内几乎所有最重要的学者。为促进影视人类学为“四化”建设服务，为社会主义精神文明建设服务，云南大学东亚影视人类学研究所翻译《影视人类学原理》，希望以此帮助人类学教师和学生以及各地宣传、文化、科研机构和影视专业人员学习、借鉴国外影视人类学的历史、理论及先进技术手段和手法，以便更好地理解、发掘、记录和抢救正在消失之中的民族传统文化，弘扬民族文化发展民族经济；提高影视专业人员的理论素质和技术水平，为拍摄具有一定学术水平的影视人类学作品参与国际影视人类学界的交流打下基础。

238

李普者著/中国少数民族社会发展论．成都：四川大学出版社，2007 年版.

该书从少数民族社会发展的重大理论问题的视角出发，从少数民族社会的政治、经济、法律等实际入手，揭示了当代少数民族社会的非常规发展道路。全书共分 9 个章节，具体内容包括少数民族社会发展的主体、少数民族社会生产力的跨越式发展、少数民族社会文化心理结构的转型、少数民族社会经济结构的转型、少数民族社会政治结构的转型等。该书可供从事相关工作的人员作为参考用书使用。

239

刘大可著/田野中的地域社会与文化．重庆：重庆大学出版社，2007 年版．

本书力图采用人类学、历史学、社会学相整合的方法，从横向展示某一社会的结构、当地人民的社会生活和社会运行的动力，同时又从这个横向的社会结构反映社会的发展过程和历史的变迁。

240

和少英著/社会文化人类学初探．昆明：云南大学出版社，2007 年版．

我国的社会主义现代化建设事业离不开民族学与人类学，民族学与人类学亦需要现代化以及同国际接轨。本书从厘清该学科基本概念等一系列基础工作做起，研究人类社会中各种纷繁复杂的社会文化现象，以传承文明、发掘各类有益的“地方性知识”以及开阔人们的眼界，努力传播有利于增进世界上各个种族、各个民族、各个族群及其各种社会文化之间相互了解的知识，旨在逐步建立起具有中国特色的民族学体系，实现相互间和谐共处的目的。

241

费孝通著/江村经济．上海：上海人民出版社，2007 年版．

本书是中国社会学家费孝通根据 1936 年在江苏省吴江县开弦弓村的调查资料编写而成的学术著作，又译《中国农民的生活》。作者详尽地描述了中国农民的消费、生产、分配和交易等体系，阐明了江村这一经济体系与特定地理环境以及与所在社区的社会结构的关系。本书详尽的资料和客观系统的描述，为国外人类学家、社会学家及其他读者了解中国提供了重要的帮助。出版后受到了人类学界和社会学界的重视。

242

金炳镐著/民族理论通论（修订本）．北京：中央民族大学出版社，2007 年版．

本书是探讨中国特色的民族理论学科理论体系的学术专著，也是探索完善民族理论和民族政策教材体系的教科书。20 世纪 90 年代以来是中国民族理论学科长足发展的时期。《民族理论通论》在马克思主义民族理论与政策专业的本科生、硕士研究生、博士研究生的培养过程中起到了重要的教科书作用，在全国民族理论与民族政策这门公共政治理论课教学教改中起到了重要的参考书作用，在民族理论学科理论体系的建设中，也起到了重要的学术探讨和理论建设构的作用。

243

章毅君著/战后世界民族问题探源．北京：中央民族大学出版社，2007 年版．

世界民族问题是战后国际关系中较为突出和复杂的问题之一，特别是“冷战”结束后，民族问题因其激烈和尖锐的表现形式而引起人们的重视。本书从历史的视角对战后世界民族问题中影响重大的事件进行梳理，对这些问题进行追根探源，展示其发展的脉络，并试图说明国际关系的演变、大国势力的消长对世界民族问题的影响。全书共分四编 20 章，具体内容包括苏联时期民族政策的演变、民族危机与苏联的解体、南斯拉夫的民族问题、科索沃问题、加拿大魁北克的分离运动等。

244

（美）史密斯主编，张晓萍等译/东道主与游客：旅游人类学研究．昆明：云南大学出版社，2007 年版．

本书分为五大部分，各有主题。在第一部分里，作者在对旅游本质进行理论上的定义时，探讨了旅游发展的原因及不同旅游形式的出现。其中涉及了许多有关文化人类学的理论概念，如仪式、神圣和世俗、朝圣等。第二部分以分析个案为主，探讨了非西方社会旅游业的产生和发展，并指出了这些地区的新生旅游业是如何以其“原始民族”的传统、文化来吸引游客的。在第三部分里，作者分析和探讨了欧洲国家旅游业发展的原因及如何开发出深受游客欢迎的旅游度假区等。文章中涉及了有关人类学的一些基本理论，如传统、文化、文化真实性及文化商品化等。第四部分讨论了一个极有意义的主题，那就是作为一种身份的象征，一种权利、地位和财富的象征，旅游业从中扮演了重要的角色。文化人类学中关于“象征意义”的理论在这一部分里得到了具体运用，如旅游工艺品和纪念品的开发、民族文化村的建立，等等。在作为本书结尾的第五部分，作者用人类学的观点对旅游人类学的研究从理论上作了综述和全面的总结，指出了旅游业理论研究的方向，具有重要的指导意义。

245

聂蒲生著/民族学和社会学本土化的探索：抗战时期迁居昆明的专家对云南的调查研究．贵阳：贵州民族出版社，2007 年版．

本书主要内容包括民族调查研究、社会调查研究、综合调查研究、调查研究结果和调查研究工作的意义，20 世纪民族学在中国的本土化等。

246

欧潮泉著/基础民族学·理论·人种·文化．北京：民族出版社，2007 年版．

这是一本民族学教材。与其他同类教材相比，它的不同之处在于它抓住了这门学科传统重视的三大主题，即专业理论、体质特征和文化特征，对其系统全面研究、介绍和论述，又以文字精练、资料翔实、论志兼有而另树特色。本书作者勇于探索，解决了一些问题，也提出不少新的见解，更值得重视的是，在介绍国内 56 个民族时，加进体质特征的描述和体质类型的划分，又根据人类学资料，对国外人口百万以上的 245 个民族进行体质类型的划分。这不仅填补了以往的空白，也是一项细致艰巨的工作，在学术上和应用上都是非常有意义的。

247

吴仕民主编/民族问题概论．成都：四川人民出版社，2007 年版．

本书是《民族问题概论》的第三版，修订本在保持原书原有的框架基础上，涉及基本理论和基本知识的部分只是作了必要的补充修改和观点的斟酌，而涉及中国现实的民族问题的部分，则作了较大的调整和增删，有些章节在很大程度上是重新撰写的。本书对于新世纪新阶段新一代的党政干部提高马克思主义民族的理论素质，正确认识和处理民族问题，进一步做好民族工作，以更好地完成构建社会主义和谐社会的目标和任务，具有重要的理论价值和实践意义。本书分上、下两篇。上篇是民族、民族问题的概念以及民族与国家、民族与社会等一些基本理论问题作了阐述，并简要介绍了世界上处理民族问题的几种模式，以及国际人权斗争中的少数民族问题。下篇是关于中国民族问题的论述。重点阐述了我国民族问题的基本特点和基本情况，党和国家处于民族问题的原则、政策、法规和制度。

248

黄剑波著/文化人类学散论．北京：民族出版社，2007 年版．

本书以清新可读的学术语言，透视了诸如艾滋病、农民工子女受教育等当今社会的许多热点问题。可见新锐人类学学者关于学术、关于社会、关于人生的新视野。

249

沈桂萍，欧光明主编/中国民族理论政策概论．北京：民族出版社，2007 年版．

本书内容涵盖 2005 年中央民族工作会议的核心观点和精神。主要内容包括民族概念和中国的民族成分、民族问题理论和中国的民族问题、当代世界的民族问题、社会主义民族关系的内容和特点、坚持和完善民族区域自治制度、加快发展是解决民族问题的根本途径、少数民族和民族地区人才队伍建设等。

250

金炳镐主编/中国共产党民族工作发展研究．北京：中央民族大学出版社，2007 年版．

中国是统一的多民族国家。中国共产党从成立起，就非常重视民族工作，把解决中国民族问题作为自己的历史使命，并取得了举世瞩目的辉煌成就。本丛书是中央民族大学国家“十五”“211”工程重点学科建设项目之一，共三册。该丛书全面研究和总结了中国共产党民族工作的光辉历程和丰富经验，对内蒙古、新疆、广西、宁夏、西藏、云南省的地理资源、民族简况、民族历史简况、民族工作等进行了研究。该书对于推动少数民族地区社会主义建设、促进各民族共同繁荣发展发挥了非常重要的作用。

251

孙秋云主编/文化人类学教程．北京：民族出版社，2007 年版．

本书以简洁、生动的笔触，较系统地介绍了文化人类学的基本概念和理论，并结合我国具体的文化事项和社会实例，简明扼要地阐述了文化人类学的基本原理和研究方法，是对大学本科生、专科生进行人文素质教育的理想教材，也是社会学、民俗学、管理学等学科的硕士研究生了解人类学、文化学基本知识和基本理论的入门读物。

252

彭兆荣著/人类学仪式的理论与实践．北京：民族出版社，2007 年版．

仪式理论与实践一直是人类学研究中的一个重要领域，几乎所有的人类学流派都表现出对仪式的独特认知、理解和解释，人类学发展的整体脉络也在仪式研究中得到反映。一些著名的人类学家都在仪式研究方面独树一帜，并与他们的学术主张相辅相成，仪式理论已经形成一个完整的知识谱系。

本书是从人类学学科的角度对仪式领域进行研究的第一部专著，集谱系梳理、学理依据、理论介绍、流派分析、观点评述、田野案例及作者独立见解为一体。

253

汪宁生著/文化人类学专题研究——关于母系社会及其他．兰州：敦煌文艺出版社，2007 年版．

人类婚姻家庭史是否仍能按国内流行的看法，划分成几个相继的发展阶段呢？母系社会必然先于父系社会吗？游牧社会必然与父系嗣继制度相联系吗？族群关系及相互转化是当代文化人类学的热点问题。族群认同的改变取决于哪些因素？是否“野蛮的征服者”总是被他们所征服的较高文明所征服？少数民族原来是如何保护自己的生态环境的？为什么少数民族普遍喜欢饮酒？作者在这本书中通过对国内外民族的实地考察，以当代人类学的观点对以上问题作出了自己的回答。

254

陈庆德著/发展人类学引论．昆明：云南大学出版社，2007 年版．

人类学对民族的研究，实质上是跨语际的，是在多种文化和制度的接触和碰撞中展开的。人类学研究的基本意义，并非只是为人们贮存下对那些已经消亡的或者正在消亡的，以及实存的个别民族的记忆和知识，人类学研究的基本问题也并非是要提出什么“民族主义”的问题，囿于“民族”的框架，是无法表达出人类整体历史的真实面貌的。人类学对文化民族性及其与实存发展关系的强调，实际上是把其对“另一个”和“另一处”的探寻和研究最终归结到对人类整体的全面理解上；而在其研究中“民族”一词的歧义性使用，则表明它已对以往研究的旧有语境和客观诉求提出了根本性的疑问。

《发展人类学引论》为“21世纪人类学文库”丛书之一，书中具体包括了：人类学的形成基础和构成，人类社会的文化存在及其内在的制度性要求等内容。

255

（日）石田英一郎等著，金少萍译/人类学．北京：民族出版社，2008年版．

本书的作者是日本东京大学的石田英一郎、泉靖一、曾野寿彦、寺田和夫四位教授。这部著作当时受日本东京大学出版会的委托，作为大学文化人类学教养学科的基本教材而编写的。这部著作于1961年11月首版后，再版了26次，一直是日本大学中文化人类学方面较为畅销的重要基础教材。中国至今还没有这样一部较为系统、全面，又具有较高学术起点的文化人类学方面的基础教材，因此，在中国翻译出版此书，是为中国文化人类学科的发展做了一件基础理论方面的重要工作。

256

林庆著/民族记忆的背影：云南少数民族非物质文化遗产研究．昆明：云南大学出版社，2007年版．

本书主要分为概念篇、现状篇、问题篇、概况篇、对策篇、案例篇和附录7个部分，旨在通过对非物质文化概念进行辨析，继而对云南16个少数民族非物质文化遗产保护、开发的现状进行分析，找出当前保护、开发过程中存在的不足，在对云南少数民族非物质文化遗产进行全面调查、清理的基础上，结合云南省的特点，提出有效开展少数民族非物质文化遗产保护、开发、利用应培养的意识、应遵循的原则、应注意的问题。

257

张纯燕，李崑著/彝学探微．昆明：云南大学出版社，2007年版．

本书运用一批丰富的、鲜活的、珍贵的民族学调查材料对彝学进行重新诠释并加以剖析，用“解剖麻雀”的方法，从微观入手，向深度、广度拓展，探讨别人未曾涉及的问题或者别人虽已涉及，但《彝学探微》有创见、有新意、有突破，能自成体系，自圆其说，多数材料是首次公之于世。

《彝学探微》内容不乏珍贵原始资料，如奇特文字的考释，历尽艰辛才得以第一次面世。《彝族民间乡规民约》里的“禁赌碑”，至今仍有现实意义；“防盗碑”是当时民间面对社会治安的无奈之举。本书反映了一个彝族地区的经济生活、民间民事活动、婚姻状况、社会生活的变迁，对于彝学的研究有重要的参考意义。

258

刘稚著/中国：东南亚跨界民族发展研究．北京：民族出版社，2007年版.

本书以中国与东南亚跨界民族为主要实证，兼及世界各国、各地区具有代表性的范例，应用民族学、历史学、国际关系和区域经济等多学科交叉的综合研究方法，分“理论篇”、“历史篇”和“现实篇”三个部分探讨了跨界民族存在、发展的规律和特点，旨在为人们认识跨界民族和跨界民族问题拓展新的学术视野。其中，“理论篇”着重探讨了跨界民族的定义、类型和性质、民族过程与发展趋势，跨界民族问题的动因、表现形式，以及当代世界跨界民族问题的特点与走向等重要理论问题，提出了具有创新意义的观点。“历史篇”则以历史纵线为脉络，从民族源流、政治、经济、文化等层面着力梳理、勾勒中国与东南亚跨界民族形成和发展的历史进程及特点。“现实篇”以经济全球化区域化为大背景，对跨界民族与对外开放、区域合作，跨界民族与非传统安全的关系，中国与东南亚跨界民族经济社会发展的现状与前景等重大课题进行了专题研究，探讨了跨界民族在对外开放中的地位和作用，就新形势下的跨界民族发展问题进行理性思考和深层剖析，并就促进边境民族地区的经济社会发展、区域次区域合作提出了相关政策建议。

259

张晓萍，李伟著/旅游人类学．天津：南开大学出版社，2008年版.

本书在评介西方旅游人类学的基础上，较为系统地梳理了西方人类学的理论，并把一些重要的理论引入我国旅游的理论研究当中；结合中国旅游的开发现状，用东、西方旅游人类学的视角去审视和反思我国旅游业目前的发展状况，并对许多案例进行实证分析和理论探讨，尽量做到旅游人类学研究的本土化。本书还在旅游管理研究的基础上，融入旅游人类学的理论，使旅游管理专业的学生和从事旅游管理的同志们能逐步接受和理解这一新学科，并学以致用，从理论上使旅游学的研究上一个新台阶。

260

（美）凯蒂·加德纳，（英）大卫·刘易斯著，张有春译/人类学·发展与后现代挑战．北京：中国人民大学出版社，2008 年版．

人类学与发展在很多方面有着共同的活动场景，但是它们的关系一直不稳定。由于在前提、方法与目标方面彼此存在很大的矛盾。从事人类学研究与从事发展工作的人常常分离开来。本书通过探讨发展研究的基本要素，以及参与发展对人类学家而言意味着什么，缩小了发展与人类学的差距，其核心是对探讨人类学与发展关系的传统发展实践的人类学批评。作者认为，人类学与发展之间的双向对话是可能的，并提出了关于全球与地方、国家与社会、贫困与权力分界的重要问题。通过详细的个案研究与个案所提出的问题，作者概括了发展的主要社会问题，并指出人类学视角对发展政策的制定与发展实践能够起到积极的作用。

261

（英）彭尼曼著，和少英，高屹琼，熊佳艳译/人类学一百年．昆明：云南大学出版社，2008 年版．

本书为“社会文化人类学从书”之一。自 20 世纪初人类学由西方传入中国以来，一代代人类学学者广泛深入地开展田野调查工作，实践西方各种人类学理论和方法论，在中国丰厚的历史文化土壤和民族文化多样性的基础上，奠定了坚实的人类学发展基础。为了适应新世纪中国经济社会发展对人类学的新要求，构建能够切实反映中国文化特色的、有助于揭示中国文化发展规律的中国本土人类学理论成为首要任务。为了实现理论建设的目标，进行深刻的学术反思无疑是谋求突破的一个必要且合理的切入点。本书正是基于以上观点得以重新再版。

262

何明，仇学琴编/花腰大沐浴．北京：中国社会科学出版社，2008 年版．

本书所记内容从 2004 的 1 月 1 日始，到 2006 年 3 月 31 日止。力求奉献给读者最新的记录材料。本民族志系由专门的“村民日志”记录员对傣族村寨每天日常生活场景所做的观察和记录。日志的内容涉及傣族村民的生产、生活，他们的宗教信仰，村寨的集市贸易，邻里往来等，通过生动的细节，原生态地展现出傣族村寨的民族风情。这种由来自村寨内部的记录员对本寨生活状态的叙述和评论，视角独特，可谓中国民族志和文化人类学“本土化”的一种尝试与创新。

263

杨甫旺著/民族学视野中的勐连彝村：变迁与发展．昆明：云南大学出版社，2008年版．

本书主要内容是对勐连村彝族的源流与变迁以及经济生活等的研究分析，认为彝族俚濮是元明时期迁入的汉人与土著民族结合的后裔，是彝汉文化交流、融合后形成的彝族支系。对于彝族的研究具有重要的学术参考价值。

264

施传刚著，刘永青译/永宁摩梭．昆明：云南大学出版社，2008年版．

本书是一本摩梭人的民族志研究之作。摩梭人生活在中国西南滇、川交界的地区，人口约4万左右，分布在云南的宁蒗县及四川的盐源、盐边和木里三个县。《永宁摩梭》则主要介绍了有关摩梭人的制度化性联盟模式、母系制度、家户生活、宗教体系和社会性别观等方面的内容。

265

王铭铭主编/20世纪西方人类学主要著作指南．北京：世界图书出版公司，2008年版．

20世纪的人类学在两次世界大战中完成了从古典时代向现代人类学的蜕变。自20世纪60年代以来其面目的多元化进一步加深，近年来虽有不少出色的研究，却没有了之前作为学派的中坚力量，导致学术理论芜杂不精，更使学习者感到困惑。《20世纪西方人类学主要著作指南》便是以改变人类学现状这一使命为编辑宏旨，对20世纪的著作遗产加以整理并辅以简要介绍，意在梳理学术脉络，为读者提供科学的人类学入门基本阅读的指南，从而使读者准确把握人类学思潮的流变。《20世纪西方人类学主要著作指南》遴选的58本西方人类学著作，均是对20世纪人类学理论和方法发展创新产生过重要影响且为欧美著名社会学人类学家的代表之作。对这些著作的介绍，包括了作品基本内容和叙述框架、关注的问题、缘何学理进行探讨、相关的争论和背景，以及对作品的简要评论，等等。同时，辅以著者生平及其主要著作的简介，有兴趣的读者可以按图索骥，延伸阅读。

266

杨圣敏主编/中国高校哲学社会科学发展报告1978—2008民族学．桂林：广西师范大学出版社，2008年版．

人类对自身的探索和了解远远落后于对客观世界的了解。19 世纪中叶以后，才出现了一个专门研究人类自身的学科——人类学。人类学从生物和社会文化两个角度研究人类，分别叫“生物人类学”（或体质人类学）和“文化人类学”（或社会人类学）。文化人类学又称为“民族学”。民族学研究的单位并不是单个的人，而是群体，即它主要研究不同人群的文化特点以及这种特点产生的原因。

本书通过对三十年中国民族学的发展状况予以整体审视，全景式地展现了三十年中国民族学发展的成就和历程，以其信息含量丰富、引领学科前沿以及显著的综合性、工具性等特点，成为中国民族学三十年建设历程的历史见证者和忠实记录者。

267

瞿明安著/当代中国文化人类学（上下）. 昆明：云南人民出版社，2008 年版.

本书力图全面、客观地反映当代中国文化人类学各分支学科和理论方法的主要特点以及发展趋向，向国内外学者充分展示当代中国文化人类学取得的重要成就。具体内容包括当代中国文化人类学某某分支学科在研究对象、理论方法、学术取向等方面表现出来的鲜明特点；对某些具有代表性的著作、译著、论文或工具书的介绍和评述；该分支学科形成、发展的背景、过程和现状，当前面临的问题以及未来发展的趋势。

268

和志武著/纳西学论集. 北京：民族出版社，2008 年版.

纳西学就是以纳西族为研究对象的学科。在实践上，它贯穿古今；在空间上，它横跨东西。既包括对纳西族的本体性研究，也包含这种研究本身。本书编写的目的是为了进一步为纳西学立名、正名，并全面、系统展示纳西学的内涵。本书收录的论文包括《纳西族的社会历史与东巴教的形成和发展》、《略论纳古族的东巴教和东巴文化》、《炎黄、古羌与纳西东巴文化》、《纳古族原始巫教古文化之渊源》、《东巴文原名内涵》等。

269

杨小柳著/参与式行动：来自凉山地区的发展研究. 北京：民族出版社，2008 年版.

参与式行动被视为一种发展援助理念、模式和制度上的创新，已成为国内外发展实践的主流。本文基于对大凉山彝族聚居区实施参与式扶贫项目的田野调查，关注的是源自西方倡导、自上而下推动的参与式行动援助如何在中国的特殊场景中开展实践，并从援助效果的角度出发，探讨了参与式在实践过程中面临的现实复杂性。

270

金炳镐著/马克思主义民族理论发展．北京：中央民族大学出版社，2008 年版．

本书梳理了马克思主义民族理论的发展历史，科学系统地介绍了马克思主义民族理论。全书除绪论外，共分 14 章，内容包括：马克思主义民族理论的创立和发展，马克思恩格斯关于民族和民族问题的理论，马克思恩格斯关于民族运动、民族解放运动的理论，马克思恩格斯关于民族纲领和政策的理论，列宁主义民族理论的形成和发展，列宁关于民族和民族问题的理论，斯大林的民族理论与实践，中国特色马克思主义民族理论的形成和发展等等。

271

彭谦著/中国民族立法制度研究．北京：中央民族大学出版社，2008 年版.

本书对民族区域自治法的实践与民族区域自治制度创新、中国少数民族自治历史研究以及少数民族权益保障展开研究和探讨，本书主要内容包括：少数民族权益保障基础理论研究，以及民族教育、少数民族文化保护和对少数民族权利的司法保护等具体的少数民族权益保障研究，对中国民族立法制度研究提供了重要的参考依据。

272

良警宇编/中国人类学民族学百年文献索引．北京：知识产权出版社，2008 年版．

本书收录了中华人民共和国成立后 16 种、成立前 16 种民族学和社会文化人类学核心刊物中的文献资料。本索引分新中国成立后和新中国成立前两大部分。其中新中国成立后文献索引包括了学科建设、理论与方法，生态、生计方式，经济、社会发展，婚姻、家庭与亲属制度，民族—族群，政治、社会控制，宗教，民俗、民族文化，都市，教育，人口，迁移，社会性别，医学，旅游，影视等共 16 个大类。是一本透视中国内地人类学民族学发展历史和研究特点的工具书。

273

招子明，陈刚著/人类学．北京：中国人民在大学出版社，2008 年版．

本书涵盖了国内外人类学研究的最新成果，共 16 章，分别介绍了文化人类学、体质人类学、考古学、语言人类学、应用人类学、心理人类学、认知人类学、政治人类学、宗教人类学、医学人类学、教育人类学、饮食人类学、旅游人类学、福利人类学、女性主义人类学的最新研究动态以及西方人类学的学派与传统。

274

特木尔巴根等主编/中国民族概论基础教程. 北京：民族出版社，2008年版.

本书是介绍中国民族概况、文化特点的专门教材，指导人们如何看待和把握文化差异的原则和方法，在文化差异中如何进行交流并增进相互了解、彼此尊重的学问。人类在进步，社会在发展，民族在繁荣，世界各国各民族间的联系和交往越来越紧密。在世界和平与发展主题的另一面，国际和国家内部矛盾冲突从没有间断。其中因民族因素而引起的矛盾，在“冷战”结束后其影响显得越来越突出，越来越受到国际社会的普遍关注。要求各族人民，特别是当代青年大学生学习《中国民族概论基础教程》，就是要使他们对党的民族政策及其制定的理论依据有深刻的掌握，同时对我国的国情有更广泛、全面的认识，从而提高我们执行党的民族政策的自觉性，增强我们在民族问题上辨别是非的能力，进而为增强各民族的大团结，为反分裂、反分化，促进各民族共同团结奋斗、共同繁荣发展作出自己应有的贡献。

275

谢立中编/民族复兴与世界联邦——余天休社会科学论集. 北京：北京大学出版社，2008年版.

收录在本文集中的前三篇作品，一是余天休先生于20世纪30年代编写的社会学教材——《社会学大纲》；二是余天休先生差不多同一时期编写的经济学教材——《经济学原理》；三是余天休先生晚年在美国时撰写的重要著作——《世界联邦政府》。它们分别涵盖了社会学、经济学、政治学三个领域，虽然不一定完整地反映了余先生在这三个领域的学术思想，但至少对我们了解余先生在这些领域的思想有一定的参考价值。尤其是其中的《世界联邦政府》一书，是余先生从世界主义或人类大同的理想出发，对人类历史及现状（特别是两次世界大战的历史和现状）进行深刻反思的一个结果，书中提出的许多认识和对策性建议（如建立世界联邦政府等），至今读来仍让人觉得不仅有极高的学术价值，而且有极强的现实意义，并与当代西方某些理论家们的类似主张遥相呼应，值得我们认真地去阅读和体会。

276

刘江著/官纯：变迁中的土司属官寨．昆明：云南大学出版社，2008 年版．

本书呈现给我们的是一个傣族村寨半个多世纪以来的发展历程和当代生活画卷。作者对官纯寨的调查研究不仅是一个所谓的“典型调查”，而且还展示了该村傣族所具有的社会文化全貌，反映了村寨研究的复杂性与整体性。如果我们把官纯寨看成是整个傣族社会的一个小小缩影，并通过该村的社会文化变迁去触摸和把握傣族社会这半个多世纪以来的发展历程，揭示傣族社会与文化的若干重要层面。作者采用历时性与共时性的研究方法，对官纯寨这个微观社区经历的从“过去”到“现在”的变化进行了较为深入细致的比较研究，明确指出了哪些文化事项是已经消逝的，哪些又是复苏再现的，哪些社会文化传统是一直延续至今的，哪些是保留了其文化的内核而仅在表层上进行了变化与调适的，并分析了其中的原因。同时，作者还在一些章节中运用鲜活的实例说明村民对自己社会文化的“文化自觉”样态。

277

王建民，汤云主编/学科重建以来的中国人类学．北京：民族出版社，2008 年版．

本书是部分中国人类学家就学科重建以来的中国人类学发展状况发表的专题论文集。论文作者来自当代中国内地最主要的人类学学术机构，他们在本书中提出的许多观点和研究角度反映了中国人类学最新的研究动向。在本书中，作者们通过区域性研究的追溯和学科发展史的回顾，对如何在中国建立和发展人类学的学科进行了讨论。借助学科史的梳理，来反思人类学理论和方法，基于各自在人类学不同分支的研究实践，说明了这些分支学科的最新进展。本书将有助于读者更全面地认识和理解学科重建以来的中国人类学。

278

（英）贝特森著/纳文：围绕一个新几内亚部落的一项仪式所展开的民族志实验．北京：商务印书馆，2008 年版．

本书为“汉译人类学名著丛书”之一，叙述风格的优雅、思维的洗练以及广博的知识涉猎，使这部实验性的民族志成为人类学经典中最具魅力的著作之一。

纳文是生活在新几内亚的雅特穆尔人在其青少年成员取得有意义的成就后举行的一种庆贺仪式。作者围绕此一仪式，采用不同的路径加以分析，独创性地将研究者的思维工具和思维过程展现出来，让读者看到在不同的研究框架下，“社会事实”所呈现出的不同面貌。

279

庄孔韶编/文化之眸：国际人类学与民族学联合会第十六届大会影展．昆明：云南大学出版社，2009 年版．

鉴于在全球化的背景下，文化多样性和人类发展面临诸多机遇和严峻挑战。作为人类生活与生态环境互动的卓越成果之一，文化多样性体现着人类独特的创新能力，同时作为群体互动交流的坚实基础和个人幸福感的不尽源泉而存在。随着国际人类学与民族学联合会第十六届大会的有序开展，主题为“文化之眸”的影视展映也在昆明开幕。本书囊括了入围本次影展的影视作品，展现了全球化、现代化大背景下宗教、教育、法律、民间技艺、少数民族生活变迁等多种文化现象。其中许多作品是在长期的田野调查基础上拍摄完成的。

280

郰永君主编/民族学名家十人谈．北京：民族出版社，2009 年版．

一个伟大时代的标志应当包括学术的繁荣，而学术的繁荣不应只是表面的轰轰烈烈和声势浩大，更重要的是其严谨的风气和合理的布局。学术风气的形成非普通人所能为之，必仰仗学术界的决策者之精心筹划和强力引导，且必然受到社会大环境之剧烈影响，正所谓“四海皆秋色，一室难为春”，其事体至大，似不敢轻易置喙；而在学术布局方面，诸学科之翘楚人物和科研管理部门的负责者当是责无旁贷，不然则有渎职之嫌。本书包括王钟翰先生访谈录、林耀华先生访谈录、宋蜀华先生访谈录、陈连开先生访谈录、秋浦先生访谈录、阮西湖先生访谈录、刘凤翥先生访谈录、道布先生访谈录、照那斯图先生访谈录、瀛生先生访谈录。

281

彭文斌主编/人类学的西南田野与文本实践——海内外学者访谈录．北京：民族出版社，2009 年版．

本书收录了：田野、同行与中国人类学西南研究——美国著名人类学家斯蒂文·郝瑞教授专访——学术与学会的里程；著名民族学家李绍明先生谈中国西南民族研究学会的发展跨越边际与自我的足迹；澳大利亚著名人类学家王富文教授专访——反思历史与关怀现实的学者；著名历史学与民族学家王明珂教授专访——走进人类学的历史学家；美国著名清代边疆史、历史人类学家苏堂栋教授专访——学科关怀与学术思想传；中国民族学人类学史专家王建民教授专访——多维视野中的人类学西南研究；跨越学科边际的人类学者彭兆荣教授专访——回归地方再思田野；扎根基层的人类学者翁乃群教授专访——被中国西南所吸引的人类学；美国三一学院那培思博士专访——“民族识别”的分类学术与公共知识建构；美国斯坦福大学墨磊宁博士专访——文学与人类学漫谈；美国北卡罗来纳大学乐钢教授专访——从“物之质”到“物之文”：西南少数民族物质文化研究专家张建世教授专访；西南研究答问录——徐新建（四川大学文学与新闻学院）彭文斌（加拿大英属哥伦比亚大学亚洲研究所）等篇目。

282

刘军编著/美国犹太人：从边缘到主流的少数族群．昆明：云南大学出版社，2009年版．

这部专著综合运用民族学、历史学、社会学和国际关系学等学科理论和研究方法，以时间顺序为主要线索，对美国犹太人从社会边缘演进为社会中坚和主流的历程进行了系统探讨。20世纪，美国犹太人已经在美国政治、经济、社会、文化和教育等各个方面占据了重要的地位，发挥着十分突出的作用，并推动了美国与以色列之间“特殊关系”的形成。作者充分参考和借鉴了国内外关于美国犹太人研究的成果，采用专题研究的方法，对一些问题进行了深入的探讨。书中既有对美国犹太人内部情况（如社团生活、宗教派别、慈善事业、文化教育等）的叙述，又有关于美国犹太人与美国社会的关系（如经济实力、政治参与、社会地位等）的讨论，是国内近年来关于美国犹太人研究的一部较为全面和深入的学术著作。

283

何星亮著/中国人类学民族学百年重要著作提要．北京：知识产权出版社，2009年版．

本书以作者年龄为序排列，主要从狭义民族学学科范围内挑选有代表性的著作，并选收部分体质人类学方面的著作，共118篇。作为国内第一本介绍中国民族学人类学百年代表著作的提要集，本书基本上把多数重要学术著作囊括其中，对于人们了解中国民族学与人类学的形成和发展具有一定的学术价值。

284

何明编/西南边疆民族研究（第6辑）．昆明：云南大学出版社，2009年版．

我国西南边疆是沿边和多民族的地区。其边界与缅甸、老挝、越南相连，位置与印度、泰国等国相邻。滇、桂两省区与众多邻国接壤，在这两个省区和毗连境外一侧还居住着约20个跨境民族。西南边疆亦是西北少数民族南下、西南少数民族北上的迁徙走廊，在这一地区保存了极为丰富的民族学资料。因此，国内外学者十分重视研究该地区的少数民族。本书收录了我国学者对西南边疆民族研究的代表性作品，具有重要的学术价值。

285

李国春著/民族发展与民族平等论．昆明：云南大学出版社，2009年版．

我国正处于改革不断深化的重要历史关头，要使少数民族地区从不发达的现实起点上逐步缩小与全国总体发展水平的差距，肯定会遇到因利益分配、人员流动、生产和生活方式变迁所引起的各种社会问题。面对错综复杂的国际、国内形势，我国边疆稳定和民族团结已经成为能否实现新世纪伟大战略目标的关键因素。本书对于促进少数民族地区经济社会和谐发展具有重要的现实意义。

286

周光大编/现代民族学．昆明：云南人民出版社，2009年版．

《现代民族学》（上下卷）（第1、2册）（套装全4册）结合中国和世界各国在现代化进程中的实际情况，从学科发展的需要出发，对现代民族学的某些基本特征以及开展现代民族学研究的理论价值和现实意义进行初步的探讨。民族学在自身形成发展的过程中经历了由传统民族学向现代民族学的转变。

287

王春瑜著/中国人的情谊．西安：陕西人民出版社，2009年版．

本书以翔实的史实为底料，展示古人的人格魅力和情谊传统，也为今人的交往提供了绝好的借鉴和参照。国人的情谊之道，于我们日常之中无处不在。我们喜欢宾客满堂，我们热衷于招待友人的茶酒之道，我们心仪“义结金兰”，我们热爱“桃花潭水三千尺，不及汪伦送我情”，我们追求“人生得一知己足矣”。《中国人的情谊》正是由此出发，细致梳理国人的情谊之道。苏轼与佛印、丰子恺与弘一法师、岳飞与韩世忠、刘邦与韩信、唐太宗与魏征、柳永与秦淮歌妓等等，这些或高洁的、或丑陋的、或庸俗的情谊，在历史的长河中，对中国的政治、文化、艺术无不产生深刻影响。情谊无疑是国人精神世界的一个映照。

288

（美）迈克尔·赫茨菲尔德著，刘珩，石毅，李昌银译/人类学：文化和社会领域中的理论实践（修订版）（西方人类学新教材译丛），华夏出版社，2009 年版.

本书是就社会人类学和文化人类学所做的一个全面概述。众所周知，人类学作为社会科学的一门学科主要探究社会和文化之间的关系。如果要给这门学科下个定义，而又不带一丝恶作剧色彩的话，它应该是在文化形式和社会意义两方面对人类的常识进行比较研究的一门学科。

289

杜玉亭著/和而不同的中国民族学探索：杜玉亭基诺族研究文论. 昆明：云南大学出版社，2009 年版.

民族学教学与研究在云南大学有着较为悠久的历史传统。从 20 世纪 20 年代云南大学成立时起，民族学的学科建设与发展就在某种意义上成为云南大学前进历程中的晴雨表。在不同的历史阶段，民族学的发展也经历了筚路蓝缕的初创、艰难求索后的柳暗花明、名家辈出的辉煌、特殊历史时期的低迷徘徊以及雨过天晴之后的复兴。本书主要内容包括：基诺族识别与有关民族理论的探讨、基诺族社会经济研究、基诺族历史研究、传统文学与歌唱文化、基诺族传统爱情文化等内容，对基诺族的研究提供了丰富的理论依据。

290

周文敏著/红白喜事：云南大理喜洲白族人生礼仪. 昆明：云南大学出版社，2009 年版.

风俗习惯是一个民族在其长期历史发展过程中相沿久积而成的喜好、风俗、习惯和禁忌，主要表现在饮食、服饰、居住、婚姻、生育、丧葬、节庆、娱乐、礼节、生产等方面。中国文化之所以博大精深，其实就是中国的风俗习惯形态多样。既使是在现代社会，它依然以其强大的力量左右着当今人们的衣食住行。但是风俗习惯对当今现代社会人们的影响力度已经在大大减弱，影响的范围正在大大缩小。本书对喜洲的风俗习惯展开调查研究，采访细致，文字活泼，常有局外人眼光的神来之笔。

291

（英）莫迪默著/人民·民族·国家. 北京：中央民族大学出版社，2009 年版.

本书涉及民族学、政治学、社会学、历史学等多领域研究。本书从族性、民族、民族认同、民族自决和公民民族主义角度，探讨了族裔认同的原生性与社会组织性、族体与民族性、社会性别与民族主义以及族性、民族认同与国家主权、多元文化主义和民族主义等问题之间的相互关系，揭示了人民、民族与国家的内在联系。它收集了安东尼、史密斯、厄内斯特、盖尔纳等西方著名人类学者撰写的有关民族、民族主义的名篇，为人们认识、了解当代西方民族学人类学的主要理论和方法，提供了参考资料，开辟了捷径。

292

（英）沃森著/民族与国家：对民族起源与民族主义政治的探讨．北京：中央民族大学出版社，2009年版．

本书是一部论述“民族与国家”问题的权威性著作。作者全面剖析了民族与国家这两个影响人类历史与现实政治的基本实体；描绘了世界民族主义概貌；分析了欧洲、亚洲和非洲的民族主义问题；着重论述了欧洲民族主义的复杂性。作者认为，民族与国家重叠交叉、相互影响，但具有本质区别；只有把握其本质区别，才能避免犯错误，“民族会因语言、历史和文化等纽带而在国家消亡后还存留数个世纪之久”。

293

（英）特德·C. 卢埃林著/政治人类学导论．北京：中央民族大学出版社，2009年版．

政治人类学是文化人类学的一部分，它作为一个单独学科存在不超过50年。它主要研究人类社会（从以亲属关系为基础的简单社会到以国家为单位的复杂社会）的权力结构的特征体制和原动力。《政治人类学导论》一书是政治人类学的基础著作，该书深入系统地分析了政治人类学与历史学、普通人类学和政治学理论越来越有成效的密切关系。

294

何群著/民族社会学和人类学应用研究．北京：中央民族大学出版社，2009年版．

本书内容主要包括民族社会学应用研究；民族认同性与多民族国家民族政策的成功调整；社会碎片化场景中的边缘化压力；从社会效应看制度安排的必要调整——鄂伦春族个案，自然资源开发与人口较少民族生存发展——鄂伦春族个案等等。对于民族学和人类学理论在现实中的应用具有重要的参考价值。

295

乌小花著/当代世界和平进程中的民族问题．北京：中央民族大学出版社，2009年版．

本书是中央民族大学国家“十五”、“211”工程建设项目，以马克思主义民族理论为指导，以探讨当今世界“和平与发展”的时代主题所面临的新情况和新问题为切入点，阐述民族宗教及其相关理论，对当代世界民族问题热点进行分类研究，历史地考察世界民族问题，揭示世界民族问题的本质和不同表现形式，分析当代世界民族问题对世界和平进程的影响，提出解决世界民族问题的见解和主张。本书还针对国际学术界诸如“文明冲突论”、“民族主义”等一些热点理论进行了辩证分析。

296

（美）戴维·莱文森编，葛公尚，于红译/世界各国的族群，北京：中央民族大学出版社，2009 年版.

本书首先分为四个组成部分，分别是欧洲、非洲、亚洲和太平洋地区、美洲地区，每一部分都包括对该地区各国情况的介绍。在每一地区的开头都附有导言、参考文献目录和地图。在国别族群状况介绍中提供了三个方面的数据信息。其次，本书对每个国家主要族群或相关群体集团进行了简要介绍。这些介绍围绕每个群体的地域、人口、宗教以及基本经济、社会和政治活动展开。再次，对每个国家当代族际关系状况进行了简要的分析。这些分析并不一定涵盖每个国家族际关系的方方面面，而是更侧重于对该国影响最大的问题。本书适用于民族学、人类学的研究学者参阅。

297

（英）斯蒂夫·芬顿著，刘泓等译/族性.北京：中央民族大学出版社，2009 年版.

本书论述了民族学概念的基本问题以及不同学派之间的联系与影响。作者以整体比较的视野，就民族学的基本概念——族体、族群、种族、民族、人民等进行了系统的探讨。本书是作者多年的积累，对一些基本概念的研究颇有深度。

298

荣仕星，徐杰舜主编/人类学世纪真言.北京：中央民族大学出版社，2009 年版.

本书是集三代中国人类学者的访谈口述史。坦率、诚恳、翔实地道出我国人类学发展的种种情境。意见、观点与评论中既可看到人类学在中国百年发展的成果，也可以窥见新世纪人类学在国境内发展的前景。

299

侯远高，丁娥著/发展的代价——西部少数民族地区毒品的伤害与艾滋

病问题调研文集．北京：中央民族大学出版社，2009年版．

这本文集是中央民族大学的一支人类学应用研究团队持续8年关注少数民族地区毒品和艾滋病问题的成果汇编，也是国内系统研究民族地区艾滋病问题的最重要的学术成果之一。本书对从事禁毒和艾滋病防治工作的人士具有重要参考价值。

300

金炳镐著/新中国民族政策60年．北京：中央民族大学出版社，2009年版．

中华人民共和国成立60年来，在以毛泽东、邓小平、江泽民、胡锦涛为核心的中国共产党几代中央领导集体的正确领导下，制定并实施了一系列行之有效的民族政策，不断地推动了少数民族发展，不断地解决了我国的民族问题，使我国各民族平等、团结、互助、和谐，各民族共同团结奋斗，共同繁荣发展。为了庆祝新中国成立60周年，为了梳理新中国民族政策的发展历程，进一步推动中国民族理论学科的发展编写了《新中国民族政策60年》。本书是研究新中国民族政策发展历程的专著，是学习新中国民族政策主要内容的民族理论专业的专业课教科书，也是民族理论工作者和民族工作者了解我党和国家民族政策的参考书。

301

陈克进著/民族学教研一得录．北京：中央民族大学出版社，2009年版．

陈克进是中央民族大学民族学与社会学学院教授，主要论著有：《民族学通论》、《中国民族概论》、《婚姻家庭词典》、《中国少数民族风情大观》，另有论文《从原始婚姻家庭遗俗看母权制向父权制过渡》、《〈家庭、私有制和国家的起源〉论略》、《〈家庭、私有制和国家的起源〉是恩格斯晚年一部重要的独立著作》、《我国古代民族关系史研究的新进展》等近60篇。本书精选相关文章付出版，以期对民族学教研提供系统研究分析。

302

何群著/民族社会学和人类学应用研究．北京：中央民族大学出版社，2009年版．

人类演进至今，给人类学营造了枝叶繁茂的土壤。人类学理论与方法之特有解释和深入社会生活、文化内部世界之优势，被诸多学科所借鉴。20世纪七八十年代引自西方，作为社会学视野下的民族关系研究并具有多学科理论与方法交叉突出特点的民族社会学，它对我国社会进步、文化和谐的促进与护佑功能日益显著。本书对民族社会学和人类学应用作了相关系统研究，具有重要的学术参考意义。

303

马戎，刘世定，邱泽奇编/费孝通与中国社会学人类学．北京：社会科学文献出版社，2009 年版．

本书收入了两次学术会议的论文和部分追思文章。上编为“追思费老——费孝通教授学术思想座谈会”的发言、“费孝通教授与中国社会学人类学”学术研讨会主题发言和追思文章；下编主要为“费孝通教授与中国社会学人类学”学术研讨会三个分组会上提交的论文，共计 103 篇文章。

从作者来看，本书囊括了社会学界的知名学者；从本书的学术质量上看，尤其是对费老思想和学术成果进行反思的文章，结合当下学界的研究进路和学术风气进行研究，使人耳目一新，也使对费老的纪念不再流于形式；同时，读者在这些对费老回忆的文章中，也可以感受到中国社会学乃至中国社会在 20 世纪的巨大变化。

304

世界银行国家民族事务委员会项目课题组著/中国少数民族地区自然资源开发社区受益机制研究．北京：中央民族大学出版社，2009 年版．

本研究以政策法规和大量的调研资料为依据，梳理了新中国成立以来与资源开发相关的民族政策体系；梳理了改革开放以来国家和地方有关资源开发的政策和法规体系；通过查阅文献资料及深入目标地区政府、企业、社区开展调研活动，收集了大量的第一手资料；学习借鉴国际经验，研究参考了 10 多个发达国家和发展中国家有关资源开发与资源所在地利益补偿与分享的国际案例，并在此基础上，对民族地区资源开发和利益补偿政策、机制的执行包括利益分配现状进行了研究和分析，特别对资源开发所在社区利益受损情况和利益补偿方式和途径进行了深入研究，分别从政策层面和操作层面提出了政策建议和“地区资源开发和利益补偿机制试点方案”，政策建议和试点方案具有针对性、可操作性和创新性。

305

蔡家麒著/田野拾遗：文化人类学随笔．昆明：云南教育出版社，2009 年版．

田野作业是文化认知不可或缺的手段，进入一定文化的具体情境中，参与当地族群实际生活的流程里，进行系统的观察和了解，这是文化认知活动很重要的一条实践的理念。本书认为田野作业不仅仅包括观察、访谈和记录为主要方式的“田野调查”（field investigation），还应该包含参与观察者在当地生活的全部认知活动与过程，其中既有他们生活在田野里所经历过的看法、想法、感知和文化适应等行为，也有作业者在特定的社会文化环境中必要的角色转换或重塑，还有不可避免的不同文化的交流与互动诸情况，这些都是同文化的认知活动息息相关的，而这些内容应是包含在“田野作业”这一术语的概念之中，它们不一定就能完全体现在“田野调查”的概念里。本书对田野的记录和描述有着更深的思考和想法。

306

宋兆麟著/泸沽湖畔的普米人. 昆明：云南教育出版社，2009 年版.

是作者在当地进行田野调查的实录，这些事实都是在泸沽湖周围发生的，因而名之日《泸沽湖畔的普米人》。应该说它是《泸沽湖女儿国考察记》的第三部，前边的两部是《女儿国亲历记》和《走访与伙婚》。本书分上、下两篇：上篇是仿效考古学的方法，把普米族的婚姻家庭分为区域类型，对三个地区的普米族的婚姻家庭进行了田野调查和研究；下篇是按社会生活专题进行了比较研究。

307

赵纯善著/德昂族觅踪：德昂族中英文图集. 昆明：云南大学出版社，2009 年版.

德昂族是一个历史悠久、生活方式独特、具有灿烂文化的跨境民族，是我国云南西部、西南部最古老的世居民族之一，被誉为“最古老的茶农”。他们的《古歌》中说，德昂人的历史像江河一样长久。现今居住在滇西南的德昂族亦都认为他们是当地古老的居民，曾经是人口众多的民族。但到新中国建立时，居住在国内的德昂族仅 5000 余人，新中国建立后虽有较大的增长，2004 年云南省的德昂族也仅有 1.7 万余人，位居云南少数民族人口倒数第 2 位，主要居住在德宏傣族景颇族自治州的潞西、梁河、瑞丽、陇川、盈江五县市，其他在保山市的隆阳区，临沧市的镇康、永德、耿马三县及普洱市的澜沧县也有分布，是个居住比较分散的民族。在友好邻邦缅甸境内有较多的德昂人居住。本书呈现了德昂族的生活画卷，使中外读者能够更加深入地了解这一民族。

308

张晓萍编/民族旅游的人类学透视. 昆明：云南大学出版社，2009 年版.

如何尽量避免负面的影响，尽量做到开发与保护的良性循环，无疑是中国在旅游业发展中亟待解决的问题。要想使旅游业做到可持续发展，要想使旅游业真正成为发展经济、脱贫致富的支柱产业，使社会文化同步健康发展，我们就应该加强对旅游业的理论研究，并把这些理论应用实际的案例当中，真正做到理论与实践相结合，使我们的旅游业少走弯路，并为世界旅游业作出榜样。基于以上考虑，本论文集收集了国内外一些有影响的专家和学者的论文，其中有些是正积极从事旅游人类学研究的中青年学者。他们有许多值得重视的理论思考和新颖的见解，还有许多对案例进行的实证研究和分析，都具有启发性和参考价值。

309

孙九霞著/旅游人类学的社区旅游与社区参与．北京：商务印书馆，2009 年版．

本书选择了三种类型的旅游社区进行社区参与研究，包括景区和社区一体化的西双版纳傣族园社区、景区与社区紧密相连的阳朔遇龙河社区、景区和社区保持距离的阳朔世外桃源社区，这三种社区代表了企业主导和政府主导的两种开发方式，具有典型意义。孙九霞有良好的人类学基础，特别是她与人打交道的亲和力帮助她不论是在西双版纳的傣族家里，还是在阳朔的外资企业，受访者都愿意告知她想知道的“故事”，书里一个个鲜活的案例就是这样一点一点访谈来的。

310

（美）Nelson Graburn 著，彭兆荣主编，赵红梅译/人类学与旅游时代．桂林：广西师范大学出版社，2009 年版．

本书是世界著名旅游人类学家、国际旅游研究院创始人、美国加利福尼亚大学伯克利分校纳尔逊·格雷本（Nelsod H. H. Graburn）教授的旅游人类学论文集。《人类学与旅游时代》汇集了作者在这一领域里最有代表性的研究，由引言、旅游人类学基础理论、日本国内的旅游研究、东亚及其他地区的旅游研究、博物馆与物质文化、旅游人类学的方法与理论六个部分构成。文集阐述了旅游人类学的基础性学理，探讨了以旅行—旅游为基本活动方式的研究方法对传统人类学在方法论上提出的挑战和具备的变革意义，更收录了作者对当前世界范围内兴起的“遗产热”相关方面的独到研究，如对日本近几十年来旅游发展的案例借鉴，对东亚及其他地区旅游发展战略的情状分析。文集融理论与方法、遗产与物质、区域与战略、个案与实践等为一体，较全面地反映了格雷本教授在旅游人类学研究方面的成就。

311

施联朱主编/民族识别与民族研究文集．北京：中央民族大学出版社，2009年版．

本书内容共分五个部分：第一部分为关于民族问题理论与民族政策的研究，重点在于通过具体的民族识别调查研究，突出民族识别理论如何应用到中国的民族实践中去；第二部分为关于台湾历史与台湾高山族的研究，以大量的历史事实论证：台湾自古属中华，美丽富饶的台湾宝岛是台湾各族人民共同开发的，台湾的历史和文化是台湾各族人民共同缔造的，是中华民族悠久历史和灿烂文化的一个组成部分；第三部分为关于畲族的研究；第四部分为关于其他民族的研究；第五部分为附录。本书适合从事相关研究工作的人员参考阅读。

312

中华人民共和国国务院新闻办公室著/中国的民族政策与各民族共同繁荣发展．北京：人民出版社，2009年版．

中国是全国各族人民共同缔造的统一的多民族国家。在漫长的历史进程中，中国各族人民密切交往、相互依存、交流融合、休戚与共，形成了中华民族多元一体的格局，共同开发了祖国的大好河山，共同推动了国家发展和社会进步。新中国成立以来，中国共产党和中国政府牢牢把握各民族共同团结奋斗、共同繁荣发展的主题，坚持从本国国情出发，总结历史经验，借鉴世界其他国家的有益做法，开创了具有中国特色的解决民族问题的正确道路，确立并实施了以民族平等、民族团结、民族区域自治和各民族共同繁荣为基本内容的民族政策，形成了比较完备的民族政策体系。

符合国情的正确的民族政策，促进了中国各族人民同心同德、和睦相处、和衷共济，开创了经济发展、政治安定、文化繁荣、社会和谐的良好局面，少数民族的面貌、民族地区的面貌、民族关系的面貌发生了历史性巨大变化。

313

吴仕民著/直面民族问题．北京：中央民族大学出版社，2009年版．

本书分上、下两篇，共12章内容，包括民族的一般特征、民族发展的规律、社会主义时期的民族、民族问题、解决当代中国民族问题的道路、中国各民族与国家统一等内容。

314

王晓莉著/民族研究文集（文化民族民俗考古卷）．北京：中央民族大

学出版社，2009 年版.

本文集包括《文化·民族与民族学》、《试论中国少数民族传统文化的价值结构》、《论吴文藻先生引进西方文化理论的贡献》、《中国饮食文化中的审美情趣》、《中国少数民族生育文化》导论、《四合院的文化内涵及N院的空间分析》、《略论哈萨克族的文化特色》、《侗族鼓楼的象征意义与认同仪式》、《南方少数民族的背带习俗及其探析》、《满族饮食文化的形成和发展》、《中国历史上的民族关系》等论文。

315

高永久等编著/民族学概论. 南京：南京大学出版社，2009 年版.

本书分为 13 章。“导论”（第一章），介绍了民族学的定义、研究范围、主要内容、框架体系以及学习意义和方法等。“民族学的形成与发展”（第二章），介绍了民族学的形成、发展历程及其学术理论，总结了民族学学科的发生、发展的基本规律，阐述了民族学学科在社会科学中的重要地位。“中国民族学的学科建设”（第三章），阐明了中国民族学学科早期建设历程和马克思主义民族学理论的创新与发展，探讨了中国民族学的学科发展问题。“民族与种族”（第四章），回答了民族与种族的关系，剖析了种族主义的理论和行为，并在此基础上说明了混淆民族与种族关系所带来的社会问题。“民族学研究方法”（第五章），从方法论、研究方式和技术层面三个方面介绍了民族学的研究方法。“民族关系”（第六章），论述了民族关系的含义、影响因素、民族关系问题和调节手段以及中国的民族关系。“民族政治”（第七章），诠释了民族政治的含义、民族政治制度、民族政策和中国的民族政治。“民族经济”（第八章），介绍了民族学学科有关民族经济研究的主要内容，包括非工业社会的民族经济类型及其演进模式，生态环境、民族文化与民族经济的相互影响，当代多民族国家的少数民族经济发展问题，并且重点论述了民族学关于民族经济类型和民族经济发展的基本理论，概要分析了中国的民族经济。“民族文化”（第九章），叙述了民族文化的含义、内容和变迁，简要介绍了中国的民族文化。“民族与宗教”（第十章），从民族学的角度分析了民族成员的宗教信仰，探讨了宗教信仰与民族文化的关系，简要介绍了中国少数民族的宗教信仰。“民族习俗”（第十一章），介绍了民族习俗的含义、起源、功能与传承以及中国少数民族习俗的基本情况。“中国民族学学科的应用”（第十二章），介绍了中国民族学学科应用的特色内容，具体包括民族识别、少数民族社会历史和语言调查、民族区域自治、人口较少民族经济和社会调查等。“国外民族学学科的应用”（第十三章），介绍了国外民族学在政治、经济、文化、教育和生态领域中应用的基本情况。概而言之，民族学研究通常应具有五个方面的特点：一是现实性，即具有为民族社会现实服务的价值追求；二是理论性，即具有比较丰富和相对完善的学术理论；三是应用性，即强调理论与实践相结合；四是广泛性，即能够突出民族学研究所涉及的基本领域；五是整体性，即强调从整体出发对民族及民族社会进行综合性的研究。可以说，当前民族学研究的基本特点在本书中都有体现，而这也正是一本民族学教科书在新的时代环境中所追求的基本目标之一。

316

(美) 墨菲著/文化与社会人类学引论. 北京：商务印书馆，2009 年版.

人类社会已经进入 21 世纪。如果说人类在 20 世纪的现代文明成就超越了以往所有时代的成果，那么人类对自然的破坏也叠加了所有时代的恶果而且以前所未有的速度在增长，正在威胁着人类自身的存在，这一切都源于人类对自身认识的不明，亦即对人类在宇宙中的位置及价值认识的欠缺，这就是终极的文化问题或哲学问题。而文化人类学正是研究这类终极问题的基础学科，它旨在描述社会文化的起源和发展，揭示文化的特征和类型，比较各种文化间的异同及其与社会的关系，分析文化的传播及相互渗透等。这种研究途径，无疑为深入解剖人类本身、向人类自我复归开拓了新的方向。

317

(美) 穆尔著/人类学家的文化见解. 北京：商务印书馆，2009 年版.

本书在组织上不同于其他关于人类学理论的课本。本书围绕着影响现代人类学形成的男女学者展开。其他人类学理论的介绍重视观点而非人物。作者认为传记体的结构更好。观念不是自己平白生成的，而是在个体的经历中形成的。当然，某些观念是普遍生成的，是公共财产。有机类比法、进化论、社会功能、后现代主义的批评等，凡此种种都曾广泛流传。它们并不是哪个伟人的独立创作。在关于人类学家理论的解读中，这些普遍的概念被视作普遍的、基础，特定的学者将他们的理论结构筑于其上。其他的因素和困难更直接地塑造了人类学家个体的观念。

318

欧阳康主编/民族精神比较研究——民族精神的比较研究. 北京：人民出版社，2009 年版.

“越是民族的就越是世界的。”本书从比较研究的视野考察了世界其他优秀民族的民族精神，对培育与弘扬中华民族精神具有重要的借鉴意义：德意志民族严谨理性、坚毅刚强而又极其自信；以浪漫主义情怀著称的法兰西民族也深蕴革命精神与批判气质；英格兰民族既有追求财富、开拓创新的工业精神，但还表现出保守色彩；俄罗斯民族深沉忧郁而极具宗教的超越精神；美利坚民族崇尚自由平等，富于开拓冒险，实用主义原则至上但也不乏理想主义；古巴民族顽强不屈，为了民族独立自由而拼搏奋斗；日本民族勤奋进取创新，既有深刻的危机意识与浓厚的集体本位主义，但也存在民族沙文主义的危险；苦难意识、锡安情结与抗争精神凝聚了犹太人爱国复国的热忱，契约精神、法治原则与全民崇智造就了今天犹太人的成就；勤劳、仁爱、团结的越南民族在取得民族独立之后也不断创新发展……

319

庄孔韶著/行旅悟道——人类学的思路与表现实践．北京：北京大学出版社，2009 年版．

作者积 30 年田野经验，提供中国山地游耕生态类型的人类学概括；回访“金翼”之家，重构百年社会历程；闯进公共卫生领域，试图寻获人类行为背后的文化多元解读；何谓文化的直觉论？何谓“蝗虫”法与“鼹鼠”法？理论提携与方法论说缺一不可。在视觉的文化展示意义之外，呈现了当代影视人类学的应用性新方向。

320

潘天舒著/发展人类学概论．上海：华东理工大学出版社，2009 年版．

本书分三篇，包括：人类学与发展研究、人类学与发展实践、世界体系中的发展人类学等。主要内容包括：文化与自然习性的构建、文化作为世界观和价值体系、文化作为符号和象征体系、“贫困文化”的误区、文化资本与“符号暴力”、文化霸权与“软实力”、文化相对主义与发展实践、文化相对论的学术源头、相对主义的困境等。

321

王跃主编/体育人类学研究方法．郑州：黄河水利出版社，2009 年版．

本书分为 13 章，重点介绍人类学的概念与分类，体育人类学的概念、发展史、研究方法及其与其他学科的关系，人种志研究的概念、方法、特点及信度与效度，人类学田野调查的程序、准备工作、技术和方法、资料整理和分析及其报告的撰写，体育人类学调查案例，中国台北的田野调查方法。《体育人类学研究方法》可作为体育人文专业研究生学习体育科学研究方法的教材，也可作为体育教育与训练专业研究生学习体育科学研究方法的辅助教材。

322

胡起望著/胡起望民族学研究集锦．北京：中央民族出版社，2009年版.

本书内容包括：蔡元培和民族学；跨境民族初探；从民族学资料看数量观念的发展；民族学研究新的发展；开拓民族研究的新领域；苗族的姓名；东邻馆藏“苗图”实录；苗族研究概述；乾嘉苗民起义参加人供单简述；畲族的姓名；日本的阿伊努人；日本的民族学；从日本的国会辩论看雾社起义；范成大和他的《桂海虞衡志》；邝露和他的《赤雅》等。

323

（英）奈杰尔·拉波特著，鲍雯妍，张亚辉译/社会文化人类学的关键概念（第二版）．北京：华夏出版社，2009年版.

本书是人类学学科一本理想的指南，清晰而可信地界定并讨论了一些具有持久价值的核心概念，包括：相异性、流言飞语、控制、亲属关系、阴性书写、人权、家与无家、叙事、暴力等。

每一个关键概念的条目都配有相应的交叉参考说明以及详细的参考书目。本书讲述了以往和当前以及未来可预见的讨论，将人类学置身于一个宽广而变化的人文视野之中加以审视，汲取和借鉴了其他相关学科的大量资源，如哲学、心理学、社会学、文化学、文学批评以及语言学等等。对于学习和教授人类学的人来说，这是一本极好的参考书，亦可为存兴趣了解“人类学智慧”的人提供一个问题式的研究性路标。

D 政治、法律

324

金炳镐编/中国民族理论研究二十年（1978年12月—1998年12月）．北京：中央民族大学出版社，2000年版．

十一届三中全会以来的20年（1978—1998），是中国民族理论大发展的20年。在这20年里，中国民族理论最大的突破是邓小平有中国特色社会主义民族理论的形成，最大的成就是在邓小平民族理论指导下出现了中国民族工作的“黄金时期”。同时，这一时期是中国民族理论真正实现理论突破和发展的时期，是中国民族理论真正展开全面研究和发展的时期，是中国民族理论真正完善和确立学科体系的时期。《中国民族理论研究二十年》就对中国民族理论发展20年作了简要回顾和总结。

325

马啸原编/边疆少数民族地区政治发展与政治稳定．昆明：云南大学出版社，2000年版．

本书讲述了边疆少数民族地区民主政治建设的社会历史条件和政治文化背景；各项民主政治制度在边疆少数民族地区的建立和发展；边疆少数民族地区政府运作的民主化和科学化等。本书为我国社会各民族和谐发展提供了重要的学术参考作用。

326

陈云生著/中国民族区域自治制度．北京：经济管理出版社，2001年版．

本书是一部具有浓重理论色彩的民族区域自治制度方面的著述，是笔者多年来研习有关理论的心得和见解。书中准确、通俗地阐述和解析了《民族区域自治法》的民族和国家背景、宪法依据以及民族区域自治法的基本原则、主要内容等等。书中把中国历史上的民族政策作了较为全面、系统的梳理，此外还对当时国际上一些新兴的民族政策有所触及。

327

文精编/团结进步的伟大旗帜：中国共产党80年民族工作历史回顾．北

京：民族出版社，2001 年版．

我国是一个统一的多民族国家，民族问题历来是关系民族盛衰、国家存亡的重大问题。中国共产党作为中华各民族根本利益最忠实的代表和坚定的维护者，在 80 年革命斗争和社会主义建设的历程中，创造性地把马克思主义民族理论运用于中国民族工作的实际，形成了一整套正确解决中国民族问题的理论和政策。本书回顾了 80 年来，我国各族人民分别在以毛泽东、邓小平、江泽民同志为核心的中国共产党三代领导集体的正确领导下，翻身解放，走上了社会主义的康庄大道；取得了改革开放和社会主义现代化建设的辉煌业绩。实践充分证明，中国共产党的民族理论和民族政策是中华民族有史以来最好的，与世界其他国家相比，也是最成功的。通过对党的民族工作历史的回顾，我们可以自豪地认为，中国共产党民族工作的历史是值得大书特书，彪炳史册的。

328

沈林著/中国城市民族工作的理论与实践．北京：民族出版社，2001 年版．

本书主要从三个方面对中国城市民族工作的理论与实践进行了论述，一是回顾了中国城市民族工作的发展历程，阐述了城市民族工作的地位、作用和意义；二是对中国城市的发展和城市民族问题的关系进行了理论分析；三是对城市民族工作的对象、内容、方法等方面进行了探讨。本书总结了我国 50 年城市民族工作经验，从都市人类学视角论述了城市与人和社会、城市与民族和民族问题、中国城市化与城市多民族化过程，对城市民族工作的对象、城市民族工作的内容、城市民族工作的方法及城市民族工作的动力进行了理论分析，并提出了政策建议。

329

郝文明主编/中国周边国家民族状况与政策．北京：民族出版社，2001 年版．

本书囊括了与我国陆地接壤的所有的周边国家，共有 15 个国家。在撰写过程中，编者强调知识性、资料性、实用性、可读性融于一体，以翔实可靠的资料和最新的数据，力求尽可能全面准确地介绍这些国家的民族构成、民族历史和现状，并客观地介绍各国遇到的民族问题和为此而采用的民族政策，并实事求是地反映各国民族和民族政策发展变化的基本情况。

330

周平著/民族政治学导论．北京：中国社会科学出版社，2001 年版．

本书为普通高等学校人文社会科学重点研究基地基金资助项目。内容主要包括民族与政治、民族国家政治体系、多民族国家政治体系、民族政治关系、民族主义、民族政治人等。

331

中共宁夏回族自治区委员会党史研究室编/中国共产党与少数民族地区的改革开放（上下册）. 北京：中共党史出版社，2001 年版.

本书是由中共中央党史研究室组织，内蒙古、新疆、广西、宁夏、西藏五个自治区和有关省市的党史部门协作编纂的“中国共产党民族工作的历史发展”资料丛书的第四卷。本卷由宁夏回族自治区党委党史研究室编纂。内容反映了中共十一届三中全会以来，中国各少数民族地区在中国共产党的领导下，进行改革开放的历史进程、伟大成就及其基本经验，讴歌了党的开放政策及民族地区人民在改革开放中的伟大贡献和创造精神。所收集的史料上限起自 1978 年中共十一届三中全会，下限原则到 1998 年。为了紧紧把握时代的脉搏，增强本书的时代感、权威性和指导性，本书的综述、中央文献等部分有关内容则延伸到 2000 年。本书属综合性的党史资料丛书，全书分为综述、文献资料、自治区改革开放概述、专题与典型资料、大事记及附录六个部分。

332

李跃主编/中华人民共和国民族区域自治法. 北京：法律出版社，2001 年版.

本书收录了中华人民共和国民族区域自治法相关的法律与文件。该书内容全面，深入浅出，通俗易懂，有助于提高对该法的理解，是普及该法的一本教材。

333

方慧，黄琪，周芳，熊琼芬编著/云南少数民族传统文化的法律保护. 北京：民族出版社，2002 年版.

本书主要阐述对少数民族传统文化的法律保护，是指应用法律的手段对民族传统文化中精华部分的保护。在传承保护的过程中使古老的传统文化有所创新，有所发展，在现代化的进程中永远保持强劲的生命力是本书的一大特点。

334

周平著/中国少数民族政治分析. 昆明：云南大学出版社，2002 年版.

本书从少数民族与国家之间、少数民族与政党之间、少数民族与汉族之间、各个少数民族之间以及少数民族内部等不同的角度，分析了中国的少数民族政治关系，同时还考察了少数民族政治关系与少数民族经济关系、少数民族文化关系、少数民族宗教关系之间的关系，该书不仅全面地分析了少数民族政治关系的不同侧面，还形成了少数民族政治关系研究的完整框架，算得上是我国目前较为完整和系统的研究少数民族政治关系的著作。

335

王联主编/世界民族主义论．北京：北京大学出版社，2002 年版．

本书主要描述了近代世界民族主义在西方的起源、在东欧和亚非拉地区的兴起和发展的历史过程，较为详细地讨论了西方民族国家的兴起、亚非拉地区的民族运动与民族冲突的表现和原因，着重研究和分析了民族主义与国际关系之间的历史联系，以及“冷战”后新一轮世界民族主义浪潮的发展及其对国际关系的影响。针对“冷战”后国际社会、主要是西方社会中存在的所谓“中国新民族主义”的观点，结合中国民族关系的基本格局和历史发展，对这一谬论进行了驳斥。本书可作为高等院校国际政治、世界历史和世界民族研究等专业的教材，也可作为有关科研人员和一般读者的参考读本。

336

徐玉圻主编/民族理论和民族政策概论．乌鲁木齐：新疆人民出版社，2002 年版．

本书是由新疆维吾尔自治区教育厅组织编写的马克思主义理论课和思想品德课（即“两课”）教材，系自治区大中专院校通用教材。本教材编写的根本目的是：引导和帮助学生树立马克思主义国家观、民族观、宗教观、文化观、历史观，坚决维护国家统一，旗帜鲜明地反对民族分裂主义，确立建设有中国特色社会主义的共同理想。编写过程中，立足当代中国民族问题的实际，并联系新疆实际，全面地、系统地阐明了中国共产党的三代中央领导集体对马克思主义民族理论的丰富与发展及一贯坚持的民族政策，解答了新的历史时期在民族工作上的新情况与新问题，坚持了教材思想性、科学性、先进性、适用性相统一的原则。

337

全国人大常委会秘书处秘书组，国家民委政法司编/中国民族区域自治法律法规通典．北京：中央民族大学出版社，2002 年版．

民族区域自治是中国共产党解决国内民族问题的基本政策，是中华人民共和国的一项基本政治制度。民族区域自治制度是马克思主义民族理论同中国民族问题实际相结合的产物，是具有中国特色民族理论与民族工作实践的重要组成部分，也是有中国特色社会主义建设伟大实践的重要组成部分。这是中国共产党及其领导的中国人民对马克思主义民族区域自治理论所作出的史无前例的伟大贡献，是对科学社会主义理论与实践所作出的史无前例的伟大贡献。本书是对我国民族区域自治法律法规和规章的总结和概括。

338

黄建华著/国民党政府的新疆政策研究．北京：民族出版社，2003年版．

本文将国民党政府的新疆政策分为上、下两篇。上篇为国民党政府如何控制新疆（1928.6—1944.8），下篇为国民党政府如何直接统治新疆（1944.9—1949.9），新疆地方政府实际成为中央政府的“派出”。本书将新疆地方政策也划到国民党政府的新疆政策中去。本书从杨增新通电拥护国民政府为始，以新疆和平解放为终。史料丰富，历史发展脉络清楚，是一部具有开创性和分析力的佳作。

339

曹兴著/僧泰冲突与南亚地缘政治：世界民族热点研究和最长民族纠纷．北京：民族出版社，2003年版．

本书考察了僧泰关系两千多年的历史以及斯里兰卡的殖民时代的状况，跟踪考察了长达半个多世纪之久的当代僧泰冲突。在剖析僧泰冲突历史及现实事实研究的基础上，运用多学科的理论方法，对僧泰关系的原因、未来走向，进行较为深刻而全面的理论分析。

340

彭英明著/学步文集：民族理论与民族历史若干问题探研．北京：民族出版社，2003年版．

这是作者近40年的研究成果。上起原始部落，中经古代的部族和民族，下至近代的以及当代的民族问题，以求索，尊重事实，讲求逻辑，不为陈说所囿，不为偏识所蔽的态度使实据多具新意。值得关注民族理论和民族问题的人士参考。

341

（日）松本真澄著/中国民族政策之研究：以清末至1945年的民族论为中心．北京：民族出版社，2003年版．

本书以民族学的研究视野，对列宁、斯大林、孙中山、毛泽东等不同时期少数民族的历史含义进行了探讨，论述了国家与民族的关系，尤其对中国国民党和中国共产党的民族政策进行了深入的比较研究。是一部近年来国外研究中国民族政策较为客观的作品，具有其独特的学术价值。

342

徐杰舜著/中国民族团结考察报告. 北京：民族出版社，2003年版.

本书包括“中国西部民族团结考察报告”、“中国东部民族团结考察报告”以及“世纪之交对中国民族政策调整的思考”三编内容，对民族团结的研究有重要的参考意义。

343

周平著/民族政治学. 北京：高等教育出版社，2003年版.

本书是普通高等教育“十五”国家级规划教材。全面地反映现实民族政治生活的状况，揭示民族政治生活的本质和规律，分析民族政治问题的生成机制和演变特点，探讨民族政治的基本理论等。

344

潘志平编著/中亚的民族关系：历史、现状与前景. 乌鲁木齐：新疆人民出版社，2003年版.

新疆与中亚地区山水相连，自古以来就有密切联系，无论从历史（主要是地缘文化角度看），还是从现实（主要从地缘政治和地缘经济角度看）角度，今天新疆民族关系的发展，新疆的稳定与发展，都难以排除来自中亚方面的影响。中亚地区民族关系错综复杂，历史遗留问题较多，现实问题尖锐。其中最引人注目的有：孪生而连体的泛突厥主义和泛伊斯兰主义；神秘莫测的伊斯兰原教旨主义；谈虎色变的国际恐惧主义；扑朔迷离的部族冲突；与“金新月”相联系的贩毒跨国犯罪；这一切都和民族、宗教冲突有着千丝万缕的联系。本书全面地、系统地、较深层次地考察中亚民族关系的历史、现状与前景，既有学术价值，也有积极的现实意义。

345

冉春桃，蓝寿荣著/土家族习惯法研究. 北京：民族出版社，2003年版.

本书是本着加强土家族研究、促进土家族发展的宗旨编撰而成的一套学术性著作。由两部分组成，一是对土家族历史和传统文化的研究，这些著作力图通过对土家族历史和传统文化的剖析，弘扬土家族文化的精华，剔除土家族文化中的糟粕，增强土家和土家族地区的发展。二是对土家族地区问题的探讨，这些著作力图通过总结新中国建立以来，特别是十一届三中全会以来，土家族地区经济文化建设的经验和教训，结合国家政策和土家族地区的实际，对当前土家族及土家族地区经济社会发展面临的重要问题进行探讨，提出解决问题的对策和办法，为土家族地区社会发展和进步提供政策参考。

346

高其才著/中国少数民族习惯法研究．北京：清华大学出版社，2003年版．

作为中华法系重要的组成部分，少数民族习惯法是中国习惯法体系中内容最丰富、影响最大的一种习惯法，它对当今的少数民族地区仍有重大影响。本书秉承法律多元主义的理念，在分析了习惯法和少数民族习惯法概念的基础上，探讨了少数民族习惯法在中华法系中的重要地位，分析了研究少数民族习惯法的意义；对中国少数民族习惯法的产生发展脉络、主要内容、特征、功能、现实表现等方面作了较为全面的探讨，讨论了少数民族习惯法与国家制定法的关系。

347

张羽新著/清代治藏要论．北京：中国藏学出版社，2004年版．

本书是中国藏学研究的一项新成果。分为三部分：一是有关清代前期治藏政策的研究与评说，重点是驻藏大臣政治地位和职权的历史考察，这是清朝治藏政策的核心。二是清朝藏传佛教（俗称喇嘛教）政策的考察与评论。它作为清朝治藏的传统“国策”，广为人知，也是很多人感兴趣的话题。三是有关史料的考证。

348

张锡盛著/市场经济与民族法制：来自中国云南的研究报告．昆明：云南大学出版社，2004年版．

本书以研究报告的形式，对市场经济条件下云南的民族差异性发展及其对民族关系的影响、对民族区域自治立法的影响等进行介绍，并收录了相关论文。

349

龙生庭等著/中国苗族民间制度文化．长沙：湖南人民出版社，2004年版．

本书编者充分吸引了国内学术界有关苗族文化研究的许多最新成果，并能提升一个层次，从一个新的视角，即对各地区、各支系苗族世代形成和流传的诸多文化载体与事项，加以选择和升华，将其中一些比较定型化、规范化和条理化的，纳入“制度”之中，另辟“制度文化”加以研究，从其科学内涵，到历史背景、性质、意义和功能，进行综合性、深层次的探讨和阐发。这就有别于一般的民族风情习俗的采风和介绍，也不同于就某个方面、某一具体事象材料的搜集、整理和记述，是一种有意义的新的尝试，对于苗族传统文化研究的深入发展和拓展研究领域，均不无裨益。

350

余建华著/民族主义、国家结构与国际化：南斯拉夫民族问题研究．北京：民族出版社，2004 年版．

谈到巴尔干，人们马上会联想到欧洲的“火药桶”这个耳熟能详的代名词。如果我们再深入一步探究巴尔干——欧洲这个“火药桶”，那么无疑会发现，南斯拉夫则是这个“火药桶”的核心。回首人类刚刚告别的 20 世纪，世纪之初的第一次世界规模大战在这里拉开帷幕，二战期间残酷的战争和民族仇杀又在这里发生，“冷战”后欧洲首次大规模热战——波黑战争的硝烟尚未散尽，世纪之末的科索沃战争又成为举世关注的焦点，而这一切与南斯拉夫错综复杂的民族问题有着不解之缘。本文即是对南斯拉夫民族问题进行一次比较全面和系统的跨学科研究。

351

天津市民族事务委员会编/新时期城市民族工作政策法规选编．北京：民族出版社，2004 年版．

城市民族工作是民族工作的重要组成部分。随着社会经济的发展和城市化进程的加快，城市民族工作在民族工作整体中的地位日益突出。为推进城市民族工作，促进民族工作，促进城市少数民族的合法权益，党和国家制定了一系列的政策，颁布了大量的法律、法规、文件。本书对城市民族工作的法律法规作一系列的搜集和整理，对民族工作有很大的帮助作用。

352

王建娥，陈建樾等著/族际政治与现代民族国家（中国社会科学院重点学科建设工程丛书）．北京：社会科学文献出版社，2004 年版．

本书从现代民族国家中的族际政治的多个侧面，探讨世界历史的进程对现代民族关系的影响，经济活动的全球化与民族认同、民族关系之间曲折复杂的互动关系以及“冷战”后民族主义和民族运动的新的表现形式，并且从政治认同、公民权利以及政治共同体的内涵与外延等多重角度，揭示了现代民族体系的确立对世界范围内集体认同产生的重要影响，政治意识和国家制度与社会心理之间的逻辑关系，民族国家模式在认同政治中的支配地位和强大力量，提出了多民族社会的政治认同和观念、制度、法律的重构、改造与完善等重大课题。

353

吴宗金，张晓辉主编/中国民族法学（第二版）. 北京：法律出版社，2004 年版.

本书以 2001 年修改的《民族区域自治法》为基础，对中央和地方的民族区域自治法规、散居少数民族权益保障法规、少数民族文化教育等专门法规进行了系统的整理和归纳。随着民族法制建设的不断深入，民族法学研究也在不断深化，作者敏锐地抓住这些变化，大量吸收法学等相关学科研究的最新成果，并密切关注市场经济、西部大开发、WTO、可持续发展以及依法行政中的民族事务管理法制化等新时代出现的重大法制课题。此外，本书在介绍中华民族的民族法史文化和各少数民族的传统法文化的同时，还阐释了世界民族约法，尤其是联合国各族民族约法的规定，将民族法向读者作了全方位、多角度的展示，从而可以让读者在更广博的范围内了解民族法学知识。

354

方慧编著/中国历代民族法律典籍　“二十五史”有关少数民族法律史料辑要. 北京：民族出版社，2004 年版.

本书按照中国历史进程分为：先秦至汉、三国两晋南北朝、隋唐五代、宋辽金夏、元明清五篇。本书所收的内容，一是历代中央王朝对少数民族地区的治理，包括武力镇压，怀柔和亲，涉及政治、经济、文化诸方面的统治，同时各代一些典型的治理思想也在其中；二是“二十五史”中所载当时各少数民族政权及群体的法制状况，各少数民族的习惯法、法律文化，也包括各少数民族的政权组成，各项政治、经济制度和一些颇具特色的社会规范。由于历史上我国的疆域和民族多有变动，本书采用以现在国内民族的历史为主要研究对象。本书的主旨是法律史料辑要，对民族源流问题多不涉及。

355

阿沛·阿旺晋美著/见证西藏：西藏自治区政府历任现任主席自述. 北京：中国藏学出版社，2005 年版.

西藏自治区成立以来，七任主席阿沛·阿旺晋美、天宝、多杰才旦、多吉才让、江村罗布、列确和向巴平措，以第一人称自述的角度，向读者展现了西藏从政教合一的封建农奴制走向民主政治和现代化建设的伟大变革历程。从中可见每一任政府的努力和业绩，在不同历史时期都留下了不泯的轨迹，艰苦而豪迈，曲折而辉煌，为此所展示的一条闪光的道路，正是西藏

40 年发展进步历程的缩影。各位主席作为这一历史时期的亲历者和见证者，不但还原了西藏各个历史时期的发展面貌，给历史以真实的记录，还对自己的成长经历作了回顾。感情真挚、充沛，文字朴素、亲切，兼有穿插其中的历史图片，精美装帧、印制，实为难得的图书精品。

356

吴松主编/弘扬传统美德　构建和谐社会．昆明：云南大学出版社，2005 年版．

本书中汇集了云南省中华传统道德研究会成之大会上发表的论文精萃。讨论了中华传统美德的历史发展理论特点。分为四大部分：中华传统道德及其当代意义概论；儒家、道家伦理思想及云南少数民族传统道德；中华传统道德与当代经济、政治伦理；中华传统道德与当代学校德育。

357

铁木尔·达瓦买提著/论民族工作与民族文化．北京：中共中央党校出版社，2005 年版．

民族区域自治是党和毛泽东同志运用马克思列宁主义，结合我国实际情况制定的解决我国民族问题的基本政策，是马克思列宁主义的普遍真理和具体实践相结合，从实际出发，实事求是的光辉典范。本书论述了民族工作和民族文化的种种情况和问题。

358

财政部农业司等编/加强资金管理　推动依法行政：全国少数民族发展资金管理经验材料汇编．北京：民族出版社，2005 年版．

本书为近年来各地对全国少数民族发展资金使用、管理情况的总结。附录中还收录了国务院的有关法律、法规。

359

王剑峰著/多维视野中的族群冲突．北京：民族出版社，2005 年版．

本书关注全球十几个国家的族群冲突问题，并对此进行比较研究，希望此研究成果能有助于更好地理解不同情况下冲突的动因、变化、发展及其对它们的控制。本书首先从案例分析入手，剖析冲突的动因、模式、过程和影响以及解决或控制此类冲突所采用的一系列政治的、法律的、文化的和经济的手段。该书从实证出发，总结族群冲突的一般规律和特殊性，并提出一些具体问题，例如族群冲突的起源与演化，主要社会行动者的利益和动机，经济、文化、社会以及政治因素的作用，政府、党派、各类组织以及宗教群体的责任，族群冲突与现代化、全球化过程的联系，族群冲突与国际政治的关系，防止、控制或解决族群冲突所采取的政策和机制，等等。并运用了国外相关研究的前沿资料，反映了国际学术界对此研究的最新成果。

360

葛公尚著/二十世纪世界民族问题报告典型篇．北京：民族出版社，2005年版．

本书收集了人们比较关注的20世纪期间发生的世界民族问题热点研究报告30多份，按与国家独立、统一和主权完整相关的民族问题，多民族国家内部的民族问题，跨界民族和地区性民族问题，种族歧视与种族主义问题，移民和难民问题，世界土著问题等六种类型编排。反映了作者对20世纪世界民族问题的一些宏观理性思考，为预测21世纪世界民族问题的走向作了铺垫。

361

杨建新著/哈萨克跨国民族社会主义比较研究．北京：民族出版社，2005年版．

哈萨克族是一个跨多国居住的民族。近代中俄哈萨克跨国民族的形成，是以游牧文化为主线的哈萨克族朝着定居文化背景发展的一个过程，也是哈萨克民族向近现代民族转变的一个过程，在其社会文化发展中增添了两种具有各自鲜明特色的文化成分。本书以我国和哈萨克斯坦社会文化发展变化为考察对象，尝试进行比较研究，考察各自的特点和发展趋势，重点是从清代以来。另外，本书的作者搜集整理了目前国内外关于哈萨克族各方面研究的论著索引，包括汉语、俄语、土耳其语、哈萨克语及其他语种，以便今后著述者方便查阅。

362

马曼丽著/跨国民族理论问题综论．北京：民族出版社，2005年版．

本书是“中国西北跨国民族研究丛书”之一。基于西北地区诸多历史民族的跨国而居现状，从生态地理、人口分布、民族渊源及其流变形成的跨国现象入手，以族别分卷对西北跨国各民族的社会经济文化进行了系统研究，堪称我国跨国民族研究方面的力作。

363

罗树杰，徐杰舜著/民族理论和民族政策教程．北京：民族出版社，2005年版．

本书在民族理论关于民族、民族问题、民族观、民族平等与民族团结和民族意识五大理论基石中，引进了族群概念，论述了全球化时代的民族问题，扩大了民族观的内涵，界定了民族团结的定义，突出了中华民族精神；在民族区域自治政策体系中引入了政治学的民族自主原则；在民族经济政策体系中引入了民族发展理论；在民族教育政府体系中引入了民族素质理论；在民族文化与民族风俗习惯政策体系中引入了多样性理论；在宗教政策体系中引入了宗教信仰理论；在语言文字政策体系中引入了跨文化交流理论，本书期望能把人类学、民族学、政治学、心理学、经济学等相关学科中与民族理论和民族政策有关的理论整合到新的教材体系之中，从而扩展、丰富和完善民族理论的学科内涵，以此来体现本教材的创新性。中国当代的民族政策经过改革开放20多年的历程已经发生了历史性的变迁。因此，在新编教材中理所当然地要反映和记录最新的民族政策，从而使民族理论与民族政策教材能跟上时代的步伐，体现本教材的前沿性。

364

张晓辉，方慧主编/彝族法律文化研究（彝族文化研究丛书）．北京：民族出版社，2005 版。

民族法是最古老的法源之一。19 世纪，英美学者创立了法人类学、法民族学；百年后，中国学者开始研究少数民族习惯法学。全书对彝族法律文化历史和现实作跨区域、按族别的分类研究和整理，在历史线索上遵从了1993 年出版的《中国彝族历史纲要》的脉络，在古代彝族先民的法律文化上起源上顺着艾哺、尼能、笃幕时代进行描述，其中夜郎法是据彝文古籍翻译过来的。本书是我国第一部以单个民族的法律变迁为研究对象的少数民族法制史。全书以时间为顺序，以史料研究为主，辅以田野调查，史论结合，展示了不同时代的彝族法律文化特点。其中彝族的“德古”、“家支”等习惯法颇具特色。本书共有 12 章，时间跨度从远古时期彝族法律的起源开始，一直延续到改革开放以来的彝族法律文化，是一本具有一定意义与价值的少数民族法制史。

365

本书编写组编/中央民族工作会议精神学习辅导读本．北京：民族出版社，2005 年版．

2005 年 5 月，党中央、国务院在新世纪新阶段召开的第一次民族工作会议，是新一届中央领导集体组成以来召开的第一次民族工作会议，在党和国家民族工作史上是一座重要的里程碑，温家宝总理作了《中共中央、国务院关于进一步加强民族工作，加快少数民族和民族地区经济社会发展的决定》的重要讲话。会议全面总结了新中国民族工作的成就和经验，深入分析了当前民族工作面临的形势，研究确定了当前及今后一个时期民族工作的主要任务，从理论与实践、历史与现实、当前与未来、国内与国外的结合上，就正确处理民族问题、切实加强民族工作，作了深刻的阐述、有力的动员和全面的部署。本书为帮助广大干部群众更好地学习领会和贯彻落实会议精神编写了该读本作为辅导教材。

366

吴楚克著/中国边疆政治学．北京：中央民族大学出版社，2005 年版．

中国民族学和政治学界目前已经开始关注有关边疆地区社会稳定与治理的理论研究，但多是从区域经济学、民族学、宗教学、社会学、人口学和民族政治学等方面展开，没有直接从边疆政治理论角度研究中国边疆问题。改革开放以来，国内经济结构的变化以及由此导致的政治体制和社会价值观念的变化，使我国边疆地区出现了一些新情况、新问题，特别是边疆地区出现“三股势力”对边疆地区的社会稳定和经济发展造成了一定的干扰破坏。本书正是对这些新课题进行深入的科学分析，从而为边疆政治学的产生提出理论要求。

367

（美）安德森著，吴叡人译/想象的共同体：民族主义的起源与散布．上海：上海人民出版社，2005 年版．

本书是一本在 20 世纪末探讨“民族主义”的经典著作。作者以“哥白尼精神”独辟蹊径，从民族情感与文化根源来探讨不同民族属性的、全球各地的“想象的共同体”，认为这些“想象的共同体”的崛起主要取决于以下因素：宗教信仰的领土化、古典王朝家庭的衰微、时间观念的改变、资本主义与印刷术之间的交互作用、国家方言的发挥等。本书影响所及几乎横贯所有人文与社会学科，是在理解人类社会诸多现象时不可或缺的指引。

368

陈云生著/宪法人类学：基于民族、种族、文化集团的理论建构及实证分析．北京：北京大学出版社，2005 年版．

本书以全新的视角来认识和解析人类社会的宪法现象。全书分为两编，第一编基于民族、种族、文化集团的背景分析和理论建构，包括有关民族、种族、文化集团的各种知识和理论体系；第二编为实证分析，其中对加拿大的文化多元主义和中国的民族区域自治作了尽可能详尽的概括和分析。

宪法产生的思想渊源主要是早已为学术界耳熟能详的自然思想，它倡导的每个人生而自由，人人享有平等的自由和权利。而在宪法产生以后迄今为止的宪政实践中，所着力关注的仍然是反映人类社会生活的全貌。作者认为，这个理论体系本身并能全方位地反映人类社会生活的全貌。因为人在本质上是一种“社会人”，个人的生活深深地受着他生于斯长于斯的民族、种族、文化集团这类人类社会群体的影响。宪法只有基于这样的体认，才能更全面地体现人类的价值观，宪法人类学就是基于这个全新的视角而建构的。本书具有新的理论内容和结构。

369

宋才发，王红曼，彭谦编/中国民族法学体系通论．北京：中央民族大学出版社，2005 年版．

本书是一部合著，对民族法学的基本概念和相关理论作了系统阐述，是一本高层次教学辅导用书。

370

（美）杰克曼（Jackman，R. W）著，欧阳景根译/不需暴力的权力：民族国家的政治能力（政治学名著译丛）．天津：天津人民出版社，2005 年版．

本书是自比较政治学在 20 世纪 70 年代式微以来最具启发意义的著作之一。作者充分抓住政治能力这一核心概念对第三世界国家的政治发展问题进行了学理分析。在详细地对 20 世纪 60 年代发展而来的比较政治学界的重大成果进行学术批评的基础上，系统地提出了以政治能力为核心的政治发展理论。作者认为，政治能力是政治生活的一部分，是政治发展的核心问题。在他看来，政治能力就是政府解决冲突的能力，政权用政治手段解决冲突的过程，也就是权力实施与贯彻的过程。政治能力体现在两个维度，或者说，它由两个部分组成：即制度与合法性。在制度层次上，政治能力体现为制度的能力，这又具体表现为作为法律意义上的国家的实际年龄和实行宪法以来的代际更替年龄。政治能力的另一个重要方面是政治合法性。

371

张植荣著/中国边疆与民族问题：当代中国的挑战及其历史由来．北京：北京大学出版社，2005 年版．

在我国漫长的历史长河中，边疆与民族问题一直是影响到国家安全与边疆稳定的大事。本书从历史与现实、理论与实践两个相结合的视角，对当代中国边疆与民族问题的历史由来及其在全球化时代出现的新特点予以探索。对我国当前面临的主要民族问题以及海疆问题的探讨，深入浅出，尤其发人深省。本书适合专业读者和大中专院校学生阅读。

372

龚荫著/中国民族政策史．成都：四川人民出版社，2006 年版．

本书全面系统地展现了中国历代王朝施行的各项民族政策的原委与情形，对特有历史研究对象进行了复原，并不时提出新的看法。本书十分重视对历史发展经验教训的深刻反思和理论总结，做到以史为鉴，古为今用，力求为新时期我国制定民族政策以及进行民族工作提供借鉴和参考。

373

王世丽著/安北与单于都护府：唐代北部边疆民族问题研究．昆明：云南人民出版社，2006 年版．

安北、单于两大都护府是唐朝设在北部边疆的两个最高级别的军政机关，管理以突厥、铁勒诸部设立的各羁縻府州。两大都护府进则开疆拓土，退则镇戍卫边，它们的置废兴衰与唐王朝北部边疆的安危有密切的关系，同时也反映了中国北方各族的社会发展与变迁。唐朝以羁縻府州的形式管理居住在北部边疆的各族人民，对中原和边疆各族人民的政治、经济、文化生活都产生了深刻的影响。本书在详细考证安北、单于两大都护府治下各羁縻府州的建立和废弃的基础上，分析了安北、单于两大都护府在唐代不同历史时期的建置特点、机构设置、管理职能、任官制度及其在调适唐代北部边疆民族关系方面的历史作用。

374

方慧著/少数民族地区习俗与法律的调适：以云南省金平苗族瑶族傣族自治县为中心的案例研究．北京：中国社会科学出版社，2006 年版．

本书围绕少数民族地区习俗与法律的调适问题的主题，从与各族人民生活息息相关的民间纠纷解决、村规民约、农村法治秩序建构、婚姻家庭、拐卖妇女、生态环境保护、刑事纠纷等方方面面进行考察。个案涉及哈尼、傣、苗、瑶、彝、拉祜等多个民族，从苗族村寨到傣家竹楼；从瑶村的地头到苦聪人的高山住所；从哈尼族的火塘边到彝族的山寨都留下了调查者的足迹。通过对有关单位和当事人的访谈、查阅有关档案材料、典型个案的实地调查等方式，收集到了大量的第一手资料。

375

宋才发编/中国少数民族经济法通论．北京：中央民族大学出版社，2006 年版．

本书是中央民族大学国家“十五”、“211”工程建设项目。经济法是社会主义法律体系的基础部分，是市场经济的调整器，对市场经济起着规范作用、保障作用和调控作用。本书是我国第一本专门地、全面地、系统地研究和论述中国少数民族经济法律制度的著作。

376

葛公尚著/当代国际政治与跨界民族研究．北京：民族出版社，2006年版．

本书是“世界民族问题研究丛书”之一，是一部关于跨界民族研究的理论专著，它是国家哲学和社会科学基金资助的中国社会科学院重点课题的终期成果，是我国世界民族研究学界10多位学者数年辛勤耕耘的集体之作。全书由：“理论篇”、“世界篇”和“中国篇”三部分构成，详细介绍了我国民族研究方面的一些问题，适合民族问题研究人员参考学习。

377

万明钢主编/多元文化视野：价值观与民族认同研究．北京：民族出版社，2006年版．

本书研究从藏族、汉族、回族等大、中学生的交往和生活入手，探讨了不同民族之间学生的民族认同问题，系统地分析了其中深层次的文化适应问题。全书共八章内容：藏族大学生的民族认同与文化认同研究；汉族、藏族和回族大学生的民族认同与族际归因研究；自我概念与宗教意识；不同民族中学生主观幸福感的跨文化研究；回族青少年宗教价值观社会化研究；回族社区女性宗教生活研究；回族中学生的宗教世界；民族心理学的历史与目前研究主题。本书是当前研究西北民族地区民族认同问题的代表作，具有很强的可读性。

378

（美）克利福德，（美）马库斯编，高丙中，吴晓黎，李霞等译/写文化：民族志的诗学与政治学．北京：商务印书馆，2006年版．

本书已成为当代人类学反思的经典理论著作，具有里程碑式的意义。在出版后的20年里，它成为国际人类学界引用得最多的一本书，并且在人文科学及其他社会科学领域产生了广泛的影响。本书收录的11篇论文围绕人类学知识生产过程中的文本写作这一环节，检讨了各时期人类学民族志的经典文本，并开放性地指出了将来民族志写作及文化研究所具有的多种可能性。

379

娜拉著/多维视角下的族际问题探索．北京：民族出版社，2006年版．

本书是一本主要探讨我国族际问题的论文集，所收论文27篇，是作者在西北高校长期从事民族理论、民族学、社会学教学与科研工作中撰写的部分论文的辑录。

380

张新平著/地缘政治视野下的中亚民族关系．北京：民族出版社，2006年版．

中亚五国是“苏联解体”后建立起来的五个民族国家，也是20世纪世界第三次民族主义浪潮兴起进程中出现的新独立国家，中亚五国的独立是国际格局变化的产物，同时，中亚五国的独立也对旧的国际格局产生了重大的影响。由于中亚五国所具有的独特的地缘政治、经济特点，使中亚成为“冷战”后国际社会关注的焦点之一。本书向人们展现了一个地缘中亚民族关系的复杂画面，使人们进一步了解中亚、认识中亚。

381

《红旗画刊》社编/光辉的历程——新疆维吾尔自治区成立50周年巡礼．天津：天津人民美术出版社，2006年版．

本书以图文并茂的形式介绍了新疆维吾尔自治区成立50周年巡礼，展示了新疆维吾尔自治区走过的50年历程以及取得的辉煌成就。

382

黄兴球著/老挝族群论．北京：民族出版社，2006年版．

“东南亚”是一个特定的地理概念，出现于第二次世界大战期间。当时，同盟国家为了加强对南太平洋反法西斯战争的统一协调与指挥，设立了“东南亚盟军司令部”，统辖范围包括南太平洋群岛和中南半岛陆地的广大地区。当代中国是一个开放的中国，开放的中国不仅要“知己”，也要“知彼”，要了解中国以外的整个世界。本书就是为中国人提供了解世界的一个重要部分——东南亚地区的一个窗口。

383

杨建新，崔明德主编/中国民族关系研究．北京：民族出版，2006年版.

本书所选论文从历史与现实、理论与实践方面对民族关系进行了深入研究，视野开阔，角度新颖。本书是教育部人文社科百所重点研究基地，兰州大学、新疆大学西北少数民族研究中心与烟台大学民族研究所联合主持召开的“2005烟台全国民族关系学术研讨会”的论文精选集。

384

金炳镐编/民族纲领政策文献选编．北京：中央民族大学出版社，2006

年版 .

本书选编了从1921年中国共产党成立到2005年5月期间中国共产党及主要领导人、中华人民共和国政府及其领导人、相关部门有关少数民族和民族问题及民族工作方面的纲领性、政策性文献共257篇。《民族纲领政策文献选编》是在金炳镐教授等于1991年编的《中国共产党民族纲领政策文件选》（1921年7月—1949年9月）的基础上，重新作了筛选，而且把新中国成立以来的1949年10月—2005年5月的文献也加入其中。

385

张志新，宋才发著/民族地区人力资源开发及其法律保障研究 . 北京：中央民族大学出版社，2006年版 .

本书是宋才发教授承担的国家“211”工程、“十五”建设重点立项项目《民族地区经济发展法律保障研究》的最终研究成果之一。本书吸收和借鉴了大量的理论工作者和实际工作者的研究成果，对相关学科的研究具有重要的参考作用。

386

彭谦著/中国民族政策法律化问题研究 . 北京：中央民族大学出版社，2006年版 .

本书是中央民族大学“十五”科研规划重点研究成果。区域发展不平衡问题，是当今世界普遍存在的问题，也是各国政府宏观调控的一个重要目标。新中国成立50多年来，我国民族立法取得了很大的成绩，有力地保障和推动了少数民族地区政治、经济、文化、教育等各项事业的改革与发展。但是，随着社会主义市场经济的发展，我国加入WTO，以及政治、经济体制改革的不断深入，民族立法日显滞后，已不能很好地适应少数民族地区改革与发展的需要。因而，本书就如何加快民族立法步伐，如何加强民族法制建设以及如何将党和政府长期以来行之有效的民族政策上升为法律等影响当前少数民族地区各项事业发展进程的各项问题进行了深入的研究和探讨

387

金炳镐著/中国民族自治区的民族关系 . 北京：中央民族大学出版社，2006年版 .

中国是统一的多民族国家。民族问题历来是关系到国家兴衰、社会安危的重大问题。民族区域自治就是中国共产党在中国革命的长期实践中创造的解决民族问题的一条基本经验，制定的解决民族问题的基本政策，创立的解决民族问题的根本制度，也是国家的一项基本政治制度。民族区域自治，是

在国家的统一领导下，少数民族聚居的地方实行区域自治，建立自治地方，设立自治机关，行使自治权。我国民族自治地方分为自治区、自治州、自治县（旗）三个行政级别，目前我国建有 5 个自治区、30 个自治州、120 个自治县（旗）。55 个少数民族中有 44 个少数民族建立了民族自治地方，还建立了 1200 多个民族乡。本书回顾了我们民族自治区从古至今的民族关系概况，对民族自治区的了解和建设都提供了重要的参考。

388

喜饶尼玛，苏发祥著/蒙藏委员会档案中的西藏事务．北京：中央民族大学出版社，2006 年版．

中华民国时期西藏地方的社会历史和研究一直是藏学领域中比较薄弱的一个环节。但近年来，随着大量文献资料，尤其是档案资料的陆续整理和出版，使填补这段历史研究中的空白、解决这段历史研究中薄弱环节成为可能。本书就是在系统梳理和研究近年来已出版的中国第二历史档案馆、西藏档案馆所藏有关西藏地方档案资料的基础上，结合前人和当今学者的研究成果编写而成。在编写过程中，以中华民国时期管理蒙、藏地方的专门机构蒙藏委员会为主线，主要援引蒙藏委员会档案，按时间先后，将中华民国时期，尤其是国民政府时期，西藏地方的重要历史人物和重大历史事件加以编排。

389

黄华均著/蒙古族草原法的文化阐释：《卫拉特法典》及卫拉特法的研究．北京：中央民族大学出版社，2006 年版．

本书运用文化阐释的方法，从卫拉特法源流、历史、渊源、元明时期卫拉特社会的法律、卫拉特法的基础理论及制定、《卫拉特法典》的时代背景等角度分析了《卫拉特法典》产生的历史社会根源，最后对法典的法条逐一进行了阐释。

390

吴仕民编/中国民族理论新编．北京：中央民族大学出版社，2006 年版．

中国民族理论，即中国共产党关于民族问题的理论，是根据马克思主义关于民族和民族问题的基本原理以及解决民族问题的基本原则，是结合我国民族的实际，在长期的实践中创立和发展起来的具有中国特色的民族理论，尤其在党的十一届三中全会以来的中国特色社会主义建设的实践中，这一理论获得了里程碑意义的创新。马克思主义民族理论的中国化，是这一理论的最大品格。本书对于学习中国民族理论，正确认识和处理中国民族问题，指导新世纪新阶段我国的民族工作，促进各民族的共同团结奋斗、共同繁荣发展，都具有十分重要的现实意义。

391

岳天明著/政治合法性问题研究：基于多民族国家的政治社会学研究．北京：中国社会科学出版社，2006 年版．

本书将合法性和合法性危机置于整个社会关系、社会活动和社会变迁的大背景中，对合法性问题和合法性理论进行全方位、多层次辨析；探讨西方发达国家和转型过程中的发展中国家共同面临的较为普遍的合法性危机及其社会原因；全面分析了当代中国政治的合法性基础，努力寻找维持和强化当代中国政治合法性的有效途径。

392

赵杰著/民族和谐与民族发展．北京：民族出版社，2007 年版．

本书以中华各民族“两个共同”、“三个离不开”和“四种关系”为指导，以民族文化到民族和谐再到民族发展为主线，即有了先进文化的灵魂和昂扬向上的民族精神才会有文明的根基，有了文明根基才会有持久稳固的民族和谐，有了“同呼吸，共命运，心连心”的民族和谐才会同心同德地全面建设小康社会，从而达到民族地区经济、政治、文化、社会的科学而全面的发展。

393

余达佳著/民族工作的心迹．南宁：广西民族出版社，2007 年版．

本书是作者深入少数民族的边远山区，进行广泛的、细微的调查研究，掌握了丰富的材料和数据，以唯物辩证主义和历史唯物主义观点和方法，加以归纳和分析，提出了问题和见解。本书不仅仅是作者多年来辛勤工作的心路历程的总结，还具有重要的现实意义和深远的历史意义。

394

王鑫等编著/中国民族区域自治地方经济立法研究：以自治区经济立法为例．北京：中国社会科学出版社，2007 年版．

中国民族区域自治地方的经济法律制度是整个中国民族区域自治制度的重要组成部分。民族区域自治地方的经济法律制度如果从制定到实施这一动态角度分类可以大致分为：民族区域自治地方经济立法制度、经济执法制度、经济司法制度、经济守法制度以及经济法律监督制度等几个方面。鉴于民族区域自治地方经济法律制度与民族区域自治制度之间的密切联系，作者对于民族区域自治地方经济立法制度以及其他经济法律制度的研究离不开对民族区域自治制度进行了认真梳理和思考。

395

黄家信著/壮族地区土司制度与改土归流研究．合肥：安徽工业大学出版社，2007年版．

壮族地区的土司制度上承唐宋时期的羁縻制度，下启当代的民族区域自治制度，在壮族发展史上占有重要的地位。本书主要研究壮族地区的土司制度和改土归流历程，具有重要的参考价值。

396

肖爱民著/中国古代北方游牧民族两翼制度研究．北京：人民出版社，2007年版．

本书作者在吸收已有的研究成果基础上，紧紧围绕中国古代北方游牧民族的两翼制度这一主题，以历史上第一个在大漠草原上建立政权的匈奴为起点，按照建立政权的时间先后为顺序，从纵向上揭示此制度建立和发展的基本脉络、相互传承关系以及在北方草原上长期沿用之谜，分析此制度在实行过程中的具体表现形态、特点、最高统治者的继承、两翼长官的选授以及运行机制等，并对相关问题进行辨析，为进一步研究“行国体制”打下基础。

397

吕志祥著/藏族习惯法：传统与转型．北京：民族出版社，2007年版．

即使是当代最发达的国家，国家法也不是唯一的法律；而社会生活的多元化、文化传统的多样化、经济发展的不平衡化恰是法律多元现象客观存在的重要原因。藏族习惯法早已成为藏民族生活的一部分，成为藏族群众风俗习惯和法律观念的一部分。本书从法人类学和法社会学的立场出发，依据田野调查所获得的第一手资料，在前人已有研究的基础上，对藏族习惯法及其转型进行系统的研究。同时，法制建设虽然应该借鉴国际经验，但更重要的是应该关注本土资源。西部藏区法制建设当然离不开具有民族性、区域性的藏族传统法律文化的支撑，藏族习惯法应该成为藏族自治地方立法的重要法源，本书填补了这方面研究的空白。

398

李国栋著/民国时期的民族问题与民国政府的民族政策研究．北京：民族出版社，2007年版．

本书充分利用历史文献资料，运用民族学理论和历史学的解释与分析、政治学的政策分析、比较与综合等研究方法，从宏观与微观、历史与现实、理论与实践相结合等角度进行研究：以历史阶段的演进嬗变为纵线，遵循实事求是的原则，客观系统地论述了民国政府实行的各项民族政策；并进行了考察、分析和比较研究，评述了其利弊得失及历史作用；有选择地继承前人的研究成果，阐述了作者对民国政府民族政策的观点和看法，总结出一些能为当今所用的历史经验和教训。

总的来说，本书探讨和揭示了民国政府实行民族政策在稳定社会、发展经济、巩固国防、安定边疆等方面的经验和教训，总结了民族政策体系中政治、经济、文化各种具体政策之间及政策各层面之间的互动规律，从中归纳出为我们当今所用的历史经验和教训。

399

唐志君著/民族地区构建和谐社会路径研究．北京：民族出版社，2007年版．

本书主要内容包括社会主义和谐社会的多维意蕴及本质特征、中国历代王朝谋求民族地区社会和谐路径考察、当代国外多民族国家增进或滞迟民族地区社会和谐路径探微、马克思主义的民族和谐理论、民族地区构建和谐社会的路径依赖、民族地区构建和谐社会路径选择原则、民族地区构建和谐社会的现实路径。

400

秦和平，冉琳闻主编/四川民族地区民主改革大事记．北京：民族出版社，2007年版．

民主改革是中国共产党依据部分民族地区实际的独特创造，是马列主义关于社会革命理论在中国社会的灵活运用。民主改革得到了各阶层人士的广泛拥护，争取团结了一切可能团结的人，尽可能降低乃至消除部分民众主要民族上层人士的抵制，避免了较大的社会震动，使部分少数民族跨越了历史的发展阶段而进入了社会主义社会，稳妥地改变了原有的社会形态，完成了社会主义社会的政治整合及生产资料所有制形式转变的任务。本书就民主改革对四川彝族地区、藏族地区及羌族地区的经济发展开展研究，改变了民族地区旧的不合理的生产关系，解放了生产力，极大地促进了经济的发展，说明了民主改革的必要与必需。

401

康耀坤，马洪雨，梁亚民著/中国民族自治地方立法研究．北京：民族出版社，2007年版．

本书研究以我国历史上的民族关系和多民族国家的形成过程为背景，结合中国共产党从大革命时期到社会主义现代化建设的伟大实践，在民族区域自治制度下，具体以我国现行的立法体制为出发点，分析民族自治地方立法的产生、发展和进一步完善，解决民族自治地方立法的概念、特征、地位等基本理论问题，以法学分析研究方法，探讨民族自治地方立法的指导思想和基本原则，明确民族自治地方立法的具体权限和范围，并通过立法程序研究，使本课题结构基本丰满。同时，以扎实的田野工作调查为基础，结合民族自治地方的立法实践，分析和批判我国民族自治地方立法的不足和出路。

402

欧光明著/中国民族理论政策概论．北京：民族出版社，2007年版．

本书内容涵盖2005年中央民族工作会议的核心观点和精神。主要内容包括民族概念和中国的民族成分、民族问题理论和中国的民族问题、当代世界的民族问题、社会主义民族关系的内容和特点、坚持和完善民族区域自治制度、加快发展是解决民族问题的根本途径、少数民族和民族地区人才队伍建设等。

403

金炳镐著/中国共产党民族工作发展研究（全3册）．北京：中央民族大学出版社，2007年版．

本丛书共三册，是中央民族大学国家“十五”、“211”工程重点学科建设项目之一，全面研究和总结了中国共产党民族工作的光辉历程和丰富经验，对内蒙古、新疆、广西、宁夏、西藏、云南省（区）的地理资源、民族简况、民族历史简况、民族工作等进行了研究。该书对推动少数民族地区社会主义建设、促进各民族共同繁荣发展发挥了非常重要的作用。

404

金炳镐著/中国共产党民族工作理论与实践．北京：中央民族大学出版社，2007年版．

中国自古以来就是统一的多民族国家。民族事务历来是各个时期国家事务的重要组成部分。中国共产党从成立之日起就非常重视中国的多民族国情和民族问题，在80多年的发展历程中，始终把民族工作作为党的工作的重要组成部分。

本书对中国共产党在新民主主义革命时期的不同阶段探索的民族工作的方式、方法，深入研究，阐述解决民族问题的一系列方针、政策和措施，形成了系统的民族工作理论体系。

405

陈立鹏著/中国少数民族教育立法新论．北京：中央民族大学出版社，2007 年版．

本书站在时代和建立具有中国特色的民族法律法规体系的高度，以科学发展观为指导，以我国是统一的多民族国家的基本国情为依据，以推进我国少数民族教育立法、把民族教育工作纳入法制化轨道、实现民族教育的跨越式发展为根本目标，以探讨我国少数民族教育立法理论和民族教育法规体系为核心内容，以确立超常规立法的思想为我国少数民族教育立法工作的主导思路，对我国民族教育立法的理论、体系和实践，进行了较系统、深入的研究。这是一部思路清晰、观点新颖、内容丰富、研究方法科学，富有创造性和开拓性的学术专著，在国内民族教育立法理论研究、民族教育法律法规体系研究和民族教育立法实践研究等学术领域是迄今所仅见的。

406

关凯著/族群政治．北京：中央民族大学出版社，2007 年版．

本书作者跨越了一个宽广的时间维度讨论族群的形成和族群如何塑造本地的、国家的和世界的政治以及族群政治研究在社会科学研究中的演进线索。将民族和族群、国家和族群性、全球化和族群政治连接起来，讨论了一些重大的命题。

本书具有宽阔深入的国际视野、理论厚度和实际的实践经验。主要从政治学和社会学的理论角度，运用比较研究的方法，以“族群政治”为题撰写本著作，对族群问题的本质进行了十分深入的讨论，使读者更能清楚地看到这个问题的复杂性与结果产生的逻辑过程。其书结合国内外的各种关于民族问题进行的陈述和分析，都与国际学术界相关的各种前沿理论和观点进行了对话，其思路清晰，语言犀利，对各派理论理解准确，分析鞭辟入里，给人以启发和更开阔的思索余地。

407

包桂荣等著/当代民族经济法研究．北京：经济科学出版社，2007 年版.

民族经济法是一个集民族学、经济学、法学内容为一体的综合性学科，随着民族经济在我国经济社会发展中的地位不断提升，民族经济法的相对独立性也逐步显现，成为我国经济法学的重要组成部分。但从我国经济法学研究的总体状况来看，民族经济法的研究还不是很成熟。本书是关于研究“当代民族经济法”的专著，书中具体包括了：我国民族经济法理论研究的现状和意义、西部大开发为民族经济法提供了广泛的研究空间、民族经济法的主要研究方法和基本内容、民族自治地方的经济自治权理论研究、民族自治地方国有食业改革的历程与民族经济自治权运行的实践等内容。

408

杨雷著/俄哈关系论析.北京：世界知识出版社，2007年版.

本书主要考察俄哈关系的历史与现状，并在此基础上联系我国实际进行政策探讨。论文主要使用的是历史学方法，部分章节也采用了一些国际政治理论分析工具。论文在结构上分为四章，历史研究占一章，以政治、经济和民族关系为内容的现状研究构成另外三章。在正文的前后还分别有导论和结束语。本书通过对俄哈关系历史与现状的研究，对中国的中亚战略作出了有益的思考。

409

周平著/民族政治学.北京：高等教育出版社，2007年版.

本书是教育部学位管理与研究生教育司推荐的“研究生教学用书”，是一部全面阐述民族政治学基本理论和基本观点的著作。以民族政治生活和政治现象为研究对象，以政治学的视角从多个方面深入考察和分析民族政治生活，从理论上客观、全面地反映现实民族政治生活的状况，揭示民族政治生活的本质和规律以及民族政治问题的生成机制和演变特点，总结解决民族政治问题的经验和教训。本书主要供高等院校政治学、人类学、民族学、历史学等人文社会科学专业教学使用，也可供相关专业的研究人员、党政干部和社会读者阅读。

410

孙伶伶著/彝族法文化：构建和谐社会的新视角.北京：中国人民大学出版社，2007年版.

实现社会和谐是法治社会的最终目标。追求和谐正是彝族法文化的核心价值。在存续数千年的彝族社会，至今仍保留着这样一种奇特的现象：无论是家族间冲突，还是个体间的恩怨；无论是人命关天的大事，还是鸡毛蒜皮的纷争，若采用彝族固有的习惯法进行调处，事件往往很快得到平息，人们依然能够和谐如初。本书介绍了彝族法文化的源、基、流、体、用，为构建和谐社会提供了新视角。本书是对一个崭新领域的开拓性探索，突破前人的思维禁锢，力图从法学的视角对彝族法文化进行完整地描述、深刻地剖析、理性地扬弃、合理地使用，通过对其历史、现状及未来进行挖掘和阐释，为世人描绘出彝族法文化的全貌，探寻彝族法文化生命力的根源，对其产生、发展及内容赋予新的内涵和活力，为彝族法文化的发展走向及彝族地区的法制的立法、司法实践提供新的视角和思路，希望对彝族法文化研究之空白，丰富中华法文化的现状及未来发展的关注。

411

周平，方盛举，夏维勇著/中国民族自治地方政府．北京：人民出版社，2007 年版．

民族自治地方政府是中国地方政府体系中一种富有特色的类型，在中国地方政府体系中占有独特的位置。该书从政府构建、政府权力、政府关系、政府管理、政府财政、政府文化、政府能力、政府发展等方面，对民族自治地方政府进行了全方位的现状描述、结构分析、机理说明、理论论证。本书内容全面，结构合理，分析透彻，理论与实际相结合，是一部全面、系统地介绍和分析当代中国民族自治地方政府的著作。

412

张文山著/民族区域自治法配套立法问题研究．北京：法律出版社，2007 年版．

民族区域自治是我国一项基本政治制度，民族区域自治法是世界上第一部用法律形式来规范民族区域自治制度的法律，是国家保障少数民族和民族地区各项权利的基本法律。但是，《民族区域自治法》颁布 20 年来，始终有一个问题在困扰着法律的实施，这就是它的操作性问题。虽然制定了一些配套的法规，但始终没有起到“配套”的作用，操作性问题在现行配套立法中并没有得到解决。因此，作者以系统论的方法为依据，力求突破传统思维的束服，提出了“金字塔”型配套立法的模式系统。

413

（挪）马丽雅等编/中国民族语文政策与法律述评．北京：民族出版社，2007 年版．

本书出版的主旨是客观地描述和揭示中国民族语文工作半个多世纪以来的发展轨迹，希望能在 1999 年和 2004 年两次《中华人民共和国宪法》修正案的基础上，进一步完善中国民族语文的法制体系，切实保障少数民族的语言权利。为实现上述研究目标，我们对中华人民共和国成立以来具有历史性意义的民族语文政策和法律进行了回顾与评述。

本书出版的目的是希望进一步完善中国民族语文的法制体系，切实保障少数民族的语言权利。本书适合从事中国民族语文相关工作研究的人员参考、学习和阅读。

414

徐光辉主编/云南省少数民族地区农村和谐农村和谐论丛. 昆明：云南大学出版社，2008 年版.

本书中的研究报告对少数民族自治县和民族乡农村构建社会主义和谐社会问题进行了认真思考，提出了许多有针对性的意见和建议，如：经济因素（经营机制，产业结构，政策、资金、科技等的扶持，基础设施建设，扶贫开发，农民负担等）是构建少数民族自治县和民族乡农村和谐社会的基础和首要因素，要在社会主义市场经济条件下，通过加强和深化农村经济改革，不断推进我省少数民族自治县和民族乡农村经济发展；非经济因素（教育、医疗卫生、文化建设、社会保障、社会治安、民族宗教、生态环境、基层组织等）是构建少数民族自治县和民族乡农村和谐社会的重要因素，对我国和谐社会主义建设具有重大理论意义。

415

戴琳著/民族民间传统文化产业的制度环境. 北京：中国社会科学出版社，2007 年版.

本书综合运用了民族文化学、知识产权法学、经济法学、行政法学等多学科的理论、方法和知识，对民族民间传统文化保护领域及其产业发展领域所涉及的基本问题进行了专门性的研究，并对与此相关的制度化建设提出一些框架性的构想。对民族民间文化的内涵与范围进行了厘清，介绍了各国民族民间传统文化知识产权保护法及其他保护法律制度，对中国的民族民间文化知识产权保护制度、宏观调控法律制度进行了构想。

416

彭兆荣，李春霞著/岭南走廊：帝国边缘的地理和政治. 昆明：云南教育出版社，2008 年版.

这里说的走廊，是指文化地理上的空间类型，也可说是连接不同文化的特殊通道。人类是行走者，自生到死，难以停息。个体的行走，意味着日常的基本运动；种群的行走，则体现为有选择的空间迁移。其中既限于一定的界限又循着特有的路径。古往今来，人这一物种逐渐广布于世界各地，并因各自的血缘纽带形成彼此的群团。通常情况下，人们只要满足了基本的生存需求便不再费力地四处奔走，而是稳定于各自生息的特定范围。偶尔，再越过界限来往于相互之间，寻求交流，扩展视野，或探险或商贸，或征战或和亲，久而久之那些逐渐稳固并能促使彼此沟通的路径，便形成了世人公认的跨区走廊。中国第一个帝国边疆的设计理念是“北堵南疏”，它造就了两个历史工程：长城、岭南走廊。为什么岭南走廊在历史的岁月中被淡忘？《岭南走廊：帝国边缘的地理和政治》将有助于解开这一历史之谜。

417

杨顺清著/中国少数民族政治关系分析．昆明：云南人民出版社，2008年版．

本书从少数民族与国家之间、少数民族与政党之间、少数民族与汉族之间、各个少数民族之间以及少数民族内部等不同的角度，分析了中国的少数民族政治关系，同时还考察了少数民族政治关系与少数民族经济关系、少数民族文化关系、少数民族宗教关系之间的关系。本书不仅全面地分析了少数民族政治关系的不同侧面，还形成了少数民族政治关系研究的完整框架，算得上是我国目前较为完整和系统的研究少数民族政治关系的著作。

418

云南省民族事务委员会编/云南民族工作大事记（1949—2007）．昆明：云南民族出版社2008年版．

本书的编写旨在总结经验，服务当今，为民族工作者和民族问题研究者提供一本较为系统、全面的资料，同时也为今后提供借鉴参考。本书的时间上限是1949年10月1日中华人民共和国成立，下限至2007年12月底。采用以时为经，以事为纬，记事和纪要适当结合的方法进行编写，叙而不议，尊重史实，注意反映历史的本来面目。

419

郭山，周娅，岩香宰等著/贝叶文化与傣族和谐社会建设：第3届全国贝叶文化研讨会论文集．昆明：云南大学出版社，2008年版．

本书是第3届全国贝叶文化研讨会的研究成果，是继《贝叶文化论集》和《贝叶文化与民族社会发展》两本集子之后，云南大学贝叶文化研究中心和西双版纳州贝叶文化研究中心共同组织编印的又一部系统研究贝叶文化的论文集。

420

张银花著/民族和谐发展理论与实证（博士论文丛书）．呼和浩特：内蒙古教育出版社，2008年版．

自从党的十六届四中全会提出要“构建社会主义和谐社会”这一重大命题以来，和谐已成为时代的主旋律。和谐是事物存在和发展的最佳状态。和谐社会就是指社会的各种要素和关系相互融洽的美好社会。民族作为一种社会历史存在，它是社会重要的要素和组成部分。没有民族的和谐就没有社会的和谐。民族和谐是社会整体和谐的重要内容，又是它的必要前提。在中国这样一个多民族国家，民族关系的和谐是构建社会主义和谐社会的重要基石。多年来，学术界关于民族关系的研究，已取得了很大的成就。本书对和谐社会与民族关系等相关理论问题进行深入研究，对建设和谐民族关系、构建和谐社会都具有重要的指导意义。

421

曾文芳著/夏商周民族思想与民族政策研究．北京：人民出版社，2008年版．

本书以传世先秦文献和陆续出土的考古资料为依据，参考古今有关论著，在前人研究的基础上，运用传统的历史学和其他相关学科研究方法，力图完整展示夏、商、周三代民族思想、政策的产生和发展脉络，探讨其民族思想的发生、发展过程与民族产生、国家更替以及与民族政策之间的内在联系，分析其对后世产生的深远影响等。并在对这一时期所有民族观的思想、言论和实践进行综合研究的基础上，加大了对儒家以外其他诸子学说（如《吕氏春秋》、《墨子》等）在民族思想上的内容研究，也尝试着挖掘商代卜辞和周代铭文中所反映出的民族思想，同时又加大了对春秋战国各主要诸侯国民族政策的分类研究。

422

李鸣著/碉楼与议话坪——羌族习惯法的田野调查．北京：中国法制出版社，2008年版．

羌族是我国最古老的民族之一，也是当今祖国民族大家庭中的一员。一个历史悠久的民族，必定延续特定的民族文化，羌族习惯法作为羌族传统文化的重要组成部分，其源远流长，内容丰富，魅力永存。本书依据法人类学的基本理论，采用田野调查的方法，在大量收集、整理羌族习惯法各种资料的基础上，对羌族亲属社会、经济生活、民间权威、宗教信仰等领域的习惯法进行了全面、系统的介绍和具体的分析，并对羌族习惯法的生存、发展及其规律进行了初步的阐释。这对繁荣民族法学，促进羌族地区的民族法制建设，构建和谐社会，都具有重要的意义。

423

陈路芳，徐方治著/民族自治地方政府与民族和谐．北京：民族出版社，2008年版．

本书是《民族区域自治地方政府在构建和谐社会中的作用研究——以南方少数民族为例》课题的最终研究成果。全书共分六章，内容包括：政府与社会和谐，民族区域自治与民族和谐，马克思主义关于民族关系和谐理论与苏联及中国的历史经验，民族自治地方政府治理方式的转变与民族和谐，民间组织与民族和谐，少数民族社会和谐与国际环境。

424

（俄）季什科夫著/民族政治学论集．北京：民族出版社，2008年版．

20世纪末最后十年，俄罗斯经历了深刻的社会变革，其内容不仅仅局限于国家疆域的改变、市场改革和政治体制的变革。人们的日常生活、大众文化、社会意识、人际关系、个人行为等方面，都发生了很大变化。国家的民族成分、文化多样性、族际关系的性质和有关“民族问题”的国家政策，即民族政策，也都受到了深刻影响。现在的俄罗斯是一个全新的国家和社会，这是历史上前所未有的。尽管历史和传统，包括苏联时期的遗产，对国家的发展进程产生着巨大影响。

与宏观经济学、社会学和政治学分析不同，本书以一个民族学家或者社会文化人类学家的视角客观地看待现在的俄罗斯。与传统的仔细研究各个小社会的民族学方法不同，本书关注的是，与其他国家比较下的整个俄罗斯的发展进程。虽然“苏联解体”后，俄罗斯的人口具有民族多样性的特点，但她仍然和世界上许多大国一样，拥有不同民族出身和宗教信仰的人们。此时，重要的不是人口的文化多样性这个事实本身，而是社会和国家赋予人口的文化多样性这个因素什么意义。在这方面，俄罗斯的历史经验的确非常独特。其结果也不尽相同。

425

吴大旬著/清朝治理侗族地区政策研究．北京：民族出版社，2008年版．

本书重点利用地方志及民族调查等资料，对从清初至清末各个不同历史时期治理侗族地区的特殊政策及其所起的不同作用进行了认真梳理和探讨，深入分析和总结了清朝治理侗族地区政策的特点及其经验教训。中国是一个民族性与地域性都十分突出的文化多元的多民族国家。民族问题长期以来一直是一个主要的社会问题，历代对民族问题的认识及其推行的民族政策，不仅对当时的社会发挥着重要的作用，而且对后世产生了一定的甚至是较大的影响。因此，对中国历代民族政策的研究，始终受到学术界的关注和重视。

426

郑玉顺著/中国农村少数民族妇女权益保障法律制度研究．北京：民族出版社，2008年版．

本书对照我国加入的相关国际条约，考察了解我国相关法律的实践状况，在此基础上研究探讨了我国农村少数民族妇女权益保障的完善措施。全书共分三个部分，具体内容包括《消除一切形式种族歧视国际公约》、《中国宪法及其相关法律的规定》、《中国少数民族妇女参政权的法律与实践》、《农村少数民族女性扫盲教育研究》、《土家族妇女婚姻家庭权益状况的调查研究》等。本书可供从事相关工作的人员作为参考用书使用。

427

龚荫著/中国历代民族政策概要．北京：民族出版社，2008 年版．

本书是“中国历代民族政策研究”系列丛书之一，概要阐述了历代对边疆民族施行的重大政策，是民族工作者和民族大学生用书，本书是在占有大量历史资料的基础上，结合实地考察，深入细致地研究分析，撰写而成的。重点论述了夏、商、周、秦、汉、晋、隋、唐、宋、元、明、清等朝代在政治、经济、文化、军事、教育等方面实施的民族政策，介绍各代的民族管理机构、官员以及赋税制度等。每章以历史为背景，以历史事件来佐证当时的民族政策的利与弊，提出了许多具有参考价值的学术观点。

428

国家民族事务委员会编/在中国特色社会主义道路上共同团结奋斗 共同繁荣发展：改革开放 30 年民族工作成就．北京：民族出版社，2008 年版．

改革开放 30 年，是党和国家民族工作波澜壮阔前进的 30 年，民族工作取得了巨大成就，积累了宝贵经验。本书全面回顾和认真总结了 30 年的民族工作，对于坚持以改革创新精神进一步加强和改进民族工作，坚定不移地走中国特色社会主义解决民族问题的正确道路，继续把改革开放事业和民族团结进步事业推向前进，具有重要意义。

429

陆平辉著/散居少数民族权益保障研究（民族法理论探索丛书）．北京：中央民族大学出版社，2008 年版．

本书通过选取几个具有代表性的县（旗），深入乡村和街道进行实地调查，把通过实地调查获得的第一手资料与各地区的相关统计数据结合起来，对不同类型散居少数民族的权益状况进行深入分析，是文献分析与实地调研相结合的探索性研究成果。

430

李鸣著/中国民族法制史论（民族法理论探索丛书）．北京：中央民族大学出版社，2008 年版．

本书采取了历史叙述、比较分析、田野调查、住址分析的方法对少数民族法制进行了研究。少数民族在长期的奋斗和发展历程中创造了丰富多彩的文化，其文化遗产已达到较高的水平，法律也是它的珍贵文化遗产之一。

431

王允武，田钒平著/西部开发背景下民族地区经济法制问题研究（民族法理论探索丛书）．北京：中央民族大学出版社，2008 年版．

本书系统研究了西部开发背景下，西部开发政策与民族地区经济法律制度的冲突与协调问题，并从宏观调控、产业结构、财政税收、金融投资、资源开发、生态环境保护等方面理论联系实际地分析了完善我国民族地区经济法律制度的对策。

432

熊坤新著/宗教理论与宗教政策（21 世纪全国民族地区院校协编教材）．北京：中央民族大学出版社，2008 年版．

本书是“21 世纪全国民族地区院校协编教材”系列之一的《宗教理论与宗教政策》分册。书中具体包括了：世界主要宗教简介、基督教、伊斯兰教、中国民间宗教、邪教与宗教的区别、宗教的历史演变规律、宗教与社会意识形态的关系、马克思主义对待宗教的基本态度等内容。

433

高其才，米莉，王启梁，陶小平，罗昶，刘薇，戴双喜编/瑶族经济社会发展的法律问题研究（民族法理论探索丛书）．北京：中央民族大学出版社，2008 年版．

研究瑶族经济社会发展的法律问题，对认识瑶族经济社会发展的现状、总结瑶族经济社会发展的经验、探讨法律在瑶族经济社会发展中的地位和作用，在“依法治国、建设社会主义法治国家”下推进瑶族经济社会的进一步发展具有重要的意义。瑶族经济社会发展的法律问题涉及政治、经济、社会、文化、法律等方面，与瑶族的自然环境、历史传统、民族文化等紧密相关，需要全方位、多角度、综合性地进行探讨，从微观中把握宏观，从个案中认识整体，从发展中总结经验，从比较中寻求特点，从变迁中发现规律，从现象中揭示本质，从现实中探寻未来。

本书在田野调查和文献的基础上，对现代化发展中的瑶族地区的经济社会发展的法律问题进行较为全面的研究，内容涉及瑶族地区自治立法、瑶族村落视野中的国家权力与地方传统、瑶族农村法治秩序建构的路径选择、现代化进程中的瑶族习惯法、瑶族人权保障、瑶族自然保护区生态公益林生态补偿机制、瑶族传统医药法律保护等。尽管探讨是初步的，但对瑶族经济社会发展法律问题的认识无疑是有积极意义的。

434

乔世明著/民族自治地方资源法制研究（民族法理论探索丛书）．北京：中央民族大学出版社，2008 年版．

本书是“民族法理论探索丛书”之一，全书共分七个章节，对民族自治地方资源法制作了深入的探讨和研究，具体内容包括少数民族自治地方森林资源法制研究、少数民族自治地方野生动植物资源法制研究、民族医药知识产权保护研究、民族自治地方冰川及水资源法制研究、民族自治地方草原资源法制研究等。该书可供各大专院校作为教材使用，也可供从事相关工作的人员作为参考用书使用。

435

熊文钊主编/大国地方：中国民族区域自治制度的新发展．北京：法律出版社，2008 年版．

本书为国家社科基金支持的重点课题研究成果，主要研究民族区域自治地方的立法权、产业政策法、财税自治、环境资源法治、扶贫开发制度、文化管理自治权。比较同类选题，本书较为有特色的是在西部大开发的背景下进行了所有研究，并且对比了历史治理和国外治理。

436

张丽君，王玉芬编著/民族地区和谐社会建设与边境贸易发展研究．北京：中国经济出版社，2008 年版．

本书从民族地区和谐社会建设的角度，对中国边境贸易进行了系统研究，分析了边境贸易的地域空间、边境贸易区、次区域经济合作等关键性问题，提出了见解和建议。本书既是对国际贸易理论的充实，又是对民族经济学的拓展，具有明显的现实意义。

437

王飞跃著/公共政策与民族地区城乡统筹发展对策研究．北京：经济科学出版社，2008 年版．

本书共分三篇。第一篇系统地介绍和分析了公共政策的理论与原理，并介绍一些国家在市场经济建设中实施公共政策，在实现城乡统筹发展，缩小城乡差别，保证社会经济发展的同时，人民生活水平不断提高，以及我国社会主义市场经济建设中的城乡统筹思想与改革实践。第二篇全面分析贵州民族地区社会经济发展水平，结合“贵州省‘十一五’发展规划”和城乡统筹发展的具体措施，提出进一步完善民族地区城乡统筹发展的对策措施和建议。第三篇主要依据公共政策体系，结合实际调研成果分析当前公共政策和制度中存在的问题，并针对这些问题，提出了完善和改革的设想及措施，以便最终实现民族地区域乡统筹协调发展。

438

高永久等编著/民族政治学概论．天津：南开大学出版社，2008 年版．

本书把城市化进程中的民族政治学理论体系，分为民族政治体系、民族政治行为、民族政治意识、民族政治制度和民族政治发展这五个部分，即民族政治体系以及由此衍生出来的民族政治行为、民族政治意识、民族政治制度和民族政治发展。它们共同生成了城市化进程中的民族政治问题，共同构成了民族政治生活的总和，都应是民族政治学研究的主要内容。城市化进程中的民族政治体系是民族社会的各种政治角色，围绕一定的政治权力而形成的政治关系结构，它是有其内在运行机制的政治单元，是民族政治的基本架构。在民族社会政治生活的实际运行中，这个政治单元中各种政治角色的政治运作，便会产生各种政治行为，各种政治行为的相互交织又会形成各种政治关系。民族社会各种利益要求的均衡、社会价值的分配、政治权利的拥有，又是以政治制度的安排为基础，并依赖于政府对各种政策的贯彻和实施。另外，城市化作为民族社会的现实环境，有力地促进着民族政治体系向现代化方向发展，逐步实现民族政治民主和民族政治发展。本书对相关学科研究具有重要的理论参考作用。

439

李红杰，马丽雅主编/少数民族语言使用与文化教育发展：政治和法律的国际比较．北京：中央民族大学出版社，2008 年版．

本书是国家民委民族问题研究中心与挪威奥斯陆大学法学院挪威人权中心合作研讨中国及世界范围内少数民族语言政策与法律的初步成果，是“少数民族语言使用与文化发展”两次学术研讨会的论文集，主要内容是关于对少数民族语言使用与文化教育的发展问题研究。

440

徐迅著/民族主义（修订版）．北京：中国社会科学出版社，2008 年版．

本书分析了民族主义的历史起因和动力，揭示了民族主义运动所具有的权力、意识形态、精英、群众的复杂关联，又是如何成为现代性暴力的根源，以及民族主义在当代所面临的前景。本书讨论了中国语境中的民族主义问题，认为“中华民族”是一个现代概念，具有独特的文化历史特点，并分析了当代民族主义的身份困境来源于其现代性的历史成因，具有一定的学术研究价值。

441

周俊华著/纳西族政治文化史论．北京：人民出版社，2008 年版．

本书选题新颖，研究角度独特，对我国这样一个统一的多民族国家构建多民族和谐社会、推进社会主义政治文明建设和少数民族的现代发展都具有较强的理论意义和现实意义。作者运用马克思主义的解释体系，从民族学的角度，以严谨、翔实的史料，较为全面地研究了纳西族传统政治文化从萌芽、形成、发展到近代发生嬗变的历史过程，非常细致地展现出中华人民共和国成立以前的各个历史时期，纳西族政治文化变迁与发展的具体动因、时代性特征以及功能和作用。并对纳西族政治文化发展的非均衡性和变迁的内在逻辑作出历史与逻辑相统一的分析研究。

442

李俊清著/中国民族自治地方公共管理导论．北京：北京大学出版社，2008 年版．

中国是一个统一的多民族国家，民族区域自治制度是我国的三大基本政治制度之一。目前，中国有自治区、自治州、自治县三级 155 个民族自治地方，民族自治地方面积占到了国土总面积的 64%。本书对民族自治地方公共管理理念、公共管理环境、公共管理组织体系、人力资源管理、政府职能、公共政策、公共财政、法治与伦理以及民族自治地方公共管理的改革与发展等方面进行了系统深入的探讨，把公共管理的基本理论与民族自治地方公共管理实践相结合，开拓了一个新的学术领域。

443

田艳著/中国少数民族基本文化权利法律保障研究．北京：中央民族大学出版社，2008 年版．

本书利用横向比较（此地与彼地的有关少数民族基本文化权利保障的立法状况）和纵向比较（以历史演变为线索研究少数民族基本文化权利保障法律制度的变迁情况）相结合的方法，从多角度全面透视少数民族基本文化权利法律保障问题。本书注重微观与宏观视角的结合，客观与主观的结合，自下而上与自上而下的结合。涉及民族法学、宪法学、国际人权法学等几方面的内容，运用政治学、社会学、民族学等学科综合研究的方法，以法学为基础，以其他学科为辅助，综合研究少数民族基本文化权利法律保障的现状、存在的问题及对策，提出切实可行的科学的决策依据。

本书还从理论上剖析和梳理了关于中国少数民族文化权利的种种论述，试图对目前争议较多的这一概念通过规范实证进行重新界定，通过与相关概念进行比较以及分析少数民族基本文化权利的定义入手来统领本书。这些相关概念包括少数民族文化权利与文化权利、少数民族文化权利与少数民族传统文化、少数民族文化权利与少数民族文化自由。

444

曾代伟主编/巴楚民族文化圈研究：以法律文化的视角．北京：法律出版社，2008 年版．

目前，在行政区划上，巴楚民族文化圈分属重庆市和湖南、湖北、贵州三省一市。故迄今的相关学术研究及政策适用，通常局限于本省市或一定的民族范围。本书在更宽大的视野下，突破自古以来行政区划的藩篱，将巴楚民族文化圈作为一个整体进行全方位研究。充分发掘、整理和利用民族传统法文化资源。推动巴楚民族文化圈的跨区域经济和社会、文化资源的整合，促进民族地区法制建设协调发展。降低民族区域自治地方法律制定和实施的成本，以适应西部大开发战略的需要。适应国家西部大开发战略和城乡统筹发展决策的需要。本书从法律文化的角度，将以武陵山脉为中心的渝湘鄂黔毗邻地区巴楚民族文化，作为区域文化的一种特殊类型进行系统研究，集合诸多领域智慧，在学术研究中尚不多见，尤为珍贵。

445

周勇，（挪）马丽雅主编/民族、自治与发展：中国民族区域自治制度研究．北京：法律出版社，2008 年版．

本书主要有以下几个特点：一、继承性。作者通过对民族区域自治制度发展过程的回顾，进一步确认了：民族区域自治是中国共产党解决中国民族问题的基本政策，是国家的一项基本政治制度，充分体现了国家尊重和保障各少数民族管理本民族内部事务的权利。并在此理论体系和制度框架下，对民族区域自治制度的核心价值和制度完善进行了学理和实证的探索。二、创新性。在理论上作者提出了：民族区域自治的核心价值是“国家的统一”和“少数民族当家作主”的完美结合的观点；在研究方法上，作者在大量的典型个案研究和国际比较的基础上，找到了一条民族区域自治理论研究的重要路径——即自下而上地考察少数民族群体及其成员的利益是否在“民族区域自治制度”中得到了恰当的表达和关护。这一自下而上的研究视角，不仅弥补了我国民族区域自治研究的不足和缺憾，而且促进和扩展了中国民族区域自治研究与国际学术研究的对接和沟通。三、现实性。本书收编的所有文章，几乎毫无例外地都体现着以人为本和科学发展的理念，数十个典型个案的研究，为民族区域自治的实际工作提供了政策制定、修正和完善的理论指导和现实依据。四、广泛性和典型性。在自治地方的层级和类型上包括了自治区、自治州、自治县，还有民族乡等；在区域上包括了西南、西北、北方等中国主要的民族地区；在时间跨度上经历了四年的调查研究，不仅做到了对面上现状的了解，而且还有点上的升华和沉淀；在内容上既突出了现实社会中的开发与发展、变迁与适应、生态与文化、权力与权利等关系问题，同时又包括了与民族区域自治相关的政治、经济、文化等各个领域，让读者看到了一个“自下而上视野”中的民族区域自治的另一面.

446

陈金全主编/西南少数民族习惯法研究．北京：法律出版社，2008年版.

少数民族习惯法作为少数民族非物质文化遗产的重要组成部分，应得到充分的尊重和保护，尊重其精神智慧和创造，对增强民族凝聚力、维护平等、团结、互助的社会主义民族关系有特殊的重要意义。特别是在新的历史时期，少数民族习惯法的精神智慧和创造对于构建西部民族和谐社会更是极其重要的。本书为图文版，项目组成员在多年调研的基础上研究了西南少数民族的习惯法问题。包括其在刑法、民商法、婚姻法等领域的表现，资料翔实，并概括了西南地区百年法制的变迁，作出了学理上的分析。西南少数民族社会的习惯法是我们中华法苑中的奇葩，值得我们去深入认识了解。

447

彭谦著/中国民族立法制度研究．北京：中央民族大学出版社，2008年版.

本书主要涉及如下研究方向：（一）民族区域自治法的实践与民族区域自治制度创新研究，主要内容包括：西部大开发与民族地区经济法制建设，民族自治地方刑事法律制度研究，民族自治地方财政法制建设研究，民族自治地方环境资源法制研究，广西瑶族地区的自治制度研究，民族经济法律制度研究，俄罗斯民族文化自治与人权保障，自治条例和单行条例研究；（二）中国少数民族自治历史研究，主要内容包括：中国古代至清代少数民族“自治”研究，近代少数民族“自治”研究，新中国成立以后民族区域自治制度的历史发展研究；（三）少数民族权益保障研究，主要内容包括：少数民族权益保障基础理论研究以及民族教育、少数民族文化保护和对少数民族权利的司法保护等具体的少数民族权益保障研究。

448

陈金全，巴且旦伙主编/凉山彝族习惯法田野调查报告．北京：人民出版社，2008 年版．

彝族是一个具有悠久历史和灿烂文化的古老民族，“凉山彝族”是操彝语北部方言、自称为“诺苏”的彝族支系，他们主要居住在四川省境内黄茅埂以东至金沙江畔，北至大渡河的地理区域。这里群峰罗列，峡谷纵深，山河奔腾，自然环境奇瑰而险峻。由于山水的阻隔，古老的彝族“原生态”文化受中央王朝及周边文化的影响相对较少，从而较多地保留了其自身的特性。凉山彝族习惯法是彝族法制的典型体现，它体系完备，内容详细周全，富有民族特色。不仅如此，这些生长于彝族民间的法律如一泓清流，从远古流淌至今，在今天的凉山彝区仍然发挥着重要的秩序功能。本书是作者通过对当地的彝族习惯文化法进行的田野调查，并得出自己的结论。对于彝族的研究提供了参考依据。

449

高其才著/瑶族习惯法．北京：清华大学出版社，2008 年版．

本书以 20 世纪 50 年代的瑶族社会历史调查和作者的实地调查为基础，探讨了瑶族习惯法的产生、发展，解释了瑶族习惯法的议定、修改，全面总结了瑶族社会组织和头领习惯法、婚姻习惯法、家庭及继承习惯法等具体内容。分析了瑶族习惯法的实施，对瑶族习惯法的功能，瑶族习惯法的特点，瑶人的习惯法观念，瑶族习惯法中的宗教因素进行了专门讨论，并对瑶族习惯法的当代传承，现代化进程中的瑶族习惯法，瑶族习惯法与国家制定法的关系提出了自己的认识和思考。全书视角独特，资料翔实，内容全面，分析中肯。读者对象为法律、民族类大专院校、科研机构的师生，法律、民族实务部门的工作人员和对法学、民族学、瑶族有兴趣的其他读者。

450

翟东堂著/中国少数民族经济权利法律保险研究（民族法理论探索丛书）．北京：中央民族大学出版社，2008 年版．

民族问题是全球性和多民族国家的一个重要问题，少数民族经济权利得不到保障是一些民族冲突的根源，通过给予少数民族权利的特别保障是能够解决民族问题的。新中国成立以来，国家在保障少数民族经济权利方面作出了积极的努力，取得了显著的成就，但也要看到，少数民族经济权利的保障仍然存在一些问题。在“人权人宪”和“依法治国”的大背景下，中国少数民族经济权利要得到切实保障，需确立以法律保障为主导的多元保障机制。本书通过规范研究和实证研究、定性分析和定量分析等主要研究方法，进行少数民族经济权利法律保障的研究。少数民族经济权利法律保障研究的目的在于，在全社会树立少数民族经济权利法律保障的理念，使少数民族经济权利得到切实有效的保障。少数民族经济权利法律保障的研究，既有重要的理论意义，又有重要的现实意义。从理论意义上讲，丰富粗具雏形的民族法学理论；从现实意义上讲，为立法提供理论支持，指导法律实践，切实地保障少数民族经济权利，维护各民族的共同繁荣、民族团结和国家统一。

本书总体思路是从少数民族经济权利概念、性质以及少数民族经济权利法律保障的功能和价值等基础理论入手，分析中国少数民族经济权利的主要内容、法律如何在动态的运作中保障少数民族经济权利的、少数民族经济权利受到侵害时法律如何提供救济，最后针对存在的问题，探索解决问题的基本路径。主要内容具体是：导论部分；第一章　少数民族经济权利的一般理论。第二章　中国少数民族经济权利的主要内容。第三章　中国少数民族经济权利法律保障的运作。第四章　中国少数民族经济权利的法律救济。第五章　解决问题基本路径的探索。

451

田艳，王瑛，宋玲编/民族经济法教程．北京：中央民族大学出版社，2008 年版．

本书主要内容包括：民族经济法是经济法的一个新的分支学科，目前理论界对该新兴学科的研究仍然比较薄弱。对民族地区的经济发展进行法律调整历来是经济法的一个重要任务，由于民族地区的经济中确实存在着一些与一般地区不同的经济现象与经济问题，这就需要经济法进行相关的干预，干预的目的和手段也要与一般地区有所区别，这就凸显了民族经济法成为经济法的一个分支学科的必要性。同时，民族经济法学科的确立和深入研究，也丰富了经济法的研究内容和视野。

452

国家民委经济发展司编/“十一五”期间民族贸易和民族特需商品生产政策文件汇编．北京：民族出版社，2008 年版．

本书主要包括：“十一五”期间制定的有关政策；“十一五”期间沿用的有关政策；主要单位通信信息；记事簿等内容。

453

戴小明，汪燕，傅纳红著/公共财政与宪政：民族地区公共财政法制研究（民族法理论探索丛书）．北京：中央民族大学出版社，2009 年版．

本书主要讲述了：公共财政的共治义务要求中央对民族地区的转移支付法制化；通过立法明确规定中央对民族地区的转移支付项目等实体和程序事项；民族区域自治的关键是自治权的制度化和规范化，而自治权的制度化和规范化是变通权有效运用的结果；如何有效行使财政自治权是民族地区公共财政法制的关键。立法的过程，不是发明法律的过程，而是发现法律的过程；民族地区公共财政法制离不开民族地区的公共财政收入和支出的实际；民族地区公共财政具有民族性和自治性，民族地区的公共财政制度构建必须反映这些特殊性。

在行政权的创设或配置过程中所形成的国家权力机关与行政主体之间的关系实际上是一种立法权与行政权之间的关系，即公共利益和公共利益之间的关系，从本质上说是一种宪政关系，应当由宪法来调整，所形成的法律关系属于宪法关系。同时，根据财政立宪主义的原理，必须在宪法层面合理划分中央与民族地区的财权和事权。其权限划分可以遵循以下标准：（1）事权划分，就公共产品供给分工而言，按照受益范围、效率优先和公平原则划分事权主体；（2）中央在民族地区的财政权与民族自治地方财政自治权限划分，按照财政立法权限、财政收入权限和财政支出权限划分。另外，确立并建立财政民主原则和相关财政民主规则，加强民族地区人民代表大会制度建设，是民族地区公共财政立法的前提和基础。在遵循法制统一原则、变通原则和财政民主原则的基础上开展民族地区公共财政立法，建立包括宪法、法律、行政法规、地方法规和规章以及自治条例和单行条例在内的公共财政法律体系，是完善民族地区公共财政立法的应有之义。保障并控制民族自治地方政府财政权，设计并实践保护少数人权利的公共财政收入和支出体系是民族地区通往宪政的必经之道。

454

宋才发著/民族区域自治制度重大问题研究．北京：人民出版社，2008年版．

民族区域自治制度是中国的一项基本政治制度。民族区域自治制度对于发挥各族人民当家作主的主动性和积极性，发展平等、团结、互助的社会主义民族关系，巩固国家的统一，促进民族自治地方和全国社会主义建设事业的发展起了巨大的作用。为了坚持和完善民族区域自治制度，本书在总结实施民族区域自治法20多年实践经验的基础上，从“中国的民族区域自治制度”、“民族自治地方经济社会发展自主权”以及“民族区域自治法学研究体系”三个方面，选择若干个重大的理论与实践问题进行了专门研究。尤其是对民族区域自治制度的作用与特色、自治机关立法自治权、自治地方制定自治条例的立法机制、自治地方政府自治权实施的法律保障机制等重大问题进行了深入探讨。

455

宋才发著/民族区域自治制度的发展与完善——自治区自治条例研究．北京：人民出版社，2008年版．

民族区域自治制度是中国长期坚持的三项基本政治制度之一。民族区域自治制度是在国家统一领导下，各少数民族聚居的地方设立自治机关，行使自治权，实行区域自治。中国的民族区域自治是民族自治与地方自治的有机结合，属于自治地方内各个民族的共治，自治主体不限于民族自治地方内实行自治的少数民族。自治区制定自治法规的形式包括自治条例、单行条例、变通规定和补充规定，民族自治权本身包含着根据民族自身的特殊人文背景，对国家法律、法规、命令的变通执行权。制定自治区自治条例是全面实施民族区域自治制度的需要，自治条例具有民族自治地方“小宪法”的作用与意义。

456

宋才发等著/中国民族自治地方经济社会发展自主权研究．北京：人民出版社，2009年版．

民族自治地方经济社会发展自主权是在《中华人民共和国宪法》和《中华人民共和国民族区域自治法》赋予民族自治地方经济与社会各项自治权的基础上，民族自治地方自主地管理和发展本地区经济与社会各项事业的一项法定的权利。新修订的《中华人民共和国民族区域自治法》的贯彻实施，极大地调动了民族自治地方发展本地经济和各项社会事业的自主性、积极性，实现了把国家帮助少数民族地方发展的义务制度化、法律化。推动民族自治地方进一步解放和发展社会生产力，促进和实现民族自治地方经济繁荣和社会全面进步，构建民族自治地方和谐社会，是中国共产党和中央人民政府所有民族工作的根本宗旨和在民族政策上的根本立场。本书对民族自治地方经济社会发展自主权的权利建构、权利实施、存在问题、解决对策等进行了深入研究。

457

（英）沃森著，吴洪英，黄群译/民族与国家——对民族起源与民族主义政治的探讨．北京：中央民族大学出版社，2009年版．

本书是一部论述“民族与国家”问题的权威性著作。作者全面剖析了民族与国家这两个影响人类历史与现实政治的基本实体；描绘了世界民族主义概貌；分析了欧洲、亚洲和非洲的民族主义问题；着重论述了欧洲民族主义的复杂性。作者认为，民族与国家重叠交叉、相互影响，但具有本质区别；只有把握其本质区别，才能避免犯错误，“民族会因语言、历史和文化等纽带而在国家消亡后还存留数个世纪之久”。

458

刘永佶，张丽君编／改革开放30年与中国民族经济发展：全国民族地区高等院校经济学联席会第4届年会论文集．北京：中央民族大学出版社，2009年版．

中国少数民族经济学是中国经济学的必要环节，对它的研究，要以中国经济学为基础和前提，深入、系统地揭示少数民族经济的特殊矛盾，只有这样，才能促进少数民族经济和中国经济的发展。中国少数民族经济的研究“回归”，经济学系统，不仅是必要的，也是必然的，中国少数民族经济学在经济学系统中的形成与发展，不仅不排斥民族学的研究，而且为民族学研究的充实和成熟提供必要条件。本书为全国民族地区高等院校经济学联席会第4届年会论文集。

459

李俊清著／自治区政府管理（中国民族自治地方政府管理研究丛书）．北京：科学出版社，2009年版．

本书以中国民族区域自治制度与自治区的建立、发展开篇，详细介绍了我国五大自治区的历史和现状，并结合国内外政治、经济、文化等情况，全面解读了自治区所处的行政环境；探讨了我国自治区政府的法律地位、管理权限及行政组织构成、政府职能、决策与执行过程、公务员制度、公共财政等，并对自治区行政发展与府际关系提出了有针对性的对策与建议。

460

李俊清主编／变革与繁荣——民族地区公共管理的问题与挑战（中国民族地区公共管理论丛）．北京：人民出版社，2009年版．

本书是由31篇论文组成的论集，内容包括五个方面。一、介绍我国民族地区自治条例、公共组织战略等方面的理论与政策研究。二、从理论和实际两方面对民族地区政府能力进行了分析研究。三、介绍我国民族自治地方公共服务的责任关系和建构，探讨我国农村地区公共产品的现状。四、对我国民族地区教育、文化事业发展、突发事件应急处理、民族宗教等方面的现状进行探讨和研究。五、介绍西方国家公共服务改革的实践。本书对我国民族地区的管理具有一定的参考和启示作用。

461

国际行动援助中国办公室编/保障弱势群体的公平受益：云南6个少数民族自治县文化产业化过程的利益分配问题研究报告集. 北京：知识产权出版社，2009年版.

本书汇集了云南6个关于少数民族文化产业化的实地调研报告，这些报告是国际行动援助中国办公室资助的少数民族文化产业化调研项目所取得的成果。这一调研项目的宗旨在于引起人们特别是相关政策的制定者和研究者对少数民族产业化过程中弱势群体（尤其是妇女）公平受益问题的关注和思考。本书适合民族民间文化产业化相关政策制定者和研究人员。

462

徐祗朋著/当代民族主义与边疆安全. 北京：民族出版社，2009年版.

本书从服务于武警边防部队保卫边疆安全的需要出发，通过阐述民族问题导致的当代民族主义对边疆乃至国家安全影响，为武警边防部队如何在各少数民族聚居的边疆地区服务于和谐边疆建设提供基本思路。

463

周相卿著/法人类学理论问题研究. 北京：民族出版社，2009年版.

法人类学是法学、文化人类学和社会学三个学科的交叉学科。对一个学科的研究者而言是常识性的概念或原理，对另一学科的研究者而言可能就非常陌生。法人类学是实证性的学科，只有具备田野调查的实践经验才能够理解相关的理论并归纳出新的概念、理论和方法。法人类学的基本知识来源于西方，需要批判地吸收使之中国化，仅看西方经典著作的字面含义是不行的，还必须感知其精神。由于以上几个方面的原因，我国还没有专门研究法人类学基本理论的专著。本书适合法理学、社会学和文化人类学专业的研究生作为参考书。书中使用的成熟的社会学理论对法人类学研究有启示的内容。

464

"中国少数民族社会历史调查资料丛刊"修订/广西少数民族地区碑文契约资料集. 北京：民族出版社，2009年版.

本书为国家民委民族问题五种丛书"中国少数民族社会历史调查资料丛刊"之一。国家民委"民族问题五种丛书"，包括"中国少数民族"、"中国少数民族简史丛书"、"中国少数民族自治地方概况丛书"、"中国少数民族语言简志丛书"、"中国少数民族社会历史调查资料丛刊"，记录了中国

55 个少数民族从起源至 21 世纪初的历史发展进程，涵盖政治、经济、文化、社会等方方面面的内容。荟萃了大量原始的、鲜活的、极其珍贵的资料，是一部关于中国民族问题的大型综合性丛书，是中国民族问题研究的重大项目和重大出版工程。新中国成立后，党和政府高度重视民族问题和民族工作。少数民族地区的社会改革和社会主义建设逐步展开。为了摸清少数民族的社会历史状况，抢救行将消失的宝贵的历史文化资料，1953 年，全国人大民族委员会和中央民族事务委员会组织进行全国性的民族识别调查，1956 年又开始少数民族语言、少数民族社会历史调查。在三次大规模的系统调查的基础上，中央民委从 1958 年开始组织编写“中国少数民族简史”、“中国少数民族语言简志”、“中国少数民族自治地方概况”三种丛书。“文化大革命”期间，中央民委机构撤销，此项工作被迫中断。1978 年国家恢复民族工作机构，中央民族事务委员会改为国家民族事务委员会。1979 年，国家民委决定继续组织编写以上三种丛书，并增加编写“中国少数民族”和“中国少数民族社会历史调查资料丛刊”两种丛书，定名为“民族问题五种丛书”。“民族问题五种丛书”的编辑出版列入了全国哲学社会科学“六五”规划的重点科研项目。

465

国家民委文化宣传司著/民族区域自治制度的成功实践——民族自治区自治州发展成就．北京：民族出版社，2009 年版．

对于我国的民族地区来说，新中国成立的 60 年，是它们经历从落后走向进步、从贫穷走向富裕、从封闭走向开放的一段光辉历程。60 年间，在我国广袤的民族地区不断诞生着发展奇迹。事实证明，民族区域自治制度作为国家的一项基本政治制度，是完全符合我国国情的，事实证明，只有坚持中国共产党的领导，全面贯彻执行党的民族政策，牢牢把握各民族“共同团结奋斗、共同繁荣发展”的民族工作主题，不断坚持和完善民族区域自治制度，进一步巩固和发展平等、团结、互助、和谐的社会主义民族关系，大力促进少数民族和民族地区经济社会发展，才能实现各族人民的大团结和国家的繁荣稳定，才能实现中华民族的伟大复兴。

在国家民委的策划、组织下，在共和国 60 华诞到来之际，中国民族报推出“民族自治地方发展成就巡礼”专栏，对我国 5 个民族自治区、30 个民族自治州的发展成就进行了展示。本书将“民族自治地方发展成就巡礼”专栏内容结集出版，帮助读者集中了解我国民族自治地方的辉煌成就。

466

卓仲阳著/民间文化立法保护的理念与实践——从西南三省民族地区民间文化变迁谈起．北京：民族出版社，2009 年版．

我国少数民族民间文化在全球经济一体化的冲击下，少数民族传统的民族语言、民间文学、戏剧、曲艺、诗歌、音乐、舞蹈、绘画、工艺美术、建筑、服饰、器具及传统节日、庆典活动和民间工艺、民俗活动等等，已经发生了巨大变迁。商业化的过度开发和滥用，人为的损毁和扭曲，个别地方甚至已损害到“面目全非、惨不忍睹”的程度。我国西南地区属西部经济大开发区域，分布有 34 个少数民族，民间文化积淀厚重，内容丰富，形式独特，今天其流失或损害的程度如何？这些传统的民族民间文化与当地的经济发展的关联性如何？采取什么形式予以保护？拿哪些措施实行保护？都是值得深入研究和探讨的。本书对许多概念有了新的解释、新的发展；有了许多新的观点、新的研究成果。尤其关于世界知识产权组织和联合国教科文组织在民族民间文化保护方面展开的大量工作和研究以及取得的成绩令人叹服，积累的丰富经验值得我们认真借鉴。

467

《民族团结进步之歌：新中国民族团结进步模范事迹选》编委会编/民族团结进步之歌：新中国民族团结进步模范事迹选．北京：民族出版社，2009 年版．

本书收录了新中国 60 年特别是改革开放 30 年来，各地涌现民族团结先进集体和全国民族团结模范的事迹。

468

陈超著/新疆的分裂与反分裂斗争（民族工作学习文库）．北京：民族出版社，2009 年版．

胡锦涛总书记特别强调，要大力加强对马克思主义民族理论、党的民族政策和民族基本知识的宣传教育。不仅要教育群众，更要教育干部；不仅要教育少数民族干部，更要教育汉族干部；不仅要教育一般干部，更要教育领导干部。本书旨在通过广泛深入的宣传教育，不断丰富自己为做好民族工作所需要的各方面知识，进一步认识和把握新的历史条件下民族问题发展变化的特点和规律，创新民族工作的思路和方法，不断提高驾驭和解决民族问题的能力，形成全社会自觉维护民族团结的局面。

469

孙韡著/西部民族法制建设与社会和谐．北京：民族出版社，2009 年版．

实现社会和谐，是古今中外智者贤士追求的社会理想。中国共产党领导中国各族人民在长期的革命、建设、改革的实践中，积累了丰富的经验，不断探索和发展了中国特色社会主义建设的理论。在新的历史条件下，以胡锦涛同志为总书记的党中央，坚持和继承我们党在社会主义建设方面的实践经验和理论成果，并借鉴传统和谐社会思想的有益成分，把“社会主义”与“和谐社会”结合起来，提出了构建社会主义和谐社会的战略思想，有着十分重大的现实意义和深远的历史意义。

470

国家民族事务委员会研究室编/正确的道路　光辉的实践：新中国民族工作60年．北京：民族出版社，2009年版．

庆祝新中国成立60周年，是2009年党和国家政治生活中的一件大事。新中国60年的辉煌历程、伟大成就和宝贵经验，蕴涵着丰富的教育资源，是进行爱国主义教育的生动教材。深入挖掘、整理、创作、出版有关纪念新中国成立60年的作品，是出版界义不容辞的责任和光荣使命。为隆重庆祝新中国成立60周年，中共中央宣传部、新闻出版总署组织出版了《辉煌历程——庆祝新中国成立60周年重点书系》，目的在于充分展示新中国成立60年来翻天覆地的变化，充分展示中国共产党领导全国各族人民在革命、建设、改革中取得的伟大成就，深刻总结新中国60年的宝贵经验，努力探索人类社会发展规律、社会主义的光辉历程。

471

唐永军，马万学主编/走向繁荣的吉林少数民族．北京：民族出版社，2009年版．

本书共分九章，内容包括：希望从这里升起；充满活力的民族经济；绚丽多彩的民族文化；欣欣向荣的社会事业；日臻完善的民族法制建设；卓有成效的民族干部队伍建设等。

472

吴金光著/走近世界民族：25年外事工作札记．北京：民族出版社，2009年版．

本书是作者从1984年至2009年，在国家民委从事外事工作的各种亲身经历札记合集。25年间，作者先后出访了55个国家和地区，亲身经历了国家民委外事司从无到有、从小到大的全过程。本书以作者的亲身经历为脉络，按时间顺序，将作者认为重要的事件一一叙述出来。作者把个人视线所及的有关历史情况记录下来，力求客观反映国家民委对外交流工作，为国家民委对外交流工作的发展和成就留下真实的一笔。

书中对其亲身经历的描述，弥补了正式档案材料中有些无法包含的细节、感受和认识，这本书不仅是了解国家民委外事工作发展历程的一个参考，也是了解中国民族和世界民族的一个窗口。

473

《中国的民族事务》编写组编/中国的民族事务．北京：民族出版社，2009 年版．

本书主要有少数民族的基本情况、人口与分布、历史与文化、经济与社会、民族识别工作、民族识别的原因、民族识别的原则、民族识别的进程、民族识别的意义、少数民族社会历史和语言大调查、民族地区的社会改革、社会背景、基本方针、民主改革、社会主义改造、西藏的改革等内容。

474

雷振扬等著/中国特色民族政策的完善与创新研究．北京：民族出版社，2009 年版．

本书是国家民委民研中心课题“当代中国民族政策的立、留、废、改问题研究”的结题成果。全书共 21 章，分别论述了民族区域自治政策、少数民族干部政策、民族乡政策、少数民族教育政策的完善与创新问题等内容。

475

赵小锁，王琪，李荣著/民族地区司法制度中的少数民族权益保障．北京：中央民族大学出版社，2009 年版．

本书是中央民族大学“985”工程中国当代民族问题战略研究哲学社会科学创新基地民族法理论探索丛书之一。本丛书在当前和今后一个时期具有广阔的应用前景。

首先，力求探索一条适合我国国情的坚持和完善我国民族区域自治与少数民族权益保障制度的道路，为解决中国当前民族工作面临的各种问题作出理论尝试，而这对各民族长期的、稳定的、可持续的发展，促进民族团结、维护国家统一具有重要的意义。第二，有助于向世界展示我国各少数民族在社会主义现代化建设中政治、经济、生活方面的成就，展示我国各少数民族所享有的权利和自由，展示我国党和政府为促进少数民族发展与保障人权方面所做的努力。第三，有利于加强民族法学学科的自身建设，培养造就一支有较高理论素养、较强科研能力和敬业精神的科学研究队伍，并将形成广泛的国际国内学术联系，能持续地为国家输送高质量人才，以及为国家和政府各部门提供决策和咨询服务等，其效益、持续力是广泛久远的。第四，本丛书努力突出理论和需求的适应性，其对民族区域自治与少数民族权益保障等重大现实问题的研究，将直接为立法、司法、执法部门提供决策咨询服务，提供参考意见和材料。第五，通过本丛书的出版和发行，整合有利资源，突出学科优势，提升学科的核心竞争力，同时强化基础设施建设和办学条件的改善，使我校学生能够将强烈的使命感、对民族问题研究的浓厚兴趣与自身的学术功底相结合，为我国各民族的共同繁荣提供法律人才保证和智力支持。

476

徐中起，田艳，王瑛合著/中国少数民族文化权益保障研究．北京：中央民族大学出版社，2009 年版．

文化表现形式，包括传统文化表现形式的多样性，是个人和各民族能够表达并同他人分享自己的思想和价值观的重要因素。从法律视角来探讨少数民族的文化权益保障问题，事实上就是用法律手段来保护和促进我国的文化多样性，这是事关中华民族生死存亡的大事。本书是中央民族大学“985”工程中国当代民族问题战略研究哲学社会科学创新基地民族法理论探索丛书之一。本丛书主要涉及如下研究方向：（一）民族区域自治法的实践与民族区域自治制度创新研究；（二）中国少数民族自治历史研究；（三）少数民族权益保障研究。

477

赵新国著/西部民族地区政治文明建设研究．北京：中央民族大学出版社，2009 年版．

党的“十六大”把发展社会主义民主政治，建设社会主义政治文明，确定为我国社会主义现代化建设和全面建设小康社会的重要目标。西部民族地区的政治文明建设除了要与全面建设小康社会相适应，加强民主政治建设，推进政治体制改革，坚持和善各项政治制度，改革和完善党的领导方式和执政方式，实施依法治国等一般性的原则外，还要与西部的实际相结合解决好面临的政治问题。当前，西部民族地区社会主义政治文明建设面临着一些重大的问题：政治稳定问题、民族关系的调适机制建设问题、民族区域自治制度建设问题、政府行政能力提升问题、党的执政能力建设问题，等等。

本书采用理论联系实际的方法及跨学科的研究方法，界定了政治、文明、政治文明、社会主义政治文明的科学内涵，并简要概说了我国政治文明建设的一般性原则。

478

张文山著/通往自治的桥梁：自治条例与单行条例研究．北京：中央民族大学出版社，2009 年版．

本书包括：一、民族区域自治法的实践与民族区域自治制度创新研究，主要内容包括：西部大开发与民族地区经济法制建设，民族自治地方刑事法律制度研究，民族自治地方财政法制建设研究，民族自治地方环境资源法制研究，广西瑶族地区的自治制度研究，民族经济法律制度研究，俄罗斯民族文化自治与人权保障，自治条例和单行条例研究。二、中国少数民族自治历史研究，主要内容包括：中国古代至清代少数民族“自治”研究，近代少数民族“自治”研究，新中国成立以后民族区域自治制度的历史发展研究。三、少数民族权益保障研究，主要内容包括：少数民族权益保障基础理论研究，以及民族教育、少数民族文化保护和对少数民族权利的司法保护等具体的少数民族权益保障研究。

479

雷明光著/中国少数民族婚姻家庭法律制度研究．北京：中央民族大学出版社，2009 年版．

本书通过对中国少数民族特色婚俗的回顾，重点研究了各个少数民族婚姻家庭制度的历史，也简单介绍了各个少数民族婚姻家庭制度的变迁。根据作者和课题组成员在各个少数民族地区进行田野调查收集的资料以及各民族大学生的调查问卷、媒体资料等介绍了各个少数民族结婚制度的现状、夫妻关系的现状、亲子关系的现状、离婚制度的现状、生育制度的现状、继承制度的现状。按照各少数民族居住的地域情况，涉及东北、内蒙古地区的少数民族，中南、东南地区少数民族，西北地区少数民族以及西南地区少数民族四区域。

480

邹敏著/论民族区域自治权的源与流（民族法理论探索丛书）．北京：中央民族大学出版社，2009 年版．

本书是关于研究“民族区域自治权的源与流”的专著，书中具体包括了：中世纪城市自治与自治权、自治权是解决国内差别的有效手段、自治权是保障少数民族权利的有效方式、中国共产党早期的地方自治思想与实践、单一制下民族区域自治的探索及民族区域自治权的最终确认等内容。本书适合从事相关研究工作的人员参考阅读。

481

张兴堂著/跨界民族与我国周边外交（民族理论与政策研究中心博士文丛）. 北京：中央民族大学出版社，2009 年版.

民族理论学科应为适应时代和社会发展的要求不断开拓创新，应不断拓展自己的研究范围，开拓新的研究领域。跨界民族和跨界民族问题研究就是一个必须引起民族理论学科关注的问题。跨界民族是指在相邻的国家间跨国界而居的同一民族，由于跨界民族与国境线相连，这样的特点决定了跨界民族问题具有更强烈的国际性。特别是在“冷战”结束后，跨界民族问题的复杂性、国际性和重要性特点更加凸显，跨界民族问题已成为影响世界稳定的重要因素。我国是一个多民族国家，又是一个多跨界民族的国家，加强跨界民族研究对于我国的内政、外交具有重大的理论和现实意义。

近年来，国内跨界民族问题研究已引起学术界的关注。众所周知，民族问题绝不是一种孤立的社会现象，无论从内涵还是外延看，它不仅涉及民族自身的发展，还涉及民族与民族之间、民族与阶级之间、民族与国家之间的关系以及由此而引发的问题。民族问题始终是马克思主义理论的一个重要问题，民族问题始终是我国革命和建设中的一个重大问题。有些同一民族居住在不同的国家，特别是邻近国家，如果处理不好民族利益与国家利益的关系，而把民族的利益置于国家利益之上，不仅会导致国家的混乱、民族间的冲突，甚至会引发国家之间的冲突和战争。可见，加强跨界民族问题研究具有重要的现实意义。

482

李红梅著/中国共产党民族地区现代化思想及实践研究. 北京：中央民族大学出版社，2009 年版.

我国是一个统一的多民族国家，实现各民族共同团结奋斗、共同繁荣发展是当代民族工作的主题。特别是进入新世纪以来，我国民族地区现代化建设的重要性日益凸显。从国内看，建设相对落后的民族地区的小康社会成为我国建设社会主义小康社会的重要内容；而从国际来看，在全球化深入发展以及世界民族主义浪潮不断冲击的大环境下，如果不能尽快缩小各民族在现代化发展水平上的巨大差距，消除各民族间存在着的事实上的不平等，不仅不利于维护我国的社会稳定和国家安全，而且从长远来看，整个国民经济的现代化进程也将因此延缓下来。本书对加快民族地区的现代化建设，提高少数民族现代化水平具有重要的现实参考价值。

483

戴双喜著/游牧者的财产法：蒙古族苏鲁克民事习惯研究（民族法理论探索丛书）. 北京：中央民族大学出版社，2009 年版.

本书是关于研究“蒙古族苏鲁克民事习惯”的专著，书中具体包括了：苏鲁克民事习惯的物权性质分析、苏鲁克用益权的内容、当代司法中的苏鲁克民事习惯、传统烙印权能与法律意义等内容。本书适合从事相关研究工作的人员参考阅读。

484

（英）卢埃林著，朱伦译/政治人类学导论（民族学人类学译丛）. 北京：中央民族大学出版社，2009 年版.

本书是政治人类学的基础著作，该书深入系统地分析了政治人类学与历史学、普通人类学和政治学理论之间的密切关系。政治人类学是文化人类学的一部分，它作为一个单独学科存在不超过 50 年。它主要研究人类社会（从以亲属关系为基础的简单社会到以国家为单位的复杂社会）的权力结构的特征体制和原动力。

485

李占荣著/民族经济法研究（兰州大学民族学精选文库）. 北京：民族出版社，2009 年版.

民族学在中国学术界的发展，经历了一个中国化的过程，中国民族学即有中国特色的民族学，就是这个过程的结果。中国民族学与国外民族学有密切的联系，中国民族学在研究内容、研究方法、研究目标、研究传统、研究视角等方面，继承和吸收了大量国外民族学的优良成果。

具有这样一些特色的中国民族学，既是当前广大中国民族学者的研究实践，也是多年来中国民族学界的主流愿望。本文库的出版，反映了兰州大学西北少数民族研究中心想在推动民族学中国化、创立有中国特色民族学方面做些工作的强烈愿望。

486

龚浩群著/信徒与公民——泰国曲乡的政治民族志. 北京：北京大学出版社，2009 年版.

本书是关于现代国家公民身份建构的人类学研究。关于国家的人类学是政治人类学当中的一个重要命题。早期的政治人类学侧重研究无国家社会，随着二战后民族国家的广泛兴起，现代国家当中公民与国家关系的建构问题成为当代人类学的关注点。本书对南传上座部佛教在政治现代化进程中的作用进行了阐释。作者从传统社会与现代社会的公共性的转换入手，着重探讨了由宗教建构起来的公共性逻辑在现代社会的转化形式。泰国作为一个典型的佛教国度，在这一大多数民众信仰佛教的社会里其公民身份是如何在制度、认同和实践层面得以表现的呢？特别是在泰国最基层的村落社会这些要素又是如何得以体现的呢？这就需要在民族志田野调查的基础上对公民身份的实现形式及其背后的政治、社会、文化等背景进行"深描"，从中发现这一社会中人们的思想结构和行动特点。

487

荣仕星等著/中国民族地区公共政策研究．北京：人民出版社，2009年版．

本书介绍了民族地区公共政策的主体、客体和政策环境及组成民族地区公共政策系统的各要素之间的关系；分析了民族地区公共政策制定、执行、评估、终结的过程及存在的问题和对策；探讨了我国民族地区的经济政策、文化政策、教育政策、公共卫生政策、人口政策、环保政策和扶持人口较少民族发展的政策的制定和实施的经验与不足；总结了民族地区公共政策面临的挑战；提出了民族地区公共政策的价值目标和路径选择。

488

胡涤非著/民族主义与近代中国政治变迁．北京：知识产权出版社，2009年版．

在近代中国政治变迁的过程中，民族主义成为现代化最有效的社会动员资源，成为凝聚人心、整合社会意识形态的象征。作为一种不可或缺的意识形态，民族主义在近代中国的政权更替中发挥了极其重要的作用，深刻地影响了政治变迁的过程。本书选取中国20世纪上半叶作为研究的时空背景，通过对晚清政府、北洋政府和南京政府建立与衰败过程的具体考察，分析了民族主义在其中的历史作用，以期对全面认识和研究民族主义有所帮助。

489

吴晓黎著/社群、组织与大众民主——印度喀拉拉邦社会政治的民族志．北京：北京大学出版社，2009年版．

"到民间去"，曾经是一个世纪前中国现代社会科学发生期所酝酿出来的口号。先有具备学术规范的社会调查，才有社会科学的出现。在少数人一段时间的尝试之后，一句凝结着共同体集体意识的"到民间去"成为1919年之后的知识界的运动，在中国促成书斋学问之外的社会调查之风蓬勃兴起。社会科学诸学科此前在中国主要是课堂传授的西方书本知识，"到民间去”的调查之风呼唤着以中国社会为对象的知识生产，这种知识生产逐渐造就了中国社会科学诸学科。

凝视世界的欲望需要走出去的意志来展现。人类学者要走很远的路，走很多的路，走陌生的路，也就是走没有路的路。本书的出版使我们看到，有了这样走出去的人类学者群体，一个共同体的社会科学才能走得够远，看得更远。

490

邹吉忠著/政治哲学导论．北京：中央民族大学出版社，2009 年版．

新时期中国哲学研究的重要后果，是当前马克思主义哲学界以至整个中国哲学界的集体关注，甚至一定程度上转向政治哲学。这可能是当代中国哲学研究最具意义的事件之一，有可能开启哲学真正通往或返回智慧本根的道路，辟开一条直抵和复兴中国哲学的智慧传统，使中国马克思主义哲学研究沿着西方智慧学与中国智慧传统重返哲学之智慧本根，为复杂的当代生活实践奠定本体性的根基，因而有可能开展出人类哲学发展之中国世纪、中国纪元的历史性机遇。

本书从政治哲学基本问题研究入手，从知识社会的政治哲学反思和政治哲学家研究两个专题导入，表述作者对政治哲学的初步研究，主要意图是对当今时代的政治哲学问题进行专题性的批判与反思。

491

（英）梅奥尔著，王光忠译/民族主义与国际社会．北京：中央编译出版社，2009 年版．

国际社会指的是什么？国际社会这个观念建立在何种规则之上？民族主义理念是如何影响国际社会的演进的？在本书中，詹姆斯·梅奥尔通过对上述问题的讨论，并把迄今为止被割裂的问题联系起来考察，清楚地揭示了关于民族和国际社会的论争。梅奥尔把研究定位于民族主义和国际社会观念间关系的理论探讨，并认为这是一个挑战与可调和的关系。他考察了三个重要问题：一是民族主义建立新国家并向外推进国际社会边界的方式；二是民族主义者和自由主义关于国际经济关系的争论是如何推动国家行为深入普通民众的生活和国际政治经济学中；三是第三世界的民族主义反对战后的国际经济秩序，但它们并不能使之向对自身有利的方向发展。

492

张桂琳，常保国主编/政治文化传统与政治发展．北京：社会科学文献出版社，2009 版．

政治文化传统与政治发展有着不可分割的关系。首先，从主流政治价值的确立到公民文化的培育、政治文化的更新与重建、构成政治发展的基本目标和核心内容。其次，政治文化对政治发展的影响是双重的：推动或阻滞。因此，如何从传统政治文化中汲取现代政治文化资源，如何吸纳人类优秀的政治文化遗产，如何实现本土政治文化传统的传承与创新，是各国在实现政治现代化方面需要共同面对的问题。

493

教军章著/中国近代国民性问题研究的理论视阈及其价值．北京：中国社会科学出版社，2009 年版．

本书通过对国民性问题及其研究源流的历时性与共时性梳理，以历史与逻辑有机统一的学术原则重新阐释了国民性概念蕴涵的基本意义，从问题的背景、生成、性质、表现以及变迁等层面较为系统地概述了中国近代国民性问题理论认知的成就，并对其存在的历史缺失给予相应的学理观照，由此依照问题涉及的主要界域，对其内蕴的深层价值进行了尝试性解读。本书选择的理论视角是一种文化比较研究的宏观界域，它依托“中国问题”逐步世界化这一贯通绵延历史长河的动态平台，揭示中国近代国民性问题指涉的文化人类学、社会学、心理学、政治学、民族学的多维意蕴，透视近代国人寻求主体自觉的心路历程，将其还置于中国近代民族政治救亡和思想文化启蒙的生存空间中来求证其本寓的社会价值，并拓衍其代际反思、承继、批判以至创新所寓意的深远影响惯性，在逆向审视中获取中国人的现代化的某些启示：社会生活、文化意喻与政治归旨成为检视国民性问题负载深层价值的基本方面。

494

李俊清，卢小平，柳春慈，楚德江著/民族乡政府管理．北京：人民出版社，2009 年版．

本书围绕我国民族乡政府这一特殊行政主体展开讨论。首先介绍了中国民族乡设立的背景及其现阶段所处的行政环境，然后着重分析民族乡政府的法律地位、管理权限、人事管理制度、公共财政状况、政府职能、决策过程、行政执行及行政监督等相关问题，最后提出推进其发展的主要措施，具有一定的现实意义。

495

李资源著/中国共产党民族法制建设史研究．北京：人民出版社，2009 年版．

本书系国家社会科学基金项目“中国共产党民族法制建设的历史考察和历史经验研究”的最终研究成果，是我国第一部全面系统研究中国共产党民族法制建设史的专著。

中国共产党民族法制建设史，是中国共产党人运用马克思列宁主义民族法律观，结合中国民族问题的实际，探索一条具有中国特色的民族法制建设道路的历史。作者坚持以史为线、论从史出；以论带史、史论结合的研究方法，力求做到史料翔实，评价公允，重点突出，实事求是，既总结了成功的经验，又剖析了失误的教训，对于新世纪新阶段进一步加强民族法制建设，构建社会主义和谐社会具有重要的理论和现实意义。

E 军 事

496

同利军著/中国古代少数民族军事思想研究．北京：中共中央党校出版社，2003 年版．

本书是研究自秦汉时期至鸦片战争以前的中国古代少数民族军事思想。作者采用比较分析和因素分析的方法，对少数民族军事思想的产生、发展和演变进行综合研究，探索少数民族军事思想历史发展过程中的特点和规律，为现实的军事斗争和国防建设提供有益的借鉴。

由于我国古代历史上少数民族建立的中央政权主要在中原及北方地区，历史上北方地区的少数民族军事活动较频繁，战争规模较大，特别是北方的游牧民族和渔猎民族对中国乃至世界战争史产生过极为重要的影响。而且，由少数民族实现中国统一大业的，全是由北方少数民族完成的，鉴于此，本书将研究古代北方少数民族军事思想史作为主题，以研究北方游牧民族和渔猎民族的军事思想作为《中国古代少数民族军事思想研究》的基本内容。

497

石亚洲著/土家族军事史研究．北京：民族出版社，2003 年版．

本书是第一部系统全面研究土家族军事史的著作。通过土家族地区环境与军事活动的影响、唐以前及唐宋元明清时期土家族的军事活动、最后还记录了土家族兵制与阵法和军事文化，丰富了少数民族军事史的研究。

498

左力平，刘卫新著/中华海魂——中华民族海洋军事史上的杰出人物．北京：海潮出版社，2004 年版．

本书是“中华民族与海洋系列丛书”中的一本，该丛书包括《中华世族与海洋》、《蓝色冰点》、《海军兵种史话》、《决战大洋》、《海洋世界大观》、《海洋文化》、《海军纵横谈》和《21 世纪外国海军》等 9 套 32 本，内容既有海洋军事知识，也有海洋政治、经济知识；既有海洋地理介绍，又有海洋探险、神话和传说方面的趣闻；既介绍了海洋的历史与未来，又展示了世界海军的现状与发展。本书主要介绍了中华民族海洋军事史上的杰出人物，既展示了海洋的历史与未来，又介绍了世界海军的发展与现状。如，七下西洋的伟大航海家——郑和，抗倭寇 保海防——戚继光，驱逐外寇 收复台湾——郑成功，虎门销烟 固守海防——林则徐，近代海防思想的先驱——魏源等军事人物。

499

胡泊著/蒙古族古代军事史．沈阳：辽宁民族出版社，2004 年版．

本书分为七大编，81 章。书中主要内容为各个时期的历史背景、作战经过、兵役制度、军队编制、军事训练、情报制度、通信联络、政治动员、奖励惩罚、战地娱乐、对敌政策、用人制度、后勤供给、马政治度、战场救护、武器装备、军队服装、屯田制度、战略战术、简略述评等。内容包括成吉思汗时期的军事，窝阔台汗和贵由汗时期的军事，蒙歌汗时期的军事，元朝时期的军事等。

F 经 济

500

龙运书著/中国西部民族经济．成都：四川辞书出版社，2000 年版．

本书从西部民族地区的机遇、挑战、思路，产业结构调整，人才、科技、教育，对外开放，优惠政策，扶贫等方面介绍了西部民族地区的经济。

501

洪朝栋，沈志锦编/云南少数民族地区的现代化发展．昆明：云南民族出版社，2000 年版．

本书提出了现代化和少数民族地区的现代化，介绍了云南少数民族在解放前的经济、社会发展状况，及少数民族地区社会发展缓慢的原因直到走向社会主义现代化发展之路，以及在新中国建立后少数民族地区体制改革上的两次飞跃，发展经济成为少数民族地区现代化发展的首要问题，其中还分析了少数民族地区经济发展的有利条件和制约因素及发展思路。

502

杜发春著/民族经济发展论纲．北京：中国物价出版社，2000 年版．

本书以研究和探讨中国少数民族和民族地区经济发展为主线，选择了九个民族经济发展的有较大关联的因素，探讨它们与民族经济发展的关系及其对民族经济发展的影响。

503

秦树才编著/云岭金江话货殖——云南民族商贸．昆明：云南教育出版社，2000 年版．

本书介绍了秦以前到近代云南民族商贸跌宕起伏的发展历程，以及通过商品数量、市场类型、商贸方式、商人、货币和商贸文化等展现了云南民族斑斓多彩的商贸画卷。本书在前人研究的基础上，进一步挖掘，搜集史料，力图较全面、系统地对云南民族商贸作一番通俗的介绍，以增进人们对云南的认识和了解。

504

杨文安著/民族经济与社会研究．北京：民族出版社，2001 年版．

本书分两篇，包括云南民族经济发展、结构调整、少数民族地区对外开放和自然资源开发研究；云南民族社会调查与研究，例如，哈备村传统经济体系浅析，祭龙的社会文化意义，江川县彝族风俗等。本书运用多学科综合研究的方法，对云南少数民族社会经济的变迁进行了考察探索，将民族的经济和社会紧密地结合起来，展现出别具风格的研究新视角。

505

张丽君编/发展与创新：民族经济学科20年．北京：中央民族大学出版社，2001年版．

本书收入了《关于发展我国民族经济学的几个问题》、《民族经济学必须坚持正确的研究方向》、《地缘经济、区域经济与民族经济》等14篇文章。

506

徐亚非等著/民族宗教经济透视．昆明：云南人民出版社，2001年版．

本书从经济学的角度研究宗教，在云南丰富素材的基础上，以经济学的眼光对本地少数民族宗教文化加以剖析。作者把宗教放到生产、交换、分配和消费等社会再生产过程中考察宗教对再生产过程的作用与反作用，同时还探讨了受宗教影响的民族群体意识和群体素质对民族经济的影响等问题。

507

（美）C. A. 格雷戈里著，姚继德，杜杉杉译/礼物与商品．昆明：云南大学出版社，2001年版．

本书是一部关于太平洋岛国巴布亚新几内亚社会生产、分配、交换和消费关系研究的经济人类学名著。作者立足于古典政治经济学和新古典主义经济学的商品、礼物与交换理论，对巴布亚新几内亚社会存在并盛行的传统“礼物”与现代“商品”的转化中所透露出来的深层社会结构，进行了精辟的考察，并据此对新古典主义经济学的发展理论进行了有益的批判，为我们今天考察传统社会与现代化之间的关系提供了一种理论参考。

508

苏太恒主编/走进西部：西部大开发与西南民族研究．北京：民族出版社，2001年版．

本书包括《西部大开发与民族问题研究》、《西部开发中民族问题的思考》、《西部大开发与藏区民族问题关系浅议》、《民族意识与贵州发展刍议》、《论西部大开发中的生态经济建设》等论文。

509

李忠斌著/科技进步与土家族地区经济社会发展．北京：民族出版社，2001 年版．

本书研究了土家族地区科技史、科技环境、科技结构、知识经济时代的机遇和挑战。由两部分组成，一是对土家族历史的传统文化的研究，著作力图通过对土家族历史和传统文化的剖析，弘扬的土家族文化的精华，剔除土家族文化中的糟粕，增强土家族人民的民族自尊心和民族自豪感，全面振奋民族精神，促进土家族和土家族地区的发展。二是对土家族地区现实问题的探讨，著作力图通过总结新中国建立以来，特别是十五届三中全会以来，土家族地区经济文化建设的经验和教训，结合国家政策和土家族地区经济发展面临的重要问题进行探讨，提出解决问题的对策和办法，为土家族地区社会发展和进步提供行政策参考。

510

赵显人著/西部大开发与民族地区经济社会发展研究．北京：民族出版社，2001 年版．

本书是“西部大开发与少数民族和民族地区经济社会发展研究”课题的研究成果汇编。内容涉及：民族地区如何抓住西部大开发机遇，调整产业结构，加快生态环境建设，促进人口较少民族的发展与进步等。

511

施正一著/民族经济学教程（修订本）．北京：中央民族大学出版社，2001 年版．

本书除导论外共分 4 篇，30 章。与以往的同类著作相比，最明显的特点是它拓宽了研究对象的范围，不仅全面系统地分析论述了国内少数民族和民族地区的经济问题，而且还概述了发展中国家与发达国家的民族经济问题。突破“民族经济—国内少数民族经济”公式的框架，这也是我国民族经济学开始走出国门，走向世界的新起点与新标志。内容主要是论述民族及民族经济的方方面面，核心思想是民族与经济的辩证关系；论述中国民族及民族经济发展过程中的诸种问题与特点，核心思想是实事求是、加速发展、缩小差距、共同繁荣，是全书的重头戏；发展中国家的民族经济，分别概述亚洲东南部地区、阿拉伯国家和非洲、拉美民族独立国家以及新改制的国家（原苏联几个加盟共和国及东欧各国）发展民族经济的情况、问题、意义与特点；发达国家的少数民族经济，主要介绍美国少数民族的经济问题、西欧国家的移民问题和俄罗斯的少数民族问题。

512

周毅主编/民族根本利益与经济均衡发展．呼和浩特：内蒙古教育出版社，2001 年版．

本书内容包括：经济均衡发展自然环境、经济均衡发展难题、经济均衡发展重心、经济均衡发展社会空间等。

513

陈庆德著/经济人类学．北京：人民出版社，2001 年版．

本书从民族经济问题研究的角度全面展开对经济人类学的理论和研究范畴的思考。主要分为两篇，上篇写经济人类学的理论工具及其成长，下篇阐释经济人类学的分析范畴。

514

黄健英编/民族经济学与西部大开发论坛．北京：民族出版社，2002 年版．

本书是民族经济学与西部大开发论坛集。内容有民族经济学理论问题探索，民族经济与西部大开发论坛，经济学热点问题研究等。

515

马丽娟著/多型论：民族经济在云南．北京：民族出版社，2002 年版．

本书应用民族经济学的理论，总结了云南民族经济发展的历史、云南经济发展的特点和类型以及发展云南民族经济的环境，并提供了一套云南民族经济在现阶段条件下可操作的模式。

516

施琳著/经济人类学．北京：中央民族大学出版社，2002 年版．

本书内容包括经济人类学的历史理论源流；经济人类学的发展历程；经济人类学的研究方法；经济学方法论的历史发展；经济人类学流派；经济人类学中国化的探索；经济人类学与中国研究；经济人类学与中国民族经济学的比较研究。该书填补了我国民族学界与经济学界边缘交叉领域的一大空白，是一部具有相当理论价值的学术专著，也可以作为各大专院校经济系、人类学系、民族学系、社会学系本科生、研究生专业教材及相关学科的教师参考教材使用。

517

邓辉著/土家族区域经济发展史（土家族研究丛书）．北京：中央民族大学出版社，2002 年版．

本书主要介绍了土家族区域早期历史阶段的经济生活，包括先秦历史阶段的经济生活，汉、晋、六朝时期的经济生活，唐宋历史时期的经济生活，土司时代的经济生活。

518

罗莉著/藏族经济．成都：四川巴蜀书社，2003 年版．

本书从工农业生产、商贸旅游、交通运输、邮电通信等方面对青藏高原的经济进行了系统介绍与评述。其内容有：种植业——高原古老的产业；雪域当家产业——高原畜牧业等。

519

武文军著/甘肃民族地区小康建设之路．北京：民族出版社，2003 年版．

本书从甘肃民族地区小康建设的历史前提，小康进程的比较与评价，全面建设小康社会的战略选择，及甘肃民族地区小康建设的重大工程等方面系统全面地研究了甘肃民族地区小康建设之路。

520

中华孔子学会，云南民族学院编/经济全球化与民族文化多元发展．北京：社会科学文献出版社，2003 年版．

本书是一部论文集，收集了中国学者与来自美、德、日、澳、荷、奥等国学者一起探讨中国传统文化与经济全球化的关系的论文。例如，《中国文化资源宝库对世界生存和发展的意义》、《经济全球化下中华民族文化的定位作用与发展》、《在全球化竞争中发扬我国民族文化优势》、《全球化对民族文化的挑战》等。

521

龙远蔚著/中国少数民族经济研究导论．北京：民族出版社，2004 年版．

本书选择以少数民族经济与民族地区经济的相互关系及其逻辑变化的轨迹为主线，从微观到宏观探讨中国少数民族经济的不同层面及其内在联系。本书从家庭这一基本的社会组织形式入手逐渐扩展，探讨了少数民族文化与经济行为特征、家庭结构与劳动组织、经济行为、乡村和牧区经济等微观层面的特征及其相互联系。在县域经济层面，我们探讨了县域经济的内在运行特征，少数民族经济与县域经济的分离，进而探讨了城镇化进程及其都市经济的民族特征。还从宏观层面探讨了民族地区的经济结构、经济增长方式、知识经济和可持续发展等民族地区经济发展的主要方面。

522

李曦辉编著/民族地区产业经济学．北京：中央民族大学出版社，2004年版．

本书从区域发展入手来对促进区域发展的产业政策进行研究，力图使产业政策与区域发展形成良性整合，共同促进社会主义市场经济体制的完善，并使我国形成可持续的、具有竞争优势的产业格局。通过民族地区经济体制改革、产业结构优化以及农业、工业、第三产业的结构调整和发展战略研究，提出民族地区的生态环境保护与建设和可持续发展等。

523

黄定嵩著/中国—东盟自由贸易区与西南民族经济．北京：民族出版社，2004年版．

全书分为五章，研究了中国—东盟自由贸易区的构建背景与创建，探讨了贸易区与东盟经济的发展及给中国西南民族地区带来的机遇与挑战，最后论述了中国西南民族地区在中国—东盟自由贸易区中地位与发展对策。

524

文精著/民族经济研究文集．北京：民族出版社，2004年版．

本书包括《一定要做好新时期民族贸易和民族用品生产供应工作》、《把民族地区改革开放推向新阶段》、《要把〈民族区域自治法〉的精神落到实处》等几十篇文章。

525

陈献国著/蒙古族经济思想史研究．沈阳：辽宁民族出版社，2004年版．

本书以蒙古族的历史发展为线索，从蒙古汗国时期的经济状态讲起，讨论元朝至新中国成立前蒙古各时期的经济要求、经济改革思想、经济思想发展趋势等。

526

亚伯拉罕著/犹太成功秘诀——一个神奇民族的成功黄金律．昆明：云南人民出版社，2004年版．

本书以翔实的资料和可读性极强的文笔，揭开了诸多困扰人们的有关犹太民族的谜团，诸如：耶稣、《圣经》和犹太教之谜，犹太人超凡智慧之谜，犹太人与原子弹、氢弹之谜，犹太商人称霸世界之谜，犹太人高超谈判艺术之谜，犹太人的爱情、生活和公关处世之谜，以色列复国强国之谜和以色列领袖之谜。

527

格桑顿珠，纳麒主编/2003—2004 云南民族地区发展报告．昆明：云南大学出版社，2004 年版．

全书以“总体研究报告”为总览，以“专题研究报告”作支撑，以“专题研究报告（含问题研究）”为切入点，沿着云南经济发展的主线，较深入地分析了经济运行的诸多有关要素，作出经济持续增长的判断，获得许多具备可操作性与前瞻性的研究成果。

528

李忠斌著/民族经济发展新论．北京：民族出版社，2004 年版．

本书阐述了民族经济学的理论和方法，商品经济、工业化、民族贸易、农业现代化、城市化、人口、民族文化等与民族经济发展的相关问题，最后提出关于民族地区经济发展存在的问题和策略。

529

马翀炜，陈庆德著/民族文化资本化．北京：人民出版社，2004 年版．

本书从经济人类学的视角审视民族文化资本化问题，通过剖析民族文化资本化的基础、结构与权利等问题，将民族文化资本化论题视为处于“边缘”的不同民族参与当代主流社会和主流经济活动的必要性问题，强调不同民族共同体只有通过主动参与才能获得自我保护与生存发展的基本条件，并以此为文化和制度的融和与创新奠定基础，进而指出民族文化资本化实践活动的意义就在于寻求人类生活方式的更多可能性，是一部具有较高理论价值和实践意义的研究性著作。

530

袁少芬著/民族文化与经济互动．北京：民族出版社，2004 年版．

本书从静态关系、动态关系、良性互动关系等层面对文化与经济的互动关系进行了系统的论述。内容包括从文化视角思考少数民族发展；京族海洋民族文化资源保护与开发研究；边村壮族农商文化开发研究；山地苗族教育文化振兴研究；壮族手工艺品绣球发展研究；越南福莲安侬族传统文化作用考察；越南新清侬岱族文化经济互动考察；民族文化与经济互动关系研究评析。

531

赵小刚著/乌孜别克族社会经济文化研究．北京：民族出版社，2004 年版．

本书共分十章，内容包括：民族生息环境、民族过程与跨国历史、社会演进、经济发展、文化变迁、区域协作与族际关系、地缘关系与跨居模式等。

532

杨清震著/西部大开发与民族地区经济发展．北京：民族出版社，2004年版．

本书是国家民委“十五”重点研究课题的最终成果，全书共分8篇32个专题，内容包括在西部大开发中加快发展民族地区经济，发展西部农业产业化和特色农业，加快西部民族地区工业化与城镇化发展，开拓西部地区对外贸易和发展边境贸易，民族地区财政金融创新，技术创新和人力资本投资，开展横向经济合作，实现可持续发展等，主要以恩施市的发展为例。

533

陈丽新著/甘肃民族地区经济发展研究．北京：中国社会科学出版社，2004年版．

本文在西部大开发的宏观政策背景下，研究了甘肃民族地区的市场化问题、城镇化问题、现代化问题，基于自然地理、经济水平等将甘肃民族地区区划为东片民族地区和西片民族地区，又基于区位毗邻、生态相依、资源互补、持续发展等原因，将东片民族地区与兰州市、西片民族地区与整个河西五地（市）进行一体化经济发展研究，分析强势经济区域对弱势经济区域的辐射带动机制，提出了将甘肃民族地区与上述相邻相关汉族地区进行一体化经济开发的战略构想和路径选择。

534

石培基，王录仓著/甘川青交接区域民族经济发展研究（华夏英才基金学术文库）．北京：科学出版社，2004年版．

本书主要内容包括甘川青交接区域的特征和意义；区域开发和区际联系的时空过程和作用机制；区域产业结构现状和区际联系特征；城镇体系特征和区际联系效应；区域生态环境及其开发利用的后果；区域开发和区际联系的作用机制；区域开发的政策评价；区域产业、城镇、基础设施发展与布局的思路和生态环境建设与保护的策略；分区开发的方向与重点；特色旅游业的发展与布局；区域开发与区际联系的政策建议等。

535

李富强著/让文化成为资本——中国西部民族文化资本化运营研究．北京：民族出版社．2004年版．

西部大开发的过程说到底就是以现代市场经济文化对民族文化进行重构

的过程。将民族文化资本化、大力发展文化产业正是这种重构的重要手段之一。在这方面，我国西部地区进行了有益的探索，并取得了丰富的经验。当然，有些民族文化是不能市场化的，因而资本化经营不是唯一的手段，要全面振兴西部民族文化，在大力发展文化产业的同时，还应该积极发展文化事业，因此，党的十六大把“文化事业”和“文化产业”从概念上进行了明确区分，提出“积极发展文化事业和文化产业，继续深化文化体制改革”，这是有非常重大的意义，是我们进行文化建设的行动指南。

536

傅淑丽，沈群等著/边疆民族地区小城镇建设与发展：边疆民族地区经济发展前沿论坛．北京：经济科学出版社，2005 年版．

本书以新颖的视角研究了边疆小城镇建设与发展问题。作者构建了区域经济学—发展经济学—可持续发展理论有效连接与整合的分析范式和理论框架，研究边疆民族地区经济发展的现状和问题，提出边疆民族地区经济可持续发展的新思路及其对策。

537

曹征海著/和合加速论：当代民族经济发展战略研究．北京：民族出版社，2005 年版．

论著以全球人类和平与发展的视角，将经济学与民族学的理论及方法有机结合起来，深入探讨了当代民族经济发展问题，科学界定了当代民族经济体的内涵，分析了其特征，重点研究推进工业化后发展民族经济体、从属民族经济体和少数民族经济体发展的路径选择，力图寻求协同差异、融合冲突的规律。作者总结了国内外关于民族经济发展战略的理论实践，结合当代民族经济发展面临的形势及自身特点，并借鉴中华民族优秀传统的文化，提出了和合加速发展这一全新的当代民族经济发展战略。

538

刘伦文主编/武陵地区经济社会发展研究．北京：民族出版社，2005 年版．

本书主要收录了《武陵地区民族关系与社会稳定机制研究：恩施土家族苗族自治州民族关系的发展现状及思考》、《关于恩施州个体私营经济的现状、问题和对策的调查报告》、《民族地区因地制宜实施跨越式发展的探索——以恩施自治州药业产业化实施情况调查为例》、《论文化作为经济活动过程的主动存在》、《以湖北少数民族地区经济滞后的文化因素为例》、《鄂西南苗族家庭的发展变化与文化变迁》、《以宣恩小茅坡营苗村为例》、以及《民族地区文化建设和保护问题的提出》等文章。

539

谭乐山著/南传上座部佛教与傣族村社经济：对中国西南西双版纳的比较研究．昆明：云南大学出版社，2005 年版．

作者曾在一个佛教傣族村落以其成员的身份生活了 7 年，并且在过去 15 年中进行了大范围的田野工作。在此基础上，本文提供了对中国西南部一个信仰和实践南传上座部佛教的 TAI 语民族宗教生活的全方位的记述。例如，涅槃在标准佛教的解脱理论中是终极目标——通过寂灭自我与激情从轮回中解脱出来，却被傣泐佛教徒当做天的顶层，生活最好的地方，称为"勐尼板"。傣泐谋求功德不是为了世外的幸福而是尘世的体面。做佛教仪式主要是为追求世俗满足，宗教目标反而降为其次。做功德更多是为了搭建自己的人际网络、提高社会身份、加强经济上的互惠，较少当做提高自己在来世中的地位的途径。沙弥和比丘都不大遵守正统教义中的清规戒律。

540

西北民族大学经济管理局编/科学发展观与民族地区经济发展论文集．北京：民族出版社，2005 年版．

本书收录了"科学发展观与民族地区经济发展"学术研讨会论文，全书分为民族经济与管理、一般经济与管理两部分。收录了《西藏的产业结构与经济增长实证分析》、《西北民族地区文化生态环境现状调查报告——以临夏、甘南、天祝为例》、《新疆农业生产可持续性评价及对策研究》、《二元经济结构下实行农业产业化对传统农业发展的思考》等论文。

541

韦安多著/凉山彝族经济发展战略研究．北京：民族出版社，2005 年版．

本书是国家发展和改革委员会地区经济发展司资助的课题，全书主要分为七个部分，分别论述了四川省凉山彝族自治州的经济和社会现状以及如何发展凉山彝族自治州的经济和社会的总体思路。

542

张树安著/民族地区人口与经济可持续发展论（民族地区经济可持续发展研究文库）．北京：民族出版社，2005 年版．

全书由八个部分组成。第一、第二部分分析了民族地区人口与经济可持续发展的关系和现状，突出了民族地区走可持续发展之路的紧迫性。第三部分从世界、中国和民族地区不同层面讨论人口规模和大地人口容量问题，分析论证了民族地区最佳人口规模。第四部分通过考察人口结构，重点探讨了人口控制与人口老龄化问题。第五部分围绕人口迁移与人口城市化问题，提出民族地区的人口迁移战略。第六部分对民族地区的贫困人口数量、构成和成因进行了系统分析，提出了反贫困措施。第七部分从提高人口素质入手，对人力资源问题进行了探讨，提出了民族地区人才本土化以及科教兴区的构想。第八部分研究了民族地区小康社会的建设和人口现代化问题。

543

杨维军，李文瑞著/西部民族经济可持续发展研究．北京：民族出版社，2005 年版．

本书综合运用经济学、社会学、民族学等学科知识，在认真分析西部民族地区经济发展现状的基础上，结合西部大开发和全面建设小康社会的伟大实践，就当前事关西部民族地区如何落实科学发展观，如何进一步推进民族地区经济协调发展，经济发展与社会运行状态、经济发展与金融支持、经济发展与生态建设、经济发展与文化转型、发展经济与其他社会环节等几个关键问题进行了深入研究。

544

李澜著/西部民族地区城镇化：理论透视·发展分析·模式构建（民族经济学文库）．北京：民族出版社，2005 年版．

本书在作者的博士论文的基础之上修订而成，从城镇化及其发展规律述论，城镇化的系统结构和对西部地区发展的作用预期；对西部民族地区城镇化的纵向透视，城镇经济发展模式、规划和可持续发展，以及民族地区加速发展的创新实践——沿边城镇发展等方面进行详细的阐述。

545

王雅红著/西北民族地区城市发展研究．北京：民族出版社，2005 年版．

本书主要分析了西北少数民族地区的城市发展历程，试图从历史经验中对西北地区的城市发展规律进行探讨和总结，并希望能够克服宏观研究的局限性，有针对性地为西北少数民族地区的城市发展寻找新的路径。内容包括历史时期西北地区城市的经济活动；新疆维吾尔自治区的城市发展及现状；西北民族地区城市发展的特点及规律等。

546

邓艾著/青藏高原草原牧区生态经济研究．北京：民族出版社，2005 年版．

本书运用经济方法，对青藏高原四大草原牧区的草地生态退化问题和经济增长问题作了系统深入的理论研究和实证研究。提出了牧区天然草地兼具私人经济属性与公共生态环境属性双重特征的理论观点。运用计量模型和历史统计数据，对引起青藏高原草地退化的自然因素和草地超载放牧、草地垦荒等人为因素进行了实证检验；对青藏高原牧区草地牧业增长模式及其与草地退化之间的内在联系做了实证研究和计量分析。提出了青藏高原牧区从传统经济模式向可持续发展的草地生态经济模式转变的基本思路和对策建议。

547

葛忠兴著/清真食品产业发展：理论与对策．北京：民族出版社，2005年版．

清真食品是我国回、维吾尔、哈萨克、东乡、柯尔克孜、撒拉、塔吉克、乌孜别克、保安、塔塔尔共10个少数民族的生活特需品，涉及人口2 030多万人。清真食品生产供应工作，历来是我国民族贸易和民族特需用品生产的重要内容。

国家民委于2004年11月在陕西西安市召开了“中国清真食品产业发展研讨会”，我们在西安会议的基础上，精选和增补了部分论文，编辑出版了《清真食品产业发展：理论与对策》。这是一本系统介绍我国清真食品产业发展状况的、探讨我国清真食品产业发展理论和对策的专著，内容翔实丰富，观点客观新颖，具有较强的广泛性和可读性。

548

孙力著/伊斯兰生态文化与西北回族社会可持续发展．银川：宁夏人民出版社，2006年版．

本书是国家民委重点科研项目，共分四章，分别就可持续发展与生态伦理，伊斯兰文化与生态伦理文化，伊斯兰生态文化与回族社会的协调发展，伊斯兰生态文化的创新、转换与发展一一论述，以便全面地了解伊斯兰教的生态文化及其与西北地区社会、经济可持续发展的交互作用。

549

刘秀玲著/边境经贸与民族地区生态环境发展论．昆明：民族出版社，2006年版．

本书是国家民委重点资助项目“边境经贸与民族地区经济可持续发展研究”的研究成果，分为三部分，共十四章内容。第一部分从边境贸易的定义、世界贸易组织有关边境贸易的规定两个方面阐述了边境贸易的内涵，着重从理论上阐述了边境贸易与民族地区生态环境可持续发展的关系。并从经济全球化的负外部性问题、绿色贸易壁垒、民族地区利用国际投资中的生态经济效益问题和次区域经济合作等方面阐述了边境经贸中的国际经济和生态影响。第二部分为各地区边境贸易的现状与发展战略研究部分，分别针对内蒙古、新疆、黑龙江、广西、西藏、云南和吉林各边境省（区），以当地边境经贸开展的实证研究为基础，阐明各地边境经贸的开展情况，分析其中的特点与存在的问题，从各地生态环境可持续发展的角度提出发展边境经贸的思路与对策。第三部分为民族地区与周边国家区域经济合作问题研究部分，针对各民族地区所处的周边国际区域，以坚持跨国区域生态环境可持续发展为基本出发点，阐述民族地区跨国区域经济合作的历程、合作的内容与合作模式，如何使边境经贸真正支撑各民族地区经济可持续发展。

550

伍琪凯梦，崔亚虹著/民族地区全面建设小康社会论．北京：民族出版社，2006 年版．

本书着重从对中国小康社会理论的全面认识及国际、国内相关数据的比较，尤其是东部发达地区与西部民族地区的小康水平的比较出发，分析中国西部民族地区经济发展的不平衡状况及面临的主要问题，论证民族地区加快实现全面小康的对策及可行性措施。

551

黄文学著/边疆民族地区经济社会发展探索：临沧经济社会发展问题思考．北京：经济科学出版社，2006 年版．

本书对云南临沧经济发展进程、产业结构演进和人口的增长变化进行了描述和思考，提出了本地发展经济、调整产业结构和控制人口增长的观点；对临沧生产力发展状况的概述和思考，提出了本地怎样发展生产力的观点；对临沧经济整体发展前景的思考，提出了本地选择什么样的经济发展目标和路径的观点；对临沧国有企业改革、对外开放、传统产业、农民增收问题的思考，提出了解决实际问题的观点；对临沧“三村”建设调研的思考，提出了进一步推进“三村”建设的观点；对经济市场化背景下临沧如何发展经济的思考，提出了适应经济市场化挑战、按照市场化要求、顺势谋发展的观点；对临沧城镇化建设的思考，提出了加快和完善城镇化建设的观点；对改善临沧软环境的思考，提出了营造优良软环境的观点。

552

施正一著/广义民族学导论．北京：民族出版社，2006 年版．

本书是一部关于民族学理论的专著，全书详细介绍了民族学的含义、研究对象、研究方法及研究民族学的意义，内容涉及民族学理论、社会主义民族、原始民族、中华民族、民族复兴、中国特色民族学等。

553

谢伟，刘军著/西盟佤族经济文化现象透析：向文化要发展．昆明：云南民族出版社，2006版．

本书通过回顾西盟佤族自治县50年的经济社会文化发展历程，特别是通过划分佤族的传统文化和现行文化，深入分析西盟佤族现行文化制约发展的三大类交织在一起的问题。其一，由于时代发展的张力，造成民族现行文化中传统文化与现代文化之间的断裂。其二，社会结构、文化结构相对封闭和单质，使其缺乏对外交流、补足断层的机会，发展能力不足，文化自觉的良性机制难以形成。其三，制度安排的原因，社会孤岛与文化孤岛长期没有打开。事实上，其中包含着更多更深的问题，包含着传统价值观与当代价值观的冲突、保护文化多样性与加速现代化进程之间的理论矛盾等。此外，还包含着在我国社会发展过程中，政府对于西盟这样的“少边穷”地区的文化供给不足，亦即政策与制度安排方面的问题。

554

郭家骥著/2005—2006云南蓝皮书云南民族地区发展报告．云南大学出版社，2006年版．

本书阐述了云南民族地区民族工作、民族稳定发展、民族自治地方、边境民族地区、民族乡和较少特有民族发展报告。

555

郝时远著/2001—2006——中国民族发展报告．北京：社会科学文献出版社，2006年版．

本书是中国社会科学院民族发展研究所主编的年度性发展报告。报告旨在分析民族发展领域的新问题，提出自己的可行性建议，进而为民族发展建言献策。本书总报告重点概述近年来民族发展的总趋势、总方向。分报告涉及新世纪之初民族地区经济和社会发展分析、西部大开发与民族地区发展、民族区域自治制度的完善和发展、社会主义和谐社会建设与杂散居地区的民族关系、新形势下民族政策和民族工作体制的发展等方方面面，是民族发展领域中一本极具实用价值的参考书。

556

罗康隆，黄贻修著/发展与代价：中国少数民族发展问题研究．北京：民族出版社，2006年版．

本书是“生态人类学丛书”之一，从发展与发展理论，民族文化的经济体系，科学技术与少数民族的自我发展，资源、人口、生态与少数民族的自我发展，国家权力与少数民族的自我发展，少数民族自我发展的政策分析，少数民族与民族地区自我发展的理论分析等方面进行了阐述。研究了我国少数民族的发展问题，对我国民族发展具有重要的现实意义。

557

葛忠兴著/散居民族经济工作新思路．北京：民族出版社，2006年版．

本书收录了在全国散杂居民经济工作现场经验交流会上交流的论文26篇。包括民委有关领导的讲话，内容涉及少数民族经济工作的方方面面，对指导散杂居民族经济工作具有重要的参考价值，本书供相关领域的工作者和学者阅读参考。收录论文有：《少数民族民营经济发展状况及对策》、《以人为本服务至上努力做好后进少数民族扶贫工作》、《突出特色发挥优势加快安徽民族经济发展》、《关于散居少数民族经济发展情况的调查》等。

558

葛忠兴编/中国少数民族地区发展报告（2005）．北京：民族出版社，2006年版．

该书是2005年民族地区经济形势分析会议交流材料的汇集，共收集文章42篇，国家民委经济发展司，新疆、西藏、内蒙古、宁夏、广西、重庆、四川、贵州、云南、甘肃、青海、延边、红河等省市区州的发改委、统计局、民委等相关单位与人员撰写了文章。书稿回顾总结分析了相关民族地区“十五”时期和2005年经济社会发展情况，预测了相关民族地区2006年经济社会发展发展趋势，对读者了解和把握民族地区经济社会发展情况具有重要参考价值。

559

葛忠兴编/民族地区非公有制经济发展问题研究．北京：民族出版社，2006年版．

本书全面阐述了民族地区发展民营经济的路径探讨、试论通过金融途径支持西藏民营经济发展的对策等内容。收录的文章有：《民族地区发展民营经济的路径探讨——以湖北恩施州和浙江温州市的民营企业为例》、《西部民族地区非公有制经济发展现状及对策研究——以四川省马边彝族自治县为例》、《内蒙古自治区非公有制经济发展现状及对策思考》等。

560

范宏贵，刘志强著/中越边境贸易研究．北京：民族出版社，2006

年版.

本书以翔实的资料，系统地论述并分析了从古至今的中越边境贸易的起始、发展与现状，对现状论述略微详细一些。既讲了正常正规的边境贸易，也讲了不规范的和非法的边境贸易。全书从宏观上着墨，但为使读者对中越边境贸易有具体生动的了解，也有篇章从某个边境城镇、市镇的出现、发展，说明边境地区生产的发展，有了剩余产品，才能出现边境贸易。如果内地经济发展了，边境地区并没有剩余产品，边境贸易是不会出现的。一旦边境贸易出现后，要发展、繁荣就得靠内地的支援，相辅相成。边境贸易与边境居民息息相关，本书十分关注边境贸易与边境居民的利害关系。中越边境居民大多数是少数民族，他们虽然居住在不同的国家，但有血亲、姻亲关系，本书也有论述。

561

李皓著/转型与跨越——民族地区经济结构研究.北京：民族出版社，2006年版.

本书全面阐述了经济结构及其变迁的理论，经济结构变迁理论述评，民族地区经济结构及其变迁，民族地区经济的成因及调整的总体思路，民族地区产业结构调整，民族地区区域空间结构调整和城市化发展，民族地区制度结构调整，民族地区结构调整中的政府职能和区际联系等内容。

562

刘永佶编/民族经济学大纲.北京：中央民族大学出版社，2006年版.

本书全面系统地介绍了民族经济学的基本知识。全书共分12章，内容为对民族经济学这门学科的主体、对象、方法、主题、内容、范畴、体系的规定；论述经济的民族性和民族经济发展与民族经济关系，民族经济的政治机制与文化内涵，民族经济关系与交往；对民族经济矛盾的四个层次：制度、体制、结构及其运行机制、经营管理进行探讨；最后从现代经济大趋势来探讨民族经济发展的共性和个性，论证民族经济现代化与工业化的必然，以及对中华民族经济现代化和中国少数民族经济发展的探讨。

563

宋涛等著/传统裂变与现代超越：西部大开发与西南少数民族生活方式变革问题研究.北京：中央民族大学出版社，2006年版.

本书是一部关于西部大开发与西南少数民族生活方式变革问题研究的理论专著，全书分上下两篇。介绍了西部大开发与西南少数民族生活方式变革问题研究的相关内容，内容涉及实现少数民族生活方式现代化是西部大开发的重要战略目标，西南少数民族生活方式的历史变迁，西南少数民族生活方式变革现状等。

564

宋才发，黄伟，潘善斌著/民族地区城镇化建设及其法律保障研究．北京：中央民族大学出版社，2006 年版．

本书是中央民族大学国家“十五”、“211 工程”建设项目。内容包括少数民族地区与民族地区城镇化建设，民族地区城镇化建设的总体战略，城镇规划与合理布局，产业结构调整，资源利用，建设过程中的财税管理、户籍制度改革、精神文明建设等。

565

刘毓临，吕文广著/ 小康之路（甘肃少数民族地区经济社会发展问题研究）．甘肃：兰州大学出版社，2006 年版．

本书通过对甘肃民族地区经济社会发展现状的分析，全面论述了甘肃民族地区农业、工业、第三产业、非公有制经济、城镇化建设、市场体系建设等关系民族地区小康建设的关键问题，旨在抛砖引玉，以引起社会各界人士对民族地区小康建设问题的深入探讨。

566

张冬梅，陈颖著/少数民族经济发展中的财政政策．北京：中央民族大学出版社，2006 年版．

本书主要研究了我国少数民族经济发展中的各类财政政策，包括财政支出政策、税收政策、财政转移支付政策、财政投融资政策、财政监督与风险防范，少数民族经济社会协调发展的财政政策等。

567

刘永佶著/中国少数民族经济发展研究．北京：中央民族大学出版社，2006 年版．

本书主要研究了中国经济总体矛盾的演进中少数民族经济发展，少数民族劳动者主体地位和自主发展意识的确立，社会主义指导下少数民族经济发展，以人的现代化主导的少数民族经济全面工业化的可持续发展，最后主张提高少数民族地区劳动者素质，以技能为中心，改革体制、优化结构、完善经营管理、扩大交往等。

568

王玉玲著/少数民族地区基本经济结构问题研究．北京：中央民族大学出版社，2006 年版．

本书力图从经济、政治、文化统一的角度，探讨少数民族地区基本经济结构的形成、演化、现实问题和发展趋向。从方法上看，本研究力图体现的是主体性研究方法，即以少数民族地区为主体，其经济结构优化是少数民族地区自身经济发展的必然选择，是内生的；以少数民族地区的劳动者为主体，其基本经济结构的优化首先是劳动者素质技能结构的优化，然后才是投资结构、产业结构等方面的优化。

569

王玉芬著/内生拓展：中国少数民族经济发展的理念、根据、条件、战略．北京：中央民族大学出版社，2006 年版．

本书是中央民族大学“211”项目、“中国少数民族地区经济发展”中的子课题“内生拓展——中国少数民族经济发展的理念、根据、条件、战略”的研究成果，供读者阅读参考。本书内容包括中国少数民族经济的分布与特点；中国少数民族经济发展的制约因素；中国少数民族经济发展的理念、根据，并提出确保各族劳动者的社会主体地位，提高其素质技能；中国少数民族经济发展的社会环境与自然资源条件；中国少数民族经济发展战略以内生为主，自强拓展等。

570

黄健英著/民族地区农村经济发展研究．北京：中央民族大学出版社，2006 年版．

本书主要包括民族地区农村经济类型和经济简史，民族地区的草原畜牧业，县域经济与农村经济发展；民族地区特色经济与农业产业化，城镇化与农村经济发展；民族地区贫困与反贫困和农村教育，以及社会保障制度和农村经济发展与民族现代化。

571

刘永佶编/民族经济（第 1 辑）．北京：中央民族大学出版社，2006 年版．

本书收录了《青藏铁路精神和民族地区经济发展》、《青海省回族聚居区建设社会主义新农村问题探讨》、《草场整合中政府的作用》、《游猎民族传统生产方式向现代生产方式转变研究——以鄂伦春、鄂温克、达斡尔族经济发展为例》、《四川省少数民族地区发展职业技术教育培训研究》等论文。

572

李克强，韩琳著/中国民族地区市场化问题研究．北京：中央民族大学出版社，2006 年版．

本书主要包括市场经济与市场化基础；民族地区政府治理及其市场化；民族地区企业、土地、资本、劳动力及中介组织的市场化研究等内容。

573

邓光奇著/民族地区旅游业与生态环境协调发展研究．北京：中央民族大学出版社，2006 年版．

本书包括旅游与环境协调发展的理论基础、民族地区旅游与环境协调发展研究的背景、民族地区旅游业发展评介、民族地区旅游环境问题等 10 部分内容。具体内容如：旅游与环境协调发展的理论基础；民族地区旅游与环境协调发展研究的背景；民族地区旅游业发展评介；生态环境对旅游开发的影响；民族地区旅游环境问题；民族地区旅游环境问题的原因分析；民族地区旅游与环境协调发展的经验借鉴；民族地区旅游与环境协调发展之路；民族地区旅游与环境协调发展的前景展望。

574

乌日陶克套胡著/蒙古族游牧经济及其变迁．北京：中央民族大学出版社，2006 年版．

本书主要阐述了蒙古族游牧经济的基本问题；蒙古族封建领主制时期的经济；集权官僚制时期蒙古族游牧经济及变迁；集权官僚制时期蒙古族游牧经济变迁的分析等。

575

周大鸣，刘志扬，秦红增著/寻求内源发展——中国西部的民族与文化．广州：中山大学出版社，2006 年版．

本书为中山大学人文社会科学重大课题“寻求内源发展——中国西部的民族与文化”的成果之一，亦获得国家“985 工程”重点项目资助。其内容包括内源式发展与中国乡村发展的新思维，中国藏区、新疆与甘肃畜牧业的发展情况，及以青海为例提出以人为本，促进人与自然和谐发展的理念。

576

海鹰主编/中国西部经济与地区可持续发展．北京：中国经济出版社，2006 年版．

本书是 2005 年 6 月在宁夏回族自治区银川市召开的“中国西部村经济与地区可持续发展国际研讨会暨第二届中国西部开发研究联合体年会”参会论文编选的论文集。其中包括专论、文化差异与制度变迁、区域经济与西部开发、人力资本与教育模式、生态经济与环境应用、地方政府与资金市场、农村贫困与收入差距等广泛的内容，是国内外中国西部经济研究的一个成果汇集。

577

吴映梅著/西部少数民族聚居区经济发展及机制研究．北京：人民出版社，2006 年版．

本书选取川滇藏民族交接地带作为西部少数民族聚居区的典型区域进行深入系统的研究。主要分析川滇藏民族交接地带经济发展机制的形成机理，揭示各驱动因子与经济发展机制间的具体互动关系，寻找因民族特性导致的民族地区经济发展特征及其与经济发展机制间的特殊关系，并有针对地提出未来发展思路和对策。

578

郭京福，毛海军编著/民族地区特色产业论．北京：民族出版社，2006 年版．

本书介绍了区域经济学的相关理论和影响区域经济发展的因素，探讨了西部民族地区的产业结构状况，分析和阐述了特色产业的相关概念、理论和选择评价方法，研究了特色产业与民族地区经济可持续发展的辩证关系，并就西部民族地区的特色农业及特色旅游业的发展策略进行了分析和举例。

579

李俊杰著/全面建设小康社会与民族地区经济发展战略：以武陵山区少数民族州县为例．北京：民族出版社，2006 年版．

本书是作者对我国民族地区经济社会发展所作的阶段性思考。本书首先把具有不同特征的民族地区的经济社会发展问题都统一到全面建设小康社会上来，即无论各地区发展模式有多大差别，最终都要用小康社会的整体指标体系来衡量其发展程度，从而使不同民族地区有了可比性。其次，本书选择属于不同行政区划（湘、鄂、渝、黔）但却有相同或近似的地理、文化、资源禀赋特征的武陵山区少数民族州县作为重点研究对象，从经济发展的内在规律出发研究这一区域的发展战略，并将共性规律推广到其他民族地区，从而使其研究结论既有特殊性，又不失一般性，颇具说服力。

580

马林编著/民族地区可持续发展论．北京：民族出版社，2006 年版．

本书从可持续发展基本理论出发，以科学发展观为指导，结合民族地区实际，运用系统论原理，阐述民族地区可持续发展的理论体系、模型、评价指标体系以及民族地区人口、资源、环境与经济发展之间的动态平衡关系，探索民族地区可持续发展的战略及对策。全书由九个部分组成。第一部分介绍了可持续发展的基本理论，提出了实现可持续发展必须协调的八大关系。第二部分从我国基本国情和民族地区区情两个方面阐述了可持续发展是民族地区的必然选择。第三部分介绍了可持续发展战略与管理的基本概念、原则及实施模式的国际比较。第四部分从经济与社会、人口、资源与环境等几个方面分析了民族地区可持续发展的现状。第五部分构建了民族地区可持续发展指标体系。第六部分定量分析了民族地区可持续发展能力及问题。第七部分阐述了民族地区可持续发展面临的九个重大问题。第八部分为各民族地区“十一五”规划发展思路。第九部分论述了实现民族地区经济可持续发展的对策。

581

王来喜著/资源转换论：西部民族地区资源优势转换的经济学分析．北京：中国经济出版社，2006 年版．

作者以全球性的资源短缺、能源危机现状为背景，从可持续发展角度出发，运用经济学优势理论，来建构资源转换理论框架，并据此对民族地区资源优势转换的路径和模式进行了深入系统的探讨。本书共分为五章，内容包括经济学中的优势理论；资源优势转换新论，民族地区资源优势与发展反差分析；民族地区资源优势转换的路径分析。

582

师守祥，张贺全等著/民族区域非传统的现代化之路：青藏高原地区经济发展模式与产业选择．北京：经济管理出版社，2006 年版．

本书内容包括：青藏高原的战略地位、青藏高原的经济开发、青藏高原发展特征、青藏高原传统开发模式及其评价等。

583

万红著/中华西南民族市场论．北京：中国经济出版社，2006 年版．

本书由八个篇章组成，集中论述了中华西南民族地区集贸市场的起源与历史形成问题。在导论中，论述了本书的研究命题、主要研究思路、方法以及材料来源，并对涉及本书的一些重要的国内外参考文献进行了回顾。在第一章有关原始交换问题的讨论中，著者探讨了原始交换的产生及其几种主要的形态，并对早期货币的产生进行了论述。在第二章中，著者运用中国西南一些少数民族的案例和世界上其他地区的一些民族志材料，在很多前辈学者已有的学术成果尤其在卢勋先生研究成果的基础上，对市场起源的途径作了必要的分析，并提出了自己的一些观点。第三章中，主要探讨了中国西南民族地区的区域经济背景以及族际经济交流等问题。第四章是有关“西南民族地区集贸市场的形成与特征”总的探讨。从第五章到第八章，著者分别对西南多民族地区集贸市场的历史形成路径进行了类型化的描述和分析。在本书的结语部分，著者就“从市场起源到历史形成”的研究思路，以及在书中提出的“两种起源的可能性与多种形成路径”的观点作了进一步的说明。同时，还对中国西南民族市场研究的学术价值与现实意义进行了阐释。

584

陈达云，郑长德编著/中国少数民族地区的经济发展：实证分析与对策研究．北京：民族出版社，2006 年版．

该书综合运用区域经济学、发展经济学和空间经济学的理论和方法，基于经济全球化和中国经济发展的宏观背景，对中国少数民族地区经济社会发展的若干重大问题进行了比较全面和深入的研究，从资源环境、发展差距、经济增长方式转变、产业结构优化调整、人力资源开发、城镇化动力机制、新型工业化道路、旅游资源开发、扶贫开发、人口较少民族经济发展、循环经济发展、金融发展、全球化及发展战略等方面通过对具体数据的分析研究得出确实可靠的结论。同时，该书针对中国少数民族地区经济发展存在的问题，提出了针对性和操作性都很强的政策建议。

585

张巨勇，马林著/民族地区生态环境建设论（民族地区经济可持续发展研究文库）．北京：民族出版社，2007 年版．

本书从生态建设的基本理论出发，以科学发展观为指导，结合民族地区实际，阐述民族地区生态建设和可持续发展的总体思路，探索民族地区生态建设和可持续发展的战略及对策。全书分为上、下两篇。上篇分为五部分，主要介绍了生态建设的基本理论，民族地区生态建设的进程，民族地区生态建设和经济可持续发展的重要意义和关系，提出了民族地区生态建设的总体思路，对民族地区生态建设中的生态预警系统、投融资问题以及生态建设对策等重要问题展开了一定的研究。下篇主要针对民族地区生态建设和经济可持续发展问题的重点地区展开研究，对内蒙古自治区、宁夏回族自治区、新疆维吾尔自治区、西藏自治区、广西壮族自治区、云南省以及青海省等省区的生态建设和可持续发展进行了相对独立的研究。

586

才让加主编/中国少数民族地区人口经济研究．北京：民族出版社，2007 年版．

本书主要从人口经济理论、人口经济观点以及民族地区人口经济的现状，民族地区农村人口、城镇人口与经济发展，民族地区的人口分布、迁移与经济发展，民族地区人口、资源环境与生态经济问题等方面进行了研究。

587

刘永佶著/民族经济学．北京：中国经济出版社，2007年版．

本书从民族经济学的主体、对象、方法、主题、内容、范畴、体系；经济的民族性和民族的经济发展与经济关系；民族经济的政治机制与文化内涵、经济制度、体制、经济结构与运行机制及经营管理；民族经济关系与交往、发展；现代经济大趋势中民族经济发展的共性与特性；中华民族经济的现代化和中国少数民族经济发展等方面进行系统全面的阐述。

588

“中国人口较少民族发展研究丛书”编委会编著/中国人口较少民族经济和社会发展调查报告．北京：民族出版社，2007年版．

本书主要收集了新疆、内蒙古、青海、甘肃、云南、广西、福建、西藏等省区等人口较少民族地区经济和社会发展的调查报告。

589

额斯日格仓，包·赛吉拉夫著/蒙古族商业发展史（中国蒙古学文库）．沈阳：辽宁民族出版社，2007年版．

本书内容包括古代蒙古高原上的商业历史渊源；蒙古国的商业；元代的商业；北元朝商业贸易；清朝初、中期蒙古商业的贸易等。

590

李秋洪著/广西各民族经济心理比较研究．北京：民族出版社，2007年版．

本书通过对广西各民族心理比较研究得出广西汉族和壮族的经济心理相似程度最高。他们在大多数问题上有最为相似或持相近的评价；消费权益意识以汉族、壮族和仡佬族三个民族的相似性较大，其中汉族和壮族相似点更多。仡佬族大多数方面都与汉族和壮族持有相似或相近的经济心理倾向，表现出向主流经济心理趋同的明显倾向；苗族和瑶族之间的相似性最大，许多问题苗族和瑶族群体都体现了极为相似的态度倾向，从而支持和验证了广西地区有关“苗瑶一家”的文化评价；而侗族和毛南族则在不同问题上分别表现出与其他民族相似性或差异性的倾向。在价值观、市场经济心理等现代心理素质方面，汉族表现出较高的发展水平，体现出更多元化或更强烈的倾向。汉族的幸福感比少数民族强烈，风险意识和投资意识更强，汉族的财富判断标准显著高于其他五个少数民族，他们的择业动机更具风险意识，对发展和成功比较倾向于内部归因，而少数民族更倾向于对经济成功做外部归因。但汉族的消极嫉妒心理也更突出；汉族更强调就业的经济意义，而更重视个人对家族和家族责任的少数民族则更倾向于注重就业的社会意义和家庭意义。少数民族显示出更显著的发展意愿或更强烈的发展倾向；汉族更倾向于承认学历因素对收入的作用，而少数民族则有较多的人主张不根据受教育程度而是根据个人能力和实绩来决定收入多少。

591

刘寒雁著/少数民族地区人力资本研究——兼论云南省少数民族地区人力资本问题．昆明：云南大学出版社，2007 年版．

本书是关于研究“云南省少数民族地区人力资本问题”的专著，具体包括研究少数民族地区人力资本的意义、人力资本理论的起源、少数民族地区人力资本问题分析、制度变迁的概念与理论、教育的现代化与民族化实践、帕森斯结构功能理论与 AGIL 架构等方面的内容。

592

吴忠军著/民族县域旅游经济发展研究．北京：中国林业出版社，2007 年版．

本书是关于研究“民族县域旅游经济发展”的专著，全书共分为 11 章，书中通过对典型民族县域旅游发展的历程、产品开发、市场营销及旅游形象策划以及对民族县域旅游发展存在的问题进行全面分析，梳理出影响民族县域旅游可持续发展的主要思路。内容有广西龙胜各族自治县旅游经济发展研究；广西三江侗族自治县旅游经济发展研究；湖南城步苗族自治县旅游经济发展研究等。

593

张雄著/少数民族社会可持续发展研究：一个政治经济学视角．昆明：云南大学出版社，2007 年版．

本书作者以我国实施西部大开发战略和中国共产党自“十六大”以来提出的“科学发展观”、“以人为本”、“构建社会主义和谐社会”等战略思想为指导，以社会主义“共同富裕”和“公平正义”为价值准绳，从政治经济学的视角，把少数民族社会的可持续发展立论于“人与人”的关系、“人与物”的关系和“人与自然”的关系三个方面，阐明了在社会主义市场经济条件下一个可持续发展的社会必然是科学发展的、以人为本的、和谐社会的主题思想。具体内容如城乡差别的户籍管理制度、社会保障问题、基础设施建设、合作经济与利益共享、民族教育、小农经济与农民城市化、县域经济发展与产业结构调整等等，强调了社会基础资本投资和公共资源分配在促进少数民族社会可持续发展的重要性；乡村治理结构改革、农村基础设施投资与供给、农民社会保障制度建设、小农经济的解构和农业的产业化、环境问题的管理和治理等方面。

594

陈庆德著/资源配置与制度变迁：人类学视野中的多民族经济共生形态.昆明：云南大学出版社，2007年版.

本书内容包括民族经济发展中的制度要素，社会经济过程中的民族与民族关系，资源配置的社会初始过程，资源配置家庭化过程的民族历史差异，经济封建化的民族过程，云南民族经济在皇朝中央集权制度框架中的开发等。

595

贾银忠主编/西南民族地区旅游经济发展研究.北京：民族出版社，2007年版.

全书分为六章，内容主要包括提出了西部民族地区旅游业要在“十一五”、“十二五”期间实现“二次发展的转型或升级”，使旅游收入实现翻倍增长，并针对西南民族地区旅游业所面临的问题和“二次发展”提出了发展建议及思路；论述了西南民族地区旅游经济发展的阶段、历程、特点及发展探索过程；探讨了西南民族地区旅游资源的总体类型、分布状况、总体评价、开发现状等方面；研究了西南民族地区旅游市场状况。论述了西南民族地区旅游产业结构的主要内容、产业特点、市场结构、目标取向，并针对西南民族地区旅游产业结构发展现状、存在问题提出了建议与对策。较全面地研究了西南民族地区旅游业发展模式的概念、特征、演进规律、模式类型、模式特点及西南民族地区旅游经济发展模式实证。

596

王铁志著/德昂族经济发展与社会变迁.北京：民族出版社，2007年版.

本书内容包括德昂族的历史源流和人口分布特点；德昂族的语言特点和双语使用状况，分析了德昂族在本民族语言使用上遇到的特殊问题，对如何保障人口较少民族的语言使用权力提出了见解；德昂族传统产业结构的特点，研究了与相邻民族在经济发展水平和经济结构上的差异，探索了贫困成因，提出了加快德昂族地区经济发展的思路和对策；德昂族社区的政治特点，论述了德昂族逐步演变的地方自治，研究了在乡村选举和村民自治中如何保障德昂族的自治权利，民间权威和村规民约如何在乡村发挥作用，分析了互动的民族关系；德昂族恋爱和婚姻习俗的变迁，通过分析婚礼个案，研究了德昂族婚姻的特点以及婚礼展现出来的社会关系，研究了德昂族在民族和村寨内部高比例通婚的状况，分析了制约族际通婚的因素并探索了解决问题的途径；介绍了德昂族教育、科技、卫生事业的发展历程，研究了现存问题，分析了制约发展的因素，提出了解决问题的对策；最后概述了德昂族的文化特点，综合分析了制约德昂族经济和社会发展的因素，运用现代化理论和社会转型理论，就如何处理统一性与多样性、现代性与民族性的关系，在促进德昂族经济发展的同时促进该民族的文化发展提出了看法。

597

彭振坤，黄柏权主编/土家族文化资源保护与利用．北京：社会科学文献出版社，2007 年版．

本书分三部分，介绍了土家族丰富的文化资源，对土家族文化资源的保护理念、原则、措施等进行了探讨，对土家族文化资源开发、利用的相关问题进行了研究。

598

周新建著/广西京族地区社会经济文化变迁．北京：民族出版社，2007 年版．

本书内容主要包括漂泊的族群，海边一家人——万尾村，渔家的习俗，祖公与镇海大王，京族人的婚姻与家庭，翁村与村民委员会，渔村的“规矩”，传统技艺与现代科技卫生等。

599

覃萍著/走向和谐：民族文化与西部文化产业发展的特色道路．贵阳：贵州人民出版社，2007 年版．

本书立足于我国西部地区的和谐发展，以中国特色社会主义文化建设理论为指导，从文化学、民族学、经济学等诸多角度，审视西部文化产业发展特色道路的问题，通过剖析民族文化产业化运营的资源基础、核心竞争力、科技含量等问题，将民族文化产业化运营视为西部各民族参与当代主流社会和主流经济活动的必要途径，指出西部民族文化产业化运营实践活动的意义，就在于寻求民族文化生存和发展方式的更多可能性，以此为基础探讨西部文化产业走特色发展之路的可行措施。

600

张利洁著/东乡族贫困与反贫困问题研究．北京：民族出版社，2007 年版．

本书以东乡族为研究对象，从民族社会学的角度对东乡族的贫困现状进行了调查与分析。主要内容包括研究东乡族贫困与反贫困问题的理论基础、东乡族经济发展现状与收入贫困的调查分析、东乡族人类贫困现状及分析等。

601

马林，孙丽坤编著/民族地区旅游业发展论．北京：民族出版社，2007年版．

本书着力构建了中国民族地区旅游业可持续发展的研究理论体系。以五个自治区为研究平台，以可持续发展研究理论为基础，依据民族地区旅游业的发展现实，运用数据分析、资源评价指标体系，探索了民族地区旅游业可持续发展的思路和对策。共三篇十三章。上篇为民族地区旅游业可持续发展总论，共分六章，从民族地区旅游业与经济可持续发展入手，结合民族地区旅游资源特点及发展现状，分析了发展中存在的问题，探索了旅游发展思路和对策。中篇为民族地区旅游业可持续发展分论，共分五章，介绍了内蒙古、新疆、西藏、广西和宁夏五个自治区旅游资源的特点、发展现状和存在的问题，提出了可持续的旅游发展战略和旅游发展的总体思路。下篇案例篇，共分两章，由鄂尔多斯市伊金霍洛旗旅游业发展总体规划和神东煤海工业旅游区总体规划案例组成，以内蒙古自治区两个具有代表性的旅游规划案例，探索了民族地区实现旅游可持续发展的基本途径，以期为民族地区旅游规划与开发提供可资借鉴的开发方案。

602

包和平编著/民族地区经济信息资源论．北京：民族出版社，2007年版．

全书共分六章，内容主要阐述了信息资源的含义、类型以及信息化社会的生存策略；信息资源在民族地区经济可持续发展中的地位和作用以及信息市场、信息产业与民族地区经济可持续发展的关系；介绍了民族地区信息资源建设的发展历程、基本特点及其发展现状；提出了建立与民族地区经济可持续发展相适应的信息资源开发利用体系的总体思路；从解决现实问题的角度出发，探讨了对民族地区信息市场、信息产业运营策略和运行机制及其发展对策，旨在为建立与民族地区经济可持续发展相适应的信息资源开发利用体系提供方法论依据。

603

章立明著/鸟瞰与虫眼——多维视域中的发展理论．北京：民族出版社，

2007 年版.

本丛书的研究，除了传统的理论阐述、问题分析、田野调查外，还包括了一些方法论与研究路径的新探索。这其中，以参与式的行动研究为基础的社区发展研究，不仅为我们提供了大量具体生动的实证资料，使我们以一种更为直观的方式观察、体验并认知少数民族社区在现代化背景下的变迁，在市场经济和全球化力量的冲击下遭遇到的困惑与危机；也帮助我们更深切地认识到发展对于少数民族的文化传统、价值观念和生活方式构成了什么样的影响和挑战。这对于习惯于传统的以简单现代化的方式讨论发展问题的研究来说，提供了一种“另类”思考的路径。

604

来仪著/西部少数民族文化资源开发走向市场（西南民族大学民族经济研究文库之二）. 北京：民族出版社，2007 年版.

本书介绍了西部许多少数民族地区通过文化资源的开发，获得了明显的经济效益和社会效益，也涌现了一系列各具特色的开发模式；民族文化资源的开发方式和方法的探索，是一个充满理性选择的过程，找到符合本民族发展需要的文化资源开发和创新模式，是面临的重大挑战。

605

张友，庄万禄主编/西部民族地区经济发展研究（西南民族大学民族经济研究文库之五）. 北京：民族出版社，2007 年版.

本书在编写过程中紧紧围绕“西部民族地区”这一概念的内涵，运用区域经济学、发展经济学、民族经济学、民族社会学的理论、方法，始终坚持务实、创新、开拓和借鉴相结合的基本精神，从技术创新、人力资源开发、特色资源利用、资本的形成、环境保护与资源的应用以及西部民族地区的区位劣势转化等方面入手，找出了各个方面的问题，分析了问题的成因，提出了解决问题的基本理论、原则、方法和路径选择。

606

郑长德著/中国西部地区金融发展与经济增长. 北京：民族出版社，2007 年版.

该书是国家民委 2004 年院校重点项目“西部地区金融发展研究”和西南民族大学 2004 年重点科研项目“西部民族地区金融发展研究”的最终成果。该书以我国西部地区的金融发展与经济增长为研究对象，主要运用现代金融发展理论，从理论和实证两个方面研究西部地区的金融发展及其与经济发展间的关系。在研究方法上，该书把理论和实际相结合，主要运用现代计量经济学方法，对西部地区金融发展和经济增长关系进行了深入研究。

607

王文长著/西部开发中民族利益关系协调机制研究．北京：中央民族大学出版社，2007年版．

本书是中央民族大学“十五”、“211”科研规划的项目。内容包括：中国的民族结构与民族利益关系，中国协调民族利益关系的政治内涵，少数民族在西部开发中的利益实现方式，西部开发政策及项目实施的利益覆盖状态等。实施西部大开发战略，推进西部开发最核心的问题和关键环节是协调西部开发中人的利益关系。

608

刘永佶著/民族经济（第二辑）．北京：中央民族大学出版社，2007年版．

本书在区域经济方面具体收录了：《青藏铁路精神和民族地区经济发展》、《青海省回族聚居区建设社会主义新农村问题探讨》、《草场整合中政府的作用》、《游猎民族传统生产方式向现代生产方式转变研究——以鄂伦春、鄂温克、达斡尔族经济发展为例》等论文。

609

刘永佶著/民族经济（第三辑）．北京：中央民族大学出版社，2007年版．

本书收录了《藏区区域内外经济协作探析》、《整合特色资源培育特色产业——西藏特色经济发展问题探讨》、《四川藏族地区小城镇、旅游业发展与生态移民整合发展调查研究》、《少数民族地区大中型水电库区移民问题亟待解决——广西壮族自治区百色、河池两市三县库区移民问题调查》、《广西壮族自治区构建海洋经济模式的战略思考》、《民族经济发展战略与政策论少数民族地区财政转移支付制度的优化》等文章。

610

刘永佶著/中国民族地区经济社会发展与公共管理调查报告．北京：中央民族大学出版社，2007年版．

本书是中央民族大学经济学院“985”工程建设民族地区经济社会发展与公共管理哲学社会科学创新基地经济社会发展研究中心组织，对民族地区经济社会发展展开了进入新世纪以来规模最大的社会调查。本卷辑录的是这次调查的部分成果，按照主题的不同分为发展战略、产业结构、市场经济体制和新农村建设四个部分。

611

贾银忠著/西南民族地区旅游经济发展研究．北京：民族出版社，2007年版．

全书分为六章，第一章为绪论部分，主要提出了西部民族地区旅游业要在“十一五”、“十二五”期间实现“二次发展的转型或升级”，使旅游收入实现翻倍增长，并针对西南民族地区旅游业所面临的问题和“二次发展”提出了发展建议及思路。第二章主要对西南民族地区旅游经济发展的阶段、历程、特点及发展探索过程作了论述。第三章主要在西南民族地区旅游资源的总体类型、分布状况、总体评价、开发现状等方面作了探讨。第四章主要对西南民族地区旅游市场进行了研究。第五章主要对西南民族地区旅游产业结构的主要内容、产业特点、市场结构、目标取向进行了论述，并针对西南民族地区旅游产业结构发展现状、存在问题提出了建议与对策。第六章主要对西南民族地区旅游业发展模式的概念、特征、演进规律、模式类型、模式特点及西南民族地区旅游经济发展模式实证进行了较全面的研究。

612

谢丽霜著/民族地区投资活动的环境效应研究．北京：中央民族大学出版社，2007年版．

本书通过对民族地区财政投资活动、能矿资源开发投资活动、企业跨区投资活动、工业投资活动、农业投资活动等主要投资活动的环境效应及其发生机制的分析，试图从经济和制度层面找出民族地区投资活动引致生态环境恶化的经济机理，并就如何鼓励各种环境友好型投资行为、引导投资活动朝着可持续发展方向努力提出相应的对策建议。

613

张丽君，杨思远主编/中国民族地区经济社会发展与公共管理调查报告（第3辑）．北京：中央民族大学出版社，2007年版．

本书为中国民族地区经济社会发展与公共管理调查报告第三篇，全书分为“985”工程新农村建设试验基地专题调查研究、经济发展战略、农牧民与农牧业、工矿业、口岸经济与边境贸易、金融与房地产、旅游业发展七部分。

614

艾华著/人口转变、人力资本与民族地区经济增长．北京：民族出版社，2007年版．

本书围绕民族地区人口转变、人力资本形成与经济增长三个方面论述，并试图揭示它们之间的内在逻辑关系。在民族地区人口转变的进程中，伴随着年龄结构的变化，抚养比不断下降，人口机会窗口开始出现，文化素质和健康素质也在不断提高。本研究针对民族地区的特殊性，注重对比分析，运用大量数据和一般统计方法从多侧面、多层次揭示了民族地区人力资本与全国的现实差距，民族地区内部各省市区之间与民族地区内部汉族与少数民族之间的差距；并采用人力资本基尼系数对差距进行了具体的测算，综合运用多因子分析模型对全国31个省市区人力资本的现实水平进行了排名，明确了民族地区人力资本的现实水平与相对差距；采用人力资本外部性模型，对1995—2005年民族地区资本存量、有效劳动数量及人力资本质量对经济增长的产出弹性进行了分析，并与全国及非民族地区进行对比，得出了民族地区经济增长与全国相比，对资本投入的依赖性更大，但对人力资本相同的投资带来的经济增长效应民族地区要略高于全国和非民族地区的重要结论，充分证明了在民族地区整体人口素质较低的状况下，加强对民族地区人力资本投资的重要性。同时，还对民族地区人力资本的利用及人才流失状况进行了分析，指出了民族地区需要加强人力资本利用，努力营造良好的人力资本运营环境的必要性。

615

覃主元等著/大石山区的祥和村落：广西布努瑶社会经济文化变迁．北京：民族出版社，2007年版．

本书为“广西各民族发展丛书”之一，以大石山区的祥和村落为代表，通过对人口、资源、经济生活、习惯法、社会结构体制管理、婚姻制度、文学艺术、宗教信仰和教育等方面，展示了广西布努瑶社会经济文化的变迁。

616

周伟洲著/中国中世西北民族关系研究．桂林：广西师范大学出版社，2007年版．

本书系作者近十余年来研究中国西北民族史和民族关系史的一个小结。它应属于中国断代的、地域性的民族关系的历史著作。书名中的“中世”，并非严格的科学意义上的“中国中世纪”，而是为了标明本书只是研究中国古代史中“魏晋南北朝、隋唐时期”的西北民族的关系。所谓“西北”，本书则指现今陕、甘、宁、青、新五省（区）的地域。为什么要选择魏晋南北朝、隋唐这一历史时期和西北这一地域的民族关系作为研究的对象呢？这是因为魏晋南北朝隋唐时期是中国统一的多民族国家发展和巩固的一个重要阶段，也是中国历史上一个分裂割据时期向统一时期转变的典型，具有值得深入研究的学术价值。同时，这一时期民族关系最为错综复杂，特别是西北地区的民族关系，对当时历史的发展起着重大的影响。因此，研究这一时期西北的民族关系，对于加深认识这段中国历史和从中吸取历史的经验教训，都有着重要的意义。其次，作者近十余年来也主要从事这一时期的西北民族史和民族关系史的研究工作，有一些不成熟的看法和心得，故而愿意在这一领域内进一步作一些探索。进行民族关系方面的研究，首先必须解决一系列有关的理论问题。新中国成立以来，我国老一辈的史学家和近十余年来的史学工作者，在这方面作出了很大的成绩，许多理论问题经过讨论，意见已渐趋一致。然而，也有一些理论问题意见则比较分歧，还值得进一步探讨。

617

鲍敦全等著/国际化竞争与我国少数民族地区经济社会发展．上海：复旦大学出版社，2007 年版．

本书主要研究了国际化竞争对我国少数民族地区经济与社会发展的影响。第一章分析了国际化竞争的相关问题，主要阐明了经济全球化与世贸组织及其基本原则等相关问题。第二章分析了我国少数民族地区经济社会发展现状和主要特点。第三章至第六章分析了国际化竞争对我国少数民族地区农业、工业和第三产业以及社会发展的影响，并就应对国际化竞争分别提出了具体的对策。第七章分析了我国少数民族地区市场化和工业化的现状、主要特点及其发展趋势，按照科学发展观要求，重点提出了我国少数民族地区全面协调发展的新思路和新举措。

618

徐亚非等著/民族宗教经济透视．昆明：云南人民出版社，2007 年版．

本书在云南丰富素材的基础上，以经济学的眼光对本地少数民族宗教文化加以剖析。作者把宗教放到生产、交换、分配和消费等社会再生产过程中考察宗教对再生产过程的作用与反作用，同时还探讨了受宗教影响的民族群体意识或群体素质对民族经济的影响等问题。

619

彭秀丽著/区域循环经济探析：以民族地区为例．北京：经济科学出版社，2007 年版．

本书以系统论为指导，运用生态学、经济学、社会学理论对区域循环经济的特征、结构、功能、价值链构成、绩效评价体系、运行模式、技术支撑和制度创新等内容进行综合性、系统性研究，探索循环经济在区域层面的运动规律，以期为我国发展区域循环经济制定正确的发展方针和政策提供理论依据。内容有民族地区发展循环经济的优劣势分析；民族地区发展循环经济的战略思路；民族地区发展循环经济的案例分析——以湘西州为例等。

620

杨云著/西部民族地区跨越式发展研究：基于人力资本的视角．北京：民族出版社，2007 年版．

本书主要介绍了西部民族地区及特征，国内西部民族地区人力资本积累问题和对民族地区跨越式发展问题的研究。

621

王建周主编/客家文化与产业发展研究．桂林：广西师范大学出版社，2007 年版．

本书由第二届族群、历史与文化亚洲联合论坛——客家文化与产业发展研究国际学术研讨会上所发表的论文汇集而成的。本书大体上可以分为两大课题：（一）客家文化与产业发展。这是本书的核心主题。客家文化具有不可抵挡的文化魅力，故必须挖掘客家文化丰富资源，促进客家文化产业化的发展。（二）客家文化研究。包括对人物与信仰、客家移民、客家女性以及土楼、风水、家庙、童婚、民间信仰、客家与其他族群之间的关系等主题进行系统性的探讨。

622

周伟洲著/西北少数民族地区经济开发史．北京：中国社会科学出版社，2008 年版．

本书主要内容：我国西北地区自古为多民族聚居之地，历史上众多的少数民族对开发西北有巨大的贡献，总结其历史上经济开发的经验教训，对今天西部大开发，颇具现实意义。本书从新的视角，以西北少数民族地区为研究的范围，从远古到近代（止于 1949 年），较为系统、全面地论述了西北少数民族地区经济开发的历史。

623

李锦著/民族文化生态与经济协调发展：对泸沽湖周边及香格里拉的研究（藏彝走廊丛书）．北京：民族出版社，2008 年版．

本书研究的区域为中国西南四川和云南交界的泸沽湖和香格里拉地区，主要以纳西人的母系文化制度、香格里拉多元文化体系为核心，研究在“以自由看待发展”的理念下，如何选择民族文化生态与经济协调发展道路。在横断面上对泸沽湖周边及香格里拉两类不同的民族文化生态进行了描述，并通过对影响民族文化生态变迁的内部动力和外部因素的分析，对 20

世纪50年代以后泸沽湖和香格里拉民族文化生态系统的变迁作了描述。探讨了民族文化生态与经济协调发展的原则，包括民族文化生态与发展的辩证关系，建立生态经济体系的路径，确立民族生态文化价值观等。并对该区域内可能形成民族文化生态与经济协调发展的优势产业——旅游、药业、林业和文化产业问题进行了研究，提出了具体的措施和建议。

624

莫小莎著/绿色转型：广西民族地区经济发展模式转型方向和路径．成都：电子科技大学出版社，2008年版．

本书分析了民族地区经济发展模式转型面临的宏观背景，阐述了我国转变经济发展方式的理论和实践，在此基础上，分三部分展开对民族地区经济发展模型转型问题的思考。

625

张丽君，王玉芬编著/民族地区和谐社会建设与边境贸易发展研究，北京：中国经济出版社，2008年版．

本书的作者从民族地区和谐社会建设的角度，对中国边境贸易进行了系统研究，分析了边境贸易的地域空间、边境贸易区、次区域经济合作模式等关键性问题，提出了自己的见解和建议。

626

钱振伟，李冬梅等著/经济增长对就业的影响及失业保障制度研究：以边疆少数民族地区为例．北京：经济科学出版社，2008年版．

本书内容主要是提高就业弹性以促进经济增长对就业的拉动作用和提高失业保障制度运行效率是解决我国就业和失业问题的基点。立足于我国边疆少数民族地区经济社会发展的实际，结合经济、社会、文化发展的综合考虑，提出了以促进经济发展、文化旅游发展、边贸发展的方式最大限度地带动我国边疆少数民族地区就业增长的思路。另一方面，本书将失业保障体系的完善纳入就业与经济增长的分析框架下进行了深入的探讨，并着重分析了边疆少数民族地区失业保障财政投入机制的特征及运行评估情况，提出了完善边疆少数民族地区事业保障制度的相关政策建议。

627

杨红英著/少数民族发展中的人力资源开发研究．昆明：云南大学出版社，2008年版．

本书的研究发端于民族发展问题，认为少数民族发展应确立一种与本民族的文化相适应的道路取向，追求符合实际需求的真实的发展。因此，提高少数民族发展能力的人力资源开发应充分重视民族文化的传承，从民族文化中汲取发展的内在力量。笔者试图从经济学、文化人类学、民族教育学等相关学科知识中获取思路和分析工具，对少数民族发展中的人力资源开发和人力资本形成的若干问题进行探讨，并期望在一定程度上有助于突破西方人力资本理论的局限，扩展人力资本研究的范畴和视阈，对少数民族发展作出有一定理论意义和现实价值的思考，从而有利于民族地区构建多元化、多层次、富有特色的人力资源开发体系。

628

杨甫旺著/民族学视野中的勐连彝村：变迁与发展．昆明：云南大学出版社，2008 年版．

本书系统介绍了勐连村的自然环境与历史背景、勐连彝族的社会变迁、勐连村经济生活的变迁与家庭经济结构的转型、勐连彝族服饰文化的变迁等。本书对彝族俚濮历史文化作了难得的聚焦和透视，全方位地展示了俚濮文化的丰富内容，并较为系统地揭示了俚濮文化的变迁、发展规律，是迄今为止第一部全面系统地挖掘、介绍俚濮历史文化的专著。

629

郭家骥编/云南蓝皮书·2007—2008 云南民族地区发展报告．昆明：云南大学出版社，2008 年版．

本书从云南民族地区经济社会发展、民族文化发展、社会事业发展、民族地区热点问题、民族理论等方面阐述了云南各少数民族地区的发展状况。

630

杨小柳著/参与式行动：来自凉山彝族地区的发展研究．北京：民族出版社，2008 年版．

本书基于对大凉山彝族聚居区实施参与式扶贫项目的田野调查，关注的是源自西方倡导、自上而下推动的参与式行动援助如何在中国的特殊场景中开展实践，并从援助效果的角度出发，探讨了参与式在实践过程中面临的现实复杂性。

631

郭家骥编/发展的反思——澜沧江流域少数民族变迁的人类学研究书籍．昆明：云南人民出版社，2008 年版．

本书是从人类学发展理论进行导入讨论，并从人类学出发认识云南省情，并以澜沧江流域为典型代表深入研究，包括澜沧江上游的农牧商文化及其变迁——以迪庆州及其明永、雨崩两村藏族为例；澜沧江中游的水电建设与移民的生活变迁——以曼湾三村为例。

632

刘永佶编著/中国少数民族经济学．北京：中国经济出版社，2008年版．

本书是中国少数民族经济学科基础理论著作，介绍了民族经济与中国少数民族经济、少数民族经济的特征及其在中国经济中的地位、少数民族经济制度与体制、少数民族经济结构等内容。

633

东人达著/民族经济学简明教程．北京：中国财政经济出版社，2008年版．

本书是“普通高等院校试用教材”之一，全书共分14个章节，简而明地概述了民族经济学的基本内容。具体内容包括中国民族经济与经济思想史、民族地区经济体制改革与发展战略、民族地区的产业结构、民族地区人力资源开发、发展民族地区特色经济等。

634

罗布江村主编/康藏研究新思路：文化、历史与经济发展．北京：民族出版社，2008年版．

本书收录了《“康巴学”的提出与藏学界的回响》、《关于“康巴学”概念的提出及相关问题》、《试论康巴文化与建立康巴学研究》、《论清政府在玉树地区推行的千百户制度》等论文。

635

郑长德，刘晓鹰主编/民主改革与四川羌族地区经济发展研究．北京：民族出版社，2008年版．

本书内容包括：四川羌区的自然环境和自然资源、四川羌区开发简史、民主改革前后四川羌族的经济发展、四川羌区的人口与民族、四川羌区产业发展及结构演进分析等。

636

蒋彬，罗曲，米吾作主编/民主改革与四川彝族地区社会文化变迁研究（民主改革与四川民族地区研究丛书）．北京：民族出版社，2008年版．

本书以马克思主义的唯物史观为指导，坚持“三个代表”重要思想和科学发展观，以文化人类学为视角，把四川彝族地区在20世纪50年代至1978年这段不平凡的历史放在彝族现代化的历史长河中审视。在中国共产党领导下，1950年推翻四川彝族地区旧政权的压迫和统治，解决了当时民族间的矛盾问题后，彝民族内部的阶级矛盾凸显甚至表现激烈。为适应社会生产力的发展和广大彝族群众的强烈要求，在中国共产党领导下进行了伟大的民主改革。作者以丰富的历史文献资料和走访调研相结合，对这场伟大改革所引起的四川彝族地区在民族内部固有社会结构的变迁及整个社会文化的变迁进行了描述式研究，并揭示了彝族加速现代化的主客观条件，对于学界的相关学术研究有重要的价值。

637

王来喜著/内蒙古经济发展研究．北京：民族出版社，2008 年版．

全书由理论篇、对策篇、地方篇三个部分组成，涵括了内蒙古经济技术效率、经济增长、经济周期、信用体系建构和农业产业化、生态农业、畜牧业经营方式、产业结构调整、非公有制经济发展以及草原文化与特色经济、人力资源开发、劳动力转移等 14 章内容。

638

王亚欣著/宗教文化旅游与环境保护：宗教文化旅游与民族地区生态环境保护研究．北京：中央民族大学出版社，2008 年版．

本书内容包括宗教文化中的生态观、宗教文化旅游的基本理论及实践、民族地区生态环境现状及其影响、旅游活动对民族地区环境的影响、宗教文化旅游与生态环境的关系、宗教生态旅游、民族地区宗教生态旅游开发案例。

639

张瑛著/中国少数民族地区旅游公共管理研究．北京：中央民族大学出版社，2008 年版．

本书分三个部分：第一编主要介绍公共管理以及民族地方政府公共管理的基本理论。第二编探索民族地区旅游业实现公共管理的途径。以讨论旅游业发展战略为重点，探讨民族地区民族旅游业发展战略选择“政府主导型”的必要性和现实意义，并在实地考察的基础上，提出由“政府主导型”向“政府引导型”战略转换的条件。提出根据民族地区旅游业发展的不平衡性，旅游业发展相对滞后的民族地区，仍然应实施“政府主导型”的发展战略，而条件成熟地区，可以逐步向“政府引导型”转变。该编以讨论旅游业发展战略为重点。第三编讨论民族地区非政府组织的公共管理。在分析了我国非政府组织的现状的基础上，找出存在问题与提出改革措施。第三编最后论述了党和政府为发展民族地区旅游业所制定的特殊政策，以及为缩小民族地区旅游业发展与汉族地区旅游业发展差距所采取的措施。

640

（苏）斯拉德科夫斯基著，宿丰林译/俄国各民族与中国贸易经济关系史（1917年以前）. 北京：社会科学文献出版社，2008年版.

该书是20世纪70年代“中苏论战”时期苏联学者关于沙皇俄国与清代中国贸易经济关系史研究的代表作。作者米哈伊尔·约瑟夫维奇·斯拉德科夫斯基运用较丰富的历史资料，探讨了1917年十月革命以前中俄两国经济贸易关系的起源与发展，同时也以不少篇幅论述了与经济关系相联系的中俄两国的政治关系以及不同历史阶段两国的经济发展状况。尽管该书带有那个时期政治偏见的深刻印记，但它至今仍是该领域中为数不多的主要专题著作之一。

641

王文长著/民族视角的经济研究. 北京：中国经济出版社，2008年版.

本书是中央民族大学“985”工程中国民族地区经济社会发展与公共管理哲学社会科学创新基地学术出版物。全书共分三篇十四章，内容包括：民族经济研究导论，民族经济的结构变迁，利益协调与发展政策。此外，还有附录两篇。

642

谢丽霜著/民族地区农村金融与经济协调发展研究. 北京：中国经济出版社，2008年版.

本书内容共分六部分：金融与经济协调发展的历史与逻辑，我国农村金融制度变迁与农村经济发展的关系，民族地区农村金融与经济协调发展的产业基础，民族地区农村金融与经济协调发展的信用基础，民族地区农村金融的多元发展及其协调，民族地区农村金融与经济协调发展的政府作用。

643

刘永佶编/中华民族经济发展论. 北京：中国经济出版社，2008年版.

本书为中央民族大学“985”工程中国民族地区经济社会发展与公共管理哲学社会科学创新基地学术出版物，共分为八章，内容为民族、民族经济、中华民族、中华民族经济；中华民族形成和演进的经济基础；集权官僚制与小农经济的局限导致中华民族的危难；社会主义主导中华民族振兴和经济发展；中华民族经济现代化；以社会主义原则改革和完善公有制，加速中华民族经济现代化；强固民族团结，保持中华民族经济现代化的和谐社会条件；以发展的民族观导引中华民族经济持续健康发展。

644

张丽君，刘云喜主编/985 中国民族地区经济社会发展与公共管理研究生论文集．北京：中央民族大学出版社，2008 年版．

本书为中国民族地区经济社会发展与公共管理研究生论文集，收录了民族经济、旅游经济、理论研究、政策分析、新农村建设、城市经济、区域经济和财政金融方面的有关论文。包括《论民族经济的内源发展》、《构建民族地区和谐区域》、《市场经济条件下西部地区民族贸易发展趋势》、《发展西部经济，克服“资源的诅咒”》、《提高劳动者素质技能是西部民族地区经济结构调整的根本环节——以青海省玉树藏族自治州为例》等。

645

暴庆五著/蒙古族生态经济研究（中国蒙古学文库）．沈阳：辽宁民族出版社，2008 年版．

本书是中国蒙古学文库中的一本，内容主要介绍草原生态经济系统，草原物质循环，开放的游牧业，草原熵的膨胀及草原上人畜、牧场等的和谐发展，草原经济协调发展和蒙古族的生态文化。

646

滕堂伟著/双重视角下的西北民族地区经济发展问题研究．北京：人民出版社，2008 年版．

本书从区域优势理论与区域产业理论的双重视角出发，尝试构建“以产业与市场成长为核心的区域经济发展路径”分析框架。针对资源丰富的内陆地区包括西北民族地区为什么会出现所谓的“富饶的贫困”，为什么在市场规模不断扩大、政策倾斜逐渐弱化的背景下西北民族地区经济发展差距仍然持续扩大，资源优势不能有效转化为经济优势等问题，提出了市场利用能力是导致区域经济发展差距的根本原因的假说，揭示了西北民族地区经济发展过程中的众多特殊性。在对西北民族地区经济发展深入研究的基础上，所提出的新型工业化路径、模式以及产业政策体系设计具有一定的创新性。

647

王建新主编/广南阿科——云南广南县阿科乡经济发展与社会文化调查与研究．北京：知识产权出版社，2008 年版．

本书是中山大学人类学系师生深入西南少数民族地区进行人类学田野调查的报告集——“中国田野调查丛书”之一。本书分 11 章，从经济生活模式、壮汉苗瑶各民族关系、宗族组织与社会网络、婚姻家庭、教育、宗教信仰、医疗保健等方面，叙述了云南省广南县阿科乡各民族真实、鲜活的物质文化、制度文化和精神文化。本书丰富了人类学研究的资料库，也为研究西部经济与少数民族文化提供了翔实、细致的参考依据。

648

梁积江著/趋同与融合：民族地区区域经济一体化研究．北京：中央民族大学出版社，2008 年版．

本书是在科学发展观的指导下，以区域发展理论为基础，以市场与产业为主线，研究民族地区经济的发展与成长，重点分析民族地区区域经济发展的趋同与融合，研究分析民族地区一体化形成发展中的产业成长、战略选择、协调平衡、整体推动问题。

649

钟大能著/西部少数民族地区生态环境建设进程与其财政．北京：经济科学出版社，2008 年版．

本书在对西部少数民族地区生态环境状况分析的基础上全面论证了西部少数民族地区生态环境建设作为全国性公共产品的属性，在对西部少数民族地区生态环境建设进程与其财政补偿机制的形成、现状、问题及其原因进行考察分析后，提出西部少数民族地区生态环境建设的财政补偿机制规范框架，最后提出西部少数民族地区生态环境建设财政补偿机制的调整与完善的总体思路和对策建议。

650

陈炜著/近代广西城镇商业网络与民族经济开发．四川：巴蜀书社，2008 年版．

本书以近代广西城镇为研究对象，着重分析其商业网点布局与商业网络结构，探索了新经济形式下区域民族经济开发的模式与途径，具有相当的现实意义。内容包括近代广西城镇商业网络构建的历史基础；清中前期广西城镇商业经济的繁荣；近代广西城镇商业网络与各民族经济成长空间的发展；民族地区社会经济演化的长视角；历史的反思等。

651

王本年著/新疆经济探微．北京：海洋出版社，2008 年版．

本书主要从新疆经济发展战略、思路、建设小康社会的目标设想，新疆资源、能源的开发利用，新疆企业、旅游业、市场等方面进行探讨。

652

李育红等著/西北少数民族地区社会结构转型研究．北京：民族出版社，2008 年版．

该书从传统向现代社会转型的历史大视野，对西北少数民族地区经济、政治、文化等社会结构转型进行了深入、细致的分析，指出这一地区从以农牧业为主的农耕、游牧经济、计划经济向市场经济的转型；从部分的或完全的“政教合一”制度向民族区域自治制度、从民族习惯法向现代法制社会的转型；从民族传统的多元文化向现代文化的转型，目的在于探索这一地区现代化发展道路的普遍性与特殊性。最后，该书对社会结构转型的哲学观作了一定的理论比较分析。

653

纳麒主编/国家权力与民族地区可持续发展．北京：中国书籍出版社，2008 年版．

这是云南全面建设小康社会研究丛书系列。本书抓住云南全面建设小康社会的一些重大理论、现实、热点问题，既有宏观的论述，又有比较具体的分析，所提出的理论思考、发展思路、政策建议充分体现了探讨云南全面建设小康社会基本规律的研究成果，对云南加快全面建设小康社会的步伐具有一定的推动作用。全书分上、下两篇，上篇试图对特色经济发展的一些理论和规律性问题作探讨；下篇则联系云南的实际，针对一些产业和区域的发展问题作了较深入的分析，以此为有关部门制定特色经济发展规划提供理论依据，为不同区域的人们发展特色经济提供值得借鉴的实证范型。

654

岳天明等著/中国西北民族地区经济与社会协调发展研究．北京：中国社会科学出版社，2009 年版．

该书通过历史归因的考察凸显了我国西北民族地区经济与社会发展的现状及其特征，通过对西北民族地区经济与社会协调发展的制约因素的分析研究，提出了构建西北民族地区经济与社会协调发展的动力系统的思路，探讨了这一地区经济与社会协调发展的运行机制，最终将研究的重点放在了社会运行规范化与西北民族地区和谐社会建设上。该书不仅借鉴了中外学者的相关研究成果，尤其是大量运用了社会学、民族学的理论来揭示动力系统的构建和协调发展的运行机制问题，同时能够将这些理论运用到西北民族地区经济与社会协调发展的研究当中，从而使这一成果形成了既具有地域特色又不失理论创新的独特风格。

655

国际行动援助中国办公室编/保障弱势群体的公平受益：云南 6 个少数民族自治县文化产业化过程的利益分配问题研究报告集．北京：知识产权出

版社，2009年版.

本书汇集了云南6个关于少数民族文化产业化的实地调研报告，这些报告是国际行动援助中国办公室资助的少数民族文化产业化调研项目所取得的成果。这一调研项目的宗旨在于引起人们特别是相关政策的制定者和研究者对少数民族产业化过程中弱势群体（尤其是妇女）公平受益问题的关注和思考。

656

罗淳，武友德著/小城镇大作为——西南边疆民族地区小城镇建设研究.北京：光明日报出版社，2009年版.

本书把对“小城镇”的研究聚焦于西南边疆民族地区，从历史纵向与现实横向两个维度交互展开，即以历史的眼光审视西南边疆民族地区小城镇建设的历史过程、现状格局和未来趋势；同时，又从经济发展、制度安排、民族文化及生态环境等方面，分专题对西南边疆民族地区小城镇建设状况进行实证观察和理论阐释。研究认为：西南边疆民族地区的小城镇建设不同于东部和沿海发达地区，其自身所蕴涵的人文特色（民族性）、区位特色（边境县）和小规模特色（袖珍型）应该加以充分认识与合理把握。研究指出：东部和沿海发达地区的城镇化模式并不适合西南边疆民族地区小城镇建设的实际，继而总结提出了值得关注的五种模式。本研究最后探讨了未来西南边疆民族地区小城镇建设可能的发展趋势与战略选择。

657

廖乐焕著/中国少数民族地区县域经济发展战略研究.北京：中国经济出版社，2009年版.

本书提出了研究少数民族地区县域经济的意义，少数民族地区县域经济发展战略基本理论，研究了以少数民族农牧民与其他劳动者为主体的少数民族地区县域经济，以及少数民族地区县域特色经济，县域城镇化，最后提出建设少数民族地区县域服务型政府，保障县域经济健康协调发展。

658

魏国彬著/民族电影的产业化：云南的历史、实践和理论（滇西学术文丛）.昆明：云南大学出版社，2009年版.

本书以云南民族电影产业为研究对象，以民族电影的产业化为研究方向，梳理了云南民族电影产业的产业化历程、发展现状和体制改革实践，审视了云南影视基地建设情况，总结了云南民族电影产业的发展成果，建构了云南“民族新电影”理论和云南民族电影的发展战略体系，使云南民族电影产业的整体形象更加实在、更具理性的内涵。本书是有关中国少数民族电影研究的一部学术专著，开拓了中国电影研究的一个新领域，填补了中国电影学学科领域的空白。其中，对影视基地建设模式的建构和分析、“民族新电影”理论研究最具有开创性意义。

659

江应樑著/摆夷的经济文化生活．昆明：云南人民出版社，2009 年版．

本书是江应樑先生 20 世纪 40 年代后期刊行的《摆夷的经济生活》与《摆夷的生活文化》两部旧作的合集。全书分上、下两篇，上篇内容主要有决定摆夷农业经济的因素、土地公有及其分配、生产技术与农产品、互助的生产与合作的消费、最大的经济消费——宗教支出、政治上的经济负担。下篇有云南边民与摆夷、摆夷的政治组织——土司制度、经济生产与消费、生活习俗、家庭与家族、宗教与巫术、语言文字和教育等内容。

660

云南省文化体制改革和文化产业发展领导小组办公室编/2008 年中国（昆明）民族文化产业发展国际高峰论坛文集．昆明：云南大学出版社，2009 年版．

本书收录了 2008 年中国（昆明）民族文化产业发展国际高峰论坛的论文。包括《民族文化产业与中国现代化》、《中国民族文化产业路径选择与发展战略研究》、《民营经济与文化产业》、《文化创意产业与人的素质》、《利用投融资资本市场的功能》、《实现文化产业的跨越式发展》、《高科技与民族文化产业》、《如何用产业化方式保护和开发非物质文化遗产》、《中国文化遗产的保护》、《彝族历史文化孑遗与现代旅游要素》、《弘扬优异的民族文化》、《打造世界级的旅游品牌》等论文。

661

赵俊臣著/中国农村金融新体系构建研究：以云南省多民族区域为例．北京：中国社会科学出版社，2009 年版．

本书是作者承担完成的国家社科基金 2007 年资助课题《西部民族地区构建现代农村金融制度新体系研究》的成果汇编。本研究初步构建出一个新的现代农村金融制度体系；提出“农民对金融服务的需求巨大，而不存在所谓的内因自我抑制”的新命题；深入分析政府压制是农村金融抑制的主要原因，提出政府压制农村金融的理由都是站不住脚的命题；提出把民间金融改造成农民资金互助社的具体方案；深入挖掘我国享有农村金融机构服务不能令人满意的根源；实事求是地分析新农村金融机构的设计存在门槛过高等问题；深入研究我国之所以不愿意学习借鉴日、韩、台农协办金融经验的原因，等等。

662

邹广文主编/民族企业品牌之路——李锦记集团发展历程分析．北京：清华大学出版社，2009 年版．

本书是编者们在对李锦记开展调查研究的基础上，参照国内外其他企业的经验和教训，从不同角度探索和总结“培育民族品牌，做强民族企业”的一些规律。主要内容包括李锦记创业历程全景扫描；李锦记的核心价值理念；李锦记品牌长盛不衰的制度保障；李锦记品牌成长的第一推动力；李锦记的企业社会责任观；李锦记对民族品牌成长的启示。

663

罗康智，罗康隆著/传统文化中的生计策略：以侗族为例案．北京：民族出版社，2009 年版．

本书共分七章，内容为生态环境的改性与侗族传统生计的嬗变历程；稻鱼鸭共生的稻作农业；生计方式的积累创新与优化配置等。

664

洲塔，贾霄锋著/黄河上游藏区社会经济发展研究．北京：民族出版社，2009 年版．

本书是西部大开发和全面建设小康社会构想实施以来以黄河上游藏区社会经济发展问题作为对象的研究，它全面反映了当前黄河上游藏区社会发展现状和实现现代化转型存在的问题。主要从黄河上游藏区生态环境及其基本状况，黄河上游藏区社会发展与转型过程中的经济问题，黄河上游藏区社会变迁与宗教、教育问题等方面通过田野调查进行系统阐述。

665

陈永奎著/民族地区中小企业融资研究．北京：民族出版社，2009 年版．

本书共分八章，主要介绍了民族地区中小企业概述；民族地区中小企业的资金需求与融资困境；民族地区中小企业融资困境的根源分析等内容。

666

张跃著/中国少数民族农村 30 年变迁．北京：民族出版社，2009 年版．

本书从“经济、社会、文化”等几方面描述与分析了全国除了台湾高山族农村之外的 54 个少数民族农村 30 年变迁历程和经验。

667

林庭芳著/重庆民族地区全面建设小康社会研究．北京：民族出版社，2009 年版．

本书内容包括：我国少数民族地区小康社会建设与全国小康社会的建设；重庆民族地区小康社会建设与武陵山区小康社会的建设；重庆民族地区小康社会建设与重庆小康社会的建设等。

668

李学春著/中国西北民族地区农村城市化道路问题研究．北京：民族出版社，2009 版．

本书内容包括西北民族地区农村城市化是西部大开发的历史趋势和客观需要；西北民族地区农村城市化发展规律和特点研究等。

669

世界银行、国家民族事务委员会项目课题组著/中国少数民族地区自然资源开发社区受益机制研究．北京：中央民族大学出版社，2009 年版．

本书内容以政策法规和大量的调研资料为依据，一是梳理了新中国成立以来与资源开发相关的民族政策体系；二是梳理了改革开放以来国家和地方有关资源开发的政策和法规体系；三是通过查阅文献资料及深入目标地区政府、企业、社区开展调研活动，收集了大量的第一手资料；四是学习借鉴国际经验，研究参考了十多个发达国家和发展中国家有关资源开发与资源所在地利益补偿与分享的国际案例。在此基础上，对民族地区资源开发和利益补偿政策、机制的执行、利益分配现状进行了研究和分析，特别对资源开发所在社区利益受损情况和利益补偿方式和途径进行了深入研究，分别从政策层面和操作层面提出了政策建议和《地区资源开发和利益补偿机制试点方案》，政策建议和试点方案具有针对性、可操作性和创新性。

670

黄健英著/北方农牧交错带变迁对蒙古族经济文化类型的影响．北京：中央民族大学出版社，2009 年版．

本书内容包括历史上蒙古族的分布及经济文化类型；北方农牧交错带的变迁；北方农牧交错带变迁的动因；蒙古族经济文化类型的变迁；北方农牧交错带变迁对生态环境的影响；北方农牧交错带变迁对内蒙古民族人口结构和文化的影响；北方农牧交错带城镇化和工业化与蒙古族经济文化类型的变迁；北方农牧交错带变迁的案例分析——以内蒙古赤峰市林西县为例。

671

黄健英著/敖鲁古雅：鄂温克族猎民新村调查．北京：中国经济出版社，2009 年版．

本书内容简介：鄂温克民族是中华民族大家庭中人口较少的民族，也是跨境民族，在俄罗斯、蒙古国境内都有分布。在中国主要分布在内蒙古自治区，黑龙江、辽宁等省区也有分布，但人口不多，根据 2000 年第五次人口普查资料，全国鄂温克族总人口为 30 505 人，内蒙古自治区 26 201 人，黑龙江省 2 706 人，其他省市区除西藏外都有分布。内蒙古的鄂温克族主要分布在呼伦贝尔市，第五次人口普查时有 25 418 人，分布在该市各旗县市。本书主要从村庄、猎户、猎民三部分对村落进行调查。

672

陈延斌著/大理白族喜洲商帮研究．北京：中央民族大学出版社，2009 年版．

本书内容简介：大理白族喜洲商帮在中国西南地区近代发展的历史舞台上曾扮演了重要的角色，对于云南少数民族地区乃至全省的经济发展以及白族近代资本主义的萌芽起到了很大的推动作用。通过对大理白族喜洲商帮的产生及发展脉络的梳理，回顾商帮在其特殊历史背景下的活动特点与历史作用，挖掘大理白族工商业资本在云南近代社会经济发展中的现实意义，为西南少数民族地区未来经济发展战略取向提供参考。

673

刘延平，阮加编著/中国西部民族地区交通经济带问题研究．北京：经济科学出版社，2009 年版．

本书是国家社会科学基金项目“西部民族地区交通经济带问题研究”的主要成果。主要研究了基于我国西部民族地区的交通带建设问题，对西部民族地区交通经济带建设的基础和前景进行了系统的、以应用为目的的研究。

674

郑长德著/中国西部民族地区的经济发展．北京：科学出版社，2009 年版．

本书综合运用经济学、金融学、地理学、环境科学、经济人类学等学科的理论和方法，以经济发展理论为基石，从静态和动态两方面对西部民族地区资源，三大产业的发展，资本形成，金融与发展，外周直接投资对经济发展的影响，人口增长、人口转变和城镇化与经济发展的关系，经济增长与环境的关系，贫困问题，城乡差距问题，人口较少民族地区的发展问题和西部民族地区非公有制经济的发展问题等进行了分析，提出了充分发挥后发优势，实现西部民族地区跨越式发展的战略转型的思路。本书将理论研究和实证研究相结合，为西部民族地区的经济发展提供了具体的、可操作性强的措施和建议，为西部民族地区乃至全国的民族地区的经济建设实践提供了决策参考。

675

杨蕴丽著/西部民族地区节约型社会建设研究：基于劳动节约的视角．北京：中国经济出版社，2009 年版．

本书在建设节约型社会的大背景下，本文运用实地调查研究、必要的群体利益分析、规范分析与实证分析相结合的方法、定性分析与定量分析相结合的方法、表象—抽象—具体的科学理论思维方法等对节约理论与实践、社会主义节约型社会以及西部民族地区节约型社会建设进行了较为系统的研究。

676

黄海珠著/民族旅游村寨建设研究．北京：中国经济出版社，2009 年版．

本书以科学的理论思维作为指导思想，结合社会主义新农村建设的具体要求，采用跨学科交叉研究方法，综合运用民族学、民族经济学和旅游经济学等学科的理论，同时结合文献综合分析法及数据统计方法，采取典型特例作为田野调查的对象，通过对多个少数民族旅游村寨的参与观察，深入访谈，并通过开展问卷调查，对旅游发展过程中突出的事件进行分析，在充分掌握第一手资料的基础上进行研究，把握共性，以期探索出当代民族地区旅游村寨的发展之路。全书共分七个章节，具体内容包括民族旅游村寨建设的现实依据、民族旅游村寨投资模式研究、民族旅游村寨管理模式研究、民族村寨旅游的可持续发展等。

677

曹霞著/西部民族地区经济增长与城乡差距——以内蒙古为例．北京：经济科学出版社，2009 年版．

本书共分七个章节，主要对西部民族地区经济增长与城乡差距课题作了探讨和研究，具体内容包括内蒙古经济增长与城乡差距的现状与特征，内蒙古经济增长与就业关系的分析，内蒙古城乡差距日渐扩大的原因，协调经济增长与收入分配的理论基础等。本书是在作者多年来一些零散的研究论文的基础上，汲取学术前辈研究的精华，学习和利用前人的研究方法，收集最新的统计资料著述而成。

678

江曼琦等著/少数民族经济发展与城市化问题研究．北京：经济科学出版社，2009 年版．

本书主要内容包括少数民族经济发展与民族问题的关系；中国民族地区经济发展的现状与特点；中国民族地区经济发展中的空间陷阱；中国民族地区人口迁移与空间优化的战略与措施；民族地区城市的经济发展；散杂居地区城市中少数民族就业问题。

679

杨莉著/民族区域自治地方经济发展研究．北京：经济科学出版社，2009 年版．

本书以民族区域自治理论和民族经济理论为依据，在民族区域自治制度的框架内，借鉴国内外区域经济理论，在对相关统计资料和实地调查所获得的资料进行分析的基础上，对民族自治地方经济发展的一些基本理论问题进行了系统的探讨。作者以大理白族自治州为例，分析我国为了保证少数民族在国家政治体系中享有平等权利而构建的民族区域自治制度的特点，即通过由民族在聚居区内实行区域自治的方式保障少数民族的政治权利，满足少数民族的政治要求。作为民族自治与区域自治有机结合的民族区域自治制度在解决国内民族问题的方式上有两个基本点：一是国家要帮助少数民族和少数民族地区发展经济、文化；二是少数民族在民族自治地方建立的民族自治机关享有自治权。

680

左理主编/民族地区社会主义新农村建设中的城镇化问题研究．北京：中国经济出版社，2009 年版．

本书共 15 章，基本内容分为五个板块：第二、三章探讨城镇化与社会主义新农村建设互动关系和民族地区城镇化水平较高的宁夏农村城镇化问题；第四至八章，通过调研，选取宁夏五个典型小城镇进行解剖；第九至十二章探讨民族地区城镇化过程中政府行为及相关政策；第十三、十四章，国内外城镇化道路的典型模式；第十五章探讨民族地区城镇化道路中的若干问题。

681

刘永佶主编/民族经济（第四辑）．北京：中央民族大学，2009 年版．

本书是关于研究“民族经济”的第四辑，书中具体收录了：《多元一体民族旅游文化的保护与开发》、《建设链接草原与世界的新型藏毯业——关于青海藏毯特色产业的调研报告》、《保安族农村剩余劳动力转移情况调查分析——甘青特有少数民族剩余劳动力转移问题研究》等文章。

682

朱红琼著/民族地区财政研究．北京：经济科学出版社，2009 年版．

本书内容包括民族地区经济发展研究；民族地区财政的特殊性；民族地区财政支出结构分析；民族地区财政收入研究；民族地区财政风险；分税制对民族地区财政经济的影响；政府间转移支付制度对民族地区财政的影响；民族地区生态补偿研究；促进民族地区协调发展的财政政策等方面。

683

回建著/中国散居回族经济发展研究．北京：中国经济出版社，2009 年版．

本书依据对河南、甘肃、宁夏、山东以及河北唐山夏庄回族村、迁安市建昌营镇、沧州孟村回族自治县等地的调查研究，对散居回族经济发展的不同结构、类型进行了实证分析，进一步揭示了散居回族经济发展的规律，归纳出散居回族经济发展中的症结和出路。在此基础上，提出了“融合提升发展”的观点，认为融合发展是散居回族经济发展的必然趋势，民族经济在交往中融合，在融合中发展，在发展中提升，交流与融合是不可逆转的历史进程。散居回族经济的融合提升发展，是指散居回族经济体各要素通过自身的开放与外部融合、汲取、吸收等方式，形成良性互动，提高散居回族经济现代化发展水平。开放是前提，融合是手段，提升发展是目的，融合提升发展也是各民族经济发展的共同趋势，各民族只有加强协作、合理分工，才能促进经济发展，增强竞争能力。融合提升发展不仅是民族经济的基础，也是所有民族生存、发展和共同繁荣的基础。散居回族经济的融合提升发展就是在加强本民族民众互助合作的同时，促进各民族或地区之间的分工协作，融合于共同大市场，受惠于共同大市场，共同进步，共同繁荣。

684

国家民委文化宣传司编/民族区域自治制度的成功实践：民族自治区自治州发展成就．北京：民族出版社，2009 年版．

本书对我国 5 个民族自治区、30 个民族自治州的发展成就进行了展示。内容主要有崛起于北疆的“天堂草原”之称的内蒙古；雪域明珠之称的西藏；有滇中经济圈新的增长极之称的楚雄；有“华夏第一州”之称的巴音郭楞；全面发展创建和谐的海南等。

685

潘久艳著/全国援藏的经济学分析．成都：四川大学出版社，2009年版.

本书着重分析西藏区域发展战略——“全国援藏”决策过程的演化轨迹与过程、发展格局及其演化、援藏的社会经济效应评价、援藏的改革路径与政策回应。本研究延伸和细化了中国区域发展研究问题，对于西藏跨越式发展很有价值。

686

刘永佶，张丽君编/改革开放30年与中国民族经济发展：全国民族地区高等院校经济学联席会第4届年会论文集．北京：中央民族大学出版社，2009年版.

本书主要内容包括民族经济、区域经济、生态经济、农牧业可持续发展和调研报告。具体文章如，《浅析我国西部民族地区农户兼业化经营发展现象——以宁夏回族自治区石嘴山市平罗县宝丰、镇关两村为例》、《云南省玉溪市峨山彝族自治县小街镇大棚租村问卷调查数据分析报告》、《民族地区发展循环经济的思路与模式》、《改革开放30年我国民族地区扶贫开发的成就、措施及经验》、《转型与发展——敖鲁古雅鄂温克族经济调查》等。

687

乔亨端主编/构建民族地区县域和谐发展之道．北京：社会科学文献出版社，2009年版.

本书对云南通海县的调查和追踪调查，反映了通海县县情。第一轮调查，完成于20世纪80年代末，所反映的是中华人民共和国成立之后到80年代末的通海县的发展情况，而重点又突出反映了改革开放十年的巨大变化和成果。第二轮调查，则接续上述时间段，重点描述了近几年来的新发展与新变化。两轮调查的成果，可以完整呈现通海县数十年来的历史变迁，尤其是我国改革开放以后，经济发展和社会转型的重大历史性变迁。因此，作为一份“县情”，也从一个特定的视角反映了我国改革开放的巨大变化。

688

刘永佶等主编/呼伦贝尔经济发展研究．北京：中国经济出版社，2009年版.

呼伦贝尔市是我国很有特色的少数民族地区，近年来经济有显著发展，但也存在各种现实问题。本书所涉及的问题，不仅在呼伦贝尔市存在，在其他民族地区，乃至全国各地区也都存在，因此，本书各文对特殊性问题的探讨，又体现着一般性，可以为各地经济发展提供借鉴，也可为经济学科师生参考。

689

切排著/河西走廊多民族和平杂居与发展态势研究．北京：民族出版社，2009 年版．

中国历史的发展中，河西走廊的意义和作用是非同寻常的。河西走廊的历史作用和特点，恰如该书所言："河西走廊地处黄土高原农耕区与青藏高原游牧区交错过渡的地带，它在我国中原文化和西亚文化、南亚文化的汇合点和撞击点上，是古代中西文化交流的中继站，也是个汇合区，即是丝路交通枢纽，也是文化交流和民族融合的舞台，其中延伸的丝绸之路则是我国与中亚、南亚各国进行交往的大动脉。在地貌上是连接甘肃和新疆的一个走廊形的通道。这一文化走廊东与我国黄河流域的文化带相联结，西与伊朗、阿拉伯世界相往来，形成了一条影响十分深远的文化走廊。"本书是一部对河西走廊的民族进行全面和整体研究的学术著作，是以"历史形成的民族地区"之整体视野来进行民族研究的学术著作。本书重点是研究河西走廊的民族，既关照其历史，也关照现实，既立足发展，也着眼未来，是一部融会民族史、民族志、民族学等多种视野研究河西走廊民族面貌的著述。

G　文化、科学、教育、体育

690

张廷兴著/谐音民俗．北京：中央民族大学出版社，2000 年版．

本书试图建构起一个谐音民俗的基本框架，对谐音民俗的实质、类型、载体、结构、方式进行初步探讨，并对与之相关的民俗语言现象和民间文艺特征作一些描述和说明，当中包含了对谐音民俗的传承、变异发展等问题的一些探讨。

691

李炳译著/多味的餐桌：中国少数民族饮食文化（中国少数民族文化探索丛书）．北京：北京出版社，2000 年版．

本书以中国五十多个少数民族的饮食现象——食品的制作、餐具的选择、饮食的特点、进食场面的讲究等等为对象，重在揭示隐藏在“吃吃喝喝”背后的各民族独特的历史、信仰、理想、价值取向、心理特征等文化内涵，展示各民族之间互相交流、共同发展的美好前景。

692

刘亚虎著/荒野上的祭坛：中国少数民族祭祀文化（中国少数民族文化探索丛书）．北京：北京出版社，2000 年版．

受万物有灵与祖先崇拜、图腾崇拜观念的影响，中国的少数民族大都十分重视敬神祀灵的祭祀活动，因而形成了内容丰富、形式多样的祭祀文化。本书展示了祭祀文化色彩缤纷的空间形态及时间脉络，让读者在一种奇特神秘的境界中，领略中国少数民族祭祀文化的独特魅力。

693

王子华著/绚丽多彩的民俗风情：云南民族节日．昆明：云南教育出版社，2000 年版．

本书收录了云南 26 个民族的节日风俗，分为岁首节日、祭祀节日、农事节日、娱乐节日、商贸节日、宗教节日六大类。

694

杨兆麟著/原始物象：守护和祈愿．昆明：云南教育出版社，2000

年版.

本书以村寨聚落为背景，围绕着村落和住宅的守护，串联起云南各民族塑造的种种具有保护神功能的物象。从日月、高山、河川等自然神灵，到寨门、寨心、寨桩、寨神等人造神灵；从氏族信奉的神村、木鼓，到宗祠供奉的祖先、保村之神；再从住宅外部的屋脊、博风板，到室内的门神、火神、火塘神（灶神)、祖先中柱、中梁等镇宅之神。揭示以生存和繁衍这一生命意识为基点的宗教行为，审视云南民族民间宗教美术品和围绕这些美术品产生的烦琐的宗教礼仪，用民族间的横向对比、古代传说和出土民族文物的纵向对比，揭示这些美术品的起源和流变。

695

和少英著/逝者的庆典：云南民族丧葬. 昆明：云南教育出版社，2000年版.

文化的多样性必然表现在丧葬习俗上，许多民族在报丧、奔丧、停灵吊祭、入殓、出殡、下葬以及葬后的献祭活动等方面都有各自的一整套仪礼，仅墓葬种类以及葬式、葬具等方面，种类之多在全国也是名列前茅的。因此，从云南这块民族成分最多、文化多样性特点最明显的红土地上着眼，去探索人类对自身繁衍生息历程中最重要的仪礼——朝葬仪礼，应当具有一定的典型意义，丧葬文化无疑是整个民族文化链条中至关重要的一环，它对探讨人与自然、人与人之间的关系，以及对自身的过去、现在与未来的思考和认识，均是不可或缺的。从这个意义上讲，对丧葬文化的描述与探索可能兼具多重功能。本书内容包括：从“此岸”到“彼岸”；回归“彼岸”的仪规；多姿多彩的葬俗；葬具、葬式与陪葬品；乡村丧葬实录；原始萨满教的“彼岸”观；宗教伦理的影响；丧葬礼仪的文化传承功能。

696

李旭著/藏客：茶马古道马帮生涯. 昆明：云南大学出版社，2000年版.

本书主要以赵鹤年老先生所讲述的经历为个案，并参考和引用了另一些走过茶马古道的老人的讲述和对此作过研究的先生们的文献写成，尽可能真实而有血有肉地再现那一段历史和那一种生活。

697

和钟华著/生存和文化的选择：摩梭母系制及其现代变迁. 昆明：云南教育出版社，2000年版.

该书运用多学科——妇女学、民族学、文化人类学、社会学、历史学和多角度——妇女的、民族的、文化的——对摩梭母系制的形成、演变、影响及其社会功能、家庭结构、伦理观念、风俗习惯和这一制度存在的物质的和文化思想的基础等方面作出了卓有创见的阐述。

698

郭可编著/触摸的历史——云南民族文物古迹．昆明：云南教育出版社，2000年版．

本书是“云南民族文化知识丛书”之一，全面系统地研究了云南民族文物古迹。该书图文并茂，资料翔实，分析详尽，观点新颖。内容由专家用简洁精练、准确生动的文字写成，充分体现了知识性、系统性、通俗性和可读性，是专题了解云南民族文化知识必备的参考书。

699

杨福泉著/火塘文化录．昆明：云南人民出版社，2000年版．

本书论述了火塘在云南纳西族、普米族等少数民族的社会生活和宗教信仰中的重要作用和象征意义。

700

陈烈著/东巴祭天文化（东巴文化丛书）．昆明：云南人民出版社，2000年版．

在边地民族纳西族中，凭借象形文字东巴经典的记载，祭天文化得以完整地保存至今，成为东巴文化中极为独特而丰富的一道风景线。在一些汉文书籍中，也记载有纳西族的祭天。元人李京的《云南志略》中说，纳西人“正月十五登山祭天，极严洁，男女动数百，各执其手团旋歌舞以为乐”。明景泰年间的《云南志》说，丽江纳西人“惟每岁正月十五日，具猪羊酒饭，极其严洁，登山祭天，以祈丰禳灾”。明著名旅行家徐霞客在木氏土司府，看到“其俗新正重祭天之礼”。

701

胡燕鸣等著/平峰村的文化转型（人类学田野研究系列）．北京：中央民族大学出版社，2001年版．

目前，中华大地正进行的一场文化转型，是一场意义十分重大的全局性的文化变革。对这场转型意义的认识以及转型规律的探索，无疑是许多学者研究与思考的重要课题。平峰村文化的历史变迁，就是一个多重时空叠合的过程。上层民间文化转型，不仅是宗教观念的改变、各种仪式的变化、时间设置的改构，而且是与经济及社会的发展紧密相连的。民间文化与经济及社会之间存在着辩证关系：一方面，民俗对经济与社会的发展有着巨大的制约作用；另一方面，社会与经济的发展对民俗也存在着重大的影响。

本书包括：平峰村社会结构的变迁；经济制度变迁与农民家庭经济角色的转型；平峰村婚丧仪式及岁时节日变迁；平峰村娱乐形式的变迁；平峰村农民生育观念变化的几个趋势；平峰村民居神龛的历史变迁与民间宗教文化的现代转型；以及平峰村近五十年聚落形态的变迁。

702

彭英明著/土家族文化通志新编．北京：民族出版社，2001 年版．

本书是本着加强土家族研究、促进土家族发展的宗旨编撰而成的一套学术性著作。本书由两部分组成，一是对土家族历史和传统文化的研究，著作力图通过对土家族历史和传统文化的剖析，弘扬土家族文化的精华，剔除土家族文化中的糟粕，增强土家族人民的民族自尊心和民族自豪感，全面振奋民族精神，促进土家族和土家族地区的发展。二是对土家族地区现实问题的探讨，这些著作力图通过总结新中国成立以来，特别是十一届三中全会以来，土家族地区经济文化建设的经验和教训，结合国家政策和土家族地区的实际，对当前土家族及土家族地区经济、社会发展面临的重要问题进行探讨，提出解决问题的对策和办法，为土家族地区社会发展和进步提供政策参考。

703

陈彤，刘春，晋永权著/最后的汉族．北京：中央编译出版社，2001 年版．

石邮村最有价值的是它呈现出的汉民族艺术，以及汉民族老百姓原初的生存状态和性格。村民谦恭、守道，长相端庄、大气，同时民风极为淳朴、坦直，堪称原汁原味的最后的汉族。这是一种极庄重的仪式，这些仪式的主题淳朴、厚重，所有演傩的人在带上面具以后就有了一种威仪，而周围的人也把他们看做神。

704

腾星著/文化变迁与双语教育：凉山彝族社区教育人类学的田野工作与文本撰述．北京：教育科学出版社，2001 年版．

本书遵循解释人类学理论范式的思路，通过辅以文化唯物论的主客位研究方法，对中国四川凉山彝族社区 20 世纪后 50 年来语言与教育的社会变迁的过程进行了描述。

705

哈经雄，滕星著/民族教育学通论．北京：教育科学出版社，2001

年版．

本书不仅论述了中国民族教育，而且论述了世界各国民族教育。作者从文化学、人类学、人口学、语言学、社会学和经济学等学科的角度探讨了民族教育问题。作者在民族学和教育学的深厚理论基础上，在准确把握我国多民族文化传统的基础上，融会贯通地运用了世界多元文化整合教育理论，深入浅出地论述了我国民族教育的重大问题。

706

向翔，龚友德著/从遮羞板到漆齿文身：中国少数民族服饰文化巡礼．昆明：云南教育出版社，2001年版．

本书以介绍和描述各种日常的、原始的、奇异的、引人注目的中国少数民族服饰资料及其文化的内涵为主旨，所写均有所据，并不可避免地包含了作者的一些看法和观点。为了对比研究和理论探索的需要，也适量引用了一些国外民族服饰资料。应该指出的是，本书既不是一部有头有尾的人类服饰物发展史，也不是分民族的系统服饰介绍，更没有一个完整的理论体系和最终的结论，因此它在写法上的约束较少，也较为自由。这样可以更好地表达作者的所知和思考，也让读者有更多探索的想象和余地。

707

刘江著/阿昌族文化史．昆明：云南民族出版社，2001年版．

本书从历史渊源、伦理道德、文化艺术、经济生产等多层次多角度上作了详尽的说明，从整体上全面反映了阿昌族的文化概貌，集中而系统地对阿昌族文化作了综合性的系统描述和介绍；在民族文化方面，阿昌族的文化，作为一种观念形态，作为一种历史的积淀和社会意识的潜流，渗入社会的深层，而阿昌族本身的宗教信仰、风俗、习惯又具有区别于其他民族的不同的文化特征。

708

邹绍志编/中华奇婚异俗．北京：民族出版社，2001年版。

本书着眼于故事，但不同于一般的故事读物，不仅仅以讲述故事为满足，而是借助故事，向读者介绍中国各民族的绚丽多姿的婚姻风俗。让广大读者特别是青少年读者既能从一个个美丽动人的故事中得到美的享受，又能从中受到启迪，得到教益。为此，在撰写每个婚俗故事之前，都对这种婚俗作了简要介绍，特别是在撰写少数民族的婚俗故事时尤其如此。除了介绍与故事相关的具体婚俗事项外，还对该民族的婚姻家庭状况以及民族特点也作了必要的介绍。

709

郝翔，朱炳祥著/周城文化——中国白族名村的田野调查．北京：中央民族大学出版社，2002 年版．

本书对白族基层文化已经作了详尽的解剖分析。一方面，从一个村庄的白族基层文化，可以觇知白族的全貌；另一方面，一个村庄的白族基层文化又和整个白族文化分不开。

710

曹毅著/土家族民间文化散论．北京：中央民族大学出版社，2002 年版．

本书在回顾总结了土家族经济已取得成果的基础上，比较全面系统地对土家族政治、经济、文化的各个方面系统深入的理论探讨，为实现提高土家族整体水平的目标，为土家族构建和确立，作出自己的努力。本书是作者近年来从事土家族研究的一个小结，其探讨范围涉及土家族文化的诸多方面，如族源、信仰、习俗、社会形态、民间文学等，土家族文化的一些亮点可略见一斑。

711

田世高著/土家族音乐概论（土家族研究丛书）．北京：中央民族大学出版社，2002 年版．

本书回顾了土家族音乐发展的历史，阐明了土家族音乐与民俗学、民族学、地理学、人类学、语言学之间的共生关系，剖析了土家族音乐的构成因素，揭示了土家族音乐的文化特征与歌舞特征，从而将这一古老的民族民间音乐的全貌，展现在世人面前。

712

萧洪恩著/土家族仪典文化哲学研究（土家族研究丛书）．北京：中央民族大学出版社，2002 年版．

这套丛书在回顾总结土家族研究已取得的成果基础上，比较全面系统地对土家族政治、经济、文化的各个方面进行系统深入的理论探讨和现实研究，填补第一套的一些研究空白，以弘扬优秀的民族文化传统，为实现提高土家族研究整体水平的目标，为土家学的构建和确立，作出自己的努力。

本书包括：土家族过年仪典文化哲学；土家族节日仪典文化哲学；土家族赶仗仪典文化哲学；土家族建房仪典文化哲学；土有族薅草锣鼓仪典文化哲学；土家族婚事仪典文化哲学；土家族丧事仪典文化哲学。

713

余咏宇著/土家族哭嫁歌之音乐特征与社会含义．北京：中央民族大学出版社，2002 年版．

本书对土家族的声乐文化进行了介绍，探讨了哭嫁仪式与歌曲之间的关系，将土家族的哭嫁歌与其他土家民歌之风格进行了比较，介绍了土家族哭嫁仪式与歌曲流传、哭嫁歌与土家妇女世界。

714

王继光著/中国西部民族文化研究（2003 年卷）．北京：民族出版社，2003 年版．

本书是西北民族大学历史学系中国文化史研究硕士点的一部专题论集。收录了十余年本学科学术梯队有关西部民族文化史研究的成果。这本集子从内容上大致可分为四个部分：一、西部少数民族历史文献研究；二、有关西部少数民族汉文资料的发掘和研究；三、藏传佛教信仰民族文化研究；四、伊斯兰教信仰民族文化研究。

715

中国维吾尔历史文化研究会著/中国维吾尔历史文化研究论丛．北京：民族出版社，2003 年版．

本书主要包含以下几部分：对全球化语境下维吾尔族文学研究的思考；西部开发与民族传统文化保护；维吾尔族民间手工艺初探；我国维吾尔古代文学研究百年综述等。

716

赵永红著/神奇的藏族文化．北京：民族出版社，2003 年版．

本书从史前文化、语言文字、文学艺术、文献典籍、宗教信仰、风俗习惯等方面，全方位地介绍了藏族文化所囊括的广阔领域和不同层面。这无疑是一部集文学性、史料性和可读性于一体的好作品。该书以翔实可靠的资料，深入浅出的表述，简洁明快的文笔，为我们了解藏族文化提供了一份极具价值的普及性读物。

717

中华孔子学会，云南民族学院著/经济全球化与民族文化多元发展．北京：社会科学文献出版社，2003 年版．

本书是一部论文集。中国学者与来自美、德、日、澳、荷、奥等国学者一起探讨中国传统文化与经济全球化的关系。学者们一致认为，中国传统文化虽不是医治现代文明病的灵丹妙药，但是它可以提供有利于经济全球化的丰富的文化资源。还有一些论文涉及经济全球化对我国少数民族尤其是云南少数民族文化的影响。论文中不乏真知灼见，有些甚至可以说是精彩纷呈，很值得一读。

718

薛永应著/揭秘千年“侗乡之都”策对纪实．北京：中央编译出版社，2003年版．

这是一个亲山爱树的民族；一个属于水、属于月亮的民族；一个在萨女神保佑下，与大自然和谐相生，人与人和谐与共，栖息于青山绿水之间的民族；是一个在歌唱中生活的民族。千百年来，以歌传情，以歌传史，以歌倾诉，在漫漫的历史长河中，以其千古流传、卓绝独立的歌谣，演唱着它的优美和谐的文明，它的悠远古朴的历史，它的苦难而美丽的传奇。

719

杨甫旺著/彝族生殖文化论．昆明：云南民族出版社，2003年版．

这是一本对彝族生殖文化进行系统考察和阐释的书籍。彝族是西南地区最古老的土著民族之一，由原始的游牧民族逐渐到定居农耕，其文化形态也由游牧文化、旱作文化到今天的旱稻兼作文化。由于文化形态的多元化，其生殖崇拜的内容也十分丰富。彝族至今还保留着原始的雌雄观，这是彝族先民由万事万物包括人类都分“雌雄”，都在“相配”中生存、发展的最早的生殖观念。在彝族的创世神话、洪水神话中，透过现象探寻其本质，其主题也是生殖崇拜。至今彝族的大多数传统节日，如插花节、三月会、姑娘节、花会、跳虎节、龙笙会等，剥离现代节日的面纱，生殖“乃是一种随处可见的文化事项”。“生殖主题反复出现在西南民族的祭祖、农耕祭祀中，甚而独立形成专事男欢女爱、高扬生殖繁衍大旗的男女交游集会节日，正是农耕生产本质特征的必然要求”。

720

李露露著/热带雨林的开拓者：海南黎寨调查纪实．昆明：云南人民出版社，2003年版．

海南岛是我国最重要的热带雨林地区，又是海洋所环抱的岛屿。在当地生活的黎族是我国最古老的民族之一，而且是百越后裔，支系复杂，来源不同，与其他民族进行比较研究，是人类学研究最有潜力的课题，不仅有助于剖析黎族文化的来龙去脉，也是解决南方土著民族早期历史的一把钥匙。本书调查的重点是排齐村侾黎，对其文化特点以及由于兴建广坝水库导致居民迁移现象均作了纪实性阐述。

721

林耀华著/凉山夷家．昆明：云南人民出版社，2003 年版．

本书是一部实地考察的报告，依据作者亲自搜集的材料，叙述以家族为中心，关联到与家族有关的其他方面的生活，本书并不仅流于概况调查，而是深刻表现生活内容的专业学术书籍。

722

高发元主编/20 世纪中国民族家庭实录．昆明：云南人民出版社，2003 年版．

家庭是少数民族最具魅力、伦理色彩最浓的部分，透过它，可反映民族的历史和宗教等很多方面的东西。家庭是最能反映少数民族特色的，以往的研究很少涉及少数民族内涵丰富、形态各异的伦理道德，而其又是各民族之间最主要的文化差异之一。这套丛书共 56 册，它的出现弥补了目前对民族家庭研究涉及较少的现象，本丛书定位有两方面的意义：一方面是对人类学文本的一种有益尝试，另一方面其平实通俗的记录对一般读者来说，具有可读性。

723

黄建明，燕汉生著/保禄·维亚尔文集——百年前的云南彝族．云南教育出版社，2003 年版．

在保禄·维亚尔看来，撒尼人是一个尚未开化，有着很强可塑性的民族，保留着朴实、善良、勤劳等人类最宝贵的美德。虽然物质生活很贫穷，但精神生活却十分富有，具有悠久的历史和古老的文化，其优点近乎完美无缺，即便看到缺点，在他心目中也仍然是美丽的、可爱的。

本书中的资料是 19 世纪末 20 世纪初一位法国传教士在云南三十多年的传教生涯中所见所闻之记录，是研究 19 世纪末 20 世纪初云南彝族的重要参考资料，其学术价值被我国民族学学术界公认，在某些国家和地区甚至被视为经典之作。

724

马自祥编/东乡族．北京：民族出版社，2003 年版．

本书是对东乡族的一个全面介绍，主要内容包括：概貌，族源族称，黑暗岁月，反抗斗争，生产与交换，农业，副业，交换，手工业，苛捐杂税，生活习俗，礼貌，清洁，服饰，饮食，节日，丧葬，家庭与婚姻，家庭与家伍，婚姻，婚礼，民间文学，民歌、谚语，叙事诗，故事、传说，传统体育，宗教信仰教派，门宦的特点，清真寺及宗教职业者，教派门宦，东乡新曲，锁面坝——别具一格的新山镇，有文化的新一代，灭绝了黑热病，桃杏之乡新歌多，民族团结情义深，好政策带来好光景，新曲等。

725

马曼丽，安俭，艾买提著/中国西北跨国民族文化变异研究．北京：民族出版社，2003 年版．

本书研究了我国西北跨国民族文化的渊源、发展和变异的历史。内容包括当代跨国民族的政治亚文化变异特征、民族文化的变异与文化构建、跨国民族文化政治内涵、中国西北跨国民族的境外同族的政治文化变异、历史上蒙古族、哈萨克族、卫拉特蒙古族分支的跨国迁移及文化变异等。

726

覃圣敏主编/壮泰民族传统文化比较研究．南宁：广西人民出版社，2003 年版．

本丛书共 5 册，系统介绍了壮、泰两个民族在传统文化上的异同。壮族是中国 55 个少数民族中人口最多的一个民族，总人口 1 600 多万，也是世界上人口较多的民族之一。壮族有着悠久的历史，起源于岭南原始居民的土著民族。壮族在历史上虽没有自己统一、独立的文字，但有着基本统一的民族语言。壮语的语音、音调、语法、词汇等都有自己的特点。在长期的历史发展过程中，壮族不断融合其他民族，如泰族等的成分，但也顽强地保持了自己民族的基本特征。

727

马迎洲，白学义主编/河南回族．北京：民族出版社，2003 年版．

回族是我国民族大家庭中的重要一员，河南回族人口已达百万，仅次于宁夏和甘肃。由于河南省回、汉族同胞长期交错杂居，在生产生活上结成了谁也离不开谁的团结互助关系。改革开放激励着回族人民发挥擅长经商、敢于开拓的传统优势，积极依靠科技进步、改造和提升传统产业，使回族聚居地方的经济和各项社会事业呈现突飞猛进的巨变，进入全面发展奔小康的新阶段。同时，各民族间团结友爱、互惠互利蔚然成风，平等、团结、互助的社会主义民族关系不断得到巩固和发展。

728

吴泽霖，陈国钧等著/贵州苗夷社会研究．北京：民族出版社，2004 年版．

本书是一本由吴泽霖、陈国钧等著的研究贵州少数民族历史文化的论文集。这本文集收集了吴泽霖、陈国钧、张少微等著名学者 20 世纪三四十年代在各种刊物、报纸上发表的论文51篇，内容涵盖贵州少数民族的社会经济、文化教育、风俗习惯法等。本书收集的论文绝大部分是作者亲自在贵州少数民族地区作民族学田野调查的成果，因而，具有很高的学术价值，是了解贵州文化的经典作品。

729

韦晓康著/壮民族传统体育文化研究．北京：中央民族大学出版社，2004年版．

本书首先在于它的全面和完整，本书把壮族主要的体育门类和项目基本囊括其中。本书显著的一个特点是从文化角度较为深入地对壮族传体育进行探讨，首先是这些项目渊源的多元解构，揭示了这样传统体育活动的产生与民族生活环境、生产方式、生活式样、民族习俗、民族交往的关系是一种多因素的综合效应。本书的深入之处在于，它归纳出了壮族体育的主要特点。

730

沈桂萍著/少数民族干部教育问题研究．北京：民族出版社，2004年版．

本书从少数民族干部特殊职责切入，首先界定了少数民族干部特殊职责对少数民族干部教育目标、任务及组织过程的特殊要求，由此界定少数民族干部的内涵、外延、特点及教育结构和形式等内容。之后，追踪了少数民族干部教育的历史轨迹、时代特点，进一步说明少数民族干部教育对立统一性的规律。接着，从教育与社会关系原理出发，研究当代各民族发展繁荣战略的特殊内涵对少数民族干部教育的特殊需求，分析少数民族干部个体素质现状与教育需求的多样性特征，在此基础上，对21世纪少数民族干部教育目标、任务、组织形式等问题提出自己的看法。全书主要内容包括：少数民族干部教育概念界定；我国少数民族干部培育和教育历程；各民族共同发展繁荣与少数民族干部教育；少数民族干部素质现状与教育需求分析；21世纪少数民族干部教育创新等。

731

吴浩著/中国侗族村寨文化．北京：民族出版社，2004年版．

村寨，是构成人类社会最基层的一个组织。一般来说，每一个村寨，都具有一定的历史文化积淀。特别是对历史上缺乏文字记载的民族来说，要了解和研究这个民族的历史以及与此相关的民族学、社会学、人类文化学等等方面的问题，那就是离不开对村寨这个最基层组织的深入调查和多个个案的综合分析研究的。侗族地区每一个较大的村寨（三四百户以上）通常都有数百年或千年以上的历史。从一个村寨或数个村寨的形成和发展过程，可以探索出其附近的区域以至整个民族的形成和发展脉络。可以说，每一个古老的村寨，都是一本内容丰富的民族文化通典。

732

施惟达，段炳昌著/云南民族文化概说．昆明：云南大学出版社，2004年版．

本书主要内容章节包括：云南民族文化的特征与生境；云南民族文化的历史演进；云南民族的语言文化；云南民族的艺术文化；云南民族的宗教文化；云南民族的习俗文化；云南民族的节庆文化；云南民族的服饰文化；云南民族的手工艺文化；云南民族的建筑文化等。

733

赵长青，马树勋著/边疆民族地区有中国特色社会主义文化建设的理论与实践．昆明：云南大学出版社，2004年版．

本书概述了边疆民族地区有中国特色社会主义文化建设的地位和作用、研究对象和方法、指导方针和基本内容及主要任务，论述了马克思、毛泽东、邓小平、江泽民关于文化建设的思想等内容。

734

李国文等著/彝族俐侎人民俗．昆明：云南大学出版社，2004年版．

本书以云南省永德县乌木龙乡彝族俐侎人为研究对象，对其历史传说、人居环境与语言、生产生活、婚姻、家庭情况等进行了研究。

735

何琼著/西部民族文化研究．北京：民族出版社，2004年版．

本书主要内容如下：上篇　第一章 文化 民族 民族文化；第二章　社会形态和社会制度及组织；第三章　社会习俗规范；第四章　中国少数民族文化的宝库——西部

中篇　第一章　图腾文化；第二章　民族饮食文化；第三章　多姿多彩的民族服饰文化；第四章　民族住居、建筑文化；第五章　少数民族交通民俗文化；第六章　婚姻、家庭、人生礼仪文化；第七章　民族节日文化；第八章　民族民间文学艺术；第九章　绚丽淳美的东方艺术之花——民族民间工艺美术；第十章　少数民族旅游文化。

下篇　第一章　民族文化在中华文化中的地位；第二章　全球化背景下民族文化与世界文化的冲突与融合；第三章　经济开发与民族文化发展的互动；第四章　西部经济开发与民族文化发展的几点思考；主要参考文献；

后记。

736

王学萍主编/中国黎族．北京：民族出版社，2004年版．

本书是一本民族学著作，全书体例的确定，既根据黎族的实际情况，又参考了《中国民族文化大观》的体例。全书既包括黎族历史和地理分布的一般情况，又涵盖了民族学的方方面面。横向地看，全书包括了语言、社会制度、哲学、宗教、风习、道德、服饰、民居、文身、工业、农业、交通、通信、商贸、旅游、科技、卫生、教育，尽量上溯本原，求其发展脉络，下限尽量采用最新的材料和数据，以反映黎族社会发展的全貌。与以往同类著作相比，它具有全面性的特点。

737

民族出版社编著/民族知识丛书．北京：民族出版社，2004年版．

本书从20世纪80年代初开始由民族出版社组织众多从事少数民族研究工作的著名专家、学者编撰，按中国55个少数民族每个民族一本书来设计，从1981年出版的《赫哲族》算起，至2002年最后一本书《拉祜族》出版，历时21年。因此，不论从作者队伍、丛书规模还是编撰时间的跨度上看，这套丛书都可以称得上是继“中国民族问题五套丛书”出版后，第一套全面系统地介绍中国少数民族基本知识的权威性读物。

“民族知识丛书”系列丛书简要介绍了中国各少数民族的文化历史知识。该丛书内容丰富，语言通俗易懂，知识性、可读性很强，适合广大读者阅读。本书主要讲述了中国各民族发展的简要历史，在新中国成立初期的经济社会形态，文化特点和风俗习惯以及目前的发展状况等。编撰者大都是长期从事民族问题研究的专家，其中许多人还亲身参加过20世纪50年代我国组织的民族大调查。这些学者学术功底扎实，在写作中不仅引用了丰富的历史文献资料，同时运用了大量实地调查的第一手珍贵资料，使这套丛书具有鲜明的原创性特点。另外，在编撰体例和行文方面，这套丛书也注意了知识性和趣味性。可以这样说，有一套“民族知识丛书”在手，即可了解中国各个民族的基本面貌。因此，这套丛书出版后，得到了国内外专家、学者的充分肯定和读者的广泛好评，现该书已成为了解和研究中国少数民族的必备图书之一。

738

王柏中主编/八桂田野：广西民族学院民族学2001级学生田野调查研究论集．北京：民族出版社，2004年版．

本书系广西民族学院民族学2001级学生田野调查研究论集。所调查内容包括对广西各地的瑶族、壮族、苗族、客家人等族群，涉及其经济生活、婚姻家庭、亲属称谓等各个方面。内容真实，有一定的民族学、社会学研究参考价值。

739

李忠德著，杨新民等摄影/石林彝族撒尼人——中国民族名片．北京：民族出版社，2004年版．

这是了解中国民族、认识石林彝族撒尼人的名片。其内容从历史、民居、婚姻、节日、礼仪、禁忌、宗教、丧葬、文艺、饮食、服饰、特产、名胜等13个方面介绍彝族的特色，让读者对彝族有一个全面的了解，对喜爱旅游的读者更是一本不可多得的旅游指南。且本书中英对照的编排形式，能满足更多读者的需要。

740

石茂明著/跨国苗族研究．北京：民族出版社，2004年版．

本书是第一部以“跨国”的角度对苗族（HMONG人）进行专题研究的著作。苗族是一个起源于中国，并在中国和东南亚、欧美等地区十几个国家跨国而居的少数族群，因其独特的历史源流、社会文化及其对所居国家的影响，而在族群理论研究方面具有典型意义。作者梳理分析了大量的中外文献资料，并结合田野调查，运用多学科的理论和知识，对苗族的跨国性进行了多侧面的探讨。这项成果突破了苗族研究的传统范式，在苗学领域具有开拓性。作者还通过对该族群的具体研究，展开理论分析，对跨国族群理论、族群与国家关系理论、中国少数民族境外迁徙与移民等问题进行了具有创新意义的思索和研究。

741

任一飞著/维吾尔族．北京：民族出版社，2004年版．

维吾尔族是我国多民族大家庭中的成员。千百年来，勤劳勇敢的维吾尔族人民和祖国其他各族人民一同为缔造我们伟大的祖国，保卫和建设我们的国家，繁荣和发展中华民族的文华作出了重要贡献。本书试图全面而又概括地介绍维吾尔族的历史概况、社会状况、科学文化、风俗习惯和宗教信仰等，使读者对维吾尔族有更多的了解和认识。

742

马少青著/保安族．北京：民族出版社，2004年版．

本书包括：美丽的地方，族称和族源，反抗统治者，经营农业和商业，冶铁与保安腰刀，民间文学，宗教及节日，风土人情，传统体育，区域自治当家作主，后记等内容。

743

李绍明，冯敏著/彝族．北京：民族出版社，2004 年版．

本书是一本全面介绍彝族的书籍，主要内容包括：生息在西南山区；勤劳的耕牧民族；源远流长的历史；战天斗地的精神；不同的经济形态；社会发展中多样化的社会群体；多层次的政治制度；婚姻史演进的轨迹；父权制核心的家庭；敬神禳鬼的信仰；崇善黜恶的巫术；物质文化的独创；文明历程的回眸；淳朴无华的民风；民族优良的传统；异彩纷呈的文学；卓越恢宏的创作；绚丽多彩的艺术；伟大祖国的瑰宝；科学技术的摇篮；智慧才能的结晶；民族新生的展望；续谱华章的未来；后记等。

744

阮西湖著/加拿大民族志．北京：民族出版社，2004 年版．

本志是一部研究有关加拿大民族文化遗产诸多方面的报告，包括土著民族以及具有独特文化的移民，在加拿大为他们本身以及他们的家庭创建家园和未来等内容。

745

岑秀文著/苗族．北京：民族出版社，2004 年版．

本书内容主要包括：光荣的斗争传统，社会经济，社会组织，文学与艺术，宗教，节日，传统体育与医药。

746

肖之兴著/塔吉克族．北京：民族出版社，2004 年版．

帕米尔高原——塔吉克族故乡，半定居半游牧的山民，我国两支欧罗巴人种之一。本书主要介绍了：竭盘陀古国，色勒库尔回庄，保卫塔什库尔干，薄犁厅的设立和伯克制度的残存，塔吉克族人民的反帝斗争，薄犁革命，绚丽的文学艺术，质朴的风俗习尚，高寒山区的住房、服饰和饮食，我国唯一的伊斯玛仪教派，塔吉克族的新生和发展等内容。

747

黄钰，黄方平著/瑶族．北京：民族出版社，2004 年版．

本书主要介绍了：富饶的瑶山，族源和族称，瑶族游耕与迁徙，社会组织，家庭与婚姻，传统手工艺，文学艺术，生活习俗，宗教 丧葬 禁忌，节日娱乐，瑶山名胜等内容。

748

方立编/中华民族的脊梁．昆明：晨光出版社，2004 年版．

本书作为民族精神教育读本，内容分为文明史上的奇观、挺立民族之林的支柱、中华民族精神的“内核”——爱国主义、中华民族发展的源泉——勤劳勇敢等八部分内容。

749

高发元主编/中国民族村寨调查丛书．昆明：云南大学出版社，2004 年版．

本套丛书共 32 册，是 2003 年 7 月—8 月通过对全国 32 个少数民族村寨的调查后完成的。此次全国民族村寨调查采取了一个“深入”、两个“综合”的方式。一个“深入”，主要针对八井村的人口、经济、政治、社会、文化、风俗习惯、法律、婚姻家庭、宗教、科技、卫生、教育、生态等诸方面内容进行调查，以及调查人员的学科，其中涵盖了法学、经济学、社会学、历史学、考古学、文学、政治学、论理学、档案学、管理学、人口学、旅游学、语言学、艺术学等人文社会科学的大部分方面的内容，对了解和研究云南少数民族地区现实的社会生活有重要的参考价值与现实意义。

750

马京，李菊梅主编/中国民族村寨调查纪实．昆明：云南大学出版社，2004 年版．

中国地大物博，是个多民族的国家。从新中国建立以来，近半个世纪过去了，各少数民族在经济、社会、政治、文化等各个方面均发生了巨大的变化。但是因为地理、历史、人文、交通、信息等原因，少数民族居住地区各方面的发展还有待提高。在这样的形势下，对民族村寨各种情况的了解就成为了发展的前提。本书对了解和研究中国少数民族地区现实的社会生活有重要的参考价值与现实意义。

751

张跃著/中国民族村寨研究．昆明：云南大学出版社，2004 年版．

本书以马克思列宁主义、毛泽东思想的理论原则为指导，依据多种学科的理论和研究方法，主要在云南大学于 2003 年 7 月—8 月组织实施的“中国民族村寨调查”所获取的中国 32 个少数民族（包括台湾泰雅人）田野调查资料的基础上，从不同的角度，分别就少数民族的政治、经济、社会、法律、文化、教育、科技、卫生、婚姻与家庭、人口、宗教、生态环境、风俗习惯共 13 个方面的问题进行了专题研究而形成的著作。

752

司忠诚编/怒江傈僳族——中国民族名片．北京：民族出版社，2004 年版．

这是了解中国民族、认识怒江傈僳族的名片。其内容从历史、民居、婚姻、节日、礼仪、禁忌、宗教、丧葬、文艺、饮食、服饰、特产、名胜等 13 个方面介绍傈僳族的特色，让读者对傈僳族有一个全面的了解，对喜爱旅游的读者更是一本不可多得的旅游指南。且本书中英对照的编排形式，能满足更多读者的需要。

753

杨昌鸣著/东南亚与中国西南少数民族建筑文化探析．天津：天津大学出版社，2004 年版．

东方建筑文化在世界建筑文化宝库中占有与西方建筑文化同等重要的地位，研究东方建筑不仅有助于进一步理解中国建筑，也有助于更全面地认识世界建筑。东南亚建筑文化是东方建筑文化的重要组成部分。《东南亚与中国西南少数民族建筑文化探析》主要研究东南亚早期建筑与中国西南少数民族建筑之间的渊源关系，着重考察东南亚建筑文化圈的文化背景及居住建筑的一般特征、聚居模式及聚居环境营构方法以及在这一区域占主导地位的宗教建筑——南传上座部佛教建筑的基本特征等若干问题，可供有关人士阅读参考。

754

杨庭硕，吕永锋等著/人类的根基：生态人类学视野中的水土资源．昆明：云南大学出版社，2004 年版．

本书探讨的虽然仅是水土资源及其维护，但涉及的理论和实践问题却可视为当代生态问题讨论的缩印，其中包含了众多备受争议的重大理论及实践问题。生态危机是 20 世纪末开始引起人们普遍关注的严峻问题。在世人认识到生态危机严重性的同时，随即也引发了一系列尖锐的论争。不同的学者从不同学科理念出发，对生态危机的认识和理解各不相同，所提出的生态危机的解决办法也是大相径庭。在众说纷纭、莫衷一是的背景下，《人类的根基：生态人类学视野中的水土资源》一书的出版显然具有其特殊意义。因而，对本书作一个简单的述评肯定有助于人们对于生态问题理解的深入。

755

冯骥才著/苗人的灵魂：台江苗族文化空间．哈尔滨：黑龙江人民出版社，2005 年版．

每一个民族都有自身的传统伦理道德观，它是这个民族在长期的社会斗争和自然斗争中不断丰富和发展起来的。这些道德观念对维护这个民族的正常社会秩序和调整人与人之间的关系有着积极的作用。本书通过苗族鼓社祭的各种现象，可以看到古往今来苗族人民正直、善良、勤劳、勇敢的思想品质，讴歌了热爱本民族、敢于与社会和自然作斗争的英雄主义精神，展示了美好的理想和愿望，从而能生动形象地帮助人们辨清真善美和假恶丑，起到思想教育的作用。

756

马成俊著/热贡艺术（人类口头与非物质文化遗产丛书）. 杭州：浙江人民出版社，2005 年版.

“人类口头与非物质文化遗产丛书”着重反映了文化遗产的基本面貌、表现形态、美学或工艺上的主要特点、历史以及目前有代表性的主要传人，同时也简要介绍了当地政府为继承与保护这一文化遗产所做的工作和未来的计划。

它不仅有助于读者认识与接近这些优秀的民族文化遗产，增强民族文化自豪感，而且必将激励当代人通过这些民族文化遗产的认识与保护，将中国的优秀文化传统与现代社会紧密结合起来，开创中华民族更为灿烂的未来前景。

757

马自祥，马兆熙著/甘肃少数民族民俗文化概览. 北京：民族出版社，2005 年版.

本书是一部综合反映甘肃省民族风俗概貌的学术性著作。本书力图凸显以下一些特点：一是全方位展现甘肃十个少数民族民俗的整体面貌。着重从生产习俗、生活习俗、礼仪习俗、岁时习俗、社会习俗等几个方面对十个民族的风俗习惯进行发掘，并作了简明的介绍。二是突出了甘肃多民族特色。甘肃省的十个少数民族，每个民族都有自己的悠久文明历史，深厚的文化积淀，对每个民族分章去描述，便于人们系统而完整地去掌握和了解。三是具有多方面的价值意义，本书融民族性、群众性、知识性为一体，具有较广泛的应用参照价值。

758

苏丽春，李艳著/云南民俗风情与旅游. 昆明：云南大学出版社，2005 年版.

本书由上、下两篇组成。上篇总论由两个单元组成，第一单元民俗风情旅游概论，主要是对作为一种旅游类型和旅游产品的民俗风情旅游的概念、特点和影响作出初步的界定、归纳和描述，为进一步理解和认识云南民俗风情旅游奠定基础知识；第二单元云南民族民俗风情概况，主要对云南民族民俗风情发展概况作一个全面、系统的介绍。下篇云南民族民俗风情，由26个单元组成，主要介绍了云南25个少数民族，即彝族、白族、哈尼族、壮族、傣族、苗族、傈僳族、拉祜族、佤族、纳西族、瑶族、景颇族、藏族、布朗族、布依族、阿昌族、普米族、蒙古族、怒族、基诺族、德昂族、水族、满族、独龙族以及汉族鲜明、独特、奇异的民俗风情。在驳杂的云南民俗风情内容中，从旅游资源开发和利用的角度考虑，选择了民族的源流及分布、民居建筑、传统服饰、饮食特点、婚恋嫁娶、宗教信仰、岁时节令、礼仪禁忌、歌舞娱乐、工艺美术以及特殊文化等方面的内容，以此展现云南民族民俗风情、凸显彩云之南的风采，弘扬民族文化、民族艺术和民族精神，满足旅游者求新、求异、求知的心理需求，丰富旅游者的物质生活和精神生活，开阔旅游者的眼界，促进交流，加强了解，增进友谊。

759

张保华著/云南民族文化概论．北京：中国社会科学出版社，2005年版．

云南是多民族的省份，26个民族在漫长的历史中创造了丰富多彩的文化，这些文化是人类文明的瑰宝。本书对云南民族进行了深入考察，对云南民族文化作了全面分析，内容涉及云南民族的土司文化、宗教文化、道德文化、民俗文化、节日文化、景观文化、服饰文化、餐饮文化、民居文化、交通文化、民歌文化、音乐文化、舞蹈文化、戏剧文化、工艺品文化等，力图从一个全新的角度，向人们展示云南独特的民族文化资源，是人们了解云南、认识云南的必读参考书。

760

何琼著/西部民族文化研究．北京：民族出版社，2005年版．

本书研究了关于我国西部民族的文化，社会形态和社会制度及组织，社会习俗规范，中国少数民族西部文化，民族饮食文化，民族的服饰文化，建筑文化等相关知识。

761

袁静芳著/中国汉传佛教音乐文化（修订版）．北京：中央民族大学出版社，2005年版．

这是我国目前第一部简明概括论述“中国汉传佛教音乐文化”的教材

与专著。全书分上、下两篇，上篇为中国汉传佛教音乐文化概述，下篇为中国汉传佛教音乐文化专题研究与附录几部分。其中，绪论概述了中国佛教音乐的历史沿革与佛教的主要派系。上篇主要论述了汉传佛教音乐的类别（梵呗、音乐、法器）与艺术特征，同时论述了佛教法事与音乐以及含佛教音乐与社会文化的关系。下篇的几篇专题研究，从视角上、方法论上、研究的深度上无疑会对佛教音乐的学习者与研究者，展示一个富有研究个性与研究参照价值的学术园地。

762

刘朝晖著/超越乡土社会：一个侨乡村落的历史文化与社会结构．北京：民族出版社，2005 年版．

本文的写作始终贯穿着笔者的一个探求：村落社会研究的路径和目的。笔者认为，人类学意义上的村落社会研究的民族志实践，就是要通过对村落社会的个案研究，达到对其中所蕴涵的“问题”的拷问和抽象，最后上升到对村落社会研究的“主义”层面。在本文的调查和写作过程中，笔者一直都在努力遵循“个案—问题—主义”的思路。选择新江，“发现”其中的“乡土性问题”，到最后试图演绎出“乡土中国”变迁的社会、历史和文化机制的法则，这些构成了笔者对新江研究的全部。

763

金星华编/民族文化理论与实践——首届中国民族文化论坛文集．北京：民族出版社，2005 年版．

本书分上、下两册，书中论文内容丰富，论题广泛，从各个不同角度论述了少数民族文化建设和发展的各个方面。具体内容包括：民族文化理论与实践，经济全球化中的民族文化，对文化和文化工作的思考，民族文化综论，现代化、全球化与中国民族文化，民族宗教与祭祀文化，民族地域文化与历史文化，民俗文化探源，民族文艺探索，民族文化资源开发与保护，民族教育和体育文化，民族文化产业及其他等。

764

陈曦著/云南 26 个民族的经典节庆：Happy 快乐．昆明：云南人民出版社，2005 年版．

本书撷取云南 26 个民族的节日习俗，用图文并茂的形式展现少数民族基层社区节日活动。让你领略一下多元文化的丰富内涵，让感动、震撼、欢愉叩击你灵魂的壁垒，让久违了的真诚、亲切、纯善滋润你心灵的荒原。就从那些焕彩的节日开始我们的旅途吧，这些节日展示的将是原生态的生活方式和生存状态。不同的人群会用不同的方式告诉你他们眼里的快乐、生活和节日。

765

赵德光著/阿诗玛文化重构论．北京：中国社会科学出版社，2005年版．

本书主要着眼于一个极其现实的问题，即在迅猛而急剧变化的现代化进程中，中国少数民族文化（本书具体指云南石林彝族的撒尼支系文化）的创造性重构。通过长期、广泛的调查，并结合作者在石林彝族自治县多年来的行政管理经验积累和对该问题的思考，认为少数民族文化重构既是时代的课题，也是少数民族文化必然要面对和处置的历史问题和历史发展机遇。笔者还以大量实例仔细考察了历史上撒尼与外来文化对接的史实，为现代化进程中石林阿诗玛文化重构寻找到了可资对比和参照的规律和原则。

766

简良开著/神秘的他留人．昆明：云南人民出版社，2005年版．

本书是第一部系统介绍他留人民族文化的专著。神秘的他留人生活在永胜县六德傈僳族彝族乡境内，他留山是昔日茶马古道上的军事要塞，他留人曾经在此创造过辉煌灿烂的历史，但由于历史的久远阻隔，其源流脉络扑朔迷离；曾有过辉煌而毁于战火的古城堡，云遮雾障，悬疑重重；令人叹为观止的大碑林，影射出众多历史之谜；演绎着无尽罗曼史的“青春棚”，是双系对偶婚姻制的缩影；铎系所书的象形符号和咏诵的唱经与丽江纳西族的东巴文化有着异曲同工之妙，但其来龙去脉又难以自圆其说……

767

赵富荣著/中国佤族文化．北京：民族出版社，2005年版．

佤族是我国云南省境内的土著民族之一。有悠久的爱国历史，有光辉灿烂的文化艺术，有丰富离奇的神话传说。在漫长的历史长河中，由于受独特的地理环境、历史因素、社会生活的影响形成了许许多多的文化特色。本书全面、系统地论述了佤族文化，具有民族性、资料性和可读性的特点。

依靠作者多年的调查研究，作者尽可能地查阅了文献书籍中有关佤族的零星记载，并广泛参考学术界有关研究，运用历史唯物主义和辩证唯物主义的科学方法，经过对材料的综合分析、细致筛选，从民族学、民族史、民俗学、社会哲学等多学科、多角度对佤族的社会历史文化，包括原始族称、族源、原始宗教、衣食住行的生活礼仪习俗、文学艺术、民俗歌谣、韵舞蹈、教育和语言文字等进行了多层次、多角度的探讨和论述，力求反映研究心得和见解，揭示佤族历史文化的发展规律。

768

卢兵著/中华民族传统体育文化导论（民族研究文库）．北京：民族出版社，2005 年版．

我国民族传统体育是我国各民族世代相传，以发展身体、增进健康、提高身体机能为目的的人类社会活动。而我国民族传统体育文化则是我国各民族世代相传、具有一定体育内涵与外延的传统文化。我国各族人民在长期的生产和生活实践中积累起来的传统体育文化是中国传统文化的重要组成部分，其形式丰富多彩，其内容博大精深，涉及养生、分健身、竞技、搏击、休闲、娱乐等方面，是祖国重要的、宝贵的文化遗产。

本书讨论的是主动型的传统体育文化部分。主动型的传统体育文化根据其运动形态又分为三个类型，一是运动类；二是舒缓运动类；三是静功养生类。我国民族传统体育文化虽然是丰富多彩、博大精深，但其主体并不具备竞技性，在与现代体育运动的对比中呈现出另外一种精神风貌，具有典型的“中”、“和”含意，是“天人合一”和谐“修身”思想的具体体现。

769

玉时阶著/瑶族文化变迁．北京：民族出版社，2005 年版．

本书对瑶学研究的基础资料，进一步全面、系统、科学地进行搜集、整理，对各个学术专题开展了研究，使瑶学研究系统化和科学化，初步建立完整的瑶学科学体系，供相关研究者阅读参考。瑶族是个历史文化悠久的民族，由于历史上的原因，瑶族社会文化的发展与中原地区民族的发展相比显得较为缓慢、落后。中华人民共和国成立后，特别是改革开放以来，瑶族地区的社会经济有了很大发展，党和政府的关心、扶持，瑶族和汉、壮等兄弟民族经济文化交流的加强，现代化进程的影响和科学技术、信息的传播，既极大地促进了瑶族地区的经济发展，改善了瑶族人民的生活，也给瑶族社会文化带来了剧烈的震荡，使其社会文化发生巨大变迁。

770

巴义尔编/蒙古摇篮：额尔古纳．北京，民族出版社，2005 年版．

额尔古纳河是蒙古民族的摇篮，也是母亲河，又是一条中俄界河。多年来对此缺少大规模的宣传，使得这条河流一直默默地静卧在呼伦贝尔草原上。也许是这样一个原因，她得以保存了天然的绿色和淳朴的民风，在今天人们注重生态和自然的观念中，这样的绿色净土显得格外珍贵。本书正是以此为主线，较为全面地介绍了这条河的自然和人文概况，书中有大量生动的照片，总共约为250幅。包括了蒙古族、俄罗斯族、达斡尔族、鄂温克族、鄂伦春族、回族、汉族等沿河的居民，还有对岸俄罗斯的风情。除了对这条河的现状介绍之外，书中还以链接的方式引用了大量蒙古民族的历史知识及资料图片，简洁易懂，穿插在全文中，既展示了全书的散文体叙事风格，也加大了信息量，读者可借此概要地了解蒙古民族的历史和现状。

771

张晓琼著/变迁与发展：云南布朗山布朗族社会研究．北京：民族出版社，2005年版．

本书通过对布朗族社会政治、生计方式、观念文化、村社经济、扶贫开发等全方位变迁历程的考察，指出：新中国建立后布朗族社会政治与生计文化的变迁很大程度上是一种国家和政府行为，而非现代化影响的自我发展结果。这种国家指导下的计划性变迁，是布朗族社会文化发生变迁的直接动因。它在导致布朗族社会文化发生变迁的同时，也由于对布朗族传统文化缺乏足够的了解而使其变迁的计划和目的受到一定程度的影响，在变迁过程中使民族传统文化与外来置入文化的对接和整合出现了障碍，以至于因为不能完全接受变迁而使变迁结果在布朗族社会中造成了一定程度和部分群体的排拒现象。布朗族社会在改革开放以后村社体制外权威的重现、传统生计方式的留存、传统宗教信仰的恢复和热情高涨等等现象的出现，一定程度上反映了新中国建立以来布朗族社会文化变迁的曲折历程。

772

姚丽娟，石开忠著/侗族地区的社会变迁．北京：中央民族大学出版社，2005年版．

本书是“侗族地区社会变迁”课题研究的成果。将历史脉络与现实状况紧密结合起来，采用历史学、民族学、社会学相结合的方法，追溯过去，立足现在，放眼未来，是本书的一个特色。透视侗族社会进程中有象征符号意义的事项，如城镇、款组织、房族、习惯法、婚姻、人口等，进行专题分析，进而理清侗族社会的发展演变趋向，是本书又一特色。在梳理历史文献和他人著述资料的基础上，运用作者实地调查资料，以典型村寨的微观描述来阐释侗族社会变迁的宏观图景，是本书另一特色。侗族社会从来不是静止的，社会文化变迁永无休止，在现代化进程中文化变迁势在必行，传统文化转型也是势在必行。书中展现出侗族不断变迁的历史足迹，书中响动着侗族社会在新的社会文化变迁中正在行进着的现实脚步声，正是这一规律的有力证明。

773

（法）石泰安著/西藏史诗和说唱艺术．北京：中国藏学出版社，2005年版．

本书通过对西藏长篇史诗的深入研究，充分探讨和详尽阐释了流传西藏的这一既是历史文献又是文学文本和说唱艺术的神奇现象，作者以其辽阔的视野，雄心勃勃地向读者了关于藏族神奇长篇史诗本身和与之相关的一切内容。本书的第一部分是设想为了将非内行的读者领入这一问题的迷宫（第一章），向未来的研究者指出我多年来积累的资料（第二章），将研究者的注意力首次转向他将会正确评论其价值与相互关系的各类文献之中（第三章）。第二部分讲述的地理范围（第四章）出自《格萨尔》史诗本身并由一些互相独立的史料相佐证。此后的一章论述了该英雄人物（史诗中的主角人物）所属地区的历史，该地区的头人或首领仍在仰仗的名望。唯有与史诗独立无关的藏文和汉文历史文献才可能使人追述它自1400年以来的发展沿革。其中又加入了某些难以定夺的资料以便能使人多少洞察到该史诗于这一时间之前产生的奥秘。

774

李月英著/"三江并流"区的怒族人家．北京：民族出版社，2005年版．

具体分析，怒族的来源有四个不同的部分：一是来自古代"庐鹿蛮"部的一支，即今天居住在兰坪县和泸水县一带自称"若柔"的怒族。据《元史·地理志》第十三卷记载："兰洲，在澜沧水之东，汉永平中始通博南山道，渡澜沧水，置博南县，唐为庐鹿蛮部。至段氏时，置兰溪郡，隶大理。元宪宗四年内附，隶茶罕章管民官，至元十二年改兰州。"兰州即为今天的兰平县，两县相毗为邻。唐代所称兰坪的"庐鹿"部，大概就是今天分布在兰坪兔峨一带的自称"若柔"的怒族。二是自称为"怒苏"的怒族。怒族人认为怒江因怒族居于此而得名。三是自称为"阿龙"的怒族。阿龙由两大部分组成，一部分是土著居民，另一部分则是从外地迁入的其他人，因长期居于怒江，受阿龙的影响，最终变成了阿龙。也有观点认为阿龙人应该是怒族中的土著。四是贡山境内自称"阿怒"的怒族。怒族是祖国民族大家庭的一员，主要由自称"若柔"、"怒苏"、"阿怒"、"阿龙"的四个支系组成。作为一项人类学的区域性研究，本书只涉及研究贡山怒族阿怒支系。

775

周毓华，彭陟焱，王玉玲编著/简明藏族史教程．北京：民族出版社，2005 年版．

本书从西藏地理状况和藏族的起源讲起，简明扼要地介绍了从远古至现代的藏族地区的政治、经济、文化及其与周边地区的关系，并重点介绍了元、明、清三朝藏族地区的一些事情。

776

李祥红，任涛主编/江华瑶族．北京：民族出版社，2005 年版．

江华瑶族自治县是全国瑶族人口最多、面积较广的瑶族自治县。瑶族于江华聚居的历史久远，定居时间长。在千百年的发展中，江华瑶族于语言、居住、生计方式、生活习俗、宗教信仰等方面都具有本民族的特色。

777

石硕著/藏彝走廊：历史与文化（西藏文明研究丛书）．成都：四川人民出版社，2005 年版．

"藏彝走廊"是费孝通先生于20 世纪 80 年代初提出的一个历史—民族区域概念，主要指川、滇西部及藏东横断山脉高山峡谷区域。这一地区自古以来就是众多民族或族群南来北往，迁徙流动的场所，也是沟通西北与西南民族的重要孔道。本书所收集的 20 多篇论文，分别从民族学、人类学、民族史、语言学、考古学、生态学等不同学科和角度对"藏彝走廊"的历史文化现象作了或宏观或微观的研究。从某种意义上可以说是对"藏彝走廊"开展跨学科综合研究的一个尝试。

778

曹子丹著/吃茶的民族．长沙：湖南人民出版社，2005 年版．

本书通过"古茶树"的发现，依据历史的遗迹，探寻中国境内高棉语族的社会形态、生产方式、宗教习俗和吃茶的方式等，是生动的民族风俗考察报告。

779

安歌著/草原上的毡房（边缘部落丛书）．石家庄：河北教育出版社，2005 年版．

新疆维吾尔自治区昭苏县布拉特草原——草原的最深处：辽阔的草原，成群的牛羊，优美的牧歌，具有哈萨克民族风情的草原生活。在这里，您可尽情品尝草原生活的味道、羊肉、奶茶、酸疙瘩的味道扑面而来；领略哈萨克族悠久的历史及丰富多彩的风俗，参加他们的阿肯谈唱，了解他们的婚姻习俗、历法等等，与哈萨克牧民一起走在转场的路上，体验恬静而又艰辛的草原生活。

780

刘玉宗，殷雨安编著/青龙满族．北京：民族出版社，2005 年版．

满族，是怎样由弱到强，从东北进入中原，走上中国历史舞台的？青龙的满族人是怎样进入青龙拓荒，给出平实而又生动的生活画卷的？《青龙满族》以丰富的事象资料和深厚的生活感受，从满族发展概略、青龙满族的来历、村名、习俗、文化、文物、传说、游艺、方言等方面对青龙满族进行了比较全面系统的叙述和揭示。因而，本书不仅具有鲜明的现实感，而且具有一定的学术性。同时，本书语言简洁，内容系统，文图并茂，史料翔实，融思想性、知识性、趣味性于一炉，具有很强的可读性。

781

黄光学，施联朱主编/中国的民族识别（56 个民族的来历）．北京：民族出版社，2005 年版．

民族识别是一项理论性、科学性、政策性很强而又相当复杂的基础工作。它直接关系到具体落实中国共产党的民族政策，建立和发展社会主义民族关系，加强民族团结，巩固祖国统一，实现国家长治久安的大局，特别是关系到民族区域自治政策的贯彻执行，胜利地开展社会主义现代化建设，实现各民族的共同繁荣。因此，民族识别工作既是一项极为繁重、有着重大政治意义的实际工作，又是一项具有重大科学价值的科研工作。实践证明，新中国建立后进行的民族识别是成功的，是符合中国的实际的，解决了前人从未解决过、长期悬而未决的问题，取得了辉煌的成就，已成为具有中国特色的社会主义民族工作和民族科学研究的重要组成部分。它对于中华人民共和国民族结构的确定，保持安定团结的政治局面，使各族人民同心协力共同建设社会主义起着推动作用。四十多年来，中国在进行民族识别工作中，民族工作者和民族科学研究工作者对民族概念、民族的形成与发展、中国民族识别问题的复杂性、民族识别的理论依据、民族识别的成就和意义，以及中国民族识别工作的成功经验、存在问题和遗留问题等，都进行了大量而深入的研究和探讨。本书就上述有关民族识别工作诸方面的问题，进行了一次比较系统、全面的综述和总结，既反映主要成就和成功经验，又指出了存在的问题，为今后进一步落实民族识别的遗留问题提供了借鉴。

782

芷江县民宗委编著/芷江侗族——名族名片．北京：民族出版社，2005

年版.

芷江，地处湘西南边陲，素有“滇黔孔道，全楚咽喉”美誉。芷江，历史源远流长，因屈原《九歌·湘夫人》“沅有芷兮，澧有兰”诗句而得名。芷江水丰土沃，资源丰富，名山胜迹，相映生辉，风光旖旎。城北是缛浓翠色，岭岭相衔，景色清幽的佛教圣地明山；城南是占地2000余亩，抗战时期名列全国第二的芷江机场；城西舞水河岸有内地最大的妈祖庙门坊青石浮雕，极尽鬼斧神工之妙，堪称江南一绝；尤其是矗立在县城南七里桥，现存华夏大地唯一的纪念抗日战争胜利的中国人民抗日战争受降纪念坊使芷江以受降名城蜚声中外。

本书介绍了芷江概况、侗族的民居、婚姻、节日、礼节、禁忌、信仰、饮食、服饰、特产、景点、丧葬等内容。

783

王兆璟，王春梅著/西方民族主义教育思想研究. 北京：民族出版社，2006年版.

本书分上、下两编。上编系统地介绍并评述了西方民族主义教育思想源流；下编则评述了西方国民教育的历史实践，阐释了全球化背景下的西方民族主义教育思想。

784

赵寅松著/白族文化研究. 北京：民族出版社，2006年版.

白族是我国西南边疆一个具有悠久历史和文化的少数民族。主要分布在云南省大理白族自治州、丽江、碧江、保山、南华、元江、昆明、安宁等地和贵州毕节、四川凉山、湖南桑植县等地亦有分布。白族人民在长期的历史发展过程中，创造了光辉灿烂的文化，对祖国的文明作出了贡献，本书对白族文化作了深入的研究。

785

吴雅芝著/最后的传说（鄂伦春族文化研究）. 北京：中央民族大学出版社，2006年版.

本书之所以冠名《最后的传说》，就是因为自然生态环境遭到破坏以后，野生动物迅速消失，狩猎文化随之消亡，而且不可能再有寻找回来的世界，这种结果是我们最不想看到的。因此，呼吁、恳请有关决策部门：在保护大自然、保护生态环境的同时，为鄂伦春族独特的传统文化留一点传承的空间。主要包括以下篇章：第一章　兴安岭骄子；第二章　游动的部落；第三章　猎神的足迹；第四章　靠山吃山，靠水吃水；第五章　人生三部曲；

第六章　不成文的行为准则；第七章　神秘的神灵世界；第八章　古朴的山林文化；第九章　最后的传说。

786

崔玲玲著/青海台吉乃尔蒙古人人生仪礼及其音乐研究．北京：中央民族大学出版社，2006年版．

台吉乃尔蒙古人的音乐文化是蒙古族音乐文化中的重要一支，是一笔丰厚的民族文化遗产。其人生仪礼中的仪式及音乐，不仅体现了台吉乃尔蒙古人丰富的民俗和多彩的音乐，也体现了蒙古民族悠久的传统文化。台吉乃尔蒙古人从新疆地区的卫拉特蒙古部落迁至青藏高原，与当地的藏族、土族、撒拉族、回族、汉族、哈萨克族等民族杂居。多民族的居住环境形成了文化间的交流、趋同与融合。由于地处青藏高原，交通相对较闭塞，这对保留古老的民族文化又起到了不容忽视的作用。通过对青海台吉乃尔蒙古人的人生仪礼的仪式及其音乐的考察研究，我们既可以看到蒙古族古老文化的遗存，也可看到文化的变迁过程。本书借鉴民俗学中有关人生仪礼的研究理论，以台吉乃尔蒙古人的人生仪礼及仪式音乐的实际情况为基础，结合其传统观念，尝试着制作一个研究模式图，进行分析、解释。即：将台吉乃尔蒙古人人生仪礼的总体，看做是一个完整的圆圈，从中间分开，上半部分为人们由生到死的过程中的仪礼，称其为生活仪礼；下半部分为人的由死到生的轮回过程中的仪礼，称其为信仰仪礼。这两部分仪礼的总和，体现出一个台吉乃尔蒙古人传统观念中完整的人生仪礼的过程。

787

曹成章著/傣族村社文化研究．北京：中央民族大学出版社，2006年版．

本书主要介绍了傣族的文化传承、版纳的农村公社、外来的农民群体、习惯与宗教规范、创建新经济等内容。

788

杨亮才编著/和谐社会：中国白族本主文化（中国民间口头与非物质文化遗产推介丛书）．哈尔滨：黑龙江人民出版社，2006年版．

该书全面阐述了白族的宗教信仰本主文化的形成、流传和发展。本主文化伴随着白族人的生产、生活，无论是什么节日，白族人都要先做迎送本主神的活动。但随着时代的发展，这种源自远古的图腾崇拜活动，正在逐渐消亡，为使这种文化现象流传下来，我们出版了该书，目的是为了更多的人了解它的社会价值、历史价值、抢救价值。

789

桑德诺瓦编著/源自喜玛拉雅南麓的声音——丽江古乐（中国民间口头与非物质文化遗产推介丛书）. 哈尔滨：黑龙江人民出版社，2006 年版.

丽江古乐包含三个具体而明确的内容与成分，即白沙细乐、东巴音乐、洞经音乐，是纳西族最具代表性的口头与非物质文化遗产之一。丽江古乐是了解与研究纳西族社会历史发展、哲学、宗教、文化、伦理道德观念和民族审美心理等的宝贵史料。丽江古乐属纳西人迄今保留的除“丽江古城”、“东巴文化”、“摩梭婚制”、“白沙壁画”等以外的又一古代历史文化遗存，因而其本身所具有的文化历史价值自不待言。

790

杨发顺著/历史的印痕：最后的文面人. 北京：中国旅游出版社，2006 年版.

独龙族是我国人口稀少的一个民族，主要居住于云南省贡山县境内的独龙江两岸，部分散居在临近的维西县和察隅等地。文面是独龙族一种独特的风俗文化。妇女有文面的习俗，凡女孩到十二三岁就要行佩刺文，在脸上行刺花纹。文面时，先用选好的竹签或树针蘸调和的锅烟灰在文脸者的脸上描好文型图，到墨迹干后行刺文者左手拿刺针，右手持拍针棍沿着纹路拍打刺针，每刺一线即把血水拭去，紧接着敷以锅烟灰及蓝色染料拌和的“墨汁”。文印刺好经过几天创口脱痂。此时肉皮上即呈现出黑色和青靛色的斑痕，这斑痕永远留在脸上，便成了面纹…… 文面，俗称“画脸”，是主要聚居在云南西北部贡山独龙族怒族自治县的独龙族沿袭千年的古老习俗。然而随着时代变迁，文明更替，这一古老习俗已止于 50 年前。本书为你撩开文面人的神秘面纱，探访鲜为人知的独龙文化。

791

卡丽娜著/驯鹿鄂温克人文化研究. 沈阳：辽宁民族出版社，2006 年版.

该论著以大量文献资料以及笔者田野调查的丰富的第一手资料为依据，具体分析和讨论驯鹿鄂温克人的传统文化。第一章绪论部分从文化人类学的视角对驯鹿鄂温克人文化的研究方法和理论进行科学阐述。同时概述了国内外对驯鹿鄂温克人的研究状况，指出对驯鹿鄂温克人传统生产生活开展学术研究的紧迫性、现实性以及重要性，进而阐明了对驯鹿鄂温克人优秀传统文化研究的学术价值和理论意义。第二章通过对驯鹿鄂温克人古老的社会组织和婚姻家庭制度的分析研究，系统地论述了地域特征鲜明的驯鹿鄂温克人古老的制度文化国。第三章和第四章对驯鹿鄂温克人的狩猎文化、驯鹿文化、桦树皮文化、兽皮文化、饮食文化、居住文化的结构、功能、特点进行了分析论述，阐明了他们具有浓厚山林民族色彩的物质文化。第五章从语言、丧郝文化、口头文学与艺术以及他们的动植物崇拜直至萨满教的结构、功能、特点等，对驯鹿鄂温克人带有浓厚民族特点的精神文化进行了分析和论述。

792

王清华等著/秘境家园丛书．北京：民族出版社，2006 年版．

来自秘境的报告，著名学者、摄影家、旅行家、作家带您亲历秘境家园，在秘境家园里，有各个民族独特的传统文化；在秘境家园里，还保存了历史上各个时期各民族创造的富有历史价值、艺术价值、科学价值和旅游价值的各类文物、建筑群、遗址、遗产等等；在秘境家园里，那大自然鬼斧神工造就的奇妙风景，那“天人合一”传统孕育的青山、绿水、蓝天、白云、鸟语、花香、和谐以及置身其境的“仙境”感，让人觉得那里真是可以洗涤灵魂的地方。“秘境家园”丛书以优美的文字、精美的图片、一定的篇幅生动地记录了秘境家园百姓的真实生活。

793

杨军著/西北少数民族地区基础教育均衡发展研究．北京：民族出版社，2006 年版．

本书是一部关于少数民族教育的研究专著，内容涉及基础教育均衡发展理论研究、新中国扶持少数民族教育政策综述、西北少数民族基础教育发展不均衡的现状透视、西北少数民族基础教育均衡发展的理性思考等，适合教育工作者参考学习。

从本书研究的具体内容来看，在第一章绪论部分先昭示了当前基础教育均衡发展的国际化背景，对世界许多国家在实现基础教育均衡发展的过程中所取得一些有益的举措进行了简要介绍。第二章着重探讨与教育均衡发展有关的理论问题。第三章通过新中国成立五十多年来实行的对少数民族教育扶持和倾斜政策的回顾。第四章和第五章介绍和阐发了对西北少数民族地区基础教育均衡发展过程中出现的一些不均衡发展的现象和问题的感性认识。第六章和第七章对西北少数民族基础教育进行了理论的思考和研究。本书的结尾部分是关于对西北少数民族基础教育均衡发展战略的对策研究。

794

宋太成著/民族预科教育论丛（第 1 辑）．北京：中央民族大学出版社，2006 年版．

本书主要包括族预科教育，培养更多的少数民族人才，少数民族预科教育培养模式研究与实践，中央民族大学预科部教学管理改革的探索与实践，用突出人文教育的思想指导民族预科教育课程改革，民族预科教育课程体系改革初探，拓宽空间依托载体，探索预科教学改革等内容。

795

马启成著/回族历史与文化暨民族学研究．北京：中央民族大学出版社，2006 年版．

这部选集中的文章涉及民族学、宗教学、民族史、社会人类学和西部地区开发等多学科研究领域，但主要是回族历史与文化方面的研究。收入本书的文章编为四编，既有理论性概括，也有综合性阐述，还有对有关问题的探讨。第一编是回族学与回族历史研究，包含回族学学科的理论建设、回族的族源及其形成、回族志、回族学术史、族教关系、有关回族人物评述等。第二编是中国伊斯兰文化研究，包括伊斯兰教在中国的传播和发展、中国伊斯兰教教志、中国伊斯兰文化的基本特征、对有关穆斯林学者的评述和书评。第三编是西部及宁夏地区的研究，包括黄河水利开发、宁南山区农业基础建设、中国少数民族地区的贫困与文化脱贫。第四编是民族与宗教方面的研究，包括宗教起源与发展演变规律及其文化功能、新疆地区宗教、中国民族学的成就、民族节日文化、民族高等教育等方面的研究等。

796

宋光淑著/纳西东巴文化研究总览．昆明：云南大学出版社，2006 年版．

本书论文部分有八百多个作者，涉及 426 种图书和报刊，内容涵盖《中图法》的 20 个大类，254 个子目；专著部分收有 179 位个人和集体责任者的著作条目，内容涵盖《中图法》的 11 个大类，67 个子目；外文部分有 60 位作者，内容涵盖《中图法》的 7 个大类，34 个子目。提供了题名、著者、出版社、来源及刊名、卷期、提要等内容及检索途径。本文以精选的 2191 条论文、481 本专著和外文 116 条论著为依据，对纳西东巴文化研究文献进行分析，尽可能反映了纳西东巴文化研究的全貌。

797

张跃，何斯强著/中国民族村寨文化．昆明：云南大学出版社，2006 年版．

本书为“中国民族村寨调查丛书”之一种，是汇集所调查的 55 个少数民族村寨的图片资料编辑而成的一本大型画册，共收入图片 1100 余幅，共有“总序”、“前言”、“中国民族村寨文化调查点示意图”、“生态环境”、“生产与生活”、“民居建筑”、“饮食习俗”、“传统服饰”、“礼仪与娱乐”几个部分。

民族村寨文化是一种历史现象，每一时代都有着与之相适应的文化，并随着社会物质生产的发展而发展。民族村寨文化又是一种地域现象，不同区域的民族文化，都有着各自的特征，而且与其他文化相互交融和渗透。民族村寨文化还是一种规约现象，在特定区域内民族成员经世代沿袭并渐次积累，大家共同遵守而约定俗成。画册内容丰富，涉及中国少数民族社会生活的各个方面，有极高的学术研究价值与宝贵的文献资料价值，同时又具有很好的可读性与观赏性。

798

白兴发著/彝族传统禁忌文化研究．昆明：云南大学出版社，2006年版．

长期以来，禁忌问题纵然在不少论著中有所涉及，但总体来说仍是一个研究的薄弱环节，可喜的是，近年研究禁忌文化的论著开始增多，未来有形势放好之势。然而，具体到一个民族而言，尚不见有比较系统的专论。本书选取西南彝族作为研究对象，乃在于彝族传统文化底蕴丰厚，禁忌文化的内涵更为深广，在我国少数民族中，尤其在西南民族中更具典型代表性。本书有意识地在彝族禁忌的起源、禁忌形成的社会历史背景、禁忌的演变及传承等部分着力挖掘，进行认真的梳理和分析，突出彝族传统禁忌文化的特点。

799

新晃县民族宗教委员会编/中国民族名片：古夜郎湖南新晃侗族．湖南：民族出版社，2006年版．

看中国民族名片，了解中国民族，认识新晃侗族，看新晃侗族名片。新晃侗族自治县成立于1956年，位于湖南西陲，东连湖南省芷江侗族自治县，南、西、北三面分别与贵州省毗邻，是中南进入西南地区的咽喉，湘黔铁路、320国道、上（海）瑞（丽）高速公路穿境而过，距芷江机场65公里，距大兴机场83公里。历来是湘黔边界的重要物资集散地。素有“湘黔通衢”之美称。被誉为“湘西明珠”。

800

房若愚，葛丰交著/哈萨克族（中国少数民族风情游丛书）．北京：水利水电出版社，2006年版．

本书是“中国少数民族风情游丛书”之一。该系列丛书是一套集历史、文化、地理于一体的旅游文化知识丛书。本册向你介绍的是哈萨克族。它不仅全面描述了哈萨克族的文化渊源和历史传承，还详尽介绍了其主要聚居地的风景名胜，并提供了住宿、交通、购物等最新旅游信息，是了解哈萨克族文化和去哈萨克族地区特色旅游的必备之书。

801

潘年英著/野中自觉．北京：民族出版社，2006年版．

本书以贵州少数民族的地方发展为研究个案，着重阐述了“文化自觉”理论在民族自觉、自醒、自立、自强过程中的重要性。书稿由《中国西南土著文明的人类学研究》、《土著者说》、《地方性知识与人类学的历史叙述》、《西南风俗琐记》、《植根于田野的学术》等20篇学术随笔组成。以优美、流畅、精悍的语言文字，展示丰富、深厚的地言民族文化，使读者在赏心悦目的美文品读中，获取诸多地方性知识。

802

李暾著/各族学子都能成功：云南民族中学学生潜能开发与个性发展案例研究．北京：人民教育出版社，2006年版．

在全国教育改革潮流面前，教育如何面向现代化、面向世界、面向未来，如何从“应试教育”向素质教育转轨，已变为现代社会对学校教育改革和发展的具体要求。本书是“面向未来的基础学校丛书”的一部分，分为六个篇章，每个篇章由若干个案组成：第一编　各族学子成长的摇篮；第二编　让潜能迸发出智慧的光芒；第三编　开发潜能从何入手；第四编　在探究活动中展现个性；第五编　个性在师爱教诲中发展；第六编　张扬个性与和谐发展。

803

覃彩銮著/中国民族：华北、西北、东北卷．南宁：广西民族出版社，2006年版．

本书按照语族的分类，从民族文化学的视角，全面系统地介绍分布在我国华北、西北和东北地区属突厥语族的维吾尔、哈萨克、柯尔克孜、乌孜别克、塔塔尔、撒拉及裕固族；属蒙古语族的蒙古、东乡、土、达斡尔及保安族；属满—通古斯语族的满、锡伯、鄂温克、鄂伦春、赫哲族以及其他语族的回、塔吉尔、俄罗斯、朝鲜等20个民族的地理分布、自然环境、历史来源、传统经济生活、生活习俗、文化艺术、宗教信仰等。

804

王积超著/白族家族文化变迁．北京：民族出版社，2006年版．

白族家族文化的形成、发展历程与外部环境，特别是与汉文化的影响密切相关。汉文化通过流动人口这一载体，不断进入白族地区，既冲击当地传统的白族家族文化，又使得当地白族家族文化的合理内核得到保留并发扬光大，从而引起了白族本土文化与汉文化之间的交流、融合和冲突，导致白族家族文化新特质的产生，并不断向前发展。

全书共分四大部分：第一部分为背景分析和理论框架，主要讨论了选题的目的、意义、研究方法以及写作思路，并对书中涉及的家族、家族文化、人口流动等基本概念作出界定，讨论了前人有关白族地区人口流动与白族家族文化的研究成果。第二部分介绍了白族地区新中国成立前和成立后的人口流动情况。第三部分主要论述了白族家族文化，探讨了白族家族文化的发展历程及其构成、职能和特征。第四部分主要分析了白族地区的人口流动对白族家族文化变迁产生的影响，以及白族家族文化的未来走向。

805

包路芳著/社会变迁与文化调适：游牧鄂温克社会调查研究．北京：中央民族大学出版社，2006 年版．

本书在对田野点进行详细调查的基础上，对游牧鄂温克的社会文化变迁作了细致的分析。主要包括：绪论、历史追述、人口与变迁、社会体制变革与生产生活方式的变迁、传统文化的重构等内容。

806

和少英著/云南特有族群社会文化调查．昆明：云南大学出版社，2006 年版．

本书对金平傣族、新平花腰傣、贡山独龙族、西双版纳克木人、金平金水河莽人、鸟木龙俐人、哨冲花腰彝、石林撒尼人、永胜他留人、金平者米苦聪人、澜沧老缅人等尚未识别的族群、人口较少的民族及社会文化特征较为明显的民族的自然环境、人口分布、族称族源、语言文字、族群关系、婚姻形态、家庭结构、伦理道德、宗教信仰、服饰文化、民居建筑、饮食习俗、岁时礼俗、生仪、葬俗、禁忌、民间文学、音乐舞蹈、社会组织、生产生活等方面进行了初步调研和描述，较全面地展示了这些族群的社会结构和文化特色。

807

赵怀仁编/大理民族文化研究论丛（第二辑）．北京：民族出版社，2006 年版．

白族是一个追求和谐的民族。不仅表现在本民族内部，白族人还善于与汉族、彝族、回族、傈僳族、藏族、蒙古族等各民族和睦相处。历史上，大理境内发生过多次民族的交流和迁徙，但最终都交融到一起，形成以白族为主体、各民族和谐共处的多元一体格局。

本书在第一辑的基础上，继续对白族和其他少数民族的历史文化、宗教信仰、语言文字和艺术成就等方面进行研究，无论在深度和广度上都有所拓展，进一步充实着大理文化的深广内涵，体现了广大作者和编者不断创新、不断追求更高学术水准的努力方向。

808

颜绍梅著/近现代云南女子学校教育发展研究．北京：民族出版社，2006 年版．

本书全面阐述了云南古代传统的女子教育，清末时期云南新式女子学校教育的发轫等内容。

809

中央民族大学博物馆著/五彩霓裳——馆藏民族服饰．北京：中央民族大学出版，2006 年版．

本画册是从数千件（套）各民族传统服饰藏品中挑选出部分精品拍摄、编辑而成的。该画册的出版，对于展示和宣传中华民族绮丽多姿、底蕴深厚的服饰文化，推动民族服饰文化遗产的抢救、保护与研究，具有重大的现实意义。对民族学、人类学、社会学、历史学及服装设计、工艺美术等相关专业的教学、科研工作，都具有重要的参考价值。

810

廖国强，何明，袁国友著/中国少数民族生态文化研究．昆明：云南人民出版社，2006 年版．

本书的学术价值主要在于，实事求是地分析了中国少数民族在生产、生活、制度、宗教诸领域中的生态文化，对少数民族朴素而深邃的生态伦理观作了概括归纳，发掘、弘扬了中国少数民族生态观中的优秀传统，与片面指责少数民族的生产、生活方式有损、甚至破坏生态环境的某些充满义愤的论说形成鲜明对照。毫不回避少数民族地区生态环境恶化的事实，而是客观地、冷静地探讨少数民族地区“生态危机”的成因。提出的中国少数民族生态文化对可持续发展战略的借鉴和启示、中国少数民族生态文化的创新与发展，丰富了世界生态文化的学术宝库，对生态人类学学科建设和理论研究具有显而易见的学术贡献。展示在读者面前的是非中华文化主流文化的少数民族文化，是远离工业文明的少数民族生活方式。在此，我们看到一种又一种在漫长的岁月中逐渐形成的人与自然和谐相处的生活图景，我们发现有许多在不损害自然的前提下求得生存与发展的宝贵经验。

811

拉他咪·达石著/摩梭社会文化研究论文集（1960—2005）．昆明：云南大学出版社，2006年版．

本书分上、下两册，本书从民族学、人类学、民俗学、宗教学、文化学、音乐学以及对已出版的有关摩挲文化研究的重要论著评论等方面，较为系统全面地展示了有关摩挲文化研究重要且有较大影响的研究成果。

812

杜巍著/思茅民族文化研究．昆明：云南大学出版社，2006年版．

任何一个民族的文化，都具有多学科的性质，又宛如一条流淌的河，总是处于变动状态。因此，进行跨学科、跨时空的综合研究，就是我们必然的选择。历史上也好，今日也罢，民族文化的传承与发展，都有其自身的特点和规律，都与特定的文化生态系统息息相关。如何准确、全面、立体、动态地把握某一民族文化的特质与走向，应成为我们的关注点。

本书是近年来由思茅师范高等专科学校教师撰写的第一本思茅少数民族文化研究论文集。拟从文化生态这一背景对佤族神话进行考察，并力图从中探索活形态神话的基本特征。

813

左玉堂著/民族文化论．北京：大众文艺出版社，2006年版．

本书内容包括：中国西南彝族毕摩文化；彝族食俗与食俗文化；彝族打歌及打歌调散论；试论彝族打歌调格律；论彝族打歌调的艺术特色；迥然有别的创世历程与英雄业绩——几部彝族创世史诗与英雄史的比较；绚丽多彩的彝族生活画卷——试论彝族民间故事的思想内容和艺术特色；关于彝族民间童话；光明的赞歌——读彝族红军颂歌；论《阿诗玛》人物形象的塑造；彝族文学的分类与基本特征；试论傣族叙事长诗的民族特色；傈僳族民间童话简论；少数民族人民智慧和力量的化身——试论云南少数民族机智人物故事；理想和智慧的结晶；欢乐的节日优美的传说；秀丽的山川优美的传说——评罗平布依族风物传说；怒江采风散记；保持原貌适当加工——简谈民族民间故事的整理；继承文化遗产发扬优良传统——兼评民族虚无主义思潮；傣族文学的历史画卷——评《傣族文学简史》；三朵别具色香的山花；简评《生产调》；欢乐生活的赞歌——重读傈僳族歌手李四益的诗；一支美好的歌——喜读《神马》；富有特色的傣族民间故事佳作——读《艾苏和艾

西的故事》；一朵独放异彩的鲜花——谈光加桑故事；多姿多彩的民族文化精品——《云南民族文化大观丛书》评介；在耕耘中树立自己的形象——谈云南民族出版社的图书特色；彝学研究的新成果——兼简介云南民族出版社近几年出版的彝族图书等。

814

陈理主著/中国少数民族文化遗产集萃．昆明：云南教育出版社，2006年版．

近年来，在我国兴起了一场声势空前的民族文化遗产研究、发掘、抢救、保护的热潮。在现代化和经济全球化的冲击下，文化遗产的保护日益受到世界各国政府和民间组织的重视。既要保护物质文化遗产，也要保护口头和非物质文化遗产，是大多数国家的共识。本书着力介绍我国除汉族外的55个少数民族的文化遗产。而某些由古代多民族共同创造的文化遗产没列为本书收录范围，本书收录的内容大部分为单一民族所创。

815

王彦著/中国民族服饰工艺文化研究．昆明：云南大学出版社，2006年版．

本书共四册，主要探讨了苗族和侗族的服饰工艺文化。民族服饰工艺及其相关文化属于非物质文化遗产，其主要包括工艺技术、款式结构、纹饰内容和传承方式等工艺和文化两大部分，最能体现文化的多样性和民族特性。因此，完整的民族服饰工艺研究应包括相关文化的研究，这也正是本丛书所涉及的内容。在这里，文化是传承的根基，若是没有民族精神作为支撑，工艺是传承不下去的。民族服饰文化研究是一个正在形成的学科，日益引起学术界的关注和重视。

816

黄光成著/云南民族文化纵横探．北京：科学出版社，2006年版．

本书以中国民族种类最多的云南为主要研究对象，一方面以生动的描述文字使读者更多地获得云南民族文化的感性知识，另一方面在揭示云南民族文化的特点的同时，尽可能地上升到文化理论的高度，构筑一个新的认识和分析框架，使读者用新的视角去解读文化学和云南民族文化。

817

周文林著/云南民族影像．昆明：晨光出版社，2006年版．

改革开放以来，云南社会经济发生了翻天覆地的变化，传统民族文化的发展更是异彩纷呈。在文化建设方面，云南省提出了构建民族文化大省的宏伟目标，给云南民族文化的发展注入了新的活力。回顾历史，展望未来，我们对云南民族文化发展的前景充满信心。为了充分展现当代云南民族五彩缤纷的文化内涵，我们以图文并茂的形式选编了这本《云南民族影像》。希望通过本书的出版，能有更多的人深入实际，更多更好地挖掘和展示各民族的文化资源，为云南民族文化的发展作出努力和贡献，让更多的国家和地区、人民认识云南，了解红土高原的民族文化，从而促进云南民族文化更广泛、更深入地走向世界，同时为其自身的繁荣和振兴奠定坚实的基础。

818

仇学琴著/蒋文中云南民族文化探源．北京：中国社会科学出版社，2006年版．

本书应用历史学和文化人类学方法全面而系统地探索云南民族文化的源和流，对云南民族的交通文化、对外联系、兵役劳役、贡物赋、土地制度、节庆文化、婚姻家庭、饭食文化、居住文化等多个层面进行破译、解读，本书特点在于一改以往过于枯槁的考据和教条，以流畅而富文采的笔调去大开大合，展现出不凡的格调和研究水准，有较强的可读性，不失为一本有分量的学术力作。

819

（美）克利福德，（美）马库斯编，高丙中，吴晓黎，李霞等译/写文化：民族志的诗学与政治学．北京：商务印书馆，2006年版．

本书已成为当代人类学反思的经典理论著作，具有里程碑式的意义。在出版后的20年里，它成为国际人类学界引用得最多的一本书，并且在人文科学及其他社会科学领域产生了广泛的影响。本书收录的11篇论文围绕人类学知识生产过程中的文本写作这一环节，检讨了各时期人类学民族志的经典文本，并开放性地指出了将来民族志写作及文化研究所具有的多种可能性。

820

黄兴球著/老挝族群论．北京：民族出版社，2006年版．

本书为“中国东盟研究丛书”之《老挝族群论》，系统全面地介绍了老挝的民族情况。当代中国是一个开放的中国，开放的中国不仅要“知己”，也要“知彼”，要了解中国以外的整个世界，本书即为国人了解东南亚国家，特别是老挝提供了一个重要窗口。

821

（泰）阿南达著/泰国瑶人——过去、现在和未来．北京：民族出版社，

2006 年版.

中国瑶族是一个跨国民族，在泰国则称之为瑶人，这个民族的历史渊源、发展历史等与中国和泰国都不能分开。差博·卡差·阿南达博士历时多年收集了丰富的泰国瑶人一手资料，包括史实资料、生存现状以及生存环境等，并与我国的瑶族进行了横向和纵向比较，具有一定的开创价值和学术价值。

822

黄桂秋著/壮族麽文化研究. 北京：民族出版社，2006 年版.

本书对壮族麽文化中的麽教形态、麽教主神陪神、麽教圣地祭奠歌圩、麽教经书、麽教的鬼神信仰世界以及麽教与巫文化、与当代壮族社会等内容进行了细致的梳理介绍，丰富全面，对了解壮族麽文化有较强的引示作用。

823

石茂明著/跨国苗族研究：民族与国家的边界. 北京：民族出版社，2006 年版.

本书是第一部从“跨国”角度对苗族（HMONG 人）进行专题研究的著作，并得到了国家社科基金的专项资助，项目名称为“跨国界的苗族与亚太国际社会研究（批准号 96CMZ006）”。作者梳理分析了大量中外文献资料，并结合田野调查实际，运用多学科理论知识对苗族的跨国性进行了多侧面探讨。这项研究成果突破了苗族研究的传统范式，在苗学研究领域具有开拓性。

作者还通过对该族群的具体研究，展开理论分析，对跨国族群理论、族群与国家关系理论、中国少数民族境外迁徙与移民等问题进行了具有创新意义的思考和研究。我国有不少民族属于跨国族群，它们在国家的社会生活和对外关系中起着重要作用。而从世界范围看，一些跨国族群问题经常成为国际社会和学术界关注的热点，这项以跨国苗族为个案所做的研究具有重要的现实意义。

824

梁丽霞著/阿拉善蒙古研究. 北京：民族出版社，2006 年版.

本书以额鲁特蒙古和硕特部的一支——阿拉善蒙古为研究对象，研究时限大体为从蒙、元时期至清王朝灭亡。一方面，对阿拉善蒙古的历史发展进行纵向考察，从探究阿拉善蒙古的源流及其先祖的活动轨迹开始，直至该部蒙古的形成，通过时间线索进行梳理，以期从总体上对阿拉善蒙古的历史有所把握。另一方面，则是分专题对阿拉善蒙古发展过程中的若干横断面进行深入的探讨分析。

825

李富强著/中国壮学（第二辑）．北京：民族出版社，2006年版．

本书采用访谈、会议纪要、学术论文、调查报告、书评等多种体裁，多角度、多方面记述了壮学研究的最新成果和最新进展，对壮族及与壮族有关的壮侗语系各民族的风俗习惯、语言文字、经济发展、社会生活、艺术创作等进行了广泛探讨和深入研究，为壮学发展奠定了一定的理论基础，并确立了今后学科发展和建设方向。

826

赵德光，黄建明主编/石林撒尼人．北京：民族出版社，2006年版．

本书从历史源流、语言文字、精神宗教、生产生活等方面介绍了云南石林的彝族撒尼人，撒尼人是一个迁徙的民族，历代先民一直在寻找着梦中的“阿着底”。本书包括概述、历史源流、居住与生活环境、生产生活、工具与用具、服饰与刺绣、传统节日与游艺、人生礼俗、民间艺术、民间信仰等章节内容。

827

李学良著/滇南少数民族农耕文化研究．北京：民族出版社，2006年版．

本书是一部关于少数民族文化研究的理论专著，内容涉及农地利用模式、西双版纳社区农地变迁、坝美村土地利用与环境变迁、对农地利用的文化分析、生产工具、农耕礼仪等，适合少数民族研究人员参考学习。

828

张方玉著/彝风管窥．昆明：云南民族出版社，2006年版．

彝族是一个具有悠久历史和灿烂文化的民族。在祖国大西南广袤的大地上，英勇智慧的彝族先民们，谱写过辉煌灿烂的历史篇章。彝族人民世世代代繁衍生息在高山耸立、群峰竞秀、气势磅礴、风景秀丽、物产丰富的云贵高原和康藏高原的东南部边缘地带，这种地理环境的多样性和人文环境的多样性，铸就了彝族人民勇敢豪爽、热情好客、民风淳朴、能歌善舞的鲜明的民族特性。节日祭祀名目繁多，语言文字古老悠久，服饰、歌舞绚丽多姿，丰富多彩，这种生活习俗的多样性、多元化是彝族文化的重要特征。越来越多的专家学者、文人墨客认为，彝族文化是中国民族文化宝库中的瑰宝。本书包括彝族历史上曾广泛使用十月历法；祭祀与占卜——彝族社会生活的重要内容；彝族的服饰和音乐舞蹈；独特的彝族建筑文化；开发彝族文化旅游资源，促进彝州经济发展等内容。

829

胡金鳌编著/史纳俄特与紫妮史色．昆明：云南民族出版社，2006年版．

书中阐述史纳俄特是彝族历史上第一位开始娶妻生子的人物，他成为结束母系社会，开创父系社会，确立一夫一妻制的先驱。这是人类历史进程中的一个划时代的变革。书中写到“送祖灵”方能娶妻生育，这证明彝族的原始宗教已得到发展，书中还描写了古代彝族的生产和生活特点，如犁、铧等农具的使用，牛、羊、猪、鸡的饲养，荞麦等农作物的种植以及饮食起居、服饰、房舍等状况，从这里可以看出农牧、冶炼、铸造等行业的发展，它与婚姻形态的变革相呼应，标志着彝族先民已迈进了文明时代。本书的目的就是想为文学家和史学家们揭开母系社会历史之谜提供一把小小的钥匙。

830

孙佳琪/玉龙山下的村庄：一个美国家庭亲历的纳西生活．昆明：云南民族出版社，2006年版．

透过这本书，我们可以看到并理解一个美国家庭眼中的纳西人和纳西文化。孙堂茂一家在玉龙山下养儿育女的同时，对纳西族村民的生活与文化进行了参与性的观察。

831

冯德胜著/太阳地．昆明：云南民族出版社，2006年版．

长篇小说《太阳地》记叙的是云南边陲大山深处原始老林中发生的鲜为人知的故事。雷电风雨，人神鬼兽，剑影刀光，泪血苦痛，爱恨情仇……作品通过苦聪头人虎头王一家三代的情爱纠葛、观念意向和太阳地人同外族及大自然的抗争较量、相处交融，展示了一个民族过去的深重苦难，以及苦聪人从原始社会直接步入社会主义社会的艰难历程和幸福欢欣。作品情节扑朔迷离，起伏跌宕，奇谲多姿，扣人心弦，是一首动容落泪的歌。

832

李劼著/丽江纳西族文化的发展变迁．北京：中央民族大学出版社，2007年版．

本书在撰写过程中，把全书分为四编：第一编概况，简介丽江和纳西族；第二编历史上丽江纳西族的文化变迁，分阶段梳理历史；第三编当今丽江纳西族的文化变迁，从生活方式的不同部分来探讨近十几年大研镇纳西族文化的变化；第四编探讨对纳西族文化变迁的特点与规律的认知，主要从文化适应、民族交往、文化构成等角度来分析纳西族文化变迁的一些规律性特征。由于历史具有延续性，我们可以凭借这些规律性特征，把握今后的发展方向。作者在书中持续做的一个努力是，把丽江作为一个着眼点，通过对纳西族文化发展变迁过程的认识，尽力去接近更为普遍的道理，或者说，在纳西族文化这个具体的形态中，找到不同人群的某些共同性。同时，对纳西族的一些文化事项，也尝试着从其他角度来解释。

833

郝朴宁，李丽芳，杨南鸥，郝乐著/民族文化传播理论描述．昆明：云南大学出版社，2007 年版．

我国目前还没有系统意义上的民族文化传播学，本书所展示的内容，也称不上系统意义的民族文化传播学。作者只是从传播学的角度，以现代传播研究方法，对民族文化，特别是少数民族文化传播进行研究。人类社会的发展历史建构起了人类文化的大厦，将人类的观察视野扩展到了更加广阔的领域中，也使人类的认识更加细致，更加深化。

834

马廷中著/民国时期云南民族教育史研究．北京：民族出版社，2007 年版．

本书是关于研究“民国时期云南民族教育史研究”的专著。全书将民国时期云南的民族教育作为一个整体进行研究，书中以历史唯物主义为指导，综合运用历史学、人类学、宗教学、教育学和社会学等学科的方法和理论，从民族教育概述、民国政府的近代学校教育、云南少数民族传统文化教育、基督宗教教会的学校教育等几个方面对云南民国时期的民族教育进行综合研究。

835

彭继宽主编/土家族传统文化小百科．长沙：岳麓书社，2007 年版．

土家族是我国少数民族之一。土家族传统文化不仅种类繁多，内容丰富，而且形式多样，风格独特。它不仅在单纯的文化艺术领域表现出丰富多彩的巨大成就，还在政治、军事、教育、生产技术、医药卫生、哲学思想、古代法律、历史典籍、古代建筑、书画雕塑、名胜古迹和出土文物等多个领域，也有丰厚的文化现象。这些文化现象有深富的文化内涵，从不同侧面反映了土家族的历史发展进程。

836

阿牛史日，吉郎伍野著/凉山华摩（非物质文化遗产丛书）．杭州：浙

江人民出版社，2007 年版.

全书围绕凉山彝族自治州的历史文化遗产而展开，论述了彝族民间崇拜与信仰文化、毕摩文化、“尼木”形形色色的角色与类型、毕摩文化的表现及艺术特色等方面。

837

蒋廷瑜，廖明君著/铜鼓文化（非物质文化遗产丛书）. 杭州：浙江人民出版社，2007 年版.

铜鼓是怎样来的？是天上掉下来的吗？是神仙创造的吗？这是每一个想了解铜鼓文化的人首先需要回答的问题。由于铜鼓铸造工艺的失传，有关铜鼓来源的资料十分有限，当今使用的铜鼓大都是一代一代流传下来的，或者是偶尔从地下挖掘出来的，它们的真正来历已无从稽考了。这种非凡的神物，在市面上买不到，也看不到如何铸造，于是人们对铜鼓的来历生化出许多离奇的传说。本书在一定程度上展示出铜鼓文化的相关知识和内在魅力，为铜鼓文化的保护与传承作出了努力！

838

包·达尔汗，乌云陶丽著/蒙古长调（非物质文化遗产丛书）. 杭州：浙江人民出版社，2007 年版.

本书共分六章，包括：蒙古人的歌唱礼俗与歌唱艺术、长调歌种及其专称“乌尔汀哆”、乌尔汀哆的形态与内容、蒙古长调流派、蒙古长调的利用与保存等。

839

金丽著/壮族历史文化导论. 北京：民族出版社，2007 年版.

这是一部系统讲解壮族历史与文化的英文著作。力求全面而扼要地介绍、阐述中国人口最多的一个少数民族——壮族，多层次、多视角地揭示壮族的起源、历史发展脉络及其文化的绚丽多彩。内容涉及壮族的历史源流、家庭村寨、物质生产、人生礼俗、文字语言、宗教活动、民间文学、历史人物、节庆娱乐、自然风情等方面。除此之外，中外学者研究壮族的基本观点和主要成果，也尽可能地反映到该书之中。这一内容翔实、富有新意的壮族历史文化的英文导论，读者对象主要是英语世界对壮族的历史与现状感兴趣的人，还包括中国从事壮族研究的学者和学生，特别是那些需要用英文阅读壮族历史文化方方面面的人。

840

汪宁生著/民族学报（第五辑）. 北京：民族出版社，2007 年版.

本书是涵盖民族研究各个领域（民族史、民族语言文字、民族学、民族艺术……）的大型集刊。凡是研究国内外民族的论文、调查报告、新发现之文献和文物资料、国外论著的译文等质量达到要求且未曾在国内报刊上公开发表者均收集在册。本集刊强调作品的学术性、资料性和基础研究。

841

尹绍亭著/文化生态与物质文化．昆明：云南大学出版社，2007年版．

本文集共两册，分论文篇和杂文篇。论文篇中，作者挑选出20篇论文，涉及生态人类学、生态环境史、民族和文化地理、传统文化保护传承、物质文化等其所从事过的相关研究领域。此外，作者辑录自己多年来写过的一些小文章，皆是有感而发、有据而议、有物而论的文字，搜集汇总形成杂文篇。本书中还录有200张照片，图文并茂，有极强的可读性和可看性。

842

（日）秋道智弥，尹绍亭等著/生态与历史：人类学的视角．昆明：云南大学出版社，2007年版．

从2002年至2006年，云南大学生态环境人类学研究中心与日本综合地球环境研究所合作开展了"云南热带季风区生态环境史研究"课题，此课题已产出论文近40篇。本书精选了其中的16篇文章，内容涉及生态环境史研究、文化生态研究和基础调查报告三部分。

843

应骥著/巴人源流及其文化．昆明：云南大学出版社，2007年版．

本书是作者在其另一部著作《日本大和民族追源和中日文化交流》第三章"东夷及其后裔"的基础上扩充、改写而成。作者除增添一些新的内容、观点外，还亲赴三峡少数民族地区实地考察，写下见闻感受和心得体会，在此基础上作必要的补充，历时四载，数易其稿，最终完成。

844

严梦春著/河州回族脚户文化．宁夏：宁夏人民出版社，2007年版．

本书从河洲回族脚户产生、发展的背景出发，运用举例、说明、比较的方法，围绕脚户的发展变迁历程、脚户的行路生活、脚户的商业活动、脚户的文化信仰，联系西北的交通变迁、河州地区的商业特色、脚户与其他民族之间交互融合、和衷共济的密切关系，对河州回族脚户这一特定的社会群体进行了全方位的描述和比较研究，以期挖掘出蕴涵在其中的深刻文化内涵。

845

和士华著/纳西族的迁徙与融合．昆明：云南人民出版社，2007年版．

本书从以往学者对纳西族的研究谈起，有两条主线，一是对纳西族迁徙路线站名进行逐一破译，探讨迁徙原因，研究迁徙时代；二是研究纳西族融合问题。作者认为，纳西族人口虽少，但在历史上也经历了分分合合的一个民族形成过程，并最终形成了“你中有我，我中有你”的多元一体格局。

846

蔡维琰编著/云南民族审美文化漫步．昆明：云南大学出版社，2007年版．

由于历史文化传承上的曲折历程，云南民族文化的构成成分极为复杂，它与云南各民族文化的遗风、中原汉文化的传入、东南海洋文化的浸润、中南半岛周边邻国文化的互渗等都有密切的关系，这也从侧面说明了云南民族文化本身具有强大的兼容能力。本书将不同时期具有代表性的云南各民族文化的智慧结晶进行高度浓缩，通过对各个时期具有典型意义的文化成果的介绍和评述，从中把握云南民族文化的主要精神。

847

何克勇著/民族高校英语教学研究．北京：中央民族大学出版社，2007年版．

本书的主要内容有：文化背景对英语学习的影响，英语学习动机，学习策略和英语学习错误分析等。

848

张涛等编/中国少数民族体育（中国民族多元文化丛书）．五洲传播出版社，2007年版．

中国少数民族传统体育源远流长，多姿多彩。他们有的显示出南国水乡的风情，有的散发着北国草原的芳馨；有的带有雪山的诗章，就是一个引人入胜的美丽传说。它们各自伴随着本民族的历史，与其风俗习惯紧密相连，不仅有着高超的技巧，而且又同艺术形式相结合，伴以歌、载以舞，既增强体质、又益于身心。它是我们祖国灿烂文化的一部分，它是我国社会主义体育事业的一项重要内容。

本书共分七章，主要介绍了中国少数民族传统体育的起源与个性特征，马上运动，射箭、射弩、鹰猎，竞技比赛与竞技表演，趣味游戏等内容。

849

廖君湘著/南部侗族传统文化特点研究．北京：民族出版社，2007年版．

南部侗族，指侗族聚居区域内自贵州锦屏县清水江以南，使用侗语南部方言的支系。由于汉文化对北部侗族地区的涵化程度较深，当地的文化变迁步伐较快，侗族南部方言区与北部方言区、南部支系与北部支系之间，除了语言因素外，还存在着更多的社会和文化层面上的明显差异，形成两个局部区域文化系统，导致两地的文化习俗、文化景观、文学艺术的表现形式等，各具地域性风格和特色。侗族传统文化之特色或说是侗族的原生文化生态系统，比较完整地保存在南部区域。20 世纪中叶以前，南部侗族的众多村寨，还保留着一些典型的民族传统文化景观，民族节日、风俗习惯、社会初级组织、习惯法、生活方式、思维方式、民族心理、价值观念也没有发生多少变异。特别是以鼓楼、花桥和侗族大歌为代表的那些极具民族文化标志性和个性色彩的原生文化内容，在南部侗族传统文化体系中比较完整的传承和延续了下来，构成南部侗族传统文化的主要内涵，其中蕴藏着的一些主要特点，也大体上反映出或代表着侗族传统文化的主要特质。

本书秉承文化多元并存理念和文化价值相对性的立场，采取实事求是的实证分析方法，以翔实、客观的民族学材料为依据，对南部侗族传统文化几个方面的内涵展开讨论和阐述。在把握文化主体生存的自然生态环境前提下，以中华民族多元一体发展、人类社会基本演进轨迹为参照系统，对侗文化与汉文化和苗文化、南侗支系文化与北侗支系文化进行异同比较，具体剖析南部侗族传统文化原生的、历史的形态及其主要特点和特点形成的原因。

850

刘军著/肌肤上的文化符号：黎族和傣族传统文身研究．北京：民族出版社，2007 年版．

中国自古就是一个多民族国家，文化多样性极为鲜明。文身文化同样历史悠久、资源丰富。到 20 世纪中叶，传统文身仍在黎、傣、独龙、布朗、基诺、高山等部分民族中传承和流行。时至今日，其遗迹仍依稀可见。同属百越族系的黎族和傣族的文身传承时间最为长久，也最具代表性。本书即以这两个民族为研究对象，在广泛吸收前人研究成果的基础上，结合自己的田野调查资料，对其传统文身进行比较研究，同时兼及其他民族的文身情况，并力图在资料性、系统性、理论性等方面有所突破。本书共十部分（含前言和导论），插图两百余幅。

851

刘大可著/田野中的地域社会与文化．北京：民族出版社，2007 年版．

本书力图采用人类学、历史学、社会学科际整合的方法，从横向展示某一社会的结构、当地人民的社会生活和社会运行的动力，同时又从这个横向的社会结构反映社会的发展过程和历史的变迁。因此，本书许多篇幅虽冠以“客家”，但全书基本主题却不在于“客家”，而在于地域社会。越来越多的田野调查表明，没有哪一种文化事项为客家地区所共有，而为其他族群所没有。客家地区每个地方的社会与文化都有所不同，每个社会都是地方社会。我们在客家地区田野调查得出的许多规律性认识，同样适用于其他地区，历史与文化的特殊性在于地域，而不在于族群。地域社会研究的问题意识与方法，可以进一步扩大到全国范围的研究。

852

陈增瑜著/京族喃字史歌集．北京：民族出版社，2007 年版．

本书包括“京族史歌”、“京族哈节唱词”、“京族传统叙事歌”等三部分，均是京族“喃字”书写记载。“喃字”意即“南国的文字”，是一种仿效汉字结构的越语读音的方块象形文字。“南国”也就是如今的越南。京族“喃字”是研究京族语言文化的珍贵史料，保护京族“喃字”文化资料，是保护京族传统文化的重要组成部分，收集整理京族古籍和“喃字”，使京族的大量行将失散的古籍文献和“喃字”得到保护，对京族历史文化的研究极具价值。同时，有利于促进民族文化资源的开展，带动民族文化旅游业的发展。收集、研究、展示这些京族文化精粹，使人们从中感受到京族文化的底蕴和价值，对扩大京族的知名度，促进京族社会文化经济的发展有着极大作用。为了传承京族“喃字”文化，让更多的人对京族“喃字”史歌能读会唱，本书编译成“喃字”、国际音标、汉语三种文字，留于后人传承。

853

刘正发著/凉山彝族家支文化传承的教育人类学研究．北京：中央民族大学出版社，2007 年版．

凉山彝族社会发展到今天，能够留下博大深厚而独特的民族传统文化内容。凉山彝族人能够形成与其他民族迥然不同的文化心理、文化性格和言行模式，最主要的原因就是几千年来的凉山彝族社会历史发展过程中有其独特的家支制度及其文化和等级制度的长期存在并发挥重要作用的缘故。凉山彝族家支文化内容包括家支观念、家支意识、父子连名谱系、亲属称谓、组织形态、婚姻缔结、祭祀祖先、神灵信仰、冤家战争、团结互助、立身处世、人伦道德教育以及传递神话故事、格言家训和科技人文知识等等，涉及凉山彝族的社会组织、宗教信仰、伦理道德、婚姻模式、战争缘起等各种民族传统文化的内容。本书就是以教育人类学的视角来系统分析、研究和探索凉山彝族家支文化及其传承和教育选择的问题。本书共分六章进行论述。本书在绪论部分阐释选题的缘起、理由和研究的意义，对相关的研究成果进行了介绍、综述和分析，阐明本书主要采用的一些文化人类学和教育人类学的研究理论和研究方法以及本书研究实施的步骤和一些术语概念。

854

熊术新，苗民，孙燕著/中国云南两个少数民族村落影像民俗志：民俗文化在传播中的意义蜕变．昆明：云南大学出版，2007 年版．

现代社会的出现，是不是一定要以摧毁"民间意义"为代价？那个即将消失的世界真的与"现代化"水火不相容吗？带着这样的困惑，作者走进了中国云南两个少数民族村落——哈尼族的泥戈村、傣族的大沐浴村，通过现代传媒技术（影像）与田野叙述的有机结合，使传统的民俗志从封闭的空间挣脱出来，重新诠释了传统民俗的现代化意义。

855

王军，董艳著/民族文化传承与教育．北京：中央民族大学出版，2007 年版．

本书是中央民族大学教育学院多年来在培养硕士和博士研究生过程中所进行的一个初步探索，其中既有理论方面的，也有实践方面的；既有导师的研究，也有研究生们的心血。全书内容包括：民族文化传承的教育人类学意义、民族文化传承面临的危机与挑战、皮影、蒙古族博克等。

856

陈宇红，马昆著/云南省少数民族传统体育养生保健研究．成都：四川大学出版社，2007 年版．

本书对云南省少数民族传统体育养生保健的概念、特点、价值、作用和发展历史作了一定的论述；对少数民族传统体育运动中常见的运动性疾病、运动损伤及保健常识进行了较全面和系统的分析和研究；从不同的角度和层面进行了较为系统的探索。该书内容丰富、材料翔实、涵盖面较广，是一部有价值的读物。

857

段世琳著/佤族历史文化探秘．昆明：云南大学出版社，2007 年版．

本书包括以下篇目：《云南沧源崖画是佤族先民创造的文化遗迹》、《云南沧源崖画族属试探》、《再论云南沧源崖画的族属——兼与邱钟仑同志商榷》、《佤德语支民族源流之管见——以佤族为例》、《国家级耿马石佛洞遗址族属试探》、《诸葛亮南征路线与孟获族属考辨——与滇池说、汉族说、彝族说商榷》、《沧源崖画人物头饰》、《佤族文字探源》、《佤族"父子连名”制考》、《阿佤人的“诸葛”谜》、《云南沧源崖画与“崖画布”传说调查纪实》、《滇、滇国、滇池是“濮人”部落族群语之名——与彝语说、壮语说商榷》、《佤族史诗〈司岗里〉历史价值试探》、《佤族木鼓与木鼓文化》、《佤族节日文化保护与开发的思考》、《佤族酒文化的价值与开发的思考》、《论佤族传统舞蹈的价值与开发——解读“头发会跳舞的民族”》、《论佤族传统服饰文化的特色与价值》、《佤族民居建筑风格及其保护与发展——佤族“干栏式”民居解读》、《佤族婚恋风情中的和谐文明》、《新世纪佤族服饰发展的思考》、《论“班洪事件”之历史地位——评丹东尼·霍尔教授的一个观点》、《再论“班洪事件”的历史地位——纪念班洪抗英70周年》、《阿佤山区的抗日烽火》、《沧佤族“胡家将”在爱国反帝斗争中的历史定位——解读“了不起的民族英雄”》等。

858

刀洁，和少英著/守望国境线上的家园：金平傣族的社会文化．昆明：云南大学出版社，2007年版．

本书以云南边境县——金平境内的少数民族为田野点展开分析。主要包括：第一章守望在国境线上；第二章生计方式；第三章人生礼仪与日常生活；第四章社会组织；第五章婚姻与家庭；第六章民居建筑；第七章宗教信仰及其相关礼俗；第八章语言与文字；第九章教育、医药及体育活动；第十章集市与商贸；第十一章伦理道德与生态观等内容。

859

灵子，温倩，张新泰著/新疆民俗风情（新疆人文地理丛书）．乌鲁木齐：新疆美术摄影出版社，2007年版．

本书从人文地理的角度，介绍了新疆历史文化，多镜头、多方面地反映和介绍新疆，充满激情、全方位、真实、全面地展示新疆，努力从一个新的角度，新的视野去发现和发掘，努力将更多的东西告诉读者，更多的魅力展示给大家。新疆是一部读不完的书——新疆是一座太富的宝藏；新疆是一部最值得读的书——新疆的书里有金砖、有花环。阅读新疆吧！

860

中国祥著/新疆掌故（新疆人文地理丛书）．乌鲁木齐：新疆美术摄影出版社，2007年版．

本书是介绍新疆历史文化的通俗读物。该书从历史溯望、先驱纪事、文明遗响、山川特产史话、习俗风情这五个角度反映和介绍了新疆。通过本书，你就能知道，新疆绝对是你一部最值得读的书。

861

王军著/教育民族学．北京：中央民族大学出版，2007年版．

教育是以人为本，每个人都有着特定的民族所属和赖以成长的民族文化和民族生态环境。如何正确理解民族文化的差异性以及形成差异的原因？如何正确对待儿童的不同文化背景和民族特点及采取什么样的态度和方法对待学生并使他们获得快乐和健康的发展是每一个教育工作者面前的课题。本书是“中央民族大学国家‘十五’‘211’工程建设项目”丛书之一，该书共分15章，具体内容包括教育民族学的观察视角、教育与民族生态环境、教育与民族习俗、教育与民族文学艺术、跨文化教育、现代性背景下的民族文化传承与教育等。

862

刘寒雁著/少数民族地区人力资本研究：兼论云南省少数民族教育问题．昆明：云南大学出版社，2007年版．

人力资本理论正确解释了现代社会存在的诸多令人困惑的经济现象和经济增长之谜，构架了认识现代经济增长源泉的方法论，用一个“完整的资本”概念及理论体系引领人们思考和探索经济现象与经济问题。借用这种理论架构对现代经济的解释效率，我们可以获得认知少数民族经济与教育发展之间逻辑关联性的理论工具。人力资本理论提供了解释和认识少数民族经济发展的有效理论工具，人力资本投资提供了推动少数民族经济快速发展战略选择的关键性途径。以人力资本理论梳理两者之间的关系，使我们进入一个新的认知结构。首先，将两者关联起来的主要“介质”是真实场景中的“人”，即现代社会的“人”真实属性的变化。解释现代经济增长源泉的关键因素是在现代化过程中“人”的质量的极大改善，而人的质量提高源于现代教育的发展。因此，在人力资本构架的理论体系中，体现了现代经济增长的“人本”取向与贡献作用。

863

刘保元著/瑶族风俗志．北京：中央民族大学出版社，2007年版．

本书的主要内容包括：南岭无山不有瑶，绚丽多姿的服饰，独具风味的饮食，多种结构的房屋，独特的生产技艺，家庭、财产继承与婚俗，社会组织等等。

864

胡德映著/云南少数民族三语教育．昆明：云南大学出版社，2007年版．

本书致力于探索我国云南少数民族将英语作为第三语言学习的热点问题。这些热点问题包括少数民族双语教育背景、英语学习环境和机遇、少数民族外语教师的培训和教学水平以及少数民族学生的英语学习成效。在我国，少数民族学生小学阶段就接受双语教育，但到了中学阶段所有课程都使用单一的汉语作为语言媒介来进行教学。即使英语课也不例外。《云南少数民族三语教育》提出假设：这种采用汉语作为语言媒介的英语教学或许是少数民族学生英语学习成绩差的重要原因之一，特别是那些汉语基础不够牢靠的少数民族学生更是如此。根据这一假设，少数民族学生的英语学习效率就会受到其民族母语的阻碍。由于这种三语现象的存在，使学生难以获得高考入学所需要的英语成绩。

865

宋丽英著/云南特有民族文化知识．昆明：云南大学出版社，2007年版.

本书用汉语和英语两种语言介绍云南15个特有民族的文化。主要强调的是应用价值，根据使用需要，参考了民族文化研究领域内的专家学者的研究成果，以条目的方式进行归纳整理后翻译成英语。所涉及的内容主要有以上民族的概况、节日、习俗、信仰、民居、饮食、特产、娱乐活动、生产生活以及位于民族地区的重要名胜古迹等。

866

刘尧汉著/彝族文化放言．武汉：湖北民族出版社，2007年版.

本书包括：中华民族龙虎文化论；中原出土彝文刻符；汉籍中有彝语；楚庄跻“王滇”与彝族滇壬笃慕；彝根楚技；“元谋人”横跨东西两半球；“道、天、地、人”。全书对彝族文化进行了深刻的研究和论述。

867

刘正发著/凉山彝族家支文化传承的教育人类学研究．北京：中央民族大学出版社，2007年版.

凉山彝族家支文化内容包括家支观念、家支意识、父子连名谱系、亲属称谓、组织形态、婚姻缔结、祭祀祖先、神灵信仰、冤家战争、团结互助、立身处世、人伦道德教育以及传递神话故事、格言家训和科技人文知识等等，涉及凉山彝族的社会组织、宗教信仰、伦理道德、婚姻模式、战争缘起等各种民族传统文化的内容。本书就是以教育人类学的视角来系统分析、研究和探索凉山彝族家支文化及其传承和教育选择的问题。

868

李立著/寻找文化身份：一个嘉绒藏族村落的宗教民族志．昆明：云南大学出版社，2007年版．

本书的目的有两个方面：一是通过追忆作者在汉族情境或场域中面对相同问题的亲身经历、感悟，通过表达与村落遭遇后诧异于村落成员应对相同问题的不同方式、思维、心态和期望以及诧异后作者内心发生的改变，来凸显汉族群与村民在文化上的区别，从而唤起读者对本文化和异文化的直觉，使读者也有一种设身处地、身临其境之感。二是增强文本写作和研究本身的透明度，使读者对书写者在研究中涉及的学术背景和研究过程，甚至性情、趣味有所了解，从而建立一种与被动的“支配与被支配的知识”不同的、相对主动的“理解的知识”，参与到作者对对象的认识甚至于文本的建构中来。

869

林庆著/民族记忆的背影——云南少数民族非物质文化遗产研究．昆明：云南大学出版社，2007年版．

云南省16个市（自治州）、129个县（区、市）中，有民族自治县29个，与越南、缅甸、老挝等国家接壤的县25个。在全国除汉族外的55个少数民族中，属云南省本省独有并世居的民族有15个，占去了全国少数民族总数的1/4强。这些云南省所特有的少数民族，形成了该省不同于其他省份的、特有的少数民族非物质文化遗产资源，是云南省不可多得的宝贵财富。本书主要分为概念篇、现状篇、问题篇、概况篇、对策篇、案例篇和附录7个部分，旨在通过对非物质文化概念进行辨析，继而对云南16个少数民族非物质文化遗产保护、开发的现状进行分析，找出当前保护、开发过程中存在的不足，在对云南少数民族非物质文化遗产进行全面调查、清理的基础上，结合云南省的特点，提出有效开展少数民族非物质文化遗产保护、开发、利用应培养的意识、应遵循的原则、应注意的问题。

870

马成俊等著/青海民间文化新探．北京：民族出版社，2008年版．

青海处于我国汉儒文化圈、藏传佛教文化圈与伊斯兰教文化圈的边缘，自秦汉以来，便是各民族角逐与文化交流的舞台，元明以来，始形成现在的民族格局。在漫长的历史长河里，生存在这里的各民族创造了十分灿烂的文化，造就了中国的奥林匹亚——昆仑神话体系；中国的荷马史诗——《格萨尔王传》；这里出土的彩陶举世无双；这里土族的民间仪式“纳顿”长达数月，堪称世界仪式之最；这里是甘、宁、青、新四省区数个民族演唱的民歌——“花儿”的故乡；这里保留了最原生态的歌舞活动——六月歌会；这里有世界最古老的《古兰经》手抄本（这本国宝现保存于循化撒拉族自治县，据专家考证有1200年以上的历史）等等。

871

云南大学贝叶文化研究中心，西双版纳贝叶文化研究中心著/贝叶文化与傣族和谐社会建设：第3届全国贝叶文化研讨会．昆明：云南大学出版社，2008年版．

本书是第三届全国贝叶文化研讨会的研究成果，是继《贝叶文化论集》和《贝叶文化与民族社会发展》两本集子之后，云南大学贝叶文化研究中心和西双版纳州贝叶文化研究中心共同组织编印的又一部系统研究贝叶文化的论文集。书中具体收录了：《弘扬傣族生态文化观建设生态文明的和谐家园——浅谈傣族生态文化观对促进生态文明建设的作用》、《宗教与传统文化对边疆少数民族地区构建和谐社会的影响研究——以西双版纳贝叶文化为例》、《浅析西双版纳傣族土司制度》等文章。

872

安学斌著/少数民族非物质文化遗产研究：以云南巍山彝族打歌为例．北京：民族出版社，2008年版．

本书用较多篇幅详述了巍山彝族打歌的传承机制及巍山彝族打歌传承人、巍山彝族打歌队的现状，为巍山彝族打歌的传承保护提供了真实可信的依据，也为当前非物质文化遗产传承人的保护提供了可资借鉴的典型资料。“传承”是非物质文化遗产保护的核心概念，“保护”的根本目的就是让有价值的人类非物质文化遗产持久地延续下去，非物质文化遗产保护的重点是传承人，难点也在传承人的保护。

873

吴秋林著/影视文化人类学．北京：民族出版社，2008年版．

影视文化人类学也可称为影视人类学，对其一般的理解是使用影视的手段研究民族或者文化人类学的一种新兴学科。但这种“理解”很明显是一种望文生义的肤浅认识，而事实上影视文化人类学有着比这种理解深刻得多的内涵。在影视文化人类学的工具论中，影视被看做是一种工具、一种手段，如果在民族学或文化人类学研究中使用了影视的手段，那这个民族学研究和文化人类学的研究也可以称为“影视民族学或影视文化人类学”。如果强调影视的技术要素，“影视民族学或影视文化人类学”就是一种技术意义上的表现，一种工业革命带来的影响。

874

粟卫宏著/红瑶历史与文化（瑶学丛书）. 北京：民族出版社，2008年版.

在书中，作者用大量的资料介绍了红瑶的历史和文化，是红瑶研究的第一部纪实历史著作。

875

李灿光著/中国少数民族与吉祥文化. 北京：中国社会科学出版社，2008年版.

本书是对中国55个少数民族基本状况的概括，同时反映了各民族憧憬美好生活的吉祥文化的内涵。全书分上、下两编。上编为“中国少数民族”，介绍了各民族的称谓、族源、社会经济形态、文化及现状。特别值得一提的是，书中以2000年第五次全国人口普查及2005年的全国1%人口抽样调查的人口数据，对中国各民族作了科学的分析。列举各少数民族性别比、家庭户均规模、人口结构、出生率死亡率比、总和生育率、育龄妇女生育状况、受教育程度以及人口职业等专项数字，并与汉族及其他民族作了对比，还剖析了56个民族中各单项的最低与最高比值。从这些数据中折射出各民族政治、经济、文化的发展水平。这一研究方法科学、先进，是本书的一大亮点。下编介绍了55个少数民族的吉祥文化。吉祥文化是中国传统民俗中的重要组成部分，颇具特色。该编从“生育吉祥”、“婚姻呈祥”、“老人祯祥”、“生活颂吉（含服饰、饮食、居住、交通）”、“节日与信仰”、“符图与象征”、“祈福迎祥”、“吉祥物”8个方面，条理清晰地勾勒出各少数民族对美好生活的追求，对吉祥幸福的渴望。全书使数字与风俗、数理与情趣相得益彰，水乳交融。

876

王建民著/艺术人类学新论. 北京：民族出版社，2008年版.

艺术人类学究竟是一个研究领域，还是在人类学家心目之中的一个人类学分支学科，或者是另外一些学科的学者确定的学科归属，这似乎是研究艺术人类学必须首先考虑的问题。《艺术人类学研究的学科定位》一文，从学科定义、对艺术人类学研究的主要任务的定义、艺术人类学学科的认识和处理策略等几个方面进行了讨论，希望可以为艺术人类学研究者从事相关田野工作和理论分析时，在学科定位和学术认同上增加思考的维度。

877

汪宁生著/民族学报（第六辑）．北京：民族出版社，2008年版．

《民族学报》是涵盖民族研究各个领域（民族史、民族语言文字、民族学、民族艺术……）的大型集刊。本集刊强调作品的学术性和资料性，侧重于基础研究，但对深入实际、确有创见、有助于推动民族地区社会进步的应用性研究成果也予发表。

878

赵寅松主编/白族文化研究（2007）．北京：民族出版社，2008年版．

本书是一部民族文化研究文集。全书共分6个栏目，包括：历史回眸、文化·民俗一瞥、白族语言文字论坛、人物春秋、宗教·金石探源和名人名作赏析。还刊载了大理14处国家级重点文物保护单位的珍贵照片。

879

蔡秀清，钱永平等著/社火·社戏——从娱神到娱人的智慧．北京：中央民族大学出版社，2008年版．

本书包括民间舞龙习俗中的民俗主体与乡土文化、民间小戏与乡土社会民众的互动状况研究、青海土族节庆习俗中的生存理念研究。中国特有的龙文化派生出了许多与龙相关的民俗文化内容。本书介绍了中国民间文化风俗习惯，适合民间文化爱好者阅读。

880

宋太成著/民族预科教育论丛（第二辑）．北京：中央民族大学出版社，2008年版．

本书内容包括：传承中创新　改革中发展，民族预科教育合格课程建设的实践与思考，试论预科汉语教学的特点及对策，第二语言教学中的阅读教学等。《民族预科教育论丛（第二辑）》适用于从事预科教育的人士参阅。

881

赵志忠著/满族文化概论．北京：中央民族大学出版社，2008年版．

本书是在《满族文化概论》讲稿的基础上修订而成的。满族文化林林总总、方方面面，尉为大观，一本《满族文化概论》难以全面论及。书中所论，除一般的常识外，主要是作者对满族文化的管见与思考。诸如，满学的概念与历史，满族是一个历史悠久的民族，女真语是满族的母语，曹雪芹与满族文化，“八旗子弟”解读，关于汉化问题等内容。本书适用于满族文化研究者。

882

杜玉亭著/基诺族传统爱情文化．昆明：云南人民出版社，2008 年版．

从人类文明史的角度讲，爱情文化是基诺族热带山林文化之花，因为她具有异性爱、同性爱、禁止氏族内婚但可恋爱同居的爱、神性爱以及神性包办婚等的多样性，更具有社会礼俗与生物本性的和谐，还富有自由、平等共享与社会性宽容。笔者出生于山东汉区农村，足迹踏遍川滇大小凉山彝族区，宁蒗永宁摩梭人母系家庭区，滇中滇南彝族、哈尼族区，滇南、滇西南傣族、景颇族区，贵州苗族、彝族、布依族、水族、侗族区，内蒙古蒙古族区以及台湾山地少数民族区，又曾在非洲坦桑尼亚部落区考察过大半年，在法国考察时还曾与结构主义创始人列维—施特劳斯交流过现代婚恋问题，结果发现：就爱情形式及其人文内涵的丰富多彩而言，没有哪一个民族、地区能超越基诺族。

883

范元昌，何作庆著/红河哈尼族文化研究．昆明：云南大学出版社，2008 年版．

本书是红河学院一部分专家、教授对本土哈尼族进行调查研究的成果。这本论文集主要代表作有：《红河州哈尼文化与发展产业化调研总报告》、《基于哈尼族文献资源统计分析哈尼学的研究现状》、《哈尼族传统道德及其当代意义》、《论传统哈尼族文化之特质》、《哈尼族传统习俗与和谐社会建设》、《从恋爱、婚姻、家庭关系看哈尼族伦理道德观》、《箐口村“昂玛突”节祭祀活动考察》、《哈尼族停丧习俗探源》 等文章。

884

拉木·嘎吐萨著/拉木·嘎吐萨纳西学论集．北京：民族出版社，2008 年版．

纳西学，是以纳西族为研究对象的学科。在实践上，它贯穿古今；在空间上，它横跨东西。它既包括对纳西族的本体性研究，也包含这种研究本身。就前者而言，有关纳西族的生存环境、存在历史、生活方式、精神信仰、组织制度、艺术创造、技术成就等都无不纳入其视野之中；就后者而言，有关纳西族研究的理论与方法、学者与成果、历史与活动、机构与组织都囊括于其内。编纂这套纳西学丛书的冲动之一，就是为了进一步为纳西学立名、正名，并全面、系统展示纳西学的内涵。当然，这只是就至今为止的情况而言，继续丰富、发展它的使命已经历史地落在后来学者的肩上。

885

钱民辉著/多元文化与现代性教育之关系研究：教育人类学的视野与田野工作（教育人类学研究丛书）．北京：民族出版社，2008年版．

本书对选定的西北人口较少民族社区的教育进行了三个层面的研究：宏观上从民族社区的社会经济、文化等因素对少数民族教育发展差异进行历史的和实证的研究；中观上从学校领域开展研究，探究教育发展差异的内部因素；微观上基本采用问卷和访谈、参与观察的方法对教育者和受教育者进行研究。一、宏观研究：西北人口较少民族社区教育发展差异的构成及比较。二、中观分析：少数民族社区学校文化及文化冲突。三、微观考察：少数民族学生学业失败的原因。从现有的文献看，对于这一问题的研究大都局限于教育学和心理学的解释。我们认为，在解释少数民族学生学业失败这一现象时，文化是一个相当重要的因素。教育家查尔斯·赫梅尔在《今日教育为了明日世界》中曾说过："每一种形式的发展都必须从文化出发并从文化方面找到它的最终意义。"为此，本书展开研究的问题：一是进一步考察和论证一些少数民族学生学业失败是否源于文化冲突；二是深入考察双文化环境中的双语教育与学生学习效果的关系，通过个案比较找到解决问题的思路和方法。

886

孟毅著/哈萨克民族多元文化研究．北京：中央民族大学出版，2008年版．

本书首先简要介绍了中国哈萨克民族概况。其后，在"上编"中，对哈萨克语数字"bir"、"eki"、"yʃ"的起源与理据、哈萨克族名用字用词进行了探讨；对现代哈萨克语名词格问题展开了讨论与分析，提出了"格意识、格理据"等观点。在"中编"中，展示了一个探索哈萨克民族文化的窗口，希望透过它进一步发现哈萨克民族文化的奇珍异宝。在"下编"中，对哈萨克民族文学源头之一的鄂尔浑叶尼塞碑铭语言文字和文学特色作了初步的考察与阐释，继而又对哈萨克现代著名诗人唐加勒克的诗作进行了分析与解读。

887

朝戈金著/沿丝绸之路的少数民族口头传统现状报告：中国西部的文化多样性与族群认同．北京：社会科学文献出版社，2008年版．

本书由19篇专题田野调查报告组成。报告作者们来自北京和新疆两地，都是训练有素的专家，并且是这些文化传统的长期追踪者和切近观察者。

这里配了图片的质朴文字，讲述的是生活在沿丝绸之路广大地域之内的众多历史悠久的族群普通民众的精神生活世界，特别是他们的口头传统。翻开这《沿丝绸之路的少数民族口头传统现状报告：中国西部的文化多样性与族群认同》，我们可以触摸到柯尔克孜族卷帙浩繁、回肠荡气的英雄史诗《玛纳斯》，维吾尔族委婉有致、情真意切的长篇韵体达斯坦，哈萨克族充满智慧的歌谣、谚语、笑话和他们独有的阿肯弹唱，高山塔吉克人的瑰丽神话、神奇传说和生生不息的故事，锡伯族民间数不胜数的抄本和唱本，回族门派复杂、传统深厚的信仰体系，卫拉特蒙古族气势如虹的英雄颂歌，等等。

888

常永才著/文化变迁与民族地区农村教育改革．北京：中央民族大学出版，2008 年版．

农村教育是民族教育的重中之重。因此，本书的研究重点在于如何让连接过去、现今和未来民族文化传统之河给当地民众以坚定的信心，如何在传统和现代之间保持健全的生命活力，如何让后世子孙拥有可持续的美好生态文化之家，在更广阔的文化舞台上的发展中不要迷失自我。

889

徐新建编/横断走廊：高原山地的生态与族群．昆明：云南教育出版社，2008 年版．

本书以学人与行者的观点记录对走廊的寻访和思考，通过文字与图片呈现出它的一个侧面，以期引起更多的话题和讨论。“横断走廊”纵贯我国青藏、甘南、川滇广大区域以及与之相毗连的东南亚北部地区。这里生态多样，地貌复杂，包含着古往今来的众多族群交往，而且联系着中亚、南亚等若干跨境的文化板块，是历史上重要的民族文化通道和汇集地。悠久的历史和丰富的文化将使该走廊必然成为未来重要的关注点。

890

杜杉杉，赵效牛，刘永青著/社会性别的平等模式：“筷子成双”与拉祜族的两性合一．昆明：云南大学出版社，2008 年版．

男女平等理想好像永远处于逃遁状态，在地平线上不断闪现，似乎又可望而不可即。杜杉杉认为，如果将视线从潜伏于女权主义主流的形形色色乌托邦理想上移开，人们可能会惊奇地看到男女平等社会确实存在。基于对云南拉祜族社会的大量田野调查。《社会性别的平等模式：“筷子成双”与拉祜族的两性合一》发现，诚如有关“筷子成双”的诸多拉祜谚语所喻示，男女平等社会可以在两性合一的理念中有效实践。

891

尹绍亭著/民族文化生态村（西南边疆民族研究书系）. 昆明：云南大学出版社，2008 年版.

本书内容主要包括：民族文化生态村——当代中国应用人类学的开拓理论与方法；民族文化生态村——当代中国应用人类学的开拓探索实践之路；民族文化生态村——当代中国应用人类学的开拓传统知识发掘；民族文化生态村——当代中国应用人类学的开拓生态利的传习馆；民族文化生态村——当代中国应用人类学的开拓巴卡的反思；民族文化生态村——当代中国应用人类学的开拓走向网络等。

892

尹绍亭著/远去的山火：人类学视野中的刀耕火种. 昆明：云南人民出版社，2008 年版.

本书回顾中国人类学民族学的历史，用四句话加以形象的概括，那就是“生于动荡，立于国难，少壮挫折，中年复兴”。中国人类学民族学引进发轫于 20 世纪 20 年代末期，其时军阀割据，动荡不安；此后抗战八年，内战四年，中国人类学民族学的开拓者们就是在如此严酷的环境中辛勤耕耘，筚路蓝缕……沧桑百年，斗转星移，现在中国的人类学民族学可以说进入了最好的发展时期。虽然如此，然而如上所述，面对当前国内外悄然兴起的文化自觉和无所不在的文化诉求，面对全球化和现代化的浪潮，中国人类学民族学无疑承受着巨大的挑战。如何适应社会的发展而进行学科的建设，如何在融入国际学界的同时努力实现本土化，如何普及人类学民族学的知识以提高国民的教养和素质，如何进行创造性的应用研究为国家现代化建设服务等，均为重大而紧迫的议题。

893

石磊著/佤族文化研究丛书. 昆明：云南大学出版社，2008 年版.

“佤族文化研究丛书”包括《魂归人间》、《木鼓回归》和《佤族审美文化》3 册。《魂归人间》主要内容包括关于丧葬的一般概述，普洱地区少数民族丧葬文化，普洱地区少数民族丧葬文化的社会功能，普洱地区世居少数民族丧葬文化的个性特质研究等五章。《木鼓回归》主要内容包括佤族文化特质综论，万物有灵，魔巴制度，华夏倾向，文化引力，司岗里文化研究八章。《佤族审美文化》主要内容包括佤族服饰与审美，佤族音乐与审美，佤族舞蹈与审美，佤族木雕与审美，佤族绘画与审美等八部分。

894

毕登程，隋嘎著/司岗里文化新探．昆明：云南大学出版社，2008年版．

佤语很复杂，它不但有自己一些特殊的语法、修辞，而且常常非常精练、深奥，表达充满简说、略说。结果有时一句话要用多句汉话才说得清，有时甚至连佤族人自己也搞不懂老祖先赋予它的含义了。对“司岗里”的解释就是这样。一般佤族人都知道“里”是出来的意思，但对“司岗”则普遍说不清，更说不全、说不准，于是干脆偷换概念，把那被他们当做司岗的东西，即传说他们祖先所由之出来的东西就当做“司岗”的字面意思告诉你，即说是石洞或葫芦。但从前一些汉族专家又不十分精通或根本不懂佤语，还以为佤族人这里所告诉他们的石洞、葫芦，就是字面含义，这样就谬种流传，一直这样解释“司岗里”：“里”是出来，“司岗”是石洞或葫芦。

895

白兴发主编/滇池东岸古彝村：昆明子君人历史与文化．昆明：云南大学出版社，2008年版．

本书是昆明市子君村村委会积极响应省委关于加快民族文化大省建设，响应省市各级政府关于构建和谐社会及建设社会主义新农村的要求，着力挖掘彝族民间文化遗产，打造子君多元文化精品，抓住机遇，审时度势，在上级有关部门的积极支持下，举全村之力推出的一部系统介绍和反映子君历史文化的佳作。该书由子君村部分退休干部、教师参加编写，材料独到新颖，原味浓郁。

896

满福玺著/民族出版业发展导论．北京：中央民族大学出版社，2008年版．

民族出版，主要指中国少数民族出版，是采用少数民族文字或将关于少数民族题材的文稿、图画、乐谱、音像等知识信息经过加工后，以一定方式将其复制在特定载体上，并以出版物的形态向特定公众传播的行为。本书将民族出版业置身于文化事业的重要组成部分而加以分析，并针对民族出版图书的生产一般组织过程，加大了经济学分析和研究的力度。

897

田琳著/民族基础教育实践与研究：中央民族大学附中建校95周年纪念文集．北京：中央民族大学出版社，2008年版．

本书共三篇内容，包括办学理念与管理，德育教育与实践，教学实践与创新，可供教育工作者参阅。

898

王建成著/首届黎族文化论坛文集．北京：民族出版社，2008 年版．

本书是首届黎族文化论坛文集，收录了《海南人口迁移路径与黎族居住地的形成》、《黎族传统文化中的古代文明信息》、《黎族抱怀人织锦图纹赏析》、《黎族蛙崇拜探究》、《浅论黎族歌谣的传承及保护》、《黎区社会状况》、《经营独立性调查》、《黎锦产业化发展的思考》等文章。

899

《白沙黎族自治县概况》编写组编写/海南·白沙黎族自治县概况．北京：民族出版社，2008 年版．

本书是“中国少数民族自治地方概况丛书”之一，介绍了海南白沙黎族自治县的地理环境、历史沿革和社会变革、民族区域自治、农业、工业、交通通信、商业贸易、旅游及城乡建设、环境保护等内容。

900

张选惠编/民族传统体育概论．北京：高等教育出版社，2008 年版．

本书是在教育部普通高校体育教学指导委员会指导下，依据民族传统体育专业本科课程方案，汇集全国高等院校民族传统体育专业的教授、专家合力编写的。全书共分七部分，主要介绍了民族传统体育的基本概念，研究民族传统体育的必要性，民族传统体育的起源、发展、内容、分类、特点、价值和功能，民族传统体育与中国传统文化，民族传统体育的传承与保护，民族传统体育的主要项目等内容。

901

秦红增等著/瑶族村寨的生计转型与文化变迁．北京：民族出版社，2008 年版．

瑶族是一个历史悠久的民族。在漫长的历史发展过程中，瑶族人民与兄弟民族一起共同缔造了伟大的祖国，还用自己勤劳的双手和聪明的智慧，创造了丰富多彩的民族文化，为人类文化宝库增添了珍贵的遗产。本书是广西民族大学编撰“瑶学丛书”的一部分。包括：《作物、生计与文化：以布努瑶为例》、《技术、生计与文化：以过山瑶为例》、《旅游、生计与文化的再建构：以红瑶为例》、《生计与环境卫生：布努瑶与红瑶的比较》、《民族旅游与社区教育：以大寨红瑶为例》等内容。

902

郝时远，任一飞主编/永顺县土家族卷．北京：民族出版社，2008

年版.

本书共分三部分：第一部分“综合篇”，包括永顺县土家族概况、政治、经济、文化、社会等方面现状及发展；第二部分“典型篇”，重点选取王村和石堤两个永顺土家族名镇进行调查研究，并对土家族的生产方式、生活方式和工艺技术等进行细致考察；第三部分“专题篇”，从经济结构、扶贫开发、民营经济、旅游产业、生态环境和民族文化资源等方面较为系统全面地调查研究永顺土家族地区的社会经济文化现状与发展态势。认真地总结经验，客观地分析困难，提出切实可行的发展思路和对策，全景式、大纵深地描述了当代永顺土家族地区的变迁过程及其未来走向，具有较高的实际参考价值。

全书立足于永顺土家族地区的改革与发展，着眼于土家族的繁荣和进步，把田野调查与文献研究有机结合，将整体考察与个案分析相互补充，使定性描述与定量分析相统一，既具有事项陈述，又进行理论分析，从不同视角客观地展示土家族的面貌和前景，认真地分析了土家族地区面临的机遇和挑战，科学地提出了土家族地区的发展思路、措施及对策。全书体现了历史时代性、学术理论性和实践发展性相统一的特点，其学术价值与社会意义不言而喻。

903

郝时远，任一飞等主编/镇宁县布依族卷．北京：民族出版社，2008年版.

本书为《中国少数民族现状与发展调查》总课题中的一个子课题，即布依族卷。全书分为综合、典型、专题三篇。综合篇由六章构成，为概况、政治、经济（分上、下章）、文化、社会。本篇旨在将镇宁自治县的基本情况和发展概况作介绍。典型篇设有六章，内容包括生态、乡镇企业、非公有制经济、“干栏”石头建筑、扁担山布依族传统文化和民族教育。专题篇设有五章，内容包括西部大开发中镇宁自治县非公有制经济发展研究、新世纪脱贫之“路”研究、旅游资源开发利用现状与对策、东西部结合的成功典范——镇宁红蝶钡盐厂和民族区域自治的若干问题研究。

904

郝时远，任一飞主编/新宾县满族卷．北京：民族出版社，2008年版.

本书在进行社会调查和编写过程中侧重以下几方面：其一，力求反映新宾满族自治县改革开放以来，在党和政府及社会各界的帮助支持下发生的翻天覆地的巨大变化。其二，力求反映出新宾满族自治县浓郁的满族特点。其三，力求反映新宾满族自治县在发展前进中的艰难曲折，既看到新宾满族自治县在发展中取得的成绩，同时也必须正视存在的问题，进而说明任何民族的发展繁荣都并非一帆风顺的，而是波浪式的前进发展。对这些问题进行研究、总结经验，正是调查组进行调查的重要意义所在。

905

杨世钰，赵寅松，郭惠青，大理白族自治州白族文化研究所编/大藏经篇（大理丛书）．北京：民族出版社，2008 年版．

在中华文明发展史的长河中，以洱海为中心的大理地区占有一定的地位。文明是人类的物质生产和社会生活发展到一定阶段的产物，它表明人类社会从氏族制度解体，进入有国家组织的历史阶段。史学界一般把夏代作为中国社会进入文明阶段的开始。众所周知，文明是由“野蛮”的新石器时代的人们创造出来的。云南迄今发现最早的新石器文化是 1973 至 1974 年在洱海东部宾川县发掘的白羊村遗址，它证明文明因素在洱海周围开始萌生了。1957 年发现的洱海北剑川海门口青铜器文化遗址，表明大理地区早在殷代晚期就已开始跨入文明社会的大门。1963 年在洱海东南祥云县大波那发现距今 2350 年的木椁铜棺墓，证明洱海地区已出现国家的雏形。中华文明是指中华历史文化的主体而言的，但中国是一个多民族的国家，中华文明并不是指单一的汉族文化，而是包括中华民族大家庭中所有成员的优秀文化。因此，大理地区的文明史，也是中华文明史有机组成的一章。长期生息、繁衍、活动在大理地区的白、彝、回等各族人民，用自己的勤劳智慧创造的丰富多彩的民族文化，也是构成中华民族光彩夺目的文化殿堂里的一块瑰宝，对中华文明的发展作出了应有的贡献。

906

玉时阶等著/现代化进程中的岭南水族．北京：民族出版社，2008 年版．

本书资料翔实，整体风格统一，语言生动丰富，具有很强的资料性和学术性，既可视作了解广西各民族情况的基础读本，也可引为相关学术研究的参考文献。水族历史文化悠久，主要分布在贵州、广西、云南等省区，1956 年底由国务院确认为“水族”。

907

王良范主编/雷公山苗族——西江千家苗寨图像民族志．贵阳：贵州人民出版社，2008 年版．

贵州西江素来被誉称为“千户苗寨”、“千家苗寨”。人家户如此众多，人口如此密集的社区，自然成为此乡苗人的一个政治、经济、文化的中心。国家也于此设立了镇一级的行政管辖体制。关于西江的历史演义，可以从口述传说、父子连名制、实物构成以及由汉文记载的历史文献中去寻找。由于西江苗人过去是没有文字的民族，因此关于自己的身世来源以及最古老的建寨时间只能是在口传记忆中代代相传了。据说西江苗寨的始祖是叫做构寅（Ghet yenx）、构卯（Ghet mol）的两兄弟，这两兄弟五百多年前在榕江与剑河交界处的“正岔”与迁徙中的苗族大部队“分鼓”后，率领自己的族人翻过雷公山，驻扎雷公坪。又因为雷公坪海拔高，林箐深密，不宜种植，遂又带着人们沿山沟下到谷地。构寅、构卯两兄弟率其子孙将白水河沿岸的谷地开垦成大田大坝，族人从此在这里安居乐业。因为构寅、构卯是苗族“Dlib（西）”氏族的人，因此其他地方的苗人就将这一方的田坝称之为“Dlib jiang”，意为“Dlib”氏族的田坝。西江由此而得其名。根据这个传说和这个命名，我们可以知道今天的西江苗人应该是古代曲族西氏族的后裔。

908

杨世光著/杨世光纳西学论集．北京：民族出版社，2008年版．

本论集包含有《先民的自然思辨与法意识》、《东巴文化的自然性》、《东巴神话的形象美》、《纳西族民间故事概说》等论文。

909

郭大烈著/郭大烈纳西学论集．北京：民族出版社，2008年版．

本书收录了有关研究纳西族民族文化的论文文章，包括：《纳西文化的特征及其前瞻》、《略论纳西族心理素质特点及其变异因素》、《纳西族传统文化模式探微》、《从文化自觉到文化转型——以纳西族为例》、《纳西族民间文学类型及特色》等。

910

富育光主编/图像中国满族风俗叙录．济南：山东画报出版社，2008年版．

满族，有着三千多年悠久的历史文化渊源，祖先可追溯到肃慎人，亦称“息慎”、“稷慎”，是我国东北地区最早见于文献记载的古老民族。这本《图像中国满族风俗叙录》收入了三百多幅精美绝伦、散发着浓郁满族文化气息的图像，一部分为伊通满族博物馆的馆藏，一部分则为伪满皇宫博物院夏晓东先生的藏品，是从两千多幅图片和大量实物中采撷的。通过这古老精妙的民俗图像再配以十万余行云流水的生动释文，以图说满族历史积淀，总揽满族千年文明。全书可算是近些年来北方民族民俗考察的丰硕成果，也是满族民俗实物摄影选粹的最新展示。

911

李近春著/李近春纳西学论集．北京：民族出版社，2008年版．

本书收录的论文有《纳西族祭天初探》、《丽江纳西族“殉情”及其原因》、《浅谈纳西族史诗〈创始纪〉》、《丽江纳西族的婚姻家庭》、《丽江纳西族文化习俗和宗教信仰》等。

912

尹绍亭，孙琦，胡仕海等著/民族文化生态村．昆明：云南大学出版社，2008年版．

本书共六册，本书是尹绍亭教授在十年文化生态村建设基本经验总结的基础之上，结合全球化、现代化背景下民族文化保护的基本理论，对民族文化生态村的理论和具体的方法作出的深入探讨和论述。王国祥的《探索实践之路》。本书选取了项目试点中较为成功的南碱村和仙人洞村，对其建设的历程作了详尽的叙述、分析和总结。陈学礼的《传统知识发掘》。本书从传统知识的角度，结合石林月湖村建设的历程，对月湖村的建设模式和建设经验进行分析和论述。孙琦、胡仕海的《生态村的传习馆》。本书结合南碱村花腰傣传习馆建设的历程和经验，从艺术和乡村博物馆建设的角度进行经验总结和理论分析。朱映占的《巴卡的反思》。本书是在巴卡小寨建设的不足和教训方面，结合民族文化保护的理论，从参与文化生态村建设的各方的角度，对巴卡小寨的建设进行的总结和反思。曹津永的《走向网络》。本书以网络生态博物馆的建设为主线，以民族文化生态村的建设为案例，探讨网络技术在民族文化保护和非物质文化遗产保护事业中的潜力和作用。

913

李国文著/李国文纳西学论集．北京：民族出版社，2008年版．

本论集收录有《纳西族古代哲学思想初探》、《从象形文字看古代纳西族时间观念》、《纳西族象形文字东巴经中的五行学说》、《纳西族先民对宇宙原始结构的哲学思考》等论文。

914

石宗仁著/荆楚与支那．北京：民族出版社，2008年版．

本书包括历史文献与前人对楚国族属的记载与研究，楚发祥地与初都、苗、楚共同的祖先及先民，东夷（九黎氏）苗蛮（三苗氏）的关系与族属等内容。

915

纳张元著/大理民族文化研究论丛．北京：民族出版社，2009 年版．

本书稿主要收录了与大理民族文化有关的近 60 篇学术论文，从民族历史·源流；南诏·大理国历史文化；民族理论；民族文物·考古；民族宗教·哲学；民族经济·旅游；民族语言·文学；民族习俗；文献评述；人物评传；科技史；传统工艺等方面展开了深入的论述，为读者展示了一幅大理民族文化的全景图。

916

和云峰著/和云峰纳西学论集．北京：民族出版社，2009 年版．

纳西学是以纳西族为研究对象的学科，它贯穿古今、横跨东西，既包含对纳西族的本体性研究，也包含这种研究本身。起步于 19 世纪 60 年代至 20 世纪 50 年代初，源于西方学者、传教士、军事人员等对纳西族地区的游历。本论集收录有纳西族学者和云峰的《对〈勃拾细哩〉成因的若干考证》、《丽江纳西族洞经音乐的称谓、溯源、曲牌及形态》、《纳西族东巴教音乐的若干调查与研究》、《云南纳西族“窝热热”的图腾痕迹》、《云南纳西族民歌的调式与旋律特点》等论文。

917

习煜华著/习煜华纳西学论集．北京：民族出版社，2009 年版．

纳西族学者习煜华二十多年来潜心翻译、整理东巴经书和仪式记录，本论集收录有其《纳西族殉情现象背景分析》、《纳西族妇女与民间占卜》、《丽江纳西人的宗教信仰》、《藏传佛教在丽江的流传》、《眼睛在纳西文化中的象征意义》等论文。

918

张正军著/文化寻根——日本学者之云南少数民族文化研究．上海：上海交通大学出版社，2009 年版．

日本学者对云南少数民族地区的文化寻根研究主要集中于滇国青铜器文化、南诏国和大理国的历史、稻作文化、干栏式建筑、神话和民间故事、对歌、祖先崇拜等与日本传统文化相类似的领域。研究的对象民族主要有傣族、佤族、哈尼族、彝族、白族、纳西族等。本书从评析日本学者对云南少数民族文化的研究开始，分析归纳了日本学者在云南开展的探寻日本文化源头之旅，可供从事日本文化和我国少数民族文化研究的人员参考。

919

线云强著/走近 56 个民族．北京：民族出版社，2009 年版．

天上人间，梵音悠扬；彩云之南，风情万种；西域草原，秋风阵阵；白山黑水，豪情天纵；56个民族兄弟姐妹簇拥在母亲的怀抱……由民族出版社出版、北京雅昌彩色印刷有限公司印制的大12开近500页的大型精美画册——《走近56个民族》——精选了400多幅图片，以强烈的视觉冲击力，触摸着中华民族发展的历史，记录了每个民族独特的风情，全景式地展现了斑斓绚丽的民族文化，给读者留下无限的遐想……

画册为汉文、英文双语对照，以图文并茂的形式向读者简明扼要地介绍了我国56个民族的基本情况，包括风俗习惯、宗教信仰、节日庆典等内容，具有较强的阅读性和知识性，是一本介绍我国民族大家庭的普及性读物，同时也方便国外的朋友直观地了解我国56个民族的风情风貌，具有较高的价值。

920

赵旭东著/文化的表达——人类学的视野．北京：中国人民大学出版社，2009年版．

文化是一种表达，这体现在人类学家所研究的社会关系、象征符号以及各种人造物品上。人类学家对文化的研究是把某种文化的表达再次呈现出来的一种文化翻译。今天的人类学似乎更应该为社会营造出一种敞开的交流氛围，让文化像书一样打开着，使得每一个人都有机会和可能去阅读与理解。

西方人类学，特别是以社会与文化为核心关注点的人类学传统在过去的三四十年之间发生了一些理论与方法上的转变，其中一条明显的转变轨迹就是从最初的功能论的直观描述转变到今天对于文化本身的解释与理解，这促使社会科学传统的社会与文化人类学从以科学为模板的研究范式转变到大量接受人文学科，特别是历史学和哲学解释学的思考方式，由此文化被重新理解成为一种社会存在的表达方式。在这个意义上，本书的全部内容是试图在搜寻人类学既有传统中的不同研究主题在向文化的理解转变过程中的一些痕迹，这些痕迹体现在许多人类学家的作品中。而本书则从不同的人类学视角回顾了西方人类学的历史以及一些有代表性的中国人类学家与相关学科的学者对这些历史的反思与推进。

921

滕星著/教育人类学的理论与实践：本土经验与学科建构．北京：民族出版社，2009年版．

本书按研究领域共分为三篇，上篇：理论篇，一方面是对西方教育人类学的学科发展、研究方法及重要理论作了较为详尽的阐述；另一方面是对中国教育特别是少数民族教育研究的重大问题进行了理论探索，并对中国教育人类学的发展历程进行了回顾和展望。中篇：实践篇，在对西方教育人类学理论与实践研究的基础上，结合作者在中国本土开展的教育人类学研究成果，就中国教育改革的若干重大理论与实践问题、教育学研究的若干问题展开了描述与阐释。下篇：访谈篇，主要收录了作者近几年来对教育人类学理论、方法和实践研究的思考以及对中国少数民族教育研究的若干重要问题的探讨。本书的文末附有教育人类学参考书目。

922

滕星，张俊豪著/教育的人类学视野．中国民族教育的田野个案研究．北京：民族出版社，2009 年版．

以美国为代表的文化教育人类学中的教育人类学学派，继承了英美文化人类学的理论框架、概念与田野工作方法，并用其研究教育的理论与实践问题；多元文化教育理论学派则从英美文化人类学那里继承了"文化相对论"的观点，并将其与美国的"土特产"——美国社会民族理论相结合来研究教育的理论与实践问题。其最初目标是为了捍卫以少数民族为代表的社会弱势群体的利益，其长远目标是想通过教育改革构建一个不分族群、社会阶层、性别、年龄、身体与智力差异的、乌托邦似的国家与全球多元文化社会。

923

叶渭渠著/日本文化通史．北京：北京大学出版社，2009 年版．

本书首先详细论述日本国民在岛国的自然风土和生活实践中，自主生成的宗教、文学艺术和学术的成果以及由这些成果凝聚而成的文化精神。同时，简明地叙说了这些文化的形成与日本政治社会发展历史的有机联系。其次，从比较的视角出发，论述日本千余年与中国交往和融合中国文化的悠久历史以及近代百余年与西方交流、调适西方文化的经验。最后，作者指出在日本历史上曾出现过全盘"汉风化"和全盘"洋风化"的思潮，但日本最终分别以"和魂汉才"、"和魂洋才"作为对外文化交流的指导思想，构建起"冲突·并存·融合"的文化模式，以吸收和消化外来文化，从而创造出了独特的文化体系和价值观念。

924

罗慧燕著/教育与社会发展．中国贵州省的一个个案研究．北京：民族出版社，2009 年版．

教育人类学是由教育学和人类学相互交叉而形成的一门综合性边缘学

科。国外教育人类学学科形成于20世纪中期，经过半个世纪的发展形成以德国、奥地利等欧洲国家为代表的哲学教育人类学和以美国为代表的文化教育人类学两大流派。在文化教育人类学流派中，又可以划分为主要由人类学家组成的教育人类学理论学派和以教育学家组成的多元文化教育理论学派。欧洲哲学教育人类学学派主要注重于从人的本质、教育的本质、人接受教育的需要性和可能性出发，从哲学的高度研究教育的理论与实践问题。本书立足于田野调查，理论联系实际，对教育人类学的一些相关理论进行了探讨。

925

冯跃著/教育的期待与实践：一个中国北方县城的人类学研究．北京：民族出版社，2009年版．

作者从文化传递与人性转变的双重视角出发，涉入我国北方一所县城中学的日常生活，深入观察、分析和探讨这里的教育模塑过程以及个体在反复实践中获得的人性转变的新尺度。对这一过程的评论标准亦来自诸多文化参照下对人类文明共有要素的认同、族际与群体间的理解与沟通方式以及大量社会经济相关要素的介入等等，这些均成为作者建构教育的期待与实践内涵的重要根据。这里的“期待”，既包括既定的社会文化规范，又暗含着行动主体本身的“实践感”，其中，“实践”是指“应然”与“实然”的关系互动过程，而“实践感”则是先于认知的，它从现有的状态中可以解读出场域所包含的各种未来可能的状态，于是我们得以反思现实生活中的教育图景是何以呈现的。作者的论述还聚焦于学生、教师和校长等不同角色之表现。

926

王希隆，汪金国著/哈萨克跨国民族社会文化比较研究．北京：民族出版社，2009年版．

本书内容包括：哈萨克族的形成及其最初的跨国状况；近代以来哈萨克跨国民族的正式形成；古代哈萨克先民的社会文化特点；跨国而居的哈萨克族语言文字的各自发展等。

927

张曦著/持颠扶危：羌族文化灾后重建省思．北京：中央民族大学出版社，2009年版．

本书是中国少数民族研究中心青年创新团队2009年春节到汶川实地调查羌族语言文化灾后重建政策需求的应用研究案例。汶川5·12地震的核心区与中国最古老的少数民族羌族的分布区高度重合，造成羌族全民族受灾。灾害极大地唤醒了中国高等院校师生投身应用研究的意识。本书分为“田野来风”、“学者新论”两部分。书名以“省思”为题，其事实依据为羌族文化灾后重建存在的不足和契机，其预期目标为反馈羌族文化重建的深度需求，并在灾后重建中对羌族文化保护的实际工作提供有益帮助。

928

罗安源著/汉苗语法教学札记．北京：中央民族大学出版社，2009年版．

本书涉及汉语语法和苗语语法的28个专题，基本内容是将有关学者的观点、方法、结论加以综合比较，希望通过教学实践，使教学对象能够知晓每一个问题是在什么背景下提出来的？已经有哪些处理的办法？问题解决到什么程度了？还存在什么样的困难？还有哪些解决问题的可能途径等内容。

929

宝玉柱著/民族教育研究．北京：中央民族大学出版社，2009年版．

全书分“民族教育理论篇”、“民族高等教育篇”、“蒙古族教育篇”、“学科建设篇”、“学术报告和演讲篇”、“答疑解惑篇”六个部分，收入论文和文稿29篇，其中13篇是首次发表。具体内容包括关于民族教育及民族教育研究的几个理论问题、经济文化类型与民族教育、社会组织结构与民族教育、论民族学院改革的宏观指导思想、蒙古族语言文字与蒙古族教育等。

930

韦晓康，张延庆著/少数民族传统体育与文化传承：少数民族传统体育教育发展创新与人才培养探索．北京：中央民族大学出版社，2009年版．

本书深入探讨了少数民族传统体育教育改革与发展中的重大理论问题和实践问题，以直接的少数民族体育实践为引导，探索适合我国少数民族体育文化多元性特征的民族体育教育规律。特别是在培养符合我国民族地区当代文化建设需要的创作、管理人才的研究成果中，找到少数民族体育产业发展的人才需求核心点，从而促进当代少数民族体育教育的发展和创作的繁荣。从全方位多视角给予少数民族传统体育在实践教学和理论研究层面上的宏观指导，以便确定学科定位、人才培养和解决少数民族传统体育在今后的发展方向，展现、总结一大批中国少数民族体育创新与发展的科研成果，为建设有中国特色的少数民族传统体育教育体系提供新思路与内涵。

931

饶远编/中国少数民族体育文化通论．北京：人民出版社，2009年版．

本书是作者二十年来对中国少数民族体育文化现象进行理论与实际系统研究的汇集与提升。作者以田野考察、实地调研与历史资料分析等多种研究方法，从文化学、民族学、体育学等学科的综合视角探索中国少数民族体育形成的文化源流、文化特征。全书力图通过对少数民族体育文化形成、演变的规律与表现形式的探讨，展示少数民族体育文化产生、发展及人类思维演进与文化创造中的辉煌成果；研究少数民族体育的文化功能和经济发展前景，预测中国少数民族体育文化未来的发展趋势，就民族体育文化如何成为边疆民族地区新的经济增长点提出建设性对策。

932

陈·巴特尔著/亚太地区原住民及少数民族高等教育研究．北京：中央民族大学出版社，2009 年版．

本书是 2008 年亚太地区原住民及少数民族高等教育南开论坛的论文集，是美国夏威夷大学资助的“21 世纪初中国少数民族高等教育实践与政策”课题的成果之一。按照参会学者提交的论文主题，全书分为六编，共 32 篇论文。第一编共 5 篇论文，新西兰、加拿大、美国及中国学者从各自国家原住民及少数民族教育（高等教育）发展的历程与经验出发，对原住民及少数民族高等教育发展理念问题进行了探讨，内容涉及新西兰毛利人的教育哲学、加拿大基于土著文化与社区的印第安教师培训 NITEP 理念——中国少数民族教育发展理念——从盲目模仿到注重本土文化适宜性的演变和美国夏威夷民族教育的多元合作——Hookuldiwi 理念等。第二编由 5 篇个案研究论文构成，他们分别是新西兰毛利人通过高等教育培养研究能力的个案、中国少数民族高等教育民族地区院校办学实践个案、中国少数民族高等教育民族学院模式个案及多民族多文化地区少数民族外语教育个案；第三编包括 6 篇论文，内容涉及中国、美国少数民族教育优惠政策、人口较少民族的教育公平问题、西藏少数民族高等教育的机会、过程、结果公平问题和蒙古族大学生的择业观问题。第四编的 5 篇论文聚焦于多元文化背景下的原住民及少数民族文化与教育的关系问题，在批判西方强势文化和本国主流文化的基础上彰显少数民族文化的本体价值和认识论意义，特别强调高等学校在传承原住民及少数民族文化中的责任与作用。第五编研讨的焦点是少数民族高等教育发展战略，共有 6 篇文章，主要论及区域发展战略中的民族高等教育发展问题、民族院校的特色化与国际化、文化多样性与少数民族高等教育的互动及民族地区高等旅游教育与少数民族文化传承关系问题等。第六编为各国原住民及少数民族高等教育的实践，主要论述了新西兰现代大学与传统毛利人高等教育的调和问题、加拿大城市原住民教育面临的课题与挑战、印度少数民族教育的“保留”政策及中国民族学院高等教育的组织特性及其演变问题等。

933

周梦著/周梦民族服饰文化研究文集．北京：中央民族大学出版社，2009年版．

本书是一本论文集，主要内容包括：一、服装史类　《夏商周时期中国服饰形制与服饰等级制度浅析》、《清初满汉服饰之争与清代服装款式小议》、《浅析民国时期服装款式、风尚以及时尚的传播途径》、《从唐代壁画人物着装看胡服对汉族服装的影响》、《典雅与现代——20世纪前期西方时尚史》、《战争与青春——20世纪中期西方时尚史》、《叛逆与自由——20世纪晚期西方时尚史》；二、少数民族服饰类　《浅谈少数民族传统服饰的保护与发展》、《试论苗族盛装的文化策划及其实现》、《浅议民族传统服饰文化内涵的形成及审美特征》、《贵州省雷山县西江苗寨传统服饰调查报告》；三、服饰文化类　《求同与融合——小议服装的民族化和国际化》、《浅议国际时装舞台上的中国风尚》、《中西服装风格比较初探》、《衣服的"方言"——地域文化对服装的影响》、《浅谈满族旗袍的源流、发展与传承》、《影响西方百年时尚史的三股力量》、《小议传统文化思想与流行传播方式对中国传统服饰风格的影响》、《从小黑礼服（Little black dress）的变化看20世纪女装的发展》；四、其他　《20世纪前期中国民族纺织品牌发展初探》、《从古典到现代——包豪斯对现代设计的影响》、《"民族传统服装设计"课程的教学实践与思考》，等等。

934

刘秋芝著/巧艺·绝技价值的时代游戏．北京：中央民族大学出版社，2009年版．

本书内容包括：《风筝与俗民生活——以山东潍坊风筝为个案》、《鲁锦中的民俗观念——以山东鄄城鲁锦为个案》、《民间美术创作、传承中适应机制的运作与体现——以河北蔚县民间剪纸为例》、《西安回族商业饮食民俗现状调查与研究——以莲湖区回坊清真饮食街为例》、《和保安腰刀生产与销售民俗现状考察研究——以甘肃省积石山县保安三庄为个案》等文章。

935

何明编/云南十村：西南边疆民族研究书系（少数民族变迁丛书）．北京：民族出版社，2009年版．

包括：《在大小传统之间：国家意志的统一性与民族文化的多样性——对国家与边疆少数民族文化变迁的思考》、《文化变迁与双语教学——石龙村的个案研究》、《整体与局部：研究视野的联动——箐口村的个案研究》、《传统与现代的交织——大沐浴村花腰傣的个案研究》、《双重文化背景下的交汇融合——纳古回族社区的个案研究》、《现代传媒语境下的变迁——赤恒底村的个案研究》、《基督教背景下村落仪式的转变——芭蕉箐的个案研究》、《社会背景下的仪式变迁——南溪村的个案研究》、《宗教信仰的变迁——茶腊村的个案研究》、《节日仪式与艺术意义——可邑村的个案研究》、《整体联动的多维变迁——大糯黑村的个案研究》等篇章。

936

姚秀颖著/文化变迁视角下呼和浩特回族的教育策略选择．北京：中央民族大学出版社，2009 年版．

当今世界是一个文化多元共存的世界，在不同文化群体中存在着多样化的教育策略，这些策略不仅在文化群体内部促进着自身的文化传承，更在全球范围内促进着人类社会文化多样性的保持。在我国，回族是一个具有较强文化认同的民族，这与回族所选择的教育策略息息相关。本研究旨在探讨为了本民族的群体生存和文化传递，回族人是如何选择和创造适当的教育策略的。本研究以呼和浩特回族社区为个案，借鉴人类学田野工作的方式，运用访谈、参与观察、问卷等方法，深入呼和浩特回民社区，获得丰富的资料，并在这些资料的基础上进行主客位研究，从研究者和被研究者的角度去观察和分析被研究者的行为和思想，对呼和浩特回族文化认同和文化传承机制进行了描述和解释，希望能够借此揭示不同文化的教育策略对于该群体及其文化生存发展的重大意义，并希望能够在教育学研究中进行方法上的创新。借助对呼和浩特回族社区的民族志描述，本研究归纳了呼和浩特回族社区文化传统与回族教育的密切关系，梳理了呼和浩特回族社区的公共教育体系与次公共教育体系形成的历史，发现了二者之间和谐并存的关系。

937

陈·巴特尔著/守望·自觉·比较——民族及原住民教育研究．北京：中央民族大学出版社，2009 年版．

全书按照宏观、微观和比较这样的逻辑分为上、中、下三篇。上篇共有 6 篇论文，从 21 世纪社会、经济、文化发展的宏观背景出发，对中国民族高等教育的发展战略、民族院校研究生教育思想的转变、民族学院的组织特性进行了探讨。尤为重要的是对民族教育研究中存在的问题进行了反思，主张在民族教育研究中关照民族教育实践的多民族、多语言、多文化等特性，体现文化公平的原则。中篇共有 7 篇论文，以蒙古民族作为个案，把蒙古民族教育的演变置于历史发展、文化变迁和族际交往的时空中进行了梳理。对学术界有所争议的元代书院官学化、科举考试的时断时续等问题进行了文化阐释。此外还对蒙古族贫困大学生的助学贷款、蒙古族学生双语、三语学习态度等问题进行了分析。下篇共有6篇论文，把研究视野扩展到国外，对于与中国世居少数民族具有很多共同性的加拿大印第安人和新西兰毛利人的教育自治与语言复兴运动进行了论述，还对中国与加拿大少数民族高等教育发展模式进行了比较，以期为中国少数民族教育研究开辟一个新的领域。此外，对教育人类学中学校民族志的“文化中断论”、“文化差异与文化冲突论”、“文化—生态理论”、“民间成功理论”等观点进行了评述。

938

吴明海著/中国少数民族教育史教程．北京：中央民族大学出版社，2009年版．

本书是根据费孝通先生中华民族多元一体格局的理论来编写的。教材采用历时性和共时性纵横交错的结构来谋篇布局。在纵向的时间布局方面，根据学术界一般公认的把中国历史划分为古代、近代和现代的历史分期方法，《中国少数民族教育史教程》分为三编，即：中国少数民族古代教育史（远古至1840年鸦片战争）、中国少数民族近代教育史（1840年鸦片战争至1949年中华民国结束）和中国少数民族现代教育史（中华人民共和国时期）。在横向的空间布局方面，根据民族学界经济—文化类型学说和地域文化分类法，《中国少数民族教育史教程》在每一编里安排五章，按照东北、北方、西北、西南和中东南的顺序，分别书写各地域的少数民族阶段教育史。

939

吴明海著/中外民族教育政策史纲．北京：中央民族大学出版社，2009年版．

本书所研究的“民族教育政策”着重是指一个多民族主权国家中央政府对其境内的少数民族实施的教育政策，但是也涉及该国中央政府的总体教育政策以及对主体民族的教育政策，因为它们之间有密切的联系。

940

国家民委教育科技司著/蓬勃发展的中国民族院校——民族院校工作会议材料汇编．北京：中央民族大学出版社，2009年版．

全国民族院校工作会议的胜利召开，标志着新世纪我国民族院校的工作又步入了一个新的发展里程。全国各民族院校在邓小平理论、“三个代表”

重要思想和科学发展观的指引下必将更加健康、蓬勃地发展。为指导、帮助各院校深入学习、贯彻会议精神，我们编辑出版了《蓬勃发展的中国民族院校——全国民族院校工作会议材料汇编》，供各院校在组织学习和实际工作中使用。

941

李东光著/民族院校教育管理研究．北京：中央民族大学出版社，2009年版．

这部著作是作者在中央民族大学从事民族教育管理工作二十多年来的心血凝结。书中各篇文章的内容反映了作者所从事工作的各个方面，涵盖民族院校党的建设、教务管理体系建设、思想政治教育工作、宣传思想工作、干部和党员的教育管理、工会和教代会工作、离退休干部工作等七个方面。

942

王飞，杨玲著/云南少数民族传统文化与道德教育研究．昆明：云南大学出版社，2009年版．

本书内容包括：人生礼仪文化：认知维层的道德教育；生活文化：情感维层的道德教育；宗教信仰文化：价值维层的道德教育；节日文化：交往维层的道德教育；生态文化：责任维层的道德教育；禁忌文化：行为维层的道德教育；云南少数民族道德教育的基本内涵；云南少数民族道德教育的现代诉求；等等。

943

黄雪梅著/大化无形：云南大理白族祖先崇拜中的孝道化育机制研究．桂林：广西师范大学出版社，2009年版．

大理白族在“化”与“诚”的基础上，建立了一套完善的文化传承机制，有效发挥了史化的教育功能；教育应借文化促进人的发展，而“化育”是实现这一目标的重要方式。这无疑有助于我们传统文化的继承、发扬，顺利实现现代化与传统的对接，加深对教育本真含义的理解，促进教育的进一步发展。

944

张春继著/白族民居中的避邪文化研究：以云南剑川西湖周边一镇四村为个案．昆明：云南大学出版社，2009年版．

避邪文化在中国的乡村社会是很普遍的生存习俗，但问题的研究不能只停留在文化的普适性上，而要回到不同地域的具体生活情景中、具体族群文化认同的背景中去发现其文化的独特性和多样性，去发掘避邪文化具体的

“地方感觉”。

945

郭锐著/佤族木鼓的文化链接．昆明：云南大学出版社，2009年版．

本书有如下几个方面的学术价值和贡献：其一，概括性地对中国的鼓与鼓文化进行梳理，由此引出佤族鼓文化的内容即铜鼓和木鼓两个系统，说明和论证了两者间的关系。其二，对传统社会中佤族木鼓的基本造型及其制作过程作了详尽描述，与此同时，对佤族的木鼓进行了类型划分，陈述了传统佤族社会保存和使用木鼓的目的及意义，将佤族“拉木鼓”这一文化现象提升到物质和精神的理论层面进行探讨，对佤族“拉木鼓”的完整含义进行了具有说服力的解释。其三，以作者通过田野调查或大量实证性资料为依据证明了传统佤族社会的木鼓，从物质基础的角度看，已成为佤族以村寨为基本社会单位的社会组织的标志；从精神生活的角度看，它客观上被认为是村寨精神的象征。根据木鼓在社会生活中的实践状况，分析得出木鼓于传统佤族社会在总体意义上说是具有典型意义的文化符号的结论。其四，从“猎头”习俗入手分析，指出佤族过去关于神性的传统观念，认为“木依吉”神是神界最高神，而人是最具生命活力的大自然的产物，是自然万物之首。其五，从五个方面论述了传统佤族木鼓所蕴涵的极为丰富的文化内容。其六，结论性地认为，佤族木鼓作为其民族品质的象征，体现在三个方面。主要章节有：第一章　鼓与鼓文化研究；第二章　佤族和佤族木鼓；第三章　木鼓与社会生活；第四章　神灵世界中的木鼓；第五章　木鼓的文化内涵；第六章　佤族木鼓的宗教学分析；第七章　木鼓——民族品质的象征。

946

杨甫旺著/楚雄民族文化论坛（第4辑）．昆明：云南大学出版社，2009年版．

本书内容主要包括：《文化传播视野下的信仰与仪式》、《以中国西南少数民族与道教关系为例》、《中国西南少数民族虎图腾崇拜与韩国的虎图腾崇拜比较》、《试论古滇国主体民族及其文化》、《“庄蹻开滇”、“庄蹻王滇”辨》、《哈尼族祖先崇拜中的丧葬习俗及调适作用探讨》、《从族源神话到平民传说》、《从南诏文学的发展看“族群记忆”的嬗变》、《彝族历史文化研究》、《论彝族左脚舞文化》、《“左脚舞”的文化记忆与功能分析》、《彝族左脚舞琐谈》、《打造彝族左脚舞文化品牌的思考》、《虎傩面具博物馆建设与彝族虎文化传承》、《清代毷书的繁荣及其贡献和双柏彝族老虎笙的恢复与重建》，等等。

947

林伦伦，单纬东主编/南方少数民族传统文化与和谐社会关系．广州：暨南大学出版社，2009 年版．

本论文集主要从理论和实践两个方面来揭示南方少数民族传统文化与构建和谐社会的关系。文集按四个方面分类，以凸显研究的主题。第一方面从相关理论高度论述南方少数民族传统文化与和谐社会的关系，所选的 4 篇文章从社会功能和作用机理两个方面阐述南方少数民族传统文化对构建和谐社会的重要意义。第二方面从南方少数民族传统文化中的具体文化载体论证南方少数民族传统文化与和谐社会的关系，所选的 13 篇文章由学者从稻作节日文化、民族传统体育文化、亚文化、传统民族体育项目、黎族文化、文身艺术、洪水神话同系物的人文特色、黎族民间故事等方面阐述。第三方面是从民族经济角度分析南方少数民族经济与和谐社会的关系，选取 5 篇文章。第四方面探讨了民族行政管理、教育与和谐社会的关系，选取 3 篇文章。

948

南快莫德格著/新疆图瓦人社会文化田野调查与研究．北京：民族出版社，2009 年版．

主要内容包括：图瓦人的历史渊源、图瓦人的社会生活、图瓦人的教育、图瓦人聚居区的医疗卫生、图瓦人的宗教、图瓦人的生态观、图瓦人的禁忌、图瓦人的民间文学艺术及体育娱乐、图瓦人与卫拉特蒙古及哈萨克族的关系、文化互动之影响等内容。

949

马翀炜，孙信茹著/云南第一村：红塔区大营街的人类学考察．北京：民族出版社，2009 年版．

云南省玉溪市红塔区大营街村因其经济高速增长以及共同富裕的道路而获得“云南第一村”美誉。在相当长的时间里，大营街村只是成千上万中国普通村庄中的一个。近三十年来，高速发展的乡镇企业及集体化的道路使大营街成为了一个引人注目的村庄。

《云南第一村：红塔区大营街的人类学考察》从人口、经济、社会政治、教育、医疗卫生、信息传播与传媒发展、民间习俗、民间艺术、宗教等方面描绘了大营街发展的基本状况，并对大营街的经济社会发展的深层原因进行了初步的思考。

950

张海珍，李娅玲著/普洱民族文化概览．昆明：云南大学出版社，2009年版．

本书主要介绍了普洱市的佤族、拉祜族、傣族、布朗族、哈尼族、彝族等少数民族的人口分布、语言文字、宗教信仰、民俗文化、文学艺术等方面的情况。

951

王全成/滇味文化（文化之旅系列丛书）．北京：时事出版社，2009年版．

本书以历史为经，文化发展为纬，广采素材，精心钩沉，细加整理，全面而系统地描绘出云南这块神秘土地的沧桑历史、风土人情、文化民俗、宗教信仰和物华天宝，揭示出滇味文化风韵的真谛。全书分“云南沧桑”、“民族文化”、“云南风俗”、“云南韵味”、“云南风情”五篇，全景式介绍了云南各民族生活的各个方面。阅读本书，如徜徉云南大地，不断领略、欣赏滇味文化的神秘内涵，堪称一部关于滇味文化的百科全书。

952

陈永邺著/欢滕的圣宴——哈尼族长街宴研究．昆明：云南大学出版社，2009年版．

人类学中的圣餐仪式是关于世界上许多古老民族有关宗教祭祀宴会的经典研究，其中的许多观点、内容和视角为研究哈尼族的长街宴提供了丰富的思想源泉。对人类学圣餐仪式的记述最早来自于泰勒的著作，泰勒在《原始文化》一书中认为：信仰死后灵魂继续存在，是蒙昧人的万物有灵观的必然结论。泰勒指出，在印度东北部博德的原始部落中，当人们为死者举行最后的丧葬仪式时，死者最近的亲属将食物和饮料送到死者面前献祭。举行过驱邪仪式后，还要准备宴会的吃喝，以寻欢作乐，好像他们永远不会死去。

953

李全德，赵福祥著/云南少数民族传统体育旅游资源研究．昆明：云南大学出版社，2009年版．

少数民族传统体育旅游资源是体育旅游资源的重要组成部分之一。云南是中国少数民族最多的省份，在全国的55个少数民族中，世居云南25个，其中有15个民族是云南特有的少数民族。不同的民族都有各自悠久的历史，他们在这块美丽、富饶、神奇的红土地上劳动、生息和繁衍。在曲折漫长的发展岁月中，各民族不仅创造了自身灿烂的文化，而且还在生活和生产实践中创造了多姿多彩、富有浓郁民族风格和地方特色的民间体育活动。仅以不同名目的体育活动项目统计，云南民间少数民族传统体育项目有300多项，居全国之首，堪称“民族体育王国”。

954

肖青著/民族村寨文化的现代建构——一个彝族村寨的个案研究．昆明：云南大学出版社，2009年版．

本书以“大社会”的宏观历史发展为主线，以“小地方”的“社区史”为叙述框架，在“国家—社会”关系视野中具体展现了湖村的撒尼文化建构历程。其中，除了重点关注湖村的民间信仰及其象征仪式的形成、发展、建构以外，本书还将根据湖村在不同历史时期的村寨文化建构特点，有选择地对其口头叙事、人生仪礼、民间艺术等进行相应的梳理和分析，探究其在特定村寨场域中的结构性功能以及各种力量在其建构过程中的实际影响及作用，力图全面、真实地反映出湖村的“作为符号的民族文化事项”和“作为过程的民族文化生活”的现代建构。

955

安斗著/昭通市少数民族体育资源开发利用研究．昆明：云南大学出版社，2009年版．

中华民族具有光辉灿烂而又古老的文明史，拥有众多宝贵的民族体育资源和丰富的民族文化遗产。我国是一个拥有56个民族的大家庭，少数民族体育资源丰富、文化内涵独特厚重，开发和利用这一宝贵的资源，对于推动少数民族传统体育的发展，培养开发和利用少数民族传统体育资源的人才，使少数民族传统体育向竞技体育过渡，把少数民族传统体育推向世界提供理论性指导等方面具有重要的意义。

956

杨志明等著/云南少数民族传统文化研究．北京：人民出版社，2009年版.

对少数民族传统文化进行文化哲学层次上的审视，既是解决“世界历史”、交往“全球化”背景下少数民族传统文化现代化所面临的矛盾及存续前景问题的需要，也是促进强势民族与弱势民族相互理解、尊重和协作，增进世界和平，以共同应对全人类所面临的生存危机的需要，同时还是深化少数民族传统文化研究、细化文化哲学并使之对少数民族的文化史和文化实践更具解释力、更有指导性的需要。在文化哲学层次上审视少数民族传统文化的基本任务，就是从比较文化学的视角出发，以文化的共性和个性、统一性和多样性问题为核心，运用内在于哲学的整体性、抽象性、反思性和理想性等方法，对少数民族传统文化进行总体的、根本的存在论把握和发展论建构。这种层次上的文化哲学研究，既要求有相当的概括性和思辨性，又要求有相当的具体性和实证性。

957

肖芒著/滇中纳古镇回族婚姻考察：双重文化影响下的回族婚姻．昆明：云南美术出版社，2009 年版．

本书包括走进纳古镇；择偶：伊斯兰文化主导的族内婚；恋爱：伊斯兰文化与儒家文化的双重制约；结婚：双重文化与经济、法律的综合体现；离婚：双重文化对女性的不平等；再婚：伊斯兰文化对女性的宽容；早婚与近亲情：双重文化的濡化；婚姻与性：伊斯兰文化对女性的尊重与保护，共九章内容。

958

祁晓玲著/民族地区人才竞争机制研究．北京：人民出版社，2009 年版．

本书是在国家社会科学基金项目《西部大开发进程中四川少数民族地区完善人才竞争机制研究》的基础上修改而成。遵循“具体—抽象—具体”的科学研究方法，作者开展了多次全方位、深层次、宽角度的调研活动。以西部少数民族地区的人才引进和人才激励两个方面为重点设计问卷，开展抽样试验，同时组织实地调研，结合集体座谈或个人访谈等多种方式，了解四川少数民族地区人才流动、人才竞争、人才引进、人才激励、人才培训等问题。通过调研活动，作者从大量直接、客观、鲜活的事实资料中获得了新的收获并加以整理，为研究奠定了扎实的基础，再经由具体到抽象的理论升华，探悉民族地区人才竞争机制建设中的制约因素。

959

张丽剑著/散杂居背景下的族群认同：湖南桑植白族研究．北京：民族出版社，2009 年版．

本书是针对湖南桑植白族开展的一项专题研究。在桑植白族身上所体现出来的散杂居特点和“民家”文化特质决定了本研究的独特性。也正由于散杂居特点的影响，长期以来学界对桑植白族的研究较少，更凸显出本研究的必要性。作者历时八个多月对桑植白族进行了深入的田野调查，积累了丰富、翔实、可信的第一手材料，使得本研究具有创新性。通过对族群理论的梳理，本书选取族群认同作为桑植白族研究的切入点，从而在散杂居和族群认同的大背景下更好地开展对桑植白族文化的研究。

本书对桑植白族历史、文化的探讨无疑将推动该领域的深入研究。区域性研究中所涉及的散杂居背景下的生存问题和族群认同问题，是包括桑植白族在内的许多少数民族面临的共同性问题。书中的结论对于其他散杂居民族而言亦有借鉴作用，有助于正确处理散杂居民族关系，促进散杂居民族的发展。

960

雷志华，蓝兴发，钟昌尧等编/闽东畲族文化全书．北京：民族出版社，2009 年版．

全书套装，共 12 册。讲述了文化作为民族之魂，一直与民族相依存、共始终的状况。随着经济社会的发展，一些民族的生产、生活方式发生了变化，民族文化中的某些元素到了濒临消失的边缘。这种文化的变化、消亡现象，是世界性的问题。我们用什么样的理念来考虑看待这个问题呢？工业化、城镇化、市场化是社会发展的大趋势，但这一发展是把“双刃剑”，在大发展的同时，也容易对传统文化造成巨大的威胁和破坏。如果没有文化自觉，没有抢救性保护，许多宝贵的文化资源就会随着发展而永远消失。从某种程度上说，文化和生态一样脆弱，一旦破坏了就难以修复。因此，我们应考虑到包括文化在内的可持续发展。

961

李景隆等著/青海审美文化．北京：民族出版社，2009 年版．

本书内容包括：青海审美文化概述；青海民族风情与审美；青海宗教文化与审美；青海民族民间艺术与审美，等等。

962

海拉提·多合吐尔拜，巴塔宜·再那哈布力编/哈萨克传统文化图鉴．乌鲁木齐：新疆科学技术出版社，2009 年版．

本书是以中国哈萨克族民间传承下来保存完好的部分珍贵文物和传统物体为载体，充分展现了一个民族传统文化的发展演变，并涉及较广泛的社会生产生活及各领域，对我国哈萨克民族历史文化遗产的保护和研究有极其重要的意义。

963

祁惠君著/传统与现代：鄂温克族牧民的生活．北京：中央民族大学出版社，2009 年版．

作者在中央民族大学“211”项目支持下，将自己学习、考察和研究过程中的文化思考和生命感悟通过本书表达出来。全书共分八个章节，主要对鄂温克族牧民的生活作了介绍，具体包括鄂温克族概况、牧民生活现状、畜牧业生产的基本特征、牧业经济可持续发展的研究和探讨等。可供各大专院校作为教材使用，也可供从事相关工作的人员作为参考用书使用。

964

贾仲益著/和在多赢：西部民族地区发展项目的人文关怀．北京：中央民族大学出版社，2009 年版．

本书收集了配合国家利用世界银行贷款在少数民族地区实施发展项目的需求作社会评估和少数民族发展计划的案例，还有研究西部少数民族地区水电移民对国家补偿补助和安置政策需求的研究成果。随着科学发展观和构建和谐社会理念的深入人心，中国政府和企业会越来越注意在少数民族地区做建设项目之前，预先做好当地居民社会文化发展需求评估和少数民族社区发展计划的制订。

965

黄贵权著/瑶族志：香碗——云南瑶族文化与民族认同．昆明：云南大学出版社，2009 年版．

“云南民族志丛书”是云南大学民族研究院重点项目。本书对瑶族“香碗”释义及研究的问题；香碗与生境、生计；香碗与人；香碗与家；香碗与村寨；香碗与瑶族作了描述与分析。

966

佟克力著/锡伯族（中国新疆少数民族民俗知识丛书）．新疆：新疆美术摄影出版社，2009 年版．

新疆维吾尔自治区，位处中华人民共和国西北边陲，面积 166 万平方公里，人口 2095.19 万人（2007 年）。它地大物博，民族众多，有着极为悠久的辉煌历史和灿烂的文化。

新疆自古以来就是一个多民族聚居生活的地区，天山南北广袤的地域，古代曾有许多部落、民族在此迁徙居住，繁衍生息。他们用智慧和血汗共同开发浇灌了这块神秘的土地，创造了令人惊叹的物质文明和精神文明。在漫长的历史岁月中，历经无数次的社会变迁、民族的分化融合，一些民族消失了，经过民族融合以后，往往又出现了一些新的民族组合体，物换星移，沧海桑田，至中华人民共和国建立前后，生活在新疆各地的民族主要有 13 个，她们是维吾尔族、汉族、哈萨克族、回族、柯尔克孜族、蒙古族、锡伯族、塔吉克族、满族、乌孜别克族、俄罗斯族、达斡尔族和塔塔尔族。之后，随着解放后新疆社会发展和经济开发的需要，大批内地各族有志青年响应政府号召，积极支援边疆建设，新疆这个民族大家庭中又增添了一些新的民族成分，迄今，共有四十多个民族的后代共同生活在祖国这六分之一的土地上，用辛勤的双手编织着美好未来的绚丽图画。

967

田卫疆，许建英著/乌兹别克、俄罗斯族（中国少数民族民俗知识丛书）．新疆：新疆美术摄影出版社，2009 年版．

“中国新疆民族民俗知识丛书”融知识性、趣味性和普及性于一体，充分利用现有的各种资料，以言简意赅、通俗易懂的文字形式，比较全面、系统地叙述和介绍了新疆 13 个主要民族的历史源流、社会变迁、文化生活和风俗民情。通过这套丛书，读者将会比较准确、全面地认识和了解新疆各民族过去的足迹和现在的变化，深刻体会现代新疆各民族之间和睦友好关系的必然性，充分感受到各民族之间牢不可破的团结在社会主义现代化建设中的重要作用。

968

李晓霞著/塔吉克族（中国新疆少数民族民俗知识丛书）．新疆：新疆美术摄影出版社，2009 年版．

本书主要介绍了塔吉克族的概况、人口与分布、自然环境、物产资源、历史源流、名称、起源及形成、历史沿革、社会经济、畜牧业、农业、传统手工业和工业、商业贸易、饮食、服饰等。

969

苏发祥著/安多藏族牧区社会文化变迁研究．北京：中央民族大学出版社，2009 年版．

本书中的作者绝大部分都是民族学与社会学学院和藏学研究院的博士和硕士研究生。本书可以说是民族学、人类学理论和方法与藏族地方性知识“互通、互疏”的一次尝试。本书探讨的问题涉及藏族牧民定居、草场承包、生态移民、部落制度和藏传佛教世俗化等，基本上涵盖了从民族学、人类学视角进行社会文化变迁研究的主要话题。关注现代化进程中少数民族地区的社会文化变迁是当代民族学、人类学义不容辞的义务。

970

民族学与社会学学院研究生会编/我做田野　故我存在．北京：中央民族大学出版社，2009 年版．

本论文集是中央民族大学民族学与社会学学院第三届“我在田野　故我存在”学术研讨会的成果。这些文章所涉及的研究主题有：民俗到文化遗产、现实与民生、传承与继承、社区与宗教。编者希望在强调实证研究与理论研究相结合的同时，进一步加强与学界同仁的交流与合作，以图为中国民族学和社会学学科的发展贡献一分力量。

971

徐志远著/佤山行：云南西盟佤族社会调查纪实（1956—1957）. 昆明：云南大学出版社，2009 年版.

本书是作者在 20 世纪 50 年代到云南西盟对佤族经济社会进行长期考察的结晶，是一本佤山亲历记。作者以严谨的科学态度、敏锐的观察力和生动的笔触，再现了半个多世纪前尚处于原始社会末期的佤族社会面貌. 记录了民族科考人员艰辛的边地生活，体现了他们对事业的执著和对佤族同胞的深情。

书中对佤族的经济生活、社会组织、军事攻防、宗教活动、风尚礼俗以及家庭婚丧、文学艺术等都作了详细的记述；对佤族特有的重大宗教活动“拉木鼓”、“剽牛”、“盖大房子”、“送人头与砍牛尾巴”有着生动的描写。近百幅老照片更是难得一见。全书具有科学性、文学性和可读性，有助于读者对佤族这个古老民族的全面了解。

972

林耀华，糜若如著/林耀华从书斋到田野（中央民族大学学术文库）. 北京：中央民族大学出版社，2009 年版.

本书由“时代思潮”、“理论方法”、“乡村社会”、“边疆民族”这四部分组成，精心辑录数十篇作者关于“社会科学”的论文集。书后并附有“林耀华先生早期学术思想”。书中文章反映了作者林耀华的写作风貌和风格，呈现出他的内在文学和思想素质。

973

涂苏别克·斯拉木胡力著/哈萨克民俗文化. 乌鲁木齐：新疆科学技术出版社，2009 年版.

哈萨克民俗文化具有极强的适应性和包容性。在哈萨克悠久的历史和灿烂的文化中，既有记录古代崇尚人体艺术的多彩的岩画、碑石，也有充满草原文化气息的各种室内陈设、绚丽服饰、手工艺品和图案艺术；既有多元的宗教文化，也有近年来引起学者关注的古医药学；既有丰富的民族音乐遗产，也有辉煌的文学创作传统。哈萨克人民用诗和歌淋漓尽致地宣泄他们激越的情感，展现他们丰富的内心世界，传承他们积极向上的民族精神。自然环境不仅是哈萨克族的生存依托，也往往成为哈萨克族艺术地审视这个世界的审美对象和不可或缺的审美载体。在《哈萨克民俗文化》摄影作品中出现的风俗、礼仪、饮食、居住、服饰、民间游艺等内容，都与自然环境密切相关，不仅表现了人们赖以生存的物质基础，也成为人们情感寄托的重要载体，其艺术倾向和审美心理是对草原文化感知与把握的自然流露。山的沉稳，水的灵秀，树木花草的四季变化，飞禽走兽的天然秉性，日出的热烈与月落的清凉等，无一不是大自然赐予哈萨克族的生命节律，也无一不是哈萨克诗篇中讴歌赞美的对象，它们传达着哈萨克族的审美趣味与理想，也表达了哈萨克族对世界与生命的探索和理解。

974

陈延斌著/大理白族喜洲商帮研究．北京：中央民族大学出版社，2009年版．

本书力图客观、真实地展现滇西少数民族聚居区在近代中国社会半殖民地、半封建化的过程中社会变迁景象。本书力图通过研究白族商帮的发展史，为国内民族学、历史学、经济学界在少数民族地区近代资本主义化发展方面的研究提供一个有益的例证。通过近代滇西白族资本主义萌芽的研究，重新审视我国少数民族地区的近代社会发展阶段以及对民族工商资本性质和作用的再认识，分析近代资本主义工商业在推动社会发展进步方面的积极作用，进而提出此项研究的现实意义：探求白族喜洲商帮与当代少数民族社会发展的联系，针对今天少数民族地区市场经济发展中的机遇与挑战，指出传统农业社会（以喜洲为代表）迈向现代化的道路。

975

尹绍亭著/云南山地民族文化生态的变迁．昆明：云南教育出版社，2009年．

本书的田野调查对象是云南西南部山地的刀耕火种民族。20世纪70至80年代，工业社会快速发展所导致的资源枯竭、环境污染等恶果凸显，生态环境问题成为全球最受瞩目的问题之一。在这样的背景下，与热带、亚热带森林关系密切的刀耕火种农业，自然受到了人们的关注，成为不同学科学者研究的热点。

976

杜玉亭著/民族田野五十年：中国特色民族学的足迹．昆明：云南教育出版社，2009年版．

本书回顾了50年的调研成果并从中遴选出六题，以反映中国民族学理论与方法诸方面的跨世纪巨变，并体现民族学的中国特色。

977

杨毓骧，杨奇威等著/雪域下的民族．昆明：云南教育出版社，2009年版．

1982年3月5日，我国著名的国际关系学、社会学、人类学、民族学、历史学和语言学家费孝通、方国瑜、马曜、牙含章等16位学者上书中国科学院要求对大西南六江流域进行民族试点综合考察。经国家民委正式批准后，云南省民族研究所承担了怒江上游和珞瑜地区“藏彝走廊”民族试点的综合考察任务。本书是“怒江上游考察组”从贡山县前往西藏察隅考察的途中日记，主要对独龙族、察瓦龙藏族、上下察隅的值人、珞巴族等四个族群作民族人类学的细致阐述。作者在编纂过程中，力图将丰富的历史文献和新中国成立以来专家学者走进独龙江的珍贵史料博采群述，所引用的参考文献和照片均作详记。

978

金香，色音编/萨满信仰与民族文化．北京：中国社会科学出版社，2009年版．

本书汇集了国内外关于萨满教研究的优秀学术论文。共选入17篇文章，涵盖了当今对萨满教研究的学术成果，具有较高的学术价值。

979

杨福泉著/杨福泉纳西学论集．北京：民族出版社，2009年版．

纳西学是以纳西族为研究对象的学科，它贯穿古今、横跨东西，既包括对纳西族的本体性研究，也包含这种研究本身。本论集论文有《纳西族东巴经中的“黑”、“白”观念探讨》、《敦煌吐蕃文书（马匹仪轨作用的起源）与东巴经（献冥马）的比较研究》、《论纳西族生命神“素”》、《论唐代吐蕃苯教对东巴教的影响》、《“改土归流”中的“以夏变夷”对纳西族社会的影响》、《略论纳西族和藏族的历史关系》等。

980

周光大，瞿明安主编/现代民族学．昆明：云南人民出版社，2009年版．

作为向2009年第16届国际人类学与民族学大会的重要献礼，本书站在时代和学科发展的前沿，从多维的视角出发，对民族学的基本概念和知识，民族学视野中的文化体系，现代民族学的理论取向和研究方法，现代民族学的应用研究以及全球化时代的民族文化进行了全面系统的介绍和论述。本书立足中国，放眼世界，既有宏观的理论概括，又有微观的个案分析。全书汇聚了国内 28 所大学和科研机构 80 多位民族学工作者的智慧和力量，内容丰富，资料翔实，是现代民族学基础研究领域规模最大、体系最完整的一部巨著，它的出版对于促进现代民族学学科建设的发展具有重要的学术价值和现实意义。

981

高志英著/独龙族社会文化与观念嬗变研究．昆明：云南人民出版社，2009 年版．

本书以历史人类学和民族学的理论与研究方法相结合，以历史文献和田野调查为基础，讨论了被高黎贡山阻隔的独龙江流域的独龙族社会文化在 20 世纪以来发生的诸多变迁。本书资料丰富翔实，描述细致具体，论述角度广泛而深入，对于宗教信仰、族际关系、生产方式、婚姻形态、民族教育等方面均有涉及，既论述了独龙族社会和文化在现代化民族国家建构背景下前所未有的变迁，又探讨了独龙族传统文化观念在近现代的演变。一些原有的诸如族群、生产、婚姻、教育等观念中的传统因素在不断受到冲击或否定的同时，逐渐萌发出或假借来一些与其社会文化的现代化变迁相适应的价值观念。作者对独龙族社会文化的个案的研究，对认识我国边疆少数民族地区在现代化和传统文化的矛盾交织中的社会转型、文化变迁和观念嬗变现象具有启发意义，在学术观点上也颇有创新之处。

H 语言、文字

982

舍那木吉拉编/中国民族语文工作的创举：蒙古语文八协工作二十年回顾．沈阳：辽宁民族出版社，2000 年版．

本书是撰写我国八省、自治区蒙古语文工作 20 年的历史事实。该书对于“八协”产生的基础及其历史背景，“八协”的职责及其运作形式，“八协”的历史功绩及其协作中遇到的理论、政策问题以及如何继续加强“八协”，进行了全面的回顾和探讨。这些回顾、探讨，反映了新中国建立以后的，特别是翔实地反映了“八协”建立以来，我国蒙古语言文字工作历史。本书记载了“八协”沿着中国共产党十一届三中全会所制定的路线、方针、政策，推动“三北”地区蒙古语文工作繁荣发展，推动蒙古族地区政治、经济和文化科学事业发展的事实。从这部书可以看到国家批准建立的由“三北”地区八个省、自治区参与组成的“八协”组织，是我国民族语文工作方面的一项创举，是国家在一定历史条件下民族工作上所采取的一项英明决策。它深得我国广大蒙古族人民的拥护，深得各民族语文工作者的赞扬。

983

阿西木，米海力，宋正纯主编/维吾尔语罗布话研究（1—2）．北京：中央民族大学出版社，2000 年版．

本书的内容特点是：一、它以维吾尔语言的特殊地域方音板块，独立于南北两大方言区之外，自成一套体系。二、它以近似于突厥语族亲属语言柯尔克孜语等语言的圆唇元音的和谐性，突厥语族少见的音体变体与语流音变的多样性，语词中的古代回鹘语和古代龟兹—焉耆语痕迹的隐显性，展示出罗布方言在维吾尔方言学中的特殊重要地位。三、它既有严式记音的精密性，又有宽式音标描写的统一整体性；它既有保留原始罗布方言的特点，又使人从逻辑推理中看到现代罗布方言的全貌。

984

罗安源著/田野语音学．北京：中央民族大学出版社，2000 年版．

本书围绕语音和方言田野工作的基本理论、基本技能、基本方法，精心编排，精心写作。既考虑到少数民族语言和方言调查研究工作的需要，又考虑到汉语方言调查研究工作的需要。既考虑到知识传播的准确性，又考虑到训练过程的可操作性。具体结构如下：第一章　绪论；第二章　发音器官；第三章　元音音区的划分；第四章　元音的音值；第五章　声调性质的分析；第六章　辅音性质的分析；第七章　一般语言和方言音位系求问法；第八章　汉语方言音系的特殊求问法；第九章　语音单位的划分与结合；第十章　词语的收集；第十一章　语法材料的收集；第十二章　词汇简表；第十三章　记音样品；教学大纲。

985

戴庆厦编/中国民族语言文学研究论集 1. 北京：民族出版社，2001 年版.

本书稿是一部开放性学术论文集，该书坚持理论与实际并举、基础与应用同步、务实与创新并重的方针。主要收集了中央民大少数民族语言文学学院、中国少数民族语言文学学科领域高水平的学术论文，也包括介绍国内外该学科领域的优秀论文。代表作有：汉语方言持续态举例；苏州方言的体和貌；贵阳方言动词的体和貌；重庆话的先行体；藏语“体”范畴；景颇语的“体”和“貌”；论纳西语动词的体范畴；普米语动词的体貌系统；独龙语动词的体等。

986

关辛秋著/朝鲜族双语现象成因论. 北京：民族出版社，2001 年版.

本书是一部剖析朝鲜族双语（朝鲜语和汉语）现象成因的个案研究。作者试图从制约双语形成和双语演变的各种因素中，解释朝鲜族双语现象是怎样形成的，是受什么条件制约的。论文先分析了朝鲜族学校双语教育史，从中看双语人获取双语的主要途径，然后再从朝鲜族双语教育制的实施，分析朝鲜族双语现象形成的外部条件和内部条件。许多人都知道，朝鲜族是我国少数民族中经济文化比较先进的一个民族，也是双语使用比较普遍、水平比较高的一个民族，与其他民族相比既有共性又有特性，因而科学地认识朝鲜族双语的特点及其成因，对我国少数民族双语的理论与应用研究都具有重要的价值。可以认为这种选题对于我国双语学学科的建设是必要的，也是有意义的。

987

云南省少数民族语文指导工作委员会编/云南民族语言文字现状调查研究. 昆明：云南民族出版社，2001 年版.

云南是个多民族、多语种、多文种的边疆省份，大多数少数民族生活在中缅、中老、中越国境线上，而且，多数与境外的同一民族同宗共祖，生产方式、生活习惯、语言文字、宗教信仰基本一致。25 个少数民族中除回族、水族、满族已转用汉语外，其余的 22 个民族共使用 26 种语言，14 个民族分别使用着 22 种民族文字或拼音方案。本书内容涉及云南 14 个民族的社会背景、民族支系、人口分布、语言及方言划分、语言文字推行使用、存在的问题及对策。

988

普学旺等著/奇异独特的信息符号：云南民族语言文字．昆明：云南教育出版社，2001 年版．

本书是“云南民族文化知识丛书”之一，全面系统地研究了云南民族语言文字。该书图文并茂，资料翔实，分析详尽，观点新颖。内容由专家用简洁精练、准确生动的文字写成，充分体现了知识性、系统性、通俗性和可读性，是专题了解云南民族文化知识必备的参考书。

989

李霖灿编著/纳西族象形标音文字字典．昆明：云南民族出版社，2001 年版．

字典中所汇集之各单字，系根据四五年来在纳西各地域之考察而来，分列为天文类、地理类、人文类、人体类等十八部分。这部字典单就发音与注音方面讲，可以说没有什么问题，值得供研究民族学及语言学家参考。

990

罗美珍著/傣语方言研究（语法）．北京：民族出版社，2001 年版．

本书从语音、词汇、汉语和巴利语对傣语的影响、文字等方面研究了傣语方言。

991

再娜甫，王煜编/ 维吾尔语口语读本．北京：中央民族大学出版社，2001 年版．

这是一本维汉双语教学的教材。这本教材是编者在讲课过程中，不断搜集材料、边教边改，通过多年教学实践完成的，是一本颇受学生欢迎的实效教材。全书共三十三课，每课分谚语、课文、生词和译文四部分，以谚语开头，选编维族文化生活、礼仪诗歌以及音乐艺术等民间文艺，兼及古代名人名著选读。本书注重思想性、科学性的同时，还采用会话形式，内容生动活泼，风趣横生，且富有知识性和感染力，是适合汉族和少数民族中级以上的学生学习维语的教材读本。

992

黄润华，史金波著/少数民族古籍版本：民族文字古籍．南京：江苏古籍出版社，2002 年版．

本书采用多幅插图与书影图像的方式，对中国少数民族古籍版本进行介绍，并对其丰富了中华民族的文化的作用进行阐述。

993

张惠英著/汉藏系语言和汉语方言比较研究．北京：民族出版社，2002 年版．

本书是一本语言学专著，共分六章，其内容包括量词、词头词尾、代词等，就汉藏系语言和汉语方言进行了对比研究。本书内容全面，条理清晰，结构合理，具有较高的科学性、系统性、理论性及学术性，可供相关人士参阅。

994

云南省少数民族语文指导工作委员会编著/民族文字的创制与改进．昆明：云南民族出版社，2002 年版．

云南省地处祖国西南边陲，与越南、老挝、缅甸接壤，国境线长 4060 公里。全省总人口为 4094 万（1990 年），其中少数民族人口占三分之一。云南省有世居少数民族 25 种，他们大分散，小聚居，其中 15 种少数民族跨境而居，与国外同一民族之间往来密切。云南省绝大部分的世居民族均有自己的语言，这些语言分属汉藏语系和南亚语系中的藏缅语族、壮侗语族、苗瑶语族和孟高棉语族。云南省有本民族语言的各少数民族除少部分人因工作、生活及其他种种原因不使用本民族语言外，大部分人仍以本民族语言为日常工作和生活交际工具。目前，云南省有 14 种世居少数民族使用着自己本民族的文字，这些文字分属传统文字和新创文字。云南省的少数民族对本民族的语言文字具有深厚的感情，希望本民族的语言文字能够发展，并对本民族的社会进步发挥作用。

995

关嘉禄，佟永功著/简明满文文法．沈阳：辽宁民族出版社，2002 年版.

满语文，是满族创造并使用过的语言文字。满文是在满语的基础上产生的，而满语又是由女真语发展而来的。16 世纪末至 17 世纪初，建州女真首领努尔哈齐（亦称努尔哈赤）基本统一了女真各部，女真社会的政治、经济和文论获得发展，与明朝及蒙古各部的联系也日益加强。原来借用蒙语文进行交际的办法，已经不能适应女真社会发展的需要。明万历二十七年（公元1597年）努尔哈赤命额尔德尼和噶盖参照蒙古文字母创制了“无圈点满文”（后人称之为“老满文”）这是满文创制之始。老满文是把满语音义和蒙古文字合为一体，既有继承，又有发展。

996

李启群著/吉首方言研究．北京：民族出版社，2002年版．

本书收集了大量的语言材料，忠实地描写了特殊地域的独特语言现象，并运用语言学理论分析解释这些现象，探讨其规律。基于此，作者所关注的视野，不仅仅是当地的汉语，而且注意到当地少数民族语言对汉语的影响，从语音、词汇、语法三个方面将这些影响进行描写和比较，以反映该地区语言之间的影响及联系。

997

戴庆厦主编/中国民族语言文学研究论集．北京：民族出版社，2002年版．

本书主要收有《新中国少数民族文学的发展》、《20世纪中国苗族文学纵横谈》、《哈萨克英雄史诗研究概况》、《文学表达的民间资源》等论文。

998

吴安其著/汉藏语同源研究．北京：中央民族大学出版社，2002年版．

本书首先利用了比较丰富且可靠的考古资料论证了原始汉藏语群体的分布和源流关系，使汉藏语群体的人类学渊源向上大大地推进了一个时期。这样的结论显然只靠语言学的材料和方法不能得到证实。其次，在比较研究所依赖的语料方面引用的更为丰富，不仅包括国内的有关语言，还涉及国外周边地区的南亚语和南岛语的材料。不仅视野更加开阔，还有利于与国际学术界的对话和接轨。第三是着重语言中核心词的比较。着重语言中心词的比较。核心词是语言中比较稳定和具有人类语言普遍性的结构部分，它们的构成情况和源流关系对于说明语言的系属情况比一般词汇更加重要。但是现行的核心词与原始语言相比可能已经面目全非，因此比较和考证的难度是很大的。本书几乎对公认的人类语言100个核心词在汉藏诸语中作了逐一的考察，运用非常微观的、广征博引的方法证明了诸语言核心词的发生学或借贷关系，对确属同源的词敢于坚持，对互相借贷的词也不回避，这种方法和态度是科学的。第四是对相当数量的词汇形式的原始形态作了比较严谨的构拟，构拟需要系列的或系统的语料技术，这不同于单个词或形态的对比，因此没有足够准确的材料和严格的方法是难以实现的，但是构拟一旦成立，对于语方的同源关系将具有难以推翻的说服力。

999

金鹏著/金鹏民族研究文集．北京：民族出版社，2002年版．

为了便于广大读者学习和了解老一辈科学工作者在民族科学、社会学、人类学等学科方面的研究成果，我们陆续编辑出版他们个人的文集，希望这套文集的编辑出版能促进上述学科研究事业和进一步发展。这套文集是个人论文选编，不是全部论文汇集，所选论文力求体现老一辈科学工作者的学术水平，凡已出版的长篇专著均不收人。收入本书的主要篇目有：《嘉戎语（杂古脑方言）研究》（1949年）《藏文动词屈折形态在现代拉萨话里衍变的情况》（1956年）《论藏语拉萨口语动词的特点与语法结构的关系》（1979年）《藏语拉萨话和汉语普通话（口语）代词的比较》（1981年）《藏语拉萨话判断动词和存在动词的用法》（1981年）《藏语动词三进的屈折形态简化的两种途径》（1983年）《藏语拉萨话动词的式及其表达方法》（1983年）《藏语》（拉萨话）《动词连用作谓语的结构科简析》（1984年）《西藏现代口语动词的时态及其表达方法》（1984年）《汉语和藏语的词汇结构以及形态的比较》（1986年）。

1000

张公瑾编/语言与民族物质文化史．北京：民族出版社，2002年版．

本书内容包括南方民族农作物、饮食、建筑、纺织、铸造、地名等物质文化的起源和传播的语言学考证以及从语言资料出发对北方民族物质文化的考察和阐述。

1001

特沫若编/多功能新汉蒙词典．沈阳：辽宁民族出版社，2003年版．

本词典收录了常用字、词汇和我国改革开放20多年来出现的新词、术语，共10万多条。词条内容涉及政治、经济、文化、科技、历史等多方面，汉语方面以现代汉语为主，蒙古语方面以现代蒙古语为规范。

1002

孙仲汇编/蒙古语300句．上海：上海外语教育出版社，2003年版．

本手册由蒙古语言文字简介和正文两部分组成。正文共有29个话题，每个话题包括句子、生词和注释等内容。为了保证本手册的语言纯正和使用方便，话题和内容的设计主要以蒙古语为背景，编写也采用了先蒙文、后中文、再注释的方法。由于文化差异或生活环境不尽相同的缘故，中蒙两种语言有时对同一事物的表达方式或修辞也往往差异很大，所以自然出现有的句子中两种文字用词不全相同的现象。本书的编写原则是：尽量尊重中蒙两种语言各自的表达习惯，以各自口语表达的纯正、地道为准。

1003

成燕燕著/哈萨克族汉语补语习得研究．北京：民族出版社，2003年版．

作者从偏误语料中得出哈萨克族学习汉语补语存在五大难点，具体的有针对性的难点之一是哈萨克语没有补语，在说汉语时就用状语代替补语，造成有的替代得对，有的不对等相关内容。

1004

戴庆厦，顾阳编/现代语言学理论与中国少数民族语言研究．北京：民族出版社，2003年版．

本论文集收集了内地、香港以及英、韩等国家中外语言学专家学者23篇论文。论文涉及类型学、形态学、音系学、形成语法、功能语法、配价语法、优选法、节律学等现代语言学理论与方法。

1005

李蓝著/湖南城步青衣苗人话．北京：中国社会科学出版社，2004年版．

本书共八章，内容包括：概述、语音系统、同音字表、今音与古音的比较、分类词表、语法、语料标音、青衣苗人话的语言归属。

1006

周国炎著/仡佬族母语生态研究．北京：民族出版社，2004年版．

本书对仡佬语及仡佬族历史文化作了综合性的研究。对濒危语言仡佬语作了认真细致、深刻全面的分析，努力揭示仡佬语的历史文化价值。提出了抢救仡佬族母语和传统文化的几项措施，认为最根本的还是要保护“活态”语言，使这些语言能进行自我调节，适应新的环境，并以此来保存人类的一项珍贵的文化成果。

1007

周德才著/他留话研究．昆明：云南民族出版社，2004年版．

他留人居住在滇西北部的金沙江北岸、金沙江与雅砻江之间。他留人的语言就是众多未被知晓的语言之一。多少年来，他留人蒙着一层神秘的面纱，对自身的称谓、源和流，说不清、道不明，众说纷纭，莫衷一是，历史之谜实在太多。鉴于此，本书从语言的角度，同时结合语言以外的诸如文化、历史、宗教、民族心理等因素进行考察，来揭开其神秘的面纱，还其真实的本来面目。一是作者用翔实的历史资料，结合他留人的风俗习惯、文化特征、与周边民族的历史文化进行比较。全面描述了他留话的语音、词汇、语法系统，填补了该语言调查研究上的空白。对汉语借词的：一些特殊性作出了多方面的分析，做到了尽可能的解释。二是在语言描写的基础上，与彝缅语在语音、词汇方面进行了详细的比较。比如通过核心词、语音的一些特殊现象，较为深入、细致地比较和分析，从而更加清晰明了他留话与彝缅语的亲疏远近关系。

1008

云南民族出版社民族文字出版中心编著/云南少数民族文字图书出版的历史与现状．昆明：云南民族出版社，2004 年版．

本书收录了由云南民族出版社民族文字编辑撰写的有关云南民族文字图书出版的历史与现状的文章。

1009

欧亨元编/侗汉词典．北京：民族出版社，2004 年版．

本书是一部以侗语标准音为主导，以南部方言为基础兼收各方言土语的侗汉对译词典。词典选词兼收并蓄，起到集侗语之大成，沟通各土语间的联系的作用。全书共收单音节词近万条，多音合成词，包括词、词组、俗语、成语、谚语等一万多条，总计约二万三千多条词目。这套工具书的出版，对于各少数民族学习自己的语言文字，提高民族文化素质，继承和发扬传统文化，帮助少数民族学习汉语或汉族学习少数民族语文，提高民族地区中小学语文教学水平，推动民族语文研究的进一步发展，起到了重要的作用。

1010

喻翠荣著/傣仂汉词典．北京：民族出版社，2004 年版．

本词典以傣语西双版纳方言允景洪傣话口语的词为主要收录对象，条目用西双版纳新傣文书写，傣文后有国际音标注音，注音后为汉语释义。本书结构如下：前言；凡例；新傣文声、韵母、声调表；西双版纳允景洪傣话音位系统简介；语典正文；汉语释词索引。

1011

买提热依木·沙依提著/突厥语言学导论．北京：民族出版社，2004 年版.

本书分六章，即突厥语言学及其研究概况、突厥语族语言的共同特点、突厥语族语言的分类、古代文字和文献、古代文献语言的分类和基本特征、现代语言的分化及其特征。

1012

米娜瓦尔著/维吾尔语方言和语言调查．北京：民族出版社，2004年版．

本书包括方言；方言的定义，方言的形成；文学语言、基础方言、标准音；研究方言的意义；了解语言的内部差异，推广民族共同语；创造和改革文字；研究语方发展史；语言的规范化；整理古文献，描写语言结构；识别民族成分，研究民族历史文化等内容。

1013

戴庆厦著/中国濒危语言个案研究．北京：民族出版社，2004年版．

濒危语言研究在国内外均处于起步阶段。对语言的状况，语言学家还认识的很少，有很多理论问题还有待研究和解决。现阶段的首要任务应该是尽可能多地对现存的濒危语言进行记录、描写。这不仅是认识濒危语言的需要，而且是抢救濒危语言所必须做的。濒危语言理论只能是建立在对濒危语言现状及其历史演变规律科学认识的基础之上。没有这个基础，濒危语言的理论认识就不会准确，也不会牢靠。濒危语言的出现是全球化的问题，不同国家的濒危语言在产生、演变上有其共性；但不同国家由于国情不同，历史不同，濒危语言的特点及其演变规律也不会相同。本书主要篇目有：《论濒危语言——濒危语言个案对比研究所见》、《仙仁土家语濒危现象个案研究》、《土家语是一种濒危语言》、《仙岛语濒危趋势个案研究》、《街津口乡赫哲语濒危状态个案研究》、《仡佬语濒危状态个案研究》、《赫哲语濒危现状的调查与分析》、《满语文衰落的历程》、《三家村满语使用情况个案调查》、《濒危语言的结构缺失与替换》等。

1014

魏忠著/中国的多种民族文字及文献．北京：民族出版社，2004年版．

本书是语言文学领域的科普读物，旨在向读者介绍我国古今少数民族及文献的情况。我国是一个多民族国家，在漫长的历史过程中，各个民族多形成了自己独特的文化，他们共同构成、丰富和发展了中华民族的文化园地，为这一园地增添了璀璨光辉。很多少数民族在不同的历史时期都创制并使用了自己的民族文字，产生了大量的少数民族文字文献。本书在介绍一般少数民族文字的时候，也兼顾一些文化学、历史学、宗教学、民族学的知识，作为一种知识普及，使读者能够更加方便地了解我们伟大祖国源远流长、丰富多彩的多民族文化。

1015

张定京著/现代哈萨克语实用语法．北京：中央民族大学出版社，2004年版．

本书主要针对汉族学生学习哈萨克语的特点和难点，对现代哈萨克语语法进行全面细致的描写，力求全面地解决哈萨克语语法学习和应用中的实际问题。全书分为实词、助词（虚词语法手段）、重叠和语序等四编。包括：词的构造和词类、名词、形容词、数词、量词、副词、代词、动词、模拟词和感叹词、格助词、连接助词、语气助词、助动词、时间助词和结构助词、重叠手段、语序手段等17章内容。本书适合母语为非哈萨克语的普通高校哈萨克语专业学生和哈萨克语的自学者、相关的高校教师、语言研究工作者使用。

1016

力提甫·托乎提著/阿尔泰语言的句法结构：从短语结构到最简方案．北京：中央民族大学出版社，2004年版．

本书讲述了乔姆斯基的一系列生成句法理论，包括20世纪五六十年代开始的短语结构规则、词汇插入规则等到70年代的X标杆理论，又到80年代的管辖与约束理论、转换生成语法、原则与参数理论，最后到90年代至今的最简方案等理论框架内描写阿尔泰语言的句法结构的。

1017

王均著/王均语言学论文集．北京：商务印书馆，2004年版．

本文集收入了《〈黎语调查研究〉评介》和《〈壮语方言研究〉序》，以及作者对壮语方言的划分、基础方言的选定、标准音的确定、词语的规范以及壮文的推行等问题的研究很有影响力的论文。本书收入的《壮文创制和修订中的若干问题》，《壮文工作漫话》，《壮语中的汉语借词》是其有代表性的论述。

1018

梁福根，唐昌曼，肖万萍，周本良，林亦等编/桂北平话与推广普通话研究．南宁：广西民族出版社，2005年版．

《国家通用语言文字法》于2000年10月31日公布，2001年1月1日实施之后，文本壮族自治区语言文字工作委员会要求抓好四个“一系列”：组织一系列的活动宣传《国家通用语言文字法》，撰写一系列文章宣传《国家通用语言文字法》，组织申报一系列语言文字研究的课题，抓好一系列语言文字工作的典型。这套丛书就是第三个“一系列”中的一项。

本丛书包括 12 本书，其中 11 本（全州、兴安、资源、灌阳、临桂义宁、临桂两江、永福、阳朔、钟山、贺州、富川）重在揭示方言的面貌，每本书写一个方言点的平话（或土话），并辟专节指导当地人学习普通话。这 11 本书所反映的不完全是平话，由于非平话与平话十分相近，因此也是用来作对比研究的好材料。最后一本是综述性的。前面一半综述桂北平话的背景、形成、特点、系属、名称等，后面一半从不同的角度探讨桂北平话（土话）区推广普通话的意义及具体书法。

1019

孙艳著/汉藏语四音格词研究．北京：民族出版社，2005 年版．

本书以汉藏语系为研究对象，描写汉藏语四音格词的基本特征，并揭示四音格词产生、发展的内部动因和外部影响。研究表明，汉藏语系的语言普遍存在四音格词，在特征上呈现出高度的一致性。这种一致性并非来源于原始汉藏语的共同特征，而是各种语言在各自的语言系统中形成和发展的。因此，本书认为藏语四音格词是语言类型作用的结果。

本书将描写和比较相结合、共时与历时相结合的研究方法，在掌握丰富语料的基础上进行微观的、系统的描写，在描写的基础上进行比较。既对汉藏语中绝大多数语言的四音格词作出共时描写，也选取有代表性语言进行历时的考察分析。通过共时和历时两个方面的相互验证，为汉藏语拥有丰富的四音格词提供语言机制方面的解释。本书还对典型语言的四音格词进行了多层次、多角度的统计，为整体研究和最后的结论提供了可靠的论证数据。

1020

达·巴特尔著/汉蒙词典（第三版）．北京：民族出版社，2005 年版．

本书是一部工具书，为汉语和蒙语的学习爱好者提供查询方便。

1021

田中山著/台湾 Amis 语话语汇编．北京：民族出版社，2005 年版．

本书收编了三十多篇 Amis 语话语传说，是田中山老师从教母语三十多年来的部分成果，对研究南岛语系语言及其文化有一定的参考价值。每篇的体例包括题目、流传地区、提要、正文、脚注，个别篇章后面还有附记。本书的学术意义和价值主要表现于“非语言学”和“语言学”两个方面。大家知道，对于没有文字记载的民族群体，群体的记忆与知识库，包括历史的、现实的、精神的、物质的等文化，都依赖于语方为载体，语言的功能已超越话语交际范畴，语言无疑等同于历史，等同于文学，等同于哲学与宗教等等。话语记录和传承所赋予的多元学术意义与价值，在原生态话语载体中尤其明显和突出。

1022

王朝晖著/仙岛人及其语言．北京：民族出版社，2005 年版．

仙岛语的濒危，是濒危语言中的一种类型。导致仙岛语濒危的因素有族群分化、迁徙、人口少、社会发展滞后、社会转型、语言接触等，但其中最重要的是族群分化。族群分化，使得仙岛语的使用人口过少，加上几次迁徙，使得仙岛人分布几处，与不同的族群接触，导致仙岛语的功能急剧下降，走向濒危。弄清仙岛语的濒危过程及其现状，对濒危语言研究有着一定的价值。仙岛人是云南省少数民族中相对后进的一种人群，也是族属问题长期未能解决好的一种人群，怎样帮助他们尽快地发展经济、文化、教育，怎样对待他们的语言使用，是云南民族工作的一项任务。对仙岛人的语言研究，是有应用价值的。

1023

龚煌城著/西夏语言文字研究论集．北京：民族出版社，2005 年版．

本书共分四个部分：关于西夏音韵之研究、关于西夏文字的研究、关于夏汉对译及借词的研究、关于汉语西北方音之研究。

1024

金星华著/中国民族语文工作．北京：民族出版社，2005 年版．

新中国民族语文工作，经历了 20 世纪 50 年代的大发展，60 年代的停滞，“文化大革命” 的干扰破坏，80 年代以来的恢复和发展等几个阶段。民族语文工作者和专家学者，做了大量前人未曾做过的工作，取得了巨大的成就，积累了丰富的经验。本书以文献资料为依据，用史论结合的方法，对中华人民共和国成立以来的民族语文工作作了一个全面的回顾，如实地叙述了 50 多年来民族语文工作的历程和成就，对 50 多年来积累的经验和遭遇的挫折进行了分析和总结。全书共 8 章 5 个附录，涵盖了民族语文工作的方方面面，是全面论述 50 多年来我国民族语文工作的第一部著作。

1025

张铁山著/突厥语族文献学．北京：中央民族大学出版社，2005 年版．

本书系统地论述了突厥语族古文字起源和类型、文献的载体形态、分期与分类、撰写翻译和注释、主要文献及其研究、文献的开发利用与现代化等问题，是我国第一部全面论述突厥语族文献学的著作。第一章　绪论；第二章　突厥语族各民族文化史略；第三章　突厥语族各期文字的起源与类型；第四章　突厥语族文献的载体形态；第五章　突厥语族文献的分期与分类；

第六章　突厥语族文献的撰写、翻译和注释；第七章　古代突厥文文献及其研究；第八章　回鹘文文献及其研究；第九章　察合台文文献及其研究；第十章　突厥语族文献的开发利用与现代化。

1026

何俊芳著/语言人类学教程．北京：中央民族大学出版社，2005 年版．

语言人类学和人类语言学是语言学和人类学相结合而出现的边缘学科。长期以来，其定性、定位往往因人而异，取决于研究者本人之所需，两者之间并没有明确的界限。语言学和人类学有着难解难分的密切关系。本书就是对语言人类学进行初步的研究。第一章　绪论；第二章　语言的起源；第三章　语言与思维；第四章　语言与民族；第五章　语言与文化；第六章　语言接触与民族接触；第七章　语言政策与语言规划；第八章　语言人类学的调查研究方法。

1027

罗安源著/松桃苗话描写语法学（A Descriptive Grammar of Songtao Miao）．北京：中央民族大学出版社，2005 年版．

本书分为上、下两编。上编名为"语法体系"，以作者所提出的"有调语言句法的语段分层对接分析论"为指导，对松桃苗话的语法体系加以全面的描写。其中的"静物名词与动物名词的区分论"、"动词的动向论"、"冠词论"、"形容词与状词的区分论"、"句法成分的可移动性论"等观点，是根据松桃苗话的特点总结出来的。下编名为"语法词典"，选定松桃苗话的 19 类基本词语共 881 条（不含重复统计），对每条基本词语所载负的主要语法信息加以重点描述，以保存语料，提供研究参考为目的，并图可以起到以"语法信息"呼应"语法体系"的作用。

1028

王伟，周国炎编/布依语基础教程．北京：中央民族大学出版社，2005 年版．

本书为中央民族大学国家"十五""211"工程建设项目，为发上、中、下三编，分为 48 课内容。本书分上、下两篇，具体内容包括布依语和布依文概述、语音的基本知识、字母和声母、元音韵母和声调、带辅音韵尾的韵母等。

1029

李锦芳著/汉藏语系量词研究．北京：中央民族大学出版社，2005 年版.

本书主要包括：分析型语言的名量词、量词与汉藏语名词的数量范畴；藏缅语数量短语从 CN 到 NC 型的演变机制；藏语安多方言中的量词；从景颇语和彝语的量词短语看名词短语的指涉特征；萌芽期量词的类型学特征等内容。

1030

高娃著/满语蒙古语比较研究．北京：中央民族大学出版社，2005 年版.

本书对满蒙语语音、词法进行了较为全面系统的比较分析，找出异同点以及语音对应关系，暂未涉及句法部分。本书注重满蒙语语音部分和词法部分的系统知识，尽可能详细分析和指出满蒙语语音、词法部分的不同点以及对应关系，并把分析结果和附录中的有关内容采用表格方式直观地表示出来，同时附有大量的满、蒙、汉对照的例句及词汇，以便多渠道学习掌握满语。另外，为了满足研究方的需要，在语音部分的“满蒙语元音和谐律的比较”、“满蒙语共有词语音比较”等个别章节内容中进行了重点专题研究。在词法部分中就语法形式和语法意义以及语法体系的说明方面，不仅进行了语言现象的描写，而且还进行了一定程度的理论性解释。此外，附录中所列满蒙语常用词汇表，为语言比较研究提供丰富的语料。该书既是教材又是研究著作，既有实用性又有研读性。

1031

丛铁华，蒋颖，李洁著/仙岛语研究．北京：中央民族大学出版社，2005 年版.

本书主要以云南省德宏傣族景颇族自治州盈江县姐冒乡芒面村仙导寨的仙岛语为依据，从语音、词汇、语法等方面分析仙岛语的基本情况。

1032

张铁山著/回鹘文献语言的结构与特点．北京：中央民族大学出版社，2005 年版.

古代语言的构拟常常是支离破碎的，要掌握其系统和组合结构，就只有依靠它的文字和文献。张铁山的著作根据残存的古代文献，研究古代回鹘语的语音系统、词汇构成和语法结构，还讨论到古代回鹘语有没有元音“e”，存在不存在长元音音位，这些都是饶有趣味又是难度很大的问题。首先是文字和文献的释读有难度，其次是语音和词形变化的考证有难度，第三是词汇构成的分析有难度。虽然前人已经做了大量的工作，但仍存在很多难点和疑点。

1033

蓝庆元著/壮汉同源词借词研究．北京：中央民族大学出版社，2005年版．

本书在《壮汉关系词的历史层次》的基础上加工而成。主要内容包括：老借词的语音形式；壮语中的后中古汉语借词；壮语中的上古汉语对应词；借词与同源词等。

1034

张军著/汉藏语系语言判断句研究．北京：中央民族大学出版社，2005年版．

语言对比研究或者叫对比语言学，是当前语言研究中的一个重要领域，受到人们的广泛重视。功能学派在语言对比研究中形成了新的语言类型学，如语序类型学和结构类型学；形式学派也逐渐突破单一语言的描写和解释，试图在多种语言的比较中求得更具普遍性的语法规律，以达到对语言现象的充分解释。本书以判断句为汉藏语比较的参照点，对汉藏语系语言（简称汉藏语）进行了对比研究。

1035

戴庆厦，田静著/仙仁土家语研究．北京：中央民族大学出版社，2005年版．

本书是介绍保靖县仙仁乡土家语使用情况的一本专著。本书展现出仙仁乡土家语走向濒危的不同层次，是土家语功能衰退过程的一个缩影。

1036

张永祥，曹翠著/云苗语与古汉语特殊语句比较研究．北京：中央民族大学出版社，2005年版．

本书内容分为上、下两篇，从苗、汉语言的语句入手加以论述和探究。上篇：苗语与古汉语特殊语句研究；第一章　苗语与《诗经》特殊语句比较研究；第二章　苗语与《楚辞》特殊语句比较研究；下篇：苗语与古汉语特殊语句研究的相关论文；第一章　苗语与古汉语特殊语句；第二章　苗语与苗族历史文化和起源；附录：苗文声母、韵母、声调与国际音标对照表。

1037

江荻，孔江平主编/中国民族语言工程研究新进展．北京：社会科学文献出版社，2005年版．

该论文集汇集了实验室最新的一些研究成果，一定程度上反映了该室的研究方向和研究范围，涉及语言处理、语音分析和语言应用三个方面，所以书稿分三大部分编排。作为首次出版的实验室论文集，作者特别编辑了近年发表的主要论文目录作为附录，以方便读者进行学术交流。

1038

戴庆厦，岳相昆著/景颇语基础教程．北京：中央民族大学出版社，2005 年版．

景颇族是我国多民族大家庭中古老的民族之一，本书让您更具体地了解景颇族。全书 68 个课时，具体内容包括第一章　绪论；第二章　语音；第三章　会话、短文、正字法；第四章　文学作品阅读。

1039

朱文旭著/彝语方言学．北京：中央民族大学出版社，2005 年版．

本书是中央民族大学“211”工程的成果，为本校少数民族语言文学院所用教材。《彝语方言学》对彝语方言进行了全面研究和论述。主要内容包括：前言；第一章　导论；第二章　彝语概说；第三章　彝语方言简介；第四章　彝语方言与彝文。

1040

内蒙古教育出版社组织编写/蒙汉对照蒙古文档案中历史名词术语．呼和浩特：内蒙古教育出版社，2006 年版．

我国为世界上保存蒙古文历史档案最多的国家之一。这些卷帙浩繁的蒙古文历史档案，是我国和蒙古民族社会历史发展的真实记录，也是研究我国和蒙古民族社会政治、经济、文化、军事等诸方面内容的珍贵的第一手材料。改革开放以来，特别是《中华人民共和国档案法》颁布以来，蒙古文历史档案与其他文字的历史档案一道已陆续向社会开放。随着历史档案的开放，蒙古文档案工作者为适应日益增长的需要，对蒙古文历史档案及目录进行了翻译工作。与此同时，还编纂了大量的蒙古文历史档案史料汇编，为社会各界提供服务。但是，在蒙古文历史档案的翻译过程中，我们发现很多译者由于缺乏历史知识以及对历朝文书用语缺少研究，常常在译文中出现错误，如：人名、职官、行政机构、行政区域以及生僻的用语等，这就给档案管理工作和档案利用者带来了不便。本书目录内容包括：蒙古汗国时期；元代；明（北元）代；清代；中华民国；宗教；典籍；成吉思汗八白室；档案文件部分词汇；索引。

1041

高慧宜著/傈僳族竹书文字研究．上海：华东师范大学出版社，2006

年版.

本书共分为以下几个部分：第一章为绪论。本章主要介绍竹书文字的创制概况和文字材料以及竹书文字研究的历史和现状，阐明研究这种文字的特殊意义并对相关的研究思路和处理方法作说明。第二章为竹书文字的考释。以方国瑜《纳西象形文字谱》中东巴文的文字分类为分类标准，一共考释了243个竹书字形，尽可能全面地考释各字形的造字方式，并对考释中所运用的方法作了说明与研究。第三章为竹书文字符号与傈僳语语言单位的对应关系，分析了傈僳语的语言特征，首次整理了《识字课本》中竹书字形所对应的傈僳语的音节，阐述了竹书可以完全记录傈僳语的所有音节，因此它是一种音节文字。第四章为竹书自造字研究。竹书的自造字主要包括象形、指事和会意。文中分别对这几种造字方法作了分析。基本结论为：（1）竹书的象形字的抽象化程度较高，其文字从创制之初就已基本达到了笔画线条化的程度。（2）竹书的指事字字数较多，指事字的类型繁多，可以分为纯符号指事字和加符号指事字两类。纯符号指事字又可以细分为独体纯符号指事字和合体纯符号指事字两种。加符号指事字可根据字形的结构情况细分为两种：一种是象形字+抽象符号指事字，另一种是会意字+抽象符号指事字。（3）竹书的会意字分为以下几种：象形+象形、象形+不定物、象形+指事字。（4）竹书的造字过程是一个抽象化的飞跃过程，它没有经过象形符号—象形抽象符号—抽象符号的漫长过程，绝大多数字形在造字之初就直接采用了抽象符号来表意和表音。通过对竹书自造字的研究可知，竹书是一种具有表意功能的原始的音节文字。第五章为竹书借源字研究。本章研究了竹书借源字的两大类型：借源复合字、借源字。其中借源复合字又可分为单纯借源复合字和加符号借源复合字两种。借源字又可分为单纯借源字和变形借源字。借源字的研究证明了竹书是采用汉字的符号体态同时又仿照纳西哥巴文音节文字一个字记录一个音节的特征，并借用少数汉字和哥巴文的一种民族自创文字。第六章为竹书异体字研究。结语部分对竹书的性质特征作了总结。

1042

郭大烈，杨一红编著/纳西族母语和东巴文化传承读本．昆明：云南大学出版社，2006年版．

本书是云南省第一套纳西语言文化教材。本套书共三本，包括《纳西象形字东巴文》，还包括《纳西象形字东巴文应用》、《纳西象形字东巴古籍选读》。《纳西象形字东巴文》：是纳西族象形字东巴文的入门书，1～4课介绍了纳西语、纳西拼音文以及国际音标知识；5～18 课介绍自然、人、家庭和社会各方面知识，全书共收最基本的 262 个象形字；附录参考资料 4 种，介绍了纳西象形文知识以及其语法，应用知识。

1043

林伦伦著/粤西闽语雷州话研究．北京：中华书局，2006 年版．

粤西闽语雷州话是一门使用人口超过 500 万，属于闽南方言系统的次方言。本书在大量第一手材料的基础上，对雷州话的语音系统、词汇特点和语法特点进行比较准确的分析和描写，并从历时和共时的角度，对雷州话音系作了比较深入的探讨。

1044

刘叔新著/粤语壮傣语问题——附语法语义词汇问题研讨．北京：商务印书馆，2006 年版．

粤语壮语关系词的分类问题及类别例释；汉语与壮语同源的和搬借的亲属称谓；汉语傣语同源的基本动作词；连山壮语元音系统与粤语的近似广州话的长短元音问题；广州话元音音位的两个问题；介音“u”是广州话的语言事实；广州话的形态词及其类别……

1045

赵嘉文，石锋，和少英著/汉藏语言研究——第三十四届国际汉藏语言暨语言学会议论文集．北京：民族出版社，2006 年版．

本书是第三十四届国际汉藏语言暨语言学会议论文集，收录了语言研究，特别是汉藏语言研究方面的若干篇论文。内容包括藏语拉萨话音声学参数数据库（多媒体光盘）介绍；他留话的语音及其特点；佤语的音节搭配律等。

1046

戴庆厦著/汉语与少数民族语言语法比较．北京：民族出版社，2006 年版．

本书共九个部分，包括：语言比较研究的理论与方法；述补结构比较；述宾结构比较；被动结构比较；语序比较等内容。

1047

波·少布编/黑龙江杜尔伯特蒙古族辞典．北京：民族出版社，2006 年版．

本辞典编目内容分为社会建制、军警兵事、自然地理、村落人口、经济商贸、文化教育、风俗节庆、宗教祭祀等八个方面，共收入 2034 个词条，阐述了黑龙江杜尔伯特蒙古族从古到今的实际状况和相关学科的知识。

1048

班弨著/论汉语中的台语底层．北京：民族出版社，2006 年版．

本书采用追踪调查语言接触的实际过程的方法，即实证的方法，揭示语言底层形成的机制及底层词的特征，并在这些基础上论证汉台语关系的性质。

1049

新疆维吾尔自治区语言文字工作委员会编/维汉大词典．北京：民族出版社，2006 年版．

本书是一部大型辞典，供广大语言工作者和翻译工作者使用。本辞典共收词十万多条维汉对照词条，列在词条内的词组、成语、谚语等共约三万多条，除常用词语外，也收了一些专业名词和方言词语。词典还附加了计量单位表、元素周期表等，是一部比较全面、系统、权威的词典。

1050

朝克著/现代锡伯语口语研究．北京：民族出版社，2006 年版．

锡伯语是我国少数民族语言之一。本书共分五章，具体内容涉及：语音结构分析，词汇特征分析，语法形态分析及句子结构，现代锡伯语口语会话资料集，现代锡伯语口语相关词汇等。

1051

蒙元耀著/壮语熟语．北京：民族出版社，2006 年版．

本书选取壮族常用成语、谚语、格言、警句、歇后语等 1380 余条，给予直注、翻译。每个条目都有扼要的解释，并附上例句来表明用法。这些语言材料来自壮乡的社会生活，内容涉及壮族人民的生产经验、生活常识、道德观念、宗教信仰、价值取向以及为人处世的精神理念等诸多方面。熟语是壮族民间文学的一大构成部分，其语言活泼生动，优美传神，是壮语的精华所在。透过这些熟语，可以了解壮族人民的性格心态，进而研究壮族社会文化的一些重要特质。

1052

戴庆厦，何俊芳编/语言和民族 2．北京：中央民族大学出版社，2006 年版．

语言和民族的关系十分密切，相互依存、互相制约。这当中有许多理论问题尚未被认识清楚，需要认真探讨。语言和民族的关系包含的内容很多，诸如双语问题、语言转用问题、语言和谐问题、濒危语言问题、语言规划和语言政策问题等等。在我国进入现代化建设的新时期，语言和民族的关系显得更为复杂。因而如何科学地认识语言和民族的关系，是语言学家和民族学家的一项长期的重要任务。本书代表篇目有：《多元一体与中国少数民族语言》、《试论新时期的民族语文工作》、《城市化：中国少数民族语言使用功能的变化》、《论母语》、《语言竞争与语言和谐》、《关于语言法基本理论的若干问题》、《民族心理与少数民族语言文字应用》、《论族际婚姻家庭与语言使用的关系》、《也论我国民族的语言转用问题》、《梁河阿昌族的语言转用》等。

1053

朱文旭，木乃热哈，陈国光著/彝语基础教程．北京：中央民族大学出版社，2006 年版．

本书内容主要以凉山话为主。凉山话属北部方言，该方言一是语言保留较好，二是使用人口多，分布地区广，分布在四川和云南两省，使用人口200 多万。云南分布地区为丽江、迪庆、中甸、楚雄、昭通等地区。方言内语言相通，生活习俗相同，规范彝文在该方言区内通行。该书作为高等院校彝语文专业和非彝语文专业选修课教材，在教学中根据情况可选讲或略讲部分章节。

1054

阿孜古丽·阿布力米提著/维吾尔语基础教程．北京：中央民族大学出版社，2006 年版．

本书的编写体例为三个单元。第一单元 1 至 16 课为导入课，主要包括维吾尔文字母的读音和书写以及简单的语音常识、难点说明、小知识（语言文化知识）、日常用语、练习等内容。在这个阶段，通过课堂练习、课下作业等方式，重点学习维吾尔语的正确发音和书写规则。第二单元 17 课到32 课为会话教学，由会话、单词、词语用法说明、语音语法知识、练习等内容构成。在这个阶段，重点掌握一些词汇、语音、语法基础知识。第三单元从 33 课开始进入课文教学，由篇幅较长的课文、词汇、语法要点、练习等内容构成。这个阶段的任务是借助于课文扩大词汇量（掌握约 2000 个词汇）及强化语法知识。最后附有课文参考译文和词汇表等辅助材料供学习者查阅。

1055

赵富荣，陈国庆著/佤语基础教程．北京：中央民族大学出版社，2006 年版．

我们伟大祖国有56个民族，他们共同创造了祖国的文化，使我们国家成为世界文明古国之一。佤族是中华民族大家庭的一员，她勤劳勇敢，历史悠久，为抗击帝国主义的侵略，保卫边疆，建设祖国作出了重大的贡献。本书分为48个课时，详细介绍了佤族语言的音、形、意。

1056

丁石庆著/双语族群语言文化的调适与重构：达斡尔族个案研究．北京：中央民族大学出版社，2006年版．

本书将双语族群的语言文化划分为母语文化、双语文化、方言文化三个子系统，以中国人口较少的北方少数民族——达斡尔族的语言作为分析样本，充分利用历史文献资料和相关的研究成果及田野调查材料，运用描写语言学、对比语言学、文化语言学等方法，构建了一个语言文化的类型解释模式，将双语族群的语言文化系统纳入或还原至原生与次生的文化环境中，试图阐释人类各种文化组成部分中，语言文化的特殊性、自成体系性、其类型上的多样性、语言文化发展历程的混沌演变规律以及双语族群在其语言文化演变历程中所采用的调适与重构方法。

1057

耿世民著/回鹘文社会经济文书研究．北京：中央民族大学出版社，2006年版．

回鹘是现代维吾尔族的族源之一。《回鹘文社会经济文书研究》是中央民族大学国家“十五”、“211”工程建设项目之一，是作者对古代回鹘文献的研究、释读，提供了一部回鹘社会经济文书的、尽可能可考的汉文译本，供研究回鹘社会、经济、历史的学者们参考。世界突厥学界对回鹘社会经济文书的研究是与对回鹘其他文献的研究同时展开的。这本《回鹘文社会经济文书研究》中选编有关回鹘社会经济文书的原则是，除了自己过去发表的有关回鹘文文书研究的文章外，对其他学的研究只限于选用能看到原件或影印的部分。

1058

胡振华著/柯尔克孜语言文化研究．北京：中央民族大学出版社，2006年版．

本书主要内容包含柯尔克孜语文研究、柯尔克孜语文概况、吉尔吉斯语概况、《玛纳斯》研究及其他、柯尔克孜族文学、库勒木尔扎、中亚与中亚研究等。

1059

李锦芳著/西南地区濒危语言调查研究．北京：中央民族大学出版社，2006年版．

中国西南地区语言种类多，但目前有一部分正在走向消亡，如何在这些语言消失之前进行比较全面的描写记录，是摆在语言学家面前的重要课题。本书以西南地区侗台语族、南亚语系的濒危语言为研究对象，描写分析了仡佬、布央、茶洞、布干、户等语言，并作了一些专题比较研究。

1060

郭大烈，杨一红，和继全，和宝林著/纳西族母语和东巴文化传承读本：纳西族东巴古籍选读．云南：云南大学出版社，2006年版．

本书是云南省第一套纳西语言文化教材。丽江古城以传承独特的纳西文化和民族建筑风格列入世界文化遗产而声名远播。云南省民族学会会长郭大烈在社会调查中发现，近年来，在古城中小学生中，仅有不到30%的学生能讲纳西语，对民族文化的知识更是缺乏了解，这对以纳西文化为特色，丽江风光为卖点的旅游支柱产业形成威胁。郭大烈联络时任兴仁方国瑜小学校长的杨一红等一批当地纳西语言文化爱好者，在教育部门的支持下，于1999年首先在兴仁方国瑜小学和黄山小学开办纳西语言特长班，自编教材，开展民族语言文化教育。他们挑选东巴经中著名的故事和民歌、儿歌、谚语作为教材，还把李白的《静夜思》、李绅的《悯农》等唐诗翻译成纳西语。

1061

德力格尔玛，波·索德著/蒙古语族语言概论．北京：中央民族大学出版社，2006年版．

阿尔泰学是建立在语言学基础上的国际性学科。在18世纪前半叶，已经有学者注意到今天称之为突厥语族、蒙古语族、满—通古斯语族的诸语言之间存在着某些共同性。经过近两个世纪的探索，由芬兰学者兰斯铁提出阿尔泰语假说，认为以上诸语言彼此同源，它们来自原始的共同阿尔泰语，从而为阿尔泰学的建立提供了坚实的理论基础。蒙古语族诸语言的描写研究，包括印藏传统语文学研究和西方现代语言学研究两个内容。印藏传统语文学研究成果，只涉及蒙古语，并且用西方现代语言学方法研究的成果蒙古语也最多，随之而来关于蒙古语研究的综述性文章较多。因此，为避免重复，我们既考虑全面介绍蒙古语族诸语言研究概貌，又把概述重点放在蒙古语族其他语言研究方面。

1062

石德富著/苗语基础教程（黔东方言）. 北京：中央民族大学出版社，2006 年版.

本书是中央民族大学国家“十五”、“211”工程建设项目小语种系列教材之一，分为上、中、下三编。其主要适用对象为非母语的大学本科生和研究生，亦可适用于母语人自学或课堂教学。

1063

郭须·扎巴军乃著/当代藏族语言与文学研究（藏文版）. 北京：中央民族大学出版社，2006 年版.

本书介绍了藏语的概论以及相关的语言知识。

1064

文明英，文京著/黎语基础教程. 北京：中央民族大学出版社，2006 年版.

黎族是中国南方历史悠久的少数民族之一，黎族人创造了丰富物质财富和精神文化，但他们过去只有语言，没有文字，许多优秀的文化遗产没能流传下来。黎文是 1956 年创制的，共有声母 33 个，韵母 99 个，声调符号 5 个，其中，重叠字母符号声调 3 个。本教材共 48 课。既可以用作全日制大学本科生的民族语教材，也可以满足各个层次的自学者的自学。完成此课程，学习者可以使用黎语进行交流，可以熟练阅读黎文作品和运用黎文写作。

1065

韦景云，覃晓航著/壮语通论. 北京：中央民族大学出版社，2006 年版.

本书是一部经专家筛选出来的北京市精品教材立项项目，也是第一部获得此殊荣的高校壮语教科书。书中内容主要包括语音、文字、词汇、语法、修辞，此外，还穿插论及了壮语方言的特点。主要读者对象是大专院校的壮语言文学专业或其他相关专业如中国少数民族语言文学专业、汉语言文学专业等的大学生或研究生。也适合作壮族地区各类民族中等学校学生的壮语文教材以及全国各地壮语文工作者的参考书。

1066

刘岩著/孟高棉语声调研究. 北京：中央民族大学出版社，2006 年版.

本书对南亚语系孟高棉语族语言声调问题进行的专题研究。孟高棉语声调是近年来语言学研究中的新课题。本书对其现状、历史来源、演变规律进行了系统研究。

1067

戴庆厦著/藏缅语族语言研究 4. 北京：中央民族大学出版社，2006 年版.

这一辑里除了以藏缅语为研究对象（包括单一语言研究、亲属语言比较研究）的论文外，还收入几篇有关论述汉语和非汉语研究相结合的论文。此外，作者在这一辑里还收入一篇非藏缅语的、论述语言接触与语言演变的研究论文。全书论文大致分为三类：一是与景颇语有关的，二是与藏缅语族语言有关的，三是与语言研究理论、方法有关的。

1068

周季文，谢后芳著/敦煌吐蕃汉藏对音字汇．北京：中央民族大学出版社，2006 年版．

在藏语写卷中，有两种比较特殊的卷子：一种是用藏文在汉字旁边注音的，称为“对音本”；一种藏文全部或部分是汉文的音译，称为“音译本”（或“译音本”）。这种对音本和音译本的写卷，对于研究古代汉语的语音、汉语史、汉语方言和音韵学；研究古代藏语的语音、藏语史和藏语方言，都是极为宝贵的材料，本书对这些材料进行了详尽的汇编。

1069

曾思奇，杨梅著/台湾阿美语基础教程．北京：中央民族大学出版社，2006 年版．

本书在继承前人成果的基础上，按照语言知识点设计与之相应的对话句型，并专设课文为一编，以期训练学习者对长篇语料的语感与阅读能力。此外，本书还收录了由当代研究阿美语的台湾学者、学生撰写的阿美语文章，供大家了解阿美语在当代的发展与应用状况。

1070

孙宏开著/白马语研究．北京：民族出版社，2007 年版．

白马藏族分布在四川省绵阳地区平武县白马河流域的木座、白马等乡村，阿坝藏族羌族自治州九寨沟县下塘地区的屋角、马家等乡村，松潘县的小河地区以及甘肃省武都地区文县的白马峪河一带，地处甘、川交界的崇山峻岭之中。白马藏族有一万多人。白马藏族与周围的汉族和藏族在历史、风俗习惯和语言等方面都有一定的区别。作者根据 1978 年到 2003 年之间的 10 多次实地调查材料，将白马语与藏缅语族其他语言进行比较，发现在同语族中，它比较接近藏语支语言。作者认为，白马语是属于汉藏语系藏缅语族藏语支了的一种语言。作者还发现，白马语和藏语之间的一些共同成分，是由于藏语对它影响的结果。

1071

戴庆厦等著/波拉语研究．北京：民族出版社，2007年版．

波拉语是景颇族使用的一种支系语言，属汉藏语系藏缅语族缅语支。它与缅甸语、阿昌语、载瓦语、勒期语、浪速语等组成缅语支，在缅语支内独具特色。在同语支的不同语言之间，波拉语与浪速语最为接近，其次是接近于缅甸语。各地波拉语基本一致，无方言差别。波拉语在藏缅语族内部有其独特性，加上它是一种只有500余人使用的语方，在语言学理论研究上、特别是在藏缅语族缅语支的历史比较上，都具有一定的价值。

本书主要以云南省德宏傣族景颇族自治州潞西市三台山乡孔家寨的波拉语为依据，从语音、词汇、语法等方面分析波拉语的基本情况。绪论部分介绍了波拉人的社会背景情况和波拉语的基本特点。

1072

刀洁著/布芒语研究．北京：民族出版社，2007年版．

本书是对我国云南省南部边陲与越南接壤的金平苗族瑶族傣族自治县勐拉乡曼仗村200余人使用的布芒语现状进行的实地调研成果。新发现语言的系统调查、深入研究与及时刊布，对于进一步了解国情；对于发展语言科学，推动民族语文研究的进一步发展；对于丰富祖国的文化宝库，繁荣各民族文化；对于深入研究各民族的关系，进一步做好民族工作，促进和发展中国社会主义民族大家庭的团结和进步，都大有裨益。

1073

赵杰著/从日本语到维吾尔语——北方民族语言关系水平性研究．北京：民族出版社，2007年版．

全书开篇从日本语和汉语的关系研究入手，就现代日本语音读汉字词和现代汉语音义对应的汉语词的辅音进行对比，从中找出了同一系列的汉字词音位从古到今在两语中的一种推链式演变的规律，进一步证明了现代日本语汉字词离开原地发生擦音化的大趋势。汉日语音高的同和异通过大量实例对比出汉语是音乐感强的语言，日语是节奏感强的语言。汉语的平升曲降是一种旋律型，日语的平板、头高、尾高、中高却是一种高低型。在对比汉、日语的音长时，作者又论证出汉语是音高发达语言，日语是音长发达的语言，汉语的时位是长音和短音，日语的时位是中音和长音，足见作者的对比语言学功底。全书的最大特点是：以从日本语到维吾尔语的鳞次栉比的语言关系为纵向，以阿尔泰语诸语言从东到西为横向，连环式地、梳理式地、地毯式地进行接触研究和历时比较。作者即有熟知多语的得天独厚的条件，又有语言田野调查的硬功夫，从全书中可看出作者对描写、对比、比较、接触等方法论的娴熟，汉语和阿尔泰语系语言学理论的兼通，这也是该书成为力作的秘作之利器。

1074

陈小燕著/多族群语言的接触与交融——贺州本地话研究．北京：民族出版社，2007 年版．

贺州位于广西壮族自治区东北部，地处湘、粤、桂三省（区）交界，是全国罕见的多语言地区。贺州本地话是当地第一大方言，过去尚未有过系统的调查与研究，其系属问题以及与周边汉语方言或少数民族语言的关系等问题尚无定论。本书从共时比较与历时分析相结合的角度入手，运用定性分析与计量分析相结合的研究方法，对贺州本地话语音系统、词汇系统及若干封闭性词类进行了全面、系统的比较研究。

1075

梁敏等著/普标语研究．北京：民族出版社，2007 年版．

普标语是一种极度濒危的少数民族语言，20 世纪初已经引起法国一些学者的注意，但中国的学者一直到 20 世纪 80 年代才开始了解它、关注它。陈其光（1984），梁敏、张均如（1988），李云兵（2002）先后分别对分布在云南省麻栗坡县铁厂乡普峰村的普标语进行了调查。普标语的研究成果还很少，人们对普标语的全貌了解得不多，对普标语进行深入调查研究很有必要。

1076

龚群虎著/扎巴语研究．北京：民族出版社，2007 年版．

本书主要分为 5 部分，分别是：概况、语音、词汇、语法、扎巴语在汉藏语系藏缅语族中的地位。

1077

毛宗武，李云兵著/优诺语研究．北京：民族出版社，2007 年版．

关于优诺语，1957 年中国科学院中国少数民族语言调查第 2 工作队瑶语组，曾经做过初步的调查，由于当时调查的目的是为了创制少数民族文字，没有来得及进行深入的调查和研究，到 1982 年出版《瑶族语言简志》时，把它列为布努语的一个方言，称为“优诺方言”。随着对苗瑶语的不断认识和进一步深入研究，优诺语不再是简单的布努语的一个方言，有更深一层的问题值得探讨，本书作者将它视为苗瑶语族的一个独立语言来研究。本书主要分为五部分，分别是：语音、词汇、语法、方言、优诺语的系属问题。

1078

尹蔚彬著/业隆拉坞戎语研究．北京：民族出版社，2007 年版．

拉坞戎语是近年来新识别出来的一种藏缅语族羌语支语文，是使用人口很少、处于濒危状态、值得抢救的一种语言。这种语言语音结构复杂，语法形态变化丰富，保留藏缅语的古老特征较多。拉坞戎语方言的描写研究，对于深化藏缅语族语文的历史比较研究，探寻藏缅语族羌语支的变化、发展很有价值。本研究是尹蔚彬博士承担的中国社会科学院民族学与人类学研究所的重点项目，内容包括导论、语音、词汇和语法共四部分。该书详尽地描述了拉坞戎语业隆方言的语音、词汇和语法，收录了3000 多条词汇和 6 篇长篇语料，并介绍了该方言分布区的有关历史和社会人文情况。该书的材料丰富、翔实，内容充实、全面，分析细致、深入，充分反映了业隆拉坞戎语的面貌。

1079

丁石庆著/社区语言与家庭语言．北京：民族出版社，2007 年版．

本书是北京少数民族社区语言与家庭语言调查研究之一，是作者在通过大量的亲身实地调查的基础上完成的，可为研究中国语言的学者提供大量宝贵的依据。北京少数民族用于日常交际的语言虽然不同于各民族地区，但其语言赖以生存的文化土壤是相同的，北京少数民族仍然以其独特的民族文化，滋润着这个多元一体的中国语言文化。

1080

（挪）马丽雅等编/中国民族语文政策与法律述评．北京：民族出版社，2007 年版．

本书出版的主旨，是客观地描述和揭示中国民族语文工作半个多世纪以来的发展轨迹，希望能在 1999 年和 2004 年两次《中华人民共和国宪法》修正案的基础上，进一步完善中国民族语文的法制体系，切实保障少数民族的语言权利。为实现上述研究目标，我们对中华人民共和国成立以来具有历史性意义的民族语文政策和法律进行了回顾与评述。

1081

钟进文著/甘青地区特有民族语言文化的区域特征．北京：中央民族大学出版社，2007 年版．

语言之间的区域特征是怎样形成的？从中国的语言实际来看，主要是民族杂居，为了交际的需要，形成了双语制。讲双语的人根据某种语音条件或语义条件把一种语言的特征推广到另一种语言的固有成分，这就是类化。类化使原来性质不同的语言在双语人口里在某些方面变得相同起来。例如，说突厥语的人有些人会说汉语，但是他们说的汉语没有声调；说彝语支语的人有些人会说汉语，但是他们说的汉语没有鼻音韵尾，说壮语北部方言的人有些人会说汉语，但是他们说的汉语没有送气声母；一些汉族人会说苗语，但是他们说的苗语没有小舌塞音声母。本书主要包括：第一章　历史地理概况；第二章　民族语的共性特征；第三章　深层变异的第二语言；第四章　花儿的区域特征；第五章　具有共同书面语特征的“不经”文字；第六章　史诗《格萨尔》的流传；第七章　口承故事的区域特征；第八章　形成区域特征的历史背景；第九章　形成区域特征的社会文化环境；参考文献；附录；后记。

1082

耿世民著/维吾尔与哈萨克语文学论集．北京：中央民族大学出版社，2007年版．

作者在有关刊物上发表了数十篇有关阿尔泰语言学、维吾尔语文学、哈萨克语文学的论文以及若干篇国外出版的专业新书的书评介绍，现在结集成第三部论文集《维吾尔与哈萨克语文学论集》（后附几篇20世纪五六十年代从德、俄文翻译的论文）。希望对有志于维吾尔、哈萨克语文学学习、研究的同志有所帮助。

1083

李洁，戴庆夏著/勒期语研究（中国少数民族语言研究丛书）．北京：中央民族大学出版社，2007年版．

勒期语是景颇族中自称“勒期”支系的群体所说的一种语言，属汉藏语系藏缅语族缅语支。它与阿昌语、载瓦语、浪速语、波拉语、缅甸语等组成缅语支，在特点上最为接近，与彝语支的彝语、傈僳语、哈尼语、拉祜语、纳西语等也比较接近。勒期语在藏缅语内部有着自己的特点，在共时研究、历史比较研究中都具有一定的价值。本书以云南省德宏州潞西市芒海镇帕牙村的勒期话为依据，从语音、词汇、语法、系属几方面介绍勒期语的基本情况。

1084

朱学佳著/维吾尔族汉语使用变异研究（中国少数民族语言研究丛书）．

北京：中央民族大学出版社，2007 年版.

本书以社会语言学变异理论和应用语言学中介理论为基础，通过随机抽样调查统计，深入细致地分析描写了乌鲁木齐市维吾尔族汉语使用的语言基本面貌，包括语音、词汇、语法的种种变异特征以及这些变异项目在不同社会群体的分布状况，并分析、论述了社会、环境、心理等因素对维吾尔族汉语使用变异的影响，通过单因素方差分析及多元回归的考察，说明维吾尔族的汉语使用变异现象，是语言在社会中使用的一种不可避免的系统性分化，是有一定规律的。

1085

王远新著/语言田野调查实录. 北京：中央民族大学出版社，2007 年版.

田野调查是社会语言学研究的一个重要途径。田野是大课堂，那里有学不完的知识；田野调查需要硬功夫，其间有取之不尽的宝贵资源。本书是编者主持的 2006 年度国家社会科学基金项目“中国民族杂居区语言使用和语言关系典型个案研究”和中央民族大学“985”工程子课题“新疆城市化进程中的各民族语言使用、语言关系调查”前期田野调查的一个副产品，也是编者指导的社会语言学方向 2004 级、2005 级博士和 2004 级硕士研究生社会实践课的答卷。本书主要包含：田野调查方法；语言本体调查；语言生活调查；田野日志四个部分。

1086

梁庭望著/壮文论集. 北京：中央民族大学出版社，2007 年版.

本书分为三部分，第一部分是“理论篇”，着重从理论上多角度、多层次地探讨推行民族文字的基本原则，探讨推行壮文的有关理论问题，一共选入了 10 篇文章。第二部分为“文字篇”，比较全面地阐述了壮族三千多年来艰难寻求自己民族文字的历史，阐述三种文字产生的年代、历史背景和基本形态、结构及造字方法，介绍了古壮字文献的分类、内容及价值；综述壮语的基本知识，壮文的创制、结构及相关的研究成果。第三部分为“推行篇”，着重阐述推行的方法、推行的领域和推行的成果，指出尚存应当推行的空间。这些学术论文绝大部分都是公开发表过的，根据形势的变化，对其中个别地方作了一些修改、订正和补充，但不作重大改动。限于时间和个人的条件，还有若干领域自己来不及研究，例如，壮族和国内及国外民族发展民族文字的情况对比，壮文和其他民族文字的对比，都只好暂付阙如。壮文本身的完善问题、借词问题、壮汉翻译规范问题，也未能予以展开。《壮文论集》只着重围绕推行问题进行探讨，以便给政府部门、推行单位、研究专家和广大群众提供参考。

1087

李少梅著/中国广东乳源瑶族与瑶语．北京：民族出版社，2008 年版．

本书融乳源瑶族的历史发展、经济生活、文化教育、风土人情及语言文字于一体，生动地记录和反映了南岭瑶区的自然环境，乳源瑶族的生产、生活、审美崇尚、道德情趣及宗教信仰等物质和精神文化状况，具有极高的历史、艺术和学术研究价值，是世人了解乳源，感知和认识乳源瑶族的一部百科全书。该书的语言部分，通过对乳源“过山瑶”语言的音位系统、语法结构以及瑶、汉双语之间的关系等进行了全面的探索与创新，填补了乳源瑶族语言文字历史上的空白。

1088

戴庆厦著/云南蒙古族喀卓人语言使用现状及其演变．北京：商务印书馆，2008 年版．

云南蒙古族喀卓人是元朝时期从北方大草原南下征战来云南后落籍在通海的一个特殊群体，只有 5600 余人。在长期的历史发展中，原本使用属于阿尔泰语系的蒙古语，后来转用属于汉藏语系藏缅语族的一种语言。云南蒙古族喀卓人南下云南后为什么会发生语言转用呢？转用的过程和转用的原因是什么？当前，喀卓人的语言使用现状是什么？喀卓人在强势汉语的包围和影响下尚能保存母语的使用，其原因和条件是什么？如何看待喀卓青少年母语能力出现不同程度的下降的问题？这些都是《云南蒙古族喀卓人语言使用现状及其演变》所要回答的问题。

1089

刘迎胜著/《回回馆杂字》与《回回馆译语》研究（西域历史语言研究丛书）．北京：人民大学出版社，2008 年版．

《回回馆杂字》与《回回馆译语》有各种刊本与抄本传世，因传抄与刊刻者波斯文水平的不同与其他原因，各种本子之间互有不同，均包含错误。18 世纪以后该书逐渐流传到海外，为各大图书馆和私人收藏。本书以北京图书馆本、柏林国立图书馆本与北京图书馆所藏袁氏抄本为底本，校以其他善本，并采用波斯文原文、汉译与汉字音译之间互校的方法更正单靠不同刊本、抄本之间比对不能解决的讹误，并将波斯文原文逐字拉丁转写，且作诠释，以为现代研究者提供一个可信的文本与研究资料。

1090

周庆生主编/中国民族语言学研究．北京：社会科学文献出版社，2008年版．

中国民族语言学旨在调查中国少数民族语言文字的现状，描写少数民族语言文字的结构规则，比较不同语言结构的异同和系属关系，阐述民族社会文化环境中的语言发展，探索语言文字的产生、变异、接触、演化和消亡的规律，研究语言规划和语言文字应用。本书反映了中国社会科学院民族学与人类学研究所的研究人员，在少数民族语言结构、语言比较、语言接触及语言与社会文化诸方面的最新研究成果。涉及藏缅语、苗瑶语、侗台语、南亚语、突厥语、蒙古语、满—通古斯语等语族或语系的主要语言。

1091

杨蕤编著/破译天书．宁夏：宁夏人民出版社，2008年版．

西夏境内，很早就有大量汉人居住，汉文已成为通行文字。西夏文创制前，党项族所建夏州政权和宋朝往来文书都使用汉文。元昊本人就通晓汉文。西夏创造文字时借鉴汉字笔画构造，而不袭用现成的汉字，尽量避免与汉字雷同，因而使所造出的西夏字无一与汉字相同。然而它无论在造字韵原则上、在文字的结构上，乃至于具体的文字笔画，字体形态、书写规则方面，都未能脱出汉字的影响，以致使人乍一看到西夏字，便觉得好像是汉文。什么是“天书”？破译“天书”的钥匙在哪里？这本书将会告诉人们“天书”——西夏文字——背后的故事，带领好奇的您一起揭开西夏文字的神秘面纱。这是一本以通俗方式解读西夏文字、探寻西夏文化的大众读物，从西夏文字最早的发现、百年来识读过程的曲曲折折及古今中外学者在这一过程中的努力和贡献等方面破译深奥晦涩的神秘文字。

1092

丹珠昂奔等/汉蒙新词语词典．北京：民族出版社，2008年版．

本书收集了我国20余年来出现在各个领域的汉语语料中的新词、术语，填补了近年来出版的同类翻译型工具书和八省区蒙古语名词术语委员会公布的新词术语所未及更新的空缺。本书具有如下独到之处：体例独特，实用性强；收词多，范围广；资料来源可靠；释义准确，简明易懂。

1093

李云兵著/中国南方民族语言语序类型研究．北京：北京大学出版社，2008年版．

本书首次对中国境内如此大量的语言进行语序类型的概括性描写，在语言类型学框架下总结归纳中国南方诸民族语言的语序现象，具有开创意义。同时，本书将语序共性与语言接触、语言演变等相联系，在理论方面作了深入思考。对研究兴趣集中于语言类型学、语言接触、民族语言学、语法学等领域的读者而言，本书的资料性和理论性，无疑会为更为深入广泛的研究提供重要参照和切入点。

1094

贾晞儒著/贾晞儒民族语言文化研究文集．北京：民族出版社，2008年版.

本书作者把自党的十一届三中全会以来发表的部分文章汇集、整理出来，分为“语言——民族的家园”和“文化——民族的根系”两部分。研究涉及语言接触影响、语言与文化的关系等几个领域，企图把语言作为观察社会、历史、文化现象的窗口，来探索和研究历史的、现实的种种现象和问题。代表性篇目有：《语言·民族与民族文化》、《试论方言研究的文化价值》、《试论民族语言的文化学意义》、《简论语言与宗教之关系》、《试论词义的民族性》、《语言美学浅谈》、《社会言语是社会心态的反映》等。

1095

郝苏民著/鲍培八思巴字蒙古文献语研究入门．北京：民族出版社，2008年版.

本书是对八思巴字蒙古语遗物所作的研究。其内容包括：蒙古文献语八思巴字字母、八思巴字蒙古文献语的语言特征、碑铭原文、转写及翻译等。

1096

廖冬梅编著/新疆民族双语发展历史现状与成就．乌鲁木齐：新疆人民出版社，2008年版。

本书共分五章。第一章为新疆民汉双语现象产生发展的历史回顾，主要论述双语现象作为一种社会现象，是社会历史发展的必然产物，它的产生和发展是与人类的进步、社会的发展密切相关的。不同民族的交往、迁移、融合以及战争冲突，必然伴随着不同语言、文化的碰撞和接触，使一个群体的人们有可能跨出原有界限去认识和掌握别的群体的语言，随之也就有可能产生人类最早的双语现象。尽管双语现象存在的目的是为不同群体的人们相互交往服务，但它的形成和发展以及存在的形式和规模，都会受到不同时期、不同社会因素的影响和制约。第二章为近现代新疆民汉双语现象对各民族社会发展的影响，主要论述清朝至民国时期的双语政策对社会发展的影响、近现代振兴新疆双语教育的措施与特点、清朝至民国时期新疆民汉语言文化的接触和影响。第三章为新中国成立至改革开放时期的新疆民汉双语的发展，主要论述新中国成立后制定双语政策、实行双语教学、发展双语新闻广播出版事业的情况。

1097

龙海燕著/洞口赣方言语音研究．北京：民族出版社，2008年版．

本书分八章，内容包括：导言；洞口赣方言各个代表点的语音系统；洞口赣方言的声母；洞口赣方言的韵母；洞口赣方言的声调；洞口赣方言和湘方言的比较；洞口赣方言和江西赣方言的比较。

1098

范俊军编著/桂阳方言词典．北京：民族出版社，2008年版．

方言词典可以更详细地保存方言材料，为语言研究提供资源。但是，方言词典作为一种语言词典，首先在于它的工具价值。方言词典既是人们了解方言的参考书，也是方言使用者学习方言、规范方言和传承方言的工具书，因而方言词典应充分考虑方言群体的使用方便。基于此，在编撰过程中遇到有音无字的词语时，尽可能避免过多“开天窗”，收录了不少民间俗字和生造字，这样也许更便于查找。有些俗字只是在人民公社时期生产队记录工分时曾经使用过，现在大多未流行，但无论如何都是劳动人民的发明创造。从某种意义上讲，方言俗字和造字更有利于方言的保留与传承。因此，为方言中大量的有音无字词进行适当的造字，也是方言研究工作的重要内容。

1099

广西壮族自治区少数民族语言文字工作委员会编/广西民族语言方音词汇．北京：民族出版社，2008年版．

本书内容有以下特点：

(1) 正文部分以词表格的形式进行编排。左边一列为语种或语音点，右边各列为汉语词及其对应的编号和国际音标。汉语词的编号亦为该词在词表中的排序号。

(2) 排序方面，语言按照壮语、融水五色话、侗语、仫佬语、毛南语、水语、拉珈语、勉语、布努语、苗语、京语、彝语、仡佬语的顺序来排；汉语词则按照名词、动词、形容词、数词、量词、连词、副词、介词的顺序来排。

(3) 同一词格中的汉语词为并列关系时，词与词之间用“；”隔开，需要解释确认词义的汉语词，其解释部分置于［ ］中，汉语词的补充或限定说明部分则置于（ ）内，被补充或限定说明的汉语词在补充、限定说明里出现时，一律用“~”来替代。

(4) 汉语词所对应的民族语有多词对应的，每一说法的音标之间用“;”隔开。当汉语词或词组所对应的音标需要确认或限定其民族语境、语义时，其语境或语义限定部分置于音标词后面的（ ）内。

(5) 清化符号一般置于音标顶上，但当声母既清化又自成音节时，为了方便标示其中的自成音节符号，特将其清化符号置于音标底下，自成音节符号标于音标顶上。其他声母的自成音节符号一律标于音标底下。

(6) 正文部分词表中的空格，表示该汉语词所对应的民族语言或方言词汇空缺。

1100

韩建业著/韩建业民族语言文化研究文集．北京：民族出版社，2008年版.

本书是著名语言学家韩建业的论文集，在这本书里主要收录了：《党的民族语文政策的伟大胜利》、《甘肃省民族语文工作的回顾与思考》、《20世纪50年代撒拉语调研情况之回顾》、《撒拉语概况》、《现代撒拉语》、《谈撒拉语的新词术语》、《撒拉语句子分类及成分》、《撒拉语名词的构成和格的划分》、《撒拉语词法概述》、《撒拉语动词简述》、《撒拉语与汉语语法结构特点之比较》等优秀的学术论文。

1101

李克郁著/土族历史与语言文字研究文集．北京：民族出版社，2008年版.

本文的主旨是论证历史上的阴山白鞑靼和今日察罕蒙古尔（土族）的渊源关系。任何一个先进民族不可能不懂得自己的历史。每一个蒙古尔人不仅应当懂得自己的祖先们是怎样前仆后继、披荆斩棘走过来的，更应当懂得现今的蒙古尔人在伟大的中国共产党的英明领导下，在优越的社会主义制度下，该如何继承和弘扬自己的优秀文化，发挥自己的智慧才干，加速本民族的精神文明和物质文明建设，不断提高民族素质，促进民族文化的发展繁荣，进而跻身先进民族行列。在这本书里主要收录了：《白鞑靼是土族的重要组成部分》、《蒙古尔（土族）是历史上不同时期来到河湟流域的蒙古人》、《土族李土司系沙陀晋王李克用后裔》、《赤古系白达勒达人》、《宁濮郡王驸马长吉系阿刺忽失后裔》、《格勒特即西平王奥鲁赤考》、《土族赵土司系蒙古雍古氏》、《“霍尔”杂谈》、《dolda（达勒达）辨析》、《民和三川地区土族来源之传说》、《土族姓氏初探》等代表性论作。

1002

曾思奇编著/台湾 Amis 语常用词缀与动词词根手册．北京：民族出版社，2008 年版．

本书是一部关于台湾 Amis 语常用词缀以及动词附加构词法研究的辞书，记录的语言以通行台湾东地区的 Amis 语南部方言为本，兼收通行台湾花莲、台东等地区的北部方言、中部方言的部分词语。

1103

蒙朝吉，蒙凤姣编著/瑶汉词典（布努语）．北京：民族出版社，2008 年版．

布努瑶族所说的话，属苗瑶语族苗语支语言，我们称为布努语。布努语的特点是声母多韵母少，无塞音韵尾而有鼻冠音声母。由于与壮族杂居历史较长，语言受壮语的影响较深，吸收了不少壮语借词，有的借入不少塞音韵尾。从民间和学校借入的汉语借词，往往也要通过壮语为中介，带有北部壮语方言没有送气的塞音和塞擦音声母的语音色彩。

瑶族布努语在漫长的历史发展过程中，随着社会的发展而不断地发展和丰富。它的整个词汇内容，涉及本民族的历史、文化和社会生活的方方面面，如古人宇宙观、自然观、宗教习俗、婚姻家庭、心理状态、居住条件、生产技术、生活方式和多种语言借词等等，十分错综复杂。本词典的出版对于将本民族的语言、历史、社会、宗教信仰、民族关系和对汉藏语系语言进行比较研究，深入探讨各民族语言间的历史渊源关系都有一定参考价值。

1104

韦景云，覃祥周编/壮语基础教程．北京：中央民族大学出版社，2008 年版．

壮文自从 1957 年创制并在壮族地区推行使用至今，已有 50 余年的历史。虽然“文化大革命”期间曾一度中断推行，但在党的十一届三中全会后获得了重生。高校的壮语文教学也一直在中央民族大学和广西民族大学两校进行，先后为国家和壮族地区培养了具有较高水平的语文教学、翻译和科研人才，取得了很大成绩。为适应新形势发展和各种不同语言背景人员学习壮语的需要，我们根据多年的教学经验组织编写了本书，本书是中央民族大学国家“十五”、“211”工程建设项目少数民族语言系列教材之一，主要对象是母语为壮语或非壮语的大学本科生和研究生。

1105

胡振华，胡军编/回回馆译语．北京：中央民族大学出版社，2008

年版.

明、清两代总称为《华夷译语》的各种抄本、刻本数量很大，国外学者将其分作甲、乙、丙三种或甲、乙、丙、丁四种，从现在掌握的资料来看，并不能将所有本子包罗无遗。这三种或四种本子之外的其他写本也不断有所发现，流传于国外的抄本数量也很多，我们如今还不能提供一份《华夷译语》的完整目录。在少数民族古籍整理研究工作开展10多年来取得丰硕成果的形势下，这方面的工作显然是滞后的。

1106

卢小群著/湘语语法研究．北京：中央民族大学出版社，2008年版.

本书主要从以下几个方面进行论述：一、总论。回顾了湘语语法研究的历史与现状。二、构词篇。全面讨论了湘语的形态类型、代词系统、介词系统、量词系统、体貌系统、否定表达式以及时间词、方位词的研究等。三、句法篇。对湘语的语序、处置式、被动式、疑问句、比较句、"得"字句等句法特点作了重点研究。四、对湘语语法的规律性特征进行总的归纳。湘语语法研究具有其特殊和重要的意义，由于湘语本身的特殊性：处在一种南北方言、东西方言相交接的环境，是一种过渡性的方言，对它的深入研究不仅能对湘语语法的规律性特征作一种宏观的概括，而且对揭示东西部和南北部方言的共性和差异性特征有着极为重要的意义和价值。

1107

孙宏开主编/中国新发现语言研究丛书．北京：民族出版社，2008年版.

中国是一个多民族多语言的国家。中华人民共和国成立以后，党和政府历来重视少数民族语言调查研究工作，投入了大批人力、物力和财力，对我国的少数民族语言进行调查研究。仅1956年，就组织了7个工作队共700多人，开展少数民族语言普遍调查，收集了比较丰富的资料。自那以后，民族语文工作者一直不间断地深入少数民族地区，调查各少数民族语言，取得了很大的成绩。据初步统计，先后共调查了100多种语言，积累了2000多个点的调查资料。不仅掌握了这些语言的分布和使用情况、基本特点，而且大体弄清了这些语言内部方言土语的差异情况。列入本丛书的方言研究专著有两类：一类是对某一语言的方言进行全面研究，描写各方言土语的特点，比较各方言土语的异同，提出划分方言土语的根据。有文献的语言，还与文献进行比较，换句话说，是以揭示该语言各方言土语的基本特点和演变脉络为主要任务。另一类是方言研究单刊，是对某一语言有代表性的方言点进行深入描写研究，揭示它的结构特点。前者着眼于整体，后者着眼于深入。

20世纪50年代，国家组织了大规模的语言调查，发现了60多个少数民族语言。20世纪80年代以来，民族语言学的专家学者们多次深入边远地区，进行系统、深入、全面的调查，又发现了一批鲜为人知的民族语言。据统计，目前发现的少数民族语言已达120余种，但仍有几十种语言因使用人数日见稀少，正处于消亡的濒危状态。在中国社会科学院和国家哲学社会科学规划办公室支持下，自1992年始，国内外近百位民族语言学专家对30余种处于濒危状态的民族语言进行了专业的收集整理研究，其研究成果以"中国新发现语言研究丛书"的形式推出。新发现语言的系统调查、深入研究与及时刊布，对于进一步了解国情；对于发展语言科学，推动民族语文研究的进一步发展；对于丰富祖国的文化宝库，繁荣各民族文化；对于深入研究各民族的关系，进一步做好民族工作，促进和发展中国社会主义民族大家庭的团结和进步，都是大有裨益的。丛书的出版对这些濒危语言具有重要的学术研究价值和现实意义，因为它们拥有许多民族历史文化传承交流信息，是见证民族发展的"活化石"。

1108

再娜甫·尼牙孜编/现代维吾尔语概论：语音和句法（维吾尔语版）.北京：中央民族大学出版社，2008年版.

本书对现代维吾尔语的语音和句法进行了详尽的介绍及论述。

1109

雒鹏，李玲主编/悠扬的乡韵：甘肃方言民俗.兰州：兰州大学出版社，2009年版.

本书的内容包括：美丽的甘肃；听口音是甘肃的——甘肃的语言和方言把父亲叫"达"呢——甘肃方言称谓民俗和取名习俗；打老虎——甘肃方言故事、传说；花儿是咱心上的话——甘肃方言歌谣；顺情说好话，溜沟子不挨骂——甘肃方言熟语；尕妹妹的模样哈画上——甘肃方言语法等。

1110

曲木铁西著/吉木家支世传彝文文献文字初步研究.北京：民族出版社，2009年版.

本书主要包含：第一章　吉木家支及其世传彝文文献文物概述；一、吉木家支分布与历史渊源，二、吉木家支彝文文献保存地地理与自然环境，三、吉木阿龙家庭及阿龙生平述略，四、吉木家支彝文文献文物概述，五、吉木家支彝文及其文献的历史和现状。第二章　吉木家支世传彝文文献文字的语音系统及其特点；一、语音系统概述，二、文献文字语音系统的特点。第三章　吉木家支世传彝文文献文字的特点；一、吉木家支彝文文献文字的特点，二、从吉木家支彝文文献文字中体现出的另外一些特征。第四章　吉木家支世传彝文文献文字的描写分析吉木家支世传彝文文献等内容。

1111

国家民族事务委员会文化宣传司编/构建多语和谐的社会语言生活——民族语文国际学术研讨会论文集．北京：民族出版社，2009 年版．

本书主要包括七个篇章：第一篇　民族语文理论与政策；第二篇　民族语文工作现状与经验；第三篇　民族语文使用与发展个案研究；第四篇　少数民族双语教育与民族语文翻译；第五篇　民族语文规范化、标准化和信息化；第六篇　濒危语言问题；第七篇　国外语言生活。

1112

覃小航著/侗台语语源探索．北京：民族出版社，2009 年版．

语源研究是语言研究的一个重要组成部分，属于历史语言学范畴。每个词的形成，都有它遥远的历史。追溯词的历史来源，不仅能够揭示词的历史演变规律，而且还能透过它看到它背后的各种文化现象。比如，一个民族的历史变迁，不同民族在历史上的文化接触、文化交流等。这就是说，语源研究有其重要的理论意义和应用价值。但还要看到，语源研究是有很大难度的。因为历史不像现实那样看得见、摸得着，特别是遥远的历史，没有文字记载的历史，要认识它很不容易，需要通过周密的对比、细心的考证才能一步一步地靠近客观实际。“花力大，收获小”，是语源研究的一个特点，无怪乎许多语言学家对它望而生畏。尽管如此，语源学在语言学中不可替代的地位，决定了必须有少数人甘坐冷板凳，去啃这块“硬骨头”。本书目录主要有：侗台语语源探索概述；族称词探源；称谓词探源；事物词探源；数词、量词探源；性别词探源；动词词头探源；名词词头探源；送气音词探源等内容。

1113

朝克著/楠木鄂伦春语研究．北京：民族出版社，2009 年版．

早期的楠木地区的鄂伦春人生活在毕拉尔河一带，主要从事狩猎业生产。那时，这部分鄂伦春族约有 260 人。后来，他们就迁到甘河两岸的山林，在那里大概生活了十余年后又迁徙到淖尔河岸边。再后来，其中的一部分鄂伦春人离开淖尔河迁至甘河、泥水河、阿里河等地；一部分鄂伦春人就留下来生活在淖尔河、济沁河、阿木牛河流域，即大兴安岭东麓前山区一带。20世纪30年代末，50余户蒙古族和达斡尔族迁到他们生活的山林地带，接着还设立了受当时的布特哈旗管辖的村公所，第二年就在村公所设立了中东铁路线楠木临时停车站。本书共分七章，内容包括：语音结构体系；词汇分类及其结构体系；语法形态变化及其结构体系；句子结构体系；楠木鄂伦春语会话资料等。

1114

柳远超著/盘县次方言彝语．北京：民族出版社，2009年版．

本书的肇启有以下两个成因：（1）彝语盘县次方言很有特点，很多语言现象其他语言或方言没有，很有研究价值。但系统研究和描写一个语言，有诸多困难，首先是必须彝汉两种语言兼通，但在贵州境内的研究人员中，汉语水平高的人不懂彝语，精通彝语的人语言学功底差，该次方言区压根就没有人研究。其次是要有人力、物力和精力，更重要的还是要有兴趣。笔者是该方言区的人，精通彝语，又曾经在彝文研究院所工作，虽然语言学水平不高，但对母语的感情和作为彝人的责任感，觉得这个"磨斧头背"的活非己莫属。（2）该方言生存环境不允许其长期存在下去，估计寿命不超过50年，主要原因是社会的发展进步和汉语对彝语的冲击。汉语的冲击主要是以下两个时期：一是1950年以后。新中国成立后，几乎在一夜之间彝族人民从奴隶变成了主人，人人都可以读书，可以学习先进的文化知识。于是在很短的时间内大量的汉语词汇进入彝语，彝语来不及翻译吸收，原原本本地把汉语词汇纳入彝语，这一时期彝语中的汉语借词急剧增长，但语法结构没有多大变化。二是改革开放以后，由于市场经济下的商品越来越丰富，大量的商品进入彝区，这些商品名称的词也就直接进入彝语。彝语分六大方言，贵州属东部方言彝语区，盘县次方言彝语，其语音、词汇、语法等方面都有很多独特的语言现象。本书是对盘县次方言彝语的抢救和保存，是对彝语语法的系统研究，能够为普通语言学研究提供语言材料，同时也是彝语语言文化教学的参考书。

1115

钟进文著/西部裕固语描写研究．北京：民族出版社，2009年版．

本书共分五章，语音结构、词汇、构词法、形态学、句法。内容包括：元音、辅音、音节结构、固有词特点、借词特点、词汇的发展与变化等。

1116

"中国少数民族语言简志丛书"编委会编写/中国少数民族语言简志丛书（修订本）．北京：民族出版社，2009年版．

我国是一个统一的多民族的社会主义国家。除回族、满族已使用汉语，一些散居、杂居区的少数民族使用着汉语或其他少数民族语外，各民族都有自己的语言。《宪法》规定：“各民族都有使用和发展自己的语言文字的自由。”随着社会经济文化的发展，各民族语言也得到了丰富发展，民族语言的调查研究和民族文字的使用与发展都受到了党和政府的重视。三十年来，民族语文工作者在这方面做了不少工作，并取得了一定的成绩。为了介绍我国各民族语言情况，加强国内各民族的互相了解，共同学习，丰富人们对我国民族语言的知识，扩大人们的语言视野，更好地贯彻党的民族语文政策，推动民族语文研究的进一步发展，出版了本丛书。

收入本丛书的全国各少数民族语言简志，是根据中国社会科学院民族研究所（原中国科学院少数民族语言研究所）、中央民族学院、各有关省和自治区的民族事务委员会、民族语文机构、民族研究所等单位的同志于20世纪50年代以来陆续搜集的语言材料写成的。现在以两种版本即某某语言简志单行本和某某语族语言简志合订本的形式陆续出版。

1117

“中国少数民族语言简志丛书”编委会编写/中国少数民族语言简志丛书（卷壹）. 北京：民族出版社，2009年版.

本书内容包括：藏语简志、景颇语简志、景颇族载瓦语简志、羌语简志、阿昌语简志、普米语简志、独龙语简志等。

1118

“中国少数民族语言简志丛书”编委会编写/中国少数民族语言简志丛书（卷贰）. 北京：民族出版社，2009年版.

本书内容包括：彝语简志、白语简志、土家族简志、哈尼语简志、傈僳语简志、拉祜语简志、纳西语简志、怒族怒苏语简志、基诺语简志。

1119

《中国少数民族语言简志丛书》编委会编写/中国少数民族语言简志丛书：卷叁. 北京：民族出版社，2009年版.

本书内容包括：壮语简志、布依语简志、侗语简志、瑶族拉珈语简志、傣语简志、黎语简志、水语简志、仫佬语简志等

1120

张定京，穆合塔尔，阿力肯主编/中国哈萨克语言文化论集（1）. 北京：民族出版社，2009年版.

本书是一本关于中国少数民族语言哈萨克语的学术会议文集，内容包

括：哈萨克语族的语言和文字、浅谈新词语的汉哈翻译、哈萨克英雄史诗的类型分类、哈萨克小说概览等。

1121

马学良著/马学良文集（上中下）．北京：中央民族大学出版社，2009年版．

上卷：我国民族语文研究四十年边疆语文研究概况；中央民族学院语文系民族语文教学的情况和经验；近年来我国少数民族文字发展的概况；开创民族语言文字繁荣发展的新局面；贵州省少数民族概况和创制文字问题苗语方言的划分；改革苗文的意见设计汉语拼音方案应当考虑少数民族的语音情况；少数民族文字中借词的语音标准和标调问题；少数民族文字推行前的编译工作文字推行前教材要领先；湘黔夷语掇拾贵州省东南部苗语语音的初步比较；满语支语言中的送气清擦音；建立具有中国特色的民族语言学论；“语言民族学”重视理论研究加强基本训练开拓；汉语史研究的新途径；语言调查研究的方法论探讨；语音学是调查研究语言的一门领先的科学——从一部语言学新著想到的汉藏语系语言对于加深汉语研究的作用；汉藏语系研究的理论和方法问题；世纪之交的中国民族语言学的思考汉藏语言研究的理论贡献；我国汉藏语系语言元音的长短汉藏语言的研究和问题；《方言》考原《切韵》纯四等韵的主要元音应该重视“双语”问题的研究；双语研究与推广普通话推广双语教学提高民族文化；关于民族院校现代汉语教学改革的问题；关于少数民族学汉语和汉族学少数民族语言的问题；谈谈现代汉语的语音教学维护母语发展历史文化；谈谈民族文字与双语教学论；双语现象和双语教学中的几个问题双语研究中的“双言”问题。

中卷：彝文和彝文经书彝族文字古籍的翻译问题；试论彝文“书同文”的问题；再论彝文《书同文》的问题——兼论彝文的性质；五十余年一辞书——序；《彝文经籍文化辞典》倮族的巫师《呗髦》和《天书》《增订爨文丛刻》序言；彝文经典和彝族的原始宗教彝文《劝善经》译注序；倮文《作斋经》译注；倮文《作祭献药供牲经》译注贵州彝族文物考彝族姓名考源；笃慕吾与仲牟由——关于彝族祖名考源儸民的祭礼研究；婚姻和婚歌倮族的招魂和放蛊黑夷风俗之一——除祸祟灵竹和图腾宣威河东营调查记；宣威倮族白夷的丧葬制度；青年男女的夜会；云南土民的神话彝族洪水故事；长篇语料释例彝语“二十、七十”的音变试析彝语语法中的几个问题从语言论证；南诏王室的族属问题彝语研究展望。

下卷：四十年民族民间文艺采风录；重视和发展少数民族文学的研究；

少数民族文学纵横关系论；略论少数民族文学的影响研究；民间文学研究的科学态度；关于少数民族民间文学的搜集、整理问题；关于忠实记录的问题；谈少数民族民间文学的翻译；谈少数民族民间文学的翻译问题；尊重少数民族的风俗习惯；民间文学研究的多学科性；民族民间文学与宗教论；少数民族民间文学与语言学、民族学的关系；再论民族民间文学与宗教的关系；从编写《中国少数民族文学简史》想到的；中国民间故事分类研究的回顾与展望；开创民族文学研究的新课题——试论少数民族的诗歌格律满族文学宝库的一颗明珠——评爱新觉罗·乌拉熙春的《满族古神话》；关于苗族古歌古代苗族人民生活的瑰丽画卷；《白狼歌》中的《偻让》考《楚辞》研究；小议建立有中国特色的民俗学体系；世纪之交的中国民俗学研究纪念“五四”运动七十周年——关于民俗问题的反思；对民族风俗要采取科学的态度古礼新证民俗学与语言学论民俗语言民俗学、民间文学和语言学记；闻一多先生在湘西采风二三事；历史的足音；悼念我的老师李方桂先生；痛失益友——悼念傅懋勣同志追念万斯年先生；彝区访书遗事；我的一生年表著述目录。

1122

王远新著/语言田野调查实录．北京：中央民族大学出版社，2009年版.

本书采用不同类型的田野调查方法，对同德县两镇一乡社区、两镇三乡学校的语言文字使用及双语教育进行基线调研。结合语言环境、教育资源、群众观念、语言文字及双语教育态度等因素，指出同德双语教育存在的问题。从双语教师培训、教辅开发、地方性和校本课程开发、藏语和藏汉双语学习资源建设等方面提出对策建议，旨在促进当地双语教育的发展。

1123

戴庆厦编/中国少数民族语言研究60年（中国民族学科发展60年丛书）．北京：中央民族大学出版社，2009年版．

本书内容包括汉藏语系语言研究；阿尔泰语系语言研究；南岛语系语言研究；南亚语系语言研究；朝鲜语研究；中国民族古文字研究；计算语言学研究；实验语音学研究；文化语言学研究；社会语言学研究；中国少数民族双语研究等。

1124

罗安源，张铁山，杨波著/民族语言与语言学引论．北京：中央民族大学出版社，2009年版．

本书主要包含：第一章　民族的形成与民族语言的产生；第二章　民族语言的记录与音标字符；第三章　发音器官与发音作用；第四章　辅音的构成与辅音的分类；第五章　元音的构成与元音的分类；第六章　音位的性质与音位的归纳；第七章　音位上加成素与语音韵律；第八章　音节的结构与音节的形式；第九章　语音变化现象与语音变化方式；第十章　言语备用单位与运用单位；第十一章　基本词汇与一般词汇；第十二章　词的自然分类与功能分类；第十三章　同义词、反义词与同音词；第十四章　词的形式与词的内容；第十五章　语法意义与语法形式；第十六章　词的结构与词组的结构；第十七章　句法分析的原则与方法；第十八章　单句的成分与单句的结构；第十九章　复句的构成与复句的类型；第二十章　少数民族的语言与文字；重点参考文献。

1125

戴庆厦著/泰国万伟乡阿卡族及其语言使用现状．北京：中国社会科学出版社，2009 年版．

本书内容包括有：第一章　绪论；第二章　泰国清莱府美岁县万伟乡阿卡族的社会文化概况；第三章　万伟乡阿卡族母语使用状况；第四章　万伟乡阿卡族兼用泰语状况及成因；第五章　万伟乡阿卡族的语言生活个案调查等。

1126

刘剑三著/临高语话语材料集（中国少数民族语言话语材料丛书）．北京：中央民族大学出版社，2009 年版．

临高语是通行于海南岛西北部的一种非汉语语言，因其操用者主要集中在临高县而得名。本书所收集的语言材料只限于临高县境内，流行范围也主要在临高县境内。书首的“临高语概况”部分简要介绍临高县境内的临高土语在语音、词汇和语法等方面的主要特点，并配以例解，语音以城厢的波莲音系为标准。所收语料以民间故事为主，流传范围都比较广，其中有一部分几乎妇孺皆知，有的还在流传过程中被浓缩为成语典故而进入日常口语当中。所收谚语格言绝大多数都有比较悠久的历史，形式活泼，内容健康，至今仍活跃于乡下百姓的日常口语之中，每每成为人们茶余饭后的经典话语。临高县旧有哭嫁风俗，新中国建立初期仍很流行，哭词因人、因家境而异，《临高语话语材料集》所录为不同地方、不同家境的两个 80 多岁老妇人的哭词，笔者只是稍加编辑，组合而成。《妡燕哭夫词》自清光绪年间口耳相传，流传至今，民间称之为“360 句哭词”，负有盛名。

1127

文明英，文京编/黎语长篇话语材料集（中国少数民族语言话语材料丛书）. 北京：中央民族大学出版社，2009 年版.

本书为黎语口头非物质文化资料专集。主要内容有：一、黎族历史及其现状简述。二、黎语概况。主要内容包括黎语方言概况、黎语音系和黎语的基本特点三部分。三、黎语语法。分词类、词组、词汇的文化内涵、句子和句子成分、单句和复句、句子语气以及新出现的语法现象七部分。四、黎语话语资料汇编。共收入黎族民间传说、故事、民歌、谜语和谚语五部分。五、附录（《黎语长篇话语材料集》黎语词汇）。六、后记。《黎语长篇话语材料集》话语材料语种主要是哈方言罗活土语和哈耶Ⅱ母土语。但哈耶Ⅱ母土语的材料很少，只有“忌讳岭”和“瑟克耗瑟克瓦”两个，主要流行于藤桥地区。编写《黎语长篇话语材料集》的目的是：一、抢救面临失传的黎族语言文化及口头非物质遗产。二、为专家学者继续深入进行黎族语言、文化、民俗及历史的研究提供原始资料。三、传播黎族原始文化。

1128

杨文辉著/白语与白族历史文化研究. 昆明：云南大学出版社，2009 年版.

著名历史学家邓广铭先生曾说过，治中国古史者须掌握四把钥匙：年代、地理、职官、版本目录。对于有着丰富的文献典籍记载的王朝史来说，这话可谓一语中的，掷地有声。但随着包括史学在内的人文科学研究领域的拓展，在民族历史文化的研究中，研究者往往面临文献记载寥若晨星或干脆无文献可资征引的状况，不免有“巧妇难为无米之炊”的喟叹，在这种情况下，转换视角，寻求另外的研究途径和突破口便成为一种必然的选择。也就是说，在汉文献记载不多的背景下，开启少数民族历史文化宝库之门必须寻求另外的钥匙，这“另一把钥匙”就是民族语言。实际上，研究任何历史都要借助语言，而在民族史研究中，民族语言的研究显得尤其重要。就白族历史文化的研究而言，白族语言资料和现有的白语研究成果便是尚未得到足够重视和运用的一种重要工具。

本书运用文化人类学的理论与方法，在前人研究基础上，主要通过白语资料和相关研究成果，对白族的物质文化、精神文化和制度文化进行考察，由此较全面地把握白族文化的内涵与外延，书中对白语地名、白族人的语言观念、白族的个人命名制等学术界讨论较少的问题进行了初步探讨，同时对白族的亲属称谓与婚姻家庭之间的关系、白族的物质文化、白族民俗、白族的历史记忆与语言资料所反映的白族源流等前人研究已经涉及，但依据语言资料可提出不同意见的命题提出了自己的看法。

1129

戴庆厦著/云南里山乡彝族语言使用现状及其演变．北京：商务印书馆，2009年版．

彝族是分布在我国西南边疆的一个少数民族。里山彝语属于彝语南部方言石建（石屏—建水）次方言。像里山彝族这样处在彝汉杂居区的少数民族，受到强势语言（汉语）长期、持续的影响，其母语使用现状如何？青少年的母语能力有哪些新的变化？里山彝语在与汉语接触的大背景下，本体结构受到哪些影响？在语言借贷的动态过程中，内部机制与外在因素的关系又是怎样的？里山彝族的全民双语是如何实现的？其制约因素又是什么？怎样正确认识新时期里山彝族的语言生活，并对其发展作出科学的判断和估量？本书力图回答上述问题。

1130

李锦芳著/ 双语和双语类型转换：中国西南地区个案研究．北京：中央民族大学出版社，2009年版．

中国西南地区云、贵、川、桂一带是中国民族分布最集中的区域，民族种类支系繁多，语言、方言分布密集，各民族使用、兼用两种、三种或更多的语言的情况极为常见，形成普遍的双语社会，并形成民—汉、汉—民、民—民等各式各样的双语类型。各民族在不同历史阶段又会产生语言使用、兼用的变化，形成双语类型转换。双语和双语类型转换与社会、历史、教育和文化发展等方面密切相关，本书通过个案研究来探讨西南地区的双语和双语类型转换问题。

1131

《汉哈俄语言学术语词典》编委会编写/汉哈俄语言学术语词典．北京：中央民族大学出版社，2009年版．

本书是以满足学习汉语、哈萨克语与俄语三种语言为目的和需求而编撰的语言学词典，这部词典的出版对我国的少数民族语言教学、哈萨克斯坦以及中亚诸国的语言教学尤其是推动中亚诸国的汉语教学都具有重要的现实意义和深远的历史意义。

1132

刘岩主编/中国无声调少数民族学习汉语声调语调研究．北京：中央民族大学出版社，2009年版．

本书通过声学实验和统计分析，研究我国无声调语言的民族学习汉语声调偏误的状况和规律。其研究在选择目标人群时，以语言类型及其超音段特征为主要依据，并参考其社会环境特征，选择了维吾尔语三个方言点、藏语三个方言点、蒙古语一个方言点为研究对象进行语料采集。他们对这三个民族语言的七个语音点，每个点都建立了数据库，并在此基础上，对一些语言进行了深入的研究，不论在研究内容还是在研究方法上，都有创新性。

1133

罗安源著/汉苗语法教学札记．北京：中央民族大学出版社，2009年版.

本书涉及汉语语法和苗语语法的28个专题，基本内容是将有关学者的观点、方法、结论加以综合比较，希望通过教学实践，使教学对象能够知晓每一个问题是在什么背景下提出来的？已经有哪些处理的办法？问题解决到什么程度了？还存在什么样的困难？还有哪些解决问题的可能途径？在汉语语法问题方面，本书所引用的材料都是众多学者的现成材料，所作的论述是众多学者的现成论述。在苗语语法方面，则是作者调查研究的一些体会，是从如何建立苗语语法学体系的角度来考虑的。

1134

蒋颖，戴庆厦著/汉藏语系语言名量词比较研究．北京：民族出版社，2009年版.

本书在研究方法上，作者使用了跨语言比较的方法，尽力揭示单一语言研究所未能发现的问题。纵观国内外对量词的研究，过去多是单一语言的研究，跨语言的比较研究较少。固然，单一语言的量词研究是研究量词的基础，但是这还远远不够，其深入研究必须进入跨语言比较。该书共涉及汉藏语系三十多种语言的语料，尽可能多地收集了各种语言有关量词研究的成果。其语料之多，是当今量词综合研究的论著所未有的。有了比较多的语料后，作者就能在跨语言比较的领域尽情飞翔，发现一些单一语言研究看不到的语言规律。

I 文　　学

1135

张少康著/文艺学的民族传统．武汉：华中师范大学出版社，2000年版．

20世纪之初，我国文学理论的发展势头原是很有希望的。梁启超标榜诗界革命、小说革命，把文学与当时救国救民的任务结合起来，也是国情使然。而王国维在19世纪德国哲学的影响下，摆脱了我国几千年的政教文学观，主张文艺为人生，提出文学的独立性与自主性问题，这较之稍后的美国与俄国的形式主义者的文学自主性理论，在论说上既早且要深入得多。但是，文学理论发展的趋势，并不是完全以个人的学识、审美趣味为依归的。

1136

王四代编/诗性的智慧：云南民族文学．昆明：云南教育出版社，2000年版．

本书叙述了云南少数民族文学的概况，着重介绍了民间文学部分。本书是“云南民族文化知识丛书”之一。图文并茂，资料翔实，分析详尽，观点新颖。内容由专家用简洁、精练、准确、生动的文字写成，充分体现了知识性、系统性、通俗性和可读性，是专题了解云南民族文化知识必备的参考书。

1137

马学良，梁庭望，张公瑾编/中国少数民族文学史（修订本）．北京：中央民族大学出版社，2001年版．

本书共三册，阐述了我国各少数民族文学发展的历史。内容包括原始社会、农奴社会、封建社会以及社会主义时期的各种文学体裁。总结了少数民族文学的发展规律和特点。

1138

颜其香主编/中国少数民族风土漫记．北京：农村读物出版社，2001年版．

本书是我国第一部全面、真实、形象、生动再现55个少数民族风土人情的高品位的纪实文学作品。它凝聚了我国七十多位有关专家、学者的汗水和心血。这些专家、学者大多从事少数民族研究数十年，而且多数是少数民族的精英。因此，将本书称之为绚丽的民族百花园、鲜活的民族博物馆、灿烂的民族文化苑，并不为过。其中很多资料，带有“被抢救的文化遗产”性质，属于不可再生也很难获得的，非常珍贵。但愿“漫记”这朵民族文化苑中的奇葩，能得到人们普遍的珍爱。本书主要依地域分为上、中、下三卷。

1139

周华山著/无父无夫的国度．北京：光明日报出版社，2001 年版．

摩梭人常常被误解，被众多的媒体，被读者，甚至被专家学者。久而久之，人们已经只相信传闻中或想象中的摩梭人，而对现实中的活生生的摩梭人不可理解，好像是不合理的存在。按时下时髦说法：被主流社会的话语霸权震哑了。于是，摩梭人只选择沉默，任你去评说，我不出声；任你怎么涂色，我只有闭上眼睛；任你怎么喧嚣，我还有捂住耳朵的权利。就在这样的时刻，周华山出现了，这不知是一种偶然的巧合，还是一种缘，他来到了泸沽湖。请你千万不要误会，他绝不是以一个拯救者身份出现的。相反，按他的话说，是在他“人生的一个低谷来到了泸沽湖”。于是，他遭逢了一个与他的灵魂适宜的地方，遇到了一个与他的精神可以沟通继而交融的民族。这不仅从他多次的演讲和谈话中得到印证，也可以从他的这部著作中得到证明。

1140

李子贤著/多元文化与民族文学．昆明：云南教育出版社，2001 年版．

该专著分“环境篇”、“形态篇”、“交流篇”、“发展篇”四部分。着重从文化与文学的内在联系这一视点出发，对中国西南少数民族文学从总体上进行超学科、跨文化的比较研究。力图从以下几个方面突出本专著的特色：一、充分考虑中国西南少数民族文化的对应性，努力将各种独特的文学现象置于特定的文化背景之上进行考察和透视，探寻文学和文化的内在联系和发展规律；二、力求在对中国西南少数民族文学作宏观把握的基础上，对某些独特的文学现象、文学样式进行微观研究，尽可能将宏观审视与深层开掘结合起来；三、考虑到西南少数民族文化可视为一种边缘文化、西南地区是周边各大文化圈的辐射区和交汇点，力求探索文化交流对西南少数民族文学发展所产生的深刻影响；四、努力联系半个世纪以来中国西南少数民族文学的种种变化，探讨西南少数民族文学的历史走向及演变规律，揭示社会主义民族新文学的发展方向。

1141

李陶，徐健顺，魏强，梁莎莎著/中国少数民族古代近代文学概论．沈阳：辽宁民族出版社，2001 年版．

中国少数民族文学是各少数民族创作的民间文学和作家文学的总称。它与汉族文学一起构成了中华民族文学。中国少数民族文学以其民族众多、内容丰富、特色鲜明而著称于世。本书为“中国少数民族文学丛书”的其中一册，在全面反映古代近代少数民族作家文学创作成就的基础上，突出主要作家作品；以现存的各少数民族作家文学的历史发展为主，同时对古代一些已经消亡的少数民族中的著名作家也有所评述：并对几位重要文学批评家和几部重要的文学理论著作也作了较为具体的介绍。

1142

潘年英著/木楼人家．北京：人民文学出版社，2001 年版．

本书以作者自己故乡为背景，为我们展现了一幅现代侗乡农村生活的图画，它是否带有几分怀旧感？或许有些。更多地是以一种发自内心的，具有独创性地来展示侗乡农民的文化，来观察最基本的农村社会，来思考传统习俗的保护和继承。

1143

关纪新编/中国少数民族俗文学．呼和浩特：内蒙古教育出版社，2001 年版．

本书比较了过去一些介绍少数民族民间文学的著作，论述范围相对广泛，既包括重新梳理的少数民族民间文学这一部分纯属大众集体创作的口头作品，也收入了少数民族乡土戏剧（如师公戏、傣戏、傩戏、藏戏等）和少数民族俚俗曲艺（如子弟书、好来宝等）这部分由各族下层文化人执笔创作出来后在群众中传播开来的文艺作品。至于由少数民族作者创作的章回小说、白话小说中的俗文学作品，由于对其学术界定标准尚有细微歧见，故暂且未予收入。

1144

耿占坤著/爱与歌唱之谜：西部少数民族传统情歌探秘．桂林：广西师范大学出版社，2003 年版．

本书阐释了情歌不仅仅是歌，更是爱与生活本身。内设源于神启的力量、源于美的智慧、源于性的欢乐以及源于生存的意志等四个专题。

1145

赵志忠编/中国少数民族民间文学作品选．北京：民族出版社，2003年版．

本书包括：神话、英雄史诗、民歌、传说、民间叙事诗、故事、说唱文学、民间戏剧等若干部分。

1146

希珀，尹虎彬编/中国少数民族文化中的史诗与英雄．桂林：广西师范大学出版社，2004年版．

本书既宏观地从文学比较研究的理论层次上探讨民族史诗与英雄这一具有很大学术研究前景的课题，又具体而微地为中国少数民族文学的跨文化研究提供新的学术视阈。

1147

高人雄著/古代少数民族诗词曲家研究．北京：民族出版社，2004年版．

本书分为六个章节：少数民族诗人、少数民族词人、少数民族曲家（分为散曲、戏曲两章）、少数民族诗画（书）家以及其他对文学作出贡献的少数民族人物事迹。

1148

木玉璋编/人类的金色童年——傈僳族叙事长诗创世纪、牧羊歌．昆明：云南民族出版社，2004年版。

傈僳族是祖国民族大家庭中的一员，是有着悠久历史、勤劳智慧的民族。傈僳族在自己民族发展的漫长进程中，创造了自己民族灿烂的历史文化，为丰富中华民族文化宝库作出了贡献。过去，在漫长的历史岁月中，由于历史和社会的原因，我们许多少数民族虽然没有古老的文字，但用口承的形式创造、积累、传承了自己民族的历史文化，铸就了自立、自强、自信的民族精神。这是一个民族千百年来生生不息、发展壮大的强大精神动力，也是一个民族在未来的岁月中继往开来，推动自己民族的政治、经济、文化和社会向前发展的强大精神动力。傈僳族文化源远流长、丰富多彩，有自己民族的独特性，它记述了一个民族的社会历史、生产生活、文化艺术等发展演变的全过程。傈僳族是一个善于探索和迎纳新事物的民族，从抗衡大自然，从生产生活中不断探索和创新，积累和丰富了自己民族的文化。人类社会发展的过程无一不是探索和创新的结果，探索和创新推进着社会的文明与发展，推进着民族的发展与进步。我们要挖掘、总结和研究一个民族的历史文化，特别要注重深入研究那些对一个民族的社会历史发展曾起过或正在起着重要作用的文化现象。

1149

梁巧娜著/性别意识与女性形象．北京：中央民族大学出版社，2004年版．

本书是一部参照女性主义文学批评理论去分析文学作品中女性形象的理论专著。作者以其深厚的文学修养和独到的文化视角从大量的文学作品中梳理出了一条"女性形象"的生成与变迁史，把文学作品中向来易被遮掩的"性别意识"凸显出来，并揭示了其对作家创作的影响。全书理论研究与个案分析相结合，主题页与分格页相映衬，是一本图文并茂的学术专著。

1150

李鸿然著/中国当代少数民族文学史论．昆明：云南教育出版社，2004年版．

本书包括上、下两卷，上卷为通论，下卷为作家作品论。论中有史，史中有论，史论结合。上卷论述了中国当代少数民族文学的历史语境、现实空间、写作资源、文学关系，当代少数民族作家的导师、朋友、创作心态、艺术追求以及当代少数民族文学的特殊品格、整体风貌、辉煌成就和无法代替的价值，从不同角度系统地阐释了它的发展轨迹、主要理念、经验教训及其对中国文学和世界文学的贡献。这些问题的重要性不言而喻，但在以往的中国当代文学论著中没有被系统地论述过。下卷论述了中国当代文坛上200多位有影响的少数民族作家及其代表作，对作家的评论注重知人论世，对作品的评论兼顾审美的和历史的标准，又参以文化的民族的视角，因此见解独到而又切中肯綮。

1151

李长风著/雪泥鸿爪：历史、民族、文化漫记．昆明：云南民族出版社，2005年版．

在这本集子里，您将重拾作者的履痕轻叩历史的门扉……您还将在这本集子里，捕捉云南边境少数民族诡异而传奇的历史，独特又传统的文化……

1152

李云忠著/中国少数民族现代当代文学作品选．北京：民族出版社，2005年版．

本书共选17个民族59位作家的74篇作品或评析文章。入选作品除坚持思想性与艺术性、教育价值与审美价值统一的原则外，还有如下考虑：一是文学水准很高的作品；二是作品在文学史上提供了新的东西，作出了新的贡献；三是作品本身虽然不算上乘，但在某种特定条件下产生过较大影响；四是作品在该民族文学发展中具有开创性或奠基意义。当然，在上述要求下还尽量照顾到民族、文体和风格的多样性。

1153

李陶，钟进文，莫福山，徐健顺，魏强著/中国少数民族古代近代文学作品选．北京：民族出版社，2005 年版．

本书是由中央民族大学中国少数民族语言文学学院、中国少数民族语言文学系及中国少数民族大学研究所共同主持编选的。全书共分三册，即《中国少数民族民间文学作品选》、《中国少数民族古代近代文学作品选》、《中国少数民族现代当代文学作品选》。这套作品与已经出版的《中国少数民族民间文学概论》、《中国少数民族古代近代作家文学概论》、《中国少数民族现代当代作家文学概论》一起组成一套民族文学的系列教材，供中国少数民族文学专业的学生使用。

1154

谭碧波著/二十世纪五十年代云南民族社会历史纪录片脚本汇编．北京：中国戏剧出版社，2005 年版．

本书描绘了在祖国西南边疆，富饶美丽的亚热带地区，千百年来居住着与祖国不可分割的兄弟民族。主要包括《佤族原始社会》；《佤族》解说词；《独龙族原始社会》；《景颇族原始社会末期》；《景颇族》解说词；《苦聪人野居原始家族公社》；《苦聪人野居原始家庭公社》解说词；《西双版纳傣族农奴制社会》；《西双版纳傣族农奴制社会》解说词；《永宁纳西族的阿注婚姻》；《永宁纳西族的阿注婚姻》解说词等内容。

1155

彭书麟，于乃昌，冯育柱著/中国少数民族文艺理论集成．北京：北京大学出版社，2005 年版．

伟大的中华民族是由以汉族为主体的 56 个民族构成的文化共同体，其中每一个民族对中华民族文化的形成和发展，都作出了其他民族无法替代的伟大贡献，并在各自特殊的历史条件和文化背景下创造了独具特色的文明，其中包括审美与文学艺术及其理论思想。在中华民族文化共同体中，我国少数民族及其先民的文学艺术理论思想，是中华文学艺术理论思想当然的组成部分和重要方面。全面挖掘、整理、翻译和研究我国少数民族文艺理论思想著述，更能完整地展现中华文艺理论思想的悠久、精深和多样的风貌。本书辑录了我国44个少数民族自先秦以来直到中华人民共和国建立上下两千年间二百余篇（部）重要文艺论著，是集中国历代少数民族文艺理论家和民间文艺家的文化思想精华，展示了中国少数民族无与伦比的迷人的文艺理论的壮美景观。

1156

朱飞云，刘军，梁荔著/解密佤山．昆明：云南美术出版社，2005年版．

本书作为一本图文并茂的佤族文化散文，以亲和易读的行文同时不失理论思索的严谨，对佤族文化作了全面记述和深入理解，为读者打开了一道解读佤山、认识佤族的窗口，并为读者解开了关于这一民族许多鲜为人知的秘密。具体内容包括：久远的万物有灵信仰，神秘的魔巴咒语，奇异的通天神器木鼓，勇武的剽牛和砍牛尾巴，鲜为人知的司岗里祈祷词。一个自认从洞穴里走出来的古老民族，一个日益受到世界关注的民族，“江三木罗”的歌声世代传唱，刻印着人类童年印记的人们等。

1157

国家民委政法司编/民族团结进步颂．北京：民族出版社，2005年版．

本书记述了18个全国民族团结进步模范集体和个人的先进事迹，谱写了一曲曲感人的民族团结颂歌。

1158

潘年英著/黔东南山寨的原始图像．上海：上海文化出版社，2005年版．

二十多年来，作者一直在黔东南美丽的山地中行走和观察，寻找自然与生命的自然状态。摆贝、岜沙、银潭、光辉，这些在文明海洋中即将被淹没的山头最后的诗意，巨变与剧痛，如何发生在美丽的宁静中。作者是一个人类学者，本书是行走于黔东南苗、侗少数民族山寨所见、所思、所感的文化笔记。作者用文字和照片为这片土地上的独特文化记录下图像，而这种图像具有一种至今还未被破坏的原始光彩。原始在当今世界上已日益稀缺，这正是本书的价值与宝贵之处。鼓楼，花桥，寨门，青石板小巷，花街小路，木楼人家，完全传统的衣着和装饰，瀑布一样悬挂在屋檐下的青色绸布，当然还有来来往往的劳动者的身影，善良的面孔，永远温和的表情……这是把文学和学术都当做自传写作的作家始终要表达的主题。本书以田野调查的形式作实地的记录和思考。

1159

杨福泉著/寻找丽江之魂：融入纳西古王国——秘境家园．北京：民族出版社，2006 年版．

这本书中如实选录下作者的故土田野漫漫旅程中的一些脚印，记下那一个难忘的人和事，同时，也是作者行走在故土山水田园间的心路历程。可使读者领会到其中有笑语欢声，也有那苦语悲音的感受。

1160

梁荔，刘军著/家园耕梦：哀牢腹地哈尼人．昆明：云南美术出版社，2006 年版．

本书定位在把握历史，立足现实，面向发展的思考上，这样对待民族文化，立意是深远的。字里行间中，作者力图在哈尼族神话般的历史和历史般的神话中，带领读者领略这个民族是怎样怀着永恒的信仰，以无比坚韧的毅力，默默地克服各种苦难，唱出了一曲曲对生命的敬重和感动之歌。

要真正理解一个民族，确实需要虚怀以待，融入其间。唯有走进哈尼村寨，走进哈尼日常生活，才能真正走近一个民族的内心。全书记录了作者们一年来脚踏实地的行程，其间的所见所闻，展示了诸多因深藏于哀牢腹地而不曾为人知晓的哈尼风情，书中所述的哈尼人其人其事，不仅仅体现出千百年来这个民族的历史的延续，同时也是这个巨变时代民族文化加速交融的见证。也正因在这样的时代，对传统文化遗产的抢救性记录，也日益紧迫，本书的记述也因此显得弥足珍贵。

1161

王文参著/五四新文学的民族民间文学资源．北京：民族出版社，2006 年版．

在中国现当代文学研究中，对其源头即“五四”新文学的探讨历来是一个热点，研究者投入的精力很大，有定论的成果也很多，因此也较难有所突破。特别是对“五四”新文学运动的过程、范围、性质等的描述和研究，似乎更难有新意。本书是作者王文参在攻读博士学位期间编著而成，在一定程度上改变了我们的这种印象，使我们对以往文学史中的“事实”的完整性和描述的客观性产生某些质疑，启示我们有必要重新去考察和研究现代文学史现象，并重新审视其意义。

1162

关纪新著/20 世纪中华各民族文学关系研究．北京：民族出版社，2006 年版．

本书以丰富的史料和典型性的作家及其代表作为线索，追述了20世纪中国文学的发展历程，梳理了民族文学交流发展的路径及走向世界的前景。特别是对民族文学与中原文学发展相互关系的论述，对各地区民族文学发展的总结，中肯公允，有理有据，对民族文学发展有指导意义。本书涉及的少数民族作家、文学家基本上是国内知名乃至国际上也颇具声望的人物。本书论述清晰、文笔流畅，是一本不可多得的学术著作。

1163

汪立珍著/满—通古斯诸民族民间文学研究．北京：中央民族大学出版社，2006年版．

本书是一部跨越我国满族、锡伯族、鄂温克族、鄂伦春族、赫哲族五个民族，涉及神话、传说、故事、史诗、叙事诗、民歌、谚语、传承人八个领域的民间文学研究专著。

1164

张方玉著/神奇彝山．昆明：云南民族出版社，2006年版．

本书收录了：《登上祭坛望苍穹、虎神祭、碌摩神庙》、《“大神”引领火把会》、《陶醉马游坪》、《大山深处赛装节》、《腊湾婚俗》、《深山〈关龙调〉》、《咪黑们》、《武定万德那土司世系及遗址考察散记》、《鹤乡大庄——民族文化的沃土》、《祭牛山麓访傈僳》、《大凉山散记》、《千里彝山杜鹃红——访弥勒县西三乡“阿细跳月”》、《“他留人”古老的风俗和长诗〈他留大调〉》、《牟定有条摩梭河——一次成功的民族文化旅游》、《火红的马樱花——云南省楚雄彝族马樱花节》、《大麻配——我心中的桃源》、《在楚雄寻觅南诏文化线索》、《勒品甸土司考》、《卡莫摩崖考察记》、《昙华山发现神秘图案的岩刻》等篇目。

1165

夏冠洲，阿扎提·苏里坦，艾光辉著/新疆当代多民族文学史：散文报告文学卷·戏剧影视文学卷．乌鲁木齐：新疆人民出版社，2006年版．

本书为《新疆当代多民族文学史》的其中一卷。站在世界语境和新疆多元文化的大背景下，本书对新疆50年来维吾尔族、汉族、哈萨克族、回族、蒙古族等9个民族多语种的数百名作家的文学作品，还有文学思潮和文学流派，进行了认真的论析、整合和梳理，对新疆当代多民族文学史发展的基本规律作了一个系统研究和初步探讨，全面反映出了丰富多彩的新疆多民族文学。本书不仅可以作为高校文科辅助教材使用，也可成为广大文学研究者、作家和文艺爱好者的参考读物。

1166

毕枏著/哈萨克民间文学概论．北京：中央民族大学出版社，2006年版．

本书是哈萨克民间文学的研究文集，具体包括：哈萨克历史概述、哈萨克民间文学的源流、重要文献、哈萨克神话与民间传说、哈萨克民间故事、哈萨克民歌等内容。

1167

晓克等编/文化内蒙古．呼和浩特：内蒙古教育出版社．2006年版．

本书共三册，是内蒙古社会科学院的科研工作者在探讨草原文化历史作用和深厚内涵时提出来的。这项课题的提出，不仅具有新颖的创意，意在梳理、整合内蒙古千百年来各民族人民的历史创造，阐述内蒙古文化的深厚底蕴、丰富资源、品牌形象、时代风貌，而且也是顺应21世纪内蒙古经济社会发展、崛起的时代召唤，充分展示内蒙古的文化魅力，凝聚内蒙古经济文化的综合实力，为内蒙古民族文化大区建设贡献一份力量。用文化来装点内蒙古，赋予了内蒙古以活气、灵秀和充沛的内涵，内蒙古在承载文化的时候，也使文化获得了雄浑、舒展和奔放的气质。

1168

李云忠著/中国少数民族现代当代文学概论（中国少数民族文学丛书）．沈阳：辽宁民族出版社，2006年版．

本书比较全面地论述了中国少数民族现代、当代文学的发展轨迹、贡献与特色，并按文学体裁和民族分类，重点介绍了主要的作家作品，并对重点作品的内容、情节做了较为具体的描述，以便读者了解作品的原貌，作出自己的判断。全书分四编，分别论述了中国少数民族的现当代诗歌创作、小说创作、散文和通讯报告创作、戏剧创作。

1169

尹欣著/诗化的民族精神．昆明：云南人民出版社，2006年版．

中华民族是一个有着五千年文明史的多民族和谐融合的大家庭，留下了无数名传千古的优秀作家作品和丰厚的文化传统。在这些丰富的文化中，浸透着一种崇高的民族精神，就是这种民族精神激励着一代代仁人志士去浴血疆场，报效国家与民族；去励精图治，造福桑梓黎民百姓；去潜心磨砺，创造科技与文化的奇迹。本书中选取了众多表现民族精神的古典诗词。这些诗词既抒发着人们在各个时代的理想信念，又饱含着人们在不同心境下的精神寄托。在不同风格审美意识的流露中，从各个不同的侧面构成了一种完整丰厚的精神内涵，一种支撑着中华民族千百年来追求和谐幸福、向往光明进步的精神力量。

1170

单正平著/晚清民族主义与文学转型．北京：人民出版社，2006年版．

本书主要包括以下内容：民族：从天下到国家的缓慢自觉；甲午：民族主义的爆发与文学转型；陆沉：民族危机意识的文学表达；醒狮：国家光明未来的文学想象；黄帝：源于仇恨与自尊的历史建构；新民：由政治而道德的文学功能论；西译：文学源泉与文化价值论；白话：变娱乐为宣传的文学活动论；历史：化实录为虚构的文学本根论；索隐：从艺术考政治的批评方法论。

1171

刘亚虎著/神话与诗的“演述”：南方民族叙事艺术．北京：北京大学出版社，2006年版．

大约公元前4世纪末，中国诗歌在经历了两百多年的冷寂之后，一种新的诗体——楚辞——在南方的楚地“奇文郁起”，奇迹般地繁荣起来。它五彩缤纷，光怪陆离，琳琅满目，美不胜收，香草美人互映，天神地灵同舞，奇特的意境，瑰丽的色彩，使人为之惊叹，为之折服。

中国南方少数民族地区是一块神秘的土地，屈原《九歌》等诗歌就再现了那种神幻的境界、神奇的形象，它的“原生态”就是楚地诸族的神歌巫舞。中国传统美学的那种对艺术神会心契的敏锐细腻感觉、那种对情意绵长的韵味的寻求、那种以形写神、那种言有尽而意无穷都很好地得到了诠释……

1172

马晖著/民族悲剧意识与个体艺术表现——中国现代重要作家悲剧创作研究．北京：民族出版社，2006年版．

本书从宏观与微观的结合上，对中国现代文学的悲剧现象进行了较为系统的探讨。就宏观而言，在探讨了20世纪中西悲剧观念和悲剧理论的基础上，考察了中国现代文学悲剧意识生成及其悲剧精神特点，将中国现代作家悲剧艺术创作置于中国悲剧艺术发展的文学历程和中西悲剧美学思想对话中去考察，分析其在中西悲剧艺术长河中的重要学术价值。这构成本文“上篇”的主要部分。就微观而言，具体研究了中国现代文学史上几位最有代表性的悲剧作家及其作品，重新解读和阐释文本中所蕴藏的悲剧精神，体味其各具特色的悲剧艺术表现。

1173

许福芦著/西域往事：新疆最后一个王公200年的家族记忆．上海：华文出版社，2006年版．

辽远而神秘的中国西部，200年尘封着一个血腥的故事。当清军的马蹄声惊醒了准噶尔大地那些飘荡的幽灵，一场人间悲剧不可避免地拉开了序幕。大小和卓包藏祸心的投顺与背叛，乾隆皇帝一波三折的怀柔与征讨，古老的家族、古老的宗教、古老的恩怨，在天山南北的血火交迸中熔铸成一首凄婉的木卡姆悲歌。库车城头幼童绝望的尖叫，叶尔羌河畔母亲愤怒的控诉，正义点燃伊犁将军的热泪，行军万马的困守与进击，皆成为壮怀激烈的篇章……如烟往事，花开花落，承受了太多的风风雨雨。现在，通过新疆最后一个王公达吾提·买合苏提先生的娓娓口述，历史终于轻轻地掀开一角，那些陈迹斑斑的爱恨情仇，带着岁月的沧桑，正在向我们蹒跚走来……

1174

左玉堂编/彝族文学史．昆明：民族出版社，2006年版．

当代文学：自1949年中华人民共和国成立至2000年止。这一时期，彝族社会性质发生了根本性的转变，进入了一个崭新的历史时期。这段时间，彝族母语书面文学新崛起，彝族作家用彝汉文创作的文学得到了新的繁荣和发展，从文学作品的内容到形式都发生了质的飞跃。彝族文学呈现出民间口头文学与作家书面文学齐头并进发展的景象。它预示着彝族文学正在由以民间口头文学为主体的阶段向以彝汉文书面文学为主体的阶段转变，掀开了彝族文学历史的新纪元。这一时期，彝族民间文学的搜集、整理工作取得了可喜的成就，出版了像《阿诗玛》、《查姆》、《勒俄特依》、《梅葛》、《阿细的先基》、《天地祖先歌》这样一批优秀作品。同时，产生了彝剧。这是一个崭新的文学时代，是彝族新的文学诞生和成长期。

1175

蔡国荣著/重走马帮路：2005赶马进北京．昆明：云南科技出版社，2007年版．

谁也不曾想到，2005年，一支由120匹骡马、43个赶马人组成的“云南进京大马帮”，驮载着五吨多云南特有的普洱茶，历经168天，行程4000多公里，途经五省一市，于10月中旬抵达北京，再现了300多年前云南普洱府奉命贡茶进京的历史盛事。

1176

韦建国，吴孝成著/多元文化语境中的西北多民族文学．北京：中国社

会科学出版社，2007 年版.

本书分为七章。第一章分析《古兰经》和陕西当代作家作品的文化多元因素，用古（《古兰经》）今（陕西当代作家作品）时间视角和东（西北东部的陕西）西（西北西部的新疆）空间视角阐释西北多民族文学的文化多元性。第二、三章梳理西北重要的少数民族——维吾尔和哈萨克当代文学的现状及发展。第四章阐发研究哈萨克文学，力图通过对其古代民间口头文学、英雄传说和现代经典作品的阐发解读，探索其用传统研究方法没有揭示出的内在意蕴。第五、六、七章聚焦于作家研究。与传统的民族文学研究不同，第五章着重于少数民族当代作家的汉语创作分析；第六章是少数民族当代作家创作与外国作家的比较研究；第七章则探讨西北汉族作家和外国文学、其他民族异质文化的关系。

1177

中国社会科学院民族文学研究所编/纪念中国社会科学院建院三十周年学术论文集：民族文学研究所卷. 北京：方志出版社，2007 年版.

本书是纪念中国社会科学院建院三十周年学术论文集之一。主要内容包括《史诗在中国》、《民间叙事的生命树》、《柳宗元与“柳州峒氓”》、《口头文学研究的十个误区和《蒙古文〈西游记〉漫谈》等二十多篇论文，作为献给中国社会科学院成立三十周年的贺礼。

1178

李瑛著/台湾少数民族作家文学论. 北京：民族出版社，2007 年版.

这是一本首次全面反映台湾原住民各族群作家创作面貌的学术专著。书中对台湾原住民作家文学的兴起原因及发展道路作了充分论证，使人看到这个创作团体的风貌和艺术特点：苦难的主题、失落的痛楚、民族文化的追恋、人文精神的表现、传统原始观念的奇异、道德伦理的古朴、原生语言的精妙、意象的流动表达、变形的魔幻色彩、象征的隐喻使用以及背离与对比现象而带来美学取向上的悲情风格，书中还比较分析了台湾原住民作家文学与台湾文学的相通默契之处。书中详细论述了台湾原住民各族群作家在文学主要体式，即小说、诗歌、散文三个领域里所取得的成就，明确论断台湾原住民作家的创作以不断扩展的文学波澜丰富着文坛，冲击着文坛。

1179

梁明著/回顾与展望：新时期红河少数民族文学探微. 昆明：云南大学出版社，2007 年版.

本书运用了文艺学、文化学、民间文艺学等多学科理论，力求站在对当今中国文坛之整体把握的高度，对新时期云南红河州少数民族作家文学二十多年来发展路向之独特性及其如何走出目前的困顿蛰伏状态提出许多独到的见解，作了精到的分析，是一部反思地方性少数民族文学路向的力作。

1180

宋炳辉著/弱势民族文学在中国．南京：南京大学出版社，2007 年版．

在中外关系中，弱势民族文学对于中国作家来说是一种被引为知己的异域文化，有着贯穿始终的被关注、介绍和翻译的过程。而本书主要介绍了弱势民族文学译介和接受研究的意义，20 世纪上半期弱势民族文学译介与主体选择，20 世纪下半期弱势民族文学译介与民族文化建构，世界语理想与弱势民族文学译介，米兰·昆德拉在中国的译介及其接受，弱势民族文学的影响接受与中国现代文学的主体建构等八章内容。

1181

仁钦道尔吉，纳尔萨，山丹著/珠盖米吉德胡德尔阿尔泰汗．北京：民族出版社，2007 年版．

蒙古英雄史诗《珠盖米吉德》和《胡德尔阿尔泰汗》这两部史诗是我国较早记录的少数民族史诗。蒙古英雄史诗分为单篇型史诗、串联复合型史诗和并列复合型史诗，串联复合型又分为婚事加征战型史诗和两次征战型史诗。史诗《珠盖米吉德》和《胡德尔阿尔泰汗》可以作为婚事加征战型史诗的范例加以研究。《珠盖米吉德》属于巴尔虎——喀尔喀体系的史诗，《胡德尔阿尔泰汗》是卫拉特体系的史诗，它们代表着两种不同体系的史诗。

1182

马绍玺著/在他者的视域中．北京：社会科学文献出版社，2007 年版．

少数民族诗歌在全球化的时代前途堪忧，面临绝种的危险，而且多年来也少有有分量的论著对此进行梳理论证，本书填补了中国当代文学研究在这个方面的空白。作者对当代少数民族先锋派诗人的创作进行多维度的文化学阐释，对于文化全球化给他们的诗歌创作带来的影响，从文化空间的变化等几个方面进行了论述。书中对于几位颇具代表性的少数民族诗人的文本也作了细致的文化解读。

1183

琼那·诺布旺典著/唐卡中的神话传奇．西安：陕西师范大学出版社，2007 年版．

本书分为四个部分：雪域高原：在那苍茫晶莹的雪域高原，在荒凉寂寞的远古时期，属于黑发藏人的神话随着高原的雪水滥觞流传。不读西藏的神话，无法洞悉雪域高原诱惑灵性的根髓，无法体味一个民族浪漫的情怀。

英雄史诗：享有“东方的荷马史诗”之称的《格萨尔王传》，大约产生于公元3至6世纪之间，是世界上唯一一部至今还在创作的、最长的史诗。除了动听的传奇故事，还包含了古代藏族的历史、经济、道德、民风民俗等实用信息，代表着古代藏族文化的最高成就，堪称研究古代西藏的“百科全书”。

玄妙传奇：传奇是广为传颂的民间离奇故事，是现实中的诗，又是神话般的史。而神秘的雪域高原，本身就是一部绚丽丰富、如美酒般醇香的千年传奇。那一个个令人瞠目结舌的场景，一串串梦幻与现实交织的情节和一幅幅精美绝伦的唐卡，将为您展示一个与众不同的奇异西藏，探寻失传已久的藏地秘闻。

富丽民俗：雪域高原西藏，拥有世界上海拔最高地区的自然景观，也有与严酷生活环境相适应的、世界上最富浪漫色彩的生活节奏。那浸透在西藏生活方式和节日习俗中一点一滴的文化积淀，足以使任何有幸身临其境的人叹为观止，让您发现一个真实而饱满的文化西藏。

1184

张锡禄著/白族民间故事．昆明：云南人民出版社，2007年版．

本书是作者对白族民间故事的系统搜集与整理，可谓得天独厚，改变和弥补了过去较为粗略方式，使得这些故事更加具有可读性。

1185

霍达著/穆斯林的葬礼．北京：十月文艺出版社，2007年版．

一个穆斯林家族，六十年间的兴衰，三代人命运的沉浮，两个发生在不同时代、有着不同的内容却又交错扭结的爱情悲剧。这部五十余万字的长篇，以独特的视角、真挚的情感、丰厚的容量、深刻的内涵、冷峻的文笔，宏观地回顾了中国穆斯林漫长而艰难的足迹，揭示了他们在华夏文化与伊斯兰文化的撞击和融合中的心路历程以及在政治、宗教的氛围中对人生真谛的困惑和追求，着力塑造了梁亦清、韩子奇、梁君璧、梁冰玉、韩新月、楚雁潮等一系列文学画廊中前所未有的人物群像，血肉丰满，栩栩如生。作品含蓄蕴藉，如泣如诉，以细腻的笔触拨动读者的心灵，曲终掩卷，回肠荡气，余韵绕梁。

1186

木丽春著/纳西族民间故事集．昆明：云南人民出版社，2007年版．

本书的出版，为丽江民族文化的研究提供丰厚的资料，拓展新的视觉，展示新的亮点。本书与东巴教文化有着千丝万缕的血肉关系，并展示纳西文化是广采和吸纳各民族的优秀文化；再行创造的与土著文化一脉相承的多元文化，也是发展了的民族新文化。本书包含图腾崇拜遗留故事、祖先神灵（白石崇拜）故事、术神灵（自然崇拜）故事、神话传说故事、爱情和情死故事、民俗故事、动植物故事、成语故事、生活故事、东巴教的传说故事和其他共 11 个篇章的纳西族故事。

1187

申富英著/民族、文化与性别：后殖民主义视角下的《尤利西斯》研究. 北京：中国社会科学出版社，2007 年版.

本书是一部用后殖民主义理论的视角在过去、现在和未来的框架之内论述《尤利西斯》中乔伊斯对爱尔兰文化关注的著述。它共分为三章，分别讨论了《尤利西斯》中所表现的乔伊斯对爱尔兰文化现时困境的思索、对噩梦般的爱尔兰文化历史的探察和对指向文化杂糅的爱尔兰文化未来的展望，并在论述这些问题的过程中探讨了乔伊斯在写作这部爱尔兰民族史时所运用的颇具策略性的协调性别问题和民族问题的叙事策略。

它发掘了乔伊斯掩藏在《尤利西斯》字里行间的对民族纯洁性的嘲讽，对人类源自虚构的快感的洞察，对历史的外壳与内核的透视，对民族文化杂糅未来的展望，对认识文化群体之间和文化群体之内差异的重要性的强调，对文化差异的认同、忍耐和接受态度的欣赏，以及他对民族身份流动多变实质的探察。对乔伊斯这些思想的发掘可为我们解决现今和未来不可避免的文化碰撞、文化商讨和文化杂糅中的问题提供参考。

1188

赵志忠著/20 世纪中国少数民族文学百家评传. 沈阳：辽宁民族出版社，2007 年版.

20 世纪是中国少数民族文学搜集、整理、研究，并取得辉煌成就的时期。民族文学从小到大，由弱渐强。从 20 世纪 50 年代开始，中国少数民族文学开始了大规模的收集、整理工作，并初步奠定了民族文学在中国文学史上的地位。多姿多彩的少数民族神话，弥补了中国神话不足的缺憾；《阿诗玛》、《嘎达梅林》等长篇叙事诗的整理、发表，丰富了中国文学史；著名的三大英雄史诗《格萨尔王传》、《江格尔》、《玛纳斯》，震惊了世界文坛。少数民族作家队伍在不断地壮大，一些人口较少的民族也产生了自己的作家文学，并且出现了老舍、沈从文那样的文学大家，出现了萧乾、舒群、端木蕻良、陆地、李单、玛拉沁夫、祖农·哈迪尔、孙健忠、纳·赛音朝克图、铁依甫江、唐加勒克、牛汉、晓雪、金哲等著名作家，出现了霍达、乌热尔图、张承志、扎西达娃、阿来等新一代作家。

1189

钟雷兴著/梦里畲乡．北京：民族出版社，2007 年版．

一个人走过的平凡之路，也从某一侧面反映着我们国家一段曲折的历史、一个时代艰难竭蹶的道路、一个民族在中国共产党领导下所走过的非凡历程。作者祈盼通过这《梦里畲乡》，人们能够进一步地领略和了解中华民族大家庭之一员——畲族。

1190

仁钦道尔吉，纳尔萨，山丹著/那仁汗胡布恩．北京：民族出版社，2007 年版．

本书是我国新疆和静县一带流传的蒙古族罕见的一部英雄史诗。1978 年 8 月，和静县巴音布鲁克区巴音公社第五大队社员额仁策演唱这部史诗，作者作了录音并整理成蒙古文发表。这次重新校对原文，转写成为拉丁字母并译成汉文，供蒙古学家和我国各民族研究者运用。

1191

杨宗亮著/云南少数民族村落文化建设探索．成都：四川大学出版社，2007 年版．

本书是研究云南少数民族村寨文化的现状、变迁及相关问题的社会学专著。分为概述、历史及新中国成立后。改革开放以来，现存状况等几个时期的平面描述，并指出存在的问题，最后以四个典型的村寨调查、分析个案结束全书。本书资料丰富，脉络清楚，有较高的学术价值。

1192

江宁康著/美国当代文学与美利坚民族认同．南京：南京大学出版社，2008 年版．

本书在体例上主要分为两大部分：前半部分的四章内容注重梳理文学与民族认同之间关系的历史演变及进行理论问题的探讨，后半部分四章内容分别研究了美国当代各族裔作家的代表作品以及有关民族认同等方面的艺术表现等问题，书后还附有二战结束以来美国当代族裔作家和作品列表。书中引用的一些原文论著反映了国外最新的研究成果，其中 2000 年以来出版的英文论著被引用五十余种。

1193

杨春著/中国少数民族现代散文概论．北京：中央民族大学出版社，2008 年版．

本书系供我校少数民族语言文学专业使用的教材，其他民族院校亦可采用，同时也是一部专著。书中论及的只是各民族具有代表性的散文作家和作品，按民族顺序排列，以便学生对中国少数民族现代散文的发展轨迹和主要特点有个系统的了解，掌握有关专业知识，提高阅读、鉴赏和分析作品的能力。考虑到学生不易看到原著，对重要作品的内容、情节作了较为具体的描述，以便于了解作品原貌。需要特别指出的是，本书所论及的是作者所能接触到现代各民族作家用汉文创作或翻译成汉文的作品，各民族作家用本民族文字创作的作品，因作者不通晓这些民族的文学，故无法论述。

1194

林显强著/中国历代民族英雄诗文选注．广州：花城出版社，2008 年版.

本书收入了中国历代公认的民族英雄，从苏武到孙中山以至共产党英雄 42 位 267 篇具有代表性、典型、精彩的诗文，并加以详细的注释、讲解，并以一定的篇幅介绍每一位英雄的生平，是一本具有现实教育意义和宣扬爱国主义精神的上佳读本。

1195

雷锐著/壮族文学现代化的历程．北京：民族出版社，2008 年版．

本书从远古时期介绍开始，揭示壮族文学诞生以来一直蕴藏流贯于其中的特点及其进入近代后的新发展。五四新文化运动使壮族文学受到冲击并开始了现代化的进程，中华人民共和国成立后有了重大推进。但由于种种原因，壮族文学的现代化还不够充分。直到进入新时期中期，壮族文学终于出现了现代化质变的飞跃，追上了中国文学现代化的脚步。本书总结了近一个世纪以来壮族文学现代化的历程、规律、经验、教训，最后提出对壮族文学在新世纪腾飞的建议和设想。

1196

高人雄编/唐代文学与西北民族文化研究．北京：民族出版社，2008 年版.

本书以新颖的视角，围绕唐代文学与西北地域民族文化，探讨唐人诗歌的审美、七言诗之繁荣等与民族文化的内在关联；受西北民族乐舞的影响，唐五代词体文学及歌舞戏得到长足发展：深入研究了地域作家与反映地域战争和人物风情的边塞诗；对于敦煌民间歌词、古代西北少数民族民间文学，亦有拓展性的论述。

1197

赵五星著，许华锋译/中国少数民族文学（英文）. 北京：五洲传播出版社，2008 年版.

Chinese literature is jointly created by 56 nationalities. Apart from Han nationality, the minorities also have their long and glorious history. The literature created by Chinese minoritiescan compare with Han nationality in quantity and quality. The Chinese ethnic minority literature is a general term for the litera – ture of all the minorities except Han nationality with in China.

1198

何琼著/台港文学：民族文化的艺术透视. 北京：民族出版社，2008 年版.

本书尝试运用文化学的方法来观察、描述和阐发台港文学作品中的“民族文化”的蕴涵（需要说明的是，本选题是在两个层次上使用“民族”这一概念，一是泛指相对于世界其他民族而言的中华民族，一是具体用于中华民族共同体中的各少数民族），希望为深化台港文学的研究聊尽绵薄之力。台港文学研究的深度与广度还处于起步阶段，研究还有待深入。从文化视角去研究台港文学，可以深刻地凸显研究对象的某些本质方面，可以解决台港文学创作中一些复杂的现象。

1199

马自祥，杜曼，赵之洵著/甘肃少数民族文学丛书. 兰州：甘肃文化出版社，2008 年版.

本套丛书共分为 10 册。收录了生活在甘肃大地上各世居少数民族现当代的民间文学故事。

1200

白润生主编/中国少数民族新闻传播史. 北京：民族出版社，2008 年版.

本书对中国少数民族新闻传播事业（报刊、广播、电视、网络、新闻教育与研究、队伍建设）兴起、发展和繁荣的历史，进行了全景式记录。并试图深入浅出、全面系统地挖掘和阐发其中的新闻传播规律。客观平实的观点、珍贵翔实的史料、浓郁的民族风情是本书的鲜明特色。

全书除绪论外共分四编：蹒跚学步（远古—20 世纪 20 年代）、峥嵘岁月（20 世纪 20 年代— 40 年代末）、火红年代（20 世纪 40 年代末—70 年代中叶）、满园春色（20 世纪 70 年代中叶—20 世纪末），共计 12 章 65 节。对于我国当代少数民族新闻传播媒体的发展和少数民族新闻传播学的研究工作，有重要的学术价值和启迪意义。在少数民族新闻传播学学科建设中，该教材首获北京市高等教育精品教材建设立项。

1201

李德君著/彝族阿细人：民间文学作品采集实录（1963—1964）．北京：中央民族大学出版，2009 年版．

本书反映的只是当年那个特定历史断面的面貌。通常，无论是民间文学资料集，还是经过整理的作品集，都很少逐篇标明收集时间，一个集子所收资料，往往是采集时间跨度很大，不属于同一时间断面的作品。民间文学是流动的，随着历史的流动会有新的变化，或新生，或变异，或消失，不同历史断面的状况会不一样。本书所收作品全部采集于 1963 年至 1964 年之间，是 20 世纪 60 年代初那个历史断面的作品。现在 45 年过去了，这 40 多年来，撒尼人、阿细人同各民族人民一道，经历了历史性的变化，民间文学今天的面貌已与当年有所不同，本书并没有包括近 40 多年来出现的新作品。同时，出现在本资料里的歌手和讲述者，当年大多在四五十岁以上，更有年逾 70 者。现在许多人已经离开了我们。随着长者的仙逝，一些作品也被带走了，今天已难再收集到。流传下来的作品，也不会和当年一个模样了。

1202

毕登程，隋嘎著/司岗里：佤族创世史诗．昆明：云南人民出版社，2009 年版．

《司岗里》史诗，是佤族最古老的创世史诗，也是佤族历史文化之根和百科全书。佤族人说："从前阿佤没有文字，但我们都能记住祖先的路；从前阿佤没有书本，但我们都能说出祖先的理。阿佤的路和阿佤的理，全部都在《司岗里》里。"正因此，《司岗里》史诗早已名声在外，多数佤族人都曾听说过《司岗里》史诗；所有研究佤文化的专家、学者、作家、诗人无不听说过《司岗里》史诗。可惜，由于历史上阿佤没有文字，加之地处边疆，语言隔绝，部落复杂，以及政治等等的因素，《司岗里》史诗至今无一个完整的文本整理、出版出来。

1203

阿地里·居玛吐尔地著/口头传统与英雄史诗．北京：中央民族大学出版社，2009 年版．

柯尔克孜族的口头“活形态”英雄史诗传统举世闻名，其中英雄史诗《玛纳斯》是其中最华美的一章，早已被列入世界经典史诗之列，受到国内外众多学者的青睐，逐渐形成为一个世界性学科——玛纳斯学。从俄国19世纪后半叶的哈萨克学者乔坎．瓦利汗诺夫和俄国德裔著名学者拉德洛夫从事《玛纳斯》搜集研究至今，世界玛纳斯学已走过了一个半世纪的历程。到目前为止，研究史诗《玛纳斯》的学者除了中国外，遍布吉尔吉斯斯坦、哈萨克斯坦、俄罗斯、英国、德国、土耳其、日本、美国、法国、乌兹别克斯坦等国家。《玛纳斯》史诗研究也不断走向深入。

1204

云南省民族民间文学德宏调查队合著/娥并与桑洛（云南民族民间文学典藏）．昆明：云南人民出版社，2009年版．

本书是一部优美生动的叙事诗，一个凄美的爱情悲剧。它广泛流传于云南德宏、西双版纳、耿马等傣族聚居区，在傣族人民中有极深广的影响，特别在德宏傣族中更是家喻户晓。“云南民族民间文学典藏”是一套再现云南民族文化的经典的丛书。《娥并与桑洛》为丛书的其中之一。

1205

云南省民族民间文学楚雄调查队合著/梅葛（云南民族民间文学典藏）．昆明：云南人民出版社，2009年版．

《梅葛》是彝族的一部长篇史诗，流传在云南省楚雄州的姚安、大姚等彝族地区。当地彝人每逢年节都要诵唱《梅葛》三天，并视《梅葛》为“根谱”而世代口耳相传。“梅葛”本为一种彝族歌调的名称，由于采用这种调子来唱彝族的创世史，因而人们将这部创世史诗称为《梅葛》。全诗分为四大部分：“创世”、“造物”、“婚事和恋歌”、“丧葬”。“梅葛”调又分“赤梅葛”和“辅梅葛”两大类。“赤梅葛”的曲调比较悲楚、忧伤、低沉，史诗的第四部“丧葬”就采用这种曲调；“辅梅葛”的曲调较为婉转抒情，史诗的其他几部唱诵时就采用这种曲调。“云南民族民间文学典藏”是一套再现云南民族文化的经典的丛书，《梅葛》为丛书的其中之一。

1206

黄铁，杨智勇，刘绮著/阿诗玛．昆明：云南人民出版社，2009年版．

《阿诗玛》是云南彝族撒尼人的民间叙事诗，被撒尼人民称为“我们民族的歌”，阿诗玛的传说已经成为撒尼人民日常生活、婚丧礼节以及其他风俗习惯的一部分，在人民中间广为传唱。民族叙事长诗是民族民间文学最重要、最丰富的组成部分之一。新中国成立后，一批少数民族文化工作者以及云南各地的文艺调查队对云南的少数民族诗歌进行了收集、翻译、整理，并出版了一大批优秀的云南少数民族诗歌，形成了一个汉译民族民间诗歌的宝库。《阿诗玛》便是其中影响巨大、流传颇广的经典之一。

1207

赵官禄，郭纯礼，黄世荣合著/十二奴局（云南民族民间文学典藏）．昆明：云南人民出版社，2009 年版．

《十二奴局》是一部在哈尼族民间广泛流传的史诗，也是哈尼族人民长期集体创作的长篇巨著，它通过“哈尼”（唱传统歌）的形式在民间演唱，世代流传。“奴局”是哈尼语，相当于汉族著述中的“篇”、“章”或汉族曲艺中的曲目。“十二奴局”即十二路歌的意思，一个“奴局”之内又包含若干个有联系而又可以独立存在和演唱的内容，习俗上称之为“哈巴”。民间传说“十二奴局，七十二个哈巴”。“云南民族民间文学典藏”是一套再现云南民族文化的经典的丛书。《十二奴局》为丛书的其中之一。

本书表现了远古哈尼先民奇特的想象，涉及哈尼族对于天体自然、人类发展、哈尼历史、历法计算、四时季令、农事活动等等各个方面的认识，完整地反映了哈尼先民对天地形成、人类起源、民族迁徙的认识，具有创世神话与英雄史诗的合集之性质，可以说，是哈尼族最为重要的文化、文学经典之一，一部真正东方气质的、动人心魄的“创世纪”。

1208

张永祥著/彝族民间故事（云南民族民间文学典藏）．昆明：云南人民出版社，2009 年版．

本书是云南人民出版社 1988 年版《彝族民间故事》的精选本，内容上基本忠实于原版图书，从中选取了具有民族特点和代表性的内容，按照三个部分结构成书：“神祇与英雄”；“我们的大地”；“灵魂与人生”。

1209

史纯武，朱世铭，景文连等合著/创世纪．昆明：云南人民出版社，2009 年版．

《创世纪》是一部不仅在东巴经的主要六类经书中都有完整记载，而且在民间也广为流传的优美史诗。千百年来经过纳西族人民不断的加工、提炼和丰富，使它逐渐成为一部脍炙人口、家喻户晓的好作品。与《鲁般鲁饶》、《黑白之战》并称为“三明珠”。

1210

刘德荣，张鸿鑫，陶永华合著/金笛（云南民族民间文学典藏）．昆明：

云南人民出版社，2009 年版．

“云南民族民间文学典藏”是一套再现云南民族文化的经典的丛书。《金笛》为丛书之一，是一部苗族叙事长诗。它的故事情节曲折，富于变幻性和传奇性，全诗尽情铺叙扎董丕冉与蒙诗彩奏的悲欢离合，热情赞颂他们在与魔虎的激烈斗争中所表现出来的坚贞不屈、英勇顽强的精神，许多情节含有浓郁的民族特色。

1211

岩香著/傣族民间故事（云南民族民间文学典藏）．昆明：云南人民出版社，2009 年版．

《傣族民间故事》是云南人民出版社 1993 年版《傣族民间故事集成》的精选本，内容上基本忠实于原版图书，从中选取了更具民族特点和代表性的内容，以再现云南民族文化的经典。

1212

郭思九，陶学良著/查姆．昆明：云南人民出版社，2009 年版．

《查姆》在彝族未有文字之前，就已在人民口头上流传了。它是彝族人民唱天地、日月、人类、种子、风雨、树木等起源的长篇史诗。彝族人民把它当做本民族的历史来看待，是经过广大彝族人民不断丰富、加工、提炼出来的文艺作品，在长期流传过程中，又被彝族人民用老彝文记录成书面文学。《查姆》是一部彝族史诗。全部是用老彝文记载于彝族的书面文学——“彝书”和“贝玛经”中。

1213

黄鸣著/左传与春秋时代的文学：兼论春秋列国民族风俗．北京：中央民族大学出版社，2009 年版．

本书主体通过《左传》对春秋时代文学及文学活动的状况进行研究，包括其形成、特点、活动、分期、流派等重要问题，力求达成对春秋时代文学发展历史面貌的全景式描写。其中，本书将重点研究春秋时代文学与列国民族的民风民俗之间的关系问题，并以此作为对春秋时代文学分域分派的基础。

1214

陈祖君著/汉语文学期刊影响下的中国当代少数民族文学．北京：中国社会科学出版社，2009 年版．

本书是我国第一部从传播媒介的角度深入研究中国当代少数民族文学的发生、发展及演变的专著。该书在实证基础上综合运用传播学、民族学和文学研究的方法，细致探析了汉语文学期刊对中国少数民族文学的现代转型、当代少数民族文学传播空间的生成和演变、当代少数民族文学中的族群体验及作家身份认同等的作用与影响，并以《民族文学》等为个案，考察汉语文学期刊和当代少数民族文学之间的具体联系，揭示了当代少数民族文学的外部生存语境及社会文化内涵。

1215

黄晓娟，张淑云，吴晓芬著/多元文化背景下的边缘书写：东南亚女性文学与中国少数民族女性文学的比较研究．北京：民族出版社，2009 年版．

大凡事物都可以比较，不同事物的比较有着不同的目的，如国家与国家比较强弱，弱国通过比较找出差距奋力赶超强国，希望成为强国。社会与社会比较进步落后，落后的社会通过比较知道自己的不足，从而进行改革，由落后转变为进步。工厂与工厂可以比较，农村与农村可以比较，学校与学校可以比较……可不能乱比较，要有可比性，如一个弹丸之地的小国，要与一个泱泱大国比军事力量，那是不可比的。内陆国家与海洋国家比远洋海轮，比海军，是不可比的。但可以从其他不同的层面，不同的角度进行比较，如可以比较社会管理、可以比较道德风尚。总之，有可比性的比较才有意义。有很多社会现象有同有异，这种异同是客观存在，但没有研究出来，没有人知道，等于没有。因此研究的目的之一是找出其异。

1216

云南省少数民族古籍整理出版规划办公室编/云南少数民族古典史诗全集（上卷）．昆明：云南教育出版社，2009 年版．

本书内容丰富，气势恢弘。在漫长的民族文化传承过程中，融进了大量民间神话、传说、故事、歌谣和谚语等，是一个民族社会生产生活、宗教信仰、风俗习惯和历史文化知识的一种特殊总汇。经过长期的积累，深深积淀于民族的精神文化宝库之中，是千百年来各民族自尊、自信、自爱、自强意识的重要源泉。它对于一个民族文化传统的形成和发展产生过巨大而深远的影响。

1217

杨利先著/云南民族民间文学典藏：云南民族民间故事．昆明：云南人民出版社，2009 年版．

本书以流传于云南人民中间的民间故事为主体，同时包容了、覆盖了全省各个少数民族族地区的民间故事集。这些故事反映了劳动人民与自然作斗争、与历代统治阶级作斗争的坚强不屈的意志和充满乐观主义的胜利信念，且生动、奇妙而颇具云南民族文化特征。

1218

中国作家协会著/新中国成立60周年少数民族文学作品选：散文卷（上下册）．北京：作家出版社，2009年版．

在全国各族人民欢庆中华人民共和国成立60周年之际，《新中国成立60周年少数民族文学作品选》经过两年时间的酝酿准备和精心编选出版了。这是我国少数民族作家向新中国成立60周年献上的一份厚礼，也是我国文学界的一件盛事。所编选出版的《新中国成立60周年少数民族文学作品选》，既是对我国少数民族文学创作成果的一次检阅和展示，也是各民族作家相互学习交流的一个平台和机会。6卷20册文卷包含了：诗歌卷（套装共4册）；报告文学卷（套装共3册）；理论评论卷（套装上、下册）；散文卷（套装上、下册）；中篇小说卷（套装共5册）；短篇小说卷（套装共4册）。

1219

马兰著/守望故土：长治回族六百年．北京：中央民族大学出版社，2009年版．

本书是一部长篇报告文学作品，以18个章节的文字，叙述回族扎根山西省长治市六百年来的真情实况。开篇首先宏观地介绍伊斯兰教的兴起及其历史脉络，接着简介伊斯兰文化在中国的发展，并追溯回族的历史沿革。当笔端切入明代永乐六年时，作者以饱满的激情对故乡作出独有的讴歌。这部作品既是报告文学，又可以说是一部长篇散文作品，自始至终贯穿着饱满激扬的生命诗情。全书不仅有较为丰富的伊斯兰信仰知识以及回族生活特性的描述，同时介绍了长治回族中涌现出的诸多优秀人物。读过作品，读者可以清晰地看到，回族人民在虔诚的信仰及高尚的爱国主义精神双重鼓舞下，为伟大祖国作出了巨大的贡献。长治回族六百年来所涌现出的优秀人物，也必将永远定格于这部语言充满诗意的作品中，长久地与读者对话……

1220

吴道毅著/当代湖北民族作家文学研究．北京：学苑出版社，2009年版．

本书内容包括对新时期湖北民族文学的总体分析，论述其生成背景、全面崛起的发展态势与值得肯定的创作特点；论述范围涉及小说、诗歌、散文（含报告文学）与文学批评等主要文学领域，重点是对李传锋（土家族）、叶梅（土家族）、邓一光（蒙古族）、魏光焰（回族）、王月圣（苗族）、韦启文（壮族）、刘小平（土家族）、甘茂华（土家族）、温新阶（土家族）、田天（土家族）、陈孝荣（土家族）、阎刚（土家族）、邓斌（土家族）等重要民族作家的作品细读，全面分析他们作品的思想价值与艺术特点，总结他们各自的创作成就，放眼全省民族文学对他们进行文学的定位。

1221

张佳生著/清代满族文学论．沈阳：辽宁民族出版社，2009 年版．

清代满族文学，不仅作家数量众多，而且多才多能。举凡文学之诗歌、词作、小说、戏剧、文赋，乃至论、序、碑记、传、箴、铭，各种文体，无所不备。此外，满族文人独创之满文诗赋与子弟书，可谓别具风韵，满文翻译小说自成一体，从中可知满族文学体裁的广泛性。中国文学历来以豪放与婉约为两大主要风格。满族文学则更以清峻疏放为特色。以诗而论，满族诗歌已成为“北方诗派”的主要代表，其他文体也多以此风格为特色倾向，可谓是别开生面，这也是满族民族文化和民族性格的真实反映，研究满族文学，此内容与视角不可忽视。

1222

万玛才让编/说不完的故事：西藏民间文学经典．兰州：甘肃人民出版社，2009 年版．

在很久很久以前，在遥远的雪域高原，有这样一具如意宝尸，它上半身由玉石组成，下半身由金子组成，脑袋由贝壳组成。如果把它背回人间，便可使大地铺满黄金，使世人增加寿命，还可以消除主人公德觉桑布犯下的杀人罪孽。只有一个条件，就是在背它回来的路上，德觉桑布必须缄口不语。但是狡猾的如意宝尸，会讲一个又一个动人的故事，聆听这样的故事，无法不发出的感叹。于是，一次又一次，宝尸在精彩的故事后飞回尸林，一次又一次，德觉桑布重新背起宝尸，听它讲起引人入胜的故事。说不完的故事，由此而来，千百年来，传遍雪域大地，深入千家万户。

J 艺　　术

1223

李永宪著/西藏原始艺术．石家庄：河北教育出版社，2000 年版．

近十多年来，由于藏学研究的进一步深入，人们开始关注作为西藏文化综合载体的西藏艺术。逐渐认识到那些蕴涵着智慧与慈悲美学理想的艺术作品，给了我们一把打开藏传佛教义理与藏民族精神世界水乳交融奥秘的钥匙。因为对历史文献的研究，对宗教义理的阐释不能替代我们对藏民族精神世界和审美意向的探求；而研究一种宗教的最高境界之一就是探究隐藏在这种宗教背后、沟通宗教义理和信仰者之间思维联系的介质，它的外化体现为以图像形式表现的宗教艺术；虽然有自已的造像规范。但艺术作品形象塑造的特点决定了宗教艺术品不像文献经典那样完全拘泥于仪轨而难于变化，而是基层信仰者对宗教义理所作的形象化阐释，从而使得宗教图像的表现方式本身包含了普通人对宗教义理的认识。对宗教艺术的研究是一种宗教的研究走向成熟的标志，是宗教研究必须经历的一个阶段，作为北传地域佛教的藏传佛教更是如此。从意大利藏学家杜齐教授开始，有很多著名的藏学家通过分析艺术作品进行西藏历史宗教的研究。最近几年这种趋势更加明显，国内外藏学界一些原本从事西藏宗教、历史和语言研究的学者纷纷转向西藏艺术的研究，反映出西藏艺术研究的勃勃生机和美好前景。

1224

杨雪果著/传扬生活妙韵的巧技：云南民族工艺．昆明：云南教育出版社，2000 年版．

灿烂耀眼、丰富多彩、风格独特的云南民族工艺，是云南各族人民在长期生产、生活实践中不断创造和积累起来的一门艺术。它不仅反映出各个时代各民族的生活方式与思想意识，而且是各民族不同历史进程的具体、有形的见证。它的物质性、形象性和活生生地存在于民间而不易消失的传统，使人不难看出它有一条较清晰的历史的“线”，这条“线”也是云南历史文化发展的写照。本书内容主要包括：智慧之花——云南民族工艺总览；刀笔之灵——木雕工艺；成人之美——首饰工艺；营造朴雅——扎染、蜡染工艺；

荟萃异彩——刺绣工艺；巧织云霞——织锦工艺；远古流光——泥土工艺；奇幻之作——面具艺术；美化生活——竹木餐具工艺；主要参考文献；后记。

1225

杨雪吟著/彩云之容：云南民族美术．昆明：云南教育出版社，2000年版．

美术，一种把人对事物的观察、联想加上美的想象，通过物质手段亦即技艺创造过程，变成可视、可触摸的具体形式的艺术，来到地球上已经很久很久。迄今，世界一些地方发现的最早的美术作品是岩画（石上画），不少是万年前的创作。中国也有这类例子，内蒙古阴山原始岩画等的年代，据说可追溯到旧石器时代晚期。

1226

玉腊著/百彩千辉：云南民族服饰．昆明：云南教育出版社，2000年版．

人类服饰的演进，从某种程度上说，凝聚了人类文明发展的历程。傣族歌手的演唱古本中把妇女的衣服、筒裙和鳝骨形银腰带称为老祖公传给后辈儿孙的岁月纪念品。景颇族民歌说“筒裙儿织着天下的事，那是老祖公写下的字”；瑶族说，他们上衣背后的五色方绣代表他们是始祖盘瓠的后代，反映着由北向南迁徙的历史；苗族背上的方形绣片和百褶上的花纹，隐含着一段被迫离开家园和不断寻找新的住地的经历……各民族服饰从产生到发展演变，深深地留下了不同时期的社会、经济、文化印记，说它代表着各民族古老文明发展的历程，是各民族从遥远时期走来的足迹的记录，是符合客观实际的。本书主要有以下内容：山花烂漫——绚丽多姿的云南民族服饰；自然与牧猎生活的色彩；山地丛林的个性；竹与水的情调；记在服饰上的古老故事；纯净与简洁之美；跟随环境改变的衣装；城市服装——现代正在取代传统；主要参考文献；后记。

1227

张志萍编/傣族舞蹈教程．北京：中央民族大学出版社，2000年版．

本书“从简到繁”、“从易到难”、“从局部到整体”、“从元素到组合”，并确定“全面、系统、科学、规范”这四条写作原则，本着对历史、民族文化、艺术教育负责的精神，力求从内容到形式都要严格筛选，反复推敲，认真考察，逐一验证，以保证其历史性和科学性。上卷　第一部分　基本元素；第一章　身体各部位形态及其名称；第二章　身体各部位动律分解；第

三章　基本步伐；第四章　上肢动作分解；第二部分　跪式、蹲式综合性基本动作；第一章　跪式动作；第二章　蹲式动作；第三部分　基本技巧；第一章　跳；第二章　转；第三章　腰；第四部分　舞姿与鼓相；第一章　基本舞姿；第二章　基本鼓相；下卷　傣族舞蹈六大舞种教材分解；第一部分　嘎光——集体舞；第一章　嘎光舞的基本要素；第二章　瑞丽嘎光——集体舞；第三章　版纳嘎光——集体舞；第二部分　象脚鼓舞；第一章　象脚鼓舞的基本要素；第二章　象脚鼓舞；第三部分　元素动作短句组合；第一章　长甲舞基本要素；第二章　上、下肢元素动作分解；第四部分　蜡条舞；第一章　蜡条舞基本要素；第二章　综合性动作短句；第五部分　嘎巴——鱼舞；第一章　嘎巴基本要素；第二章　上、下肢动作分解；第三章　综合性动作短句·表演组合；第六部分　孔雀舞；第一章　孔雀舞的基本要素；第二章　孔雀舞的综合性元素动作；第三章　孔雀舞综合性表演组合。

1228

王清华编著/浪漫的云霞：云南民族舞蹈．昆明：云南教育出版社，2000年版．

云南被誉为“歌舞之乡”，是“歌的海洋”、“舞的世界”。这是人们对云南少数民族文化特点的高度概括和深刻印象。步入云南，你如步入深邃而悠远的历史文化长廊；步入云南，实际上就进入了一个巨大的艺术殿堂。在云南各民族琳琅满目的艺术门类中，云南民族舞蹈艺术，种类繁多，蔚为奇观，早已闻名于世。

本书是“云南民族文化知识丛书”之一，全面系统地研究了云南民族舞蹈。该书图文并茂，资料翔实，分析详尽，观点新颖。内容由专家用简洁精练、准确生动的文字写成，充分体现了知识性、系统性、通俗性和可读性，是专题了解云南民族文化知识必备的参考书。

1229

田联韬著/中国少数民族传统音乐（上下）．北京：中央民族大学出版社，2001年版．

本书是国内外第一部分全面介绍和论述中国55个少数民族传统音乐（包括民间音乐、宗教音乐、宫廷音乐三大类）的大型专著。每个民族独立成章，集中论述该民族的历史文化背景及其传统音乐的源流、类别、形态特征、音乐与生活的关系等内容。

1230

李双江，糜若如编/中国少数民族声乐教材．北京：中央民族大学出版

社，2001 年版.

本书是我国第一本综合多民族的、钢琴伴奏版的少数民族独唱歌曲集。少数民族声乐是中华民族声乐的一个重要组成部分。众所周知，能歌善舞的少数民族在历史上留传下来大量的音乐遗产。我国 55 个少数民族的表演风格和特色独立性极强。所以训练中国少数民族声乐学，首先要确定他们的民族风格和表演特色。于是，相应的各民族风格齐全的声乐教材就必不可少了。本书刚好就弥补了这个空白。本书搜集到的少数民族歌曲分别有知名歌曲、获奖歌曲、全国电视大奖赛和少数民族声乐比赛的参赛歌曲、优秀民歌以及部分新作。其形式分为三类，一类是附有钢琴伴奏的各少数民族民歌；一类是常见的附有钢琴伴奏的“少数民族独唱歌曲”；另一类是较少见的“少数民族艺术歌曲”，它与上两类不同之处在于钢琴部分是这一室内乐体裁中的重要声部，它与声乐声部形成了唱与奏的互为因果的重要互存关系。

1231

陈兆复著/中国少数民族美术史．北京：中央民族大学出版社，2001 年版.

本书首先对中国远古文化、统一多民族国家的形成和发展、少数民族对中国美术史的贡献等进行了简要阐述；然后从原始社会时期的周边地区美术到清代少数民族美术的历史进行了探究。第一章　绪论；第二章　原始社会时期的周边地区美术；第三章　商周至秦汉时期的少数民族美术；第四章　魏晋南北朝时期的少数民族艺术；第五章　唐宋元明清时代的少数民族美术。

1232

首届中国民族服装服饰博览会执委会编/中国民族服饰博览．昆明：云南人民出版社，2001 年版.

本书以首届中国民族服装服饰博览会的各省市自治区的参展服饰作素材，共计 3000 余幅图片，四万余字，充分展示了我国 56 个民族的服饰的魅力。

1233

戴玉茹著/云南少数民族头饰服饰（白描）．昆明：云南美术出版社，2001 年版.

本书记载了民间服饰优美的传说以及源远流长的发展历史。众所周知，云南境内的除汉族外，还有 25 个民族分布居住在全省各地，是全国少数民族最多的省份之一，在这 25 个少数民族中，有 15 个为跨境民族，10 个有自己的民族文字，因而，全省呈现了“民族众多，支系繁盛”的状况。云南少数民族穿什么？用什么来装扮自己？为什么他们要这么穿？要这么多装饰来打扮自己？作者站在一个美术工作者的角度用自己擅长的白描绘画形式，描述了云南26个民族的服饰特征。记载了民间服饰优美的传说以及源远流长的发展历史。

1234

孙和林著/云南银饰：西部民俗艺术．昆明：云南人民出版社，2001年版.

本书图文并茂地介绍了云南银饰的种类、历史及穿戴的方法以及佩戴时的象征意义。用首饰美化自己的身体，是人类最早的艺术行为。我国发现的最早的首饰，是峙峪人制作的一件石墨穿孔挂珠，距今约二万八千年。那时人类还不会使用符号和文字，甚至还没有生活所必需的房屋、服装，等等。今天，我们的精神与物质享受已大大胜于远古，但全球各地各族的人们对首饰的喜爱却未减少，首饰仍在婚姻、成长、生死等人生大事中担当着重要职能。首饰的作用，早已不止于装饰，还象征着爱情的长久、婚姻家庭的稳固、家庭权力和传递、长辈对晚辈的认可、后代对先人的追念以及社会地位或财富的占有……人类对饰品的钟爱是一个复杂的艺术现象，它同时包含了审美的、社会的、经济的和伦理的因素。通过饰品，可以探究各个民族的审美心理、艺术传统和文化发展水平，可以了解各个时代的社会变革、经济变化和风俗变迁。饰品文化在人类文明发展史上，在中华民族艺术史中，历来占有重要的一席之地。我国各民族的服饰，从款式、色彩、工艺、材料等方面，充分展示着古国文明的成熟与极致，一向以她的美轮美奂、多姿多彩著称于世。在茂密的中华民族服饰之林中，云南银饰当是比较引人的一枝。

1235

周文林著/云南少数民族图库：怒族　独龙族．昆明：云南美术出版社，2001年版．

独龙族是云南人口最少的特有民族，现有人口5500多人，是我国人口最少的民族之一，主要聚居在滇西北贡山独龙族怒族自治县独龙江河谷地带，少数散居在怒江两岸的福贡、维西县。史称独龙族为“俅人”或“人”。

独龙族内部分为50多个父系民族，每个父系民族中又划分成若干个兄弟民族。独龙族的传统生活方式是以家族公社为中心的原始共产制，共同生产，共同占有生产生活资料。家族长负责处理协调，族人共耕，儿媳轮流煮饭，吃饭时由主妇按人头平均分配。族人之间亲善友受，路不拾遗，夜不闭户。独龙族的传统服装一般穿黑白直条相交的麻布或棉布衣，男子下穿短裤，习惯用麻布一块从左肩腋下斜拉至胸前，袒露左肩右臂。女子多在腰间系戴染色的油藤圈作装饰，以前有文面的习俗。男女不戴帽，多披头散发、赤足。现在服饰已有了较大改观，妇女仿傈傈族穿长袖衣裙，并佩戴彩色料珠链串，男子喜欢挎腰刀、弩箭。独龙族以农业、采集和狩猎为生，“卡雀哇”是唯一的节日，多在冬腊月举行。节日里，每个民族和部落都要集体猎取野物，杀猪宰羊，部落主妇将食物分给各个家庭，他们称为“分食”，也有剽牛活动。清晨，人们来到山寨的旷地，随着铓锣的响声，手牵手跳起本民族的传统舞蹈。

1236

周文林著/云南少数民族图库：佤族．昆明：云南美术出版社，2001**年版.**

语言属南亚语系孟高棉语族佤崩语支，有四种方言。佤族无本民族文字，人们用数豆数、刻木和结绳记数、记事和通讯。以物传情，如村寨间发生纠纷或经调解后，即送甘火炭表示要烧对方寨子；送子弹或火药表示要与对方打仗等等。

佤族传统的宗教信仰是万物有灵的自然崇拜。他们认为各种灵魂和鬼神有大小之分。他们最崇拜的和最大的鬼神是木依吉和阿依娥。

佤族男子善于雕刻。在佤族村寨，无论是屋脊上，还是祭祀用品，或是公用大房子的墙壁上，都雕刻有人物或动物的图案。

佤族妇女多留长发，饰以银质发箍，有些地区用藤篾或麻线编织发箍。披肩的长发上常用马尾制作的发网网住，发网上饰有银珠。女子着黑衣、红裙，上衣十分短小，盖胸露腹，无领，对襟，短袖。裙子过膝，常以红色为底，间有黑白绿黄条纹。耳悬银质大耳环，银环一至三个不等，项带二、三个银质项圈和若干彩色珠料，再佩上两三串鸟骨或贝壳制砀项链，五光十色，十分耀眼。裸露的腰腹部缠绕若干竹圈藤圈，染成红或黑色，有的还雕饰有许多花纹。手臂戴两三个竹圈、银圈，手腕佩银镯两只，小腿缠竹藤圈数围。

佤族热情好客，客至以水酒相敬。佤族男女普遍皆文身，男子多在颈下、胸前、脊背和四肢绘刺花鸟、牛虎图案，妇女则在颈下、胳臂和腿上绘刺各种形状的花草。

佤族男女都喜饮酒、吸烟和嚼槟榔。佤族民间文学丰富而优美。沧源岩画十分有名，是佤族艺术的珍品。

1237

柴焕波著/西藏艺术考古．石家庄：河北教育出版社，2002 年版．

本书就是在十年来西藏文物普查成果的基础上，以西藏古代艺术品与艺术史迹为对象而作的初步研究。本书分为绘画、建筑、雕刻三大门类，通过探索其各自内在的发展变化，揭示出一种艺术样式产生与发展的历史过程，并由此进一步探索其精神发展的轨迹。从 1990 年至 1992 年的整整三年中，笔者有幸参加了西藏的文物普查，走遍了藏南北的数十个县市，调查了数百座寺庙，并长时间在寺庙中工作与生活。

1238

赵世红，和品正著/东巴艺术：西部民俗艺术．昆明：云南人民出版社，2002 年版．

民族民间艺术作民俗文化的形象载体，它是民族社会中庶民生活形影不离的伴侣。哪里有民族群体生活的炊烟，哪里就飘扬着民间艺术的旗帜；哪里闪烁着民族文化的亮光，哪里就凸显着民间艺术的声形和色泽；哪里拉开了民俗活动的帷幕，哪里就有民间艺术的亮相民间艺术的亮相。民间艺术将一个群体的审美情绪、崇仰意向和生存欲求融合在一起，构成了一个自足的生命感受和表达体系。本书包括以下内容：东巴教；生活与宗教；宗教与人生礼仪；文化艺术与宗教；智者东巴；与神鬼交往的艺术；面偶；泥塑；木雕；木牌画；纸牌画；图画象形文字；东巴书法；东巴舞与舞谱；艺术升华；讲排场的祭祀盛典；艺术交往与升华；神路绚彩；灵魂不灭；生离死别；落叶归根；《神路图》；魂路艰辛；欢乐人间；神圣天堂；等等。

1239

孔令生编绘/中华民族服饰 900 例．昆明：云南人民出版社，2002 年版.

中华民族历史悠久，服饰文化灿烂辉煌，56 个民族服饰绚丽多姿，不少民族服装款式多达百种以上。本书以细腻的白描形式，采用实际生活中的形象，绘出各民族服饰 900 多例，配以简约的文字说明，将 56 个民族的服饰穿戴呈现在读者面前，为读者提供了较为准确、清晰、全面的民族服饰资料，既有学术性、资料性，又有艺术性、知识性和趣味性，可供有关研究和学习参考使用。

1240

王华著/中国少数民族合唱．北京：中央民族大学出版社，2002 年版．

这是一本以少数民族合唱作品为中心内容的合唱教材。编此书的初衷有两个，一是将少数民族合唱音乐编成教材供学生们用，其中包括精选的合唱曲目和帮助学生了解和理解作品的文字分析部分；二是进一步弘扬和发展少数民族合唱艺术。将各民族典型的合唱置于广泛的实践范围当中，在长期的艺术陶冶之中的发展的目的。中国56个民族中有28个民族的音乐中有多声部合唱形式。合唱无论从艺术表现力还是从社会功用角度看，在人类文化历史上都占有举足轻重的地位。

1241

田世高著/土家族音乐概论．北京：中央民族大学出版社，2002年版．

土家族音乐是中国多民族音乐之中的重要组成部分，内容极为丰富，种类极其多样。本书回顾了土家族音乐发展的历史，阐明了土家族音乐与民俗学、民族学、地理学、人类学、语言学之间的共生关系，剖析了土家族音乐的构成因素，揭示了土家族音乐的文化特征与歌舞特征，从而将这一古老的民族民间音乐的全貌，展现在世人面前。

1242

田联韬/中国少数民族传统音乐．北京：中央民族大学出版社，2003年版.

本书是国内外第一部分全面介绍和论述中国55个少数民族传统音乐（包括民间音乐、宗教音乐、宫廷音乐三大类）的大型专著。每个民族独立成章，集中论述该民族的历史文化背景及其传统音乐的源流、类别、形态特征与音乐与生活的关系等内容。各章皆附有多首典型的音乐谱例，正文之后的5个附录分别介绍了未定族属的克木人、僜人、夏尔巴人、芒人、控格人等族群的传统音乐。本书是中国众多民族音乐家的集体成果，全书内容都建立在深入田野考察的基础上。

1243

钟涛著/苗族剪纸．贵阳：贵州民族出版社，2003年版．

本书包括苗族剪纸概说，苗族剪纸——刺绣的孪生姐妹、纹样的地域类型及特征、剪纸形象与古代历史和宗教、形象的幻想性与原始思维；图版，施洞型、巴拉河型、都柳河上游型、其他类型、湘西型等内容。

1244

俚若，文艺著/彝山云霞：楚雄彝族服饰漫谈．昆明：云南民族出版社，2003年版．

在五彩缤纷的民族服饰百花园中，楚雄彝族服饰是一株绚丽夺目的马缨花。它的种类之多，款式之杂，工艺之精，举世公认；它的原始，它的古朴，它的艳丽以及它的精深，令人叫绝，堪称民族服饰的活化石和博物馆。本书以“漫谈”的形式，对楚雄彝族服饰粗略的“巡礼”，展示了楚雄彝族服饰丰富的文化内涵和色彩世界，并尽可能地提供保持数千年的彝族传统服饰中折射出的现代创新或流行款式的信息。

1245

钟涛著/苗绣苗锦．贵阳：贵州民族出版社，2003 年版．

苗绣苗锦是民族服饰中最具史诗性、绘画性和装饰性的民间美术。苗绣苗锦多以花鸟虫鱼、飞禽走兽为题材，反映了苗族的历史文化、风俗人情、宗教信仰。本书从文化人类学的角度揭示了苗绣苗锦的符号象征意义及其深层的文化精神内涵。具体包括绣苗锦典型的部落徽记艺术、苗绣苗锦与服饰的徽记属性、苗绣苗锦的发展与妇女的价值、体现争奇斗艳的工艺及纹样类型施洞型（平绣、锁边平绣）等内容。

1246

杨正文著/鸟纹羽衣：苗族服饰及制作技艺考察．成都：四川人民出版社，2003 年版．

苗族自古是一个支系众多的民族，因此，“十里不同风，百里不同俗”不仅体现了苗族文化的特点，而且是对丰富多彩的苗族文化的最好概括。苗族文化的共性固然发展得十分显著，而且地域性、支系间的文化个性特性，也得到了很好的发育。历史上苗族没有出现过统一的宗教，没有建立过独立于中央之外的地方邦国，也没有创造出一种为全民族共同使用的文字。也就是说苗族文化没有经过严密的整合，神话、传说、歌舞、宗教以及工艺技术等都以口传和身教方式进行传承，这就留给苗族文化地域个性自由发展的空间，从而形成了苗族文化的高度开放性。苗族服饰图案及制作技艺正是这个民族极具特质的关注点。

1247

中国艺术研究院音乐研究所编/民族音乐概论．北京：人民音乐出版社，2003 年版．

本书围绕中国民族音乐的五大类别：民间歌曲、歌舞音乐、说唱音乐、戏曲音乐、民族器乐等而展开，详细介绍了其历史发展脉络，体裁分类形式，音乐风格特征以及代表人物，代表作品，风格流派等方面的内容和知识展开论述。同时，本书兼顾汉族与少数世族的歌种、舞种、曲种、剧种、乐种的音乐形态作了细致分析，并附以完整的谱例对其代表性的优秀曲目进行介绍；对宗教音乐中的佛教音乐、道教音乐也作了一般性叙述。使读者在感性认识的基础上，能从理论上作一般性的总结和概括，掌握其主要的艺术风格特点。

1248

隆翔著/中国少数民族钢琴通俗曲及调式基础练指法．北京：中央民族大学出版社，2003 年版．

本书由两大部分内容组成。第一部分为由我国少数民族优秀歌曲、乐曲改编而成的钢琴通俗曲；第二部分为哈农式的民族调式基础练指曲。我国是一个由 56 个民族组成的团结友爱大家庭，各民族都有自己丰富的文化，许多优秀的民族文化应当得到继承和弘扬，尤其在音乐艺术上更应得到很好的挖掘、整理和创新。

1249

庞志阳著/满族舞蹈寻觅．沈阳：辽宁民族出版社，2004 年版．

由于历史原因和本民族的特殊命运，至今人口近千万、占全国少数民族人口第二位的满族，其民族舞蹈却刚刚起步。满族的故乡辽宁省，其满族人口占全国满族人口的一半，但也只有一部舞剧、几个小型舞蹈作品。作为一个满族舞蹈工作者，深感愧对自己的民族，同时也明确时代赋予我们这一代人的重任。我们不怨天尤人、不自卑自弃，要凭着满族自强不息的民族精神，为满族舞蹈事业去奋斗、去拼搏。本书包含以下内容：书山寻舞影；隋朝以前史料；宋、辽、金史料；元、明史料；清入关前史料；清代史料；萨满祭祀舞蹈史料；其他史料；满乡觅舞踪；满族“太平鼓”和“二人转”；寸跷秧歌和木屐秧歌；新疆锡伯族的“老家秧歌”；“萨满”舞蹈；阅读札记；附记等。

1250

张胜冰，肖青著/中国西南少数民族艺术哲学探究．北京：民族出版社，2004 年版．

本书从西南少数民族文化事项入手，打破以往的艺术哲学的传统观念，去探讨和梳理少数民族艺术哲学的文化内涵。与传统学术史的研究视角不同的是，本书广泛涉及西南少数民族的神话、原始歌谣、民间史诗、宗教乐舞、图腾艺术、造型文化、当代审美文化等众多领域中的艺术哲学命题，展现出西南少数民族艺术哲学的丰富多彩和多元形态，从而使人领悟到艺术在社会生活中的独特功能和文化意义。本书带领我们走进少数民族神秘的世界。

1251

宛志贤著/苗族银饰. 贵阳：贵州民族版，2004 年版.

说到贵州的苗族，他们身上华丽的银饰就不能不提，特别是苗家姑娘的盛装，从头到脚，重达十多公斤的、手工制作的、精美的银饰把姑娘打扮得绚烂夺目。可以毫不夸张地说，银饰就是苗族穿在身上的民族文化、穿在身上的史书，是苗族最喜爱的装饰品。苗族历史上的“金银情结”众多的苗族支系与璀璨纷繁的银饰头饰、颈饰、胸饰、手饰、脚饰、衣饰，苗族银饰是艺苑中的一枝奇葩。巫文化主宰了苗族银饰的精神内涵，苗族银饰中的龙不同于中国传统文化中的龙，苗族银饰中可以透视出长期的封建社会中最为缺乏的平等观念，苗族银饰具有一种展示性，苗族银饰特别注重与服饰的搭配。银匠是苗族文化的重要传承人。

1252

陈力著/云南民族包. 昆明：云南人民出版社，2004 年版.

云南民族包作为一种独特的文化现象，形成了一通亮丽的风景。包上留下了那些史事，礼仪伦常，社会角色，宗教咒语，爱情密笺……本书以图文并茂的方式，解读云南各民族包上的秘密。

1253

孙琦著/云南物质文化：少数民族服饰工艺卷. 昆明：云南教育出版社，2004 年版.

本套书既名为物质文化，便应有物质文化的特殊而规范的研究方法。物质是有形的，因此，其表现便不能空泛含糊、抽象玄虚，而必须直观形象、具体实在。有鉴于此，本套书特别强调图片资料的应用。图文结合，重在图示，纵横比较构成了它的鲜明特色。

1254

汤海涛著/云南民族美术学. 昆明：云南大学出版社，2004 年版.

从文化发展的角度来看，云南民族艺术在一段相当长的时期里，一直游离于主流文化之外。这里的主流文化，是指人们通常认为的中原文化。中原文化作为强势文化，有着明显区别于周边少数民族文化的特征。作为中国文化的集大成者，中原文化作为世界文明的发源之一，绵延数千年，无论是文化的结构，还是文化的传统，有着极为坚实的体系，在业已形成的世界文化格局中，中原文化具有深远的影响。而少数民族文化，尤其是云南少数民族文化，基本都在中原文化的直接或间接的影响下发展。当然，中原文化在上述的文化背景下，对于少数民族文化的影响，在进入的初始阶段并不强大。

相对根深蒂固的少数民族文化而言，其定位也是非主流文化。本书包括以下七章：导言；第一章　云南少数民族绘画的形态和特征；第二章　云南少数民族雕塑的形态和特征；第三章　云南少数民族工艺美术的形态和特征；第四章　云南少数民族建筑的形态与特征；第五章　少数民族美术发展中的断代问题；第六章　云南少数民族美术的实用功能；第七章　对云南少数民族美术遗存的再认识。

1255

王松林著/远去的文明：中国萨满文化艺术．哈尔滨：黑龙江人民出版社，2004 年版．

萨满（Saman）是古通古斯语，即古汉语中“巫觋”的意思，其相信泛灵信仰，是人类的古老宗教，从非洲到中亚、到东北，乃至美洲，萨满教有其悠久而传统的信仰群众。随着人类学的兴盛及对特殊文化的重视，萨满成为了人类的共同文化遗产，可是，在全球化和现代化的浪潮下，人类的古老的生活方式正在不断快速湮灭，这造成了可悲的现象——我们一方面设法要保留萨满文化，但萨满文化恰恰却在沦丧中，我们所能做的或许只有抢救性的保存。当文化已跟生活脱节，我们还能做什么？是不是盖个文化馆，或文化村，全年 365 日无休地上演那商业化的“文化”呢？本书以图片保存了珍贵的萨满图片，让我们可以中看到这远去的文明的点点滴滴。

1256

戴平著/中国少数民族发饰．北京：中国画报出版社，2004 年版．

此书旨在进一步深入介绍我国 55 个少数民族发式和头饰的形态，尽可能地采集各民族不同支系的不同样式，联系其他理环境、图腾崇拜、风俗习惯、神话传说等因素加以考察、比较、研究，从而对中国少数民族服饰文化的生成、演化和民族间的传承，有新的认识和发现。这对于弘扬国的民族文化，让我们更了解自己，让世界更了解中国、乃至借鉴、演化各民族多彩纷呈的发饰，来丰富现代女性妆饰，无疑是有益的。

1257

王云峰著/第二佛陀宗喀巴画传．北京：民族出版社，2004 年版．

本书以翔实准确的史料、通俗易懂的语言，叙述了被信众称颂为“第二佛陀”的宗喀巴大师，在住世 63 年的岁月中，广参名师、博学多闻、显密圆通、收徒传法、讲辩著述、实修亲证、创建寺院、弘扬纯正佛法的伟大圣业。主要包括：愿词（代序）；第 1 章　祈愿心声；第 2 章　前世光芒；第 3 章　今世圣业；第 4 章　后世佛刹；第 5 章　金塔之光；后记　回向善愿。

1258

李强著/民族戏剧学．北京：民族出版社，2004 年版．

人类从远古的氏族、部落、部落联盟、部族逐步发展到今天的民族，在人类伟大的演进历程中，缔造了无数美不胜收的文学艺术形式。中国少数民族与世界各国土著民族所共同拥戴的民族戏剧，集人类物质与精神文明之大成，成为当今世界最令人神往与倾慕的文化典范。回首重温国内外颇具神韵的民族戏剧孕育、发生、形成、演变之历史，从中可形象地感受方兴未艾的人类学、社会学、文化学、宗教学、民俗学、艺术学等众多学科带给人们的深刻启迪与昭示。借助大量鲜为人知的历史、地理与民族民间之文化艺术珍贵资料，以科学、先进的西方文化人类学与传统、务实的中国古代文物、文献考据法相结合，穿过时空的隧道，拨开历史的迷雾，全面、系统地钩沉与梳理古今人类与各国、各民族戏剧的概念、定义、内涵、外延、性质、类别、功能、价值等诸要素；特别是以语言文学学及其文化比较学实证胡汉、华夷与周边国家、民族戏剧的影响与传播以及探要宗教与世俗叙事文体嬗变为代言体综合表演形式之轨迹。

1259

丁立镇著/中国民族舞蹈国画集．北京：民族出版社，2004 年版．

本书收集了有关少数民族舞蹈的主要作品。翻开这本画集，生动优美的民族舞姿，约丽多彩的民族服饰，各具神韵的民族风采，栩栩如生地呈现在我们面前。

1260

桑德诺瓦著/中国少数民族音乐文化（附光盘）．北京：中央民族大学出版社，2004 年版．

本书是专为中央音乐学院现代远程音乐教育学院“高中起点专科班”、“高中起点本科班”而撰著的专业基础课教材。同时也是对《中国少数民族民间音乐与舞蹈鉴赏》（一）和《中国少数民族音乐文化》（附赠光盘）的全面深化。根据中央音乐学院现代远程音乐教育学院相应教学大纲、学历层次等的要求，《中国少数民族音乐文化》在原有教材课件基础上作了较大的调整。譬如，所有章节均作了相应的压缩（尤其在视、听、谱例、讨论、记忆与思考等方面），但在音乐文件方面作了适度的补充；在撰著中尽可能用通俗易懂的语言、简明扼要的内容表述每一讲的中心思想；为教材配备了相应的电子课件，以适应远程音乐教学的特点；教师还将定期在中央音乐学院现代远程音乐教育学院网站解答一些学生的提问、参与某些专题性讨论，并且指导学生进行某些实地采风活动等等。目的旨在弥补师生间由于“教、学分离”而带来的距离或不便。

1261

（法）艾尔费著，陈宗祥，王建民，方浚川译/藏族《格萨尔·赛马篇》歌曲研究．成都：四川民族出版社，2004 年版．

本书主要两卷。第一卷包括：第一章　金轮之宝篇；第二章　王妃之宝篇；第三章　擒获神马篇；第四章　家主之宝篇；第五章　大象之宝篇；第六章　武将之宝篇；第七章　登上黄金宝座篇；第二卷包括：第一章　文体学；第二章　诗律学；第三章　曲调研究；第四章　文化资料等内容。

1262

周萍，黄弈华主编/中国民族民间舞教学组合编排法．北京：高等教育出版社，2004 年版．

本教材针对中国民族民间舞教学组合的编排法问题，在汲取前人经验并结合自身教学实践的基础上，从中国民族民间舞自身运动规律和美学特质的视角，归纳提炼出了单一类、复合类、综合类、竞赛类四个教学阶段的组合编排原则和具体编排方法，并从编排方法的使用及对编排原则的体现上对所列举的组合范例进行了详尽分析。教材每章后附有思考题和作业，便于学习者及时地学以致用。

1263

潘志涛主编/中国民族民间舞教学法．上海：上海音乐出版社，2004 年版．

本书宏观地着眼于中国民族民间舞教学方法的探索，尝试对一些规律性与共通性的教学理念进行阐述。它同时也是已出版的《中国民间舞教材法》（潘志涛主编）和与本书同时出版的《中国汉族民间舞教材》（赵铁春、田露主编）及《中国少数民族民间舞教材》（韩萍、郭磊主编）的姊妹篇。以上三本教材侧重于具体的动作、短句和组合教材描述上。本书提供的具体教学方式不仅是顺利推行实施这三套教材的理论基础，而且是实施其他教材的参照读物。本书在注重经验的同时更注重理论总结和学术探讨。它将中国民族民间舞教学上有所建树的专家、教授、教师的主要教学思想、教育理念归整理，编撰成册。它是一本对具体教学有借鉴价值和指导意义的中国民族民间舞教学工具书。

1264

郭祥义编/民族唱法歌曲大全．太原：山西教育出版社，2004 年版．

本书是一部篇幅相对较大的民族声乐作品专集，其目的是宣传与弘扬民族声乐艺术和作品，同时为学习、研究民族声乐的专业和业余的朋友们提供方便，并力图做到具有充分的实用性和珍藏性。本书共收编了民族声乐作品 636 首，涵盖了 5 部分内容：（1）民歌；（2）经过改编创作的民族声乐作品；（3）优秀的影视主题歌及插曲；（4）部分民族歌剧、舞剧等的选曲；（5）优秀新作。为了便于广大声乐爱好者选唱，本书将所有编选的歌曲以难易程度大致分为初级、中级、高级及近期新作四个部分。

1265

孙瑞著/白族工匠村．昆明：云南人民出版社，2004 年版．

本书内容包括：工艺大师寸发标、梵音圣手洪新贵、创新能手母炳林、灵在心中董中豪、永远的新华村等。

1266

廖明君著/大山里的黑衣壮——那坡黑衣壮文化艺术考察．南宁：广西人民出版社，2004 年版．

本书通过图文并茂的形式传达来自田野的文化信息。在注重细节真实和情节生动的同时讲求文字简洁流畅，对图片的处理，力求用有形的设计来表现无形的语言，使图片和文字有机地结合，相得益彰，体现了传统与现代的完美统一。

1267

陈秉智，次多主编/青藏建筑与民俗．天津：百花文艺出版社，2004 年版．

本书以图文并茂的形式生动地展示了我国少数民族省份青海和西藏的建筑文化与民俗文化。更主要的是通过介绍日常生活的各种风俗和民风表现了少数民族善良而朴实的精神实质以及神秘的宗教文化对他们的影响。本书分为两大部分，第一部分介绍了青海的建筑包括寺院与民居以及民间习俗，例如，社火表演、元宵灯会，还有花儿会、朝山会、祭海会，此外还有汉族藏族习俗等；第二部分包括西藏的建筑、高原风光、节庆与民俗。

1268

本书编写组编/中国美术全集·建筑艺术编：宗教建筑（袖珍本）．北京：中国建筑工业出版社，2004 年版．

《中国美术全集·建筑艺术编：宗教建筑（袖珍本）》选录范围包括现

在的佛教建筑、道教建筑、伊斯兰教建筑。其中五岳祠庙、关帝庙等道教建筑因为偏重祠祭意义，故收录在“寺庙建筑”卷内。伊斯兰教的麻扎、拱北及民居建筑等按其类型特点分别收录在“陵墓建筑”卷、“民居建筑”卷内，本卷没有收录。二、本卷编选标准凡具有较高历史价值和建筑艺术特色的宗教建筑，包括佛寺、佛塔、佛殿、石窟、经幢、道观、清真寺和礼拜寺等均择优精选，予以收录，某些宗教建筑在细部装修装饰方面表现出高度的艺术成就的，本卷亦择优予以选录。三、本卷图版编排次序：按宗教建筑类型排列，每种宗教建筑类型按该项建筑的建造年代的早晚，顺序编排。以期读者能对宗教建筑艺术的时代特点有所体察。四、卷首载《中国宗教建筑艺术》论文一篇作为本卷导言，由孙大章、喻维国合作编写。图版部分共精选了192幅宗教建筑照片，表现出总体、个体、细部等各方面的艺术内容。在最后的图版说明中对照片均作了简要介绍，突出该项建筑的历史艺术价值，帮助读者领会与欣赏图版的内容。

1269

田青主编/佛教、基督、宗教少数民族宗教音乐．北京：人民音乐出版社，2005年版．

《20世纪中国音乐史论研究文献综录·宗教音乐卷·佛教、基督宗教、少数民族宗教音乐》由田青同志主编，翟风俭同志也承担了大量的具体工作。本书分为三大部分：综述、论文、著作，各项内容均按教派进行分类。本综录所收集的文献原则上时限为1901年至2000年，但也收录了个别2001年至2003年的文献，以供参考。本书所收集的文献主要是在中国内地及港、澳、台地区主要报刊上发表的文章及正式出版的书籍；另外，还收录了一些未正式出版但极具学术价值的油印本和手抄本资料，这些在本书中均按正式文献收录。本综录的内容包括道教音乐以外的其他所有中国宗教音乐文献，其中只收录论文和著作，谱例、谱集不包括在内。

1270

马盛德，曹娅丽著/人神共舞：青海宗教祭祀舞蹈考察与研究．北京：文化艺术出版社，2005年版．

全书以青海地区藏传佛教羌姆乐舞与民间祭祀舞蹈为研究对象，在大量获得第一手田野资料的基础上，系统梳理了青海藏传佛教羌姆乐舞的人文背景、历史渊源及其特征；阐述了青海宗教祭祀乐舞与藏族戏曲艺术的关系，分析了青海民间宗教祭祀舞蹈的特性及其表现内容，探究宗教祭祀乐舞的演出形式、宗教信仰、演剧情况并辅以个案研究。本书文图结合，资料翔实，在此领域中具有填补空白的意义。

1271

阿木尔巴图著/蒙古族图案．呼和浩特：内蒙古大学出版社，2005年版．

本书图文并茂地介绍了关于蒙古族美的源泉、古老渊源、民间传统、继承发展等内容。

1272

李先逵著/干栏式苗居建筑．北京：中国建筑工业出版社，2005年版．

本书论述了传统干栏式苗居的地方特色和民族风格，对其合乎自然生态规律的村寨总体布局、建筑上山、节约耕地、建筑居住功能、平面空间特征、结构形式与构造以及建筑艺术特色等方面的建筑经验进行了总结。主要包括苗居的地方特色与民族风格；苗居与干栏式建筑；吸收传统经验 创造新的苗居等内容。

1273

李春生著/中国少数民族图典．北京：中国画报出版社，2005年版．

自古以来，中国各少数民族和汉族始终交错栖居，亲密交往，和睦相处，团结共勉，以共同的勤劳与智慧，开发着祖国的疆土，并创造了大量具有自己民族特色的优美动人的诗歌、神话传说、音乐、舞蹈、绘画等文学艺术作品以及许多科学典籍。产生过不少著名的文学艺术家和科学家。建造了许多雄伟壮观、绚丽多彩，富有民族风格的建筑；形成了许多独具风采、饶有情趣的服饰、婚俗、礼仪、年节等文化。

1274

杨源，何星亮主编/民族服饰与文化遗产研究——中国民族学学会2004年年会论文集．昆明：云南大学出版社，2005年版．

中国是一个拥有56个民族的伟大国家，各民族都有着自己悠久的历史、灿烂的文化遗产和各具特色的民族服饰。文化遗产作为打着各民族历史印记、充满创造性和崇高价值的人类共同财富，与民族服饰具有内在的统一性，即文化遗产中蕴涵着时代久远的民族服饰文化和物品，丰富多彩的民族服饰也折射出文化遗产的灿烂光华。本书收录有民族服饰与文化遗产研究论文40余篇。包括“中山装·旗袍·新唐装”、“从中国服装史看服饰文化的多民族性”、“民族传统文化保护与文化产业开发”等等。

1275

田星民，胡鹤麟编/云南银器．昆明：云南民族出版社，2005年版．

都说文物是一个民族的历史底片，文化的名片。一叶知秋，云南银器博物馆通过唐代以来近千件古银器的展示，向世人撩开了一幅古滇王国延绵千年的神秘史诗、瑰丽画卷。这些文物展示了古滇国两千多年文明历程的烙印。银器从早期为王侯贵族所占有，发展至进入寻常百姓家，成为民间喜闻乐见的各类饰品。从元、明以来，大量作为货币流通的白银发展为千家万户的生活饰品。所有的变迁，昭示了云南社会智慧战胜愚昧，进步取代落后，富裕赶走贫困的文明进程。云南银器博物馆上千件古银器中，从饰品、生活用具到宗教用品，琳琅满目，千姿百态，无不打下文明的烙印。既传承了中华民族的悠久文化，又体现了云南众多兄弟民族的特色，形成一座世界文化的富矿，民族文化的金矿。历史再一次证明，越是民族的，越具有世界性。

1276

朴永光著/四川凉山彝族传统舞蹈研究．北京：民族出版社，2005年版.

本书以1956年民主改革之前尚存的四川凉山彝族传统舞蹈为研究对象，以唯物辩证法和唯物历史观为基本研究方法，将舞蹈置于历史、文化大背景中，考察相互间的联系，试图较为系统、全面地研究这一地区的彝族传统舞蹈，以此促进该舞蹈在创作实践中的积极运用，从而发展民族艺术、繁荣民族文化。

1277

李雄飞著/文化视野下的山歌认同与差异．北京：民族出版社，2005年版.

本书从文化人类的视野出发，运用比较研究的方法，对我国西北高原流传历史最为悠久、流传地域最为辽阔的两种山歌——“花儿”与“信天游”进行了较深层次的对比讨论，力求在解剖“花儿”、“信天游”及其相互关系的过程中提升人们对于我国歌谣学的理性认识与山歌文化的思维判断。

对于某种山歌的研究应当先从歌词曲调开始，接着深入民间歌手的内心世界之中，然后深入山歌文化之中，最后应当深入与山歌相关的自然、社会、文化、人的当中而去。山歌文化特质之间、山歌文化组成部分之间，山歌文化相互之间，自然、社会、文化、人各自与山歌文化之间，无不处在一种互相独立与互相依赖、互相矛盾与互相协调、互相作用与互相影响的动态关系之中，处在一种彼此由平衡走向不平衡、由不平衡再次达到新的平衡的永恒变化之中，影响着整个山歌文化发展的规律性，也影响着每种山歌文化充满个性色彩的沉浮兴衰。本书从文化角度重新审视了山歌的文化性，从不同角度不同人群出发对它作了概括和评述。

1278

张瑛著/西南彝族服饰文化历史地理暨民族服饰旅游资源开发研究．北京：民族出版社，2005年版．

本书简述了彝族的社会历史沿革及其地理分布、族源以及彝族服饰文化内涵、符号系统等基础上，重点研究了从先秦至清以来各个不同历史时期彝族服饰文化的地域性特征以及形成这些特征的自述，而是系统地从历史地理角度对彝族服饰文化的全方位研究，所探讨的是精神文化的时间、空间分布。而且，作者将学术研究与为现代社会的经济发展和社会发展服务相结合，对彝族服饰的发展方向、彝族服饰旅游产品的营销与推销、民族旅游的可持续发展等方面作了很有意义的探讨。

1279

刘建著/宗教与舞蹈．北京：民族出版社，2005年版．

全书按原始宗教、后世宗教、现代宗教的发展时序分为上、中、下篇。上篇叙述宗教与舞蹈在起源上的渊源关系，依照原始宗教的自然崇拜、图腾崇拜、神话信仰和巫术活动的四种方式分析与其共振的四种舞蹈。中篇介绍后世宗教对舞蹈的辐射以及舞蹈所显示的宗教意识，分门别类为基督教舞蹈、伊斯兰舞蹈、佛教舞蹈、道教舞蹈。前三者是世界性的三大宗教，后二者是中国的本土宗教，只是由于本书对中国舞蹈的侧重而将其与前三者并列。下篇涉及现代宗教与现代舞的关系，由于他们目前都处于一种探索状态，所以其篇幅少于上篇和中篇。此外，导言部分简述宗教的基本定义和观念，并在这一视角内说明舞蹈的一些特点。第五章属于过渡性章节，连接上篇与中篇。第十二章则是以宗教为坐标对舞蹈作出的一种审美判断，最终还原到舞蹈的艺术范畴中。

1280

李云，周泉根著/藏戏（人类口头与非物质文化遗产丛书）．浙江：浙江人民出版社，2005年版．

藏戏是现存中国戏曲剧种中最为古老的剧种之一。据传，广场演已有一千余年的历史，其他一些大剧种，如京剧、昆曲、川剧等，历史都比藏戏短。藏戏源于西藏各地，流传在雪域高原的各个角落，基本没有受到外界或外民族文化艺术的影响，因此，它不仅在国内戏曲艺术中非常奇特，而且在世界各国的戏曲艺术中也十分罕见。藏戏作为藏民族在雪域高原这一人类生存极限之地创造的辉煌、灿烂的文化遗产结晶，是中华民族也是全人类的极为宝贵的财富。本书力图以翔实的材料，生动的故事，丰富的图片将这一古老神奇的文化形态——藏戏艺术——呈现于读者面前。

1281

布吉著/发现中国：唐卡中的度母、明妃、天女．西安：陕西师范大学出版社，2006年版．

本书是国内第一本专题介绍藏密唐卡艺术中的女性的作品。在神秘的西藏艺术中，女佛形象的丰富堪称无与伦比，像二十一度母、明妃、吉祥天母等等。她们是谁？她们代表着什么？为什么她们在藏传佛教中会占据着如此重要的地位？本书将告诉你这些问题的答案。书中精选的130幅绘制精美、异常珍贵的唐卡，以其炫目的美丽、奇妙的技法、超凡的视觉感受和令人震撼的冲击力，形象展现了西藏神谱中女性的独特魅力。并配以通俗易懂、简洁精当的解说文字，向读者讲解画作中的精妙细节以及它们的宗教象征意义，揭开笼罩在唐卡艺术中的女性身上的神秘面纱。

1282

彭丽著/彭修文民族管弦乐艺术研究．北京：中央音乐学院出版社，2006年版．

本书要以彭修文具有代表性的数十部民族管弦乐曲和在他影响下的广播民族乐团的编制结构演进以及相关乐器改革实距为研究对象，总结归纳彭修文在发族管弦乐创作方面的风格特征，审视新中国成立以来民族器乐合奏文化的发展历程，提炼彭修文在民族管弦乐艺术方面的观念，进而指出他在民族管弦乐事业发展中的作用，最终客观评价“彭修文模式”的历史贡献与不足。

全书分四章。第一章对彭修文的音乐生涯进行了回顾。第二章对彭修文几十部代表性的民族管弦乐曲，从题材、旋律形态及发展、和声语言、复调手法、曲式结构、配器特色等方面进行了全面深入地分析，并得出有关彭修文创作方面的简短结论。第三章主要通过梳理中国广播民族乐团的编制结构演讲过程及相关乐器改革实践，指出彭修文在乐队模式建立发展过程中所起的重要积极作用，并检讨这一乐队模式及乐器改革的得失。第四章是在以上分析、梳理的基础上，总结提炼出彭修文的民族管弦艺术观念。

结论部分，充分肯定了彭修文在新中国成立以来民族管弦乐事业发展中的作用与地位。认为彭修文是中国当代民乐界的突出代表；彭修文民族管弦艺术是中国当代音乐事业中的宝贵财富；“彭修文模式”是新中国成立初期新文化的突出代表，也是传统文化的突出载体；它是由民间音乐形态向专业音乐形态的一次嬗变；它继承并发展了中国民族音乐传统，引领中国民族器乐文化走向世界；同时，也指出了彭修文民族管弦艺术的局限性，并阐述了作者由“彭修文模式”所引起的思考。

1283

韦荣慧著/云想衣裳：中国民族服饰的风神．北京：北京大学出版社，2006年版．

少数民族服饰以种类繁多的款式、特殊的面料质感、鲜艳夺目的色彩审美、精美绝伦的制作工艺和蕴涵着的深沉凝重的文化内涵，在世界上独树一帜。衣冠无语，演绎大千。无论是在蛮荒的远古，还是在社会日新月异的现代，每个民族都把自己的历史、文化、精神、习俗、宗教等等写在自己的服饰中。本书将引领你用更多彩的目光来认识少数民族文化，品味民族服饰的文化韵致以及它那永远不可能被挖掘穷尽的价值。

1284

王彦主编/中国民族服饰工艺文化研究．昆明：云南大学出版社，2006年版．

本丛书包含四个分册，内容包括：苗族服饰的研究、黔东南州苗族服饰文化、清水江流域苗族女装结构及着装方式等。民族服饰工艺及其相关文化属于非物质文化遗产，其主要包括工艺技术、款式结构、纹饰内容和传承方式等工艺和文化两大部分，最能体现文化多样性和民族特性。因此，完整的民族服饰工艺研究应包括相关文化的研究，这也正是本丛书所涉及的内容。四位作者都尝试运用了民族学、人类学和艺术学的理论方法，其主要内容都是在田野考察的基础上完成的。这种深入田野、走进他者世界的研究方法和学术作风不仅是完成其学位论文的重要保证，同时对于抢救濒临消失的民族服饰文化遗产尤其是口手相传的服饰工艺技术具有非凡意义。

1285

李伟卿著/云南民族美术史．昆明：云南美术出版社，2006年版．

本书是部美术史专著，但它又绝非囿于美术专业。云南民族美术从石器时代到元、明、清，虽然少不了具体到石斧上的线刻人形、到青铜器的纹饰，但还要从它的物质载体、制作工艺、创作方法、母题含义以及审美价值和社会功能等，以唯物、辩证的史观进行探索。更确切地说，是互证了与其同在的生产、经济、宗教、民俗、阶级的形成及分化的生动描述，有的从古验今，有的以今证古，如作者从“滇国”屋字模型印证现今仍存于纳西族木结构悬山式屋顶檐板上的“垂鱼”，而称之为建筑史的活化石。此外，从这本书中还可以懂得人与生态环境的关系。

1286

阿里·李贵华著/中华回族．北京：民族出版社，2006 年版．

本书是一部展示回族历史文化和民俗风情的大型画册，图片全部来源于回族作者李贵结在全国各地拍摄的第一手资料。本画册内容丰富，用大量珍贵的镜头记录了历代知名人物所撰写、题词的匾额、碑刻，宏观地展示了独具回族特色的清真寺建筑艺术，表现了回族群众丰富多彩的日常生产生活和具有伊斯兰传统特色的文化艺术。本画册的出版，对于加强各民族之间的交流和团结，具有重要的现实意义。

1287

王铁兰著/贵州少数民族节庆与服饰精品集萃．北京：中国旅游出版社，2006 年版．

云南悠久的历史，众多的民族，复杂的地形地貌和多变的立体气候，决定了云南民族的服装和装饰品必然绚丽多彩，蔚为大观。本书以精美的图片、中英双语的方式介绍了云南贵州少数民族节庆的现场与服饰。节庆场面宏大，服饰万紫千红，让您目不暇接。

1288

李廷海著/中国民族舞蹈教育现状调查与研究．北京：中央民族大学出版社，2007 年版．

该研究的主要价值就在于作者将中国民族舞蹈艺术教育研究同社会文化变迁紧密地联系在一起，从社会文化的大视野看待民族舞蹈文化和民族舞蹈教育，从社会需求的角度分析民族舞蹈教育的培养目标、办学方针和方法。

1289

石裕祖著/云南民族舞蹈史．昆明：云南大学出版社，2006 年版．

本书的几个特点：（1）这是一部填补云南艺术史研究空白的专书；（2）内容丰富，史料繁多；（3）云南源远流长、色彩缤纷的少数民族舞蹈浩如烟海；（4）叙述客观，观察冷静；（5）巫风舞影。祭礼习俗是《云南民族舞蹈史》思考云南舞蹈发生、发展和繁荣的历史背景和文化平台，这样的认识是合乎云南历史文化形成与发展的特点的。

1290

边多著/西藏音乐史话．北京：中国藏学出版社，2006 年版．

本书共五章，包括：原始时期的西藏音乐、雅隆部落文化时期的音乐、吐蕃王朝时期的音乐、地方政权时期的音乐、西藏传统音乐组织及人物。

1291

布吉，杨典著/唐卡中的曼荼罗（插图珍藏本）．西安：陕西师范大学出版社，2006 年版．

本书精选了 100 幅绘制精美、殊为珍贵的唐卡，以其炫目的美丽、奇妙的技法、超凡的视觉感受和令人震撼的冲击力，形象展现了藏传佛教曼荼罗的独特魅力。并配以通俗易懂、简洁精当的解说文字。曼荼罗，也就是坛城，在藏传佛教中占有举足轻重的地位，也是佛教文化中最吸引人的精华部分。它不仅象征本尊的智慧和威德，同时也是一种显示佛教宇宙真理的图绘，一种“无限大宇宙”和“内在小宇宙”相即的微妙空间。通过虔诚地观想，修行者可以从中得到本尊的加持，获得涤荡身心的纯净力量。

1292

黄任远著/赫哲绝唱——中国伊玛堪．哈尔滨：黑龙江人民出版社，2006 年版．

本书全面阐述了世代相传的赫哲族英雄史诗伊玛堪的形成、流传和发展、采录、整理和研究、阐释了伊玛堪歌手说唱风格的技巧。

1293

阿旺克村著/雪域之音：才旦卓玛传．长沙：湖南文艺出版社，2006 年版.

《雪域之音：才旦卓玛传》是湖南文艺出版社为纪念才旦卓玛从艺五十周年而策划出版的。才旦卓玛 1937 年出生于西藏日喀则的一个普通农民家庭，西藏富有灵气的山水赋予她天生的好歌喉。她演唱的歌曲《唱支山歌给党听》、《北京的金山上》、《毛主席的光辉》、《翻身农奴把歌唱》等深情感人，民族风味浓郁，深受人们喜爱。我们应该记住这位为党和人民歌唱的歌唱家。她的歌是几代人的记忆，她的艺术人生也值得大家分享。

在她身上，比她的演唱技艺更华美的是她的人格魅力和职业操守。才旦卓玛自始至终保持着谦虚和蔼、朴实平易的作风，真诚待人，对艺术一丝不苟。近年来，她更多地承担着国内外各种重要的文艺演出任务，常年奔波于国内外演出舞台。她总是不辞辛劳，认真唱好每一首歌，保持着艺术的青春与活力，艺德、人品令人敬仰。

1294

殷光明著/敦煌壁画艺术与疑伪经（敦煌学博士文库）．北京：民族出版社，2006 年版．

敦煌石窟为人类留下了丰富的文化遗产，石窟艺术博大精深，文献资料包罗万象，其中不仅保存了数量庞大的疑伪经资料，还在壁画艺术中保存了极为丰富的疑伪经图像及相关资料。作者对敦煌壁画艺术中与疑伪经有关的图像作了梳理，尤其是以传统文化为中心，将敦煌石窟中的疑伪经图像及相关资料，放在中国历史的长河中进行了宏观考察，作了系统、综合的研究，让读者通过敦煌石窟艺术看到印度佛教与中国传统文化的撞击以及佛教中国化、世俗化的不同断面。在编排上着重跟踪历史的文化进程，从不同时代的历史实际出发，力求客观地揭示彼此之间的真实关系，并通过对敦煌石窟中疑伪经及图像资料的考察和研究，让读者认识到疑伪经及图像在佛教中国化、世俗化过程中的重要作用。

1295

梁晓鹏著/敦煌莫高窟千佛图像研究．北京：民族出版社，2006 年版．

本书运用现场考察、文献研读、图文对比分析和利用前人研究成果的方法，对敦煌莫高窟千佛图像进行了定义和分类，并在此基础上从图像学和语言学的角度分析了千佛图像的结构和特点，从莫高窟佛教石窟的整体出发探讨了千佛图像的地位和功能，与此同时指出千佛图像作为一种符号有更深入研究的必要，以便建立真正意义上的敦煌图像学。全文共分六章，第一章为序论；第二章综述了千佛图像的前期研究成果；第三章通过对相关佛经与莫高窟佛图像的比对分析探索了千佛图像的定义、类别和功能；第四章从图像学的视角分析了千佛图像宏观和微观上的结构和特点；第五章从语言学角度分析了千佛图像、千佛和敦煌遗书中千佛文书的关系，从各种版本以及不同千佛名经抄本的差异探讨了它们的产生过程；第六章为余论，初步分析了千佛图像流行的原因，并视千佛像为符号，提出运用符号学的方法来研究它在佛像图像系统中的位置。

1296

沙武田著/敦煌画稿研究．北京：民族出版社，2006 年版．

本书全面搜集了敦煌画稿资料，从敦煌藏经洞 5 万余卷分散在世界各地的写经文书等资料中，把 200 余幅纸本画资料一一钩索出来，制作了相应的目录和图录库，在此基础上，综合运用文献学、考古学、美术学、图像学、绘画史等多种研究方法，对纸本画稿的收藏情况、主要内容、基本特征、表现手法及其与敦煌壁画的关系和所反映出的历史问题等进行详细考辨，从一个侧面展示了敦煌美术史的发展线索。从敦煌画稿的内容与分类入手，在画史资料检索的基础上，从绘画史角度厘清了画稿的历史渊源及其发展关系；对敦煌各类经变画画稿以及说法图、故事画、窟顶画参照稿、洞窟壁画结构布局、经变人物画等几类较为特殊的洞窟壁画画稿进行了研究；考察了敦煌各类尊像画画稿和人物写真邈真画稿，其中涉及“雕空”类画稿与“刻线法”等特殊性画稿与绘画技法；对敦煌密教类画稿进行了专题说明；从另一个视角即以敦煌保存完好的各类绘画为基本资料，分别就由洞窟壁画反映出画稿的使用，绢画、麻布画、纸本画、版画与画稿的关系，“临”、“摹”技法在画稿中的运用以及“色标”新资料的发现与运用等问题进行了一些探索；在画稿研究的基础上，简单总结了画稿的使用对洞窟壁画艺术几方面的影响；对敦煌文献中发现的几个与画稿研究连带的问题，如壁画文字稿、配合经变画画稿的文字即壁画底稿、插图式佛经与画稿及画稿在藏经洞保存等进行了研究；对洞窟壁画底稿的几个特征，敦煌画稿断代的几种方法，各类画稿创作的基本方法及与创作者的关系以及画稿研究的意义等作了小结。

1297

哈拜著/哈萨克阿肯．北京：民族出版社，2006 年版．

本书旨在评介哈萨克阿肯和他们的对唱活动，为启动国内阿肯文学的研究作出贡献。为了使读者全面了解阿肯这个特殊的创作群体，了解他们特殊的创作方式和创作过程，特地选译了几部有代表性的对唱诗作为下编，其中前四部为古典对唱诗。本书所介绍的阿肯除布喀尔和阿拜外，其他几位都是对唱能手。布喀尔是“吉饶式”阿肯，是“早期推动民间诗歌发展的模范阿肯”。认识布喀尔有助于了解阿肯的历史和发展进程。阿拜虽然没有参加过正式的对唱，但却是对唱活动的积极支持者，被誉为哈萨克民族的“诗圣”。阿拜“为创建哈萨克诗歌理论体系奠定了基础”，“创造了新的诗歌形式”。阿拜的创作对阿肯对唱活动的规范与完善起到了不可替代的作用。因此，尽管阿拜不属于参加对唱的民间阿肯，但通过阿拜可以全面了解阿肯这个群体，了解民间阿肯和从事书面创作的阿肯，即“书写阿肯”之间的区别。

1298

龙泽瑞编/中国土家族牛角腔民歌选．民族出版社，2006 年版．

本书是一本中国土家族牛角腔民歌选，共分为神歌习俗系列、儿歌摇篮曲系列、劳动号子系列等内容。

1299

张亚莎著/西藏美术史．北京：中央民族大学出版社，2006 年版．

本书主要章节目录如下：第一章　远古时期的西藏美术；第二章　吐蕃王朝时期的美术；第三章　宋元时期的西藏建筑与雕塑；第四章　宋元明时

期的西藏唐卡艺术；第五章　宋元时期的卫藏壁画；第六章　宋元时期西部的壁画；第七章　清代西藏经院式建筑与雕塑；第八章　西藏民间的雕刻艺术；第九章　清代西藏的绘画。

1300

崔玲玲著/青海台吉乃尔蒙古人人生仪礼及其音乐研究．北京：中央民族大学出版社，2006 年版．

本书借鉴民俗学中有关人生仪礼的研究理论，以台吉乃尔蒙古人的人生仪礼及仪式音乐的实际情况为基础，结合其传统观念，尝试着制作一个研究模式图，进行分析、解释。即：将台吉乃尔蒙古人人生仪礼的总体，看做是一个完整的圆圈，从中间分开，上半部分为人们由生到死的过程中的仪礼，称其为生活仪礼；下半部分为人的由死到生的轮回过程中的仪礼，称其为信仰仪礼。这两部分仪礼的总和，体现出一个台吉乃尔蒙古人传统观念中完整的人生仪礼的过程。

1301

李宏复著/萨满造型艺术．北京：民族出版社，2006 年版．

萨满的造型艺术，是指与萨满巫仪过程中有关的各种形象艺术，包括萨满佩戴的面具，身着的服饰，供奉的神偶，使用的乐器、法器以及祭祀方式中的祭坛、祭品、祭器和所应用的符号文字。这些造型艺术，是以物质为载体而上升到精神文化领域的艺术形式，是艺术化的物态符号。萨满造型艺术中的这些符号充满了萨满诗性的智慧，萨满把这些诗性的符号从有限的人间，扩展到无限的神的世界，是萨满沟通“人”与“神”之间的工具，萨满是这些意志作用的创造者。

1302

张利群著/民族区域文化的审美人类学批评．桂林：广西师范大学出版社，2006 年版．

当代中国学术面对的现实问题和学术问题有仅使跨学科研究成为可能而且必要，也为理论的创新和发展提供了重要的舞台。从现实的角度看，有全球化的语境中，在社会主义市场经济的条件下，在当代中国的艺术实践方面，“乡愁理念”的文化逻辑有可能发生实质性的颠倒：前工业化社会的文化现象本身就是一个现实性的存在，全球化的压力和市场经济的矛盾使民歌等民族艺术的内涵发生了实质性的变化，在这里，怀旧不仅是苍白的，而且是可笑的。民族艺术事实上已经成为当代美学的重要范畴，它以艺术的形式体现了文明的冲突和审美的抵抗，艺术的内容和意义方面的理论研究被推到了理论的前台，也正是在这个意义上，审美人类学成为可能。

本书包括以下内容：第一章　民族审美文化的现代发展；第二章　南宁国际民歌艺术节的“民歌热”透视；第三章　歌圩及其民歌文化的理论阐释；第四章　刘三姐“歌仙”形象的文化建构。

1303

本书编写组编/中国彝族服饰．昆明：云南美术出版社，2006 年版．

彝族是中国西南地区人口最多、分布最广的一个民族。它拥有约六百五十七万人口，主要居住在滇、川、黔、桂四省（区）。由于彝族支系繁多，彝族服饰种类也繁多，色彩纷呈，不仅有性别、年龄、盛装、常装之别，还有婚服、丧服、祭司服、战服等各种专用服饰。在阶级社会，表示社会存在的等级制度在服饰上也有所反映。由于彝族在历史上宗族观念深、支系多，所处地域广阔，自然环境复杂，生产经济类型各有差异以及民族之间的相互影响，因此彝族服饰在其质地、款式、饰品、纹样等方面均形成了明显的地域待征：一方面强烈地反映着自己的传统特点；另一方面，同时也反映着不同民族文化之间的相互影响和渗透。彝族的服饰无不反映着彝族古老而灿烂的历史、丰富而博大的文化。

1304

杨寿川主编/云南特色文化．北京：社会科学出版社，2006 年版．

本书收录的 35 个专题，不是云南特色文化的全部，只是云南众多特色文化中最具个性的代表。然而，这 35 个专题业已涵盖了云南悠久厚重的历史文化、多姿多彩的民族文化和特色鲜明的地域文化，并充分反映了云南文化所具有的源远流长、丰富多彩和博大精深的特质；同时，充分体现了勤劳、智慧的云南各族人民从来就具有开拓、进取、兼容、创新的巨大创造力和坚韧不拔的奋进精神；也充分证明了云南各族人民为中华文化的发展与繁荣曾经作出了巨大的贡献。

本书所列 35 个专题内容丰富，结构严密。每一专题均按照既定编写大纲的要求，详略分明地论及六个方面：（1）阐述每一特色文化的地理分布、历史渊源与演变过程；（2）揭示每一特色文化的深刻内涵；（3）分析每一特色文化的特质、特征，即从普遍性中寻求特殊性，从同质性中寻求异质性，从演变发展中追溯原生性，从对比中寻求差异等；（4）论述每一特色文化的历史价值、艺术价值和社会价值；（5）探索每一特色文化的开发利用思路；（6）提出对每一特色文化实施保护的措施。在这六个方面中，重点是渊源与演变、内涵、特征和价值，其次是利用和保护。这样的内容设计和结构安排，既体现了对一种文化现象全面、系统的认识过程，也体现了对这种文化现象由表及里、由浅入深的认识规律，同时也对其开发保护提出了一些有益的建议。读罢每一个专题，对云南的这些颇有个性的特色文化，将有一个全面而深入的了解，也将会产生盎然的兴味。

1305

王大方编著/内蒙古：马背上的民族．北京：外文出版社．2006 年版．

对于中国的过去和现在，如果进行掠影式的了解并不难，但要全方位深入了解中国，就不是一朝一夕的事情了。在这方面，“全景中国”系列丛书希望能给读者，尤其是外国读者提供帮助。这套系列丛书的突出特点，是以省、市、区为单元，编辑出版若干册，每册独立成书，从不同的角度，文图并茂，介绍各地最具特色的看点。读者通过这些看点了解当地真实鲜活的日常生活、多彩的社会面貌、发展中的经济状况以及相关的信息资讯等。蒙古族的古代史，是一部奔驰在马背上的历史，也是征服与建树的历史。在这段历史中，成吉思汗是最令人瞩目的英雄。他和他的子孙骑在马背上，以其坚韧、勇敢而又豪放的笔调，书写了一个多世纪的光辉篇章，成为蒙古人永远的骄傲。今天的蒙古人，走下了马背，但他们以比草原上最快的骏马还快千百倍的速度在发展；今天的蒙古人，没有了成吉思汗那样响亮的声誉，但他们用聪明与智慧创造出了成吉思汗想象不到的业绩。今天的蒙古人，他们在政治、经济、文化各个领域为子孙后代所作的贡献，都在蒙古人的历史上留下了重重的一笔。他们已经远远超越了成吉思汗。

1306

宋生贵著/当代民族艺术之路传承与超越．北京：人民出版社，2007 年版.

本书内容主要包括生态文明视野中的民族艺术、现代化生存需求与民族艺术、现代媒介与民族艺术和构建新的民族艺术个性等。本书的研究只是分析性的，而非实验性的；是探讨性的，而绝非是总结性的，所以，所表述的更多是研究者自身的体认、发现与思考，必然有较重的个体性色彩。中国的少数民族艺术在当代背景下的变化，是开放性的，活生生的，因此，则需要以开放的姿态、鲜活的感知应对之。

1307

杨秉谦主编/师宗山歌选．昆明：云南美术出版社，2007 年版．

本书收集整理了云南师宗民族民间山歌和曲调，共分为曲谱部分和唱词两部分。对于喜爱民族民间歌曲的人而言，是一本很好的资料手册。

1308

杨正玺，杨恬著/景颇族音乐概论．昆明：云南美术出版社，2007 年版．

本书主要包括景颇族音乐概论、论文集、作品集、随笔等。

1309

琼那·诺布旺典著/唐卡中的金刚·空行·护法．西安：陕西师范大学出版社，2007 年版．

本书是国内第一本探讨藏传佛教守护神的著作。佛教自释迦牟尼佛以后，有 2500 多年的悠久历史。这漫长而从无间断的传承，离不开佛法护佑者的功劳。广义上的护佑者，包括本尊、护法和空行母及勇父等等。本尊是每一个佛法修行者的守护神，而金刚是藏密无上瑜伽部最高层次的本尊；空行母，特指护持密乘修行者和佛法的女性护法，象征着空性智慧。在修行中，若无空行母相助，无论怎样勤奋苦行，也很难成就；护法，就是保护佛法的神灵，他们的主要职责是护卫佛法免受妖魔的侵袭和打扰，维护佛教教义的完善。书中精选 120 幅绘制精美、异常珍贵的唐卡，以其奇妙的技法和令人震撼的冲击力，形象地展现了西藏藏密错综复杂的神魔世界。并配以通俗易懂、简洁精当的解说文字，向读者讲解画作中的精妙细节以及它们的宗教象征意义，揭开笼罩在唐卡艺术中的金刚、空行、护法身上的神秘面纱。

1310

嘉雍群培著/传承与超越：当代民族艺术之路．北京：中央民族大学出版社，2007 年版．

本书把藏族艺术欣赏和藏族艺术史融为一体，运用现代艺术理论对藏族艺术的发展、风格、流派作较为全面的论述。

1311

中子，刘长明著/新疆石窟艺术纵览（走进新疆）．乌鲁木齐：新疆美术摄影出版社，2007 年版．

“走进新疆”丛书，其内容集新疆地理、历史、人文、经济社会发展为一体。她似一幅打开的历史与时代相辉映的色彩绚丽、形象鲜明、情感丰沛的画卷，从中我们可以真切地领略新疆自然、人文之美，体味新疆人民爱国、爱家的行为之美，感受新疆各族人民追求美好生活的创造之美。

1312

罗虹著/中国民族艺术与文化．武汉：武汉大学出版社，2007 年版．

本书从大量种类繁多、形式各异的民间艺术中精选了有主要代表性的中国民族艺术，全面、系统、科学地介绍和讲述了其起源历史、传统文化与艺术特色。本书分16个章节，每个章节围绕一个主题，各个章节后还配有思考题和理解练习。全书融艺术性、审美性和实用性为一体，能提高读者的艺术修养和审美能力，能加深对中国民族艺术与文化的认识和理解。本书不仅适用于高等学校艺术类专业学生和其他学科艺术爱好者的学习用书，而且可以作为外国朋友了解中国民族艺术与文化的很好的读物。

1313

吴明娣著/汉藏工艺美术交流史．北京：中国藏学出版社，2007年版．

本书基本上是按照历史发展顺序，将历代汉藏工艺美术交流给予系统梳理，揭示交流的内在动因，归纳总结交流规律，详尽分析交流后新作品的艺术特征，结构严谨，条理清晰，文笔流畅，予人启发良多。此书是目前美术史论界有关该问题研究最系统、最全面的专著：它的面世，必将对汉藏工艺美术交流研究产生影响，它的价值和补缺之功将随着研究的进一步深入而被更多学人所认知。

1314

阿多著/解读苗绣．北京：民族出版社，2007年版．

在堪称一绝的中国民间工艺——苗族刺绣所蕴涵的众多文化意义中，纪录和铭刻是一个永恒的主题。在不断迁徙的精神途中，花开花落的鱼跃鸢飞，大自然无限丰富的形态，无往而不成为苗族先人表达思想的媒介，本书的创作来自这种表达的冲动，但创作的过程却力不从心，先人的智慧令子孙们可望而不即，好在有众多的图片为本书提供了文字所不能描述的直观形象。本书目录包括：身上的风景；历史的回声；飞扬的意识；神奇的功夫等。

1315

冯莉著/东巴舞蹈传人：习阿牛 阿明东奇．北京：民族出版社，2007年版.

在人类尚没有“文化遗产”的概念之时，广大民间各种世代相传的文化中，唱主角也是这些传承人。他们就是数千年来一直活跃在民间的歌手、乐师、画工、舞者、戏人、武师、绣娘、说书人、各类高明的工匠以及各种民俗的主持者与祭师。这是一种智慧超群者，才华在身，技艺高超，担负着民间众生的文化生活和生活文化。黄土地上灿烂的文明集中地表现在他们身上，并靠着他们代代相传。有的一传数百年，有的延续上千年。这样，他们的身上就承载着大量的历史信息。特别是这些传承人自觉而严格地恪守着文化传统的种种规范与程式，所以往往他们的一个姿态、一种腔调、一些手法直通着远古。常常使我们穿越时光，置身于这一文化古朴的源头里。所以我们称民间文化为历史的“活化石”。本书是中国民间文化杰出传承人丛书之一，主要内容如下：一个神秘的纳西古村落；东巴法王的家世；东巴舞蹈的文化诉说；东巴舞蹈精粹；东巴舞蹈的传承；曙光在前头；群贤评述；东巴舞蹈传承口述史等。

1316

唐晓军著/甘肃古代石刻艺术（敦煌学研究文库）．北京：民族出版社，2007 年版．

甘肃石刻艺术具有重要的历史、艺术和科学研究价值。充分认识甘肃石刻文物的价值，对我们做好石刻文物的保护工作具有非常重要的现实意义。甘肃古代石刻因其本身的历史、艺术和科学研究价值，一直受到历代学者们的重视。甘肃石刻的研究具有国际性，早期外国传教士和近现代外国学者们多有载录和研究，特别是对少数民族石刻文字的研究已取得了相当的成就。本书对甘肃石刻文献及其研究成果进行了整理和阶段性总结。

1317

何红一著/中国南方各民族民间剪纸研究．北京：民族出版社，2007 年版．

本书主要包括：图版目录，第一章　绪论：“民间剪纸”释义；第二章　南方各民族民间剪纸的文化生态环境；第三章　南方各民族民间剪纸的历史发展脉络；第四章　南方各民族民间剪纸的分布及特点；第五章　南方各民族民间剪纸的价值及贡献；第六章　南方各民族民间剪纸的分类与民俗内涵；第七章　南方各民族民间剪纸的技艺及传承方式；第八章　南方民间剪纸传承人与剪纸高手；第九章　南方各民族民间剪纸的个案研究（1）——鞋花剪纸与“和谐”民俗；第十章　南方各民族民间剪纸的个案研究（2）——纳西族福寿花剪纸与福寿文化；第十一章　南方各民族民间剪纸的抢救与保护性开发策略。

1318

谢崇安著/壮侗语族先民青铜文化艺术研究（中国壮学文库）．北京：民族出版社，2007 年版．

本书认为，铜鼓与羊角钮钟与其说是濮族的文化因素，还不如说它们是最能代表越族文化的主要特征。相较而言，此前，在濮族的故地，楚国的西部地区却找不到这样的文化组合因素。汪宁生先生曾指出，楚将庄蹻王滇，变服从其俗，正是楚国“启濮、开濮”的继续和发展。我们认为，桂滇黔地区上古青铜文化呈现出较大的一致性，也是一种多族群认同过程的反映，楚将庄跻王滇，变服从其俗，所认同之当地土著民族应为越族，其所率之楚人部众当包括原楚西部之濮人。

1319

嘉雍群培著/藏族文化艺术（中央民族大学精品教材）．北京：中央民族大学出版社，2007 年版．

本书是具有普及性的第一本有关藏族文化方面的综合性的教材。它把藏族艺术欣赏和藏族艺术史融为一体，运用现代艺术理论对藏族艺术的发展、风格、流派作较为全面的论述，通过学习使学生对藏族文化艺术的历史、风格和主要特点有一定的了解和掌握。

1320

高敏主编/民族音乐文化艺术研究．桂林：广西师范大学出版社，2007 年版．

本书以民族音乐文化艺术为研究对象，集中研究了汉族声乐艺术，少数民族歌文化，民族乐舞文化，民族乐器文化，民族艺术文化遗产保护、传承与发展等问题，其中尤其着力于探讨广西少数民族民歌和宗教仪式中的民族乐器、师公舞等独具特色的民族音乐文化艺术，具有一定的理论探讨价值。

1321

张兴荣/中国少数民族音乐研究（云南卷）：宗教音乐研究．北京：宗教文化出版社，2007 年版．

云南民族众多，由于其民族历史渊源和社会发展程度的不同，因而传承并保留了诸多不同的宗教信仰。从原始的到现代的各种宗教信仰形式都可以在云南找到，云南民族的宗教文化堪称一所宗教文化博物馆。概言之，云南民族宗教的主要类型大致可分三类：一是云南本土产生的，与云南各民族的原初生存状态密切相连的自然（原始）宗教；二是从中原或国外传入云南，在云南各民族中流传，并产生深刻影响的人为宗教——佛教、道教、伊斯兰教、基督教等；三是多形混融的“中间型”宗教（如“东巴教”、“洞经会”）。在云南的不少庙宇和民族宗教信仰中，往往是佛教、道教、儒教、原始宗教数教合一，因而出现了多元并存、多形混融的宗教文化格局。本书参照音乐人类学家梅利亚姆（A. P. Merriam）三元理论模式分析方法——信仰、行为、音声，并将之引申到宗教音乐文化的研究中，即为：宗教观念、仪式活动、音声行为。其构成要素包含：神灵系统、经典、教义、教规、神职人员、信众、特定仪式行为、音声（包括宗教仪式主持者的“心诵”、“默咒”等听似无声的声音）、特定活动场合、特定时间、节庆等等来进行阐述分析。

1322

廖海波著/影视民俗学．北京：北京大学出版社，2007年版．

本书基于民俗学视角来探究影视剧的内涵和形式，也可视作对影视剧的民俗学读解，从中揭示出影视剧创作和审美欣赏的一些独特规律。民俗生活既是根深蒂固的，又是不断发展演进的（例如当代中国人共同营造的“春晚”新民俗），两者构成影视剧取之不尽的创作资源，也是全球化时代立足本土文化的“根基”所在。尽管这门新学科目前尚未构成一门显学，但发展空间很大。

本书目录章节如下：第一章　民俗生活形态的多元化渗透和再现；第二章　影视艺术与民间资源；第三章　影视艺术的民族文化意识呈现；第四章　影视艺术的地域特色展现；第五章　魔幻电影的神话思维创作；第六章　喜剧影视的民间狂欢精神；第七章　动画片的民俗学解析；后记。

1323

苏小燕著/凉山彝族服饰文化与工艺．北京：中国纺织出版社，2008年版．

作者以踏访大凉山地区的亲身经历和数千幅图片资料为素材，结合田野考察的体验，全面而立体地架构了凉山彝族服饰的纵向文化历史和横向地区差异概貌。全书共有七章，以凉山彝族自治州三大方言区服饰为写作的脉络，从发式、头衣、头饰、服饰配件、足衣等方面对凉山彝族的服饰进行全方位地剖析和介绍，同时记录和展示了凉山彝族服饰制作工艺技法，并从文化人类学的视角解析了凉山彝族服饰色彩、纹样以及服饰在彝族民俗生活中的意义和作用。本书适合高等院校服装专业师生、民族服饰文化研究者、少数民族服饰工艺研究者及民族博物馆工作人员等阅读参考。

1324

德吉草著/四川藏区的文化艺术．成都：四川民族出版社，2008年版．

藏族文化是中国文化宝库中独具特色的文化。这个文化体系以语言文字、历史地理、文学艺术、天文历算、宗教典籍、逻辑哲学、文化教育、医药卫生、科学技术、音乐舞蹈、饮食服饰、生活习俗等为“外明”文化，以藏传佛教为精神指导的“内明”文化，历经千年传承，在青藏高原上形成了博大精深、蔚为壮观的藏族文化。本书主要对四川藏区的文学艺术、四川藏区文化古籍的整理与研究、四川藏区的绘画艺术、四川藏区的民间工艺美术、四川藏区的民间体育活动等作出了研究。

1325

张佐邦著/美学人类学：原始人类审美心理的生成及其文化表现形态.北京：民族出版社，2008年版.

本书分为人类审美心理生成论和人类原始文化形态论两部分，其内容包括：人种进化对人类审美心理的奠基、自然环境对人类审美心理的滋养、图腾崇拜对人类审美心理的培育等。

1326

陈志明主编/天籁之音——孟连泰族拉祜族佤族自治县民族民间器乐曲集.昆明：云南美术出版社，2008年版.

本书汇集了孟连县傣族、拉祜族、佤族、哈尼族黼尼人、傈僳族5个民族的吹管乐、弹拨乐、打击乐、宗教音乐等34种乐器，代表性乐曲140余首，基本囊括了孟连县民族民间器乐的主要内容，填补了孟连县民族民间器乐集的空白，同时，也是陈志明同志等文艺工作者20多年来热爱生活、辛勤工作的结晶，是一本颇具收藏和研究的专业书籍。

1327

钟仕民，周文林编/中国彝族服饰.昆明：云南美术出版社，2008年版.

彝族是中国西南地区人口最多、分布最广的一个民族。它拥有约六百五十七万人口，主要居住在滇、川、黔、桂四省（区）。由于彝族支系繁多，其服饰也异彩纷呈，目不暇接。彝族服饰与彝族的历史、宗教、婚姻、丧葬、农事、节日庆典的关系极为密切，无一不反映着彝族古老而灿烂的历史、丰厚而博大的文化。1999年农历六月二十四日彝族火把节，在楚雄鹿城举办了大型“中国彝族服饰展”，有楚雄州博物馆历时十年收集珍藏的精品服饰一千余套。这些不同支系、不同款式、不同风格的彝族服饰震撼了国内外宾客，人们惊叹彝族服饰种类之多，色彩之美，刺绣之精。专家学者一致认为，全世界没有哪个单一民族的服饰种类能超过彝族，但更为重要的是，这些服饰都来自于彝族山区，都是民间手工制作，其价值在于，它是严格按照民族田野调查的方法和民族文物征集的特定要求完成的。

1328

姚钟华编/古滇青铜画像拓片集.昆明：云南美术出版社，2008年版.

本书的拓片，是拓自古滇部分贮贝器与铜鼓上的图饰，与汉代画像石拓片有相似的性质，所以可称为“古滇青铜器画像拓片”。拓片来自原物，并在此基础上加工，又近似版画。从这些拓片上看，古滇艺人已具备高超的平面绘画能力。古滇国有没有绘画？没有证据。但古代艺人的高超的造型和画面构成能力不可能是在青铜重器上练就的，一定有简便易行的工具材料与方法。所以我们推测，古滇国可能有绘画。古希腊的绘画没有保存下来，但在陶器上保留着精美的瓶画，人们可以从瓶画中去推想希腊绘画、壁画。那么是否也可以从这些拓片中去推想古滇人可能存在的绘画呢？在青铜贮贝器上，杀人祭祀的图腾柱，在宗庙铜屋饰有蛇纹的梯子，我们相信当时确有其物，它体量太大，不太可能是青铜的。那么，它会是木雕还是石雕呢？古滇的造型艺术，应当还有青铜器以外的艺术形式。

1329

岳翠贞著/华夏宗教艺术图典·宗教建筑．武汉：华中科技大学出版社，2008 年版．

本一书主要以佛教建筑、道教建筑、儒家建筑为观察视点，在宗教文化的基础上反映建筑的特点，以宗教文化为背景介绍建筑的兴建、人文景观等。佛教建筑包括汉族地区的佛寺建筑，藏族地区的佛寺建筑，汉、藏风格结合的佛寺建筑以及云南的佛寺建筑等，通过各种佛寺建筑的不同，体现建筑的地域性。另外，通过描绘佛教的石窟寺建筑，更加全面地体现佛教建筑的形式特点。以道教建筑及儒家建筑作为必要的补充，以此来了解中国土生土长的道教以及作为中国几千年正统思想的儒家代表性建筑。

1330

石锐著/景颇族原始图画．昆明：云南美术出版社，2008 年版．

本书包括目瑙柱绘画文字、鸟类目瑙图画文字、宫然目瑙图画文字、目瑙图画文字分类、能尚官庙房屋绘画文字等内容。

1331

耿世民著/回鹘文哈密本《弥勒会见记》研究．北京：中央民族大学出版社，2008 年版．

耿世民教授为我国著名的突厥学家和维吾尔学家。他曾在 1981 年、1992 年分别获得德国洪堡基金会研究金和国际知名学者奖，2000 年获得国际阿尔泰学会金奖。此外，他还被选为土耳其语言研究院的名誉院士和国内外多个学术机构的副会长、常务理事、顾问等职。《回鹘文哈密本〈弥勒会见记〉研究》是耿世民教授对关于古代维吾尔族原始佛教剧本（也是我国最早的戏剧剧本，属公元 8 世纪）的研究。该书的出版把我国的戏剧史上推了数百年。

1332

李晓红，陈劲松著/云南少数民族原生态音乐研究．昆明：云南大学出版社，2008 年版．

本书介绍了云南少数民族原生态音乐。云南是一块被誉为“歌舞的海洋”的热土，这里民族众多，风俗各异，各民族都有其丰富的文化资源。云南省政府提出了“建设民族文化大省”的宏伟目标，并取得了巨大的成就。在此基础上，云南原生态音乐作品精品不断，《云南映象》、《云岭天籁》、《丽水金沙》、海菜腔等享誉中外，掀起了一股原生态音乐的热潮。该书是第一本关于云南少数民族原生态音乐研究、探索的学术专著。该书从云南少数民族原生态音乐在“青歌赛”上大放异彩，到《云南映象》、《丽水金沙》、《云岭天籁》等具有民族性原生态歌舞剧作的成功，系统、严谨地分析了原生态音乐存在的价值和意义以及原生态音乐在西方学院派音乐流行情况下其蕴藏的市场发展潜力。

1333

张公瑾著/同一个世界　同一个梦想：迎奥运民族古文字书法集锦．北京：中央民族大学出版社，2008 年版．

书法艺术，原来好像只是汉字的专利。其实，各民族文字都有各自精彩的书法艺术。自古以来，他们用不同的书写工具、不同的材料、不同的书写习惯和风格，表现了各民族人民丰富多样的精神追求和审美情趣。通过这部图册，我们可以看到，这些民族古文字有的排列整齐，古朴苍劲；有的生动流畅，潇洒豪放；有的繁复端庄，落落大方；有的肃穆庄严，雍容华贵。这部图册中各民族古文字以书法形式出现，令人耳目一新，它赋予古老的文明以新的活力。

1334

努尔兰·穆哈泰著，赛里克·加哈曼，谢旭升，哈热哈提·沙海杜拉译/哈萨克民间乐器集锦．乌鲁木齐：新疆科技出版社，2008 年版．

哈萨克民族世代传承的民族遗产，包括文化艺术在内的歌舞、音乐等艺术形式，无不是适用于畜牧业经济发展和游牧生活的创造性文化。“歌与马是哈萨克人的两只翅膀”，这里的“歌”并不仅限于“诗歌”本身，还应该包括丰富的情感和由此产生的金歌美曲以及与此有关的一切文娱活动。同样，为艺术服务的民间乐器本身作为一种艺术也经历了历史沧桑而流传至今。

民间乐器是民族文化的一个组成部分，是人类珍贵的文化遗产，具有鲜明的民族特色和深厚的文化底蕴。当前，党和国家更加重视加强对非物质文化遗产的保护，因为这不仅是对民族传统文化的继承和发扬，也是维护民族文化多样性的客观需要，更是国际社会文明对话和人类社会可持续发展的必然要求。

1335

中国艺术人类学会编/艺术人类学的理论与田野．上海：上海音乐学院出版社，2008 年版．

中国艺术人类学论文集得以出版，标志着中国艺术人类学的研究发展到了一个新的阶段，艺术人类学是一门跨学科的研究，以往的学者都在各自的领域中进行研究，没有一个共同的平台让大家交流，也没有出版过有如此众多学者参与的论文集。这一论文集的出版得益于在 2006 年在北京召开的“中国艺术人类学学会成立大会暨学术研讨会”，而这本论文集则是这一研讨会的学术成果。本书分上、下两册。本书是国内外大学和研究机构的著名学者、专家联手，整合和优化研究资源和人才，采用独立运营机制，强调学术的基础性、交叉性、前沿性和现实性，立足上海、扎根中国、放眼世界，围绕“中国视野的音乐人类学建设”为目标，开展扎实且具有创新意义的基础研究。

1336

（瑞士）海勒著，廖旸，赵能译/西藏佛教艺术．北京：文化艺术出版社，2008 年版．

本书包括了以往此类书刊未曾深入讨论的内容。如 16 世纪后逐渐形成的诸西藏传统画派，白玛噶波（pad - iIla dkar - po）和多罗那他（Tar-anatha）有关西藏艺术的论述，19 世纪前后藏区东部德格等地的艺术实践等。有关尼泊尔迦舍一末罗（Khasa Malla）王国与穆斯唐（Mustang）地方的藏传佛教艺术遗存，对汉文读者来说也大有裨益。与传统写法不同，《西藏佛教艺术》没有对藏传佛教艺术的具体门类加以阐释，但每章附有图版及文字精准的图版说明，对书中引述的支撑论点的作品进行了细致的分析，读者从这些作品也能够了解到不同种类西藏艺术的特点。

1337

杨民康著/本土化与现代性：云南少数民族基督教仪式音乐研究．北京：宗教文化出版社，2008 年版．

本书包含 14 章，从基督教传入的社会历史文化背景，与泰、缅等国基督教音乐文化的关系，自身的音乐与文化形态特征、个案分析以及本土化与现代性发展特征等进行研究。

1338

马雄福等著/新疆少数民族服饰与节庆．北京：中国旅游出版社，2008年版．

新疆民族服饰是中华民族服饰文化的一个组成部分，具有浓郁的民族衣饰风韵。一方水土养一方人，一个民族无疑也创造出个性鲜明的文化。而服饰作为一个民族文化的主要标志，积淀着深厚的民族文化观念。不同的民族服饰呈现着一个独特的地域文化，同时它又随着时代的变迁而不断创新。而节庆则是民族文化的主要载体和传承形式，同时又是民族服饰的一次博览会。本书收录了新疆地区各个民族的民族服饰，包括绚丽多彩的维吾尔族服饰、华丽粗犷的哈萨克族服饰、潇洒飘逸的蒙古族服饰、英姿飒爽的塔吉克族服饰、庄重秀丽的回族服饰等。

1339

金申著/西藏佛教美术讲座．北京：文物出版社，2008年版．

本书作者金申积多年在内蒙古和西藏地区从事考察和研究藏传佛教寺庙的实践经验，又参考了国内外的研究成果，将藏传佛教的历史，教派、僧职制度，服饰、建筑、美术等都作了深入浅出的介绍。特别是藏传佛教的各类佛像，因其种类繁杂，教理深奥，解释多歧，最容易使读者迷惑，此书在这些方面引经据典，参考诸说，作了准确而公允的解释，内中且穿插了一些历史典故，有理有据，便于读者了解藏传佛教的基本知识。关于藏传佛教的诸神，其形象的刻画实际上是有佛经的依据并可从中窥见有着西域和内地文化交流的轨迹。书中附图片近300幅，图文并茂，雅俗共赏，是文史工作者和旅游爱好者乃至收藏家的案头必备工具书。

1340

毛艳著/中国少数民族艺术研究史（1900—1949）．北京：中国社会科学出版社，2009年版．

本书主要研究20世纪上半叶中国少数民族艺术研究的历史演变，在广阔的社会背景下，在复杂的社会文化思潮中，通过梳理1900—1949年间有关中国少数民族艺术研究的理论与实践，廓清其发展脉络，总结其成就得失，从一个侧面揭示中国少数民族艺术研究走向现代化的途径和特点。本书首次对20世纪上半叶中国少数民族艺术研究的历史进行系统的回顾与总结，呈现出一个较为完整的分析框架，能够为今日的中国少数民族艺术研究和学科建设提供有益的借鉴。

1341

程天健主编/行乐舞鼓——民族音乐学研究文集．北京：文化艺术出版社，2009 年版．

民族音乐学是一门要把音乐放在特定的文化中去审视与把握的学科。在其发展中，不断汲取我国传统文化精髓以及多民族音乐文化因素，业已形成音乐学中非常重要的理论分支。实地调查民族音乐学总体研究方法体系中的一个非常重要的环节，通过到音乐文化的发生地去感受和调查，可以获得研究所需要的“第一手资料”。

1342

杨学进主编/高等艺术院校声乐教材精编 2：民族唱法女声卷．上海：上海音乐出版社，2009 年版．

目前，国内各地学习声乐（美声唱法、民族唱法）报考音乐院校的学生众多，普遍缺乏较适合科学系统训练、有权威性的声乐新教材。《高等艺术院校声乐教材精编》为适应各地声乐专业考生和各大专院校（包括师范类音乐科系）教学需求而选编。本书为其中之一的《民族唱法女声卷》分册。

1343

肖宏发著/中国传统文化艺术及其演变．南宁：广西民族出版社，2009 年版．

本书兼有专著和教材性质，以历史为纲，以方面为目，把朝代的更替、文化发展的阶段性、文化的具体内容三者有机结合起来，上起于原始文化艺术，下迄 1911 年封建社会结束而略有延伸，内容涉及中国传统文化中的思想、宗教、文学、史学、艺术、科技、制度等。分为文化与环境、上古三代、春秋战国、秦汉、魏晋南北朝、隋唐、五代宋元、明清等八章，既展现了中国文化的主要内容，又照应了朝代的更替，也展示了中国文化发展的阶段性、整体性、逻辑性和规律性，克服了按方面或按朝代叙述，忽视中国文化发展历史的阶段性、整体性和规律性的弊病。

1344

顾朴光著/贵州少数民族面具文化．贵阳：贵州民族出版社，2009 年版．

本书包括贵州少数民族面具文化的孕育生境和流布范围、贵州少数民族面具文化的神圣空间、贵州少数民族面具戏的剧目、贵州少数民族面具的角色等内容。

1345

张鹰主编/宗教艺术（人文西藏丛书）. 上海：上海人民出版社，2009年版.

“人文西藏丛书”全方位展现了西藏丰富而独具特色的传统文化内涵。全套书共有6本，包括《宗教艺术》、《西藏服饰》、《节庆礼仪》、《传统建筑》、《生活习俗》、《藏戏歌舞》，以专业眼光系统挖掘西藏传统文化的精髓。《宗教艺术》为丛书的其中一册。全书以朴实流畅的文字和大量精美的图片，较为详细地介绍了西藏丰富多彩的民俗文化中的日常礼仪、婚丧嫁娶以及重要节日期间多姿多彩而独特的民俗活动。

1346

赵世红，和品正著/东巴艺术. 山东：山东美术出版社，2009年版.

本书主要包括：第一章　文明火花石壁上的符号木片文明构建精神大厦；第二章　东巴教生活与宗教宗教与人生礼仪文化艺术与宗教智者东巴；第三章　与神鬼交往的艺术面偶泥塑木雕木牌画纸牌画图画象形文字东巴书法东巴舞与舞谱；第四章　神指迷途讲排场的祭祀盛典灵魂不灭落叶归根《神路图》魂路艰辛欢乐人间神圣天堂；第五章　注入释道思想藏传佛教对《神路图》的影响道教思想在《神路图》中的反映《神路图》的艺术特色；附录　东巴常用字典……

1347

杨曦帆著/藏彝走廊的乐舞文化研究. 北京：民族出版社，2009年版.

本选题试图通过“藏彝走廊”这样一个历史形成的民族区域内的信仰和民俗乐舞选点考察与研究，探索其相关乐舞在不同文化层面中的生存状态，阐述其与所处自然环境和文化环境之间的相互关系。研究方法采用民族音乐学的田野考察，将所获第一手材料作为基础，综合相关社会科学诸学科理论与方法，结合区域性研究视野，充分认识地理因素与乐舞文化的互动关系。通过本选题的研究笔者认识到，信仰、民俗、仪式、乐舞不可分离的现象当为“藏彝走廊”乐舞文化的一个基本特色。信仰和民俗表现为仪式行为，仪式必然伴随着乐舞，而乐舞得以作为仪式的一部分并以此来表达信仰或民俗文化。这样，乐舞已不是单纯的“音乐舞蹈艺术”，而是扮演了重要社会功能角色的一种艺术文化现象，乐舞形态与乐舞概念、乐舞行为，共同构成了仪式性民族乐舞文化综合整体。这种以“乐舞形态”为内核的仪式性民族乐舞文化综合整体，贯穿于整个“藏彝走廊”文化，故而可将这些选点考察与研究的民族乐舞对象，视为其中的代表或典型，其相关调查材料的梳理和论证，亦可为当下相关民族的非物质文化遗产保护提供具体的实证性材料和理论依据。

1348

黄中祥著/传承方式与演唱传统：哈萨克族民间演唱艺人调查研究．北京：民族出版社，2009年版．

本书主要介绍了哈萨克族民间演唱艺人的形成环境；哈萨克族民间演唱艺人的类型分类；哈萨克族民间演唱艺人的传承方式；哈萨克族民间演唱艺人的演唱形式等内容。本书内容结构为：导论；第一章　哈萨克族民间演唱艺人的形成环境；第二章　哈萨克族民间演唱艺人的类型分类；第三章　哈萨克族民间演唱艺人的传承方式；第四章　哈萨克族民间演唱艺人的演唱形式；第五章　哈萨克族民间演唱艺人的社会职能；第六章　哈萨克族民间演唱艺人的创作手法；第七章　哈萨克族民间演唱艺人的杰出人物。

1349

张海洋主编/多维视野中的艺术对话——中青年学者访谈录．北京：民族出版社，2009年版．

本书收集的访谈录有《艺术起源学研究与当代人类学美学的学科建设——郑元者教授访谈录》、《走向田野的艺术研究——方李莉研究员访谈录》、《传统音乐与非物质文化遗产保护——杨民康教授访谈录》等24篇文稿，多视角范畴阐述和研究了艺术人类学的相关话题。

1350

马自祥，马兆熙著/东乡族文化艺术研究．北京：民族出版社，2009年版．

本书主要包括：第一章　地理环境与传统生产生活方式；第二章　语言文字；第三章　民间科学与技术；第四章　文学；第五章　哲学；第六章　教育；第七章　宗教信仰和禁忌文化；第八章　传统民俗文化；第九章　宗族文化；第十章　姓氏文化；第十一章　文化特点与类型；第十二章　古籍文化；第十三章　民间艺术；第十四章　民间工艺；第十五章　服饰文化；第十六章　伊斯兰教音乐与书法；附录　东乡族艺术家。

1351

寻胜兰著/新民族图形．北京：中国建筑工业出版社，2009年版．

本书是一本全面讲述民族传统图形再创造的教材。书中介绍了中国传统装饰图形的艺术特征和表现风格，讲述了新民族图形再创造的基本原理和表现方法，并具体介绍了课程的训练形式和学生的创作图形。

1352

马蓉编著/民族服饰语言的时尚运用．重庆：重庆大学出版社，2009年版．

21世纪的今天，东西方文化碰撞非常激烈，反映在服装界，一是服装的国际化特征和地域性特征共存，二是服装设计师从世界各民族、各地区的文化中挖掘灵感，对民族风格作出新的诠释，这种新的诠释包括对本民族传统服饰文化和对异域服饰文化的挖掘和整理而运用于设计中，最终形成的新样式。该教材即是探讨对作为服装设计灵感之一的民族服饰语言的借鉴方法，给学生提供一个可操作的设计路线，用具体的可视的图例给学生进行讲解，让学生经历一个从对民族服饰文化解读到收集素材再到创作的全过程。

1353

陈慧雯主编/歌者远行——民族音乐学研究文集．北京：文化艺术出版社，2009年版．

本书主要包括：春天，她们迈向收获——写在民族音乐学研究文集前面；陕北酸曲的考察研究及其价值重塑；绪论；第一章　陕北酸曲“语境”系统的构建；第二章　陕北酸曲的本体还原；第三章　陕北酸曲的文化还原及价值重塑；结语；洛阳经歌的考察与研究；序言；第一章　洛阳经歌的生成与发展背景；第二章　洛阳经歌的音乐艺术特征；第三章　洛阳经歌的文化思考；结语；陇东道情的考察研究及其价值探究；绪论；第一章　陇东道情的源起与发展背景；第二章　陇东道情音乐形态分析；第三章　陇东道情的艺术特征；第四章　陇东道情的文化价值探究；结论“森林里住着勇敢的鄂伦春”——鄂伦春音乐与森林文化之考察研究；绪论；第一章　鄂伦春——莽莽森林孕育的艺术民族；第二章　回荡在森林深处的鄂伦春音乐；第三章　鄂伦春音乐中的森林文化；尾声；远行的歌者——新疆察布查尔县锡伯族说唱音乐考察及文化研究；第一章　综述；第二章　锡伯族说唱音乐分析；第三章　锡伯族说唱音乐的文化内涵；结语。

1354

李天义著/中国民族器乐经典作品欣赏：对中国民族音乐的感悟．北京：民族出版社，2009年版．

本书从内容上分独奏和交响乐两大部分，为方便读者阅读和理解，独奏部分又分为弓弦乐、吹奏乐、弹拨乐三部分，重点介绍了中国传统音乐文化以及那些曾在人们心中留下深刻印象的乐曲。

1355

孟新洋，柯琳著/民族声乐理论教程．北京：中央民族大学出版社，2009 年版．

该教程将中华民族声乐艺术置于中华民族的历史事实和现代化的语境中，既注重探讨各民族声乐艺术作为现实生活中文化的流动性形态，也强调对作为静态历史积累的整理性概括。不仅符合中华民族声乐的实际特点，也反映出少数民族声乐的特征。论题触及历史，也包含当代；涉及中国汉族和少数民族声乐的形成、发展与特定的自然环境、社会历史之间的联系；也涉及新的社会人文环境对传统演唱生态格局的影响；论述了中国的民族声乐及其教育在21世纪全球化进程中将遇到的问题和挑战等，是一部致力于整体性研究的声乐理论教程论著。“居高声自远，非是藉秋风”，作者指出了中华民族声乐艺术的出发点和立足点，只有“继承传统，立足本土，融合互补，开拓创新”，才是新世纪中华民族声乐艺术发展之路。

1356

金在清著/小提琴民族作品教学曲选．北京：中央民族大学出版社，2009 年版．

本书为中央民族大学教学用书，精选出具有民族特征的六首小提琴独奏曲和四首小提琴二重奏曲，是发展和推广民族音乐的一种积极尝试。

1357

刘冰山编/中国富宁壮族坡芽歌书（壮汉对照）．北京：民族出版社，2009 年版．

本书内容包括：月亮、一把石子、靓哥、鸳鸯、鹧鸪、刚竹、慈竹、独子、开口笑、枫叶、油蚂蚱、荒园韭菜等。

1358

金秋著编/中国区域性少数民族民俗舞蹈．北京：民族出版社，2009 年版．

本书共分四章，内容包括：农耕文化区少数民族民俗舞蹈；畜牧文化区少数民族民俗舞蹈；高原耕牧文化区少数民族民俗舞蹈；渔猎采集文化区少数民族民俗舞蹈。

1359

金艺风等编/中国羌族民歌研究：乐谱资料集．北京：民族出版社，2009 年版．

本书研究内容主要涵盖汶川县雁门乡通山村；汶川县雁门乡月里村；汶

川县雁门乡白水村；茂县永和乡永宁村。本书是一本采录部分羌族地区民歌的调查资料集。

1360

陈理，齐柏平编著/中国土家族民歌调查及其研究．北京：民族出版社，2009年版．

本书主要包括：序；第一章　土家族民歌；第二章　土家族民歌歌词研究；第三章　土家族民歌音乐分析；第四章　民歌的文化功能发掘；第五章　土家族民歌的保护与传承。

1361

马云霞，杨敏，潘薇佳著/民族舞蹈技术技巧（中央民族大学特色教材）．北京：中央民族大学出版社，2009年版．

近年来，随着学习民族民间舞蹈人群的增多，人们对舞蹈技术理论书籍的需求也随着增加。但是，关于民族民间舞蹈技术技巧方面的书籍却还是一个空白区。民族民间舞蹈中的技术技巧在民族民间舞蹈中占有重要位置，其充满个性的技艺不仅为民族民间舞蹈增光添彩，还与民族舞蹈的民风民俗、地域特征、生活方式以及美学追求紧密相连。不同风格、不同特点以及不同韵味的民间舞蹈技巧既反映了不同民族不同的民风民俗、地域特征、生活方式以及美学追求，亦是区别不同民族民间舞蹈的重要标志之一。因此，要想做到全面地了解各种民族民间舞蹈，就应该对各种民族民间舞蹈的技术技巧有所认识、有所研究。本书内容结构为：第一章　朝鲜族舞蹈典型技术技巧；第二章　维吾尔族舞蹈典型技术技巧；第三章　蒙古族舞蹈典型技术技巧；第四章　藏族舞蹈典型技术技巧；第五章　傣族舞蹈典型技术技巧；第六章　彝族舞蹈典型技术技巧。

1362

中央民族大学出版社编/民族舞蹈研究文集．北京：中央民族大学出版社，2009年版．

本书是一本论文集，主要代表篇目有：《试论“人体美”与“舞蹈美”》、《仪式中的舞蹈——萨满舞》、《神秘、古朴而又深沉的纳西族舞蹈》、《编导与演员：舞蹈艺术的灵与肉》、《藏族热巴舞》、《论藏戏源流及其艺术特色》、《论编舞家对音乐把握的差异》、《土家族摆手舞的审美意蕴》、《析云南红河彝族舞蹈中江外、江内之区别》、《云南红河“江外”彝族舞蹈中“反弦”的艺术魅力》、《试论苗族舞蹈的文化功能》、《中国文化对朝鲜乐舞文化的影响》、《浅谈玉树“伊”、“卓”的风格及区别》、《论凉山彝族民间舞蹈的特点与发展》、《让民族舞蹈之花生动绽放》、《对中国古典舞重心问题的探讨》、《浅谈瑶族长鼓舞舞蹈教育篇》、《论朝鲜族舞蹈教学的四个重要环节》、《浅谈蒙古族舞蹈〈奔腾〉在民族舞教学中的作用》等等。

1363

李学龙，杨伟林，王金灿著/新华白族手工银铜器制作．昆明：云南人民出版社，2009 年版．

在大理白族自治州有一个闻名遐迩的省级民族旅游村，它就是位于鹤庆县西北部凤凰山脚下的新华村，一个集田园风光、民居、民俗和民族手工艺品生产加工为一体的白族村寨。本书内容包括千年石寨子、工艺流程、工艺传承、保护和开发等几部分，并配 1 光盘。图文并茂、精美的图像配有文字的解说，呈现了新华白族手工银铜器制作这一非物质文化遗产的全貌图景。以期使增进读者对非物质文化遗产的理解，进而推动保护实践的广泛有效展开。

1364

张跃，王晓艳，张源洁著/昙华彝族插花节．昆明：云南人民出版社，2009 年版．

本书图文并茂，精美的图像配有文字的解说，呈现了昙华彝族插花节这一非物质文化遗产的全貌图景。插花节是一颇具特色的彝族传统节日。楚雄州境内从金沙江畔到哀牢山麓的各地彝族普遍到此集会，其规模仅次于火把节，以大姚县昙华山区的插花节最为隆重盛大。人们身着节日盛装，胸前插戴马樱花，背着米、酒、干粮和肉食，从四面八方涌向昙华山的千柏林，举行祭花活动，并且互相插马樱花，表示美好祝愿，祈祷人寿年丰，欢聚一起唱歌跳舞，通宵达旦，尽情欢乐。

1365

陈丽琴著/壮族服饰文化研究（思者文库）．北京：民族出版社，2009 年版．

本书探索了壮族服饰的历史演变和壮族服饰的方方面面。内容包括：一、男子和女子服装的样式；二、制作工艺；三、民俗惯制；四、人类学考察——标识记忆、认同、生存空间；五、美学透视——造型、图纹、色彩、审美进程；六、保护与发展——遗产、境遇与传承。总之，溯服饰源流，扬壮族文化。

1366

董秀团著/石龙白族乡戏．昆明：云南人民出版社，2009 年版．

这一独特的非物质文化展现了白族人浓郁的民族特色与古朴的民族风情，在《石龙白族乡戏》（附光盘）中，一场汇聚石龙白族乡戏文化点点滴滴的乡戏将“粉墨登场”。“山歌隐约穷愁外，乡戏依依嬉笑中。”四时八节，白族村寨里有在乡戏台上唱乡戏的习俗。旧时白族村寨里的乡戏台，是村民们集资，献工献料，并聘请良工巧匠建盖成的。一个古朴别致的新戏台工程竣工后，要举行一次“开戏”仪式。

1367

何林，丁爱华著/丙中洛阿怒民歌．昆明：云南人民出版社，2009 年版．

怒族是云南的古老民族之一。怒族是个能歌善舞的民族，上至白发苍苍的老人，下至咿呀学语的幼童，几乎都能闻歌起舞。要问怒族有多少歌？多少舞？请听他们的回答，“你想知道我有多少歌，就去数数沙滩上的沙粒；你想知道我有多少舞，就去数数山坡上的树叶”。本书内容包括阿怒人与阿怒民歌概况、阿怒“本曲”、阿怒“可汝”、其他民歌形式等，本书配 1 光盘。

1368

诺布旺典著/图解无上瑜伽：突破轮回束缚的唯一捷径．北京：紫禁城出版社，2009 年版．

无上瑜伽的原意为“无法超越其上的密法”，通过引导人体能量与意识的转换，帮助修持者在临终死亡的一刻，体悟到佛法的真谛，最终脱离轮回，即身成佛。因而被人们视为世界上最神秘的修持法。它来源于金刚乘四部密续中的无上瑜伽部密续，其他的三部密续分别是事部、行部和瑜伽部。无上瑜伽密续是藏传佛教中主要的四大教派之一格鲁派的修习典籍。本书从基础开始，逐渐深入，把无上瑜伽修行的理论、仪轨、路径一一展示出来。对于有志修行的读者，书中提炼的两百个关键词、一百多个形象易懂的图解将是你最好的入门指导。而对于希望了解、体验密续修行的读者，遵循本书所讲的修行路径，你将走进一个最纯净的生命境界，获得最奇异的精神体验。

1369

梁旭，彭晓主编/云南少数民族传统乐舞．昆明：云南美术出版社，2009 年版．

本书中所用的图片，其实物均已成云南省博物馆的馆藏文物。大场景的照片都是20世纪80年代或90年代初实地拍摄。本书虽然不是一本尽善尽美的著作，但它也不是一本普通的画册，而是一部记载着云南各民族传统文化尚未受到现代化冲击时的具象史书。

1370

李炎著/再显与重构——传统民族民间工艺的当下．昆明：云南大学出版社，2009年版．

在现代化进而全球化浪潮的席卷下，传统社会的民族民间工艺遭遇了前所未有的挤压，随着社会的变迁，少数民族工艺品在民族的社会生活中逐渐衰落了。如，随着原始宗教的衰落，那些工艺色彩很浓厚的宗教用品逐渐失去了存在的土壤；随着民族服饰被现代服装所取代，传统的服饰工艺如手工刺绣、银铜饰品等也逐渐失去价值；而一些具有实用功能的器皿等也被大量工业化产品所淘汰。但是，随着消费社会的兴起，少数民族民间工艺却遭遇了另一个生长的契机。

1371

临沧市文化局编/临沧市民族歌曲精选．昆明：云南大学出版社，2009年版．

临沧这块土地，自古就是一片神秘的民族文化领域。它既是民族文化的大熔炉，又是民俗、宗教文化的博物馆，而且还是原生态民族文化保存最为完整的一块净土。很多优秀的民歌在这里诞生，很多美丽的舞蹈在这里形成，可以说，临沧是歌的海洋，舞的世界。本书为临沧市委宣传部为新中国成立六十周年暨临沧撤地建市五周年而收集、整理的120首佤族、傣族、拉祜族、布朗族、彝族、德昂族、景颇族、苗族、汉族歌曲，弘扬了各族群众蓬勃向上、热爱美好生活的主旋律。

1372

王飚著/泰国北部山地民族民间美术与艺术设计．昆明：云南美术出版社，2009年版．

本书是对泰国北部山地民族的原生态视觉元素与设计艺术的一个呈现。书中重点分析和阐释了民族原生态元素与现代设计的关系，对泰国的山地民族旅游开发以及中国云南的少数民族文化艺术设计开发都具有一定的参考和借鉴价值。

1373

王玲著/音乐图像学与云南民族音乐图像研究．北京：人民出版社，

2009 年版.

本书从以下五个方面对云南民族音乐图像展开了具体的探讨：第一，比较全面系统地搜集和整理了自远古至清代云南各民族丰富的音乐图像资源，并结合书面记载对这些音乐图像资源进行了认真的梳理和分类。第二，对云南民族音乐图像、乐舞文化进行了分期，勾画出云南民族音乐图像的发展脉络，揭示不同时期云南民族音乐图像及其所反映的音乐舞蹈的特征。云南历史上不同时期都遗留有大量音乐图像资料，作者参考了前人对清代以前云南艺术历史的分期，以典型的音乐图像载体形式作为分期标准，把清代以前的云南民族音乐图像乐舞文化分为相对独立的五个时期，分别叙述各个时期云南民族音乐图像的主要内容，探寻音乐图像与相关时代各民族雕刻绘画、音乐舞蹈之间的联系，概括不同时期云南民族音乐图像的典型特征，展现云南民族音乐图像及其所反映的相关民族音乐舞蹈文化的历史演变过程。第三，进行了云南民族音乐图像的典型个案研究。首先，描述云南民族音乐图像的形式要素和内容，分析其刻画的音乐舞蹈类别、表演时间和场景。进而探讨其创作意图、艺术家个性、所属文化背景、所体现的文化习俗，追溯其形式因素的本原、与现实的联系等要素，确定其本质含意，解读和阐释其文化学、艺术史和美学意蕴，说明有关民族史、文化学与艺术史的问题。第四，对云南有代表性的少数民族——白、藏、傣、纳西族的音乐图像进行深入研究。通过整体的系统研究，结合典型个案分析，阐释云南有代表性的少数民族的音乐图像所蕴涵或象征的神话、巫术、民族历史、社会环境、文化特征、艺术传统、宗教情结、审美心理等意蕴，概括各少数民族音乐图像的不同特点，以开拓云南民族音乐图像研究，为探索云南民族音乐图像研究的理论作必要的准备。第五，对云南民族音乐图像研究进行初步的理论概括。通过对不同时期、不同民族、不同载体音乐图像的研究，作者不仅归纳出云南民族音乐图像的主要特点、音乐本体特征、文化意蕴，而且从中引申出对保护和开发云南民族音乐图像的思考、对文化艺术交流的启示，指出云南民族音乐图像研究的价值意义以及发展中国音乐图像研究的前景。最后，作者对音乐图像研究本身进行了理论概括，包括音乐图像的本质、音乐图像的表现性以及音乐图像研究应注意的问题。

1374

吴学源著/滇音荟谈：云南民族音乐．昆明：云南教育出版社，2009 年版.

云南民族音乐共包括民歌、民族器乐、民间歌舞音乐、说唱音乐和戏曲音乐五大类。其中，除汉、白、傣、壮等民族有说唱艺术和戏曲艺术外，在各族人民文化生活中，民间歌唱、民间器乐演奏和民间歌舞活动都占有十分重要的地位；特别对于一些山区民族来说，民间音乐和民间歌舞活动几乎概括了们传统文化生活的全部内容。由于各族文化发展的极不平衡，彼此的音乐文化水平存在着很大的差距。有的民族或地区，几乎还处在音乐的童年时期。以民歌为例，有的民族品种单一，其旋律、音调还近似于劳动的呼号、语言音调的夸张；而有的民族，则不仅体裁、形式多样，且有的已发展为大型声乐套曲，如红河地区的彝族民歌“四大腔”即是一例。其中，如景颇、纳西、傈僳、彝、佤、壮、傣、瑶等民族则已拥有多声部的演唱形式。再以器乐为例，许多民间乐器，至今仍保持着十分粗糙简朴的形态，如基诺族猎获归来所演奏的竹筒，流传于个别彝族地区的阿乌、土洞萧（近似古老的埙类乐器）等即是；而有的民族则已发展为颇具规模的民间乐队，并拥有成套的演奏曲目。因此，有人认为，云南民族音乐可以视为人类音乐文化发展史的一个缩影。

1375

街顺宝著/章朗布朗族建筑礼仪．昆明：云南人民出版社，2009 年版．

布朗族的住房建筑为干栏式竹楼，分上、下两层，楼下关牲畜，楼上住人。布朗族村寨通常由三、五个至数十个同一血缘的家族聚居，住房干栏式竹木结构的两层瓦房，上层有正堂、卧室、晒台等，下层一般作为仓库、圈养牲畜的地方。屋内中央设置火塘，火塘边是家人吃饭、待客的地方，夜晚则在火塘四周安置床铺。布朗族以其独特的建筑形式构造了其古老而深厚的建筑文化与民俗礼仪，本书将以图文并茂的形式，全景式介绍章朗布朗族建筑的历史、主要建筑构成、建寨程序与礼仪、宗教建筑建筑程序与礼仪、民居程序与建筑礼仪等内容。

1376

付爱民著/付爱民民族艺术与人类学影像研究文集．北京：中央民族大学出版社，2009 年版．

本书主要包含以下篇目：《现代图像学引论》、《李魁正教授艺术专题访谈》、《滇西南少数民族色彩审美意识的生态文化背景》、《色彩民俗地理研究在少数民族地区旅游景观设计中的应用》、《佛教古代绘画凹凸法与中国画传统晕染技法的传承关系研究》、《古代少数民族画家胡瓌及“北方草原画派”考略》、《佤族木鼓文化解析研究》、《佤族宗教造型艺术中的生态符号研究》、《澜沧县旅游形象设计的基本原则》、《图像——为历史定制形象的权者》、《视觉人类学的先行者》、《芒景布朗族村传统文化艺术现状调研报告》、《付爱民民族艺术与人类学影像研究文集》、《从蓝志贵西藏珞巴族、僵人摄影谈早期少数民族影像的重要价值》、《沧源岩画出人葫芦图形与佤族〈司岗里〉神话的比较》、《诗意的古镇拟像》、《以庄学本早期探索为起点的少数民族影像志建设方法研究》；后记等。

1377

钟志金著/钟志金民族艺术创作与传承研究文集．北京：中央民族大学出版社，2009年版．

少数民族高等美术教育的发展水平直接影响了我国当代艺术、少数民族文化产业、少数民族传统文化与原生态艺术保护等众多领域的建设、发展，其教学与科研成果也是支撑国家整体文化发展战略的一个关键性环节。新中国美术创作中曾经流行的“少数民族热”现象，对中国现代美术创作曾产生过巨大的影响，投射到60年中国美术教育的整体发展中，少数民族美术教育已经形成一个专门的体系，是高等美术教育中一个非常重要的学科分支。本书代表作有：《少数民族先民美术是中华文明的重要组成部分》、《中国现代少数民族题材美术的创作成果》、《丰富多彩的少数民族题材美术》、《漆画：美丽的中国民族艺术奇葩》、《中国美术的民族百花——记“首届〈民族百花〉全国美术作品展览》、《重访藏族牧区的体悟——〈我们从哪里来？我们是谁？我们到哪里去？〉》、《故乡的女子》、《在多元一体文化背景下传统民族服饰的演进》、《民族服饰文化的基本特征》、《少数民族服饰的造型特点》、《民族文化元素与时尚服装设计》、《服装设计实践中的民族文化与专业素质修养》，等等。

1378

阿布都鲁甫·塔克拉玛干尼著/维吾尔十二木卡姆歌词研究．北京：中央民族大学出版社，2009年版．

本书由维吾尔十二木卡姆歌词的现代维吾尔文撰写，释义，对歌词特点的研究，歌词释义的比较研究以及词汇集五个部分组成，系2006年度北京市高等学校精品课程评选中被评为市级精品课程的“察哈台维吾尔语”课的配套教材之一。作为指定的对比研究教材，主要与中央民族大学维吾尔语言文学系本科生及硕士研究生、博士研究生的“察哈台维吾尔语研究”、“维吾尔文学研究”等课程配套使用。

1379

陈兆复著/中国岩画发现史．上海：上海人民出版社，2009年版．

这本书里发表的资料绝大部分是“混合经济”民族的作品。一个最古老的现象就是围绕着太平洋沿岸人面像岩画分布在一个广阔的地区。这些类似魔鬼的形象，有似长角及其他动物的器官，在脑袋上，经常带着一圈光环，或者戴着一顶帽子，最令人注目的是两个大眼睛，一般是圆的，大得与脸庞不成比例。在没有了解到中国领土上的人面像岩画以前，人们曾猜测，这些岩画是由一个采集、狩猎民族，或早期的耕作民族所作，描绘的是长着无所不见的大眼睛的人兽祖先的神灵，是人们赖以生存的土地的保护者肖像。岩画对于探寻我们远古祖先的生活方式和精神世界，解释我们民族文化传统的根，都是极其宝贵的材料。本书从我国岩画发现的回顾、岩画内容的分析、岩画艺术特征与技术特色的解构等方面，详细叙述了岩画在我国的发现史。对研究考古学、文化人类学、历史学、民族学等都有着重要的意义。

1380

陈蔚著/原生态民歌的美学探讨．南京：南京大学出版社，2009年版．

本书是关于研究“原生态民歌美学”的专著，书中具体包括了：艺术起源的现存遗痕、把握世界方式的相似性、绚烂多姿的审美视界、音乐是一种重要的审美教育手段、把握世界方式的相似性等内容。本书适合从事相关研究工作的人员参考阅读。

1381

张鹰主编/藏戏歌舞．上海：上海人民出版社，2009年版．

本书为“人文西藏”丛书之一种。全书包括藏戏的起源与发展、白面具与蓝面具、西藏民间的藏戏班、八大传统藏戏、藏戏服饰面具、民间歌舞、仪式歌舞、堆谐囊玛、祭祀歌舞、百谐、狩猎歌舞、折噶尔说唱、强根塔旭、劳动歌14部分，全面而图文并茂地介绍了雪域高原藏戏与歌舞的历史及其发展，反映了当代西藏多姿多彩的文化特质，比较系统地展现了西藏奇特而引人入胜的民族艺术。

K　历史、地理

1382

林超民著/源远流长　辉煌灿烂——云南民族历史．昆明：云南教育出版社，2000年版．

本书是“云南民族文化知识丛书”之一，全面系统地研究了云南民族古籍。该书图文并茂，资料翔实，分析详尽，观点新颖。内容由专家用简洁精练、准确生动的文字写成，充分体现了知识性、系统性、通俗性和可读性，是专题了解云南民族文化知识必备的参考书。

1383

白寿彝著/回族人物志．银川：宁夏人民出版社，2000年版．

本书分上、下两册，主要收录了元明至清鸦片战争前后几百年间回族主要历史人物的传记，详细记述了他们的生平及所经历的重大事件。全书内容丰富，资料翔实，具有较强的系统性、史料性及知识性，有助于读者对元至清末这几百年间回族历史人物有一个系统的了解。本书开始于元代，至明、清、近代，搜集了大量原始的历史资料，其中包括遗文碑传、题跋及有关诗词的酬赠等。这本书的出版是我国回族学研究领域的一项具有开拓性的基础性工作，对回族历史人物的进一步研究将会起到重大的作用。

1384

尹伟先编/明代藏族史研究．北京：民族出版社，2001年版．

明代藏族地区由于政权割据，教派林立，政局变化大，历史记载分散，由此给研究者带来很多困难。在人们眼中，似乎这一时期藏族社会的发展较之暗无天日的吐蕃时期是大大地后退了，与中央王朝——明朝的关系，也似乎十分疏远，整个历史的发展理不出多少头绪。其实不然，明代不仅是藏族社会历史发展中承前启后的一个关键时期，而且是其政治、经济、文化大发展的时期；是藏族与国内各民族关系全面、深入、和谐发展的成熟时期；也是藏族地区与中央的关系进一步深入、稳定发展的时期。由此，研究明代时期的藏族历史，是研究整个藏族历史的一个关键课题，意义十分重大。作者这部《明代藏族史研究》所探讨的，就是这个时期藏族历史中的一些重大问题。

1385

揣振宇主编/中国民族研究年鉴（2001 年卷）. 北京：民族出版社，2002 年版.

《中国民族研究年鉴》自 1993 年以来每年出版一卷，目的是对本年度民族研究学科所取得的主要成绩和进展作一简要的介绍和评价。《中国民族研究年鉴（2001 年卷）》向读者展示的是 2001 年度我国民族研究的有关情况。本卷由九个栏目组成。“民族研究百年回顾”专栏，分别回顾了 20 世纪中国契丹、女真史研究，百越民族史研究，阿尔泰语系语言研究的概况。“特稿”专栏分别介绍了中南民族学院、西藏民族学院、四川省民族研究所、台湾人类学民族学教学与研究机构、香港中文大学人类学系。此外，本卷还设有“学科研究进展概况”、“学术热点问题座谈”、“学者访谈”、“年内逝世学者介绍”、“学术活动”、“书目·索引”和“附录”等栏目。

1386

胡济民著/土家族革命斗争史略. 北京：中央民族大学出版社，2002 年版.

本书是以总结土家族聚居区人民革命斗争为主线的著作。它为土家族聚居区地方党史专题研究填补了空白。该书研究的仅仅是国内战争时期土家族革命根据地的有关状况，而新中国成立以前漫长的历史长河中土家族积累的军事文化和悠久的军事史尚无人专门总结和研究。

1387

邓辉著/土家族区域经济发展史. 北京：中央民族大学出版社，2002 年版.

土家族是一个年轻而又古老的民族，说她年轻，是因为她被确认为一个单一少数民族的成分还不到 50 年；说她古老，是因为这个民族的确有着十分悠久的历史及其文化传统。研究一个民族区域的经济发展史，将会涉及许多有关民族历史与文化以及民族演进与发展的相关问题。本书研究土家族区域的经济发展史，除涉及土家族外，还将涉及居于这个地域的其他民族的经济生活以及该区域中古老的民族历史与经济生活，他们在不同的历史阶段为发展社会经济生活，曾经都有过不同的贡献。本书依据考古材料已经排定的次序时间进行阐述，探讨了土家族区域里先民们的经济活动与生产活动的内容，了解生产技术的发展与适用，体验原始居民的创造与发明及其影响和传播。

1388

青海省社会科学院藏学研究所编著/藏族部落制度研究．北京：中国藏学出版社，2002 年版．

本书力图从社会制度的发展演变出发，以马克思主义关于人类社会的发展的学说为指导，说明藏族部落地区解放以前社会制度发展演变的进程，以及作为保留着血缘部落组织形式但实质上早已进入封建社会成为地区部落的藏族部落在政治、法律、军事、经济、宗教信仰和社会文化方面的特点。

1389

吕建福著/土族史（西北民族研究丛书）．北京：中国社会科学出版社，2002 年版．

本书对土族的历史发展与文化变迁作了系统的阐述。

1390

且萨乌牛著/彝族古代文明史．北京：民族出版社，2002 年版．

本书的材料主要包括考古（特别是古彝文考古）、前人研究成果、汉文文献和彝文古籍以及民俗遗迹五大类。其中以考古材料为基石，以前人研究和汉文献为参考，以彝文古籍和民俗遗迹为辅证。

1391

刘刚等著/景颇族文化史．昆明：云南民族出版社，2002 年版．

景颇族是有着悠久历史、勤劳智慧的民族，是祖国民族大家庭中的一员。景颇族在自己民族发展的漫长进程中，创造了自己民族灿烂的历史文化，铸就了自己民族的精神。这个历史文化与民族精神，是景颇族人民千百年来生生不息、发展壮大的强大精神动力，也是景颇族人民在未来的岁月中继往开来，推动自己民族的政治、经济、文化和社会向前发展的强大精神动力。

1392

武立德主编/新疆博尔塔拉蒙古族发展简史．北京：民族出版社，2003 年版．

本书再现了公元 13 世纪初期一代天骄成吉思汗的崛起，他以其雄才大略与其后继者一起在世界的东方建立起了一个强大的帝国，因此西域结束了几百年来的混乱局面，帝国的版图也以此为基点不断向西方延伸，从此，拉开了蒙古族开发博乐塔拉，在这里繁衍生息的序幕。从一个侧面澄清民族分裂势力散布的种种歪曲和杜撰新疆历史，包括歪曲和杜撰新疆民族、宗教、演变历史的谬论，有助于肃清这些谬论的影响。

1393

杨志玖著/元代回族史稿．天津：南开大学出版社．2003 年版．

元代回族史是指元代中国境内信奉伊斯兰教的回回人的历史活动而言。元代回族史是中国回族史的一部分，也是中国回族史的很重要的一个篇章。本书分别从概说编、正名编、东来编、地位编、文化编、人物编、华化编，共七个方面对元代回族史进行研究，对元代的政治、经济、文化和社会各方面都产生一定的作用和影响。只有了解元代回族的历史，才能对回族的昨天至今天的情况深入研究。本书是著名历史学家杨志玖教授一生从事元代回族史研究的结晶，对元代回回人的华化问题以及元代诸重要回族人物等进行了考察和论证，是一部研究元代回族史的权威性著述。

1394

马子华主编/西部开发与多民族文化．北京：华夏出版社，2003 年版．

本书从历史到现实，从宏观到微观，全景式地展现了民族文化的壮丽图景，同时也论述了在西部大开发中开发和利用民族文化对促进经济发展的重要意义。本书可供从事历史、文化、宗族、民族等研究工作的专家、学者参考；对民族文化有兴趣的读者也可从中得到教益。

1395

张江华，李坚尚编/堆龙德庆县：藏族卷．北京：民族出版社，2003 年版．

本书包内容：一、堆龙德庆县是西藏自治区的先进县。堆龙德庆县位于拉萨市西北部，是自治区首府拉萨市所辖郊区县之一。二、堆龙德庆县的地理位置十分重要。该县是拉萨的“西大门”，修建中的青藏铁路将以堆龙德庆县为终点。三、堆龙德庆县历史悠久，藏族文化底蕴深厚。有早至吐蕃时期的历史传说和考古遗物。四、堆龙德庆县文书档案资料丰富。该县是西藏和平解放后中共西藏工委、拉萨市委开展工作的试点地区，一些工作的开展一般都要在此先行一步，取得经验后再在西藏自治区或拉萨市推广。因此，从民主改革以来积累了系统的资料。客观上，本书为查阅该县的历史资料提供了方便。

1396

（日）内田吟风著，余大钧译/北方民族史与蒙古史译文集．昆明：云南人民出版社，2003 年版．

本书所收录的蒙古史、北方民族史等方面的译文，是译者 20 世纪 60 年代初至 80 年代中叶在内蒙古大学蒙古史研究室工作时所译。第一部分为北方民族史编，共收译文 20 篇；第二部分为蒙元史编，共收译文 15 篇；第三部分为明清蒙古史编，收有《达延汗后裔世系表笺注》和《喀尔喀法典》。

1397

侯兴华著/傈僳族历史文化探幽．昆明：云南大学出版社，2003 年版．

本书分为傈僳族历史文化、国外傈僳族和傈僳族社会问题三部分，内容涉及傈僳族的族称族源、迁徙历史、丧葬文化、服饰文化、节日文化、语言文字、婚姻习俗、宗教信仰、社会问题，等等。本书融理论和实践研究为一体，既注重理论探索，又强调田野调查；《傈僳族历史文化探幽》既有理论，又有个案，对傈僳族社会问题的解决大有裨益。本书提供了内容丰富多彩的有关傈僳族历史文化方面的资料，便于研究者今后对傈僳族研究的进一步深入。

1398

杨六金著/莽人的过去和现在：十六年跟踪实察研究（一个鲜为人知的族群）．昆明：云南教育出版社，2004 年版．

本书以图文并茂的形式详细描述了莽人的传统文化，全面介绍了莽人生活的各个方面，进一步丰富了中国民族文化的宝库。莽人是一个至今未明确族属的族群，生活在中越边境靠中国一侧的大山深处，属云南省金平苗族瑶族傣族自治县金水河镇。作者通过 16 年的跟踪实察研究，将这个鲜为人知的族群真实地展现于世。书中论述了中国和莽人和越南境内的芒人的关系，从历史、语言、文化等角度证明了中国境内只有莽人，而无芒人。作为第一部较为全面地介绍和研究莽人的图书，全书以图文并茂的形式详细描述了莽人的传统文化，全面介绍了莽人的生活和各个方面，进一步丰富了中国民族文化地宝库。

1399

泰亦赤兀惕·满昌主编/蒙古族通史．沈阳：辽宁民族出版社，2004 年版.

蒙古民族有悠久的历史、灿烂的文化，是勤劳的光荣的民族。本书着重编写了 13 世纪以前的蒙古史，填补了 13 世纪以前的大空白，将蒙古史从远古时代到中世纪时期连接起来，使蒙古史更具完整性，将蒙古史系统化、条理化、科学化，使世人更加了解中华五千年的光辉历史，加强中华民族的团结，使中华文化历史更加发扬光大。必将引起广大读者和学术界的共鸣。《蒙古族通史》分为上、中、下三卷，共 5 编 34 章 94 万字，实为鸿篇巨制，它全面系统地叙述了蒙古民族经济、政治、文化的历史发展过程，揭示了蒙古族历史发展的内在规律。

1400

揣振宁，华祖根编/中国民族研究年鉴（2003 年卷）. 北京：民族出版社，2004 年版.

《中国民族研究年鉴（2003 年卷）》由十个栏目组成。“民族研究百年回顾”专栏分别回顾了 20 世纪清史满族史研究、维吾尔族史研究、西藏历史研究的概况。此外，还设有“学科研究进展概况”、“学术热点问题座谈”、“学者访谈”、“年内逝世学者介绍”、“网络开发与发展”、“学术活动”、“国外研究动态”、“书目·索引”及“附录”。

1401

龚荫著/民族史考辨：龚荫民族研究文集. 昆明：云南大学出版社，2004 年版.

本书收录了多篇论文，内容涉及云南民族、民族问题、土司制度、民族政策、民族政权、民族调查等。

1402

李绍明编/巴蜀民族史论集. 成都：四川人民出版社，2004 年版.

本书是一本巴蜀民族史论文选集，收集了李绍明先生的论文 22 篇。他的论文从民族学和民族史的视角对古往今来巴蜀境内各民族及其文化源流作了精深的分析，阐释巴蜀各民族经济社会文化演进的异同，从而说明巴蜀各民族共同缔造巴蜀文化与文明的历史。

1403

王钟翰/中国民族史概要. 太原：山西人民出版社，2004 年版.

书中对中国民族史中的许多问题，引用了比较新的观点，民族平等的思想更突出。作者划分民族更多地运用了语言学的方法。书中对民族问题的研究，从古代延伸到了现代，解决了老学究专门研究古代民族，现代人专写 56 个民族的断代研究的断裂问题。

1404

云南美术出版社编/见证历史的巨变：云南少数民族社会发展纪实（历史篇）（19 世纪末期—20 世纪中期）. 昆明：云南美术出版社，2004 年版.

本套丛书是云南乃至全国首部系统、翔实地介绍云南各少数民族自 19 世纪末期至 20 世纪中期（50—60 年代），尤其是新中国解放初期时的社会发展状态的书籍。书中提供了 1480 幅当时拍摄的各种珍贵的照片，真实地记录了云南各少数民族及半殖民地半封建社会并存共生的状况；也客观地记录了在中国共产党的领导下，云南各少数民族为推翻三座大山，实行土革实改革，进行民族自治，发展经济和文化教育，跨步进入社会主义政治和经济建设的伟大历史转折；为实现祖国领土的完整，民族团结和睦，边疆社会安定，人民生活大幅提高作出的重大贡献。

1405

胡小鹏著/西北民族文献与历史研究．兰州：甘肃人民出版社，2004年版.

西北历来是少数民族聚集区，大量的西北民族文献材料对古代生存于西北的少数民族如氐族、吐谷浑、吐蕃、党项、契丹、回鹘等在政治、经济、文化方面的建树、贡献以及对当时的影响有翔实的记录。本书主要介绍了两汉的金城属国和护羌校尉、吐谷浑与南北朝关系述论、元诸王念不烈考、元巩昌汪氏非汪古族考、元甘肃行省诸驿道考、古代甘肃的茶马互市等内容。

1406

王明生，王施力著/瑶族历史览要．北京：民族出版社，2005年版．

作者运用历史唯物主义观点从瑶族历史与现状的实际情况出发，实事求是，一分为二，不溢美也不掩过，颇有学术个性。本书比较客观地反映了瑶族源远流长的历史和丰富多彩的传统文化，为我国少数民族历史文化研究作出了贡献，对于帮助人们进一步了解我国民族历史文化及其发展规律，掌握马列主义民族理论和党的民族政策，都是大有裨益的。

1407

中央民族大学历史系主编/民族史研究·第六辑．北京：民族出版社，2005年版．

本书主要包括以下篇目：《中国传统王朝国家在近代社会的变化巫蛊史考》、《试论巴人——土家族敬祭白虎的变异》、《瑶族歌堂的历史文化渊源》、《关于匈奴的几个问题》、《徙往陵县的豪族——西汉一代的政治与社会》、《鲜卑族的起源与分布浅论》、《柘枝和幂离——以唐代理想女性形象为坐标的探讨》、《试论北门禁军在府兵制消解中的作用——以人员转化为中心》、《从出土文书看唐代伊州的屯田管理》、《浅论唐代河朔三镇长期割据的财政原因》、《多封众建与朝贡赏赐——明代治藏政策述论》、《郭造卿与〈燕史〉修撰》、《瞿九思的生平及学术特性》、《清代〈扎鲁特右翼旗扎萨克贝勒家谱〉评价》、《猛哥帖木儿二事》、《再谈康熙御门听政》、《近代中国各阶层民族意识的变化》、《从川边改土归流看清廷治边思想的转变》、《近代河北的铁路建设与农村社会变迁》、《僧格林沁生年考》、《从〈劝学篇〉看西学中源说的发展演化》、《试论民族大迁徙对古代中国西欧文化发展的影响》、《15世纪意大利新古典艺术的诞生和发展》、《古代希腊与中国周朝继承制的比较》，等等。

1408

王文光著/中国民族发展史．北京：民族出版社，2005年版．

汉民族是中华民族的主体民族，是世界上人口最多、历史最悠久的民族之一，作为一个民族实体，已存在了几千年，但许多研究者一提到民族研究，往往把“民族”理解为只指少数民族，而不包括汉族在内，他们认为历史上和现实中已有不少学科研究汉族的历史和文化，中国的史学、哲学、文学等，主要研究汉族，因此民族研究中就不用专门进行汉族研究，这是认识上的一个误区。实际上，任何一部中国通史都无法全面系统地反映汉族历史。汉族在几千年的历史过程中有自身的发展规律，汉民族的形成、发展过程，是不断吸收其他民族的精华，并在血缘上融为一体的结果。因此，全面系统地探讨汉民族的历史，必然会促进各民族历史研究工作的深入，从而加强对中华民族内涵的理解。从现实的角度看，只有对我们中国的主体民族研究透彻，才能从总体上认识与把握中华民族。本书分上、下两册，所给出的即为一个多民族组合所形成的中华民族的历史发展轨迹。

1409

管彦波著/中国西南民族社会生活史．哈尔滨：黑龙江人民出版社，2005年版．

本书是从历史学和民族学的角度，对西南民族社会生活史进行系统研究的著作。开篇绪论，从民族史学发展的全新高度，对民族社会生活史的学科属性、研究内容、对象以及民族社会生活史与其他学科的相互关系等一系列理论问题，进行了深入的探讨。继而分别以衣食住行等社会生活的重要内容为切入点，运用大量的文献和田野调查资料，对西南历史上各种不同的民族共同体的经济生活与文化生活的内在规律和外在现象，进行了较为全面、系统和深层次的剖析，把被传统史学界忽视的民族社会生活史这一研究领域，提高到了应有的地位。

1410

戴逸著/中国民族边疆史简论．北京：民族出版社，2006年版．

本书旨在系统地反映民族问题和民族工作研究方面的优秀成果并注重成果展示的时效性，这些优秀成果对进一步做好新形势下的民族工作有重要的参考价值，可为广大干部群众了解、学习民族问题和民族工作知识提供有益的理论指导和积极的现实启示。

1411

李富强主编/中国壮学（第一辑）. 北京：民族出版社，2006 年版.

壮学是近年来兴起的一门边缘学科，集民族学、历史学、经济学、宗教学、生态学等于一体。本书由广西民族大学壮学研究中心策划组稿，围绕“中国—东盟自由贸易区建设与壮泰族群发展”这一主题，分为“壮族与东南亚相关民族研究”、“中国—东盟自由贸易区建设研究”、“壮族历史文化与民族关系研究”、“壮族经济社会发展与现代化研究”、“壮族民间信仰与宗教研究”等部分，辑录了中国学者有关壮族及国内外相关民族的文章，展现了国内外学者的有关研究成果，对研究壮学有一定的参考价值。

1412

施琳著/当代中国著名民族学家. 北京：中央民族大学出版社，2006 年版.

本书是一本当代中国的著名民族学家百人小传，包括包尔汉、李济、芮逸夫、吴泽霖、潘光旦、吕振羽等知名民族学专家。

1413

马启成著/回族历史与文化暨民族学研究. 北京：中央民族大学出版社，2006 年版.

本书是介绍回族历史与文化的研究专著，共四编：第一编是回族学与回族历史研究；第二编是中国伊斯兰文化研究；第三编是西部及宁夏地区的研究；第四编是民族与宗教方面的研究。

1414

李凤山著/长城与民族. 北京：中央民族大学出版社，2006 年版.

本书在长城与中国民族及民族关系等学术领域作了专题性的深入研究。作者不仅从文献及理论角度进行了认真而深入的探讨，还积极参加中国长城学会组织的一系列实地考察活动，丰富了研究内容。

1415

徐仁瑶著/民族研究文存. 北京：中央民族大学出版社，2006 年版.

本书是一部中国民族学文集，内容包括：苗瑶民族研究、民主文化与民俗、中国少数民族建筑、调查报告等。

1416

纪大椿著/新疆历史百问. 新疆：新疆美术摄影出版社，2006 年版.

三四千年以前的新疆居民是怎样生活的？西域与新疆是一回事吗？解忧

公主在乌孙的经历如何？“三绝三通”是怎么回事？你知道历史上有两个疏勒和两个轮台吗？明朝为何多次派陈诚出使西域？锡伯族农民反封建斗争的结局如何？……带着这些疑问，我们将跟随本书作者去了解一下新疆的过去。

1417

石朝江著/世界苗族迁徙史．贵阳：贵州人民出版社，2006 年版．

苗族历史悠久，其文化充满魅力，蕴蓄着无穷的奥秘，它曾引起国际学术界的倾慕和研究兴趣。据不完全统计，1831—1978 年，国外出版研究苗族或涉及苗族的论著多达 280 余部。特别是东南亚苗族迁往世界各地以后，美国、法国、加拿大、阿根廷、澳大利亚等国家，或设专门机构，或有一批专家专门研究苗族。日本、俄罗斯等国虽然没有苗族定居，但也有不少专家、学者研究苗族。这一切足以说明，苗族这个古老的东方民族，在人类发展史上占有一席重要的地位。本书将对此给予阐述。

1418

德山著/蒙古族古代交通史（中国蒙古学文库）．沈阳：辽宁人民出版社，2006 年版．

这部蒙古族古代交通史，在时间上，上限从蒙古民族于公元 8 世纪中叶由大兴安岭深山老林走出来开始，下限至公元 20 世纪初，上下 1300 多年。在这漫长的岁月里，蒙古民族的经济，从采集（包括简易手工业）、狩猎经济过渡到游牧业经济，再过渡到半牧半农经济，部分地区过渡到农业经济。蒙古民族的社会制度，从原始氏族社会过渡到奴隶制社会制度，再过渡到封建社会制度。蒙古民族的政治，从蒙古部落发展成部落联盟，逐渐发展、强大、建立了蒙古国（朦骨国）、大蒙古国、元朝、北元；后来内战不已，群龙无首，在后金军事打压、政治诱逼下纷纷归入。清朝，分别被划分为清朝治下的盟旗，即漠北 57 旗、漠南 49 旗、漠西若干旗。辛亥革命后，漠北蒙古独立，建立蒙古国。蒙古民族闯荡 800 多年，返回故土蒙古高原。从空间看，蒙古民族于公元 8 世纪从额尔古纳河源头兴安岭深山老林走出来，以肯特山脉三河流域站住脚，逐渐强大。公元 13 世纪兴起，成吉思汗统一蒙古高原，忽必烈统一中国。成吉思汗子孙三代征服欧亚两洲，建立了四大汗国，走到鼎盛时期，涵盖全中国及欧亚两洲大部分地区，登上世界历史舞台，在历史上留下了辉煌的足迹。这个不可一世的蒙古大帝国，只知对外不断扩张，不知巩固政权，只知不断压迫、剥削，不知休养生息，结果统治集团内部不断内讧，未能摆脱剥削制度所必然造成的社会内部矛盾的激化的结果，种种原因，终于由盛到衰，由强变弱，最终没有逃脱水能载舟亦能覆舟的规律。蒙古族古代道路交通，就是在以上各种背景下，从无到有，从少到多，从国内到国际，从落后到进步，随着社会的变化曲折地向前发展。

1419

丁宏著/民族研究文集：国际学术交流卷．北京：中央民族大学出版社，2006 年版．

本书是一本论文集，它详细地探讨了世界各民族的文化变迁、国家起源、文化复兴以及少数民族的发展等内容。

1420

《中国少数民族古籍集解》编委会编著/中国少数民族古籍集解．昆明：云南教育出版社，2006 年版．

本书共收古籍书目近 4000 余个，并附有图片 200 余幅。释文力求简明、准确，科学性、知识性并重，尽量使读者通过条目释文获得对该古籍文献最基本的知识。

1421

（日）大塚柳太郎，市川光雄，秋道智弥等著/生态人类学．昆明：云南大学出版社，2006 年版．

本书由日本当今最为知名的一群生态人类学学者合作写成，他们都是具有数十年田野经验的专家。“生态人类学”（Ecological Anthropolog），产生于 20 世纪 60 年代，是现今人类学最为活跃的分支学科之一。以文化解读生态环境或以生态解读文化，赋予了这一学科独特的观察视野和广阔的发展空间。本书不是一本纯粹的理论著作，而是理论与田野相结合的佳作。阅后可对亚洲、非洲、南北美洲和欧洲等地区一些代表性土著民族的文化和生活有相应了解，也可获知将生态人类学作为课题进行相关研究的方法。

1422

杨福泉著/纳西族文化史论．昆明：云南大学出版社，2006 年版．

本书作者将自己长年从事纳西学田野调查所得和国内外民族志资料融会一体，全面论述了纳西族的多元文化的发展脉络，其中包括对纳西族的社会结构、文化个性特点和纳西人民族性的形成起了重要作用的东巴文化以及后来传入纳西族地区的藏传佛教、汉传佛教和道教文化的论述。

同时，全书对纳西族文学艺术的历史发展脉络、纳西族历史上有代表性的一些哲学观念、纳西族的汉学教育等也进行了认真的梳理和研究，对它们的性质、特征、历史变迁等进行了详细的分析阐述。作者还对清代“改土归流”后随着汉文化和儒家礼教传入纳西族导致的重大社会文化变迁进行了深刻的剖析，并以丽江古城为例，论述了历史上外来文化和纳西族本土文化的整合以及不同民族在纳西族地区的融合。

1423

耿世民著/新疆历史与文化概论．北京：中央民族大学，2006年版．

本书重点在于调查西部地区民族关系的历史和现状及存在的主要问题，并集中对其中的焦点问题进行深入的分析，提出初步的解决方案或建议。

1424

尹绍亭，（日）秋道智弥等著/人类学生态环境史研究．北京：中国社会科学出版社，2006年版．

2002年春天，日本综合地球环境研究所与中国云南大学达成协议，共同开展“云南热带季风区生态环境史研究”课题。此课题为日本综合地球环境研究所生态人类学学者秋道智弥教授主持的日本文部省重大科研项目“亚洲热带季风区生态环境史研究”项目的一部分。该项目研究地域包括日本、越南、柬埔寨、老挝、泰国和中国云南。秋道智弥教授在日、越、柬、老、泰四国组织的研究团队，是以自然科学为主的跨学科团队；而在云南，则是由中国方面组织的以中国本土人类学者和民族学者为主的跨学科团队，其成员多达20余人，此外，云南的研究还有由阿部健一教授负责的一个日本研究小组。三年来，中国方面课题组成员分别在云南省西南部与越、老、泰、缅四国邻近的地带作了较长时间的定点田野调查，迄今为止，写出论文20余篇，本文集收录的18篇论文即选自这批成果。

1425

白丽民著/鄂温克民族传统社会与文化．北京：科学出版社，2007年版．

本书以图文并茂的形式对鄂温克民族的文化遗产进行了详细介绍，并从自然风光、服饰、饮食、居舍、生活用品、生产交通工具、婚丧嫁娶、文化娱乐、风俗礼仪、宗教信仰、历史人物等方面予以分类，这是一项基础性工作、对鄂温克民族文化的弘扬、发展和传承将起到不可估量的作用。

1426

奉恒高主编/瑶族通史．北京：民族出版社，2007年版．

本书分上、中、下三册，按照通史体例和应包含的内容，从传说时代开始至20世纪90年代末为止，分别叙述瑶族的起源、迁徙、风俗习惯等方面的发展和演变的历史，全面、系统地反映瑶族历史文化的发展规律。这部通史与其他史书相比有了新的突破：在起源上，过去编写的《瑶族简史》把瑶族起源定于秦汉时期，这部通史将瑶族的历史推到传说时代。此外，还介绍了海外瑶族的变化和发展及海内外瑶族之间的联系等。

1427

李绍明，刘俊波编/尔苏藏族研究．北京：民族出版社，2007 年版．

本书是一部研究尔苏藏族的论文集。尔苏藏族是藏族的一个支系，约有3 万余人，主要居住在藏彝走廊东部边缘，四川省西南部的大渡河、安宁河、雅砻江流域。分三个方言区，操东部方言的自称"尔苏"，主要分布在四川省雅安市的石棉、汉源和凉山彝族自治州的甘洛、越西、冕宁、木里等县；操中部方言的自称"多须（续）"，主要分布于凉山州的冕宁县；操西部方言的自称"里汝"，主要分布在甘孜藏族自治州的九龙和凉山州的冕宁、木里等县。

尔苏藏族独特的民族文化正是藏彝走廊内多样性和复杂性的重要组成部分。本书旨在保护尔苏藏族的历史传统文化，推动尔苏藏族研究，全书共收录文章 35 篇，分为两大部分。第一部分是"川西南藏族综论"（包括尔苏藏族在内），第二部分是"尔苏藏族"，书中内容时间跨度长，涉面较广。编入的研究成果既有清末、民国时期有关尔苏藏族的一些历史档案资料，又有新中国成立以来民族学界进行的相关社会调查及学术论著，其中部分内容还是以前未公开发表的档案材料或内部出版的调查资料。涉及尔苏藏族的分布范围、历史渊源、文化艺术、语言文字、宗教信仰、婚姻家庭、风俗习惯及考古等方面，具有较高的学术价值。

1428

吴荣臻，吴曙光主编/苗族通史．北京：民族出版社，2007 年版．

本书共五册，用史实展现了苗族上下几千年悠久的文化、辉煌的历史以及苗族人民不屈不挠艰苦奋斗的品格、灵魂和精神。对人们进一步认识和了解苗族以及教育当代和后代广大苗族人民有积极的指导意义，对于党和国家制定治理苗区的政策也大有裨益。

1429

陶斯文著/四川少数民族流动人口研究．北京：民族出版社，2007 年版．

本书以城市化进程中的四川少数民族流动人口为视角，以田野调查资料为基础，运用民族学、人口学、社会学和经济学的理论与方法对当前四川少数民族流动人口的历史与现状、流动原因、流动特征及方式等问题进行了描述与剖析，指出了流动人口在正反两方面的影响。同时，还探讨了少数民族流动人口对城市中的民族关系的影响，并对这些问题提出了对策与建议。可以说，本书是一部对四川少数民族流动人口较全面完整的研究成果，不仅在学科理论上有新的建树，而且对现实人口流动中存在问题的解决也具有现实意义。

1430

尤中著/中华民族发展史．昆明：晨光出版社，2007年版．

中国从奴隶制的夏、商王朝，从封建制的周、秦王朝以迄清王朝，从来都是一个多民族的世界大国。自夏代的华夏族演变发展至清代时期的汉族，在四千多年的历史进程中，无论从人口、经济、文化或是疆土，都从其他众多的古代民族中融合吸纳了无法胜计的人口，汲取了精华，扩大了分布地域，从而发展为人口日益众多、经济文化持续发达的主体民族；同时，通过长期的友好交往以及相对短暂的时间问鼎中原、争夺全国统治权的战争、分裂时期各方的争战、王朝的兴亡的过程，中国其他古代民族也不断地从汉族那里汲取了众多的人才及政治、经济、文化方面的丰富营养，发展壮大了自己。这说明，远在古代，汉族与各古代民族之间、各古代民族相互之间，就是你中有我、我中有你，以至血脉相通，难以清楚分开的。这种各古代民族发展的全国整体性与局部地区的差异性状况一直发展到近代乃至现代。在古代，中国是多民族大国，各个区域也是多民族聚居，而鲜有单一古代民族聚居的区域。历史上一些区域的古代民族贵族，曾因种种原因和内外条件得以先后建立过地方政权。而这些地方政权的建立，反映了该区域的古代主体民族与其他民族的经济、政治、文化诸多方面发展水平达到了一定的高度，具备了在一定时期可以维持区域内各民族稳定、团结的统治能力，也具备了能处理与中原统治王朝及周边各古代民族相对协调关系的实力和交往水平。但当它一旦丧失了这种实力，就无法维持区域统治、保持区域经济发展，在阻碍了全国社会经济发展进步时，这类地方政权也就寿终正寝了。它们的生命是短暂的、脆弱的。本书共三册，详尽地论述了历代地方政权兴亡的史实及其历史原因，说明了全国统一的趋势是必然的，是任何力量都无法阻挡的。因为自古以来中华大地上的古代各民族都是向往和努力追求国家最终的统一，在出现分裂的情况下都努力想方设法、采取一切措施来恢复或重建全国的统一。《中华民族发展史》把古代各民族互相促进、共同发展、最终走向一统的历史过程，通过众多的翔实的历史实例，反反复复地把这一中国历史发展的客观规律论述得很清楚。这就为我们在今天巩固、加强中华民族团结，维护和捍卫国家的统一、领土主权的完整，提供了极好的历史借鉴和依据。这就雄辩地说明，无论存在什么样的障碍，也不管时间的长短，中华民族的大一统都是历史发展的必然，这是任何民族分裂主义者所无法阻挡的。

1431

彭多意等著/变迁中的彝族社区——以可邑村为例．北京：民族出版社，2007 年版．

本书的研究，除传统的理论阐述、问题分析、田野调查外，还包括对一些方法论与研究路径的新探索。以参与式的行动研究为基础的社区发展研究，一方面为我们提供了大量具体生动的实证材料，使我们能以更为直观的方式观察、体验、认知少数民族社区在现代化背景下的变迁，在市场经济和全球化力量冲击下遭遇到的困惑与危机；另一方面也有助于我们更深切地认识到发展给少数民族文化传统、价值观念和生活方式带来的影响。

1432

林幹著/突厥与回纥史（中国古代北方民族史丛书）．呼和浩特：内蒙古人民出版社，2007 年版．

突厥史一如匈奴史，是一门所谓“世界性”的学问，世界上一些主要的国家都有人在专门研究它，并成为世界突厥学的一个内容。但在传统上，外国突厥学的主要研究对象大多侧重于突厥语言、文字，因此对于突厥史，特别是 6 至 8 世纪活跃在我国历史舞台上的突厥族的历史，远远不如研究突厥语文那样兴盛，研究成果也不如突厥语文方面那样多。

早在 19 世纪以前，就有一些国家以研究突厥的语言、文字为主，逐渐形成了一门突厥学。19 世纪末，在今鄂尔浑河及叶尼塞河流域发现了《阙特勤碑》和《苾伽可汗碑》等古代突厥文碑铭之后，特别是 1893 年丹麦学者 V. 汤姆森解读了这些突厥文碑铭之后，大大推动了这门学科的进展。随后突厥的历史、文学和文化也都被纳入突厥学的范围，因而现时各国的突厥学，已成为研究包括历史上的和当今的操突厥语各族（回纥族在内）的语言、文字、历史、文学和文化的学科。

1433

林幹著/中国古代北方民族通论（中国古代北方民族史丛书）．呼和浩特：内蒙古人民出版社，2007 年版．

本书是“中国古代北方民族史丛书”之一，是根据 1998 年出版的专著重新修订而成。本书采用深入浅出的写作方法，结合学术性、知识性、理论性和通俗性，介绍了匈奴、突厥、东胡三大族系的民族面貌；匈奴、突厥、东胡三大族系的社会面貌；匈奴、突厥、东胡三大族系的文化面貌；北方民族与中原汉族之间的关系；匈奴、突厥、东胡三大族系各族与西方的关系等内容。

1434

林幹著/中国古代北方民族史新论．呼和浩特：内蒙古人民出版社，2007年版．

本书是根据“内蒙古历史文化丛书”的出版宗旨和要求而撰写的。既名“新论”，顾名思义，当以“论证”为主，而非以“叙事”为主。第二章之所以叙述古代北方民族变迁的事迹，为的是把北方各族的历史面貌先勾画出一个轮廓，作为论证各种问题的基础。

所谓“新论”，“新”在哪里？一方面是试图就当前国内外史学界对于中国古代北方民族史的若干问题的看法，提出自己的见解，以便向国内的史学工作者请教。另一方面，因为作者已撰写和出版了《匈奴通史》、《突厥史》和《东胡史》三本专著，把古代北方民族三大系统（族系）各族的历史面貌，大体上叙述清楚。故本书试图采用另一种写作方法，即不用《匈奴通史》等三本书以叙事为主的体裁，而是用以论证为主的体裁去进行写作，以期在内容上和方法上尽量避免与《匈奴通史》等三本书重复。

1435

林幹著/东胡史．呼和浩特：内蒙古人民出版社，2007年版．

东胡是我国古代北方少数民族之一，与匈奴同时兴起于战国末期（公元前3世纪），至汉初（公元前206年）被匈奴冒顿单于击破，部众逃散，其中主要的两支分别逃至乌桓山和鲜卑山，从此便以乌桓族和鲜卑族出现于史册，而东胡之名遂湮没无闻。由于现时留存下来的东胡文献资料奇缺，故历来治东胡者多从乌桓鲜卑开始，对开东胡早期的历史，即被匈奴击破以前的历史，均难于详述。本书根据近三十年来国内考古发现的东胡遗迹，对它进行初步探索，试图把东胡的历史向前追溯到它的起点。

1436

林幹著/匈奴史．呼和浩特：内蒙古人民出版社，2007年版．

匈奴是我国古代多民族国家中的一个游牧部族，兴起于公元前3世纪（战国时期），衰落于1世纪（东汉初）。匈奴自东汉初分裂为南北二部之后，南匈奴入塞，北匈奴西迁，部族内部发生了很大的变化。在大漠南北活跃了约三百年，其后又在中原地区继续活跃了约二百年，对中国历史和世界历史都曾发生过较大的影响。其内容虽比较复杂，但书中力求简明、通俗，以正面介绍匈奴族的历史知识为主，不作烦琐考证。

1437

王文光，李晓斌著/百越民族发展演变史——从越、僚到壮侗语族各民族．北京：民族出版社，2007 年版．

本书从宏观上对中国南方、中南半岛百越民族群体及其后裔进行研究，促进我国与中南半岛人民的友谊发展和经济文化交流。主要内容包括先秦时期越民族群体的形成及其向百越的发展分化、秦汉时期分化与融合过程中的百越民族群体、唐宋时期急剧分化的百越后裔、元明清时期近现代壮侗语族各民族的形成与发展等。

1438

白寿彝著/中国回回民族史．北京：中华书局，2007 年版．

本书共分四编。甲编序说，总结和评述了近百年来，我国对回回族史的研究概况；乙编综述，是以时间为经的中国回回族史说概貌；丙编专论，是对综述的补充，它在某些具体问题上展开了深入探讨；丁编传记，选取了从元代到当代共 150 名回族人的传略，展示了回回民族在中华民族大家庭中的贡献。本书在体例上，与白寿彝先生主编的《中国通史》一样，两本书可说是姊妹篇，本书的出版，必将对学术界产生巨大影响。

1439

吴永章，田敏著/鄂西民族地区发展史．北京：民族出版社，2007 年版．

本书为国家社会科学基金项目，共分九章，内容包括从先秦至清代的鄂西民族地区政治、经济、社会、文化、民俗诸方面的发展演变过程及历史经验教训等。本书是第一部较为全面、系统、深入研究鄂西民族地区发展史的学术专著，填补了相关理论领域的空白，并将地区发展史与民族发展史相结合，具有特殊的理论价值。同时，对今日鄂西民族地区的发展及对鄂西民族地区民族政策的贯彻与执行等也具有参考和借鉴价值。

1440

《第二届中国与东南民族论坛论文集》编委会编/第二届中国与东南亚民族论坛论文集．北京：民族出版社，2007 年版．

本书是广西民族大学和第十六届人类学与民族学世界大会筹备委员会联合主办的“中国与东南亚民族论坛”国际会议的论文集，共收录学术论文 81 篇，涉及议题有中国与东盟自由贸易区经济发展与社会进步；中国与东南亚各民族文化遗产的开发、利用和保护；中国与东南亚跨国民族等。

本书的相关研究对中国与东南亚的最新研究成果的交流，对民族学、人类学研究的最新发展动向的探讨，对构建人与自然和谐发展、多样文化和睦共处的亚洲有积极意义，对广西乃至中国的经济社会发展和中国与东南亚的经济文化交流也具有一定的指导意义。

1441

（韩）姜栽植著/中国朝鲜族社会研究：对延边地区基层民众的实地调查（外国学者中国民族研究文库）．北京：民族出版社，2007 年版．

中国民族大家庭中的朝鲜族一直以积极的进取心，为中国的社会发展贡献着自己的力量。他们一边适应着新市场经济的变化，一边积极融入城市和海外市场，从而达到其实现自我发展的目的。曾经只是一个小城市的延吉，现在令人难以置信的变化就充分展示说明了朝鲜族人民不断进取、勇于开拓的精神；但由于地区差异的存在，区域间发展变化的面貌也各不相同。

1442

骆桂花著/甘青宁回族女性传统社会文化变迁研究．北京：民族出版社，2007 年版．

本书通过对甘青宁回族女性传统社会文化的系统梳理与剖析，认为甘青宁回族女性文化因其民族形成历程的复杂性、民族聚居的广泛性，使其成为蕴涵了伊斯兰文化、儒家文化及民族地域文化特质下综合的文化。因此，甘青宁回族女性的传统社会文化体系在一定程度上根植于中国大文化背景的土壤之中，中国传统文化的烙印始终相随于回族女性社会发展的始末，并且伊斯兰宗教文化渗入回族女性发展的一切领域，使其呈现较强的民族性与宗教性。这种文化的综合性，促成了甘青宁回族女性传统文化多元聚合的地域表征。此外，当前甘青宁回族女性传统文化面临着现代化、全球化、信息化的挑战。从实质上讲，甘青宁回族女性社会发展的过程在于文化适应与国家政策影响；从具体表现上讲，独具特色的民族传统文化使回族女性在适应自然环境和社会环境的过程中经历了困境、迷惘与抉择，甘青宁回族女性传统社会文化在传统社会变迁的过程中不断地调适、重构，并随着文化自觉、社会经济的发展而不断更新和适应。

1443

广东省民族研究所编/广东民族识别调查资料汇编：怀集县．北京：民族出版社，2007 年版．

本书是广东省民族研究所编辑的关于民族识别和民族调查报告的系列之一，由怀集县“标话”集团调查资料和龙门蓝田瑶族调查报告两部分组成，系20世纪80年代中后期广东省民族研究所在对上述两地壮族和瑶族调查基础上形成的文献，两份报告在民族研究领域有一定的学术价值。

1444

广东省民族研究学会，广东省民族研究所，广东技术师范学院民族研究所编/广东民族研究论丛（第十三辑）．北京：民族出版社，2007年版．

2006年11月22至23日，广东省民族研究学会、广东省民族研究所和广东技术师范学院民族研究所联合举办以“民族发展与和谐广东”为主题的学术研讨会，从政治、经济、社会、文化等方面进行了多视角、多层次的探讨，具有涉及面广、内容丰富、时代特色鲜明等特点，共提交论文34篇。

本书是与会论文的一部分，内容包括构建和谐社会、民族经济、民族教育、民族历史和民族文化等。其中，对民族文化的研究论述最多，数量几为文章之半，且论述广泛，遍及文化范畴的方方面面，如文化起源、文化交流、文化变迁、文化适应、文化比较、文化表现形式以及非物质文化遗产的保护与传承等等。若从论述主体看，则有岭南文化、服饰文化、酒文化、儒家文化等。此外，还有关于族群理论和费孝通先生理论贡献的文章。本书在广东民族研究方向与学术水平方面有一定的代表意义。

1445

范建华著/爨文化史．昆明：云南大学出版社，2007年版．

本书共分七章，主要从爨氏家族的兴起讲起，讲述了爨区民族、爨区政治、爨区经济、爨区文化直至爨氏的衰亡等内容。

1446

岩罗主编/景谷傣族彝族自治县概况．北京：民族出版社，2007年版．

本书主要介绍景谷傣族彝族自治县的概括，内容包括景谷傣族彝族自治县地理环境、历史沿革与社会变革、民族区域自治、农业、工业、交通通信、财税金融等

1447

王晓莉著/民族研究文集（2007年卷）．北京：中央民族大学出版社，2007年版．

本书以实地调查材料为基础，以维吾尔族、侗族、鄂伦春族、彝族等少数民族为主要研究对象，分为理论探索，民族研究，民俗、艺术、历史与考古三两部分。理论探索涵括中国多元文化与和谐社会、人类学开发理论及中国疆域问题研究等论文；民族研究包括北京新疆村系列调查、少数民族妇女运动、女性教育以及民族地区旅游业发展等内容。

1448

揣振宇著/中国民族研究年鉴（2006年卷）. 北京：中央民族大学出版社，2007年版.

本年鉴反映了2006年民族研究的最新进展情况，回顾了少数民族地区在“十五”期间的经济社会发展状况。本书内容为：中国民族学研究30年述评；中国民族理论研究30年简论；民族经济研究30年；中国民族学与人类学30年的回顾与反思；社会文化人类学重建30年回顾；改革开放30年来的中国民族史研究；改革开放以来少数民族语言文字研究；改革开放30年来的世界民族研究。

1449

马维良著/云南回族历史与文化研究. 昆明：云南大学出版社，2007年版.

本书所列的28篇文章，是作者从20世纪80年代中期至现在，在研究回族历史文化及伊斯兰教的数十篇文章中精选而得。作者本身系回族，热爱熟悉本民族的历史文化，长期从事民族理论与民族政策的教学和科研工作，在查阅大量典籍和深入实地调研的基础上，得到了很多一手宝贵资料，并用马克思主义民族观和宗教观，分析概括而写成，其相关研究成果在本书中都可看到。

1450

张实著/云南藏医历史与文化. 昆明：云南大学出版社，2007年版.

本书主要对云南藏族的源流、藏医学的理论体系、云南藏医的历史和现状、云南藏区生态环境与藏药材的分布、藏传佛教与藏医的关系、藏医医疗行为与文化的关系等方面进行研究。

1451

余大钧译注/蒙古秘史. 石家庄：河北人民出版社，2007年版.

本书是蒙古民族的历史、文学古典名著，用畏兀儿体蒙古文撰写，共282节，因蒙元时期秘藏内廷而得名。本书记录了成吉思汗先祖谱系、传说及事迹，成吉思汗和窝阔台汗（元太宗）的事迹，具有很高的史料价值，是研究古代游牧狩猎诸部落，尤其是蒙古诸部落的社会发展、社会组织、社会经济、政治军事制度、社会心理、风俗习惯、原始宗教信仰、习惯法等方面的原始资料，也是研究蒙古族的起源与形成，成吉思汗和窝阔台汗的历史，大蒙古国的政治、军事、经济、文化、法律等方面最重要的基本史料之一。

1452

王文光著/民族史研究论稿．昆明：云南大学出版社，2007年版．

本书主要为配合“中国少数民族史”专业研究生教学需要而编制，收录了作者近年来在民族史研究领域的25篇文章。本书内容可从宏观、中观、微观三个层面看：在宏观上，有探讨中国民族形成与发展规律的文章，如《中国民族史研究散论》，也有对中国民族史发展历史和民族史学科建设的研究，如《梁启超的中国民族史研究及其对中国民族史学学科发展的贡献》；中观上，主要是对百越民族史和西南民族史的研究，如《百越民族史整体研究论》、《西南民族的历史发展与中华民族多元一体格局关系述论》等文；微观上，则对乌蛮、僚族这两个在中国南方民族史中起承上启下作用的关键性民族的源流研究，如《西南边疆乌蛮源流考释》、《僚族源流考释》等。

1453

答振益主编/湖北回族古籍资料辑要．银川：宁夏人民出版社，2007年版.

湖北回族由于人口少，居住分散，加上受历史上社会、经济、文化诸多原因的影响，留存于世的古籍少，文字资料更是缺乏。但在专家学者、民族文化工作者和热心群众的共同努力下，《湖北回族古籍资料辑要》填补了湖北省回族历史文化的空白。

1454

关纪新著/老舍与满族文化．沈阳：辽宁民族出版社，2008年版．

本书内容主要包括：京师旗族的家庭出身对老舍的人文模塑，20世纪满族社会变迁对老舍民族心理的制约，满族伦理观念赋予老舍的精神烙印，老舍赖以托足的满族文化艺术沃壤等。

1455

（苏）维克托罗娃著，陈弘法译/蒙古民族形成史．呼和浩特：内蒙古教育出版社，2008年版．

《蒙古民族形成史》本书是苏联蒙古民族学专家莉·列·维克托罗娃的名著。该书从民族学角度出发，利用各种史籍资料的记载和大量考古发掘的实物，分析和论证了蒙古民族与在蒙古地区生活过的莫他民族的谱系关系，追溯和研究了蒙古民族的历史形成过程。有关蒙古民族形成史的著作在我国尚不多见，有关民族形成史的研究方法于我国学者也比较陌生，因此出版该书甚有价值。

1456

赵心愚著/纳西族历史文化研究．北京：民族出版社，2008年版．

本书所收录的26篇论文分为三部分：一是着重探讨纳西族历史中的若干问题，讨论的问题比较广泛，时间跨度也较大，数量也较多；二是重点探讨纳西族文化方面的几个问题，这几个问题并不是热点问题，但很重要；三是探讨滇、川、藏毗邻地区和藏彝走廊的有关问题。

1457

邓群等编著/瑶族文明发展历程．南宁：广西人民出版社，2008年版．

瑶族文化文明史是中国乃至世界文明史的一个组成部分，但目前还没有一本专门介绍瑶族文明史的专著。《瑶族文明发展历程》的出版，其目的就是为了将瑶族文明介绍给世人，让世人了解瑶族文明，了解瑶族在中国这块古老的土地上，在悠久的历史过程中，是怎样在不同的自然环境和不同的社会历史条件下用自己的劳动智慧创造了自己的文明，形成了至今犹存的独特的瑶族文明风尚。

1458

《锡伯族简史》编写组编写/锡伯族简史．北京：民族出版社，2008年版．

本书是“民族问题五种丛书”中的《锡伯族简史》。本书共八章：第一章　概况；第二章　族名与族源；第三章　上古至明代锡伯族先民；第四章　清代的锡伯族；第五章　民主革命时期的锡伯族；第六章　锡伯族的社会组织和经济生活；第七章　当代的锡伯族；第八章　锡伯族的文化。

1459

《仡佬族简史》编写组编写/仡佬族简史．北京：民族出版社，2008年版．

本书是“民族问题五种丛书”中的《仡佬族简史》。包含绪论、古代社会、外国资本主义入侵后仡佬族地区的社会变化和反帝反封建斗争、民国时期仡佬族地区的社会变化及其解放、仡佬族的语言文学、节庆习俗、人生礼仪、艺术体育及改革开放后仡佬族地区的新发展的内容。

1460

《布依族简史》编写组编写/布依族简史．北京：民族出版社，2008年版．

本书是“民族问题五种丛书”中的《布依族简史》。包含概况、原始社会、原始社会到封建社会时期的历史概述、封建领主社会、近代转型期的布依族、民国时期布依族社会的剧变、新中国成立后的布依族、布依族的宗教信仰和风俗习惯、文学艺术等内容。

1461

《苗族简史》编写组编写/苗族简史．北京：民族出版社，2008 年版．

本书是“民族问题五种丛书”中的《苗族简史》。包含苗族族源和迁徙、原始社会及其解体、土司制度时期的苗族社会、改土归流后的苗族社会、鸦片战争后的苗族社会、半殖民地半封建社会的形成、国民党统治下的社会危机和苗族人民的解放及新成果成立后的当代苗族社会等内容。

1462

《侗族简史》编写组编写/侗族简史．北京：民族出版社，2008 年版．

本书是“民族问题五种丛书”中的《侗族简史》。包含侗族族称族源、原始社会遗迹、封建社会初期、中期、半殖民地半封建社会的形成和侗族农民大起义、新民主主义革命的胜利和侗族人民的解放、改革开放后各项事业的发展、侗族文学艺术和生活习俗等内容。

1463

《壮族简史》编写组编写/壮族简史．北京：民族出版社，2008 年版．

本书是“民族问题五种丛书”中的《壮族简史》。该书力求全面系统地介绍壮族这一少数民族在政治、经济、文化、社会发展方面的历史。本书语言通俗，集思想性、科学性和资料性于一体，适合广大读者阅读。

1464

《鄂伦春族简史》编写组编写/鄂伦春族简史．北京：民族出版社，2008 年版．

本书是“民族问题五种丛书”中的《鄂伦春族简史》。鄂伦春族是我国统一多民族国家中的一员，他们自古以来从事狩猎生产，以勇敢强悍而著称。本书包含清以前的鄂伦春族，清代的鄂伦春族，民国时期的鄂伦春族，日伪统治时期的鄂伦春族、鄂伦春族的解放、精神生活和社会习俗以及 20 世纪 50 至 70 年代、80 年代以来的鄂伦春族等内容。

1465

《佤族简史》编写组编写/佤族简史．北京：民族出版社，2008 年版．

本书以历史唯物主义、马克思主义民族理论以及党和国家的民族政策为指导进行编写，客观准确、简明扼要地阐述了我国佤族的历史发展进程，反映了近 50 年来的发展概貌和成就，集思想性、科学性和资料性于一体。自 1986 年出版迄今，已有 21 年，此间，随着改革开放和中国特色社会主义现代化建设事业的不断进步，佤族在经济发展、社会进步方面取得了显著成绩，发生了沧桑巨变。为反映中华人民共和国成立，特别是改革开放以来我国佤族社会蓬勃发展的历史风貌，根据国家民委的部署，西南民族大学组织和实施了这次修订《佤族简史》的工作。

1466

《阿昌族简史》编写组编写/阿昌族简史．北京：民族出版社，2008年版．

《阿昌族简史》（1986年版）自问世以来，对社会各界产生了极大的影响，让人们能够比较全面地认识和了解阿昌族。但1986年版在内容上仅编写到近代时期的阿昌族社会，对新中国成立后及改革开放以来的阿昌族社会翻天覆地的变化没有涉及。本版在保留原有内容的基础上作了部分补充，增添介绍新中国成立后和改革开放到2000年这一段时间阿昌族人民的政治、经济和其他社会事业所发生的翻天覆地的巨大变化，展示了阿昌族人民在党和政府领导下所取得的巨大成就。

1467

《瑶族简史》编写组编写/瑶族简史．北京：民族出版社，2008年版．

本次修订工作在1983年版的《瑶族简史》基础上进行，在尽可能保留原书内容的基础上，充分吸收了学术界的最新研究成果，作了较大幅度的扩充。

1468

《京族简史》编写组编写/京族简史．北京：民族出版社，2008年版．

本书是“民族问题五种丛书”中的《京族简史》。主要内容包括古代的京族，清末至民国时期的京族，新中国成立后至改革开放前的京族，改革开放后的京族，京族的文化等。

1469

《塔吉克族简史》修订本编写组编写/塔吉克族简史．北京：民族出版社，2008年版．

本书是“民族问题五种丛书”中的《塔吉克族简史》。本书全面而客观地介绍了塔吉克族历史文化各方面的情况，其中包括生态环境、历史、经济、旅游、语言文字、文学艺术、宗教信仰和民俗文化等内容。为了使本书更具有科学性，编者翻阅了大量的古史典籍和相关文献资料，充分利用考古新发现及前人研究成果和塔吉克民间文化资料。在介绍一些历史事件和历史人物时，本书依照历史唯物主义的观点，从当时的社会角度出发，客观地给予评价，尽量避免夸张和失实。对一些有争议的和尚未进行科学论证的问题，本书采取了实事求是、存而不论的保留态度。

1470

《傈僳族简史》修订本编写组编写/傈僳族简史．北京：民族出版社，2008年版．

本书是“民族问题五种丛书”中的《傈僳族简史》。主要介绍了中国傈僳族文化发展的历史。包含古代的傈僳族，18世纪以来傈僳族的几次农民起义，20世纪前后怒江地区的傈僳族，新中国成立前傈僳族的社会经济形态，新中国成立后傈僳族地区的政治经济及教育文化，傈僳族的家庭、婚姻和丧葬及傈僳族的物质生活和精神文化等内容。

1471

《门巴族简史》编写组编写/门巴族简史．北京：民族出版社，2008年版.

本书是“民族问题五种丛书”中的《门巴族简史》。主要介绍了古代门巴族，近代门巴族，西藏和平解放前的门巴族社会，门巴族的物质生活和精神生活及西藏和平解放后的门巴族等内容。

1472

《独龙族简史》修订本编写组编写/独龙族简史．北京：民族出版社，2008年版．

本书是“民族问题五种丛书”中的《独龙族简史》。主要介绍了独龙族的人口分布和自然环境，远古传说中的独龙族，古代的独龙族，独龙族人民的反帝反封建斗争，新中国成立前独龙族的社会形态，独龙族人民的反帝反封建斗争，新中国成立前独龙族的社会组织和婚姻制度等内容。

1473

《毛南族简史》修订本编写组编写/毛南族简史．北京：民族出版社，2008年版．

本书是“民族问题五种丛书”中的《毛南族简史》。主要介绍了毛南族的地理环境、历史沿革与社会变革、民族区域自治、农业、工业、交通通信、财政金融、贸易、扶贫开发、旅游等内容。本书资料丰富翔实，便于读者阅读。

1474

《东乡族简史》编写组编写/东乡族简史．北京：民族出版社，2008年版.

本册《东乡族简史》中详细介绍了清代东乡族文化和清代著名东乡族人物、东乡族的物质生活与生产活动方式等内容。

1475

《德昂族简史》修订本编写组编写/德昂族简史．北京：民族出版社，2008 年版．

本书是"民族问题五种丛书"中的《德昂族简史》。根据 1956 年至 1963 年云南少数民族社会历史调查组德昂族小组在侯方岳、莫扬等同志领导下调查编写的《德昂族简史简志合编》补充修改而成。本书介绍了德昂族的民族分布、地理环境、德昂族的社会历史、经济、文化发展概况及德昂族的语言文字、宗教信仰、教育、体育、医药卫生等内容。

1476

《撒拉族简史》编写组编写/撒拉族简史．北京：民族出版社，2008 年版.

本书是"民族问题五种丛书"中的《撒拉族简史》。主要介绍了撒拉族的民族来源和形成，撒拉族早期发展概况，近代的撒拉族，新中国成立前的撒拉族，改革开放以来撒拉族经济社会大发展及撒拉族文化等内容。

1477

《怒族简史》编写组编写/怒族简史．北京：民族出版社，2008 年版．

本书是"民族问题五种丛书"中的《怒族简史》。介绍了古代怒族，近代怒族，新中国成立前怒族社会的经济形态，新中国成立后怒族社会的发展以及怒族的社会组织，物质生活和精神文化等内容。

1478

《基诺族简史》编写组写/基诺族简史．北京：民族出版社，2008 年版.

本书是"民族问题五种丛书"中的《基诺族简史》。本书内容包括：基诺族的族源与族称，母系制时代以前历史，父系氏族——家庭公社时代的历史，中央封建王朝对基诺族的统治等。

1479

《景颇族简史》编写组写/景颇族简史．北京：民族出版社，2008 年版.

本书是"民族问题五种丛书"中的《景颇族简史》。主要介绍了景颇族概况，族源和迁徙，景颇族地区历代建置沿革简述以及景颇族和周转各民族的关系，明清以来景颇族社会发展，新中国成立后及全面建设小康时期景颇族的社会经济发展等内容。

1480

《俄罗斯族简史》编写组编写/俄罗斯族简史．北京：民族出版社，2008年版．

本书是“民族问题五种丛书”中的《俄罗斯族简史》。介绍了俄罗斯族概况，俄罗斯人迁居中国的经过，三区革命时期的俄罗斯族，新中国成立后的俄罗斯族，现代化进程中的俄罗斯族及俄罗斯族的文化等内容。

1481

《羌族简史》编写组编写/羌族简史．北京：民族出版社，2008年版．

本书是“民族问题五种丛书”中的《羌族简史》。主要介绍了羌族概况，岷江和涪江上游的羌族，近代羌族社会，现代羌族社会及当代羌族社会等内容。

1482

《纳西族简史》编写组编写/纳西族简史．北京：民族出版社，2008年版.

本书是“民族问题五种丛书”中的《纳西族简史》。主要介绍了纳西族族称和族源，元至清前期纳西族地区社会经济的发展与汉藏文化传播，清后期及民国时期纳西族社会经济发展，纳西族人民的反帝反封建斗争和纳西族地区的解放，新中国成立后的纳西族及纳西族的风俗习惯、宗教信仰、科学、文化艺术等内容。

1483

《山东省回族古籍辑录》编委会编/山东省回族古籍辑录．银川：宁夏人民出版社，2008年版．

本书收录了山东省回族书籍类、宗教、谱牒、历史与文艺等古籍读物。

1484

卢明辉著/驼道悠悠——寻访边疆民族历史失落之文明．呼和浩特：内蒙古教育出版社，2008年版．

作者对已经失落的边疆民族文化遗存，抱有强烈的好奇心，所以结合自身所从事的专业研究，遇有机会就浪迹天涯海角四处浪游，从而使自己与边疆民族文化遗存结下了不解之缘。多年来抱有欲窥视古人类当年生活场景和文明盛况，更想梳理一下各民族的历史变迁和文明走向的脉络。当置身于古人类文明发祥地，孕育了长江、黄河的源头青藏高原时，作者耳闻目染，更进一步体会了在高原边塞独特生态环境中所造就的具有特色的民族文化和风情以及在特定地域环境中产生的古今各族历史文化、习俗、风情之差异。在多年的亲历踏访、考察中既实现了作者乎生访古探幽之素愿，又结合考察所得实践知识，查阅大量历史文献资料，写下走访各地的随笔散记二十余万言。

1485

国家民委全国少数民族古籍整理研究室编/中国少数民族古籍总目提要：哈尼族卷．北京：中国大百科全书出版社，2008 年版．

哈尼族是中国 56 个兄弟民族中的一员，在漫长的历史时空中创造了堪称世界之最的梯田文化。在 2004 年苏州第 28 届世界遗产大会上，红河哈尼梯田被联合国教科文组织正式接受为中国 5 个申报世界遗产预备项目之一，哈尼族文化进一步引起世界的关注。哈尼族古籍浩瀚绚丽，以其独具的特点和丰富的内涵，引起学术界的关注。

1486

国家民委全国少数民族古籍整理研究室编/中国少数民族古籍总目提要：柯尔克孜族卷．北京：中国大百科全书出版社，2008 年版．

“柯尔克孜”，突厥语，系本民族自称，意为“四十个姑娘”，也有认为是“四十个部落”、“山里游牧人”、“赤红色”等含义。但一般解释为“四十个姑娘”。柯尔克孜族主要分布于新疆西部地区，绝大部分在克孜勒苏柯尔克孜自治州，其余分布在伊犁、塔城、阿克苏和喀什等地区。柯尔克孜族古籍以其很大的差异性成为关注的对象。

1487

罗秋立著/历史唯物主义与社会人类学批判，北京：人民出版社，2008 年版．

社会人类学范式理论把社会关系或社会机体及其发展看成是一种生物学图式的展现。这在理论上是根本错误的，在方法论上也是行不通的，其实质是机械唯物主义和历史唯心主义观念的显露。马克思的实践原则是他对社会人类学批判的理论根基。由于把自己的理论建立在实践的基础上，马克思就能把社会人类学理论的精华吸收到自己的理论中来，同时又形成对它的批判。马克思以其世界历史眼光指戳了民族中心主义的虚幻性和反动性；以其“一”和“多”的历史辩证法批驳了历史发展单线论的机械性与浅薄：他的社会整体主义方法论和“猴体解剖法”与社会人类学的文化比较方法也是有本质的差别的。恩格斯继承了马克思社会人类学批判的基本路向。我们应该运用逻辑和历史的眼光看待他们两人理论的特点和差异。

1488

马长寿主编/凉山美姑九口乡社会历史调查．北京：民族出版社，2008年版．

本书根据我国著名的民族学家、历史学家马长寿教授于1957年主持的一次民族学田野调查报告初稿整理而成，是迄今马先生关于彝族研究的著作中唯一一本现在才公开出版的作品。

全书共分六章：生产力和产业活动，等级与等级关系，土地关系，美姑地区阿陆家、马家的迁徙和向外发展史，黑白彝的家支关系与白彝的来源和形成。报告反映了民族改革前凉山彝族自治州美姑县九口乡的社会、经济、政治、家支等方面的基本状况及历史发展的主要脉络。

1489

李德龙著/黔南苗蛮图说研究．北京：民族出版社，2008年版．

清代《苗蛮图》文献种类繁多，本书重点研究的是清代后期光绪年间成书的《黔南苗蛮图说》。之所以选择这本文献作为研究的重点，主要是出于以下几点考虑：首先，经过清代前期的历史演变和对贵州民族的识别，到光绪年间，朝廷对于黔省民族的认知水准已经基本定型。即《黔南苗蛮图说》中所表现的贵州民族种类，代表着清朝政府对贵州民族的最后认知程度。其次，在众多的贵州《苗蛮图》文献中，《黔南苗蛮图说》记载的民族种类共有86种，是目前国内外所知同一种书中记载贵州民族种类最多、各种民族的信息量最大的文献。对此文献进行深入研究，可较为全面地掌握清代贵州各个民族的整体状况。

1490

黄兴球著/壮泰族群分化时间考．北京：民族出版社，2008年版．

壮泰族群是包括壮族、侗族、水族、布依族、傣族、黎族、仫佬族、毛南族、仡佬族、岱族、侬族、山斋（高栏）族、热依族、布标族、拉基族、佬族、普泰族、白泰族、黑泰族、红泰族、燮克族、润族、泰泐族、泰那族、泰族、掸族、阿洪族等民族在内的、具有共同文化特征的民族共同体。他们都是春秋时期散布在中国南方的“越人”后裔，战争、灾害、环境恶化等原因导致他们从古代广信地区开始向南、向西迁徙，从而遍布在从中国南方、越南北部、老挝、泰国、缅甸东北部，直到印度阿萨姆的广大区域。

壮泰族群由同源“越人”分化异流为多个民族，但其具体分化时间则很难解答。本书主要通过“数词语音的时代特征”、“语言分化的年代测算”、“使用桌子和椅子”、“外来作物的传播”、“用瓦盖房的时间”、“板勐结构的出现”等六个历史事件发生的时间进行推测考察。

1491

拉巴平措著/西部西藏的文化历史．北京：北京科文图书信息技术有限公司，2008 年版．

本论文集荟萃了中外学者关于 11 世纪西藏西部地区历史艺术文化的最新研究成果，包括：《阿钦沟石窟的佛传壁画——兼谈古格王国早中期佛传壁画的不同版本》、《西藏西部象泉河流域穹隆遗址的考古调查》、《吐蕃王朝飞马使印章考释》、《岩魔女·女国·古象雄——由西藏岩画神鸟“穹”（khyung）图形引发的思考》等文章。本书展现了藏传佛教后弘期上路弘传丰富多彩的历史艺术文化风貌。

1492

蔡家麒著/藏彝走廊中的独龙族社会历史考察．北京：民族出版社，2008 年版．

本书是 1982 年由云南省民族研究所承担中国西南民族研究学会“六江流域民族综合考察规划”中独龙江流域民族综合考察的项目之一的考察报告。这次田野调查，侧重于 20 世纪 80 年代初独龙族生产生活方式中的物质文化方面，特别是对于原始信仰及崇拜活动作了比较细致的观察和记述。这是一份西南边疆民族在改革开放初期社会状况的实地记录。对涉及的有关社会历史等问题，仅作了部分资料摘抄与整理，未作进一步的分析研究。关于作者这次艰苦的田野旅程的情况与感受，附于本报告之末，以供参考。

1493

吴守贵著/鄂温克族社会历史．北京：民族出版社，2008 年版．

本书从鄂温克族的发源地——贝加尔湖说起，包括了鄂温克族在历史上生活、活动过的地域，鄂温克族自身的历史沿革和发展进程，以及相关朝代对鄂温克族的影响和邻近民族之间的关系。本书全方位、多侧面、较系统地叙述了鄂温克人以自己的智慧和力量创造的森林狩猎文化特色的生产、生活方式。讴歌了鄂温克人在漫长的历史岁月里，一代又一代，历经沧桑，奋斗不息，开拓进取的敬业精神。反映了鄂温克人 17 世纪中叶至 20 世纪中叶在复杂多变关系中处于无权地位，政治上受压迫和经济上受剥削的悲惨生活；也歌颂了英勇顽强的鄂温克族人民与历代反动统治不屈不挠的斗争以及在中国共产党的领导下，为了全国各族人民的解放作出的贡献。

1494

罗布江村主编/历史·现状·发展：中国民族研究西南论坛文集．北京：

民族出版社，2008 年版．

2007 年 4 月，由西南民族大学和中国社会科学院《民族研究》杂志社共同举办的“历史·现状·发展：中国民族研究西南论坛”在成都顺利召开。学者们围绕民族学与人类学、民族史理论研究、民族地区社会与经济发展、文化多样性与文化遗产保护等主题展开了学术报告并提交论文。本论文集就是此次论坛的成果，共收录 22 篇文章。

1495

赵寅松主编/白族研究百年．北京：民族出版社，2008 年版．

本书通过对近百年白族研究历程和主要学术成果的简要回顾，一方面让我们看到白族研究所取得的骄人成绩，另一方面也说明要进一步深化白族研究任重道远。如何继承弘扬这些优秀的历史文化遗产，开创白族文化研究的新局面，为大理经济发展和全面进步服务，是我们面临的光荣而艰巨的任务。有鉴于此，《白族研究百年》向人们展示了白族研究的信息平台；同时为继往开来，开创白族研究新局面奠定基础。为此目的，大理州白族文化研究所广泛搜集了近一个世纪以来，研究白族文化的专家学者撰写的数以千计的专著和论文，并对这些优秀的白族文化研究成果进行了认真的筛选，最后精选了各个领域中具有开创性意义的论文 130 篇，结集成了《白族研究百年》，内容包括白族社会历史、文化、经济、文学、艺术、考古、宗教信仰、语言文字等等，大体囊括了近现代白族文化研究的著名学者各时期、各领域的代表作。限于篇幅未能收录的专著和论文，则编制了详细的“白族研究百年论著要目索引”附于书后，以便读者查阅检索。要目索引收录近现代有关白族文化研究的论著、论文近 1600 部（篇），全面系统地概括了近现代有关白族文化研究的主要学术成果，是今后进一步深化白族文化研究的重要线索和参考。

1496

西南民族大学西南民族研究院编/川西北藏族羌族社会调查．北京：民族出版社，2008 年版．

本课题分“民主改革历史资料”、“民主改革口述历史”、“民主改革与四川民族地区的经济发展”、“民主改革与四川民族地区的社会文化变迁”四个子课题。其中“民主改革历史资料”课题包括《川西北藏族羌族社会调查集》、《四川民族地区民主改革资料集》和《四川民族地区民主改革大事记》，从社会调查、文献资料、基本措施及主要历程等方面来反映四川民主改革的由来、方式、经过及其影响。

“民主改革口述历史”课题组成员对四川民主改革的领导者、参与者、民族宗教界上层人士及普通群众的多次采访，搜集了120余万字口述资料，在此基础上，整理及选编具有代表性的资料，形成系列的《四川民主改革口述资料集》。

“民主改革与四川民族地区的经济发展”课题依据相关资料及调查数据，就民主改革对四川彝族地区、藏族地区及羌族地区的经济发展的推动和影响开展深入研究，分别撰写《民主改革与四川彝区经济发展》等三部著作，说明民主改革的必要与必需，在于改变了民族地区旧的不合理的生产关系，解放了生产力，极大地促进了经济的发展。

“民主改革与四川民族地区的社会文化变迁”课题从制度层面、思想观念及文化变迁等方面认识民主改革对四川彝族、藏族及羌族等社会变革、思想解放的重要促进及广泛影响，分别撰写《民主改革与四川藏区的社会文化变迁》等著作，揭示民主改革实现了四川民族地区的制度统一、思想解放及文化发展等。

1497

张娜著/中亚现代民族过程研究．北京：中央民族大学出版社，2008年版．

本书以相关历史文献为主要资料，广泛吸收苏联、俄罗斯、中亚及我国学者的研究成果。在此基础上，结合田野考查所获得的第一手资料，运用民族过程理论对中亚的现代民族过程进行研究，其中重点是对沙皇俄国统治时期，以及20世纪20年代中亚进行民族划界并成立五个民族国家时期的民族过程进行综合研究。在历时性的原则下，通过对中亚民族形成及演变过程有重大影响的具有转折意义的史事的分析，论证中亚民族形成、发展、变化等的特点，从中探索归纳现代民族形成的普遍规律。

通过对问题的研究，可以得出如下认识：中亚的民族过程是民族分化过程和民族联合过程交替进行的过程。在现代民族过程中，俄国对中亚的兼并，在中亚统一政权的确立，结束了中亚归并于俄国前三汗国分立的局面，客观上使得中亚经济、文化及政治等方面的发展有了一个新的局面，促进了各民族间的接近与聚合。资本主义关系在中亚工业、农业等领域的出现，使中亚各民族进入了现代民族过程。但沙皇俄国的殖民政策又阻碍了这一过程的进一步发展。

1498

李鸣著/中国民族法制史论．北京：中央民族大学出版社，2008年版．

本书将人类学（民族学）的田野调查、社会学定量分析等社会科学研究方法与法学的规范实证分析方法相结合，既注重田野调查第一手材料的搜集，也加强从法学角度对人类学（民族学）田野调查材料进行分析，力图使本丛书的研究建立在坚实而丰富的资料基础上，做到立足中国实际，理论与实际相结合。本丛书在当前和今后一个时期具有广阔的应用前景。首先，力求探索一条适合我国国情的坚持和完善我国民族区域自治与少数民族权益保障制度的道路，为解决中国当前民族工作面临的各种问题作出理论尝试，而这对各民族长期的、稳定的、可持续的发展，促进民族团结、维护国家统一具有重要的意义。

1499

任国英著/民族研究文集．北京：中央民族大学出版社，2008 年版．

本书是以实证性研究为主的专著、调查报告和论文，其内容有：语言与文化的关系，人族群认同的变迁，浅析满族萨满教信仰的式微，蒙古饮食文化再探，云南省维西县塔城乡调研，山东青州北城村满族信仰调查等，包括社会·文化·民族、历史·宗教·艺术·民俗、田野调查报告等三个栏目。

1500

林超民著/林超民文集．昆明：云南人民出版社，2008 年版．

本书是作者 1978 年 9 月师从方国瑜教授学习中国民族史与地方史以来的学术记录。本书共两卷。第一卷为概论、文献、唐代民族史、云南史概论、先秦至宋代的云南史等专题。第二卷为元明清至民国的云南史、白族形成、汉族移民、交通、茶叶、纪念国瑜老师等专题。从这些文章中可以看出，作者在中国民族史和地方史学术研究上作出了不可磨灭的贡献。

1501

汪宁生著/民族考古学探索．昆明：云南人民出版社，2008 年版．

本书是“当代中国人类学民族学文库”之《民族考古学探索》。回顾中国人类学、民族学的历史，可用四句话概括即“生于动荡，立于国难，少壮挫折，中年复兴”。面对当前国内外悄然兴起的文化自觉和无所不在的文化诉求，面对全球化和现代化的浪潮，中国人类学民族学无疑承受着巨大的挑战。如何适应社会的发展而进行学科的建设，如何在融入国际学界的同时努力实现本土化，如何普及人类学民族学的知识以提高国民的教养和素质，如何进行创造性的应用研究为国家现代化建设服务等，均为重大而紧迫的课题。本丛书的问世，一定程度地反映了中国人类学民族学发展的状况，作为新时期的具有代表性和规模性的研究成果。必将载入中国人类学民族学发展的史册。

1502

赵心愚著/纳西族历史文化研究．北京：民族出版社，2008 年版．

近年来，纳西族悠久的历史和富有特色的文化越来越受到国内外学者的关注。纳西学已逐渐成为一门显学，研究者越来越多，每年都有一批新的成果出现。并且，随着时间的推移，研究的领域也在不断得到拓展。

近十年来，作者结合研读有关史籍和文献，数次到丽江等地考察，并随时将学习研究所得写成文稿。这本论文集所收的 26 篇论文，就是这一时期研究纳西族历史文化所取得的部分成果。这 26 篇论文分为三部分：一是着重探讨纳西族历史中的若干问题，讨论的问题比较广泛，时间跨度也较大，数量也较多；二是重点探讨纳西族文化方面的几个问题，这几个问题并不是热点问题，但很重要，相比之下，这方面论文数量要少一些；三是探讨滇、川、藏毗邻地区和藏彝走廊的有关问题，因部分内容涉及纳西族历史与文化中的一些问题，此次一并录入，这方面的论文也有几篇。有关纳西族历史的论文所讨论的问题较多，既有纳西族族源和纳西先民迁徙问题，也有纳西先民摩沙夷最早见于汉文史籍记载的具体考证；既有唐代磨些部落的分布和洱海地区越析诏的兴亡问题，也有丽江木氏土司元明崛起后与噶玛噶举派的关系和清代改土归流降为土通判主要原因的分析。纳西族虽然人口不多，但分布在滇、川、藏三个省区，不同时期分布区域也有变化。

1503

赵馥洁，段建海，董小龙著/中华民族爱国主义史论．北京：中国社会科学出版社，2008 年版．

本书是全国教育科学规划重点课题的研究成果，作者运用历史与逻辑相统一的方法，考察中华民族爱国主义的发展历史，总结其经验教训。对每个历史时期爱国主义的社会背景、思想主题、时代特点和价值意义进行了详尽的剖析。最后展望了全球化背景下中华民族爱国主义的历史走向。对当前弘扬和培育民族精神具有重要的参考价值。

1504

吴元丰，赵志强著/锡伯族历史探究．沈阳：辽宁民族出版社，2008 年版．

锡伯族主要分布在辽宁省、吉林省、黑龙江省和新疆维吾尔自治区。锡伯族发源于我国东北的兴安岭和嫩江、松花江流域，历史悠久。康熙三十一年（公元 1692 年），锡伯族正式编入清朝八旗组织，分驻黑龙江的齐齐哈尔、吉林的伯都讷（今扶余县）和乌拉（吉林市）三城。本书共收录25篇关于锡伯族研究的文章。

1505

《哈萨克族简史》修订编辑委员会编写/哈萨克族简史．北京：民族出版社，2008年版．

本书是“民族问题五种丛书”中的《哈萨克族简史》。本书由新疆社会科学院尼合买德·蒙加尼同志（哈萨克族）拟写《哈萨克族简史》初稿，由纳比坚·穆罕默德汗（哈萨克族）和何星亮同志译成汉文。初稿共10章，约24万字。经新疆大学苏北海教授、自治区五丛办邓波同志修改，原稿由10章调整为12章，并请作者增写了《哲学思想》（第十二章第一节）、《医药与卫生》（第十一章第五节）两节，最后由自治区五种丛书办公室定稿。

1506

黄有福主编/中国朝鲜族史研究（2008）．北京：民族出版社，2009年版．

本书主要包括：《关于1931年万宝山事件当时朝鲜族农民情况的调查资料分析》、《民国初期一个朝鲜族知识分子的中国情怀》、《中国朝鲜族移民史研究综述》、《明清时期中朝地理志对长白山及水系的记述》、《勿忘历史真实珍惜和谐共处》等篇目。

1507

（荷）彼特·J. M. 纳斯著，张继焦主编/当今国际人类学——国际人类学与民族学联合会的历史及其各专业委员会的论文．北京：知识产权出版社，2009年版．

本书是为2009年在中国昆明举行的国际人类学与民族学联合会（IUAES）第十六届世界大会而编著的，书中收录了各专业委员会撰写的论文。各委员会领导详细介绍各个领域的发展现状，主要包括研究的问题、争论的焦点、研究的成果和方法等。

1508

《畲族简史》编写组编写/畲族简史．北京：民族出版社，2009年版．

本书是“民族问题五种丛书”中的《畲族简史》。畲族是祖国统一的多民族大家庭中的一个成员，散居在福建、浙江、江西、广东、贵州、安徽六省一百多个市、县的部分山区。长期以来，勤劳勇敢的畲族人民和汉族人民发挥了无穷的智慧，创建了美丽富饶的家园。在反抗历代统治阶级和外国侵略者的不屈不挠的斗争中，特别是在中国共产党领导下的革命斗争中，畲、汉两族人民结成了血肉相连的密切关系。正如毛泽东同志在《论十大关系》中所指出的“各个少数民族对中国的历史都作过贡献”，畲族人民也和祖国各兄弟民族一样，对于我们伟大祖国的缔造和发展作出了重要的贡献。

1509

《土家族简史》编写组编写/土家族简史．北京：民族出版社，2009年版.

本书是“民族问题五种丛书”中的《土家族简史》。1958年，由中国科学院民族研究所、中央民族学院、中南民族学院、北京大学、中央音乐学院等单位派人组成湖南少数民族社会历史调查组，在湖南省民族事务委员会的领导下，得到湘西土家族苗族自治州和湖北省委统战部的大力帮助，深入土家族聚居区进行调查。在调查研究的基础上，编写出《土家族简史简志合编》（初稿）。从1979年开始，根据中共中央宣传部、中共中央统战部转发国家民委党组关于编辑、修订、出版“民族问题五种丛书”通知的精神，在《土家族简史简志合编》的基础上，补充修订而成《土家族简史》。本次修订，收集了大量的历史文献资料，从体例到内容，都作了大的修改。

1510

《蒙古族简史》修订本编写组编写/蒙古族简史．北京：民族出版社，2009年版.

本书是“民族问题五种丛书”中的《蒙古族简史》。本书由我国多名蒙古史学者组成的编写组集体编著，并经我国已故著名蒙古史专家翁独健教授审改、定稿。全书史料翔实，内容丰富，系统叙述我国蒙古族从起源到新中国成立以前的历史，叙述他们在政治、经济、文化方面的长足发展和对祖国缔造所作出的重要贡献。

1511

《藏族简史》编写组编写/藏族简史．北京：民族出版社，2009年版.

本书是“民族问题五种丛书”中的《藏族简史》。本书共五章：一、云南藏族地区民主改革和迪庆藏族自治州的建立；二、云南藏族地区的社会主义改造和建设；三、云南藏族地区的“文化大革命”运动；四、云南藏族地区的改革开放和社会主义现代化建设；五、打造香格里拉品牌建设全国最好藏区。

1512

《维吾尔族简史》编写组编写/维吾尔族简史．北京：民族出版社，

2009 年版.

本书是“民族问题五种丛书”中的《维吾尔族简史》。本书包括新疆的古代民族和维吾尔族的起源、高昌回鹘古国、喀喇汗王朝时期的维吾尔族、西辽与蒙古元朝时期的畏兀儿、清朝、民国时期的维吾尔族及至改革开放后的维吾尔族及维吾尔族的科学技术、文化、风俗习惯、宗教信仰等内容。

1513

《珞巴族简史》编写组编写/珞巴族简史．北京：民族出版社，2009 年版.

本书是“民族问题五种丛书”中的《珞巴族简史》。本书包括族源和远古社会、新石器时代的文化遗存和父系氏族社会、西藏地方政权对珞瑜地区的管理、家长奴隶制社会的形成与发展、反对外国殖民主义者的斗争和物质生活、宗教信仰、科学知识、文学艺术等内容。

1514

《保安族简史》修订本编辑组编写/保安族简史．北京：民族出版社，2009 年版.

本书是“民族问题五种丛书”中的《保安族简史》。本次修订遵循国家民委“民族问题五种丛书”修订编辑委员会确定的关于“中国少数民族简史丛书”的总体修订原则，即“适当修订、适量续修，力求吸收：十多年来的研究成果，反映近五十年来的变化。”充分尊重原《保安族简史》的体例和框架，有补充内容则补之，无补充内容则尽量保持原书风格。本次修订、续修，在得益于原《保安族简史》的同时，参阅了《保安族简史简志合编》、《裕固族东乡族保安族社会历史调查》等资料，还参阅了其他一些研究资料，尤其注意吸收 20 世纪 80 年代以来近三十年间保安族历史、文化研究的新成果。

1515

《高山族简史》编写组编写/高山族简史．北京：民族出版社，2009 年版.

本书是以 1982 年出版的《高山族简史》为基础，结合新的史实和资料改进、修订而成的。全书共七章：一、高山族概况；二、高山族的族称与来源；三、三国到明代的高山族；四、清代的高山族；五、日本帝国主义侵占时期的高山族；六、光复后的高山族；七、高山族的生活习俗和文化。

1516

《彝族简史》编写组编写/彝族简史．北京：民族出版社，2009 年版.

彝族人民酷爱自由，又富有革命传统，他们赞成平等的联合，而不赞成来自民族内外统治阶级的剥削和压迫。彝族人民同全国其他各族人民团结战斗在一起，为祖国的社会主义建设写下了一个又一个光彩夺目的篇章。

1517

《朝鲜族简史》编写组编写/朝鲜族简史．北京：民族出版社，2009年版．

本书的主要内容有：一、朝鲜族人民开发东北边疆和初期的反封建斗争；二、朝鲜族人民反对日本帝国主义入侵延边的斗争；三、朝鲜族人民的反帝反封建斗争；四、朝鲜族人民配合全国抗战，夺取抗日战争的最后胜利；五、朝鲜族人民同各族人民一道为解放全中国而奋斗；六、新中国成立后朝鲜族社会的发展；七、朝鲜族的文化。

1518

《普米族简史》编写组编写/普米族简史．北京：民族出版社，2009年版．

本书是“民族问题五种丛书”中的《普米族简史》。全书包括概论、族称与族源、古史溯源、先秦至近代社会的普米族政治经济情况以及普米族的风俗习惯、宗教信仰、文学艺术等内容。

1519

“中国少数民族社会历史调查资料丛刊”修订编辑委员会编/中国少数民族．北京：民族出版社，2009年版．

本书为国内外广大读者了解中国少数民族的历史和现状，提供了一本权威性、综合性、基础性的读物，对普及民族知识、宣传民族政策、开展民族研究、推动民族工作，发挥了积极的作用。本次修订即尊重民族感情的政治原则，尊重原著的学术原则，厚今薄古的写作原则，宜粗不宜细的技术原则，精练精美的精品原则。在基本保持原貌的前提下，坚持以补为主，以改为辅，重点补充改革开放以来少数民族和民族地区经济社会发展方面的内容。修订后的《中国少数民族》，将更为全面、更为系统地反映各个民族的历史渊源、地域风貌、社会风俗、文化特色、发展成就和未来前景。

1520

“中国少数民族社会历史调查资料丛刊”修订编辑委员会编/佤族社会历史调查．北京：民族出版社，2009年版．

本书的主要内容为西盟县岳宋佤族社会经济调查、西盟县中课佤族社会几个问题的初步调查、西盟县永广佤族社会经济调查、西盟佤族习俗调查及佤族历史故事“司岗里”的传说马散大寨历史概述。

1521

“中国少数和民族社会历史调查资料丛刊”修订编辑委员会编/瑶族《过山榜》选编．北京：民族出版社，2009 年版．

本书内容主要为过山榜文、过山榜、南京平主敕下古榜文、过山榜文、评王券牒、评王券牒、评皇券牒、盘王券牒、平王券牒、十二姓猺（瑶）人来路祖途、评王券牒源远流长等。

1522

“中国少数民族社会历史调查资料丛刊”修订编辑委员会编/苗族社会历史调查（一）．北京：民族出版社，2009 年版．

本书共七编：第一编　台江县巫脚交苗族经济发展状况；第二编　台江县反排苗族社会历史调查资料；第三编　台江县苗族的节日；第四编　台江县巫脚乡苗族的吃鼓藏；第五编　台江县苗族的服饰；第六编　台江县巫脚交苗族的饮食；第七编　台江县苗族的家族。

1523

“中国少数民族社会历史调查资料丛刊”修订编辑委员会编/苗族社会历史调查（二）．北京：民族出版社，2009 年版．

本书共四编：第一编　从江县加勉乡苗族社会历史调查资料；第二编　剑河县久仰苗族的经济状况；第三编　雷山县掌披苗族社会历史调查资料；第四编　凯里县舟溪地区苗族的生活习俗。

1524

“中国少数民族社会历史调查资料丛刊”修订编辑委员会编/苗族社会历史调查（三）．北京：民族出版社，2009 年版．

本书共七编：第一编　赫章县海确苗族社会历史调查资料；第二编　毕节县大南山苗族社会历史调查资料；第三编　贵阳桐木岭苗族跳场情况；第四编　清水江流域部分地区苗族的婚姻；第五编　张秀眉起义的传说；第六编　丹寨县朱砂村几家苗族大地主的情况；第七编　湘西凤凰县苗族麻姓大地主情况调查后记。

1525

“中国少数民族社会历史调查资料丛刊”修订编辑委员会编/满族社会历史调查．北京：民族出版社，2009 年版．

满族虽然散居全国各地，但主要集中在东北三省，以辽宁省为最多。1958 年，根据上级的指示，成立辽宁省少数民族社会历史调查组，承担编写满族简史和简志的任务。如今，在国家民委“民族问题五种丛种”编辑委员会的领导下，由辽宁省民委直接组织进行《满族社会历史调查报告》的修改工作。

本书包括满族简介、辽宁省沈阳市满堂乡满族调查报告、辽宁省凤城县满族调查报告、北京市满族调查报告、陕西省西安市满族社会历史调查报告、内蒙古自治区满族社会历史调查、甘肃省满族社会情况调查等内容。

1526

“中国少数民族社会历史调查资料丛刊”修订编辑委员会编/珞巴族社会历史调查（一）. 北京：民族出版社，2009 年版.

本书的主要内容包括米林县南伊乡珞巴族社会历史调查报告、米林县珞巴族社会历史调查报告、墨脱县达木地区珞巴族社会历史调查材料、隆子县三安曲林区斗玉珞巴族调查材料、西藏自治区雅鲁藏布江下游希蒙珞巴族调查和关于不同称谓的珞巴族的一些基本情况等。

1527

“中国少数民族社会历史调查资料丛刊”修订编辑委员会编/珞巴族社会历史调查（二）. 北京：民族出版社，2009 年版.

本书的主要内容包括博嘎尔部落专题调查、博嘎尔部落的物质文化与精神文化的补充调查、博嘎尔部落原始宗教的专题调查、珞巴族民间文学调查和珞巴族民间歌曲调查等。

1528

“中国少数民族社会历史调查资料丛刊”修订编辑委员会编/鄂温克族社会历史调查. 北京：民族出版社，2009 年版.

本书所收关于东乡族的调查报告，主要来自三个方面。第一部分资料是1953 年中央民族学院甘青地区民族调查组在东乡地区进行调查后所写的调查报告。第二部分资料是 1958 年中国科学院民族研究所组织的甘肃少数民族社会历史调查组东乡族分组所写的调查报告。第三部分资料是新疆社会科学院民族研究所的一些同志，在该所 1984 年以来对新疆东乡族进行的一系列社会调查的基础上撰写的调查报告。本书所收集的调查报告的内容，特别是第一、第二部分调查报告的内容，虽然由于当时政治形势、历史条件的限制，在今天看来可能不够全面。但是，这些调查报告所提供的情况，为我们进一步进行东乡族社会的调查，提供了一个对比材料和基础。所以，我们在汇编《鄂温克族社会历史调查》时，对调查报告的基本内容未作变动，以便使读者能看到各时期对东乡族的调查报告以及调查报告所反映的各时期的东乡族社会。

1529

“中国少数民族社会历史调查资料丛刊”修订编辑委员会编/布朗族社会历史调查（一）. 北京：民族出版社，2009年版.

本书为国家民委民族问题五种丛书“中国少数民族社会历史调查资料丛刊”之一。主要内容包括勐海县版纳西定布朗族社会、勐海县布朗山曼兴奄社会调查、布朗山章加寨面貌、布朗山新曼峨寨社会经济情况、布朗山曼兴奄寨社会经济调查、勐海县巴达区曼瓦寨布朗族社会情况、勐海县曼散寨布朗族社会生活和习俗、墨江县布朗族社会调查等。

1530

“中国少数民族社会历史调查资料丛刊”修订编辑委员会编/布朗族社会历史调查（二）. 北京：民族出版社，2009年版.

本书为国家民委民族问题五种丛书“中国少数民族社会历史调查资料丛刊”之一。集中记录了我国少数民族社会历史的基本情况，是民族研究和民族工作中的重要参考资料，受到了各方面的欢迎和好评。本书自问世以来，民族自治地方社会和文化发展取得了长足进步，各方面情况有了不少变化，为了进一步发挥这些历史调查资料的作用，促进各民族“共同团结奋斗，共同繁荣发展”，国家民委决定修订、再版本丛刊，并将其列为国家民委重点科研项目。

1531

“中国少数民族社会历史调查资料丛刊”修订编辑委员会编/布朗族社会历史调查（三）. 北京：民族出版社，2009年版.

本书主要包括勐海县巴达区帕勒寨调查、勐海县巴达区曼卖兑调查、勐海县打洛区曼夕寨调查、勐海县布朗山区曼果寨调查、勐海县巴达区曼瓦寨补充调查、澜沧江县糯福区布朗族调查、西双版纳傣族自治州布朗族社会概况和施甸蒲满人社会文化调查等内容。

1532

“中国少数民族社会历史调查资料丛刊”修订编辑委员会编/德宏傣族社会历史调查（一）. 北京：民族出版社，2009年版.

本书共收入德宏傣族景颇族自治州傣族社会调查资料33篇。这些调查资料是1950年至1954年，由中央访问团二分团、中共云南省委边疆工作委员会、云南省民族事务委员会、各地县民族工作队和民族工作人员调查整理的，为制定民族政策提供了重要依据。本书主要包括德宏傣族景颇族自治州几项调查汇集；德宏傣族景颇族自治州傣、景颇、傈僳、阿昌等民族的文化、宗教及习俗；梁河情况调查报告；盈江概况；潞西县一些情况；莲山情况调查资料；盈江二区遮木寨情况；盏西老团坡傣族杂居村生产重点初步调查总结；盏西老团坡傣族杂居村生产重点初步调查总结补充材料；轩岗坝轩蚌寨社会调查；轩岗坝社会调查等内容。

1533

“中国少数民族社会历史调查资料丛刊”修订编辑委员会编/德宏傣族社会历史调查（二）.北京：民族出版社，2009年版.

本书包括潞西县法帕乡土地情况调查、潞西县法帕寨社会经济调查、潞西县遮相乡土地情况调查、潞西县遮放区户闷乡土地情况调查、潞西县遮放区户闷寨社会调查、盈江县盏西区傣族社会调查、盈江县芒环、芒捧两寨社会经济调查、盈江县盏达官纯寨社会经济调查、梁河县萝卜坝傣族社会经济调查、梁河县萝卜坝中心乡蛮东村土地情况调查、陇川县章凤区广登乡土地情况调查、陇川县章凤乡盾兴寨社会经济调查、瑞丽县一区姐洞乡土地情况调查、瑞丽县二区芒林乡土地情况调查、德宏傣族土司制度调查、瑞丽县喊沙寨傣族婚姻问题调查等内容。

1534

“中国少数民族社会历史调查资料丛刊”修订编辑委员会编/德宏傣族社会历史调查（三）.北京：民族出版社，2009年版.

本书包括芒市历代土司简史、芒市土司制度调查、国民党潞西县设治局机构设置情况、盈江县解放前政治情况初步调查、姐东、芒林两乡农村社会经济情况初步调查、瑞丽县广沙提寨社会经济情况初步调查、巷弄寨社会情况调查、德宏地区傣族的婚姻状况以及妇女在社会和家庭中的地位等内容。

1535

“中国少数民族社会历史调查资料丛刊”修订编辑委员会编/景颇族社会历史调查.北京：民族出版社，2009年版.

本书主要包括关于潞西县遮放西山景颇族地区团结生产的初步意见、潞西县遮放西山经蹼足地区山区改造的基本情况、遮放西山几个典型寨生产情况调查、潞西县遮放西山几个典型户家庭收支情况调查及瑞丽县山区情况调查、瑞丽县山区几个村寨生产情况调查等内容。

1536

“中国少数民族社会历史调查资料丛刊”修订编辑委员会编/傈僳族社会历史调查.北京：民族出版社，2009年版.

本书共收入18篇关于傈僳族社会历史调查的资料，就其时间大致可分为三个时期，1951年到1954年间，由中共云南省委边疆工作委员会、云南省民族事务委员会和中共怒江工作委员会所领导和组织的傈僳族社会情况调查；1956年到1957年，全国人民代表大会民族委员会派出以费孝通教授为首的云南少数民族社会历史调查组，对碧江县五区色德乡傈僳族社会进行了一些调查；1958年到1961年，配合编写《傈僳族简史简志》进行了补充调查。上述各时期的傈僳族社会调查资料，都曾以内部资料形式，分别由全国人民代表大会民族委员会办公室、中国科学院民族研究所云南民族调查组和云南省民族研究所铅印过。

1537

“中国少数民族社会历史调查资料丛刊”修订编辑委员会编/基诺族普米族社会历史综合调查．北京：民族出版社，2009年版．

本书共五部分，即“基诺族社会历史综合调查”、“普米族社会历史综合调查”、“宁蒗县永宁区托甸普米族社会历史综合调查报告”、“永宁温泉乡普米族婚丧习俗调查”和“宁蒗县红桥区翠培乡普米族社会历史调查”。

1538

“中国少数民族社会历史调查资料丛刊”修订编委员会编/布依族社会历史调查．北京：民族出版社，2009年版．

本书介绍了贵州布依族社会的经济发展情况、政治制度、社会组织以及风俗习惯等基本情况，包括贵州省布依族婚姻资料汇编、贵州省罗甸县平亭村布依族解放前的社会经济情况和解放后的发展变化、安龙县龙山布依族解放前社会经济调查资料、镇宁县布依族社会历史调查资料等内容。

1539

“中国少数民族社会历史调查资料丛刊”修订编辑委员会编/门巴族社会历史调查（一）．北京：民族出版社，2009年版．

本书主要由西藏门巴族调查报告组成，包括“西藏错那县勒布区门巴族社会历史调查报告”、“墨脱县门巴族社会历史调查报告”、“修订附记错那县门巴族社会历史调查报告”、“修订附记西藏门隅地区若干资料”和“修订附记上珞瑜地区基本情况调查材料”。

1540

“中国少数民族社会历史调查资料丛刊”修订编辑委员会编/门巴族社会历史调查（二）．北京：民族出版社，2009年版．

本书主要是对墨脱门巴族社会历史调查的材料补充，包括“关于墨脱县门巴族社会历史若干问题的补充调查”、“墨脱县门巴族社会历史补充材料”和“错那县勒布区门巴族社会历史若干问题的补充调查”三篇。

1541

“中国少数民族社会历史调查资料丛刊”修订编辑委员会编/阿昌族社会历史调查．北京：民族出版社，2009年版．

本书主要包括户腊撒阿昌族社会经济调查、梁河县丙盖乡芒展村阿昌族社会历史调查、潞西县高埂田乡阿昌族社会历史调查、潞西县高埂田乡阿昌族社会历史概况。

1542

“中国少数民族社会历史调查资料丛刊”修订编辑委员会编/傈僳族怒族勒墨人（白族支系）社会历史调查．北京：民族出版社，2009年版．

本书主要包括怒江傈僳族自治州基本情况、碧江县干本村社会调查、碧江县二区俄科罗村社会经济调查、碧江县二区俄科罗村典型户调查、贡山县一区丙中洛行政村调查、贡山县永拉干村社会经济调查、贡山县永拉干乡社会调查、福贡县二区一乡拉马鹿自然村调查、福贡县二区二乡双米底村社会经济调查、福贡县二区二乡鹿马登村社会调查、福贡县二区二乡阁利亚自然村怒族社会经济情况等内容。

1543

“中国少数民族社会历史调查资料丛刊”修订编辑委员会编/白族社会历史调查（一）．北京：民族出版社，2009年版．

本书主要内容为大理喜洲白族社会经济调查报告、剑川县下沐邑村白族社会经济调查报告、泸水县六库土司区白族社会经济调查报告、白族文化习俗诸方面的调查材料、红军长征经过大理白族地区的调查材料一、红军长征经过大理白族地区的情况二等。

1544

“中国少数民族社会历史调查资料丛刊”修订编辑委员会编/白族社会历史调查（二）．北京：民族出版社，2009年版．

本书记录了中国白族从起源至21世纪初的历史发展进程，涵盖政治、经济、文化、社会等方方面面。全书内容包括那马人风俗习惯的几个专题调查、怒江地区白族（白人）社会历史的几个专题调查、洱源县西山地区白族习俗调查、大理白族本主信仰调查、云龙县白族宗教信仰调查等。

1545

“中国少数民族社会历史调查资料丛刊”修订编辑委员会编/白族社会

历史调查（三）. 北京：民族出版社，2009 年版.

本书包含怒江傈僳族自治州碧江县洛本卓区勒墨人的社会历史调查、大理白族节日盛会调查、白族居住建筑、大理周城白族社会历史调查、大理马久邑“三元号”的兴衰情况、大理白族商号“裕和号”简况、鹤庆商帮奠基人舒金和发家始末和大理挖色白族的婚丧习俗、鹤庆白族婚俗调查等内容。

1546

“中国少数民族社会历史调查资料丛刊”修订编辑委员会编/白族社会历史调查（四）. 北京：民族出版社，2009 年版.

本书收录白族段、高、董、王等诸大姓族谱、墓志以及有关政治、经济，文化包括宗教方面的碑记、石刻，得到大理州文物管理所的大力支持和帮助。本书主要包括大理白族世袭总管和土官世系调查、兴宝寺德化铭、石宝山记、公立乡规碑记等内容。

1547

“中国少数民族社会历史调查资料丛刊”修订编辑委员会编/纳西族社会历史调查（一）. 北京：民族出版社，2009 年版.

本书主要根据中国科学院民族研究所云南民族调查组、云南省民族研究所 1963 年 10 月铅印的《云南纳西族社会历史调查》（纳西族调查资料之一）编辑整理而成。其中除《丽江喇嘛寺调查》、《东巴教和东巴文》两篇调查资料根据原调查整理者的意见未收采外，其余各篇为保持原来历史面貌只作了一些文字上的修改。《丽江县纳西族婚丧礼俗调查》一篇系 1981 年 5、6 月间补充调查的资料。

本书主要包括以下内容：丽江县第五区巨甸乡解放前土地关系初步调查、丽江县第一区黄山乡解放前土地关系初步调查、丽江县大研镇解放前的商业情况、纳西族文艺调查、丽江县纳西族婚丧礼仪调查等。

1548

“中国少数民族社会历史调查资料丛刊”修订编辑委员会编/纳西族社会历史调查（二）. 北京：民族出版社，2009 年版.

本书的主要内容有解放前纳西族概况、木里俄亚纳西族概况、维西县保和镇地主经营商业调查、中甸三坝地区纳西族社会历史调查报告、丽江纳西族的文化习俗和宗教信仰说明、丽江壁画简介及永宁见闻录等。

1549

“中国少数民族社会历史调查资料丛刊”修订编辑委员会编/黎族社会

历史调查．北京：民族出版社，2009 年版．

本书主要由“毛贵乡调查”、“通什乡调查”和“附录”三部分组成，介绍了海南黎族的经济、社会、阶层等内容。

1550

“中国少数民族社会历史调查资料丛刊”修订编辑委员会编/鄂温克族社会历史调查．北京：民族出版社，2009 年版．

本书由阿荣旗查巴奇乡鄂温克族调查报告、额尔古纳旗使用驯鹿鄂温克人的调查报告、陈巴尔虎旗莫尔格勒河鄂温克族社会历史调查报告、鄂温克族自治旗辉苏木调查报告、额尔古纳旗鄂温克族社会历史补充调查等五篇调查报告组成，包含历史概况、经济、社会组织、生活与习俗、精神生活等内容。

1551

“中国少数民族社会历史调查资料丛刊”修订编辑委员会编/鄂伦春族社会历史调查（一）．北京：民族出版社，2009 年版．

本次修订再版，在尊重史实，基本保持原貌，统一体例、版式的总原则下，主要是订正错误，并以修订注释的形式增补新的人口数据和地方行政隶属的变化情况。另外，原书中统计数据存在的问题较多，但因无资料可查核，部分只能保持原貌，仅供参考。

1552

“中国少数民族社会历史调查资料丛刊”修订编辑委员会编/鄂伦春族社会历史调查（二）．北京：民族出版社，2009 年版．

本书收集四篇调查报告：一、《逊克县鄂伦春民族乡调查》是由原《逊克县鄂伦春民族乡情况》（鄂伦春族调查材料之三）、原《逊克县鄂伦春民族乡补充调查材料》（鄂伦春族调查材料之七）和原《逊克县新鄂村补充调查报告》（鄂伦春族调查材料之十一）综合编辑而成。二、《逊克县新兴村调查》，即原《逊克县新兴村调查报告》（鄂伦春族调查材料之十二），是 1963 年 6 月 26 日至 7 月 8 日调查的。三、《呼玛县十八站鄂伦春民族乡调查》，即原《呼玛县十八站鄂伦春民族乡情况》（鄂伦春族调查材料之四）是 1958 年 9 月 15 日至 10 月 5 日调查的。四、《爱辉县鄂伦春民族乡调查》是由原《爱辉县鄂伦春民族乡情况》（鄂伦春族调查材料之六）和原《爱辉县新生村补充调查报告》（鄂伦春族调查材料之十）综合编辑而成。

1553

“中国少数民族社会历史调查资料丛刊”修订编辑委员会编/拉祜族社

会历史调查（一）. 北京：民族出版社，2009 年版.

本书收入拉祜族社会历史调查资料 12 篇。这些资料先后调查于 1954 至 1959 年间。资料内容多为反映拉祜族社会经济状况。中国科学院民族研究所云南民族调查组和云南省民族研究所，曾于 1963 年编成《拉祜族调查资料》，并以内部资料形式铅印过。现将上述调查资料重新整理编排为册，编排顺序以地区为基础，但也适当照顾调查时间的先后。在保持调查整理稿本来面目的前提下，删去了一些受极"左"思想影响而明显失真的资料。

1554

"中国少数民族社会历史调查资料丛刊"修订编辑委员会编/傣族社会历史调查（西双版纳之一）. 北京：民族出版社，2009 年版.

本书共收入调查资料 17 篇。从《车里县情况》依序至《普洱的紫梗、樟脑与茶叶》等 10 篇（其中有几篇是西双版纳其他民族的调查，也一并辑入），均选自中央访问团第二分团 1951 年 7 月编印的《云南民族情况汇集草稿》。上述 10 篇资料是目前可见的解放后有关西双版纳社会情况最早的一批调查资料，为保留当时的历史原貌，有关行政区划、地名和民族称谓中的他称、辱称等，在行文中我们均未作改动，一概依旧。关于西双版纳农副业、手工业、商业情况 3 篇，是 1954 年 5 月中央民委会西南民族工作视察组到西双版纳视察工作时汇集整理的，20 世纪 50 年代曾作为内部资料刊印过。解放后，当地党政部门对傣族社会做过很多调查，由于历史原因，这些资料多已散失，仅就目前所见收入本集的有 4 篇，为避免重复，均有所删节。

1555

"中国少数民族社会历史调查资料丛刊"修订编辑委员会编/傣族社会历史调查（西双版纳之二）. 北京：民族出版社，2009 年版.

本书主要内容包括西双版纳傣族社会经济调查总结报告、思茅地委关于西双版纳傣族自治州傣族地区采取和平协商方式进行土地改革的意见、西双版纳二十六个勐傣族村寨所属封建等级统计、叭真及其后代的历史散记、召勐遮所辖地界及解决地界纠纷纪要（三篇）和关于"版纳"和"火圈"的一些资料。

1556

"中国少数民族社会历史调查资料丛刊"修订编辑委员会编/傣族社会历史调查（西双版纳之三）. 北京：民族出版社，2009 年版.

本书主要内容包括叭贞以后各代的历史记载、傣族宣慰使司地方志

（节选）、西双版纳傣族的封建法规和礼仪规程、西双版纳傣族人民的各项负担、清代中叶西双版纳军政机关的三个文告、西双版纳景洪的灌溉系统及其管理和官田分布、西双版纳傣族宗教情况初步调查等。

1557

“中国少数民族社会历史调查资料丛刊”修订编辑委员会编/傣族社会历史调查（西双版纳之四）．北京：民族出版社，2009年版．

本书主要内容有版纳景洪曼暖典寨土地关系初步调查、版纳景洪戛东行政村头人情况初步调查、版纳景洪戛东、戛洒两行政村十七个寨子社会经济初步调查、西双版纳宣慰使司署及勐景洪政治情况概述、西双版纳召片领封建统治组织有关调查资料、勐景洪农村内部阶级分化情况、勐景洪傣族社会经济情况调查、勐景洪各个农民等级调查材料、勐景洪典型寨调查材料等。

1558

“中国少数民族社会历史调查资料丛刊”修订编辑委员会编/傣族社会历史调查（西双版纳之五）．北京：民族出版社，2009年版．

本书共收入勐海、勐混、勐宋等地的调查资料共14篇，主要包括勐海封建领主经济概况、勐海的封建政权与等级、勐海曼真寨调查、勐海曼费寨调查、勐海曼兴寨调查、勐混傣族社会经济情况调查、勐混曼蚌寨调查、勐混曼裴寨调查、打洛傣族社会经济情况调查和勐宋傣族社会历史情况调查等内容。

1559

“中国少数民族社会历史调查资料丛刊”修订编辑委员会编/傣族社会历史调查（西双版纳之六）．北京：民族出版社，2009年版．

本书包括勐遮傣族社会经济情况调查、勐遮傣族农民内部的封建等级调查、勐遮曼根寨调查、勐遮曼板寨调查、勐遮景真傣族社会历史调查、勐遮景真傣族社会经济情况调查、勐遮勐满傣族社会经济调查、勐康傣族社会调查、勐往傣族社会经济情况调查、勐往曼依坎寨调查、勐往曼东寨调查等内容。

1560

“中国少数民族社会历史调查资料丛刊”修订编辑委员会编/傣族社会历史调查（西双版纳之七）．北京：民族出版社，2009年版．

本书收入了景糯、勐很、勐旺、景董以及象明的调查资料共14篇。收入的这些资料原件，除《勐景糯傣族社会经济情况调查》、《勐旺傣族社会调查补充材料》、《勐旺曼练景寨调查》、《勐旺曼扫寨调查》存中共西双版纳傣族自治州州委档案科外，其他各件均存省历史研究所。本书主要包括勐景糯傣族社会经济情况调查、勐景糯曼招寨调查、勐很傣族社会经济情况调查、勐很曼岗纳寨调查、勐旺傣族社会经济情况调查、勐旺傣族社会调查补充材料、景董傣族社会情况调查、景董曼旷寨调查、版纳勐旺象明社会情况调查等内容。

1561

“中国少数民族社会历史调查资料丛刊”修订编辑委员会编/傣族社会历史调查（西双版纳之八）．北京：民族出版社，2009 年版．

本书收入勐罕、勐龙、勐养和勐景哈、勐宽等 5 个勐的调查资料 12 篇。主要包括勐罕傣族社会情况调查、勐罕曼远寨调查、勐罕曼戛剪寨调查、勐景哈简况、勐宽简况、勐笼傣族社会历史调查、勐笼曼破寨调查、勐养曼景罕寨调查、勐养花腰傣的风俗习惯、关于“赞哈”和乐器的传说等内容。

1562

“中国少数民族社会历史调查资料丛刊”修订编辑委员会编/傣族社会历史调查（西双版纳之九）．北京：民族出版社，2009 年版．

本书收入今勐腊县属的各勐调查资料和西双版纳有关史料及原始宗教的译文和调查报告。主要包括版纳勐腊的土司制度、勐腊杂记、勐腊第一乡各寨简况汇集、勐腊第二乡各寨简况汇集、勐腊度量衡折算等情况、曼纳散社会情况报告、勐远傣族社会经济简况、景洪傣族部分村寨调查汇集、景洪傣族祭神情况调查等内容。

1563

“中国少数民族社会历史调查资料丛刊”修订编辑委员会编/藏族社会历史调查（一）．北京：民族出版社，2009 年版．

本书讲述了新中国成立后，党和政府高度重视民族问题和民族工作。少数民族地区的社会改革和社会主义建设逐步展开。为了摸清少数民族的社会历史状况，抢救行将消失的宝贵的历史文化资料，而编写了本套丛书。

1564

“中国少数民族社会历史调查资料丛刊”修订编辑委员会编/藏族社会历史调查（二）．北京：民族出版社，2009 年版．

本书主要包括拉加里地区调查报告、山南地区调查报告、扎朗县囊色林豁卡调查报告、贡嘎县根扎草场调查及打隆县贵族拉鲁草场调查等内容。

1565

“中国少数民族社会历史调查资料丛刊”修订编辑委员会编/藏族社会

历史调查（三）. 北京：民族出版社，2009 年版.

本书的主要内容包括那曲宗孔马部落调查报告、那曲宗罗马让学部落调查报告、那曲县桑雄阿巴部落调查报告和当雄宗调查报告等。

1566

“中国少数民族社会历史调查资料丛刊”修订编辑委员会编/藏族社会历史调查（四）. 北京：民族出版社，2009 年版.

本书的主要包括昌都地区社会历史调查资料、工布四宗土地及差役负担情况的一般调查、则拉宗泥池村和足木宗则普村典型调查材料、关于波密土王的调查资料、江孜手工纺织业调查材料和江孜康马下涅如地区调查报告等内容。

1567

“中国少数民族社会历史调查资料丛刊”修订编辑委员会编/藏族社会历史调查（五）. 北京：民族出版社，2009 年版.

本书主要包括托吉豁卡调查材料、桑珠豁卡调查材料、甲马卡豁卡调查报告、柳谿卡调查材料和资龙谿卡调查材料等内容。

1568

“中国少数民族社会历史调查资料丛刊”修订编辑委员会编/藏族社会历史调查（六）. 北京：民族出版社，2009 年版.

本书主要包括拉孜宗杜素庄园调查报告、日喀则宗艾马岗调查报告、日喀则宗牛豁卡调查之一、日喀则宗牛豁卡调查之二、日喀则宗牛豁卡调查之三和日喀则宗孜东察儿谿卡调查等内容。

1569

“中国少数民族社会历史调查资料丛刊”修订编辑委员会编/哈萨克族社会历史调查. 北京：民族出版社，2009 年版.

本册由两部分组成：第一部分汇编了有关哈萨克族社会历史调查材料 13 篇，其中有 1952 年 12 月至 1953 年 5 月调查的阿勒泰牧区材料 5 篇；1958 年 10 月、12 月对青海格尔木、甘肃阿克塞两地哈萨克族社会历史调查报告各 1 篇；1959 年 8 月对乌鲁木齐南山哈萨克族的调查报告 1 篇；1972 年 1 月至 4 月对阿勒泰地区 1949 年以前牧区社会文化状况的调查报告 4 篇；有 1980 年夏秋对阿勒泰地区哈萨克族文化习俗的调查报告 1 篇。第二部分有关哈萨克族社会历史调查报告 15 篇，其中 9 篇调查报告是中国共产党中央新疆分局研究室在 1950 年下半年至 1951 年上半年、1953 年上半年调查后写作的；1 篇是新疆分局研究室与中共巴里坤县委联合工作组共同完成的；还有杨廷瑞和倪华德撰写的专题调查调查报告各1篇；选自新疆维吾尔自治区计委1956年编印的《新疆农村经济调查报告》中的2篇调查报告；中共新源县委农村工作部和新疆民族研究先驱者谷苞的调查报告各1篇。

1570

“中国少数民族社会历史调查资料丛刊”修订编辑委员会编/回族社会历史调查资料．北京：民族出版社，2009年版．

本书是1985年10月在昆明召开的“第二次全国回族简史座谈会”各地到会的专家学者为会议拟写的文章和资料，会后受委托编辑出版。本集共29篇文章，大多是尚未发表过的，其中包括了甘肃、河南、湖北、内蒙古等地回族族源；家谱、历史人物、起义领袖；更为宝贵的是我党领导下的抗日战争、解放战争时期的各地回民支队，党在宁夏地区最早实行的民族区域自治史略，为研究我国古代和近现代回族历史提供了极为宝贵的材料。

1571

“中国少数民族社会历史调查资料丛刊”修订编辑委员会编/侗族社会历史调查．北京：民族出版社，2009年版．

本书由贵州省编辑组编，贵州民族出版社1988年出版，是有关侗族社会历史文化的珍贵历史资料。本册共八编：第一编　锦屏县概况；第二编　林业生产；第三编　木林贸易的发展；第四编　魁胆侗寨解放前的林业生产和林农生活；第五编　手工业与官办手工业；第六编　商业；第七编　赋税与徭役；第八编　锦屏县侗族地区解放前经济统计。

1572

“中国少数民族社会历史调查资料丛刊”修订编辑委员会编/独龙族社会历史调查（一）．北京：民族出版社，2009年版．

本书主要包括独龙族社会情况调查、独龙族简介、贡山县四区三村独龙族社会经济调查、贡山县四区独龙族社会调查、贡山县四区茂顶等村独龙族社会调查统计资料、贡山县四区四村独龙族生产关系调查、贡山县四区茂顶、蓝旺度独龙族社会经济调查和贡山县四区四村独龙族原始共产制残余调查等内容。

1573

“中国少数民族社会历史调查资料丛刊”修订编辑委员会编/独龙族社会历史调查（二）．北京：民族出版社，2009年版．

本册的主要包括云南省贡山县第四区独龙族社会经济调查报告、第一行政村独龙族社会经济调查、第二行政村独龙族社会经济调查报告（第一部分）、第二行政村独龙族社会经济调查（第二部分）、第三行政村解放前独龙族的社会经济面貌、第三行政村解放后独龙族的社会经济面貌、第三行政村解放后独龙族社会经济调查、第四行政村独龙族社会经济调查、第四行政村独龙族社会历史调查及独龙语的基本特点和方言土语概况等内容。

1574

“中国少数民族社会历史调查资料丛刊”修订编辑委员会编/赫哲族社会历史调查．北京：民族出版社，2009 年版．

我国的赫哲族主要集中在黑龙江省。人口虽少，但居住分散。他们主要分布在黑龙江省抚远、同江、饶河、富锦、集贤、桦川、依兰等县和佳木斯市郊区。本册主要包括富锦县（今同江市）街津口村赫哲族调查报告、抚远县（今同江市）八岔赫哲民族乡调查报告、饶河县西林子乡四排村（今四排赫哲族乡四排村）赫哲族调查报告等内容。

1575

“中国少数民族社会历史调查资料丛刊”修订编辑委员会编/景颇族社会历史调查（一）．北京：民族出版社，2009 年版．

本书收入了云南省潞西、瑞丽、陇川、梁河等县景颇族社会历史调查资料 12 篇。这些资料主要是西南民委会、中共云南省委边委共同组织的调查组于 1953 年调查的，曾以内部资料的形式于 1956 年铅印成册。这些调查是为党制定民族工作的方针政策提供依据的，侧重于调查研究当时的社会经济、政治情况，当然也涉及一些历史的材料。今天看来，这些调查资料仍然很有意义。通过这些资料，可以看到我们党是如何本着实事求是的精神，在民族地区开辟和开展工作的。这些调查资料有助于我们了解党的某些民族政策制定的背景和云南民族工作发展的历史过程。这次整理这些调查资料，在尽可能保持调查整理稿原貌的前提下，删去了一些非景颇族的材料和生产规划之类的材料，精简了部分表格，在文字上作了必要的加工、润色。

1576

“中国少数民族社会历史调查资料丛刊”修订编辑委员会编/景颇族社会历史调查（二）．北京：民族出版社，2009 年版．

本书分为两部分：一、景颇族五个点（寨）分点调查报告，即《潞西县西山弄丙寨景颇族调查报告》、《潞西县东山弄蚌寨景颇族调查报告》、《陇川县邦瓦寨景颇族调查报告》、《瑞丽县雷弄寨景颇族调查报告》和《盈江县邦瓦寨景颇族社会情况调查报告》；二、景颇族五个点调查综合报告，即以“概况”、“经济”和“上层建筑诸方面”综合进行叙述。

本集景颇族社会历史调查报告和资料，中国科学院民族研究所云南民族调查组和云南省历史研究所民族研究室曾于1963年在内部铅印过。这次出版，由编辑人员在尽量保持调查整理稿原貌的基础上，作了一些必要的文字加工润色和对图表统计数字一一进行了核对与订正。所收照片16幅，是由云南省历史研究所资料室供稿。

1577

“中国少数民族社会历史调查资料丛刊”修订编辑委员会编/景颇族社会历史调查（三）. 北京：民族出版社，2009年版.

本书共收景颇族社会历史调查资料8篇。其中《莲山县乌帕乡乌帕寨社会历史调查》1篇系1957年调查整理，《德宏州景颇族三个点的调查总结》等7篇系1958年调查整理。

这些调查资料，过去由中国科学院民族研究所云南民族调查组、云南省历史研究所民族研究室作为内部资料刊印过。这次编辑出版，基本上保持原调查整理稿的本来面目，仅删去一些同科学研究无关的资料，订正一些明显的错误，对一些资料的行文作了必要的润色。

1578

“中国少数民族社会历史调查资料丛刊”修订编辑委员会编/景颇族社会历史调查（四）. 北京：民族出版社，2009年版.

本书主要包括景颇族历史的调查资料、盏西景颇族历史调查、量颇族景颇支历史传说和线索、量颇族载瓦、喇期、弄峨各支系的历史传说和线索、瑞丽县南京里景颇族浪速支情况、关于云龙早阳“浪宋”人的历史调查及潞西县遮放西山区近几十年来山官与山官、山官与土司之间的战争与仇杀情况等内容。

1579

“中国少数民族社会历史调查资料丛刊”修订编辑委员会编/达斡尔族社会历史调查. 北京：民族出版社，2009年版.

本书是根据国家民委“民族问题五种丛书”出版计划编辑出版的，达斡尔族调查小组先后深入内蒙古自治区、黑龙江省各达斡尔族聚居区进行了社会历史调查工作。本书是根据下列原调查报告综合编辑而成的：《达斡尔族情况——达斡尔族调查材料之一》、《巴彦托海索木达呼尔族情况——达呼尔族调查材料之二》、《爱辉县西岗子乡友谊社达斡尔族情况——达斡尔族调查材料之三》、《齐齐哈尔市郊达斡尔族情况——达斡尔族调查材料之五》、《齐齐哈尔市郊区全和太屯解放前经济情况——达斡尔族调查材料之六》，有关新疆塔城地区达斡尔族的情况，主要根据新疆少数民族社会历史调查组 1958 年 9—10 月间在塔城县和霍城县调查的材料，同时参考了凯英编写的《新疆达斡尔族概况》（手稿）。

由于自然条件的不同，各地区达斡尔人从事的生产活动也各有特点。莫力达瓦达斡尔族自治旗达斡尔人的经济以农、猎、牧、林业多种经营为特点；齐齐哈尔地区达斡尔人以农业为主；爱辉地区达斡尔人除主要从事农业外，渔业占有一定比重；海拉尔地区达斡尔人以牧业为主，兼营运输业；塔城地区达斡尔人则以农业为主，兼营牧业。为如实反映各地区达斡尔人的经济特点及其阶级关系，在编辑本书时保留了各地区关于经济的专章。由于各地区达斡尔人在物质生活、社会组织、宗教信仰、生活习俗、文化艺术等方面大同小异，将有关这方面的材料重新作了综合整理，没有分别单立章节。

1580

“中国少数民族社会历史调查资料丛刊”修订编辑委员会编/裕固族东乡族保安族社会历史调查. 北京：民族出版社，2009 年版.

本收由甘肃省编辑组编，是了解和研究裕固族、东乡族和保安族社会历史基本情况的重要参考资料。主要包括裕固族社会历史调查、东乡族社会历史调查、保安族社会历史调查等内容。

1581

“中国少数民族社会历史调查资料丛刊”修订编辑委员会编/哈尼族社会历史调查. 北京：民族出版社，2009 年版.

本书共收入有关哈尼族社会历史的 19 篇调查资料。哈尼族分布于云南省广大地区，内部支系较多。现在掌握的哈尼族调查资料，主要限于金平、元阳、红河、墨江和西双版纳的部分地区。本书主要包括哈尼族简介、关于思陀土司区得若干情况、勐弄土司记事、纳更和稿吾卡土司改革、哈尼族史料小辑、清代哀牢山区哈尼族起义领袖田四浪事迹调查报告、红河县哈尼族社会历史调查、墨江县哈尼族人民的解放、墨江县龙坝区娘浦寨哈尼族社会历史调查等内容。

1582

“中国少数民族社会历史调查资料丛刊”修订编辑委员会编/土家族社会历史调查. 北京：民族出版社，2009 年版.

本书所收录的文章是 20 世纪 50 年代中央民族学院研究部、中国科学院民族研究所的专家完成的，大多发表在《中国民族研究集刊》上。本书主要包括湘西“土家”概况、湘西“土族”考、访问湘西北“土家”报告、湘西北鄂西南川东南的一个兄弟民族——土家等内容。

1583

“中国少数民族社会历史调查资料丛刊”修订编辑委员会编/羌族社会历史调查．北京：民族出版社，2009 年版．

本书主要包括羌族地区近代经济资料汇编、汶川县雁门乡社会调查报告、理县通化乡社会调查报告、茂汶羌族自治县黑虎乡社会调查报告、茂县土门乡社会调查报告、羌族宗教习俗调查资料、近代羌族人民反帝反封建斗争资料汇辑、红军长征经过羌族地区及其影响等内容。

1584

“中国少数民族社会历史调查资料丛刊”修订编辑委员会编/柯尔克孜族风俗习惯．北京：民族出版社，2009 年版．

本书主要包括以下内容：古老文明的民族；柯尔克孜族的衣食住行；柯尔克孜人的婚丧和礼仪；岁时风俗；生产劳动习俗；民间文学与艺术；体育、竞技与游戏；受人喜爱的民族手工艺品；后记。

1585

“中国少数民族社会历史调查资料丛刊”修订编辑委员会编/柯尔克孜族社会历史调查．北京：民族出版社，2009 年版．

本书主要包括柯尔克孜族历史概述、乌恰县柯尔克孜族调查报告、乌恰县二区阶级关系调查报告、阿合奇县柯尔克孜族历史调查报告、阿图什县七区哈拉峻习俗服饰补充调查报告、特克斯县柯克狄拉克柯尔克孜族调查报告、额敏县五区七乡柯尔克孜族调查报告、黑龙江省富裕县柯尔克孜族调查报告、柯尔克孜族民间文学艺术概况调查报告、解放后的柯尔克孜族民间文学艺术的发展、柯尔克孜族生活习俗和宗教信仰专题调查报告等内容。

1586

“中国少数民族社会历史调查资料丛刊”修订编辑委员会编/维吾尔族社会历史调查．北京：民族出版社，2009 年版．

本书所收集的调查报告，虽然不能全面反映解放前后维吾尔族的社会历史面貌，但是也从社会发展，政治、经济、文化情况，风俗习惯和宗教信仰等方面，反映出维吾尔族社会历史的几个侧面，对于进一步了解解放前后维吾尔族的变化和研究维吾尔族的历史都是有一定参考价值的。现根据调查时间的先后，把这几篇调查报告重加整理，合编一册，定名为《维吾尔族社会历史调查》，公开出版。

1587

“中国少数民族社会历史调查资料丛刊”修订编辑委员会编/塔吉克族社会历史调查．北京：民族出版社，2009年版．

本书包括泽蕾县阿扎提阿巴提塔吉克民族乡的调查、莎车县扎热甫夏提塔吉克民族乡的调查、塔什库尔干塔吉克自治县大同乡的调查、关于克伦伯克统治的调查、关于小同“羊契”的调查、关于克伦伯克家“邓干力克”（奴隶）的调查、塔吉克族的民间表演艺术与文学概况、关于塔吉克族风俗习惯和宗教信仰的调查等内容。

1588

“中国少数民族社会历史调查资料丛刊”修订编辑委员会编/佤族社会历史调查（一）．北京：民族出版社，2009年版．

新中国成立后，党和政府高度重视民族问题和民族工作。少数民族地区的社会改革和社会主义建设逐步展开。为了摸清少数民族的社会历史状况，抢救行将消失的宝贵的历史文化资料，1953年，全国人大民族委员会和中央民族事务委员会组织进行了全国性的民族识别调查，1956年又开始少数民族语言、少数民族社会历史调查。本册再版修订后的佤族社会历史调查包括佤族简介、西盟佤族社会经济调查报告、西盟大马散佤族社会经济调查报告和后记四部分。

1589

“中国少数民族社会历史调查资料丛刊”修订编辑委员会编/佤族社会历史调查（二）．北京：民族出版社，2009年版．

本书主要包括西盟县岳宋佤族社会经济调查、西盟县中课佤族社会几个问题的初步调查、西盟县永广佤族社会经济调查、西盟县翁戛科佤族社会经济调查、西盟县龙坎佤族社会经济调查、西盟县佤族社会贫富分化及民族公地情况初步调查、西盟佤族习俗调查资料、佤族历史故事“司岗里”的传说等内容。

1590

“中国少数民族社会历史调查资料丛刊”修订编辑委员会编/佤族社会历史调查（三）．北京：民族出版社，2009年版．

本书主要包括沧源县班洪寨社会调查、沧源县岩帅区贺南乡社会经济调查、沧源县班洪区南腊大户社会经济初步调查报告、沧源县班洪区小滚弄寨社会经济调查、沧源县佤族补充调查材料汇集及澜沧县雪林和安康佤族调查材料、耿马县四排山区东波乡新寨社会经济调查等内容。

1591

“中国少数民族社会历史调查资料丛刊”修订编辑委员会编/佤族社会历史调查（四）. 北京：民族出版社，2009 年版.

本书共收录有关西盟县和沧源县的佤族社会调查 7 篇。主要包括西盟佤族姓氏调查报告、西盟县小马散区莫窝乡莫窝大寨佤族贫富分化调查、沧源县佤族社会经济调查总结报告、沧源县“班洪部落”社会经济调查总结报告、沧源县班老佤族社会经济调查报告、沧源佤族社会调查、后记。

1592

“中国少数民族社会历史调查资料丛刊”修订编辑委员会编/蒙古族社会历史调查. 北京：民族出版社，2009 年版.

本书资料主要来源于：（一）解放前在阿拉善执政的扎萨克和部分官员及基层官吏；延福寺、广宗寺的部分喇嘛及执事人员；祥泰隆等主要商号的个别从业人员以及一些老牧民、老农民（汉族）的口述材料。（二）旧阿拉善旗衙门、广宗寺、延福寺及祥泰隆商号的档案或账簿。（三）阿拉善旗人民委员会的部分统计资料。此次整理，将上述两本资料综合编成一集，并作了必要的删节。对原调查报告中使用的斯拉夫蒙古文，未予改动，以示原貌。

1593

“中国少数民族社会历史调查资料丛刊”修订编辑委员会编/南疆农村社会. 北京：民族出版社，2009 年版.

本书自 1953 年由原中共中央新疆分局宣传部、研究室编，新疆人民出版社出版，已有二十多年。1952 年后，新疆面貌的变化是广泛而深刻的。完成了农村、牧区的民主改革，实现了民族区域自治，完成了对农业、手工业和资本主义工商业的社会主义改造，实现了人民公社化，开展了大规模的社会主义经济建设和文化建设。书中讲述了南疆维吾尔族农民的苦难和欢乐，记述了大量的维吾尔族劳动人民的事迹，有助于读者更好地了解南疆人民的奋斗精神。

1594

“中国少数民族社会历史调查资料丛刊”修订编辑委员会编/广西苗族社会历史调查. 北京：民族出版社，2009 年版.

本书包括融水苗族自治县融水镇社会历史调查、隆林各族自治县苗族社会历史调查、龙胜伶人情况调查等内容。

1595

“中国少数民族社会历史调查资料丛刊”修订编辑委员会编/广西瑶族社会历史调查（一）. 北京：民族出版社，2009 年版.

本书为廓清广西瑶族社会历史渊源，梳理广西瑶族历史文化脉络，传承瑶族社会历史文化，促进瑶族和瑶族地区社会、经济、文化发展以及瑶学研究作出了历史性的贡献。

1596

“中国少数民族社会历史调查资料丛刊”修订编辑委员会编/广西瑶族社会历史调查（二）. 北京：民族出版社，2009 年版.

本书的主要内容为七大瑶山瑶族歌谣、山子瑶歌谣、茶山瑶歌谣、花篮瑶歌谣、坳瑶歌谣、大瑶山瑶族故事等。

1597

“中国少数民族社会历史调查资料丛刊”修订编辑委员会编/广西瑶族社会历史调查（三）. 北京：民族出版社，2009 年版.

本书主要包括南丹县大瑶寨瑶族社会历史调查、环江县长北乡后山屯瑶族社会历史调查、富川县富阳区瑶族社会历史概况、贺县新华乡瑶族社会历史调查、贺县狮狭民族乡瑶族社会历史概况、富川县瑶族地区商品经济的发展情况及解放前瑶族社会性质调查等内容。

1598

“中国少数民族社会历史调查资料丛刊”修订编辑委员会编/广西瑶族社会历史调查（四）. 北京：民族出版社，2009 年版.

本书主要包括 1933 年桂北瑶民起义资料，瑶族人口分布统计，全州、灌阳、兴安三县历史概要资料，桂北瑶民起义资料，1933 年龙胜、龙脊、庙坪、白水等地瑶民起义情况、档案资料拾零，解放后发表的回忆、访问资料等内容。

1599

“中国少数民族社会历史调查资料丛刊”修订编辑委员会编/广西瑶族社会历史调查（五）. 北京：民族出版社，2009 年版.

本书由王昭武、郭在忠、胡起望、曲军锋、黄钰、郑小玲、蓝克宽、黄海东等同志进行必要的修改和订正。王昭武负责《凌云县后龙山背篓瑶社会历史调查》；郭在忠负责《上林县正万乡瑶族社会历史调查》；胡起望负责《田林县凡昌乡瑶族社会历史调查》、《田林县那拉乡瑶族社会历史调查》、《田林县渭标乡瑶族社会历史调查》；曲军锋负责《巴马瑶族自治县甘长乡瑶族社会历史调查》；黄钰、郑小玲负责《百色县洞好乡瑶族社会历史调查》、《凌云县览金乡瑶族社会历史调查》、《西林县那兵乡瑶族社会历史调查》；蓝克宽负责《都安瑶族自治县三只羊乡瑶族社会历史调查》、《都安瑶族自治县下坳乡瑶族社会历史调查》；黄海东负责《都安瑶族自治县七百弄乡瑶族社会历史调查》、《都安瑶族自治县文华区瑶族社会历史调查》。最后由蓝克宽、廖钧丞、韩肇明、陆群和等同志负责审查、定稿、付印。其中蓝克宽负责第一至第六篇；廖钧丞负责第七至第九篇；韩肇明负责第十至第十一篇；陆群和负责第十二至第十三篇。

1600

“中国少数民族社会历史调查资料丛刊”修订编辑委员会编/广西瑶族社会历史调查（六）. 北京：民族出版社，2009 年版.

本书主要包括上思县十万大山南桂乡瑶族社会历史调查；附录一：十万大山南屏乡瑶族调查；附录二：镇南县唐丁村山人情况；那坡县下华乡规六村瑶族社会历史调查；田东县平略乡瑶族社会历史调查；十万大山山子瑶社会历史调查；十万大山大板瑶社会历史调查等内容。

1601

“中国少数民族社会历史调查资料丛刊”修订编辑委员会编/广西瑶族社会历史调查（七）. 北京：民族出版社，2009 年版.

本书收录了瑶族民间歌谣资料 230 余首。这些资料的来源部分辑自广西、湖南等省（区）少数民族社会历史调查组调查资料或民族民间文学调查资料，部分为编者收集。

1602

“中国少数民族社会历史调查资料丛刊”修订编辑委员会编/广西瑶族社会历史调查（八）. 北京：民族出版社，2009 年版.

本书包含有评皇券牒、过山榜、圣牒榜文、平王牒榜、盘古圣皇榜文券牒、评皇券牒、盘古瑶榜牒、过山黄榜、评皇券牒、过山榜文、评皇圣牒、盘古王圣牒榜文书、榜牒文书、评王券牒传、评皇券牒榜书、评皇券牒、盘皇牒、评王券榜牒文等内容。

1603

“中国少数民族社会历史调查资料丛刊”修订编辑委员会编/广西瑶族社会历史调查（九）. 北京：民族出版社，2009 年版.

本书共收入瑶族社会历史调查、古代情歌、宗教神唱等 68 篇。包括大瑶山瑶族三个乡的社会经济调查、大瑶山瑶族家庭经济与自然屯经济典型调查、大瑶山订立团结公约的调查、都安瑶族自治县六个乡的社会经济调查、都安县七百鼻瑶族婚姻调查、南丹白裤瑶社会调查、南丹大瑶寨砍牛风俗调查材料、恭城县瑶族调查、恭城县新合村瑶族调查、田东县民族概况、江永七都人调查等内容。

1604

"中国少数民族社会历史调查资料丛刊"修订编辑委员会编/广西壮族社会历史调查（一）. 北京：民族出版社，2009 年版.

本书主要由六篇调查报告组成：《天峨县白定乡壮族政治及生活习俗的调查》、《隆林各族自治县委乐乡壮族生活习俗情况的调查》、《龙胜各族自治县龙脊乡壮族社会历史调查》、《南丹县拉易乡壮族农业及副业生产状况的调查》、《南丹县月里乡壮族社会历史调查》和《环江县龙水乡壮族社会历史调查》。

1605

"中国少数民族社会历史调查资料丛刊"修订编辑委员会编/广西壮族社会历史调查（二）. 北京：民族出版社，2009 年版.

本书包含南丹县壮族社会历史调查、西林县那劳区维新乡壮族社会历史调查、百色县两琶乡壮族社会历史调查、环江县城管乡壮族社会历史调查等内容。

1606

"中国少数民族社会历史调查资料丛刊"修订编辑委员会编/广西壮族社会历史调查（三）. 北京：民族出版社，2009 年版.

本次修订再版，在尊重史实，基本保持原貌，统一体例、版式的总原则下，主要是订正错误，并以修订注释的形式增补新的人口数据和地方行政隶属的变化情况。另外，原书中统计数据存在的问题较多，但因无资料可查核，部分只能保持原貌，仅供参考。

1607

"中国少数民族社会历史调查资料丛刊"修订编辑委员会编/广西壮族社会历史调查（四）. 北京：民族出版社，2009 年版.

本书由 1964 年广西少数民族社会历史调查组编印内部发行的《1933 年桂北瑶民起义资料》和龙胜、兴安、临桂、荔浦、恭城、全州等县瑶族社会历史调查资料，修改合编而成。

1608

"中国少数民族社会历史调查资料丛刊"修订编辑委员会编/广西壮族

社会历史调查（五）. 北京：民族出版社，2009 年版.

本书主要包括宜山县洛东壮族社会历史调查、田东县擅乐乡壮族社会历史调查、东兰县那烈乡壮族社会历史调查、东兰县中和区东里屯社会历史调查等内容。

1609

“中国少数民族社会历史调查资料丛刊”修订编辑委员会编/广西壮族社会历史调查（六）. 北京：民族出版社，2009 年版.

本书主要由武鸣县邓广乡壮族社会历史调查、武鸣县清江乡壮族社会历史调查、上林县高贤乡壮族社会经济调查、马山县友谊人民公社的调查及都安瑶族自治县高兴人民公社壮族社会历史调查等内容组成。

1610

“中国少数民族社会历史调查资料丛刊”修订编辑委员会编/广西壮族社会历史调查（七）. 北京：民族出版社，2009 年版.

本书收入傣人、偏人、陇人社会历史调查资料三篇，傣人、偏人、陇人，即今天的壮族。这些资料是 1954 年由中南民委和广西民委联合组织工作组到实地调查整理成册，作为内部资料铅印出版。

1611

“中国少数民族社会历史调查资料丛刊”修订编辑委员会编/广西少数民族地区碑文契约资料集. 北京：民族出版社，2009 年版.

本书所编的碑文、契约、告示、族谱等资料，主要是 1956—1957 年间，广西少数民族社会历史调查组壮族组在壮族地区调查搜集的；还有近年来广西民族研究所和一些县志办公室的同志搜集提供的资料。

1612

“中国少数民族社会历史调查资料丛刊”修订编辑委员会编/广西彝族仡佬族水族社会历史调查. 北京：民族出版社，2009 年版.

本书主要由七篇调查报告组成，即隆林各族自治县彝族社会历史调查、那坡县者祥屯和达腊屯彝族社会历史调查、那坡县那坡人民公社隆平大队彝族社会历史调查、隆林各族自治县仡佬族社会历史调查、广西水族社会历史调查和田林县天主教调查报告。

1613

“中国少数民族社会历史调查资料丛刊”修订编辑委员会编/广西仫佬族毛南族社会历史调查. 北京：民族出版社，2009 年版.

本书共收入环江县毛南族、罗城县仫佬族社会历史调查资料三篇。其中，《环江县毛南族社会历史调查》，是广西少数民族社会历史调查组于1958年调查整理，作为内部资料铅印，这次付印之前，由王昭武作了补充调查、整理修订，莫家仁审查定稿。《环江毛南族情况调查》，是中南区民委和广西民委组织调查组于1953年调查整理，作为内部资料铅印，这次付印之前，由黄钰、韦振辉整理修订、审查定稿。《罗城县佬佬族情况调查》，是中南区民委和广西民委组织调查组于1953年调查整理。

1614

“中国少数民族社会历史调查资料丛刊”修订编辑委员会编/广西仫佬族社会历史调查. 北京：民族出版社，2009年版.

本书主要包括罗城县概况调查报告；附录：罗城县物华乡上地栋屯仫佬族解放前的农业与生活习俗；罗城县仫佬族民族来源；罗城县四把乡仫佬族社会历史调查；罗城县下里乡仫佬族社会历史调查；罗城县集环乡仫佬族社会历史调查；附录：集环乡吴白振乡长等人介绍本乡情况等内容。

1615

“中国少数民族社会历史调查资料丛刊”修订编辑委员会编/青海省回族撒拉族哈萨克族社会历史调查. 北京：民族出版社，2009年版.

本书的主要包括青海回族的一些情况、门源回族自治县回族社会历史情况调查、化隆回族自治县回族社会历史调查、湟中县回族社会历史调查、大通县回族社会历史情况、青海回族的生活习俗、循化撒拉族社会经济调查及部分哈萨克族迁徙青海调查等内容。

1616

“中国少数民族社会历史调查资料丛刊”修订编辑委员会编/青海土族社会历史调查. 北京：民族出版社，2009年版.

“中国少数民族社会历史调查资料丛刊”是国家民委“民族问题五种丛书”之五，内容包括20世纪50年代中央访问团收集的资料，全国人大民委、中央民委等组织民族社会历史调查以及民族识别等工作所搜集到的资料，20世纪80年代后由各省、自治区陆续分别出版，全套社会历史调查资料丛刊共有84种145本。这些资料集中记录了我国少数民族社会历史的基本情况，是民族研究和民族工作中的重要参考资料，受到了各方面的欢迎和好评。后因民族自治地方社会、文化发展取得长足进步，国家民委决定修订、再版该套丛刊，并将其列为国家民委重点科研项目，修订本合计为86种147本。

本书的主要内容包括青海土族的经济生活、语言、民间信仰、佑宁寺情况、青海互助县土人调查记、土族的风俗习惯、婚姻与亲族制度、文学艺术等。

1617

“中国少数民族社会历史调查资料丛刊”修订编辑委员会编/青海省藏族蒙古族社会历史调查．北京：民族出版社，2009 年版．

本书包括青海藏族简介、兴海县河卡乡新中国成立初期社会经济状况、兴海县阿曲乎部落制度的调查、兴海县河卡乡藏族风俗习惯的调查、同德县夏卜浪千户部落基本情况、同仁县浪加族社会调查以及玉树区社会情况等内容。

1618

“中国少数民族社会历史调查资料丛刊”修订编辑委员会编/四川省纳西族社会历史调查．北京：民族出版社，2009 年版．

本书由四篇调查报告组成：《四川省盐源县沿海公社达住村纳西族社会历史调查报告》、《四川省木里藏族自治县俄亚乡纳西族调查报告》、《四川省盐源木里两县纳日人社会调查》、《四川省盐源县左所区罗洼村纳日人的婚姻形态和家庭结构调查》。

1619

“中国少数民族社会历史调查资料丛刊”修订编辑委员会编/四川省甘孜州藏族社会历史调查．北京：民族出版社，2009 年版．

本书包含《关于四川省藏族自治区基本情况的报告》和《甘孜县麻书乡如西村调查报告》两部分主要内容。

1620

“中国少数民族社会历史调查资料丛刊”修订编辑委员会编/四川省苗族傈僳族傣族白族满族社会历史调查．北京：民族出版社，2009 年版．

本书主要包括泸州专区苗族社会历史调查、叙永县文化乡苗族社会历史调查、古蔺县麻城乡苗族社会历史调查、古蔺县箭竹乡解放前基督教在苗族中传播的情况调查、筠连县联合乡苗族社会历史调查、秀山县苗族社会历史调查、秀山县兴隆乡苗族社会历史调查、四川傣族基本情况调查、盐边县白石岩村白族调查、四川省成都市满族社会历史调查等内容。

1621

“中国少数民族社会历史调查资料丛刊”修订编辑委员会编/四川省阿坝州藏族社会历史调查．北京：民族出版社，2009 年版．

本书呈现的是 1952—1962 年广大民族研究工作者对四川省阿坝藏族地

区社会历史调查所获得的主要成果。全年收入的十六篇调查报告，记录了游牧社会的经济形态及其部落组织，清乾隆年间“金川事件”后农区由封建农奴制向土屯制度的演变过程、对土司制度及藏传佛教等方面的问题作了详尽地考察，是研究藏族游牧经济、土司制度、藏传佛教历史与现状的重要资料。

1622

“中国少数民族社会历史调查资料丛刊”修订编辑委员会编/四川省木里藏族自治县藏族纳西族社会历史调查．北京：民族出版社，2009 年版．

本书主要包括木里藏区社会历史调查综合材料、木里藏族自治县风俗文化综合调查资料、藏族风俗文化调查、藏传佛教概况、白碉乡藏族风俗文化调查、博科乡风俗文化调查资料、桃巴村风俗文化调查、纳西族风俗文化调查等内容。

1623

“中国少数民族社会历史调查资料丛刊”修订编辑委员会编/四川彝族历史调查资料、档案资料选编．北京：民族出版社，2009 年版．

本书材料来源主要是两大部分：一部分是取材于《凉山西昌地区彝族历史调查资料选辑》、《凉山西昌彝族地区土司历史及土司统治区社会概况》和《四川彝族近现代史调查资料选集》三本资料；另一部分材料是由四川省档案馆提供。本册的主要内容包括：一、土司资料选编；二、家支资料选编；三、近现代彝族反抗斗争调查资料选编；四、清代冕宁县彝族档案资料选编。

1624

“中国少数民族社会历史调查资料丛刊”修订编辑委员会编/四川省凉山彝族社会历史调查（综合报告）．北京：民族出版社，2009 年版．

本书包括四川省凉山彝族社会生产力、等级和等级关系、土地关系、家支制度、后记等五部分内容。

1625

“中国少数民族社会历史调查资料丛刊”修订编辑委员会编/四川贵州彝族社会历史调查．北京：民族出版社，2009 年版．

本书由云南省编辑组编，是了解和研究四川和贵州两省彝族基本情况的重要参考资料。包括凉山彝族的来源分布与迁徙、关于彝族的一些历史传说和史实、安宁河流域自称为“咪西苏”的彝族、关于彝族的“四十八甲组织”、凉山彝族家支表、关于凉山彝族地区宗教和迷信活动的调查、凉山彝族阿都土司地区调查、西昌彝族土司及其家族墓志铭、从凉山彝族工艺品中所看到的一些问题等内容。

1626

《甘孜藏族自治州概况》编写组编写/甘孜藏族自治州概况．北京：民族出版社，2009年版．

本书的主要内容有四川甘孜藏族自治州地理环境、历史沿革与社会变革、民族区域自治、农业、工业、交通通信、财政金融、贸易、对外开放、旅游、社会事业、城乡建设和环境保护等。

1627

“中国少数民族社会历史调查资料丛刊”修订编辑委员会编/湖南瑶族社会历史调查．北京：民族出版社，2009年版．

本丛刊自问世以来，因民族自治地方社会和文化发展取得了长足进步，各方面情况有了不少变化，为了进一步发挥这些历史调查资料的作用，促进各民族“共同团结奋斗，共同繁荣发展”，国家民委决定修订、再版“中国少数民族社会历史调查资料丛刊”，并将其列为国家民委重点科研项目。本书的主要内容包括湖南瑶族社会历史调查、江华瑶族自治县瑶族社会历史调查和江华瑶族自治县濠江乡荆竹园村调查三部分。

1628

“中国少数民族社会历史调查资料丛刊”修订编辑委员会编/连南瑶族自治县瑶族社会调查．北京：民族出版社，2009年版．

本书共三部分，一、南岗排瑶族社会调查；二、内田坑瑶族社会调查；三、大掌排瑶族社会调查。

1629

“中国少数民族社会历史调查资料丛刊”修订编辑委员会编/吉林省朝鲜族社会历史调查．北京：民族出版社，2009年版．

本书主要包括吉林省延边朝鲜族自治州延吉县智新乡明东村朝鲜族社会历史调查报告说明、吉林省延边朝鲜族自治州延吉县东盛人民公社英成作业区社会调查报告说明、吉林省延边朝鲜族自治州和龙县崇善人民公社崇善作业区朝鲜族社会历史调查报告说明、吉林省延边朝鲜族自治州延吉县朝阳人民公社太兴大队朝鲜族社会历史调查报告说明、吉林省延边朝鲜族自治州汪清县罗子沟乡太平沟朝鲜族社会历史调查报告说明、吉林省永吉县双河镇人民公社双河镇管理区朝鲜族社会历史调查报告说明、后记等内容。

1630

“中国少数民族社会历史调查资料丛刊”修订编辑委员会编/黑龙江省满族朝鲜族回族蒙古族柯尔克孜族社会历史调查．北京：民族出版社，2009年版．

本书主要包括黑龙江省满族社会历史调查、黑龙江省朝鲜族社会历史调查、黑龙江省回族社会历史调查、黑龙江省蒙古族社会历史调查和黑龙江省柯尔克孜族社会历史调查等五部分。

1631

“中国少数民族社会历史调查资料丛刊”修订编辑委员会编/云南巍山彝族社会历史调查．北京：民族出版社，2009年版．

本书的主要内容有巍山彝族的源流和支系、人口分布情况调查、姓氏分布调查、云烟调查、彝语地名及巍山南诏历史调查、巍山彝族左氏土官社会历史调查、巍山龙街乡社会历史调查等。

1632

“中国少数民族社会历史调查资料丛刊”修订编辑委员会编/云南回族社会历史调查（一）．北京：民族出版社，2009年版．

本书主要包括滇南沙甸回族农村调查，永建回族自治县社会调查，寻甸县回族社会经济情况调查，寻甸县两个回族村社会经济调查，永平县曲硐回族社会经济情况调查，保山县回族社会情况调查，鲁甸县回族社会历史调查，腾冲县乌索回族社会情况调查，腾冲县回族分布情况调查报告，楚雄县马家庄回族社会经济调查，玉溪地区回族社会经济调查，东川市联合乡回族社会历史调查，解放初昆明回族社会经济调查，楚雄、丽江、峨山等地回族情况访问杂记，昆明地区回族饮食习俗调查，大理地区杜文秀起义历史调查，保山杜文秀起义历史调查，腾冲杜文秀起义历史调查等内容。

1633

“中国少数民族社会历史调查资料丛刊”修订编辑委员会编/云南回族社会历史调查（二）．北京：民族出版社，2009年版．

本书主要包括大理白族自治州回族分布概况、腾冲明朱姓族谱、杜文秀现在还有后裔、传马镇东将军部将苏三宝情况调查、杜文秀军纪在滇西北有口皆碑、杜文秀反清斗争事略、杜文秀赐名的“飞龙桥”等内容。

1634

“中国少数民族社会历史调查资料丛刊”修订编辑委员会编/云南回族社会历史调查（三）．北京：民族出版社，2009年版．

本书试图对云南回族历史作全面而概括的初步探讨，为研究云南回族历史起抛砖引玉的作用；关于藏、傣、白和小凉山彝族地区的回族调查，各具特色，无论从民族学和研究回族史的角度看，都是很有价值的调查材料；沙甸解放前的经济状况和当前的发展巨变以及泸西桃巨三营回族历史等材料，对研究云南回族社会经济和源流也很重要。总之，这些调查和史料，对研究回族的历史有重要的参考价值。

1635

“中国少数民族社会历史调查资料丛刊”修订编辑委员会编/云南小凉山彝族社会历史调查．北京：民族出版社，2009年版．

本书主要包括云南小凉山彝族的奴隶制度、宁蒗彝族自治县跑马坪乡彝族社会经济调查、宁蒗彝族自治县沙力萍乡彝族社会经济典型调查、宁蒗彝族自治县红桥区石福山乡彝族社会调查、永胜县羊坪公社麦架坪等村彝族民主改革前社会历史调查等内容。

1636

“中国少数民族社会历史调查资料丛刊”修订编辑委员会编/永宁纳西族社会及母系制调查（一）．北京：民族出版社，2009年版．

本书主要包括宁蒗县永宁区纳西族社会及家庭形态调查、宁蒗县金江区和丽江县六区的婚俗情况、宁蒗县洼黑村纳西族家庭婚姻调查、宁蒗县喇波村纳西族家庭婚姻调查等内容。

1637

“中国少数民族社会历史调查资料丛刊”修订编辑委员会编/永宁纳西族社会及母系制调查（二）．北京：民族出版社，2009年版．

本次修订保留了原书的全部内容，只从以下几方面进行修订：一是引言部分补充了1963年调查组赴宁蒗的背景、组成人员、分工情况；二是对报告涉及的地方行政沿革、人名、地名变化作了订正；三是校正讹误、错别字、标点；四是在必要的地方增加注释；五是在名字相同的人名前冠上家名或在名字后注明年龄以示区别；六是将统计数字统一计算至小数点后二位数；七是增补了重点调查访问对象的名字；八是在忠实乡后增补了“附录二：永宁土司世系对照表”。本册对摩梭人社会存在的封建领主制、阿注婚姻和母系家庭等进行了调查并拍摄科学纪录片。

1638

“中国少数民族社会历史调查资料丛刊”修订编辑委员会编/永宁纳西族社会及母系制调查（三）．北京：民族出版社，2009年版．

本书主要包括永宁温泉乡纳西族母系制及领主经济调查、宁蒗县永宁区八株乡纳西族领主经济和母系制调查、拖支乡纳西族领主经济和母系制调查、拖支乡摩梭人各户家庭成员、婚姻状况及若干世系等内容。

1639

“中国少数民族社会历史调查资料丛刊”修订编辑委员会编/云南方志民族民俗资料琐编．北京：民族出版社，2009年版．

本书是20世纪50年代民族大调查的调研成果，是新中国成立后我国民族调查研究成果中的一个重要组成部分，具有重要的学术价值。修订中，根据国家民委“尊重历史，基本保持原貌，统一体例、版本，增加新内容，尊重史实，拾遗补缺，不作大的改动”的修订原则，坚持历史唯物观和马克思主义民族观，实事求是，主要进行了以下方面的修订工作：主要对本书所涉及的少数民族人口新变化、地名的变化以及所调查地区行政划区的新变化进行了增补；对书中涉及的度量衡进行了统一体例；对书中所引用史料在对照文献原文的基础上对存在脱、漏、讹的部分进行修订。

1640

“中国少数民族社会历史调查资料丛刊”修订编辑委员会编/临沧地区傣族社会历史调查．北京：民族出版社，2009年版．

本册共收临沧地区耿马傣族佤族自治县和沧源佤族自治县的傣族社会历史调查资料21篇。主要包括耿马地区傣族社会历史调查，耿马县孟定区傣族社会历史调查，耿马县耿宣区罕允寨社会历史调查，孟定傣族来源的传说，耿马县孟定区“傣德”社会习俗调查，耿马傣族的命名方式，沧源县勐角乡七个寨经济情况调查，沧源县勐角区勐董乡费达、戛里、完弄、婉娥四寨经济情况调查等内容。

1641

“中国少数民族社会历史调查资料丛刊”修订编辑委员会编/大理州彝族社会历史调查．北京：民族出版社，2009年版．

地处祖国西南边陲的云南省大理白族自治州有彝族人口332241人(1985年末)，占全州总人口的11.8%，分布在全州12个县（市）中，聚居于南涧、漾濞、巍山、永平、弥渡、祥云、云龙7个县。大理白族自治州的彝族有着悠久的历史，曾经创造了光辉、灿烂的民族文化，调查、整理、研究其社会历史，是民族工作的需要。本书主要对大理州彝族的源流和支系、巍山彝族史、南诏王室蒙氏后裔的口碑资料、云龙罗武人的习俗和经济状况等内容进行了介绍。

1642

“中国少数民族社会历史调查资料丛刊”修订编辑委员会编/云南民族民俗和宗教调查．北京：民族出版社，2009年版．

本册共选编了32篇有关彝、白、傣、藏、苗、纳西、傈僳、景颇、阿昌和基诺十个民族的习俗和宗教信仰的调查资料。习俗和宗教是每个民族文化的一个组成部分，要发扬民族的优良传统，宣传无神论，克服陈规陋习和宗教迷信观念，建设社会主义精神文明，都须历史地了解每个民族的传统习俗和宗教信仰。

1643

“中国少数民族社会历史调查资料丛刊”修订编辑委员会编/云南苗族瑶族社会历史调查．北京：民族出版社，2009年版．

本书共收集有关云南省苗族瑶族社会历史调查资料15篇，其中，苗族7篇，瑶族8篇。包括云南苗族略述，清代贵州苗族支系和习俗资料，屏边苗族社会历史调查，元阳县苗族调查，云南苗族宗教调查散记，关于金平、屏边瑶族社会历史的综合调查，金平县一区太阳寨瑶族社会历史调查，元阳县瑶族概况、云南瑶族习俗等内容。

1644

“中国少数民族社会历史调查资料丛刊”修订编辑委员会编/云南少数民族社会历史调查资料汇编（一）．北京：民族出版社，2009年版．

为保存云南少数民族社会历史调查资料，加快《少数民族社会历史调查资料丛刊》的出版，对一些不够独立编辑成册的调查资料，采取不同民族调查资料综合汇编的形式出版。本书便是汇编作品之一，共收进20篇调查资料和一份史料小录，涉及壮、布依、藏、白、傣、苗、基诺和独龙等近十个民族，内容包括社会制度、家庭形态、宗教信仰和习俗等。

1645

“中国少数民族社会历史调查资料丛刊”修订编辑委员会编/云南少数民族社会历史调查资料汇编（二）．北京：民族出版社，2009年版．

本书主要包括碧江县五区色得乡傈僳族社会调查，腾冲县古永区蔡家寨傈僳族社会历史情况调查，保山县潞江坝胡家寨傈僳族社会历史情况调查，盈江县苏典傈僳族调查报告，龙陵县黄连河乡傈僳族经济情况调查，潞西县杨家场寨傈僳族经济情况调查，维西县三区齐乐乡傈僳族经济调查，永胜县松坪乡傈僳族社会调查，金平县一区马鹿塘哈尼族生产和生活资料占有情况调查，镇雄县塘房区娃飞乡彝族文化习俗调查，罗平县钟山区撒格衣白彝人丧葬调查后记等内容。

1646

“中国少数民族社会历史调查资料丛刊”修订编辑委员会编/云南少数民族社会历史调查资料汇编（三）. 北京：民族出版社，2009 年版.

本书主要包括中国西南地区的民族识别，云南省民族识别报告，金平县三区金水河乡金水河傣族生产和生活资料占有情况调查，云南文山民族支系调查，大理白族的巫教调查，白族节日调查等内容。

1647

“中国少数民族社会历史调查资料丛刊”修订编辑委员会编/云南少数民族社会历史调查资料汇编（四）. 北京：民族出版社，2009 年版.

本书主要包括云龙漕涧阿昌族情况调查，阿昌族补充调查资料，户腊撒阿昌族调查资料，澜沧县拉祜族调查两篇，澜沧县拉祜族社会文化调查，勐海县南朗河拉祜族及坝散调查，红河县思陀区哈尼族社会经济情况，元阳县哈尼族调查三篇，金平县马鹿塘乡社会经济情况调查等内容。

1648

“中国少数民族社会历史调查资料丛刊”修订编辑委员会编/云南少数民族社会历史调查资料汇编（五）. 北京：民族出版社，2009 年版.

本辑汇编共收调查报告 43 篇，涉及苗、瑶、蒙古、彝、基诺、白、傣、普米、布依、水等民族（人）。云南是苗族和瑶族分布较多的省份，但过去对苗族和瑶族的社会历史却缺少系统的调查。本辑收入了苗族社会历史调查多篇，弥补了过去调查的不足。蒙古族在云南历史上曾起过重要作用，但调查资料却有限。“空格人”的族称尚未确定，但空格人的社会历史颇值得调查研究。

1649

“中国少数民族社会历史调查资料丛刊”修订编辑委员会编/中央访问团第二分团云南民族情况汇集（上）. 北京：民族出版社，2009 年版.

本书包括原丽江专区，怒江区概况，怒江区的历史与民族关系，怒江区文教卫生及宗教情况，福贡县情况，福贡傈僳族人民的衣食住行，碧江县调查汇集，贡山县经济生活调查等内容。

1650

“中国少数民族社会历史调查资料丛刊”修订编辑委员会编/中央访问团第二分团云南民族情况汇集（下）. 北京：民族出版社，2009 年版.

本书包括楚雄区几个县的简况，武定区民族情况，武定区的回族情况，基督教在武定区的情况，武定区第三区访问材料，元谋县访问材料，罗次县访问材料，富民县访问材料，禄劝县访问材料等内容。

1651

“广东省民族研究所中国少数民族社会历史调查资料丛刊”修订编辑委员会编/广东海南少数民族社会历史调查资料汇编．北京：民族出版社，2009 年版．

本书共收录调查报告七篇，由广东省民族研究所组织编辑修订，其中六篇是 20 世纪 50、60 年代在原广东省（今分属于广东和海南两省）境内进行的调查资料，1963—1964 年由中国科学院民族研究所和广东少数民族社会历史调查组联合编印出版。由于调查的时间距今近四十年，难免有与今天的地名、行政区划、语言表述等存在差异的地方。本次修订尊重历史，对内容不作更改，只对少量错字、别字、漏字和语法进行改正，特别是对地名和行政区划进行了详细说明或解释。凡本书中提及的历史地名，如果与今相符，则不另注；如果已不存在或已更名或未标注准确位置，均加以说明；凡提及的地区市（州）、县（区）等行政建制，尽量注明其变化过程及其现在对应的建制和区划；对历史上存在过的行政机构，也加以说明，并注明今天的相应区域。

1652

武沐著/中国西北少数民族通史·导论．北京：民族出版社，2009 年版.

本书是杨建新主编的“中国西北少数民族通史”中的第一卷。这一卷主要是对研究西北少数民族史中经常遇到的一些一般性、观点性、理论性问题的探讨，虽然并不具体研究某一时期某一民族的历史，但每一个问题都是研究少数民族历史要涉及的问题，而且由于西北少数民族历史在我国少数民族历史中最为丰富、最为完整、最具代表性，因此，西北少数民族历史研究中所遇到的问题，也必然反映出中国少数民族历史研究中的一般性问题。

1653

武沐著/中国西北少数民族通史·先秦卷．北京：民族出版社，2009 年版.

本书是杨建新主编的“中国西北少数民族通史”中的第二卷。编者特别指出，这一卷是从西北地区的考古时期说起，但这并不意味着编者认为那时就有了民族的存在。这一卷叙述了西北地区的旧石器时代、新石器时代，主要是对西北少数民族产生的社会背景、文化基础、生态环境作一全面探讨，便于我们更好地了解和认识西北少数民族的产生和发展，更好地全面认识西北地区的文化渊源。

1654

武沐著/中国西北少数民族通史·秦、西汉卷．北京：民族出版社，2009年版．

本书是杨建新主编的“中国西北少数民族通史”中的第三卷。本书既然是研究秦、西汉时期西北少数民族历史的专著，自然应有地域上的界定。学术界对于历史上西北地区的界定，尽管众说纷纭，但仍有一个基本的认同。就秦、西汉时期的西北而言，大体包括今天的内蒙古自治区西部、宁夏回族自治区全部、陕西省的关中以西、陕北以及甘肃省、青海省、新疆维吾尔自治区的全部。本书所采用的秦、西汉时期西北疆域的界定与学界的认同基本上是吻合的。当然，在具体论述中，时间和地域将有所突破也是必要的和在所难免的。

1655

马建春著/中国西北少数民族通史·西晋十六国卷．北京：民族出版社，2009年版．

本书介绍了西晋十六国时期我国西北少数民族的基本状况，包括以下内容：第一篇　基本材料和研究状况；第二篇　基本格局篇；第三篇　经济生活篇；第四篇　社会制度篇；第五篇　宗教文化篇；第六篇　民族关系篇；第七篇　人物传记篇；第八篇　附录。

1656

尤中著/中国西南民族史 中国西南民族地区沿革史（先秦至汉晋时期）（尤中文集：第2卷）．昆明：云南大学出版社，2009年版．

本书包括先秦时期的西南民族地区；秦、汉时期的西南民族地区；三国时期的西南民族地区；晋朝时期的西南民族地区等内容。

1657

尹伟先著/中国西北少数民族通史·隋、唐、五代卷．北京：民族出版社，2009年版．

本书介绍了隋唐五代时期我国西北少数民族的基本状况。本书共六篇：一、绪论：基本史料和研究状况；二、基本格局；三、经济篇；四、民族关系；五、文化；六、人物传记。

1658

刘建丽著/中国西北少数民族通史·辽、宋、西夏、金卷．北京：民族

出版社，2009 年版.

本通史研究所涉及的地区为我国西北少数民族地区、特别是边疆地区今日正是国内民族分裂主义势力和宗教极端势力活动的主要地区。他们搞分裂活动所使用的基本手法之一，就是歪曲历史，编造谎言，蛊惑人心，破坏民族关系，破坏祖国统一。本通史的目的之一，就是要通过历史事实，阐述我国各民族共创中华、共同缔造伟大祖国的历史过程，阐述我国各民族谁也离不开谁的历史必然性，阐述祖国疆域形成、发展和不可分割的历史事实，进一步加强中华民族的凝聚力，推动中华民族的伟大复兴。

1659

杨建新主编/中国西北少数民族通史·南北朝卷. 北京：民族出版社，2009 年版.

现代西北地区的各少数民族，是我国历史上西北各民族的继承者，是历史上西北少数民族灿烂文化的传承者。中国各民族在政治、经济、社会、文化和族体上，都有着十分密切的交往和联系，历史为中国各民族铸就了相互依赖、休戚与共的共同命运，各民族共同创建了伟大祖国，研究和了解西北各民族光辉而又曲折的历史足迹，总结西北各民族关系发展的是是非非，将促使各民族更加珍惜今天来之不易的平等、团结、互助、和谐和共同繁荣的社会主义民族关系，更加珍惜伟大祖国的统一和繁荣。

1660

杨建新主编，马曼丽，切排著/中国西北少数民族通史·蒙、元卷. 北京：民族出版社，2009 年版.

本书作为“中国西北少数民族通史”中的一卷，力求既能符合通史的总体体例及相关要求，又能突出笔者期望的探索风格，从而写成一部多少有些新意的通史类专著。本书的参考与阅读价值应该不仅限于可供查阅蒙、元（蒙古帝国和元朝）时期西北民族的各种资料之用，或能如作者所期望的：本书的每一篇都能多多少少使读者感受到笔者有一定的新颖视角，有贯一的以古鉴今的思绪，因而具有引人思索的研究价值。对一些值得探索的问题，对一些具有规律性、根源性指导意义的问题，对一些颇具特色的变迁、发展现象，对一些经验教训类史事、政策等等，都以通史（而非专史）可能的方式扼要进行了“点击”，即简要强调和归纳。这类重点“点击”不仅贯穿于史事阐述之中，而且也贯穿于作为史事补充的人物评价之中。

1661

杨建新主编，杨志娟，牛海桢著/中国西北少数民族通史·清代卷. 北

京：民族出版社，2009 年版．

本书介绍了清朝时期西北少数民族的情况，共七篇，一、基本史料和研究状况篇；二、基本格局篇；三、经济篇；四、政治制度篇；五、宗教文化篇；六、民族关系篇；七、人物传记篇。

1662

厉声，杨圣敏，华涛著/中国新疆多民族区域的历史发展（中国新疆历史与现状丛书）．乌鲁木齐：新疆人民出版社，2009 年版．

本书为“中国新疆历史与现状丛书”之一，主要介绍了新疆多民族区域的历史发展，内容包括原始人口迁徙与文明的交流，西域与北方民族政权及中原王朝，西域与回纥民族及鄂尔浑回纥汗国等。该套丛书汇集了我国史地专家长期研究新疆的思想积累，以尊重史实、分清是非、立足现实、落笔历史为主旨，重点阐述了与新疆稳定和发展相关的新疆历史及现状。丛书对新疆历史的发展与现实政治斗争中的各种热点、难点及人们关注的问题，作出了较为全面深刻的学术性阐述。

1663

杨建新主编/中国西北少数民族通史·当代卷．北京：民族出版社，2009 年版．

本书是杨建新主编的“中国西北少数民族通史”中的当代卷，着重反映中华人民共和国成立五十多年来西北少数民族的历史，资料虽多，但却是很难写的一部分，编者认为其虽可以避而不写，但是从对历史负责的角度看，写这一部分鲜活的历史会使我们在比较中更全面地认识西北少数民族历史命运的大转变，在比较中激发西北各少数民族对祖国的热爱，更能鼓舞西北各少数民族向现代化迈进的步伐。

1664

许宪隆著/三代人与三个时代的对话：近现代陕甘宁青回族家族社会研究．北京：民族出版社，2009 年版．

本书选取了陕甘宁青回族穆斯林家族中的天水吴氏、灵武王氏、岐山马氏和西安乌氏四个较为典型的案例，作为陕甘宁青社会的缩影，对这些家族的兴衰和文化嬗变作了具体的研究，并进一步分析了家族势力对地区社会的客观影响，探寻了家族在西北社会中积极和消极的作用。作者提出的陕甘宁青回族社会具有的家族政治积习、家族制度与伊斯兰教互为民族感情和宗教精神的源泉等观点，可谓新论迭出，令人耳目一新。

1665

马寿千著/马寿千回族史志论集．北京：中央民族大学出版社，2009年版．

本书是一部回族史志论集，其中将著名回族史学家马寿千先生在中央民族大学历史系、民族研究所和民族学系从事回族史学教学与研究而撰写的部分论文或文章辑录成册，从一个侧面反映了寿千老师一生潜心回族和伊斯兰文化研究工作取得的成就和对回族史学研究作出的突出贡献。收入本书的论文和文章编为六编，既有对回族的综合论述，也包括对元代、明代、清代前中期和近代回族史相关问题的专题研究，还有对民族关系的理论探讨和对历史人物的评价及书评。全书研究视野开阔，内容丰富，资料引证充实，文风简练淳朴，见解多富有创新。

1666

锦胡起望著/胡起望民族学研究院集．北京：中央民族大学出版社，2009年版．

本书主要收录了蔡元培和民族学、跨境民族初探、从民族学资料看数量观念的发展、民族学研究新的发展、开拓民族研究的新领域、苗族的姓名、东邻馆藏“苗图”实录、苗族研究概述、乾嘉苗民起义参加人供单简述、畲族的姓名、日本的阿伊努人、日本的民族学、从日本的国会辩论看雾社起义、范成大和他的《桂海虞衡志》等内容。

1667

莫福山，苏发祥著/西藏民主改革50年变迁．北京：中央民族大学出版社，2009年版．

本书所反映的西藏民主改革50年来的辉煌成就充分地说明了党在西藏工作的成就，具有很强的说服力。全书共分八个部分，具体内容包括西藏概况、翻天覆地的农牧民生活、日新月异的城乡面貌、游人如梭的“世界屋脊”、科学合理的环境保护等。团结、民主、富裕、文明、和谐的社会主义新西藏的明天将更加美好！

1668

陈楠著/藏史新考．北京：中央民族大学出版社，2009年版．

本论文集所收录的文章，基本上撰写于1999年之后，其中绝大部分已在《中国藏学》、《西藏研究》、《敦煌吐鲁番研究》等学术期刊或文集上发表，还有少数篇目是从即将出版的《藏族通史》（明代卷）所撰内容中整理出来的。全书大致分为三部分内容：其一，吐蕃历史文化研究；其二，元明中央乌思藏地区历史文化研究；其三，清代治藏政策研究。其中，涉及明代藏史研究的内容最多，研究也较系统和深入。该书可供各大专院校作为教材使用，也可供从事相关工作的人员作为参考用书使用。

1669

王庆仁著/吴文藻纪念文集．北京：中央民族大学出版社，2009 年版．

本书为吴文藻先生诞辰 95 周年纪念会所集文稿。包括费孝通、雷洁琼、冰心、伍精华、哈经雄、林耀华、宋蜀华、赵书、马启成等著名教授和领导在纪念会上的讲话。此外，还收录了《人类学中国化的探索》、《中国的穆斯林：维吾尔和回回民族土著特性的形成（回族部分）》、《试论文化的同异性及分类》、《从“民族博物馆”名称说开去》、《北京牛街异族通婚研究》；《“生育制度”及其他》、《印刷文字·资本主义·基因·边界与群体构建》、《对若干民族和族群理论问题的观察》、《唐宋时期吐蕃的商贸活动》、《论鄂尔多斯式青铜器的装饰艺术和美术风格》、《论满族先民的狩猎文化》、《医学人类学》、《应用人类学在美国的发展》等一些篇目。

1670

陈理著/潘光旦先生百年诞辰纪念文集．北京：中央民族大学出版社，2009 年版．

本文集共收录了 30 篇文章，其中大部分是这次纪念会的发言稿和向会议提交的论文，另一部分是由潘光旦先生的女儿潘乃谷和潘乃穆教授特意向本论文集推荐并提供的论文，包括 1999 年 10 月在上海复旦大学召开的第五届潘光旦纪念讲座的论文。涉及内容十分丰富，既有对潘先生优生学、遗传学、性心理学、社会学学术思想和研究成果进行讨论和评价的文章，又有对潘先生教育理论、新人文史观、做学问的风格、治学态度以及翻译作品、文学作品进行介绍和讨论的文章。从这些作品中，我们不仅可以看到潘光旦先生学识的博大精深和治学的勤奋精神、严谨态度，而且还可以得到许多有益的启迪。

1671

丹珠昂奔著/历辈达赖喇嘛与班禅额尔德尼年谱．北京：中央民族大学出版社，2009 年版．

西藏对于世界是新鲜的，新鲜得像一朵含苞欲放的奇葩，像一股带着香雾的清风，像一个离奇而亲切的童话。因为，除了西藏不会有如此特殊的文化。本书包括两部分，历辈达赖喇嘛：一世达赖喇嘛根敦朱巴、二世达赖喇嘛根敦嘉措、三世达赖喇嘛索南嘉措、四世达赖喇嘛云丹嘉措、五世达赖喇嘛阿旺罗桑嘉措、六世达赖喇嘛仓央嘉措、七世达赖喇嘛阿旺罗桑格桑嘉措、八世达赖喇嘛强白嘉措、九世达赖喇嘛隆朵嘉措、十世达赖喇嘛楚臣嘉措、十一世这赖喇嘛克珠嘉措、十二世达赖喇嘛成烈嘉措、十三世达赖喇嘛土登嘉措；历辈班禅额尔德尼：一世班禅额尔德尼克珠杰、二世班禅额尔德尼索南确朗、三世班禅额尔德尼罗桑顿珠、四世班禅额尔德尼罗桑确吉坚赞、五世班禅额尔德尼罗桑益西、六世班禅额尔德尼班丹益西、七世班禅额尔德尼罗桑丹贝尼玛、八世班禅额尔德尼丹白旺秋、九世班禅额尔德尼罗桑确吉尼玛、十世班禅额尔德尼确吉坚赞。

1672

北京市民族事务委员会古籍办编/回族研究文献题录．北京：中央民族大学出版社，2009 年版．

本书的特点为：一、收录 1859 年至 2007 年 7 月间公开发表的有关回族研究的论文和文章 5800 多篇；二、收录 1877 年至 2007 年 7 月间出版的具有代表性的回族著作 1000 多种；三、具有版本价值的著作只写一个提要，但著录其出版次数，以备参考；四、由《回族研究论文目录》、《回族研究要籍提要》、《回族研究图书总目》（简目）三部分组成。

1673

赵令志著/中国民族历史文献学．北京：中央民族大学出版社，2009 年版．

本书由中央民族大学历史系于 1983 年油印，名为《史学方法讲义》，迄今仍作为该课教材使用。1990 年作者留系任教，10 余年来，教学相长，所修订的讲义，几近原来的 3 倍，终可成帙。但该讲义无论在体例上，还是在内容上，都凝聚着作者三代师生多年教学、科研的结晶。

1674

金海主编/近代蒙古历史文化研究．呼和浩特：内蒙古人民出版社，2009 年版．

作者根据目前所掌握的档案资料及当事人回忆资料，着重对“伊盟事变”的起因及国共两党对这次“事变”所采取的不同政策，进行探讨。包括“伊盟事变”的起因及国共两党的不同政策；蒙古青年革命党及其主要活动；民国时期伊克昭盟王公统治的衰落；日本时期的内蒙古盟旗制度；蒙古近代历史档案资料述略；日本在内蒙古确立殖民统治及其对蒙古民族运动的政策；近代喇嘛教与蒙古地区政治；日本殖民统治下的内蒙古西部地区教育体系；关于“蒙疆政权”教育方针及政策；蒙疆政权时期内蒙古西部地区教育述略；民国时期蒙古族历史与文化概要；关于伪满时期内蒙古东部地区教育体制；日本占领时期蒙古族新闻出版活动述略等内容。

1675

高翠莲著/清末民国时期中华民族自觉进程研究．北京：中央民族大学出版社，2009 年版．

中华民族自觉进程研究是中华民族形成发展史研究中的重要环节，蕴藏着丰富的理论内涵，迄今尚无专著面世。其理论价值表现在：由于中华民族自觉的本质是民族共同体自觉和民族现代性自觉合二为一的过程，中华民族的族体结构具有独特性，中华民族的自觉具有“外源性”特征，因此这一研究必须借鉴有关民族理论和现代化理论分析中华民族自觉所遵循的一般规律。

本书试图以历史学、民族政治学、民族学等理论和研究方法分析中华民族自觉的独特性，以丰富民族理论和现代化理论。从中华民族形成史研究的需要来说，系统梳理中华民族自觉到底经历了怎样的进程，在这一过程中，中华民族结构特点和民族文化传统起到怎样的制约作用，中华民族自觉主体发挥怎样的主观能动性，从而探寻中华民族自觉的历史轨迹、总结其发展趋势及其留给人们的启示，既为中华民族形成史（近现代部分）的研究提供学术基础，又使中华民族成员加深对本民族的了解与认识，进而进一步激发中华民族的凝聚力。

1676

何群著/土著民族与小民族生存发展问题研究．北京：中央民族大学出版社，2009 年版．

本书是中央民族大学国家“十五”、“211”工程建设项目。本论文集所收入的 34 篇文章，即是作者为撰写博士学位论文而收集的部分文献资料。本书包括《土著环境与小民族文化》、《环境急剧变化与小民族生存》、《发展关系的问题意识》，作者将所收集到的相关论文进行了筛选，另收入作者的文章 2 篇，组织成该论文集。与作者博士学位论文《环境与小民族生存——鄂伦春文化的变迁》构成姊妹篇，相互映照与补充；并希望通过这项工作，为关心现实世界中存在的这部分人群——一些传统文化呈现简单性特点的土著民族和人为较少的民族的生存和未来的人士提供了解和理解上的方便和思路。

1677

李丽著/王辅仁与藏学研究．北京：中央民族大学出版社，2009 年版．

本书主要内容由以下三个方面组成：第一编，王辅仁藏学研究论著选。王辅仁先生的论著主要涉及关于藏族的形成和发展、西藏地方政权的历史变迁、西藏封建农奴制社会的结构与制度、藏传佛教的形成与发展、清朝对西藏的施政等藏学研究领域的重要课题。另外，还有一些关于总结藏学研究的经验与方法的论文等。第二编，收录了部分王辅仁先生指导、培养的研究生的论文。这些论文是王先生忠诚党的教育事业、身体力行、辛勤耕耘成果的又一体现。这些当年的研究生继承先生的遗志，如今已成为教育科研等领域的骨干力量。第三编，同行专家的述评。2005 年岁末，中央民族大学民族学与社会学学院和中国藏学研究中心历史研究所在中央社会主义学院联合举办了“王辅仁先生学术生涯追思会”。大家深切缅怀这位良师益友，细说和他一起工作和学习的难忘往事，赞赏他坦诚助人的学人品行。这些会议发言生动地再现了王辅仁先生勤奋乐观的生活态度和为藏学研究、教育事业所作的杰出贡献。

1678

徐仁瑶著/民族研究文存．北京：中央民族大学出版社，2009 年版．

本书是一部中国民族学文集，包括苗瑶民族研究、民主文化与民俗、中国少数民族建筑等。本书共四篇，一、苗瑶民族研究；二、民族文化与民俗；三、中国少数民族建筑；四、调查报告。

1679

罗贤佑著/中国民族史纲要．北京：中国社会科学出版社，2009 年版．

本教材的编写是在马克思主义民族观与历史观的指导下，在借鉴有关教材的基础上，综合前人的研究成果，博采众家之长，比较全面、系统、简要地阐述了自远古至民国时期中国各民族形成、发展的历史进程。全书第一章绪论部分，对民族史学科相关理论问题加以论述，以后依据中国历史发展的阶段分为九章，各章对该时段的民族及民族关系状况分别加以叙述。通过本书，能对中国各民族的史迹一目了然，可为读者提供有关中国民族史的基本知识，也有助于中国民族史的教学和研究工作。

1680

李成武著/克木人：中国西南边疆一个跨境族群．北京：中央民族大学出版社，2009 年版．

本书共十一章：一、走近克木人；二、辉煌的历史；三、图腾制度；四、信仰和仪式；五、生命的历程：人生礼俗；六、亲属制度；七、故事与传说；八、族群认同；九、全球化背景下的克木群体；十、自己的还是他人的：克木文化的方位；十一、当他们读到我们的文章时：克木人与人类学家。

1681

吕思勉著/中华民族源流史．北京：九州出版社，2009年版．

吕思勉（1884—1957），字诚之，江苏武进（今常州）人，是20世纪著名的历史学家，和陈垣先生、陈寅恪先生、钱穆先生一起被推重为“现代史学四大家”。他在中国古代史的研究方面，成就卓著，一生著有两部中国通史、四部断代史、五部专门史，另有在史学界享有盛誉的大量史学札记，共计1000多万字。吕先生曾经花费了大量的时间致力于中国历史知识的普及工作。除了著名的《白话本国史》之外，他还对中华民族的历史做了深入的研究和普及工作，其成果就是向普通读者讲述中华民族由来的《中国民族演进史》，和向读者更深一层讲述中华各民族起源和发展、最终如何融合为一个统一大家庭的《中国民族史》。为了方便广大读者了解“我们是从哪里来的”——即了解中华民族的起源、发展和融合过程，我们把《中国民族演进史》和《中国民族史》编辑在一起，以《中华民族源流史》为名出版。

1682

达力扎布著/蒙古史纲要．北京：中央民族大学出版社，2009年版．

本书介绍了从蒙古族起源至1947年内蒙古自治区建立这一时期的蒙古族历史与文化，主要内容有：蒙古兴起前的蒙古高原、铁木真统一蒙古高原各部落、成吉思汗建立大蒙古国及其对外的扩张征服、蒙古国的继续扩张与发展等。

1683

马兰著/守望故土：长治回族六百年．北京：中央民族大学出版社，2009年版．

本书是一部长篇报告文学作品，以18个章节的文字，叙述了回族扎根山西省长治市六百年来的真情实况。开篇首先宏观地介绍伊斯兰教的兴起及其历史脉络，接着简介伊斯兰文化在中国的发展，并追溯回族的历史沿革。当笔端切入明代永乐六年（公元1408年）时，作者以饱满的激情对故乡作出独有的讴歌。这部作品既是报告文学，又可以说是一部长篇散文作品，自始至终贯穿着饱满激扬的生命诗情。全书不仅有较为丰富的伊斯兰信仰知识以及回族生活特性的描述，同时介绍了长治回族中涌现出的诸多优秀人物。读过作品，读者可以清晰地看到，回族人民在虔诚的信仰及高尚的爱国精神双重鼓舞下，为伟大祖国作出了可歌可泣的贡献。长治回族六百年来所涌现出的优秀人物，也必将永远定格于这部语言充满诗意的作品中，长久地与读者对话。

1684

胡起望著/瑶族研究五十年．北京：中央民族大学出版社，2009 年版．

本书主要包括了多元一体的瑶族、槃瓠文化与密洛陀文化、瑶族名称浅释、略谈瑶族源流的几个问题等内容。

1685

胡起望著/胡起望民族学研究集锦．北京：中央民族大学出版社，2009 年版．

民族学是一个自西方传来的学科，在中国发展历史较短，几十年来又多次受政治运动的干扰，所以与我国一些传统的老学科相比，中国的民族学无论在专业的理论、方法和研究成果方面，都是一个比较年轻、比较薄弱的学科。因此，今后本学科的重点是加强民族学专业的基础理论和方法的建设。为此，本书中作者指出需要长期坚持两个方面的工作：一、积极了解和借鉴国外学者有关的理论、方法和实践。这就要求我们既要翻译、介绍国外一些经典的名著，又要随时掌握国外研究的动向，将其最新的代表性作品翻译介绍给国内的读者和同行。二、也是更重要的一个方面，坚持实证性的研究方法，以中国的 56 个民族为主要研究对象，紧密联系实际，加强实地调查，以此为基础，进行理论总结，为建立独树一帜的、有中国特点的民族学理论而努力。

1686

李红梅著/中国共产党民族地区现代化思想及实践研究．北京：中央民族大学出版社，2009 年版．

我国是一个统一的多民族国家，实现各民族共同团结奋斗、共同繁荣发展是当代民族工作的主题。特别是进入新世纪以来，我国民族地区现代化建设的重要性日益凸显。从国内看，“我们要在本世纪头二十年，集中力量，全面建设惠及十几亿人口的更高水平的小康社会”目标的提出，使相对落后的民族地区的小康成为我国建设社会主义小康社会的重要内容；而从国际来看，在全球化深入发展以及世界民族主义浪潮不断冲击的大环境下，如果不能尽快缩小各民族在现代化发展水平上的巨大差距，消除各民族间存在着的事实上的不平等，不仅不利于维护我国的社会稳定和国家安全，而且从长远来看，整个国民经济的现代化进程也将因此延缓下来。因此，加快民族地区的现代化建设，提高少数民族现代化水平，不仅是少数民族和民族地区自身的愿望和需要，也是中华民族大家庭共同繁荣进步的需要。

基于此，本书以改革开放30年来民族地区的现代化建设实践为线索，以党的有关文献资料为依据，以党和国家主要领导人的论述为重点，对改革开放以来所形成的中国共产党民族地区现代化思想及实践进行了较为系统的历史考察和理论分析，以期在总结经验的基础上对当前的民族地区现代化建设实践起到一定的借鉴作用，也希望对少数民族现代化问题研究领域的进一步拓宽有所帮助。

1687

《当代云南藏族简史》编辑委员会/当代云南藏族简史．昆明：云南人民出版社，2009年版。

本书在参考了“当代云南少数民族简史丛书”编写提纲（讨论稿）的基础上，全面、准确、客观、真实地记录新中国建立以来，云南藏族在政治、经济、文化、社会诸方面发生的深刻变化。主要包括：第一章　云南藏族地区民主改革和迪庆藏族自治州的建立；第二章　云南藏族地区的社会主义改造和建设；第三章　云南藏族地区的“文化大革命”运动；第四章　云南藏族地区的改革开放和社会主义现代化建设；第五章　打造香格里拉品牌建设全国最好藏区等主要内容。

1688

丁宏著/北极民族学考察笔记．北京：中央民族大学出版社，2009年版.

本书依据田野调查获得的大量文字和影像资料，以图文并茂的形式真实地描述了涅涅茨人的生存环境、生计特征和生活方式等生存状态，记录了他们的家庭结构、行为、礼仪等风俗习惯，堪称是一部日记体的涅涅茨人民族志。本书以全景形式介绍了此次民族学田野调查的全过程，全面呈现和阐释了俄罗斯民族学田野调查方法的特征。并且客观地介绍了俄罗斯民族学的发展历史及特点。总之，这部作品对我国学术界了解俄罗斯民族学的研究状况，特别是其田野调查的方法与理念弥足珍贵。

1689

杨圣敏著/纪念费孝通先生民族研究70年论文集．北京：中央民族大学出版社，2009年版．

2006年10月，费孝通先生逝世一周年之际，在北京人民大会堂和中央民族大学，连续两天举办了费孝通先生民族研究70年座谈会和学术研讨会。

来自俄罗斯、印度、美国、伊朗、韩国等国家和中国内地10余个省及台湾、香港的120余位学者和部分领导聚于一堂，共同回顾和研讨了费孝通先生70余年的学术生涯和他的学术思想。本论文集即为此次会议上发表的论文和演讲辑录。

1690

陈克进著/民族学教研一得录．北京：中央民族大学出版社，2009年版.

本书的主要内容包括马克思恩格斯对民族学的贡献，马克思主义民族学的创立，马克思与马克思主义民族学，关于马克思、恩格斯与摩尔根的关系，《家庭、私有制和国家的起源》论略，《家庭、私有制和国家的起源》写作背景以及《家庭、私有制和国家的起源》是恩格斯晚年一部重要的独立著作等。

1691

潘先林著/民族史视角下的近代中国论稿．昆明：云南大学出版社，2009年版.

本书是一部专题著作，共收录论文21篇，其中15篇已在公开刊物上发表。本书是作者论文撰著过程及学术研究思路的演变轨迹，论文独立成篇，探讨的问题亦各有侧重。

1692

王文光，龙晓燕等著/云南民族的历史与文化概要．昆明：云南大学出版社，2009年版.

本书是在2000年出版的《云南的民族与民族文化》一书的基础上重新修订而成，增加了云南近代和现代的民族及民族文化内容，更为丰富细致，能使读者较为全面地了解云南民族的历史与文化。

1693

当代云南各少数民族简史编辑委员会编/当代云南少数民族简史丛书．昆明：云南人民出版社，2009年版.

本套丛书共25册，向世人展示了云南各少数民族近60年来在经济、社会、政治、文化等方面的伟大成就和深刻变化，有利于提高各族人民的民族自信心和自豪感，并为全省各级干部和广大人民群众更好地领会掌握党的民族政策、总结历史经验教训、创造性地做好民族工作等，提供历史借鉴和科学依据。

1694

王文光，龙晓燕，李晓斌编/云南近现代民族发展史纲要．昆明：云南大学出版社，2009 年版．

严格意义上对云南民族史的系统研究和自觉的学科建设，始于 1954 年。当时，国务院总理周恩来到云南大学视察，指示云南大学历史系的教学与科研要注意地方特点，重视少数民族历史的研究。对这一指示，方国瑜教授积极响应，开出了“云南民族史”课程；其后尤中教授也参加讲授这门课，并写出了《云南民族史》讲义。从此对云南民族史的研究进入了快速发展时期，学术成果不断涌现，学术队伍日益壮大，以云南民族史为核心的西南民族史研究成了云南学术界的一个优势学科，在全国处于绝对领先地位。

但美中不足之处是，云南民族史的研究深度和广度以及所取得的成果主要集中在古代，研究人员的学术旨趣、研究内容、学术成果几乎都是古代的，而对近现代民族史的关注十分不够。迄今为止，对本书指出云南近现代民族史的研究尚处于起步阶段，具体来说是研究人员少、研究成果少、许多领域还是空白。本书指出云南近现代民族史研究应从社会经济发展上把握一个基本特征，从帝国主义入侵、世界形势发生重大变化的角度认识两大基本矛盾，从民族关系复杂多样的角度抓住三条发展线索，从云南各民族整体发展的角度重点研究四大内容。具体包括：第一章　清初至道光年间的云南民族；第二章　咸同至光宣年间的云南民族；第三章　中华民国时期的云南民族；第四章　中华人民共和国建立后的云南民族。

1695

何志魁著/互补与和谐：白族母性文化的道德教育功能研究．桂林：广西师范大学出版社，2009 年版．

白族地区和汉族农村之间出生人口性别比的巨大差异，究其原因，与不同民族的性别文化观念和价值取向密切相关。而此种“观念”和“取向”又通过教育的方式直接影响人们的生育及其他社会行为，最终导致性别比的偏差和相关伦理道德价值观的错位。于是，我们不禁要追问，这一结果是否与人们的“重男轻女”观念有关？白族地区是否存在与汉族地区不一样的文化力量——母性文化？母性文化是否对父性文化起着一种补充和调节的作用，从而形成白族伦理道德的二元结构？白族母性文化为何能长期存在？其道德教育功能的发挥对汉族农村走出“重男轻女”的价值误区，解决由出生人口性别比例失调带来的社会不和谐现象具有何种参考价值？为解答以上问题，作者撰写了本书。

1696

杨梅等编著/台湾少数民族概况．北京：民族出版社，2009 年版．

台湾少数民族是台湾最早的开发者和建设者，长期以来习惯上被称为“高山族”，然实非单一民族。历史上，台湾少数民族书写了浓墨重彩的瑰丽篇章，他们是中华民族大家庭里无可替代的重要成员。本书从族源、迁徙、分布、生产、经济、交通、居住、饮食、服饰、语言、社会组织、家庭、岁时、节日、婚姻、丧葬、信仰、礼俗、文学、艺术、工艺、教育、重大历史事件等方面勾勒出台湾少数民族社会文化的概貌。

1697

陈楠著/藏史新考．北京：中央民族大学出版社，2009 年版．

本书大致分为三部分内容：其一，吐蕃历史文化研究；其二，元明中央乌思藏地区历史文化研究；其三，清代治藏政策研究。其中，涉关明代藏史研究的内容最多，研究也较系统和深入。

1698

王冬芳，季明明著/女真—满族建国研究．北京：学苑出版社，2009 年版.

本书从史料出发，从明朝对女真实施羁縻政策开始，从生产力的提高、生产方式、社会组织结构、公共权力的演变、文化的融合等方面，层次递进地探索了女真社会的变化和演进，搜寻女真—满族的国家形成过程，为读者呈现出一个民族迈进国家门槛的历史过程。

明代女真人在辽代、金代、元代及其以前都一直保持着传统，而在明代崛起。是什么原因促成其社会的觉醒？本书稿不仅全面回答了明代女真人为什么崛起的问题，还回答了明朝在其中的特别历史作用——明朝对东北的政策培育了女真—满族的成长。在考察女真—满族走向文明的过程中，作者还让我们看到人类是如何从野蛮社会迈向文明社会的图景。

1699

张振江，姚福祥著/水书与水族社会——以《陆道根原》为中心的研究．广州：中山大学出版社，2009 年版

本书主要采用文化人类学的方法，结合使用民族学、语言学、社会学、历史学、文化学以及考古学等学科的方法，综合研究水书与水族社会。本书的主要目的，不是试图解释水书的数术及其内在逻辑结构，也不是试图解释其民间信仰或者宗教含义，而是重在通过水书与水族社会互证，来认识水书、认识水族社会，以期深入理解水书、水族及其民族社会历史文化意蕴。

1700
霍维洮，胡铁球著/近代西北少数民族社会变迁．银川：宁夏人民出版社，2009 年版．

本书是作者民族史学的又一力作，全面翔实地论述了近代以来西北少数民族的变迁，论点新颖，论据充实。作者从丰富的历史事实出发，着力探讨近代西北少数民族社会变迁中的主要因素及其关系，对社会商业、文化和制定变迁进行了探讨，深入分析了社会变迁进程中的各种基本形态，有较高的社会意义和社会价值。

P 天文学、地理学

1701

（英）约翰斯顿著，江涛译/哲学与人文地理学．上海：商务印书馆，2000 年版

本书介绍了当代西方哲学对第二次世界大战后人文地理学的影响以及人文地理学为当代西方哲学提供的解释。作者把人文地理学看做是社会科学，主要研究社会生活与空间和地方有关的方面。这种研究显然受哲学和方法论的支配，作者把影响当代英美人文地理学发展的哲学思潮归纳为实证主义、人文主义和结构主义三种，逐一介绍了它们各自所包含的多种哲学方法论观点，讨论了它们的基本原理及其与人文地理学的关联。

1702

黄明信著/西藏的天文历算．西宁：青海人民出版社，2002 年版．

主要内容：本书以翔实的资料，系统地分析了藏历是怎样的一种历法，它与夏历、公历的联系和区别，它的理论与计算方法是怎样的，其科学性和局限性又如何等问题。具体包括：概说、物候历、藏传时轮历、藏传时宪历、藏传时算典籍经眼录等内容。

1703

郝时远主编/中国少数民族分布图集．北京：中国地图出版社，2002 年版.

本地图集辅助各少数民族的人物形象和文字说明，提供了各少数民族的分布情况，并提供了从抽象到具体、从历史到现实、从平面到立体的感知空间。本图集由序图和专题图两部分组成。序图中有中国政区、中国景观、中国民族分布、中国民族自治地方分布图 4 幅图。中国民族分布图后附有中国少数民族分布简表，中国民族自治地方分布图后附有中国少数民族自治地方基本情况简表。专题图中，每一个民族都占有相同的页码，有位置显示图和少数民族分布图及文字说明及历次人口普查中该民族的人口统计图表。本图集是严格的科学性和鲜明的政治性自然融合的结晶之作，是研究我国少数民族不可多得的参考工具。

1704

傅千吉著/藏族天文历算学理论与方法．北京：民族出版社，2004年版．

本书是一部具有的藏族天文历算学方面的专著，内容丰富、健康，具有较高的科学价值。

1705

葛剑雄主编/历史民族地理．济南：山东教育出版社，2007年版．

本书分上、下两册，从学科发展的高度，通过对民族地理学的基本资料、发展脉络、研究现状的全面梳理，逐一揭示了民族地理学的基本概念、学科属性、研究对象、内容、方法等基本理论问题，初步搭建起民族地理学研究的基本框架。本书从学科发展的高度，通过对民族地理学的基本资料、发展脉络、研究现状的全面梳理，逐一揭示了民族地理学的基本概念、学科属性、研究对象、内容、方法等基本理论问题，初步搭建起民族地理学研究的基本框架。

1706

（英）迈克·克朗著，杨淑华等译/文化地理学．南京：南京大学出版社，2005年版．

当代地理学研究中的“文化转向”，使地理学和文化的研究有了新的思维方式。文化地理学的诞生，开辟了地理学研究的令人振奋的新领域，从而产生了“地图”的新概念。文化地理学从地理的角度研究文化，着重研究文化是怎样影响我们的日常生活空间的。因此，在文化地理学中，文化被视为现实生活实际情景中可定位的具体现象。鉴于文化的定义复杂多样，本书作者研究了大量的实例，并对下列问题进行了探讨，如地区体验、地区与全球的关系、文化和经济的关系以及该领域里一些悬而未决的问题。

作者深入思考了国家、民族、商业、公司、商店、商品、文学、音乐、电影等在文化中所起的作用，研究了消费文化和生产文化，也研究了地方（地区）是怎样对其居民产生影响和作用的，并对界定人的“地方性”这个问题进行了努力探索。

《文化地理学》对这一生机勃勃但很复杂的前沿学科领域，进行了准确的、跨学科的研究。作者透过现实生活纷繁复杂、多姿多彩的现象，通过从世界各地撷取的丰富实例，对当今社会的变化以及文化中所表现出来的“选择与融合”这一发展趋势进行了焦点透视。

1707

角媛梅著/哈尼梯田自然与文化景观生态研究．北京：中国环境科学出版社，2009 年版．

农业文化遗产，除一般意义上的农业文化和技术知识以外，还包括历史悠久、结构合理的传统农业景观和农业生产系统。本书为农业文化遗产研究对哈尼族梯田文化的一个具体阐述。

Q　生物科学

1708

张海国著/中国民族肤纹学．福州：福建科学技术出版社，2002年版．

这本书是归集了我国56个民族肤纹学资料的第一部专著，此书的问世是中国肤纹学研究协作组努力的结果，也是作者潜心研究20余载的硕果。概论中有关肤纹学研究历程的叙述，有着翔实而丰富的历史资料，就像是一篇肤纹考古文献，在对历史事件的描述中还提出了一些新想法，书中对56个民族的肤纹一一作了介绍，成为一本很有学术价值的资料集。

人类肤纹是外露的经典遗传学性状。它终身不变，每人各异。终身不变的特点，使对个体的肤纹观察不受年龄或生死的限制；每人各异则使肤纹成为个体识别的可靠证据。在群体中一些肤纹项目的数据相对稳定，是人类群体遗传学研究的一种有用的遗传标记。

1709

杨文炯著/传统与现代性的殊相——人类学视阈下的西北少数民族历史与文化．北京：民族出版社，2002年版．

本书主要内容包括：中华多元一体格局中的西北少数民族文化、现代化视界下的西部大开发、西北城市少数民族社区的研究等。本书还涉及西北少数民族的历史与传统和现实中的西部大开发以及城市化过程中的少数民族的社区与文化变迁。

1710

陈重明等著/民族植物与文化．南京：东南大学出版社，2004年版．

民族植物学是植物学中一个正在蓬勃发展的新领域。随着“回归自然”、“崇尚天然”之风日盛，人们对于如何合理利用天然产物资源服务于当今社会给予了更多的关注，民族植物学中的利用植物的传统经验也逐渐为人们所了解和重视。该书由一些长期从事民族植物学研究、传统医药学研究的专家、学者撰写而成。全书分为民族植物学基础、我国古代典籍中的民族植物学、十四种植物的民族植物学、我国少数民族地区的民族植物学、传统经验和植物资源开发利用、中外民族植物学之比较研究、植物文化学、有毒植物的民族植物学等九个章节加以论述，内容翔实，事例生动。不失为科研、教学中的重要参考资料。

1711

金力，褚嘉佑著/中华民族遗传多样性研究．上海：上海科技出版社，2006 年版．

本书结合中国各民族的历史、文化、体质和语言特点，较系统地介绍了对中国不同区域和民族人群的遗传多样性研究进展，包括运用微卫星标记技术和单核苷酸多态性标记技术对各民族人群开展人类常染色体 DNA、Y 染色体 DNA、线粒体 DNA 及人类白细胞抗原的遗传标记研究所取得的成果，关于中国和东亚现代人起源的探讨与争论，遗传多样性研究在疾病基因、药物效果和法医等方面的应用。

全书共分 12 章，力图运用分子遗传学成果来探索人类的起源和迁徙、人群之间在遗传特征上的区别和联系，借以勾勒人类遗传的总体轮廓，拓展分子生物学技术的应用范围，推进人类分子遗传学、体质人类学与考古学、语言学等学科的交流。生物学和医学领域的大专院校师生及科研人员可从本书获得有关人类分子遗传学研究的前沿信息，人类及民族发展史领域的专业人员也可从中获得有关群体遗传的参考数据及有关跨学科研究的方法和思路上的启示。

1712

夏冰，陈重明，郭忠仁著/民族植物学和药用植物．南京：东南大学出版社，2006 年版．

本书内容涉及民族植物学理论和方法、民族植物学和药用植物、传统知识的研究和应用、生物多样性、植物文化、民族植物学国内外研究进展等领域，展示了我国近年来民族植物学工作者的最新研究成果，对推动我国民族植物学进一步发展，把握该领域的国际发展水平和研究热点，促进药用植物的开发、植物资源的有效保护和可持续利用有着重要的学术参考价值。

1713

淮虎银，裴盛基著/民族植物学．上海：上海科技出版社，2007 年版．

本书以植物多样性和文化多样性的协同演化关系为主线，系统介绍和论述了人类利用植物的文化行为与实践过程，及其对植物物种和生态系统的影响；人与植物相互作用关系的动态发展特征；植物资源可持续利用的基本方法和途径；民族植物学对传统知识保护和农村社区发展工作的基本原理与方法等。民族植物学是一门研究人与植物相互作用关系的科学。

1714

杨万政，唐丽，刘春兰著/民族地区植物资源研究与利用．北京：中央民族大学出版社，2007 年版．

人类迄今已发现的次生代谢产物大约有六万种，其中 80% 以上来源于植物，它们大多具有某种特殊的生物学功能。植物次生物质是自然界天然产物的主要组成部分，在保健食品、新药品研制、食品添加剂、农药、精细化工产品等领域得到越来越多的应用。随着生物活性评价模型的完善和相关实验技术的发展，天然产物成分的潜在功能不断被发现，在人们崇尚自然、注重环保的今天，对天然产物的研究和开发将越来越受到重视。

我国在该领域的基础和应用研究尚属薄弱，无法适应日益蓬勃发展的产业需求。我国西部地区的植物资源大多未得到充分合理的利用，据统计对野生植物资源的开发利用量只有蕴藏量的 5% 左右，大量植物资源仍处在“沉睡”或被“践踏”的状态，年复一年、自生自灭。因此植物资源的研究和开发不仅意义重大，而且极为迫切。

1715

哈斯巴根，苏亚拉图著/内蒙古野生蔬菜资源及其民族植物学研究．北京：科学出版社，2008 年版．

本书介绍了内蒙古野生蔬菜资源及其民族植物学研究的内容，共分六章。第一章论述了野生蔬菜资源及其食用价值；第二章介绍了内蒙古野生蔬菜资源的特性，包括种类组成及其可食用部位、内蒙古植被与野生蔬菜植物资源以及野生蔬菜资源植物的分布；第三章探讨了内蒙古野生蔬菜资源的分类；第四章介绍了内蒙古野生蔬菜资源的民族植物学研究案例；第五章探讨了内蒙古野生蔬菜资源的开发利用；第六章借助彩色图片，简要介绍了内蒙古常见野生蔬菜资源植物。《内蒙古野生蔬菜资源及其民族植物学研究》可供从事农业、传统医药、植物资源开发利用和食品科学的人员参考。

1716

崔箭著/中国少数民族药用植物学．北京：中央民族大学出版社，2008 年版．

中国少数民族药用植物学是中国传统医药学的重要组成部分，是我国传统文化的灿烂瑰宝。它是运用传统植物学的理论和方法来研究具有防治疾病和保健作用植物的一门科学，在中药和民族医药专业培养体系中起着承前启后的重要作用，与传统的《中药学》、《生药学》、《中药鉴定学》和《中药栽培学》等相关课程的关系十分密切。

1717

徐新建著/横断走廊：高原山地的生态与族群（中国民族文学走廊丛书）．云南：云南教育出版社，2008 年版．

本书以学人与行者的观点记录对走廊的寻访和思考，通过文字与图片呈现出它的一个侧面，以期引起更多的话题和讨论。“横断走廊”纵贯我国青藏、甘南、川滇广大区域以及与之相毗连的东南亚北部地区。这里生态多样，地貌复杂，包含着古往今来的众多族群交往，而且联系着中亚、南亚等若干跨境的文化板块，是历史上重要的民族文化通道和汇集地。悠久的历史和丰富的文化将使该走廊必然成为未来重要的关注点。

1718

裴盛基著/民族文化与生物多样性保护．北京：中国林业出版社，2008 年版．

为了推动生物多样性研究工作，及时反映这方面的研究成果，促进跨世纪的人才的培养，中国科学院生物多样性委员会曾组织并完成了“生物多样性研究”丛书，对于推动我国的生物多样性研究工作起到了积极的推动作用。随着近年来对生物多样性知识的普及和宣传，我国各级政府的有关管理人员和决策者对生物多样性的重要意义有所认识，保护意识也有所提高。但对于保护和可持续利用的需要还有较大差距。为此，中国科学院生物多样性委员会又组织有关专家编写这套“生物多样性保护”系列丛书，以进一步提高政府部门和公众对生物多样性保护的认识水平。本书包括：生物多样性与文化多样性的关系；民族传统文化对生物多样性保护作出的贡献文化保护的方法与途径；文化多样性保护中的问题与对策等相关内容。

1719

吴新智，刘武编/中国体质人类学百年文选．北京：知识产权出版社，2009 年版．

本书收录了 20 世纪以来中国学者在国内以中文发表的 43 篇体质人类学方面研究论文，涉及更新世的古人类化石、古猿和巨猿化石、现代及化石灵长类、全新世考古遗址出土的人类遗骸、现代人活体及骨骼、血液遗传等方面的专题研究材料以及相关的理论研究。这些论文涵盖古人类学、灵长类学、法医人类学、解剖学、人类遗传学等学科范围编者试图通过这些文章以及各文所附的参考文献目录，为读者提供大致反映近百年来体质人类学研究在中国的发展脉络以及其各分支领域研究情况的一套资料。

1720

薛达元著/民族地区保护与持续利用生物多样性的传统技术．北京：中国环境科学出版社，2009 年版．

本书基于对少数民族地区农业传统知识的案例调查和研究，介绍了我国部分少数民族在保护生物多样性和持续利用生物资源方面的传统生产方式、实用技术及生活方式。例如，立体种植以充分利用阳光，多品种混合种植防治病虫害，稻田养鱼提高经济效益，家庭沼气发展生物能源，刀耕火种轮歇方式提高土地生产力等。并揭示了由于现代农业和外来文化的冲击，许多少数民族地区的传统耕作技术和生活方式正在消失，需要尽快采取保护措施。

1721

薛达元编/民族地区传统文化与生物多样性保护．北京：中国环境科学出版社，2009 年版．

本书基于对我国部分少数民族地区的传统文化实地调查和案例研究，揭示了民族传统文化在生物多样性保护和生物资源持续利用方面的特别价值。这些案例研究包括：藏族宗教信仰对珍稀物种保护的贡献，哈尼族神山神林对保护森林生态系统的作用。瑶族民俗文化对生态环境保护的影响等。同时，《民族地区传统文化与生物多样性保护》在大量实地调查成果的基础上，系统地分析了民族传统文化对生物多样性保护的积极意义，提出了加强民族传统文化的保护，传承和促进生物多样性保护的政策与措施。

1722

薛达元编/民族地区遗传资源获取与惠益分享案例研究．北京：中国环境科学出版社，2009 年版．

本书概述了遗传资源及相关传统知识的定义和国内外背景现状；重点介绍了对一些少数民族地区典型传统农作物和畜禽品种资源的案例调查和研究成果，包括傣族的水稻、哈尼族的旱稻、藏族的青稞、独龙族的独龙鸡、水族的香羊等。特别关注了少数民族地区与遗传资源相关传统知识的丧失和流失问题，对遗传资源及相关传统知识的惠益分享问题进行了深入的探讨，并提出了加强我国民族地区遗传资源及相关传统知识保护和促进与地方社区惠益分享的政策措施。

1723

褚嘉佑编/中华民族永生细胞库的建立——理论与实践．上海：上海科技出版社，2009 年版．

本书全面反映建立中华民族永生细胞库的理论和实践，除系统介绍人类永生细胞库的基础理论外，还详尽介绍了建立永生细胞库所涉及的知情同意原则、采样标准、采样步骤和方法，建立永生细胞库所需实验室准备、应用器材、应用EB病毒转化建立永生细胞、永生细胞的传代、冻存和复苏等技术以及永生细胞的质量控制。并介绍应用人类遗传资源进行遗传多样性和疾病基因研究的进展。

1724

席焕久著/西藏藏族人类学研究．北京：北京科学技术出版社，2009年版．

全书共分十章，近35万字，仅限于自然科学部分的人类学，不包括或很少涉及文化人类学的内容，但是为了便于读者对西藏藏族人类学（自然科学部分）的了解，《西藏藏族人类学研究》还对西藏的自然、地理、文化等作了简单的介绍，力求把体质人类学与文化人类学的内容统一起来，便于从整体上深入地了解藏族的人类学特征。

1725

尹绍亭著/云南山地民族文化生态的变迁（田野中国丛书）．昆明：云南教育出版社，2009年版．

本书的田野调查对象是云南西南部山地民族的刀耕火种的问题。20世纪七八十年代，由于工业社会快速发展所导致的资源枯竭、环境污染等恶果的凸显，生态环境问题成为全球最受瞩目的问题之一。在这样的背景下，与热带、亚热带森林关系密切的刀耕火种农业，自然受到了人们的关注，成为了不同学科众多学者研究的热点。

R 医药、卫生

1726

田华咏等主编/中国民族药炮制集成．北京：中医古籍出版社，2000年版.

本书为中国民族药物炮制学专著，是一部有关民族药物炮制的开拓性集大成性质的著作。中国民族药物有卓越的临床疗效，在各民族中享有很高的信誉，深受各民族人民的信誉和喜爱。民族药炮制内容丰富、方法独特、科学适用，对保证和提高民族医学的疗效有不可低估的作用，值得认真学习和深入研究。本书共收载蒙、藏、维、傣、朝、苗、土家、彝、壮、侗等各民族医所用约1100种药物的30多种炮制方法，并分别详述每种药物的具体炮制方法、炮制作用及来源、性味、功用主治、贮存等。本书不仅适用于各民族医的医药人员，对广大中医药临床、科研、教学人员也有开阔视野、培益学识之用。

1727

曾育麟著/滇人天衍：云南民族医药．昆明：云南教育出版社，2000年版.

本书是“云南民族文化知识丛书”之一，全面系统地研究了云南民族医药。该书图文并茂，资料翔实，分析详尽，观点新颖。内容由专家用简洁精炼、准确生动的文字写成，充分体现了知识性、系统性、通俗性和可读性，是专题了解云南民族文化知识必备的参考书。本书的题旨所在，也是对人类回归自然，更加健康的理念表达。民族医药是民族文化的重要组成部分，民族医药是民族文化的重要组成部分，民族医药的水平体现着一个民族的文化、文明及其经济发展水平。应提倡源于传统而高于传统，力求民族传统医药的现代化，因为“发展才是硬道理”，不断进步，才能使民族医药真正为人民服务。

1728

苏诺著/菩提树下的藏医学和蒙古医学．北京：民族出版社，2001年版.

藏医学是藏传佛教文化的重要组成部分之一。藏传佛教文化产生和形成于青藏高原这一特定的自然地理环境，政治经济条件和思想文化氛围之中；但是，它的影响绝不仅限于雪域藏疆，也是单是藏人一族。在历史的长河中藏传佛教文化不仅浸透了阿里、卫藏、多康三藏大地，还远传到今天的土族、纳西族、蒙古族、满族地区，以及国外的不丹、尼泊尔、巴基斯坦的巴尔蒂斯坦、蒙古国、苏联的中亚和远东地区等等。在亚洲中部广袤的高山草原区内形成了一个极富魅力的藏传佛文化国。这一文化圈，自古以来连接着中原黄河文明、印度恒河文明等东方文明。

1729

李先加著/藏医心理学．北京：民族出版社，2004 年版．

本书内容涉及这一分支学科的历史、理论基础、对心理过程的认识、人格心理学、释梦、心理疾病、心理疗法及心理卫生等。分为 8 个章节。第一章　绪论；第二章　藏医心理学简史；第三章　藏医心理学的理论基础；第四章　藏医对心理过程的认识；第五章　藏医人格心理学；第六章　藏医解梦学说；第七章　藏医心理疾病及精神疗法；第八章　藏医心理卫生。

1730

贾敏如，李星炜主编/中国民族药志要．北京：中国医药科技出版社，2005 年版．

本书引用了当前已出版的各少数民族著作 50 余部，近几年公开发表的民族用药的文章 200 余篇，涉及少数民族 44 个，药物 5500 余种（含植物、动物和矿物）。书的体例包括每味药的拉丁学名、中文名（科名）、民族药名、不同药用部位及主要治疗的疾病、文献来源。对上述各项进行提纲式的归纳简介。

本书的特点是：以物种的拉丁学名统一了一种民族药物在几十个民族中使用情况和进一步查阅的文献；因同科属名排在一起有助于功效的归并与新疗效的学习和推广；有助于各民族的学习交流；引文中虽以民族药品种和功效为主，但不少药有较深入的生药学和化学成分研究的内容；用物种的拉丁学名排序，不需要拉丁目录直接查找，速度很快。不用拉丁学名者，也可直接查找附录中的中文名和民族药名。该书是一部民族用药的工具书，适用于与民族工作有关的科研、教学、生产、检验技术人员、民族医药工作者参考。同时，对国际传统药的学习交流（不少民族药直接来自国外）和新药的研究开发均有帮助。

1731

梁启成，钟鸣主编/中国壮药学．南宁：广西民族出版社，2005 年版．

本书全面总结了壮药的发掘、整理、研究的最新成果，系统阐述了壮药的起源和发展概况、壮药的基本理论及应用规律；从实际应用出发，对壮族聚居地区重要而常用的500 种壮药进行了详细介绍，包括这些药物在壮族当地的通俗名称、别名、学名及其来源、性能主治、临床应用等内容；反映了壮药药物鉴别和药理作用、化学成分的现代研究新成果。全书内容丰富、图文并茂，是一部集理论研究与临床应用为一体的学术专著。尤为值得一提的是，本书提出的壮药理论和应用规律，从根本上确立了壮药的理论体系，它很好地解决了壮药在临床应用过程中所遇到的许多实际问题，使得壮药的应用由过去的“凭经验”变为在系统理论指导下的医药实践——这是一个了不起的飞跃，这一飞跃对壮医药学的发展乃至祖国民族医药事业的发展意义都非常重大。

1732

区结成著/当中医遇上西医．北京：生活·读书·新知三联书店，2005 年版．

本书评述了中医在现代化过程中的种种主张与反思，分析了两者的异同，诘问诸如“中医学是整体观、西医学是还原论”、“中医辨证，西医辨病”等提法是否过于笼统及标签化，并提出具启发性的看法。本书探讨了核心的中医学概念，如“经络脏腑”、“五行学说”等。对于如何将中医传统概念融会于现代医学以至通往未来，作者都有说服力的分析。

1733

滕建甲，滕敏，陈亮编著/苗家养生秘录．北京：中医古籍出版社，2005 年版．

苗族是一个有着悠久历史和古老文明的民族，有着丰富而又独具特色的医药文化遗产，养生是其中的重要组成部分。本书是一部全面介绍苗族医药养生学的专著，内容包括苗族养生防病的传统理念、传统习俗、常用措施、常用方药等，从理论到实践都作了系统的阐述，既具有实用价值，又有很高研究价值。书中收录了较多口述原生态的养生文化资料，颇为引人注目。

1734

赵敬华编著/土家族医药学概论．北京：中医古籍出版社，2005 年版．

土家族医药学是本民族文化的一块瑰宝，在土家族文化中有特殊的意义。本书包括土家族医药学基础理论、诊法、治则、药物以及内、外、妇、儿、推拿、五官等名科疾病诊治内容，系统地介绍了土家族医药的概貌。

1735

田华咏编/土家族医学史．北京：中医古籍出版社．2005 年版．

本书从土家族医药的起源、形成与发展，土家族医药在土家族历史上的作用与地位，土家族医药的主要学术特点，土家族周边古文化及古文化事象对土家族医药的影响，土家族医药文化的承传，土家族医药与武陵山区其他民族医药的关系，土家族医药学术成就等方面作了系统的论述。《土家族医学史》是作者二十多年来，长期深入土家族民间调查，以“丰富的地下考古史料为物证，地上馆藏文献资料为史证，土家族民间原生态医药文化现象为佐证，民族群体传承的‘口碑’文化为现证”的研究方法，在突出“史”的基础上，对流散土家族民间千百年的医药文化进行了系统整理，完成了《土家族医学史》一书的编著工作，使土家族医学史从千百年“口传”到“文传”的历史跨越。

1736

诸国本主编/中国民族医药散论．北京：中国医药科技出版社，2006 年版.

民族医学是中国各少数民族传统医学的总称。本书对民族医学的概念、内涵、与中医学的联系和区别作了明确阐述。对民族医学的历史、现状和当前存在的问题作了具体分析，并提出了相应的发展方略和意见，在广泛的层面上涉及藏、蒙、维吾尔、傣、壮、苗、瑶、彝、侗、土家、朝鲜、回、畲等民族传统医学的发掘、整理、利用等问题。作者认为，民族医药是中国传统医药的组成部分，是中国社会医药文化多元性的反映，它是中医学的姐妹而不是中医学的地方化或中医学的某个分支。同时，民族医药也是现代社会医药卫生资源的重要组成部分，在建设具有中国特色社会主义医药卫生事业中，必须充分发挥其保障各民族人民健康的作用。本书中关于民族医药的许多观点，都是由作者首次提出，对中国民族医药的继承发展有一定的参考价值。

1737

覃道光主编/民族医药与方剂学．南宁：广西科学技术出版社，2006 年版.

本书以实用为宗旨，采访和收集各家少数民族民间常用中草药知识之经验及精华以及有关文献及多年的临床实践经验总结汇集而成。本书包括了民族传统常用中草药 300 种，每种药后附有 2 ~ 3 个方，共 600 多个处方。

1738

余言，任可编著/中国少数民族医药保健（英文版）. 北京：五洲传播出版社，2006 年版.

Medicine and healing have always played a central role in human civiliza - tion. China's traditional medicine comprises three distinct aspects: traditional Chinese medicine, national medicine and folk medicine. National medicine refers to the traditional medicine of Chinese minority ethnic groups. As a united, multi - national country, the Chinese nation comprises the Han ethnic group and 55 minorities. These minorities have accumulated a rich storehouse of medical knowledge and practical experience accumulated over the course of many centuries. Traditional medicine forms a key element in the rich tapestry that is Chinese ethnic culture.

1739

夏冰等主编/民族植物学和药用植物. 南京：东南大学出版社，2006 年版.

本书内容涉及民族植物学理论和方法、民族植物学和药用植物、传统知识的研究和应用、生物多样性、植物文化、民族植物学国内外研究进展等领域，展示了我国近年来民族植物学工作者的最新研究成果，对于推动我国民族植物学进一步发展，把握该领域的国际发展水平和研究热点，促进药用植物的开发、植物资源的有效保铲和可持续利用有着重要的学术参考价值。

1740

青海省藏医药研究所编/苯医四部. 北京：民族出版社，2006 年版.

本书收录了藏医的理论框架和藏医诊断、临床治疗等方面的文章。是藏医学方面的珍贵参考资料，具有一定的学术价值和文献价值。

1741

李应存著/敦煌佛儒道相关医学书释要. 北京：民族出版社，2006 年版.

本书分六部分，对写在佛书、儒书、道书正、背面的医书、佛书中本身包含的医学内容、道教所利用的医书及佛道所共用的医书进行了释要，这一方面反映了佛、儒、道对中医学的影响，同时也反映了敦煌作为佛教圣地，是多种文化交流的有力象征，另一方面与佛、儒、道相关的这些医学卷子，具有很大的理论研究潜力与临床应用价值。因此，本书既可供从事佛、儒、道文化研究者及爱好者参考，也可为中医、中西医结合工作者及医药爱好者提供价值极高的医论、秘方。

1742

青海省藏医研究所，藏医药经典文献集成编委会编/深奥医道．北京：民族出版社，2006 年版．

本书以佛教的哲学介绍了藏医药学的基本原理。

1743

彭再生主编/湖北苗药．北京：中医古籍出版社，2006 年版．

民间有“贵州苗药走天下，湘西苗药治跌打，川东苗药疗咳嗽，鄂西苗药理百疾，路遇苗医，长寿顺利”的说法。本书以湖北苗药的种类为对象，考察了苗族医药的发展空间。

1744

黄福开编著/藏医养生图说．北京：人民卫生出版社，2006 年版．

本书是第一部藏医养生学领域的科普读物。以通俗流畅的文字，全面地介绍了古老神秘的藏医学在养生领域的主要经验，包括生命诞生、生命常识、疾病常识、起居养生、饮食养生、性养生、药浴养生、生命预兆、养生箴言等内容。涉及生命从出生到终结各阶段的养生知识，理法兼备，具有较强的知识性和实用性。同时，本书还从传统藏医教学挂图、藏族唐卡、藏族壁画、藏族民间图饰中选取大量插图，更加生动地阐释了藏医养生学内涵，使本书图文并茂，具有较强的艺术欣赏价值。

1745

陆中午，吴炳升主编/侗族文化遗产集成第三集．北京：民族出版社，2006 年版．

本书分上、中、下三册，就侗族医药文化遗产的民族性、历史性、传承性给予了翔实的阐述，分析了侗药形成的哲学思维、医疗特点、用药经验和历史命运，反映了侗族医药作为民族医药体系中侯成的价值与作用。

1746

胡成刚著/苗药资源学．北京：中医古籍出版社，2007 年版．

本书内容包括苗药的概念及特点、苗药化学资源、苗药资源分布概况、苗药资源的调查研究、苗药资源的评价等内容。

1747

方志先，赵晖，赵敬华主编/土家族药物志．北京：中国医药科技出版社，2007 年版．

本书系国家中医药管理局“民族医药文献整理丛书”之一，分上、下两册，系统收载了土家族常用药物 1500 种和土家族药物少用品种 422 种，内容包括正名、别名、来源、植物形态、生境与分布、采收加工、药材鉴别、民族用药经验及现代研究等，资料翔实，内容丰富，可供广大中药学爱好者阅读参考。

1748

张东海著/苗医正骨．北京：中医古籍出版社，2007 年版．

本书中通过图文并茂的形式论述了张氏苗医正骨手法及临床效果，便于读者研究和应用苗医学。所附苗汉医学词汇中苗语译音，是以中国苗族东部方言中的第一土语范围内的花垣、吉首苗族语言为译音。所附词汇均来源于相关文献资料，仅供参考。《苗医正骨》是对我国苗族东部地区苗医正骨学术整理和临床应用经验的总结。

1749

崔箭，唐丽著/中国少数民族传统医学概论．北京：中央民族大学出版社，2007 年版．

本书阐述近几十年来发掘整理的十几个少数民族的医学基本理论、特色诊疗方法和基本用药概况，例如，藏医学、蒙医学、维吾尔医学、壮医学、苗医学、傣医学、瑶医学、彝医学、土家医学、朝鲜医学、回族医学等。《中国少数民族传统医学概论》内容丰富，论述透彻，具有很强的可读性。主要包括：第一章　藏族医药学；第二章　蒙古族医药学；第三章　维吾尔族医药学；第四章　朝鲜族医药学；第五章　壮族医药学；第六章　回族医药学；第七章　瑶族医药学；第八章　傣族医药学；第九章　苗族医药学；第十章　彝族医药学；第十一章　土家族医药学；第十二章　畲族医药学；第十三章　哈萨克族医药学；第十四章　其他民族医药学。

1750

韦盛初著/壮医美猴王传奇．北京：中央民族大学出版社，2007 年版．

本传记以许多鲜为人知的内幕、生动翔实的资料和精彩的文字，让您真正认识一名身居逆境却不屈不挠、心怀壮志、不惧艰辛的壮族中草药美容保健医生及其可歌可叹的顽强拼搏精神。全书将作者尘封了半个多世纪的悲苦身世和艰难曲折的创业史编进巡回讲学的内容中，和广大学生共探讨、同摸索人生道路和拼搏精神，培养“遇到波折而不怨天尤人、身居逆境而不失志气、面临困难而不退缩低头”的意志，也让大家真实地了解现实生活中的“韦医生”。

1751

彭芳胜著/土家医方剂学．北京：中医古籍出版社，2007 年版．

本书是阐明和研究土家族医药方剂配伍及临床应用的专著，土家医方剂学是土家医的基础学科之一。本书分上、下两篇及附录三部分。上篇总论，主要介绍土家医方剂的起源和发展，土家医常用方剂与治法，药物鲜用方剂的分类原则，方剂的组成与变化，方剂的剂型和用法等内容。下篇各论，按治法分为表出剂、清败剂、松祛剂、撒开剂、攻杀剂、通泄剂、赶熄剂、震拔剂、消拨剂、提敛剂、控停剂、调和剂、固涩剂、补益剂、接续剂、利窍剂等16章，收入常用代表方335首，附方193首，单验方253首。附录包括检方索引、参考书目，以利读者检索。

1752

滕建甲著/苗家实用药方．北京：中医古籍出版社，2007年版．

“苗医无成方”是当今医药界、学术界对苗族医药学的形象概括。由于历史的原因，目前苗族医药的整体情况也基本如此：大多数苗方无方名；每一个苗方都无固定的药味；并且方中的药物名称各地不尽相同；缺少交流，在理论上、治疗方法上、药物名称上、药物用途、用法上，尚未有公认的模式，权威的著作。为了总结历史的经验，分析目前苗族医药的现状和问题，以便更好地发掘、整理苗族医药学的宝贵精华，使之更好地为社会主义现代化建设服务，现根据作者多年对苗族医药学的调查、整理、研究所得出的一些心得，供民族医药学研究者们参考。

1753

《中国民族药志》编委会编/中国民族药志（第四卷）．成都：四川民族出版社，2007年版．

本书为了继承和发扬各兄弟民族的传统医药学，整理出第一批民族药1200多个品种。对其中各民族常用、来源清楚、疗效确切、比较成熟的品种，分工协作进行科学研究，分卷出版。书中民族药名、民族药用经验、药材检验等三项内容，均系实地调查和科学实验结果，大部分系首次发表，尤为本书之特色，可供中药研究、生产、药检、教学等有关部门参考。它可以作为今后进一步深入研究民族药的新起点，以保证和提高民族药质量，有利于各民族之间的文化交流，对促进民族地区经济发展将会发挥应有的作用。

1754

杜立平著/广西壮族地区的医药文化及药材贸易．北京：民族出版社，2008年版．

壮医药作为壮民族古老、多姿文化的组成部分，已经引起诸多学者的研究兴趣。研究壮医药的学术成果不仅见于学术期刊、通史著作，近年更有研究壮医药发展历程的专著问世（如，黄汉儒等，《壮族医学史》，1998 年）。但迄今为止，学界同仁似乎还没有对近代广西壮族地区多样性医疗实践的社会、文化基础以及这些医疗实践中的文化内涵，进行较系统地解析。本书认为，广西壮族地区具有不同地域特点的医疗实践，不仅是壮族人民在长期的生活、生产实践中创造出来的科学成果，同时也是壮区社会、文化土壤培育出的、凝聚着壮区人民传统精神的文化成果，需要对这些医疗实践进行社会、文化角度的研究。

1755

刘庆山著/民族药物高通量筛选新技术．北京：中央民族大学出版社，2008 年版．

本书介绍了如何利用高通量药物筛选技术快速开发民族药物以及民族药物高通量筛选新技术的内容、特点、方法、应用等问题，供有关研究者参考。

全书共分六章，第一章是民族药物高通量筛选新技术的概念、内涵及现状，讨论了民族药物与高通量筛选相结合的前景。第二章介绍了高通量筛选、高信息筛选、高通量 ADMET 筛选、生物芯片筛选、计算机理性药物设计及虚拟筛选等新技术的特点、用途、方法。第三章是民族药物高通量筛选平台的建设问题，即如何实现筛选新技术。第四章是民族药物高通量筛选新技术在民族药物研究中的实践。第五章是筛选样品的活性评价工作，对民族药物活性样品进行活性确证与分子机制研究。第六章是新药活性确证后如何进行民族新药报批的药理学研究，提供了药理学报批资料格式供参考。

1756

诸国本著/医林朝暮．北京：中医古籍出版社，2008 年版．

这是一本谈民族医药的书。民族医药与中医药既有共性，也各具其特殊的民族文化背景、医学学术体系和基于本地生产生活方式的医技方药。这是一本跨越学术边界的书。它既用理性思维表述了传统医药的不改的初衷，又是半个世纪来未曾燃烧的岁月留下的余烬和闪光。

1757

薛达元主编/民族地区医药传统知识传承与惠益分享．北京：中国环境科学出版社，2009 年版．

本书基于对我国部分少数民族的传统医药知识的调查和案例研究，特别是针对贵州黔东南地区的侗药和苗药、四川凉山地区的彝药、西藏日喀什等地区的藏药以及内蒙古地区的蒙药等五类民族医药的实地调查和典型案例分析，系统地总结了我国民族医药珍贵的传统知识。还通过大量面访和问卷调查，揭示了我国民族医药在其维持和发展过程中存在的问题以及在未来的发展趋势。并针对这些问题，提出了加强我国民族医药传统知识、促进其利用和惠益分享的政策体系和相关措施。

T 科　技

1758

易华著/中国少数民族科技（中国少数民族知识丛书）. 北京：中央民族大学出版社，1999 年版.

本书以少数民族的民族科技文化为题，系统介绍和阐述各少数民族的科技文化。

1759

李晓岑主编/科学和技艺的历程：云南民族科技. 昆明：云南教育出版社，2000 年版.

云南各民族的科学文明具有激动人心的历程。本书对一些少数民族的天文、数学与生物学、医药学、化学工艺与兵器技术、青铜技术、贵金属与其他有色金属、铁器制作、纺织和印染技术、建筑技术与交通工具、造纸与印刷技术、农业与水利科学等方面均有阐述。

1760

万辅彬，杜建录主编/历史深处的民族科技之光：第六届中国少数民族科技史暨西夏科技史国际会议文集. 银川：宁夏人民出版社，2003 年版.

本书是中国第六届中国少数民族科技史国际会议论文集，书稿收入了中国少数民族科技史暨西夏科技史国际会议上的论文近 70 篇，涉及民族科技与经济发展、天数农医、综合类等方面。

1761

覃尚文，陈国清主编/壮族科学技术史. 南宁：广西科学技术出版社. 2003 年版.

本书以研究壮族科技发展史为线索，贯穿了民族学、语言学、社会学、历史学、地理学、考古学、天文学、地质学以及文献资料和实用科技等方面的内容。该书时间跨度大，内容丰富，图文并茂。时间跨度从远古到新中国成立前，包括壮族农业技术、林业技术、水生生物资源开发与利用、禽畜养殖技术、织染技术、建筑技术、交通技术、水利技术、采冶铸造技术、轻工传统制造技术、壮医壮药、天文历法、度量衡与地学、古壮字的创造、科技与哲学等；地域包括壮族居住的广西和广西以外邻近各省的壮族居住地。是一部比较系统、全面的壮族科学技术史书。

1762

拉巴平措主编/加强藏学研究发展藏族科技：第七届中国少数民族科技史国际会议论文集．北京：北京大方弘文藏学出版社，2006 年版．

本书收录了第七届中国少数民族科技史国际会议上发表的以藏族科技史研究成果为主的论文

1763

李迪著/蒙古族科学技术简史．沈阳：辽宁民族出版社，2006 年版．

本书主要内容包括：蒙古族科技前史：史前的文化积累、匈奴的科技文化、鲜卑等民族的科技、7—12 世纪契丹等北方民族的科技成就、女真族的科技成就；1260 年前的蒙古族科技文化：蒙古民族的兴起、蒙古西征与中外科技交流、蒙古王廷与外国学者、蒙哥与科学技术、旭烈兀西征与纳速拉丁、《蒙古秘史》中的科技史料；元代早期的科技政策与一般情况：忽必烈的科技政策、忽必烈的科技机构、各种思想交汇下的元代前期科技背景、大力吸收各方人才、上都与大都建设、海外交通与贸易、元代前期的文化、卫生与体育运动；忽必烈时期的重大科技项目：农学和医学项目、回回司天台项目、天文仪器制造、冬夏至的连年测量、“四海测验”、建立大都天文台、《授时历》编订、对黄河源的考察、编纂全国地理志和绘制天下大地图、水利工程；忽必烈后的元代蒙古族科学技术：农牧业及食品技术、医药学、兵器与机械制造、水利工作、编修“三史”与科学技术、阿剌忒纳支持下的阿合马天文学工作；明代进期蒙古族的科学技术；清代前期蒙古族的科技成就；明安图及蒙文一文图；清代中后期蒙古族的科学技术。

1764

王康著/四川民族地区技术创新体系建设研究．北京：民族出版社，2007 年版．

本研究报告在深入实地调研和广泛借鉴国内外研究成果的基础上，从七个方面入手，系统探索了技术创新及其相关体系建设的基本理论，讨论了加快四川民族地区技术创新及其体系建设的重大意义，描述了四川民族地区技术创新体系建设的现况，分析了四川民族地区在从事技术创新方面所面临的主要困难与优势，建构了四川民族地区技术创新体系的基本框架，思考了四川民族地区技术创新的发展战略，并针对四川民族地区的特点，提出了建立其区域技术创新体系的基本途径和方法。由于四川民族地区是全国民族地区的一个缩影，故本项研究成果的取得，可望为全国其他民族地区的发展提供一定的借鉴和参考。

1765

王桂琴，刘秉龙著/民族地区工业化进程研究．北京：中央民族大学出版社，2007 年版．

伴随着近代资本主义制度的产生，工业文明取代农业文明就成为了世界变化的一个基本特征，也正因如此，古典经济学的确立和发展实质上就开始了对这一进程的研究。本书主要内容包括：第一章　工业化概念的内涵与外延；第二章　中国工业化与中国民族地区工业化；第三章　中国民族地区工业化的条件；第四章　中国被动型工业化和民族地区工业化起步（1849—1949）；第五章　新中国自主型工业化及民族地区的工业化（1949—1976）；第六章　中国工业化战略的转变与民族地区工业化（1977—1990）；第七章　中国少数民族地区工业化战略地位的反思；第八章　西部大开发与中国少数民族工业化的机遇；第九章　以人的现代化主导少数民族经济的全面工业化；第十章　少数民族地区工业化技术发展；第十一章　少数民族工业化与少数民族传统产业的改造；第十二章　少数民族工业化与民族地区的可持续发展。

1766

张海超著/曼斗傣族慢轮制陶．昆明：云南人民出版社，2009 年版．

本书图文并茂，精美的图像配有文字的解说，呈现了傣族慢轮制陶技艺这一非物质文化遗产的全貌图景。以期增进读者对非物质文化遗产的理解，进而推动保护实践的广泛有效展开。在五千年的中华文明史中，陶器和制陶技术出现得非常早，并随着中华文明的发展在持续发展着。最原始的制陶技艺，目前只能见诸于书本且残缺不全。然而，在中国西南边陲的西双版纳傣族地区，一项拥有四千多年历史的原始传统手工制陶术，现今仍被完整保留下来，它就是“傣族慢轮制陶技艺”。

U　交通运输

1767

陆韧著/高原通途：云南民族交通．昆明：云南教育出版社，2000年版.

本书梳理、介绍了历史上云南各民族人民为了扩大交流、走向世界，是怎样进行创造性的、艰辛卓绝的、团结合作的开辟交通的斗争的；交通的开辟与道路的拓展，又是怎样极大地促进云南各民族间、云南与祖国内地间、云南与周边国家间乃至海外各国的文化交流，开阔了云南人的眼界，丰富了人们的思想、文化和生活，促使云南民族文化繁荣昌盛、特色鲜明、生机无限、魅力无穷的。

1768

德山，乌日娜，赵相璧著/蒙古族古代交通史．沈阳：辽宁民族出版社，2006年版．

这部《蒙古族古代交通史》，在时间上，上限从蒙古民族于公元8世纪中叶由大兴安岭深山老林走出来开始，下限至公元20世纪初，上下1300多年。蒙古族古代交通就是在这漫长的历史岁月中，从无到有，从少到多，从国内到国际，从落后到进步，随着社会的变化曲折向前发展。

1769

刘延平，阮加著/中国西部民族地区交通经济带问题研究．北京：经济科学出版社，2009年版．

本书研究基于西部民族地区的交通带建设问题，对西部民族地区交通经济带建设的基础和前景进行了系统的、以应用为目的的研究。与我国全国的经济发展水平相比，西部民族地区发展相对落后。在经济全球化和我国西部大开发的大背景下，西部民族地区如何更好更快发展是一个非常值得研究的问题。本书试探讨我国西部交通经济带的开发对西部民族地区的发展的意义以及它将对西部民族地区的发展方式、发展格局、产业转移、区域合作、民族和睦等方面产生有益的影响。由点到线，由线到面，使西部民族地区的经济发展产生一个飞跃。

X 环境科学、安全科学

1770

徐凤翔编著/西藏 50 年（生态卷）. 北京：民族出版社，2001 年版.

西藏是中国领土不可分割的一部分。中国共产党在夺取全国政权后，如何实现解放西藏地方的战略构想，这一复杂的历史课题，自然地摆在中国共产党人面前。这一问题的症结在于面对西藏之特殊的地域，特殊的民族，特殊的宗教文化背景，特殊的历史与现实的联系与矛盾，如何有效地解决西藏的问题，从而实现长久的和平，民族间长远的和睦相处。通过谈判，西藏人民终于选择了拥护中央，和平解放西藏的道路。这是一个历史性的选择。

1771

根高娃，乌云巴图著/蒙古民族的生态文化. 呼和浩特：内蒙古教育出版社，2004 年版.

本书包括蒙古族生态文化的理解及其界定、蒙古族生态文化的物质层面解读、蒙古族生态文化的精神层面解读、蒙古族生态文化的制度层面解读、蒙古族生态文化在当代的实践等五章。

1772

张海翔著/新型工业化：生态民族与人文视点. 北京：人民出版社，2005 年版.

本书为研究民族地区新型工业化提供了新的视角，在理论与实践的结合中，突破了单纯从经济学科研究工业化的范式，提出的一系列观点对民族地区推进新型工业化实践具有一定的理论价值和借鉴作用。提出工业化发展要树立现代生态文明观，重视生态环境的保护和建设，但不主张“为生态而生态”的极端生态主义；明确工业化发展要树立民族文化观，注意保护民族文化多样性，民族文化产业的发展为新型工业化注入新的内容，但不倡导“为保护而保护”的文化机械主义；强调工业化发展要树立人文价值观，赋予新型工业化以公平、正义等人文内涵，但不否定作为市场经济核心的竞争原则、效率原则。

1773

张巨勇著/民族地区的资源利用与环境保护论．北京：民族出版社，2006 年版．

本书是在国家民委社科基金重点项目“民族地区的资源利用、环境保护与经济可持续发展”和大连民族学院人才引进基金项目的基础上整理而成的，具有一定的学术价值，可供相关研究者阅读参考。

1774

邓光奇著/民族地区旅游业与生态环境协调发展研究．北京：中央民族大学出版社，2006 年版．

本书包括旅游与环境协调发展的理论基础、民族地区旅游与环境协调发展研究的背景、民族地区旅游业发展评介、民族地区旅游环境问题等 10 部分内容。

1775

熊清华，施晓春著/高黎贡山民族与生物多样性保护研究．北京：科学出版社，2006 年版．

本书收录了发表在国内外有关民族植物学、动物文化、环境教育等方面的研究论文，反映了高黎贡山民族现生物多样性保护方面的研究现状，给当代和未来的研究者和管理者提供了一个科学理论的平台。

1776

南文渊著/藏族生态伦理（大连民族学院民族研究文库）．北京：民族出版社，2007 年版．

本书引用了藏族历史、宗教、民俗与文化方面的文献，包括运用国外藏学界的第二手研究成果作了藏族生态伦理和生活方式的系统性介绍。期望通过对藏族生态文化作一概略的描述，揭示其合理价值，为关心高原环境与藏族传统文化的读者提供相关的参考资料。

1777

杨庭硕等著/生态人类学导论．北京：民族出版社，2007 年版．

生态人类学致力于人与环境之间复杂关系的研究。人类的生存一直同邻近的土地、气候、植物以及动物种群发生着密切的关系，并对其产生影响，环境因素亦反过来作用于人类。本书试图探讨人类群体如何适应、塑造其生存环境并伴随此过程形成相应的风俗习惯以及社会、经济、政治生活。生态人类学希望对人类社会文化作为适应环境的产物作出唯物的说明。

1778

张巨勇，马林著/民族地区生态环境建设论．北京：民族出版社，2007年版．

本书从生态建设的基本理论出发，以科学发展观为指导，结合民族地区实际，阐述民族地区生态建设和可持续发展的总体思路，探索民族地区生态建设和可持续发展的战略及对策。全书分为上、下两篇。上篇为总论，共分为五部分。第一部分介绍了生态建设的基本理论，第二部分介绍了民族地区生态建设的进程，第三部分介绍了民族地区生态建设和经济可持续发展的重要意义和关系，第四部分提出了民族地区生态建设的总体思路，第五部分对民族地区生态建设中的生态预警系统、投融资问题以及生态建设对策等重要问题展开了一定的研究。下篇是分论，主要针对民族地区生态建设和经济可持续发展问题的重点地区展开研究，对内蒙古自治区、宁夏回族自治区、新疆维吾尔自治区、西藏自治区、广西壮族自治区、云南省以及青海省等省区的生态建设和可持续发展进行了相对独立的研究。

1779

张汀华，揣振宇，陈景源著/雅鲁藏布江大峡谷生态环境与民族文化考察记．北京：中国藏学出版社，2007年版．

本书突出了生态环境与当地民族文化的相互影响和制约关系。通过对大峡谷里世居民族的研究表明，一些文化现象的存在原因，如果不联系那里特殊的生态环境，是不可能作出圆满解释的。过去在关于墨脱县的民族调查和研究的论著中，大多只关注民族文化的一般表象，而忽视了民族文化存在的生态因素。

1780

王亚欣著/宗教文化旅游与环境保护：宗教文化旅游与民族地区生态环境保护研究．北京：中央民族大学出版社，2008年版．

全书内容包括宗教文化中的生态观、宗教文化旅游的基本理论及实践、民族地区生态环境现状及其影响、旅游活动对民族地区环境的影响、宗教文化旅游与生态环境的关系、宗教生态旅游、民族地区宗教生态旅游开发案例。

1781

钟大能著/西部少数民族地区生态环境建设进程与其财政．北京：经济科学出版社，2008年版．

本书从外部效应及其公共风险防范的视野，建立一个基于外部效应与其公共风险防范分析的新的框架，在此框架下将生态环境建设提升到纠正环境资源领域的外部效应、防范其产生环境公共风险这样一个更高的层面来研究，从而就为生态环境建设为什么是而且必须作为政府提供的公共产品提供了理论依据，而政府防范和化解环境公共风险必然通过财政的资源配置职能来实现，由此展开生态环境建设的财政补偿机制的理论研究。论证了西部少数民族地区生态环境建设作为全国性公共产品的属性，在对西部少数民族地区生态环境建设进程与其财政补偿机制的形成、现状、问题及其原因进行考察分析后，提出西部少数民族地区生态环境建设的财政补偿机制规范框架，最后提出西部少数民族地区生态环境建设财政补偿机制的调整与完善的总体思路和对策建议。

1782

南文渊，洛桑·灵智多杰著/藏族传统文化与青藏高原环境保护和社会发展．北京：中国藏学出版社，2008 年版．

这是一套青藏高原环境与发展的系列丛书，阐述分析了藏族传统文化与环境保护间的关联性。青藏高原雄踞亚洲大陆中部，总面积 250 万平方公里，有“世界屋脊”和“地球第三极”之称。这里地域辽阔，山川瑰丽，物产丰富，自然资源富饶，是有着广阔发展前景的宝地，是我国未来发展的后续力量，也是我国的西南门户和天然屏障。青藏高原是我国和南亚、东南亚地区主要河流的发源地和上游流经地区。在人类发展的历史进程中，高原以它广阔无私的胸怀哺育了古代黄河流域文明和印度河流域文明。直至当代，它仍然对中华民族乃至南亚、东南亚人民的生存和发展有着决定性的影响。

1783

裴盛基，龙春林著/民族文化与生物多样性保护．北京：中国林业出版社，2008 年版．

为了推动生物多样性研究工作，及时反映这方面的研究成果，促进跨世纪的人才的培养，中国科学院生物多样性委员会曾组织并完成了“生物多样性研究”丛书，这对推动我国的生物多样性研究工作起到了积极的推动作用。随着近年来对生物多样性知识的普及和宣传，我国各级政府的有关管理人员和决策者对生物多样性的重要意义有所认识，保护意识也有所提高。这套“生物多样性保护”系列丛书，以进一步提高政府部门和公众对生物多样性保护的认识水平，为实现《生物多样性公约》缔约国提出的在 2010 年基本遏制生物多样性丧失的态势提供必要的信息。

1784

彭羽著/民族地区生态规划：内蒙古浑善达克生态恢复研究．北京：中国环境科学出版社，2009 年版．

本书在种群、群落、景观水平上研究了浑善达克沙地退化状况及其原因。通过试验地试验，运用“以地养地”模式，通过建立自然保护地，恢复浑善达克退化生态系统，同时实现社区的经济发展。通过对自然保护区恢复潜力和可行性的分析，将“以地养地”模式推广到全旗，实现全旗的可持续发展。

1785

乔世明著/少数民族地区生态环境法制建设研究．北京：中央民族大学出版社，2009 年版．

本书主要对少数民族地区的生态环境法制建设知识作了探讨和研究，具体内容包括概述、少数民族地区生态环境保护立法问题研究、少数民族地区生态环境保护执法问题研究、少数民族地区生态环境保护司法问题研究等。该书可供各大专院校作为教材使用，也可供从事相关工作的人员作为参考用书使用。

1786

薛达元编/民族地区生态规划：贵州省黎平县案例研究．北京：中国环境科学出版社，2009 年版．

本书从生态规划的概念、内涵、发展等方面入手，阐述了民族地区生态规划的特点、方法。以贵州省黎平侗族苗族自治县为例，运用生态规划理论，结合民族传统文化，进行了少数民族地区生态规划的探索。本书适合从事生态学、城市规划、农学、环境科学等领域的研究人员和管理人员阅读，亦可作为高等院校相关专业师生的参考书。

1787

郭泺编/民族地区生态规划：生态规划原理与方法．北京：中国环境科学出版社，2009 年版．

本书较全面地介绍了生态规划的基本概念、理论及其研究方法。内容包括生态功能区划、生态承载力分析、资源生态评价、生态适宜性分析、景观生态规划、区域生态规划、民族地区生态规划与可持续发展的研究。本书可供生态规划与设计、行政管理、政府决策等相关研究部门的技术人员、管理人员阅读，亦可作为高等院校生态学、环境科学、资源科学、土地资源利用等专业的本科生和研究生的教材或教学参考书。

Z 综　　合

1788

祁庆富著/中国少数民族文化史图典（西南卷）．北京：商务印书馆出版社，2000 年版．

本图典涉及历史学、民族学、人类学、考古学、语言学、宗教学、社会学、民俗学等学科领域，在已确定的历史分期下，探寻中国少数民族的历史轨迹，展现湮没于历史长河中的古代民族的文化遗存，揭示各民族的文化特征，阐述各民族共同创造中国历史和文化的历程，勾勒中国少数民族文化史的面貌。

本卷为图典第 7 卷，地域划分为中国西南的云南省、贵州省、四川省和重庆市辖境。云贵高原、四川盆地、成都平原，是中国 20 多个少数民族聚居的地方。三星堆的宝藏、川南的悬棺、云南的贮贝器等等，揭开了西南夷的奥秘；苍山下的古城遗址，讲述着南诏和大理的故事；彝族历法、白族《山花碑》、纳西族东巴经、傣族贝叶经、苗族蜡染、侗族鼓楼……展示了绚丽多彩的西南民族文化。

1789

国家民族事务委员会主编/中国民族统计年鉴（1999、2000，2001，2002、2003）．北京：民族出版社，2000—2003 年版．

本年鉴由特载、文献篇、概况篇、纪事篇、人物篇、理论研究篇、统计资料篇、附录等八部分组成，记述了 1999 年、2000 年、2001 年、2002 年的国家民族工作。

1790

齐宝和主编/中国民族年鉴（2000）．北京：民族出版社，2001 年版．

本年鉴为第六部《中国民族年鉴》。书中汇辑了 1999 年内我国民族工作及民族地方工作情况，从不同侧面真实地记录和再现了少数民族地区在政治、经济、科技、文化等方面的社会发展风貌。其信息含量丰富，内容翔实准确，是一部百科全书式的大型民族信息检索工具书。

本书编纂体例以类序为主，地序、时序相辅，纵横交错，合理编排而就。其正文先按条目内容的性质进行归类，而后再按地区和时间顺序进行排列。全书共分12个类目，即民族区域自治、民族地方法规·文献、民族及民族地方工作、民族事务、民族经济、民族教育、民族科技、文化、医药卫生、民族体育、民族宗教、人物和民族工作大事记。类目之下视其情况分设若干栏目，栏目之下为条目。正文之后附索引。

1791

吴永章编/民族研究文集．北京：民族出版社，2002年版．

这套文库包括了民族学、民族史、民族经济、民族文化、民族法制、民族理论与民族政策、民族地区社会发展、世界民族问题等方面的内容。入选文库者大多是国家社会科学基金和省部级社会科学基金项目的成果。本书主要分为理论探索、民族研究、民俗·艺术·历史与考古三部分，代表性篇目有：《简论中国的多元文化与和谐社会》、《构建和谐社会与重建有神的社区》、《论中国场景下人类学与民族学的关系》、《开发人类学的开发理论简述》、《中国疆域问题与中国边疆学理论建设之关系》、《人类学视野下的文化遗产研究：基本概念、历史与理论》、《Applied Anthropology in China》、《北京新疆村调查》等。

1792

揣振宇主编/中国民族研究年鉴（2001）．北京：民族出版社，2002年版．

本年鉴向读者展示的是2001年度我国民族研究的有关情况，由九个栏目组成。“百年回顾”专栏，分别回顾了20世纪中国契丹、女真史研究，百越民族史研究，阿尔泰语系语言研究的概况。“特稿”专栏，分别介绍了中南民族学院、西藏民族学院、四川省民族研究所、台湾人类学民族学教学与研究机构、香港中文大学人类学系。此外，本卷还设有“学科研究进展概况”、“学术热点问题座谈”、“学者访谈”、“年内逝世学者介绍”、“学术活动”、“书目·索引”和“附录”等栏目。

1793

柳远胜编/贵州六盘水市彝族辞典．北京：民族出版社，2002年版．

本书为中国少数民族大辞典彝族卷之贵州六盘水彝族卷。全书分为建制、地理、经济、历史、文化、体育、卫生、民俗、教育、语言文字、文物文献、宗教、人物等十余类，约1000条目，事涉古今，包罗万象，内容丰富。六盘水市是贵州彝族的主要聚居地，是一个美丽的地方。这里有悠久的历史、灿烂的文化，山清水秀，人杰地灵，是人类的发祥地之一，对中华民族的历史文化作出过伟大的贡献。本辞典以反映六盘水市境彝族为主旨，既考虑彝族的共性，又兼顾本地彝族的特殊性，整部辞典保持了民族特色与地方特色的高度统一。

1794

彭南林编/英汉人类学辞典．昆明：云南大学出版社，2008 年版．

比较是人类认识事物、研究事物的一种基本方法，也是语言学研究的一种基本方法；而对比则是一种更侧重于不同之处的比较。本辞典以现代语言学理论为指导，对英汉语言进行系统的对比研究，旨在揭示英汉语言的相似和差异，以寻求可用于外语教学与英汉互译等实际问题的原理。本辞典的研究重点是人类学词汇的英汉表达。具体表现为通过英汉语言在语音、词汇、语法、修辞、语篇等诸方面的对比研究，对外语教学经验从理论上作出解释，为英汉互译方法和技巧提供系统的理论依据。

1795

耿世民著/维吾尔古代文献研究．北京：中央民族大学出版社，2009 年版.

本书主要内容包括：中国的突厥学研究；中国吐鲁番、敦煌出土回鹘文献研究；古代维吾尔文字、文献和方言概述；维吾尔佛教文献；哈密本《弥勒会见记》研究德文本序；哈密本《弥勒会见记》第十品“弥勒从兜率天下降人间”研究等。

1796

揣振宇，华祖根主编/中国民族研究年鉴（2003）．北京：民族出版社，2004 年版．

本年鉴由十个栏目组成。“民族研究百年回顾”专栏分别回顾了 20 世纪清史满族史研究、维吾尔族史研究、西藏历史研究的概况。此外，还设有“学科研究进展概况”、“学术热点问题座谈”、“学者访谈”、“年内逝世学者介绍”、“网络开发与发展”、“学术活动”、“国外研究动态”、“书目·索引”及“附录”。

1797

葛忠兴，郑京平主编/中国民族统计年鉴（2004）．北京：民族出版社，2004 年版．

本年鉴是一部全面反映中国政府少数民族经济工作基本情况以及全国少数民族和民族自治地方国民经济社会发展情况统计资料的大型工具书。主要反映 2003 年度民族自治地方和民族经济工作的新发展、新经验、新成果以及遇到的新问题。

1798

葛忠兴主编/中国少数民族地区发展报告（2004）．北京：民族出版社，2005年版．

本书研究当前少数民族地区经济社会发展中存在的突出问题，分析了当前和今后一个时期少数民族地区经济社会发展面临的机遇和挑战，提出了发展的目标和任务。我国的少数民族地区按省区来分，主要有内蒙古、广西、西藏、宁夏、新疆、贵州、云南、青海等省区，按民族自治地方来分，包括5个自治区、30个自治州、120个自治县。“十五”期间，在党和国家的大力扶持下，少数民族地区经济社会发展迅速，人民生活得到明显改善。但是，由于多种原因，少数民族地区与全国平均水平相比差距仍然很大。加快少数民族地区的发展是贯彻落实科学发展观、全面建设小康社会、构建社会主义和谐社会的需要，也是促进民族团结、维护祖国统一和社会稳定的需要。“十一五”是顺利实现小康目标承上启下的关键时期。为了在“十一五”期间争取国家继续加大对少数民族地区的扶持力度，加快少数民族地区经济社会发展，2004年，国家民委组织了赴内蒙古、广西、海南、四川、重庆、云南、宁夏、新疆等地的深入调研，召开了2004年民族地区经济形势分析暨民族自治地方“十一五”规划建议座谈会，研究了当前少数民族地区经济社会发展中存在的突出问题，分析了当前和今后一个时期少数民族地区经济社会发展面临的机遇和挑战，提出了发展的目标和任务。

1899

揣振宇，华祖根主编/中国民族研究年鉴（2005）．北京：民族出版社，2005年版．

本年鉴由九个栏目组成。“百年回顾”专栏分别回顾了近百年南诏史研究概括和20世纪纳西族研究概况。此外，还设有“学科研究进展概况”、“学术热点问题座谈”、“学者访谈”、“年内逝世学者介绍”、“网络开发与发展”、“学术活动”、“书目·索引”及“附录”。

1800

杨全照著/中国古代民族统计研究．北京：民族出版社，2006年版．

本书是一种民族专门史、民族与统计整合兼容的尝试，带有多学科的特性，与相关学科（如民族会计史、民族财政史等等）关系密切，作为一种民族读物，具有新颖和激发民族自豪感的意义和作用

1801

葛忠兴，郑京平著/中国民族统计年鉴（2005）．北京：民族出版，2006 年版．

本年鉴由“专文”、“综述篇”、“政策法规篇”、“工作概况篇”、“调查研究篇”、“统计资料篇”、“附录”共 7 部分组成。（1）专文。收录了国家民委主要领导在 2004 年有关民族工作的部分文章和讲话。（2）综述篇。收录了少数民族和民族地区 2004 年度经济社会发展概况。（3）政策法规篇。收录了 2004 年国家民委及有关部委和省、自治区、直辖市政府部门颁发的关于民族工作方面的文件、制度、法规等文献。（4）工作概况篇。分“综合”、“兴边富民行动”、“扶持人口较少民族发展”、“少数民族发展资金管理”、“扶贫开发”、“电脑农业”、“民族贸易和民族特需商品生产”、“清真食品管理和清真产业发展”、“民族统计”、“民族乡（镇）村经济社会发展”、“特色工作”、“其他”，共 12 个类目，收录了国家民委和各省、自治区、直辖市有关少数民族工作和民族地区经济发展情况。（5）调查研究篇。收录了 2004 年各地民委调查研究报告概要。（6）统计资料篇。分“民族自治地方国民经济与社会发展情况”、“全国少数民族发展情况”、“其他资料”，共三部分。（7）附录。收录了各类民族方面的资料。

1802

张崇根主编/台湾少数民族研究论丛：第Ⅱ卷．北京：民族出版社，2006 年版．

本书是由国家民委民族问题研究中心牵头，由中央民族大学台湾少数民族研究所执编的《台湾少数民族研究论丛》中的第一批丛书之一。本书所收录论文涵盖了台湾少数民族历史、习俗、语言、教育、宗教、文学、艺术、社会发展状况等领域，汇集了内地学界自 1949 年 10 月至 2006 年 12 月具有代表性的、高质量的论文。

本卷主要对高山族和平埔族从来源至近现代发展变迁时限内的论文资料进行了选择性收集，包括《高山族来源》、《“雾社起义”和高山族爱国传统》、《清代高山族社会经济形态探讨》、《高山族文化遗产以及台湾平埔族群文化变迁》、《汉族与平埔族之间矛盾和融合》等优秀文章。

1803

吴安其主编/台湾少数民族研究论丛：第Ⅲ卷．北京：民族出版社，2006 年版．

本卷主要辑录了台湾南岛民族语言方面的论作研究，包括台湾原住民语言、阿眉斯语、布农语、排湾语、台湾卑南语、赛德克语、嘎玛兰语以及高山族泰耶尔语等。

1804

张海洋主编/台湾少数民族研究论丛：第Ⅳ卷．北京：民族出版社，2006年版．

本卷主要对台湾族群、原住民运动与原住民政策、“开山抚番”政策以及原住民教育问题、日据时期台湾教育政策演变等文章进行了整理辑录，并涵盖有《1949年以来我国高山族研究简诛》、《1949年以来的台湾民族学》等论文。

1805

国家民族事务委员会经济发展司、国家统计局国民经济综合统计司编/中国民族统计年鉴（2006）．北京：民族出版社，2007年版．

本年鉴由“专文”、“综述篇”、“政策法规篇”、“工作概况篇”、“调查研究篇”、“统计资料篇”、“附录”共7部分组成。（1）专文。收录了国家民委主要领导在2005年有关民族工作的部分文章和讲话。（2）综述篇。收录了少数民族和民族地区2005年度经济社会发展概况。（3）政策法规篇。收录了2005年国家民委及有关部委和省、自治区、直辖市政府部门颁发的关于民族工作方面的文件、制度、法规等文献。（4）工作概况篇。分“综合”、“兴边富民行动”、“扶持人口较少民族发展”、“少数民族发展资金管理”、“扶贫开发”、“电脑农业”、“民族贸易和民族特需商品生产”、“清真食品管理和清真产业发展”、“民族统计”、“民族乡（镇）村经济社会发展”、“特色工作”、“其他”，共12个类目，收录了国家民委和各省、自治区、直辖市有关少数民族工作和民族地区经济发展情况。（5）调查研究篇。收录了2005年各地民委调查研究报告概要。（6）统计资料篇。分“民族自治地方国民经济与社会发展情况”、“全国少数民族发展情况”、“其他资料”，共三部分。（7）附录。收录了各类民族方面的资料。

1806

揣振宇，华祖根编/中国民族研究年鉴（2006年卷）．北京：中央民族大学出版社，2007年版．

本年鉴反映了2006年度民族研究的进展情况。本卷由十个栏目组成。“特稿”专栏是新设置的栏目，本年度回顾了少数民族地区经济社会发展“十五”期间的概况。此外，还设有“学科研究进展概况”、“学术热点问题座谈”以及“学术活动”等栏目。

1807

葛忠兴，李晓超主编/中国民族统计年鉴（2007）．北京：民族出版社，2008年版．

本年鉴是一部反映中国政府少数民族工作基本情况以及全国少数民族和民族自治地方国民经济社会发展情况统计资料的大型资料性工具书。主要反映2006年度民族自治地方和全国民族经济工作的新发展、新经验、新成果以及遇到的新问题。

1808

李绍明，童恩正主编/雅砻江流域民族考察报告．北京：民族出版社，2008年版．

本书共两部分，即《雅砻江下游民族考察报告》和《雅砻江上游民族考察报告》，均系20世纪80年代初期由中国西南民族研究学会主持的两次民族综合科学考察的集体成果，并分别于1983年6月和1985年7月由中国西南民族研究学会以《六江流域民族综合科学考察报告》之一和之二为名内部出版，引起了中外学术界的充分关注。

1809

揣振宇，华祖根编/中国民族研究年鉴（2007）．北京：中央民族大学出版社，2009年版．

本年鉴反映了2007年度民族研究的进展情况。由九个栏目组成。“中国民族学研究30年述评”概括了改革开放30年来中国民族学研究各个学科的基本状况与发展。“特稿”专栏两篇文章分别回顾了一个世纪以来中国大沙漠中的古城——黑水城——出土文献的发掘、整理和研究出版情况以及中国西夏学研究成果和出版情况。此外的几个栏目基本保持原来的设置，由“学科研究进展概况”、“学术热点问题座谈”、“学者访谈”、“年内逝世学者介绍”、“学术活动”等构成。

1810

葛忠兴，李晓超主编/中国民族统计年鉴（2008）．北京：民族出版社，2009年版．

本年鉴是一部全面反映中国政府民族工作基本情况以及全国少数民族和民族自治地方国民经济社会发展统计资料的大型资料性工具书。全书由“专文”、“综述篇”、“政策法规篇”、“工作概况篇”、“统计资料篇”、“附录”共6部分组成。（1）专文。收编了国家民委主要领导在2007年有关民族经济工作的部分文章和讲话。（2）综述篇。收录了少数民族和民族地区

2007 年度经济社会发展概况。(3) 政策法规篇。收集了 2007 年国务院、国家民委及有关部委和省、自治区、直辖市政府部门颁发的关于民族工作方面的文件、制度、法规等文献。(4) 工作概况篇。分“综合”、“少数民族发展资金管理”、“新农村建设”、“兴边富民行动”、“扶持人口较少民族发展”、“扶贫开发”、“电脑农业”、“民族贸易和民族特需商品生产”、“清真食品管理和清真食品产业”、“发展规划和民族统计”、“民族乡(镇)村经济社会发展”、“调查研究”、“特色工作”、“其他”共 14 个类目，收编了国家民委和各省、自治区、直辖市有关少数民族工作和民族地区经济发展情况。(5) 统计资料篇。分“民族自治地方”、“陆地边境县”、“全国少数民族发展情况”、“其他资料”四部分。(6) 附录，收编了各类民族方面的资料。

1811

潘美玲著，才仁拉吉甫编/散落的珍珠：土尔扈特民间故事．乌鲁木齐：新疆人民出版社，2009 年版．

本书是蒙古族土尔扈特民间故事的精选本，也是我们首次对东归中国的新疆和静县境内土尔扈特民间故事的系统搜集和整理。全书 45 个精彩故事。内容涉及东归、传说、地理、神话、生活、智慧、寓言等各个方面。可以说，它是全面呈现土尔扈特蒙古人历史、文化、生活和梦想的一条时间的河流，也是洞望土尔扈特蒙古人丰富而真挚的情感世界的精神通道。

1812

中国作家协会编/中国当代少数民族文学翻译作品选．北京：作家出版社，2009 年版．

本书共分 6 本，有函套。其中，短篇小说上、下卷 2 本，中篇小说卷上、下 2 本，诗歌卷 1 本，报告文学散文 1 本。所选作品均系从我国当代少数民族地区文学作品中翻译出来的。该书的出版，为少数民族文学研究提供了丰富可靠的资料。

编后记

原想就着“云南省民族文化出版规划研究”课题，在以云南大学文化产业研究院学生们为基础研究团队的工作进展中，用点时间“顺便”来做做这项工作。但，当我们开展之后，实际上的难度远比我们想象的要困难得多、复杂得多。1999 年以后国家出版事业在民族文献的出版中得到了长足的发展，民族文化、民族经济、民族教育、民族科技等均成为国家层面对地方、对民族族群予以特别关注的区域和人群，与此相关的科研工作、研究报告、专题咨询以及各高校、科研单位、各级地方政府和社会各界的专家、学者在民族文化全球化背景下所形成的成果大量涌现。除了一些长期致力于民族出版的专业大出版社外，地方出版社和高校出版社对民族文化出版的介入加速了这一产业体量的剧增，数量和品种甚至超过了前 60 年。面对庞大的数据群，我们只可能择其具有典型性和权威性的作品编入书中，这是其一；其二，一些图书简介由于做得不规范，而图书馆现有的采购量又不足以能通过实体书籍查询补缺，使得有些图书内容的介绍做得不甚标准；第三，一些图书条目因为是丛书系列，除了书名上民族称谓的变化外，书中内容提纲基本一致，因此，我们就只选择了其中有特色的条目而舍弃了另外部分，这在一定程度上影响了编写的完整与全面性。

本书虽已成册，却因上述各种原因，留下多多遗憾。但无论如何，作为以学生为主体团队形成的参与性成果，倾注了我与大家辛勤的汗水，看到课题完成后收获了一份意外产品，也还颇感欣慰。

按照中图法分类的顺序，参加的学生撰写分工如下（按图书内容的字母排序排列）：

2008 级中国少数民族经济研究生孔伟婧：A－D 部分　　字数约 5 万

2010 级民族文化产业研究生石红梅：E－F 部分　　字数约 3 万

2008 级民族文化产业研究生刘洋：F 部分　　字数约 4 万

2009 级中国少数民族经济研究生刘国虎：G－J 部分　　字数约 16 万

2009 级中国少数民族经济研究生谢海华：K－Z 部分，也包括部分 D、F、G 部分　　字数约 12 万另外，2007 级中国少数民族经济研究生高景、2008 级民族文化产业研究生徐建亦参加了前期云南省民族文化出版物的材料收集与整理工作。云南民族大学体育学院的王砾老师在后期查缺补漏的工作中贡献了 3 万字的资料，我本人则做了 15 万字的基础工作并负责最后的统稿。

本书从选题到编写得到了云南大学国家文化产业研究中心主任施惟达教授的鼓励和支持，云南大学出版社周永坤社长和伍奇编辑给予了出版帮助，在此一并致谢。

林艺于荷叶山

2011 年 7 月 4 日